Günther Wessel

Argentinien, Uruguay, Paraguay

arg3-004 Foto: gw

Impressum

Günther Wessel
Argentinien, Uruguay, Paraguay

erschienen im
Reise Know-How Verlag Peter Rump GmbH
Osnabrückerstraße 79
33649 Bielefeld

4., komplett aktualisierte und erweiterte Auflage 2003

Gestaltung
Umschlag: M. Schömann, P. Rump (Layout); M. Luck (Realisierung)
Inhalt: G. Pawlak (Layout); M. Luck (Realisierung)
Karten: B. Spachmüller; der Verlag (Atlas)
Fotos: gw (G. Wessel); gwa (Archiv G. Wessel); kd (K. Därr); ab (Botschaft der Rep. Argentinien); kg (K. Görgen)

Lektorat: M. Luck

Druck und Bindung
Fuldaer Verlagsagentur

ISBN 3-8317-1180-1
Printed in Germany

Dieses Buch ist erhältlich in jeder Buchhandlung der BRD, Österreichs, der Niederlande, Belgiens und der Schweiz.
Bitte informieren Sie Ihren Buchhändler über folgende Bezugsadressen:

BRD
Prolit Verlagsauslieferung GmbH, Siemensstr. 16, 35461 Fernwald (Annerod)
sowie alle Barsortimente

Schweiz
AVA/Buch 2000
Postfach, CH-8910 Affoltern a.A.

Österreich
Mohr-Morawa Buchvertrieb GmbH
Sulzengasse 2, A-1230 Wien

Niederlande, Belgien
Willems Adventure
Postbus 403, NL-3140 AK Maassluis

Wer im Buchhandel trotzdem kein Glück hat, bekommt unsere Bücher auch direkt bei:
Rump Direktversand, Heidekampstraße 18, 49809 Lingen (Ems), oder über unseren
Büchershop im Internet: www.reise-know-how.de

Wir freuen uns über Kritik, Kommentare und Verbesserungsvorschläge.

Alle Informationen in diesem Buch sind von den Autoren mit größter Sorgfalt gesammelt und vom Lektorat des Verlages gewissenhaft bearbeitet und überprüft worden.

Da inhaltliche und sachliche Fehler nicht ausgeschlossen werden können, erklärt der Verlag, dass alle Angaben im Sinne der Produkthaftung ohne Garantie erfolgen und dass Verlag wie Autoren keinerlei Verantwortung und Haftung für inhaltliche und sachliche Fehler übernehmen.

Die Nennung von Firmen und ihren Produkten und ihre Reihenfolge sind als Beispiel ohne Wertung gegenüber anderen anzusehen. Qualitäts- und Quantitätsangaben sind rein subjektive Einschätzungen der Autoren und dienen keinesfalls der Bewerbung von Firmen oder Produkten.

Günther Wessel

Argentinien

Uruguay
Paraguay

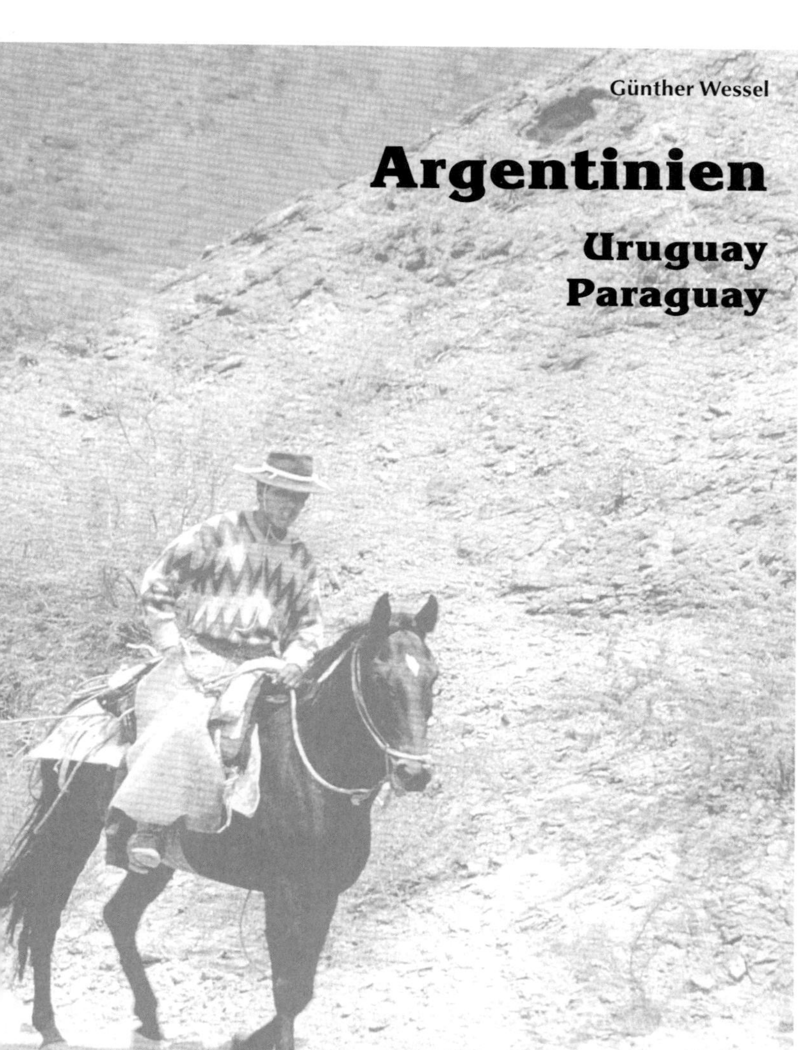

Mitarbeit: Malte Sieber

REISE
KNOW-HOW

Vorwort

Argentinien, Uruguay und Paraguay gehören bisher nicht zu den bekannteren Reiseländern in Südamerika. Dabei bieten sie eine **Vielzahl unterschiedlichster und spektakulärer Eindrücke.** Die Palette reicht von schneebedeckten Andengipfeln im Westen Argentiniens zu den weißen Sandstränden an der uruguayischen Atlantikküste und vom undurchdringlichen Chaco Paraguays bis zu den weiten, sturmgepeitschten Ebenen Patagoniens oder Feuerlands.

Zwar haben die La-Plata-Staaten eine gemeinsame Geschichte, dennoch bieten sie eine **Fülle unterschiedlicher Kulturen:** Buenos Aires und Montevideo können und wollen nicht verleugnen, dass ihre kulturellen Wurzeln in Europa liegen, während man im Norden, in den Nordwestprovinzen Argentiniens und auch in Paraguay, indianische Einflüsse und indianische Traditionen noch deutlich spüren kann.

Alle drei Länder sind recht leicht zu bereisen. Es gibt ein dichtes Flugnetz und ein teilweise sehr gut ausgebautes Bussystem. Wer mit dem eigenen oder geliehenen Auto unterwegs ist, wird allerdings mitunter angesichts der Entfernungen stöhnen.

Ein paar Spanischkenntnisse – castellano – sind nützlich, dann werden sich schnell Kontakte ergeben.

Thematisch hat das Buch mehrere Schwerpunkte:

Es beginnt mit **praktischen Tipps** zur Reisevorbereitung und zum Reisen in allen drei Ländern.

Im Anschluss erfolgt dann eine Aufgliederung: Jedes Land wird einzeln vorgestellt, zunächst in Form einer **Länderkunde.** Hierbei ist anzumerken, dass die gemeinsame Geschichte der drei La-Plata-Länder bis zu ihrer Unabhängigkeit auch gemeinsam behandelt wird, im Kapitel „Geschichte der La-Plata-Staaten" ab Seite 92. Die jeweilige Nationalgeschichte der dann getrennten und souveränen Staaten wird jeweils in eigenen Kapiteln beschrieben.

Der Vorstellung von Land und Leuten folgt schließlich der eigentliche **Reiseteil** mit der umfangreichen Darstellung von Reiserouten, Städten und Sehenswürdigkeiten.

Eine abschließende Bemerkung: In Europa wird die Bezeichnung „Indio" oder deutsch „Indianer" verwendet; sich selbst aber bezeichnen die so Genannten als „Indígenas", was spanisch ist und einfach „Einheimischer" heißt. „Indio" hat für die meisten Indígenas eine abwertende Bedeutung. In diesem Buch werden alle vier Begriffe – Ureinwohner, Indio, Indianer und Indígena – verwendet; sie stehen gleichberechtigt und ohne Wertung nebeneinander.

Ich wünsche allen Reisenden einen schönen Aufenthalt in den La-Plata-Ländern.

Inhalt

Praktische Tipps A–Z (für Argentinien, Uruguay und Paraguay)

Argentinien

Land und Leute

Unterwegs in Argentinien

Uruguay

Land und Leute

Unterwegs in Uruguay

Paraguay

Land und Leute

Unterwegs in Paraguay

Anhang

Exkurse

Karten und Tabellen

Am Ende des Buches ist ein 24-seitiger **Farbkartenatlas** platziert, der einen guten Überblick über die Länder und Regionen ermöglicht (in der Kopfzeile wird auf die jeweils entsprechende(n) Karte(n) verwiesen).

Nachfolgend die Karten, die im Buch im entsprechenden thematischen Zusammenhang vorkommen:

arg3-012 Foto: gw

Praktische Tipps A–Z
für alle La-Plata-Länder

a58-302 Foto: gw

img290 Foto: ab

Buenos Aires: Entspannung in der Großstadt

Brücke aus der Kolonialzeit bei Mendoza

Badespaß am Atlantik

An- und Einreise in die La-Plata-Staaten

Die La-Plata-Staaten sind über den Landweg, per Flugzeug und per Schiff zu erreichen. Der größte Verkehrsknotenpunkt ist Buenos Aires, die meisten Urlauber reisen auch über die argentinische Hauptstadt ein.

Mit dem Flugzeug

Der internationale Flughafen von **Buenos Aires, Ezeiza,** wird von zahlreichen Airlines aus Europa angeflogen. Flüge nach **Asunción** haben oft eine Zwischenlandung in Ezeiza, die nach **Montevideo** fast immer.

Aus dem deutschsprachigen Raum fliegen nur zwei Gesellschaften **direkt** nach Buenos Aires: Lufthansa von Frankfurt (nonstop) und Swiss von Zürich (über Sao Paulo). Für die Strecke von 11.489 km (Frankfurt – Buenos Aires) braucht man etwa 14 Stunden. Bei Flügen von anderen Flughäfen oder mit anderen Airlines muss man unterwegs **umsteigen,** und zwar mit Air France in Paris, mit Alitalia in Mailand oder Rom, mit British Airways in London, mit Iberia in Madrid und mit Varig in Rio de Janeiro oder Sao Paulo. Die Flugzeuge dieser Gesellschaften starten zu Direktflügen nach Buenos Aires in den jeweiligen Heimatflughäfen, Anschlüsse von Deutschland, Österreich und der Schweiz sind aber leicht zu bekommen.

Die **Flugpreise** sind gestaffelt, je nach Aufenthaltsdauer, je nach Saison und je nachdem, ob man eine Jugend- oder Studentenermäßigung in Anspruch nehmen kann. Am teuersten ist es in der **Hauptsaison,** die je nach Airline zwischen dem 10. und dem 20. Dezember beginnt und bis etwa Anfang Januar dauert. Dann ist auch nur schwer kurzfristig ein Platz zu bekommen. Für ein Ticket muss man zu dieser Zeit mit mindestens 800 Euro rechnen. In der **Nebensaison** kann man bereits zu Preisen ab etwa 650 Euro von Deutschland, Österreich und der Schweiz nach Argentinien und zurück fliegen. Die meisten Tickets zu diesen Preisen sind bis zu drei oder sechs Monate gültig, allerdings nicht offen, sondern Ab- und Rückflugtag müssen genau angegeben werden. Umbuchungen können dann rasch teuer werden, in der Regel kosten sie 50–100 Euro.

Billigere Flüge sind mit den Jugend- und Studententickets von Air France, Alitalia, British Airways, Iberia, Lufthansa und Swiss (je nach Airline alle jungen Leute bis 25 Jahre und Studenten bis 34 Jahre) möglich. Dann kostet außerhalb der kurzen Hochsaison ein Flug nach Buenos Aires nicht einmal 600 Euro. Wer so ein Ticket gekauft hat, kann seinen Rückflug bei Asatej (Florida 835, 3° Piso, oficina 320, Buenos Aires, Tel. 4511-8700, informes@asatej.com.ar) für 25 US-$ umbuchen lassen.

Bei internationalen Flügen von Buenos Aires wird eine **Flughafengebühr** von 18 US-$ fällig.

Buchen lassen sich Flüge nach Argentinien, Paraguay und Uruguay in vielen Reisebüros, aber zunehmend auch im Internet. Ein zuverlässiges Reisebüro mit meistens günstigeren Preisen als viele andere ist Jet-Travel in

Bonn (Buchholzstr. 35, 53127 Bonn, Tel. 0228/284315, Fax 0228/284086, info@jet-travel.de). Über die Flüge, die Jet-Travel anbietet, kann man sich auch im Internet unter www.jet-travel.de informieren. Informationen sind ferner der zweimonatlich erscheinenden Zeitung Reise & Preise aus dem Relax-Verlag (im Zeitschriftenhandel) zu entnehmen, zudem finden sich in eigentlich jeder Großstadt (zumindest jeder mit Universität) inzwischen auf Billigangebote spezialisierte Reisebüros.

Von Zeit zu Zeit offerieren die Fluggesellschaften, die Argentinien anfliegen, befristete **Sonderangebote** zu niedrigeren als den üblichen Preisen. Dann kann man beispielsweise mit Iberia für unter 600 Euro von Deutschland nach Buenos Aires und wieder zurück fliegen. Ob für die geplante Reisezeit gerade Sonderangebote für Flüge nach Argentinien auf dem Markt sind, lässt sich im Internet der Website von Jet-Travel (s.o.) unter „Flüge" entnehmen, wo sie als Schnäppchenflüge nach Südamerika mit aufgeführt sind. Wenn für die gewünschten Reisetermine Plätze zur Verfügung stehen, kann man dort auch gleich online buchen.

Wer sich erst im letzten Augenblick für eine Reise nach Argentinien entscheidet oder gern pokert, kann Ausschau nach **Last-Minute-Flügen** halten, die von einigen Airlines mit deutlicher Ermäßigung ab etwa 14 Tage vor Abflug angeboten werden, wenn noch Plätze zu füllen sind. Sie werden nur von Lufthansa direkt angeboten (www.lufthansa.com), ansonsten aber nicht in allen Reisebüros, sondern nur bei Spezialisten. Wenn man kurzfristig nach Buenos Aires fliegen will, lohnt es, sich nach solchen Discount-Flügen bei L'Tur zu erkundigen (vertreten mit über 130 Büros in Deutschland, Österreich und der Schweiz, telefonisch in Deutschland unter 01805/212121, in Österreich unter 0820/600800, in der Schweiz unter 0848/808088, im Internet: www.ltur.de).

Buchtipps:
- Erich Witschi
Clever buchen – besser fliegen
- Frank Littek
Fliegen ohne Angst
(beide Bände Reise Know-How Praxis)

Auf dem Landweg

Für Reisende, die länger in Südamerika unterwegs sind, bestehen mehrere Möglichkeiten, auf dem Landweg in die La-Plata-Staaten einzureisen.

Chile hat eine lange Grenze zu Argentinien. Beliebte Übergänge sind im chilenischen Patagonien oder auch auf Feuerland. In Zentralchile führt die beste Überfahrt am Gipfel des Aconcagua vorbei von Santiago de Chile nach Mendoza. Im Norden ist die Route von Calama über San Pedro de Atacama nach Jujuy mittlerweile sehr beliebt. Sie wird zwar nur von wenigen Bussen befahren, aber von San Pedro kommt man leicht per Autostopp über den Paso de Jama nach Argentinien.

Die beste Möglichkeit, von **Bolivien** nach Argentinien einzureisen, führt über La Quiaca; nach Paraguay gelangt man nur unter großen Schwierigkeiten, denn die Strecke von Sucre nach Asunción durch den Gran Chaco wird nicht durchgehend von öffentlichen Verkehrsmitteln bedient.

Reisende von **Brasilien** haben zwei bevorzugte Punkte, um in die La-Plata-Staaten zu kommen. Die einen überqueren die argentinische oder paraguayische Grenze beim brasilianischen Foz de Iguaçu, die anderen fahren die brasilianische Atlantikküste hinab, um bei Chui/Chuy über die Grenze nach Uruguay zu gehen.

Mit dem Schiff

Eine Schiffsreise von Europa aus ist die **langsamste und teuerste,** für viele aber auch schönste **Möglichkeit,** nach Buenos Aires oder Montevideo zu gelangen. Die Fahrten dauern zwei bis vier Wochen. Die Schiffe fahren entweder auf direktem Weg nach Buenos Aires oder machen unterwegs in europäischen und brasilianischen Häfen Station.

Von Hamburg oder Bremerhaven kostet die Schiffspassage für die einfache Fahrt nach Buenos Aires 1500–1700 Euro, nach Montevideo 1700–1900 Euro, je nach Kabinenklasse.

Etwas billiger sind die Schiffe, die ab Genua oder Barcelona fahren. Hier muss man für die Passage zwischen 1300 und 1500 Euro zahlen.

Nahezu Preisbrecher sind die **polnischen Schiffe.** Sie starten am polnischen Ostseehafen Gdynia (bei Gdansk-Danzig) und bringen einen für 700 Euro nach Buenos Aires, allerdings in einem nicht ganz so vornehm aussehenden Schiff.

Wie aber die „Hamburg-Süd-Reiseagentur" (Ost-West-Str. 59–61, 20457 Hamburg, Tel. (040) 37050), die alle diese Reisen anbietet, versichert, hat man auch hier eine schöne Kabine.

Buchtipp:
- Rainer Höh
Wildnis-Ausrüstung
(REISE KNOW-HOW Praxis)

Ausrüstung

Wer in den La-Plata-Ländern die Möglichkeit hat, sein Gepäck zu deponieren, oder wer im Rahmen einer organisierten Reise unterwegs ist, braucht sich kaum Gedanken um seine Ausrüstung zu machen. Er nimmt einfach alles mit und beachtet nur die **Obergrenze von 2 x 32 kg,** die fast alle Fluglinien für das Gepäck angeben.

Schwieriger wird es aber für Individualreisende, die ihr gesamtes Gepäck immer mitnehmen müssen. Was ist wirklich nötig? Das hängt davon ab, was man machen und wohin man fahren will. Plant man etwa einen Badeurlaub an den uruguayischen Stränden, braucht man außer Badezeug nicht viel. Fährt man im Sommer nach Paraguay, kann man ebenfalls getrost auf einen dicken Pullover verzichten. Ist man allerdings im argentinischen Süden, so ist ein Pullover auch im Sommer unabdingbar. Hat man noch formelle Kontakte zu Behörden oder will man in Buenos Aires das Teatro Colón oder in Montevideo das Teatro Solís besuchen, empfiehlt sich auch die Mitnahme schickerer Kleidung, um nicht unangenehm als „Gringo" aufzufallen. Glücklicherweise kann man in den drei Ländern überall nahezu alles kaufen, nur Reisende mit besonders großen Füßen können auf Märkten mitunter Probleme haben, die passende Schuhgröße zu finden.

In den **Sommermonaten** empfiehlt sich die Mitnahme von leichter, luftiger Kleidung, am besten aus Naturfasern wie Baumwolle und Leinen. Unbedingt erforderlich sind auch ein Hut oder anderer Sonnenschutz, an den Abenden benötigt man häufig eine Jacke oder einen Pullover. Im Süden Patagoniens und auf Feuerland sollte man auch im Hochsommer immer einen Pullover oder eine dickere wind- und regenfeste Jacke dabeihaben.

Das beste Gepäckstück für Individualreisende ist der **Rucksack,** auch weil es in den La-Plata-Ländern keine Vorbehalte gegen Rucksacktouristen gibt. Was gehört nun da rein? Wer mit wenig Geld reist, der sollte einen **Schlafsack** einpacken. Zwar gibt es auch in den billigen Hotels und Pensionen saubere Bettwäsche, aber in den Jugendherbergen Argentiniens und Uruguays ist ein Schlafsack doch oft nötig und macht den Aufenthalt billiger. Wer campt, hat sowieso einen dabei. Wie dick der Schlafsack sein sollte, hängt davon ab, ob man campen will. In den Jugendherbergen reicht ein ganz dünner, dort finden sich immer dickere Decken. Im Zelt braucht man, außer im Sommer in den nördlichen Landesteilen, schon etwas Wärmeres. In den Bergen und im Süden Patagoniens kann es selbst im Hochsommer nachts sehr kalt werden, in den anderen Jahreszeiten erst recht.

An **Kleidung** braucht man auch für längere Aufenthalte nicht viel mitzunehmen, denn in jeder Stadt gibt es „lavanderías" (Wäschereien), wo man seine Wäsche abgibt und diese fünf bis 25 Stunden später getrocknet und gefaltet zurückbekommt (pro Maschine Wäsche 6–7 US-$).

Ausrüstungsliste

Die folgende Liste enthält das Wichtigste für Reisende, die sich in den La-Plata-Ländern für ein paar Wochen aufhalten wollen, ohne ihre Ausrüstung ständig durch Neukäufe ergänzen zu müssen. Wer campen will, sollte zusätzlich noch beim Stichwort „Camping" (im Kapitel „Unterkunft") nachschauen.

Mit den Gegenständen dieser Liste lassen sich auch keine komplizierten Bergtouren machen, diese erfordern ganz andere Ausrüstungen. Man sollte sich dafür speziell informieren, z.B. beim „Deutschen Alpenverein" (Zentrale: von-Kahr-Straße 2-4, 80997 München).

- Rucksack und Tagesrucksack
- wasser- und windabweisende, am besten nicht gefütterte Jacke
- lange Hosen und Shorts
- Hemden und T-Shirts
- ein leichter, evtl. ein warmer Pullover (jahreszeitbedingt)
- Trekkingschuhe, evtl. auch Sportschuhe
- Badehose/-anzug/Bikini
- Badeschuhe/-latschen
- Unterwäsche
- Strümpfe/Wandersocken
- Kopfbedeckung als Sonnenschutz
- Sonnencreme mit hohem UV-Filter
- Sonnenbrille

Zusätzlich nützlich sind:

- Geldgürtel oder Bauchgurt-Tasche
- Taschenlampe
- Taschenmesser (mit Zusatzfunktionen)
- kleines Vorhängeschloss
- unzerbrechliche Wasserflasche
- Reisewecker
- Klappspiegel
- Handwaschmittel (Tube)
- Nähzeug
- Feuerzeug und Kerze
- Tagebuch, Schreibzeug
- Kopien von Ausweispapieren und Flugticket
- einige Passfotos

Botschaften und Konsulate

Argentinien

Die Botschaften und Konsulate sind an allen nationalen gesetzlichen Feiertagen sowie an allen gesetzlichen Feiertagen Argentiniens geschlossen.

In Deutschland

- **Botschaft der Republik Argentinien**
Dorotheenstraße 89, 10117 Berlin, Tel. (030) 2256890, info@argentinische-botschaft.de, www.argentinische-botschaft.de

Für Hessen, Baden-Württemberg, Bayern, Rheinland-Pfalz, Nordrhein-Westfalen und das Saarland:

- Lyoner Straße 34, Turm II, 6. OG, 60528 Frankfurt am Main, Tel. (069) 9720030, consargfrankf@t-online.de

Für Hamburg, Bremen, Niedersachsen und Schleswig-Holstein:

- Mittelweg 141, 20148 Hamburg, Tel. (040) 4418460

In Österreich

- **Botschaft der Republik Argentinien**
Konsularabteilung, Goldschmiedgasse 2, 1010 Wien, Tel. (1) 5354069, Sprechzeit Mo bis Fr 9–15 Uhr

In der Schweiz

- **Botschaft der Republik Argentinien**
Jungfraustraße 1, 3005 Bern, Tel. (031) 3523565
- **Generalkonsulat von Argentinien**
Tödistraße 5, 8002 Zürich, Tel. (01) 2012032, Sprechzeit Mo bis Fr 9.15–15 Uhr

In Argentinien

- **Botschaft der BR Deutschland**
Villanueva 1055, 1426 Buenos Aires, Tel. (011) 4778-2500; Postanschrift: Casilla de Correo 2979, 1000 Buenos Aires www.embajada-alemana.org.ar

Deutsche Honorarkonsulate – Cónsul Honorario

- Eliseo Canton 1870, Barrio Villa Paez, 5000 **Córdoba,** Tel. (0351) 489-0900
- Av. San Martín 1666, 1° piso, 3380 **Eldorado/Misiones,** Tel. (03751) 423214
- Córdoba 3318, 7602 **Mar del Plata,** Tel. (0223) 492-2552
- Montevideo 127, 2° Piso, 5500 **Mendoza,** Tel. (0261) 4296539
- Junin 1811 1° Piso, 3300 **Posadas,** Tel. (03752) 435-508
- Pueyrredón 270, 3500 **Resistencia,** Tel. (03722) 423406
- Gral. Justo José de Urquiza 409, 4402 **Salta,** Tel. (0387) 421-6525
- Emilio Morales 460, 8400 **San Carlos de Bariloche,** Tel. (0944) 425-695
- 9 de Julio 1051, 4000 **San Miguel de Tucumán,** Tel. (0381) 4242000
- Juan de Garay 2957, 3000 **Santa Fé,** Tel. (0342) 459-7544
- Alem 966, 9410 **Ushuaia,** Tel. (02901) 430763

- **Botschaft von Österreich**
French 3671, 1425 Buenos Aires, Tel. (01) 4802-7195, embajada@austria.org.ar, www.austria.org.ar

- **Botschaft der Schweiz**
Av. Santa Fé 846, 10° Piso, 1059 Buenos Aires, Tel. (01) 4311-6491, vertretung@bue.rep.admin.ch, www.eda.admin.ch/buenosaires

Paraguay

In Deutschland

- **Botschaft der Republik Paraguay**
Hardenbergstraße 12, 2. OG, 10623 Berlin, Tel. (030) 31802725, embapyde@t-online.de
- **Generalkonsulat von Paraguay**
Heilwigstraße 123, 20249 Hamburg, Tel. (040) 474741, Fax (040) 4802337
- **Honorarkonsulat von Paraguay**
Linprunstraße 2/Ecke Sandstraße, 80335

München, Tel. (089) 5231112, Fax 524635, Sprechzeit: Mo bis Fr 9–12 Uhr

- **Honorarvizekonsulat von Paraguay**
c/o Anwaltskanzlei Gaßmann & Seidel, Rotebühlplatz 20a, 70173 Stuttgart, Auskünfte über Tel. (07172) 4031, Fax 21438

- **Honorargeneralkonsulat von Paraguay**
Wandersmannstraße 68, 65205 Wiesbaden, Tel. (0611) 711361, Fax 712490, Sprechzeit Mo bis Fr 9–13 Uhr

In Österreich

- **Botschaft der Republik Paraguay**
Schmöllerlgasse 5/1, 1040 Wien, Tel. (0222) 5042902, Fax 5042903, Sprechzeit Mo bis Fr 9–12 Uhr

In der Schweiz

- **Botschaft der Republik Paraguay**
Kramgasse 58, 3011 Bern, Tel. (031) 3123222, Fax 3123432, Sprechzeit Mo bis Fr 9–13 Uhr

In Paraguay

- **Botschaft der BR Deutschland**
Av. Venezuela 241 zwischen Av. Mcal. Lopez und España, Asunción, Tel. (021) 214009 oder 214010 oder 214011, Fax 212863, Postanschrift: „Embajada de la República Federal de Alemania", Casilla de Correo 471, Asunción, Paraguay, aaasun@pla.net.py, www.pla.net.py/embalem/

Deutsche Honorarkonsulate

- **Cónsul Honorario de la República Federal de Alemania**
Calle Jorge Memmel 631, Tel. (071) 204041, **Encarnación;**
Casilla de Correo 1153, **Neu-Halbstadt/Colonia Neuland/Chaco,** Tel. (091) 345

- **Österreichisches Generalkonsulat**
Av. Aviadores del Chaco 1690, Asunción, Mo bis Fr 7.30–12 Uhr, Tel. (021) 443910, Fax 444815

- **Botschaft der Schweizer Eidgenossenschaft**
Juan E. O'Leary 409/Ecke Estrella, Edificio Parapiti, 4° Piso, oficina 419-423, Asunción, Tel. (021) 448022 oder 490848, Fax 445853, swiemasu@pla.net.py

Uruguay

In Deutschland

- **Botschaft der Republik Uruguay,**
Budapester Straße 39, 10787 Berlin, Tel. (030) 2639016, urubrande@t-online.de

- **Honorarkonsulat von Uruguay**
Königsalle 92, 40212 Düsseldorf, Tel. (0211) 320683

- **Honorarkonsulat von Uruguay**
Eschersheimer Landstr. 532, 60433 Frankfurt/Main, Tel. (069) 518510

- **Generalkonsulat von Uruguay**
Hochallee 76, 20149 Hamburg, Tel. (040) 4106542

- **Honorarkonsulat von Uruguay**
Sendlinger-Tor-Platz 8, 80336 München, Tel. (089) 591362

In Österreich

- **Botschaft der Republik Uruguay**
Wallnerstraße 4/III, 17, 1010 Wien, Tel. (01) 5356636, uruvien@embuy.or.at

In der Schweiz

- **Botschaft der Republik Uruguay**
Kramgasse 63, 3011 Bern, Tel. (031) 3121400, Fax 3112747, uruguay@dial.eunet.ch

In Uruguay

- **Botschaft der BR Deutschland**
La Cumparsita 1435, Postanschrift: Casilla de Correo 20014, Montevideo, Tel. (02) 9025222, Fax 9023422, deubot@montevideo.com.uy, www.emb-alemania.com

- Die **Republik Österreich** unterhält keine eigene Botschaft in Uruguay. Deren Geschäfte werden von der Botschaft in Argentinien wahrgenommen.

- **Botschaft der Schweizer Eidgenossenschaft**
Ing. Frederico Abadie 2936/40, Postanschrift: Casilla de Correo 810, Montevideo, Tel. (02) 7115545, Fax (02) 7115031, swissmtv@multi.com.uy

Dokumente, Ein- und Ausreisebestimmungen

Argentinien

Reisedokumente

Die Einreise nach Argentinien ist für Deutsche, Schweizer, Österreicher und Niederländer unproblematisch. Sie brauchen lediglich einen **Reisepass,** der noch mindestens drei Monate gültig sein sollte. Ein Visum wird nicht benötigt.

Bei der Einreise erhält man meistens – jedenfalls bei der Einreise über den **Internationalen Flughafen von Buenos Aires, Ezeiza,** bei der über Land nicht unbedingt – eine Touristenkarte, die bei der Ausreise wieder abgegeben werden sollte. Gleichzeitig wird der Einreisestempel in den Pass gedrückt, auf dem vermerkt wird, wie lange, in der Regel drei Monate, der Aufenthalt maximal dauern darf.

Für Deutsche, Österreicher, Schweizer und Niederländer ist es auch problemlos möglich, diese Aufenthaltsdauer um weitere drei Monate bei der **Einwanderungsbehörde** („Migraciónes", in Buenos Aires in der Av. Antártida Argentina 1355, Tel. 4317-0237/8, oder in allen Provinzhauptstädten) verlängern zu lassen. Einfacher dürfte es aber sein, das Land für einige Tage in Richtung Paraguay, Uruguay, Chile, Brasilien oder Bolivien zu verlassen, um dann bei der erneuten Einreise wieder einen drei Monate langen Aufenthalt genehmigt zu bekommen.

Minderjährige (nach der Definition des Herkunftslandes) benötigen zur Alleineinreise eine Reiseerlaubnis, die von beiden Elternteilen unterzeichnet und von einem argentinischen Konsulat beglaubigt sein muss.

Man sollte **von den wichtigsten Ausweispapieren** eine **Fotokopie** machen, die man an sicheren Orten hinterlegt. Theoretisch muss man seinen Pass immer mit sich führen, wer aber zudem noch einen Personalausweis dabei hat, sollte vielleicht besser den Pass sicher deponieren und den Personalausweis bei kurzen Touren in die Stadt mitnehmen. Bei längeren Exkursionen im Land muss man den Pass allerdings eingesteckt haben. Bei Verlust erhält man einen neuen Pass bei seiner zuständigen Botschaft.

Ganz wichtig ist, dass man sich bei jeder Einreise nach Argentinien einen neuen **Einreisestempel** geben lässt. Denn im Norden, so z.B. an der Grenze bei Iguazú und auch an den dortigen Grenzen zu Chile, ist es mitunter möglich einzureisen, ohne die „Migración" zu passieren. Dann fehlt der Stempelabdruck im Pass, was bei der Ausreise teuer werden kann.

Zollvorschriften

Die Einfuhr von so genannten Gegenständen des persönlichen Bedarfs wie Kleidung, Schuhen, Wäsche und Toilettenartikeln ist zollfrei. Dazu zählt auch die Einfuhr von einem Fotoapparat mit Filmen, der Videokamera, einem tragbaren Fernseh- oder auch Tonbandgerät, Walkman, Radio, Fernglas sowie Sportgeräten. Diese Gegenstände müssen bei der Ausreise auch wieder mitgeführt werden. Hinzu kommen für Touristen aus Nicht-Nachbarländern bis zu 400 Zigaretten oder 50 Zigarren, 2 l alkoholische Getränke, 5 kg Lebensmittel sowie 10 ml Parfüm oder Duftwasser. Bei der Ausreise nach Chile dürfen keine Lebensmittel, insbesondere kein Obst und Gemüse mit über die Grenze genommen werden. Für die Einfuhr von Jagdwaffen bedarf es einer besonderen Genehmigung. Auskunft erteilen die Konsulate.

PKWs, Wohnmobile und Motorräder können mit dem „Carnet de Passage en Douanes" nach Argentinien eingeführt werden. Dieses Carnet ist in Deutschland beim ADAC erhältlich, in den anderen Ländern bei den dortigen Automobilclubs (vergleiche auch „Reisen in den La-Plata-Ländern", Unterpunkt „Mit dem eigenen Auto").

Andere Dokumente

Zur Miete eines Leihwagens benötigt man einen **Internationalen Führerschein,** obwohl mitunter auch der nationale ausreicht. Am besten nimmt man sicherheitshalber beide mit.

Der **Internationale Studentenausweis** hilft ebenfalls. Es gibt zahlreiche Vergünstigungen bei Eintrittskarten für Museen und Konzerte (fragen!), aber auch bei Busgesellschaften (fragen!) oder sogar Hotels. In den praktischen Hinweisen bei den einzelnen Orten sind einige Hotels aufgeführt.

Ebenso günstig ist der **Internationale Jugendherbergsausweis.** Hiermit werden Übernachtungen in den wenigen Jugendherbergen in Argentinien billiger (s.a. bei „Unterkunft" unter dem Punkt „Jugendherbergen").

u86-423 Foto: gw

An der Plaza Entrevero in Montevideo

Uruguay

Reisedokumente

Inhaber gültiger Reisepässe der Bundesrepublik Deutschland, Österreichs und der Schweiz benötigen für einen Aufenthalt bis zu drei Monaten **kein Visum.** Die Grenzkontrollen am Flughafen Carrasco sind eher locker, dasselbe gilt auch für die Einreise von Argentinien. Von Brasilien auf dem Landweg einreisende Touristen werden dagegen hin und wieder genauer kontrolliert.

Soll der Aufenthalt in Uruguay drei Monate überschreiten (oder zur Arbeitsaufnahme dienen), muss bei den konsularischen Vertretungen Uruguays ein Visum beantragt werden.

Zollvorschriften

Zollfrei ist das persönliche Reisegepäck mit den Gegenständen des täglichen Gebrauchs, Filme, gebrauchte Fotoapparate, Videokamera, Ferngläser, Radios, Tonband, etc. Daneben dürfen 400 Zigaretten oder 50 Zigarren, 1 l Spirituosen und 5 kg Lebensmittel eingeführt werden. Der Gesamtwert dieser Güter darf aber 150 US-$ nicht übersteigen.

Paraguay

Reisedokumente

Inhaber gültiger Reisepässe der Bundesrepublik Deutschland, Österreichs und der Schweiz benötigen für einen Aufenthalt bis zu drei Monaten **kein Visum.** Die Grenzkontrollen auf dem Landweg von Argentinien oder Brasilien sind eher locker. Soll der Aufenthalt in Paraguay drei Monate überschreiten (oder zur Arbeitsaufnahme dienen), sollte man vorher mit den Vertretungen im Heimatland Rücksprache halten, um die notwendigen Unterlagen (polizeiliches Führungszeugnis, Geburtsurkunde etc.) legalisieren, d.h. abzeichnen und übersetzen zu lassen.

Zollvorschriften

Zollfrei ist das persönliche Reisegepäck mit den Gegenständen des täglichen Gebrauchs, Filme, gebrauchte Fotoapparate, Videokamera, Ferngläser, Radios, Tonband, etc. Daneben dürfen 200 Zigaretten od. 50 Zigarren und 1 l Spirituosen eingeführt werden.

a6-40 Foto: kd

Gauchos

Essen und Trinken

Essen

Schon auf den Speisekarten von Argentinien und Uruguay zeigt sich, dass die beiden Länder immer Einwanderländer waren. Vieles kommt einem aus Europa bekannt vor, beispielsweise aus der **Küche Italiens, Spaniens, aber auch Deutschlands, Österreichs oder Polens und Frankreichs.** Vorherrschend ist der italienische Einfluss, allerdings in typisch argentinisch-uruguayisch-paraguayischer Abwandlung.

Das **Frühstück** stammt eindeutig aus Südeuropa. Es ist weniger als spärlich, viele nehmen nur einen ungesüßten Kaffee. Argentinier oder Uruguayer, die richtig viel frühstücken wollen, bestellen verwegen einen *café con leche* (Milchkaffee) und dazu *medialunas* (Halbmonde), kleine, krosse Hörnchen, die meist sehr süß sind – ein Alptraum für den Zahnarzt, aber ein Traum zum Frühstück. Ansonsten gibt es häufig einfach nur ein bisschen Brot mit Marmelade.

Das **Mittagessen** ist meistens eine größere Mahlzeit, es sei denn, dass die Zeit zum Essen fehlt. Es besteht aus einem warmen Hauptgericht, eventuell mit Vorspeise und Nachtisch, aber immer mit Kaffee hinterher. Es wird zwischen 12 und 15 Uhr eingenommen. Am Nachmittag gibt es dann noch eine Art Tee- oder Kaffeestunde, eventuell mit Sandwiches statt Kuchen. Beliebt ist auch eine **Picada,** wo man gegen 19 Uhr einen Teller mit kleinen Happen, von Salami- über Paprikastückchen bis zu Erdnüssen gemeinsam mit einem Glas Bier zu sich nimmt. Das **Abendessen** ist die zweite warme Mahlzeit: Sie besteht aus drei Gängen mit anschließendem Kaffee. Das ist das Maximalprogramm, das Minimalprogramm bei armen Familien beschränkt sich auf eine kleine Mahlzeit täglich.

Argentinien und Uruguay sind für **Rindfleisch** zu Recht weltberühmt. Rindfleisch in allen Variationen beherrscht die Speisenfolge, für die meisten Uruguayer und Argentinier ist es undenkbar, nicht täglich Fleisch zu essen. Das größte Stück ist das **Asado.** Es ist mehr als nur ein gegrilltes Stück Fleisch – es ist ein Ritual, das am Wochenende von den meisten Familien praktiziert wird. Ein typisches Asado beginnt bereits am Vormittag. Der Grill wird vorbereitet, es wird diskutiert, wie gegrillt wird; denn die Argentinier und Uruguayer sind natürlich alle Weltmeister der Grillkunst, und jeder hat sein Spezialrezept. Überflüssig zu sagen, dass ein Asado selbstverständlich Männersache ist. Gegrillt wird nicht wie in Europa auf Holzkohle, stattdessen wird hartes Holz verbrannt, die dabei entstandene Glut unter einen Rost gezogen, und darauf wird gegrillt. Ein Asado besteht aus einer bestimmten Folge von verschiedenen Würsten und Fleischstücken, das Essen dauert mindestens drei Stunden, und die Kunst des Asadors besteht darin, das richtige Stück Fleisch oder Wurst zum richtigen Zeitpunkt richtig gegart zu haben.

Zum Fleisch reicht man Brot und eventuell ein wenig Salat, getrunken wird Rotwein, und unter mindestens 500 g Fleisch steht am Ende kein Teilnehmer vom Tisch auf. Bei einem **typischen Asado** werden u.a. serviert: *chorizos* (gewürzte Bratwürste), *morcilla* (Blutwurst), *mollejas* (Bries), *chinchulines* (Därme nur mit Milch genährter Rinder), *riñones* (Niere), nach den Innereien folgen dann verschiedene Stücke Rindfleisch wie *Asado de Tira* (Rippchen), *Pulpa* (Rindfleisch ohne Knochen), *Lomo* (Filetsteak) und *Bife de Chorizo* (Rumpsteak). Beim Rindfleisch treffen die deutschen Bezeichnungen nur annäherungsweise zu, denn das Fleisch wird in den La-Plata-Ländern anders geschnitten.

Will man ein asado in einem Restaurant genießen, sollte man in eine **parrillada** (Grillrestaurant) gehen. Natürlich kann man dort auch nur Teile eines asados bestellen.

Andere beliebte Fleischgerichte sind die unvermeidlichen *hamburguesas* (Hamburger) in sehr unterschiedlicher Qualität und die *milanesas,* panierte Schnitzel meist aus Rindfleisch, oft aber auch aus Geflügel. Snacks sind belegte Brötchen mit Bratwurst *(choripan)* oder Brühwürste *(panchos).*

Eine uruguayisch/argentinische Spezialität ist der *puchero,* ein Eintopf, der in der Regel Kartoffeln, Möhren, Süßkartoffeln, Kürbis, Maiskolben, Porree, Petersilie sowie verschiedene Fleischsorten enhält. Er wird ohne Brühe serviert.

In Argentinien wird selbst an der Küste **wenig Fisch** gegessen, eher mal im Binnenland, in den Provinzen, die im Zweistromland zwischen Río Uruguay und Río Paraná liegen. In Paraguay ebenfalls, dort entlang des Río Paraná, in Uruguay gibt es dagegen an der Küste in vielen Orten ein gutes Angebot an Fischspezialitäten.

Wegen der vielen italienischen Einwanderer haben sich Uruguay und Argentinien zu echten **Nudel- und Pizzaländern** entwickelt. Manche Argentinier behaupten, dass es in ihrem Land die besten Teigwaren der Welt gäbe. Ob das stimmt, sei dahingestellt, aber die Ravioli, Canneloni und Gnocchi (dort *ñoqui)* am La Plata würden auch italienischen Feinschmeckern munden. Ñoquis sind das traditionelle Gericht zum Monatsende. Wahrscheinlich gab es sie früher an den letzten Tagen des Monats, wenn das Geld nicht mehr ausreichte, ein Fleischstück für die Familie zu kaufen. Ñoquis werden aber auch manche „empleados públicos" (öffentliche Bedienstete, Staatsangestellte) genannt, weil man ihnen vorwirft, dass sie sowieso nur am 29. des Monats ihr Büro aufsuchen würden, um ihren Gehaltsscheck abzuholen. Die Pizza ist vor allem in Argentinien fast immer wundervoll. Den italienischen Einwanderern verdankt man auch das gute Eis *(helado),* das in den Eisdielen *(heladerías)* verkauft wird.

Im **Nordwesten Argentiniens und in Paraguay** gibt es einige besondere Spezialitäten. Daher kommen die *Empanadas,* Teigtaschen, die mit Fleisch, Mais, Huhn oder auch Thunfisch gefüllt werden. Die besten gibt es, sagt

Mate

Mate wird überall getrunken: beim Zuschauen auf dem Sportplatz, am Strand, im Bus, in der Warteschlange, bei der Pause im Büro oder im Laden oder abends vor dem Haus sitzend. Mate ist das **Lebenselexier in den La-Plata-Staaten,** der Alltags- und Zaubertrank von Millionen Argentiniern, Uruguayern und Paraguayern.

Mate wird gewonnen, indem man die Triebe und Blättchen der wissenschaftlich *Ilex paraguariensis* genannten Pflanze abschneidet, trocknet und zerkleinert, sowie danach mit Wasser aufgießt; mit heißem in Argentinien und Uruguay, mit kaltem in Paraguay. So ergibt sich ein dicker Sud. Der wird nun mit der Bombilla, einem silbernen Saugröhrchen, das sich unten wie ein Löffel verbreitert, aber dort auch als Sieb fungiert, getrunken, bis alle Flüssigkeit herausgesaugt ist, dann kommt wieder neues Wasser aus der Thermoskanne darüber. Die Kalebasse, aus der man trinkt, wird ebenfalls Mate genannt. Heißes Wasser erhält man fast überall – in Kneipen und Restaurants, auch an Tankstellen.

Mate trinken ist aber mehr als bloßes Durstlöschen mit einem bitteren und daher sehr gewöhnungsbedürftigen Getränk – den süßen Mate lehnt der Purist ab. Es ist eine soziale Handlung, die auch Gemeinschaft stiftet. Denn nicht jeder trinkt seinen eigenen Mate, sondern man trinkt mit ein- und derselben Bombilla aus ein- und derselben Kalebasse, die im Freundeskreis herumgeht. Einer gießt den Mate auf, gibt die Kalebasse an jemand anderes weiter, der die Flüssigkeit heraussaugt und sie dann dem Spender zurückgibt. Der füllt erneut auf und reicht sie dann einem anderen weiter. Eine Art Friedenspfeife. Man bedankt sich, wenn man nicht mehr weitertrinken will.

Das Mategefäß kann unterschiedlich aussehen. Es ist meist eine Kalebasse, aus der Frucht des Flaschenkürbisses geschnitzt, in unterschiedlichen Formen und Größen. Die ganz edlen Gefäße sind mit Silber beschlagen, genau wie die teuersten Bombillas, die ebenfalls aus reinem Silber sind. Andere Mate-Trinker outen sich dagegen mit Bombilla und Kalebasse als Fans eines bestimmten Fußballvereins. Selbst mit *Ché Guevaras* Porträt lassen sich Kalebassen kaufen.

Was der Mate enthält? Minerale wie Kalzium, Schwefel, Eisen und Kalium, dazu Vitamin C, Zucker, Koffein und und und. Er nimmt den Hunger und wirkt bei dem, der ihn nicht gewohnt ist, leicht abführend.

Schon vor der Ankunft der Spanier bekannt, bezeichneten diese ihn irrtümlich als „Yerba mate", als Mate-„Kraut", aber um ein Kraut handelt es sich nun wirklich nicht. Der Baum wird 4 bis 8 m hoch, in Ausnahmefällen sogar bis zu 16 m. Er wächst am besten in den argentinischen Nordostprovinzen, im Süden Brasiliens und in Paraguay. Dort wurde er auch erstmals in den Jesuitenmissionen systematisch angebaut, bis dahin hatte man die wild wachsenden Pflanzen im Urwald suchen und abschlagen müssen.

Im 19. Jahrhundert gab es in Paraguay riesige Mate-Plantagen, die ihre Besitzer unendlich reich machten. Die Arbeiter hingegen starben am Mate. Sie wurden mit Versprechen angelockt und erhielten große Kredite auf den später erwarteten hohen Lohn. Einmal in Abhängigkeit vom Kreditgeber, dem Plantagenbesitzer, hatten sie keine Möglichkeit mehr zu gehen. Der Lohn war niedrig, denn das vorgeschriebene Soll bei der Ernte konnte gar nicht erreicht werden. So wurden die Schulden immer größer, denn natürlich konnte man nur beim Plantagenbesitzer Wohnung nehmen und einkaufen, und natürlich reichte dafür der Lohn nicht – Ausbeutung wie aus dem Bilderbuch. Entfliehen konnte man nicht; wer es versuchte, wurde mit Hunden gehetzt, oft auch einfach erschossen. Weniger über den heutigen Mate-Kult als vielmehr über das Leben der Mate-Arbeiter erzählt das sehr lesenswerte Buch „Menschensohn" des paraguayischen Schriftstellers *Auguste Roa Bastos.*

man, in Salta. *Locro* ist ebenfalls eine Spezialität des Nordens. Es wird aus Mais, Rindfleisch, Kartoffeln, Kürbis und Süßkartoffeln gekocht und mit einer scharfen Soße gewürzt. Im Süden oder in Uruguay wird man auch vergeblich *humitas* auf der Speisekarte suchen. Sie bestehen aus Mais, Paprikaschoten, Schalotten, Eiern und Käse und werden in einem Maisblatt zum Paket zusammengeschnürt serviert. Man kann sie mitunter im Nordwesten auch auf Märkten kalt kaufen und später einfach im Topf erneut erhitzen.

Typische **paraguayische Spezialitäten,** die es fast nur dort gibt, sind die verschiedenen Eintöpfe wie *bori bori,* der aus Fleisch, Gemüse, Maisklößchen und Käse besteht, sowie *soyo,* ein Eintopf ebenfalls aus Fleisch und Gemüse mit einem hohen Sojaanteil. Unbedingt sollte man dort die *chipas* probieren, die überall auf der Straße, im Bus und auf Märkten angeboten werden. Chipas sind Maisbrötchen, mit Eiern und Käse verfeinert.

Wer **süße Nachtische** liebt, kommt in Argentinien und Uruguay auf seine Kosten. Es gibt hervorragendes Gebäck *(facturas),* die überall beliebten *alfajores,* ein mit Karamel gefüllter und mit Schokolade überzogener Keks, aber die Hauptsüßigkeit am Río de la Plata ist *dulce de leche.* Milch, Zucker und Vanilleschote werden eingekocht bis eine braune, klebrige, sehr süße Creme ensteht. Man kann sie pur löffeln, aufs Brot schmieren, als Beilage zu anderen Nachtischen reichen, sie wird auch in Teilchen gefüllt. Andere

a4-34 Foto: gw

Nachtische sind *Chaja,* ein kugelförmiger Kuchen, der mit Sahne und Marmelade gefüllt ist, *Massini* (Sahnetörtchen), Zitronentörtchen, Eisschnee oder andere Süßigkeiten. Beliebt sind in Argentinien auch *Queso con dulce,* eine dicke Scheibe Käse, auf der eine genauso dicke Schicht Quitten-, Süßkartoffel- oder Kürbismarmelade liegt, sowie *Flan con dulce de leche,* wie hier die „Creme caramel" genannt wird.

Trinken

Getrunken werden meistens Wasser, die üblichen internationalen Soft-Drinks, Bier und Wein, große Mengen Kaffee und Mate (siehe Exkurs).

Bier wird in jedem der drei Länder hergestellt. Das bekannteste argentinische ist Quilmes, die besten in Uruguay sind Patricia, Norteña und Pilsen, in Paraguay heißen die beliebtesten Bremen und Munich. Eine „cerveza" ist eine Flasche Bier, ein gezapftes heißt „chopp".

Das Alltagsgetränk ist allerdings **Kaffee** und zwar in seiner italienischen Form. Nicht nur Pasta, Pizza und Eiskrem verdanken die Argentinier und Uruguayer ihren italienischen Ahnen, sondern auch die hochglanzpolierten Espressomaschinen in jeder Bar.

Der **argentinische Wein** ist exzellent, schließlich ist das Land der fünftgrößte Weinproduzent der Welt, und inzwischen gelangen auch mehr und mehr argentinische Spitzenprodukte nach Europa. Hauptanbaugebiet ist die Provinz Mendoza, gefolgt von der Provinz San Juan, dann La Rioja, Salta, Catamarca, Río Negro und Neuquén. Die meisten Weine sind vollmundige Rotweine. Sie sind wie die weißen Spitzenweine trocken. Auch in Uruguay wächst guter Wein, der aber weder im Bekanntheitsgrad noch im Preis und selten in der Qualität mit dem argentinischen zu vergleichen ist.

Metzgerstand in der Markthalle von Salta

Estanzias

Argentinien

„In diesem schönen südlichen Lande hat das Landleben eine Entwickelung genommen, welche den Nordamerikaner überrascht. Ein bedeutender Teil des Landes ist in ungeheure Estancias abgeteilt, deren Eigentümer der Mehrzahl nach reiche Argentinier sind, die im Winter in Buenos Aires und im Sommer auf dem Lande leben. Einige dieser Estancias haben einen Flächeninhalt von bis zu 300 englischen Quadratmeilen, solche von 20 bis 40 Meilen sind aber gewöhnlich. Der Fremde ist im ersten Augenblick ganz verblüfft, wenn ihm so ein Estanciero ganz ruhig sagt, dass auf seiner Estancia 60.000 Schafe, 40.000 Rinder und 10.000 Pferde weiden ... Und wenn ihn dann der gastfreie Besitzer einer solchen Estancia einladet, Morgens einen „kleinen Galopp" in einen Winkel seines Besitztums zu ma-

chen und der „Galopp" dauert ununterbrochen 5–6 Stunden, vom Wohnhaus weg, welches gewöhnlich in der Mitte des Besitzes liegt, da fängt der Gast an zu begreifen, was die Landwirtschaft in der argentinischen Republik bedeutet.

Die in den Estancias gebotene Gastfreundschaft macht das Leben des Gastes einfach bezaubernd. Das Wohnhaus ist gewöhnlich weitläufig, frisch und bequem, erbaut auf einem malerischen Punkt, wo es Ueberfluss an Bäumen, Blumen und Früchten giebt. Die Argentinier glauben nicht an den „Selbstmord der Rasse" und so giebt es in jeder Estancia einige hübsche Damen, Töchter und Verwandte, welche das gesellige Leben mit Grazie leiten, und ebenso gewandte Chevaliers – Brüder, Verwandte oder Freunde des Hauses. So kommen auch die Besucherinnen des schönen Geschlechtes auf ihr soziale Rechnung.

In Argentinien kann man Hunderte von Meilen reiten, ohne aus dem Kreise dieser anziehenden Zufluchtsstätten in der endlosen Pampa herauszukommen." In etwas ungewöhnlicher Rechtschreibung und Zeichensetzung rühmt im Handbuch „Argentinien als Ziel für die germanische Auswanderung" von 1906 ein *Mr. John Barrett* das argentinische Landleben.

Die Estanzias sind wirklich mehr als Bauernhöfe oder Farmen. Sie sind riesige Landgüter mit oft ebenso riesigen Herrenhäusern. Als mit Rindfleisch und Wolle noch weltweit gute Geschäfte zu machen waren, häuften die Besitzer unvorstellbare Reichtümer an. Sie bauten sich prachtvolle Minischlösser statt Wohnhäusern. Häufig kamen alle Materialien aus Europa, und so findet man heute noch inmitten des Nirgendwo kleine Phantasieschlösschen, in denen ein englischer Billardtisch vor einem Kamin aus italienischem Marmor steht und wo man mit englischem Silber tafelt.

Da die Preise für Wolle und Rindfleisch weltweit verfallen sind, müssen die Estanzieros heute über Alternativen nachdenken, wie sie ihre großen Häuser unterhalten können. Tourismus ist eine Möglichkeit, und so kann man heute Tagesausflüge dorthin machen oder längere Aufenthalte buchen.

Ein Tagesaufenthalt auf einer Estanzia kostet pro Person 60–90 US-$ (mit Übernachtung), darin sind meist alle Kosten – für Ausritte oder Kutschfahrten, Mahlzeiten, Grillabende, Getränke zwischendurch etc. – enthalten. Zusätzlich Geld ausgeben fällt schwer, da die Lage weitab von Städten Einkäufe fast unmöglich macht.

Es gibt inzwischen mehr als schätzungweise hundert Estanzias, auf denen Touristen bleiben können. Die beste Anlaufstelle mit der größten Auswahl ist die Tourismusabteilung der **Casa de la Provincia de Buenos Aires,** Av. Callao 235/41, Tel. 4371-7045/47. Des weiteren kann man sich auch an ein Reisebüro wenden, beispielsweise an:

- **Flyer,** Reconquista 621, 8° Piso, 1003 Buenos Aires, Cap. Fed., Tel. (0054-11) 4313-8224, Fax (0054-11) 4312-1330
- **Oceantur,** Paraguay 577, 3° Piso, 1057 Buenos Aires Cap. Fed., Tel./Fax (0054-11) 43136648, ventas@oceantur.com.ar

Eine weitere Alternative bietet ein Besuch im Tourismusbüro der Provinz Santa Cruz, Av. Córdoba 1345, Buenos Aires. Dort werden Aufenthalte auf den Schaf-Estanzias in Patagonien vermittelt.

Uruguay

Über das Land verstreut gibt es etwa achtzig mehr oder weniger große Estanzias, die Urlauber aufnehmen. Der Aufenthalt ist, wie in Argentinien, meist recht teuer, viele Estanzias verlangen bis zu 100 US-$ pro Tag und Person (mit Übernachtung), allerdings sind darin meist alle Kosten – für Mahlzeiten, Grillabende, Getränke zwischendurch etc. – enthalten, und weitere Geldausgaben fallen schwer, da die Lage – häufig weitab von Städten – Einkäufe fast unmöglich macht. Nicht nur bei längeren Aufenthalten empfiehlt sich das Handeln.

Am besten erkundigt man sich bei der **Sociedad Uruguaya de Turismo Rural,** Av. Uruguay 864, Montevideo. Tel. (00598-2) 323-6854, scirilo@adinet.com.uy. Die meisten Estanzias werden auch von Reisebüros vermarktet, u.a. von:

- **Cecilia Regules Viajes,** Bacacay 1313, Montevideo, Uruguay; Tel. (00598-2) 9163011/2

Feiertage

Argentinien

Argentinien ist ein **sehr katholisches Land.** Dennoch gibt es weniger katholische Feiertage als in Deutschland. So fehlen z.B. der zweite freie Tag an Weihnachten, Ostern und Pfingsten. An folgenden kirchlichen und staatlichen Feiertagen haben die öffentlichen Einrichtungen geschlossen:

- **1.1.** Neujahr – Año Nuevo
- März/April: Karfreitag, Ostern
- **2.4.*** Tag der Hoheit über die Malwinen – Día de la Soberanía sobre las Islas Malvinas
- **1.5.** Día de los Trabajadores – Tag der Arbeit
- **25.5.** Nationalfeiertag, da an diesem Tag 1810 die provisorische Regierung eingesetzt wurde
- **20.6.*** Tag der Fahne – Día de la Bandera
- **9.7.** Tag der Staatswerdung; an diesem Tag wurden 1816 in Tucumán die „Vereinigten Provinzen von Süd-Amerika" gegründet
- **17.8.*** Todestag *San Martíns*
- **12.10.*** Descubrimiento de América, Entdeckung Amerikas; am 12. Oktober 1492 landete *Columbus* auf den karibischen Inseln
- **25.12.** Navidad – Weihnachten

Eine argentinische Besonderheit sind die **gleitenden Feiertage,** in der Liste mit einem Stern gekennzeichnet. Fallen sie auf einen Dienstag, Mittwoch, Donnerstag oder sogar Samstag, werden sie auf den nächstliegenden Montag verlegt. So ergibt sich stets ein langes Wochenende.

Die **Schulferien** dauern im Sommer von Mitte Dezember bis Mitte März, im Winter nur zwei Wochen im Juli.

Uruguay

- **1.1.** Año Nuevo – Neujahr
- **6.1.** Día de los Reyes (Dreikönigstag), auch Día del Niño (Tag des Kindes) genannt
- **19.4.** Desembarco de los 33 Orientales (Jahrestag der Landung der 33 Orientalen am Strand von Agraciada 1825)
- **1.5.** Día de los Trabajadores – Tag der Arbeiter
- **18.5.** Batalla de Las Piedras (Jahrestag der Schlacht bei Las Piedras 1811)
- **19.6.** Natalicio de *Gral. José Artigas* (Geburtstag des General *José Artigas)*
- **18.7.** Jura de la Constitución (Jahrestag der Verfassung 1830)
- **25.8.** Declaración de la Independencia (Jahrestag der Unabhängigkeit 1825)
- **12.10.** Descubrimiento de América oder Día de la Raza (Jahrestag der Entdeckung Amerikas 1492)
- **2.11.** Día de los Difuntos – Allerseelen
- **8.12.** Día de las Playas (Eröffnung der Badesaison)
- **25.12.** Navidad (Weihnachten), auch Día de las Familias (Tag der Familien) genannt

Zu diesen festen Feiertagen kommen noch die beweglichen Feste wie Karneval (ab Rosenmontag teilweise einige Tage frei) sowie die Osterwoche von Karfreitag bis Ostersonntag (in Uruguay = „Semana de Turismo").

Paraguay

- **1.1.** Año Nuevo – Neujahr
- **1.3.** Gedenktag zur Schlacht am Cerro Corá (Ende des Krieges mit der Triple Alianza, Tod von *López)*
- März/April: Gründonnerstag und Karfreitag
- **1.5.** Día de los Trabajadores – Tag der Arbeiter
- **15.5.** Independencia Patria – Unabhängigkeitstag
- **12.6.** Paz del Chaco – Ende des Chaco-Krieges
- **15.8.** Jahrestag der Gründung von Asunción
- **12.10.** Descubrimiento de América oder Día de la Raza (Jahrestag der Entdeckung Amerikas 1492)
- **8.12.** Tag der Jungfrau von Caacupé/Mariä Empfängnis
- **25.12.** Navidad – Weihnachten

Fotografieren

Der beste Tipp zuerst: Man überlege sich, wie viele **Filme** man brauchen könnte, und nehme dann sicherheitshalber **doppelt so viele** mit. Allerdings sind Filme jeder Qualität in allen La-Plata-Ländern problemlos zu kaufen, durch den günstigen Umtauschkurs mittlerweile sogar preiswerter als in Mitteleuropa. Am billigsten ist Filmmaterial nach wie vor in Paraguay – wegen des ausgedehnten Schmuggels ... Kauft man in den La-Plata-Ländern außerhalb der Hauptstädte und Ciudad del Este (Paraguay) Filme, sollte man auf das **Haltbarkeitsdatum** achten. Ebenso sollte man mindestens einen Satz **Ersatzbatterien** für die Kamera einstecken, denn diese entleeren sich in bestimmten Gebieten aufgrund der sehr hohen **Luftfeuchtigkeit** schnell. Deshalb sollte man Filme und Ersatzbatterien in einen dicht schlie-

Buchtipps:
- Helmut Herrman, **Reisefotografie**
- Volker Heinrich **Reisefotografie digital**

(beide Bände Reise Know-How Praxis)

a3-31 Foto: gw

ßenden Behälter packen und noch einige Tütchen Silicagel (bekommt man in jedem Fotogeschäft) hineinlegen. Das zieht die Feuchtigkeit an. Auch in die Fototasche sollte man ein Tütchen Silicagel packen.

Den **Durchleuchtgeräten** auf den internationalen Flughäfen kann man trauen, auf kleineren Provinzflughäfen sollte man sicherheitshalber bestimmt nachfragen. Auch die Filmentwicklung und das Herstellen von Abzügen sind mittlerweile preiswerter als zu Hause – freilich gibt es auch hier große Qualitätsunterschiede.

Ein paar **kleine Tipps** – geübte Fotografen werden das alles schon wissen: Die schlechteste Zeit zum Fotografieren ist die Mittagsstunde. Dann ist die Sonneneinstrahlung zu hell, die Schatten sind zu stark, alle Feinheiten verwischen. Besser sind die frühen Morgenstunden oder die am späten Nachmittag, wenn das Licht milder und weicher ist und die Farben besser hervorkommen. Wer dann die Kamera auspackt, kann sicher sein, z.B. in den bunten Schluchten im Nordosten Argentiniens stimmungsvolle Fotos zu machen. Bei zu grellem Mittagslicht kann ein UV-Filter ein wenig helfen. Er ist ohnehin empfehlenswert und sei es „nur" als Schutz des Objektivs.

Villa General Belgrano – Es lebe die deutsch-argentinische Freundschaft!

Wenn man keine Kamera mit einem besonders lichtstarken Objektiv besitzt, empfiehlt sich auch die Mitnahme von einigen etwas stärker **lichtempfindlichen** Filmen (200 oder sogar 400 Asa). Diese können dann für Innenaufnahmen ohne Blitz genutzt werden, bei Außenaufnahmen zur Abendstunde od. in den teilweise sehr dunklen Wäldern der Nationalparks.

In allen drei Ländern ist es **verboten, militärische und polizeiliche Einrichtungen** zu fotografieren. Darunter fallen auch die Polizeikontrollstellen an den Überlandstraßen.

Frauen allein unterwegs

Die La-Plata-Länder sind für lateinamerikanische Verhältnisse vergleichsweise **sicher,** auch für allein reisende Frauen. Natürlich ist der **Machismo** der Männer überall deutlich spürbar, und selbstverständlich werden Frauen nach ihrem Aussehen beurteilt. Ebenso natürlich definieren sich Männer hier stärker noch als in Europa über ihre vermeintlich spezifisch männlichen Fähigkeiten.

Ein Zitat aus *Julio Cortázars* Roman „Die Gewinner" macht einiges deutlich: *„Es war ihr zuwider, sich zwangsläufig in die Reihe der Reiseamüsements eingeordnet zu fühlen. Wie eine Zielscheibe nagelte man sie an die Wand, damit der Herr Jäger sich im Scharfschießen üben konnte. Aber Jamaica John war so sympathisch, sie konnte ihm nicht wirklich böse sein. Sie fragte sich, ob er vielleicht ähnliche Überlegungen anstellte; sie wußte wohl, daß er sie für kokett halten konnte, erstens weil sie es war, und zweitens weil ihre Art, sich zu geben, leicht mißzuverstehen war. Als echter Argentinier würde der arme López vielleicht glauben, er mache vor ihr eine schlechte Figur, wenn er nicht alles daransetze, sie zu erobern. Eine idiotische, irgendwie aber auch eine unabänderliche Situation wie die der Handpuppen im Kasperletheater, die gezwungen waren, die rituellen Schläge mit der Peitsche auszuteilen."*

Aushalten muss frau das Hinterherpfeifen auf der Straße und die vielen anzüglichen **Piropos,** eine idealerweise poetische, meistens aber derb sexuelle Anmache, die hinterhergerufen wird. Ignorieren, auch wenn es schwer fällt, ist hier immer noch die beste Reaktion.

Meistens werden allein reisende Frauen aber eher neugierig angesprochen, auch weil allein reisende Frauen aus den Ländern selbst eine riesengroße Ausnahme sind. Da ausländische Frauen besonders auffallen, sollten sie sich in der Wahl ihrer **Kleidung** zurückhalten. Ein BH ist „Pflicht" für Frauen in den La-Plata-Ländern, ansonsten gibt es kaum Kleiderregeln. Oben-ohne-Baden ist nicht erlaubt.

Buchtipp:
- Birgit Adam
Als Frau allein unterwegs
(Reise Know-How Praxis)

Geld

Argentinien

Anfang 2002 endete die Kopplung des **Argentinischen Peso (ARS)** im Verhältnis 1:1 an den US-Dollar, die seit 1992 künstlich aufrechterhalten worden war. Seither wird der Peso wieder frei gehandelt. Nach einem anfänglichen Sturzflug bewegte er sich im April 2003 bei einem Kurs von **1 US-$ = 3 ARS.**

Angesichts des rapiden Wertverfalls des Peso innerhalb weniger Wochen ist der **US-Dollar** zur heimlichen **Zweitwährung** geworden und daher in den meisten Geschäften gern gesehen. Allerdings sollte man, bevor man mit Dollar bezahlt, nach dem Umrechnungskurs fragen, den der jeweilige Laden veranschlagt. Auch muss man damit rechnen, das Wechselgeld in Pesos zu bekommen.

Ein weiteres, halboffizielles Zahlungsmittel sind die von einzelnen Provinzregierungen im Zuge der Finanzkrise ausgegebenen **Gutscheine,** die verschiedene Namen tragen und in unterschiedlichem Maße anerkannt werden. Die in Buenos Aires üblichsten heißen *Patacones* und werden von vielen Geschäften in Zahlung genommen, weitere sind *Lecop* und *Lecor.* Meist ist ihre Gültigkeit auf die jeweilige Provinz beschränkt, schon daher sollte man als Tourist versuchen, sie zu meiden.

Der Reisende versorgt sich am besten mit **US-Dollar,** weil sie entweder überall direkt angenommen oder leicht eingetauscht werden können. Euro oder Schweizer Franken wird man ansonsten fast nur in Buenos Aires oder einigen großen Touristenorten wie Bariloche tauschen können.

Reiseschecks und Kreditkarten

Eine der sichersten Möglichkeiten, sein Geld aufzuheben, sind **Reiseschecks.** Werden diese gestohlen, nutzen sie dem Dieb nichts, und der Besitzer bekommt sie jederzeit recht problemlos erstattet. Die bekanntesten sind die Reiseschecks von American Express und Thomas Cook; mit beiden, aber auch allen anderen, hat man in Argentinien ein großes Problem: die Akzeptanz. So ist das Büro von American Express in Buenos Aires (Plaza San Martín zwischen Arenales und Juncal) der einzige Ort in Argentinien, wo man die Schecks ohne Kommission eingetauscht bekommt. Alle anderen **Büros** von American Express **tauschen zumeist keine Schecks** (sie sind lediglich Reisebüros) oder verlangen genau wie die Banken zwischen 2 und 5 Prozent Kommission. In manchen Kleinstädten findet man auch keine Bank, die bereit ist, Reiseschecks einzutauschen. Also: Immer genug Bargeld dabeihaben!

Die **einfachste Möglichkeit, an Bargeld zu gelangen,** bietet die deutsche **Euroscheckkarte,** sofern sie mit einem Mastercard- (Maestro-)Logo versehen ist. Zwar werden beim Abheben (am Geldautomaten mit der deutschen Geheimzahl) ein paar Mark Gebühren fällig, diese sind aber deutlich geringer als die beim Abheben mit irgendeiner Kreditkarte und je nach Bank (am besten Net Redbanc) auch geringer als das eine Prozent, das man bei Reiseschecks als Versicherungssumme bezahlt.

Auch **Kreditkarten mit PIN-Code** lassen sich an Geldautomaten einsetzen, hier sind aber, wie gesagt, die Gebühren deutlich höher. Kreditkarten sind hingegen nützlich bei Bus- und Fluggesellschaften, auch in den allermeisten größeren Geschäften und in vielen Restaurants kann man damit bezahlen, allerdings nicht in der kleinen Kneipe um die Ecke oder im letzten Dorf der Puna. Häufig ist der Kauf mit Kreditkarte allerdings teurer als der Barkauf, bis zu 10 Prozent beträgt der Unterschied. Eurocard wird nur akzeptiert, wenn sie gleichzeitig eine Mastercard ist. Die meisten Akzeptanzstellen hat Mastercard. Im Kapitel zu Buenos Aires sind die dortigen Büros der Kreditkartengesellschaften genannt.

Wenn die Finanzen knapp werden, kann recht problemlos **Geld nach Argentinien überwiesen** werden. Das geschieht über Telex und dauert einige Tage bis zu knapp einer Woche. Man sucht sich eine Bank, die mit der eigenen Hausbank zusammenarbeitet, in Buenos Aires am besten die Deutsche Bank, dann wird die Hausbank beauftragt, das Geld anzuweisen.

Reisekosten

Argentinien gehörte jahrelang durch die Dollarbindung des Peso zu den teuersten Reiseländern in Südamerika. Dies hat sich 2002 schlagartig geändert: Der Peso ging auf Talfahrt gegenüber dem Dollar, und obwohl die Preise in einigen Bereichen angezogen haben, sind viele Dinge für den europäischen Touristen plötzlich sehr billig geworden. Mit einem Tagessatz von ca. 15 Euro (ca. 50 Pesos) kommt man bereits über die Runden, mit dem Doppelten kann ein Rucksacktourist schon fast fürstlich leben. Am teuersten sind nach wie vor die Großstädte, hingegen war der Aufenthalt in den Nationalparks schon früher billig.

a8-46 Foto: gw

Nationalbank in Buenos Aires

Ein paar **Preisbeispiele:** Ein Frühstück in einer Bar ist ab 2,50 Pesos (0,70 US-$) zu haben, ein einfaches Mittagessen kostet zwischen 7 und 20 Pesos (2 bis 5,50 US-$), ein Abendessen je nach Qualität 12 bis 25 Pesos (3,30 bis 7 US-$). Übernachten kann man in einer einfachen Herberge ab ca. 3 US-$ (10 Pesos), ein Doppelzimmer in einem simplen Hotel ist schon für ca. 8 US-$ (30 Pesos) zu haben. Eine Bus- oder Metrofahrt in Buenos Aires kostet gerade mal 20 Cent (0,70 bis 0,80 Pesos).

Schon immer recht preiswert – und jetzt erst recht – waren Überlandreisen. Wer mit **öffentlichen Verkehrsmitteln** unterwegs ist, muss für den ausgezeichneten Service nur wenig bezahlen. So kostet die etwa 36-stündige Busfahrt durch das halbe Land von Río Gallegos nach Buenos Aires nur etwa 40 US-$. Besonders im Süden bieten kleinere private Fluggesellschaften auch attraktive Flugpreise.

Gepäckträger oder diejenigen, die im Busbahnhof das Gepäck verstauen, erwarten ein **Trinkgeld** *(Propina)*, meistens in Höhe von 1 bis 2 Pesos.

Feilschen ist nicht selbstverständlich wie etwa in Bolivien oder Peru. Normalerweise gelten Fixpreise, aber besonders auf Märkten, wo Kunsthandwerk verkauft wird, ist auch ein wenig Handeln angesagt. Selbst in den Lederwarengeschäften in Buenos Aires kann man mit etwas Glück und Geschick einen kleinen „Descuento" (Nachlass) erlangen. Wenn nicht anders ausgezeichnet, sind 10 Prozent bei Barzahlung üblich.

Uruguay

Währung ist seit 1993 der Peso, er ersetzte den Neuen Peso. Grund für die Umstellung war die riesige Inflation, der heutige Peso entspricht 1000 Neuen Peso. Offiziell ist der Peso in 100 Centésimos unterteilt, de facto hat dies keine Bedeutung. Auch der **Uruguayische Peso** (offizielles Kürzel: **UYU**) hatte im Zuge der Argentinien-Krise mit der Abwertung zu kämpfen, wenn auch weniger dramatisch. Im Lauf des Jahres 2002 büßte die Währung rund 50 Prozent ihres Wertes ein, im April 2003 wurde **1 US-$** mit rund **29 UYU** gehandelt.

Uruguay kennt **keinerlei Devisenbeschränkungen.** Alle Währungen können unbegrenzt ein- und ausgeführt werden. Auch in den Wechselstuben gilt inzwischen das Bankgeheimnis.

In Montevideo sind alle Währungen tauschbar, auf dem Land empfiehlt sich die **Mitnahme von US-Dollar**. **Kreditkarten** (Visa, American Express, Euro- bzw. Mastercard) sind gebräuchlich, allerdings empfiehlt sich oftmals die Barzahlung, da dann bis zu 15 Prozent Descuento (Rabatt) eingeräumt werden.

Montevideo ist der wichtigste Bankenplatz im südlichen Lateinamerika. Hier haben fast alle internationalen Großbanken ihren Sitz oder ein Partnerunternehmen. Die meisten Banken haben nur nachmittags geöffnet.

Der **Geldwechsel** erfolgt jedoch besser bei einem der vielen **Wechselbüros.** Vereinzelt nehmen – aber nur in Montevideo – diese Wechselbüros auch Euroschecks an, besser beraten ist man aber mit Travellerschecks von American Express oder Thomas Cook. Die Kommission für Schecks ist bei den verschiedenen Wechselstuben unterschiedlich, sie beträgt meist um die 1 Prozent.

In Uruguay wird die EC-Karte mit Maestro-Logo nicht an allen, aber an vielen (redbanc immer) Geldautomaten akzeptiert.

Reisekosten

Uruguay ist mittlerweile etwas teurer als Argentinien, aber trotzdem durch die Währungsabwertung ziemlich preiswert. Sparsame Reisende können mit einem Tagessatz von rund 25 Euro rechnen. In der Saison (Dezember bis Februar) ist es teurer, dann kann es leicht sein, dass sich an der Küste die Hotelpreise verdoppeln. Wer glaubt, dass Hotels im wenig besuchten Inland billiger seien, irrt – oft ist sogar das Gegenteil der Fall! Man bezahlt für diejenigen, die nicht kommen, mit ... Sparen kann man auch hier durch Camping und das Zubereiten eigener Mahlzeiten. Die öffentlichen Verkehrsmittel sind sehr preiswert.

Feilschen ist auch in Uruguay nicht selbstverständlich. Normalerweise gelten Fixpreise, aber besonders auf Märkten, wo Kunsthandwerk verkauft wird, auch bei den Lederwarengeschäften oder -fabriken in Montevideo sollte man schon versuchen, ein wenig zu handeln. Die Bezahlung mit Kreditkarte ist immer teurer als Barzahlung.

Paraguay

Währung ist der **Guaraní (PYG),** der in 100 Céntimos unterteilt ist. Diese Unterteilung hat aber de facto keinerlei Bedeutung, da nichts weniger als 1 Guaraní kostet. Der Guaraní wurde wie alle Währungen der La-Plata-Staaten in den Sog der Argentinien-Krise gezogen. Allein 2002 verlor die Landeswährung 55 Prozent ihres Wertes gegenüber dem Dollar. Hier sind gute Kopfrechner gefragt: Im April 2003 wurde **1 US-$** mit rund **7000 PYG** gehandelt.

Paraguay kennt **keinerlei Devisenbeschränkungen.** Alle Währungen können unbegrenzt ein- und ausgeführt werden. Allerdings empfiehlt sich die Ausfuhr von Guaraní nicht, sie sind nur schwer umzutauschen, selbst in den Nachbarländern. **In Asunción sind alle Währungen tauschbar.**

Banken wechseln auch Fremdwährungen; besser, schneller und leichter geht das aber bei den „Casas de Cambios". Diese nehmen auch **Travellerschecks,** meistens ohne oder nur mit sehr geringer Kommission. Einen minimal besseren Kurs geben die **Geldwechsler,** die auf der Straße tauschen; allerdings nur solange die Wechselstuben geöffnet haben, danach und an Wochenenden tauschen sie zu einem etwas schlechteren Kurs. Geldwechsler findet man auch immer direkt an der Grenze oder den Busbahnhöfen der Grenzstädte. Außerhalb von Asunción sollte man aber immer genügend Bargeld mit sich führen, denn dort sind Reiseschecks schwieriger zu tauschen.

Kreditkarten (Visa, American Express, Euro- beziehungsweise Mastercard) sind gebräuchlich, allerdings empfiehlt sich oftmals die Barzahlung, da dann bis zu 15 Prozent Descuento (Rabatt) eingeräumt werden.

Auch in Paraguay kann man inzwischen an Geldautomaten seine normale Kreditkarte und auch die EC-Karte mit Maestro-Logo verwenden.

Reisekosten

Paraguay war bereits vor der Wirtschaftskrise **das billigste der drei La-Plata-Länder.** Die Preise betragen etwa zwei Drittel der Preise in Uruguay. Auch die Reisekosten sind geringer, allerdings ist das Busfahren in Paraguay nur auf wenigen Strecken bzgl. Service, Pünktlichkeit und Bequemlichkeit mit Argentinien zu vergleichen.

Feilschen ist nicht selbstverständlich, aber populär. In vielen Geschäften gelten Fixpreise, aber nicht auf Märkten und auch nicht in den Geschäften, die paraguayisches oder, in Ciudad del Este, fernöstliches „Kunsthandwerk“, nämlich Elektroartikel, verkaufen. Hier darf ordentlich gehandelt werden.

Informationen zur Gesundheit
im Internet unter www.travelmed.de.

Gesundheit

Glücklicherweise bedarf eine Reise in die La-Plata-Länder **keiner umfangreichen medizinischen Vorkehrungen.** Meistens sind die hygienischen Verhältnisse gut, und wenn man auf einige Punkte achtet, ist der Aufenthalt problemlos. Selbst viele Reisende, die wochenlang Leitungswasser in den drei Ländern getrunken haben – was ich nicht empfehlen würde –, wurden nicht krank. Nach dem Lesen der folgenden Abschnitte sollte man deshalb nicht in Panik verfallen, im großen und ganzen ist das Risiko nicht wesentlich größer als in vielen Ländern Europas.

Vorbeugende Maßnahmen

Die meisten Reiseerkrankungen gründen auf eigenem Fehlverhalten, besonders auf **fehlender Hygiene bei Nahrungsmitteln** oder Trinkwasser. Einige grundsätzliche Ratschläge:

- **Wasser** am besten nur in abgekochter Form als Kaffee oder Tee trinken; am besten keine Eiswürfel. Auch das Desinfizieren mit Micropur oder anderen Mitteln ist nur ein Notbehelf.
- **Nur frisch zubereitete Speisen essen,** alles sollte gut durchgegart sein, besonders Fleisch, Fisch und Meeresfrüchte. Muscheln nie roh essen.
- **Vorsicht bei ungeschältem Obst und Salaten!**

Besonders in den ersten Tagen sollte man seinem Magen nicht zu viel zumuten. Wird man trotz aller Vorsicht von einem **Reisedurchfall** erwischt, sollte man es zunächst mit harmloseren Mitteln probieren, bevor man zur Chemie greift. Denn Medikamte wie Imodium oder Lopedium, die dennoch in jede Reiseapotheke gehören, haben mitunter starke Nebenwirkungen. Bei ganz leichten Fällen hilft vielleicht schon die bekannte Cola-Salzstangen-Diät. Besser ist eine mit schwarzem Tee, Zwieback, Haferflocken, dazu viel Salz und Kohletabletten. Der Tee sollte bei starkem Flüssigkeitsverlust mit einem Teelöffel Salz und zehn Teelöffeln Zucker je Liter getrunken werden. Eine andere Möglichkeit ist, folgende Zutaten mit einem Liter abgekochtem Wasser zu mischen: ein Teelöffel Salz, ein halber Teelöffel Natriumcarbonat (Backpulver), drei Tabletten Kaliumchlorid, vier Teelöffel Traubenzucker oder acht Teelöffel normalen Zucker.

Impfungen

Die **Tetanus-Impfung** sollte sowieso alle zehn Jahre aufgefrischt werden. Sie ist gut verträglich und schützt vor dem in aller Welt verbreiteten Wundstarrkrampf, der durch verschmutzte Wunden hervorgerufen werden kann. Wer sich nicht sicher ist, wie lange seine letzte Impfung gegen Tetanus zurückliegt, sollte diese wiederholen und gleichzeitig auch seinen **Polio-Schutz** gegen Kinderlähmung – die nicht vom Lebensalter abhängig ist! – auffrischen.

Manche Ärzte empfehlen auch eine zusätzliche Impfung gegen **Tollwut,** besonders bei längerem Aufenthalt in sehr abgelegenen Gebieten. Die Immunität wird durch drei Impfungen innerhalb von drei Wochen erreicht, die nach einem Jahr aufgefrischt werden müssen. Danach hält die Immunität zwei bis fünf Jahre an.

Auch gegen **Typhus** besteht eine Impfmöglichkeit. Diese Krankheit wird bei mangelhafter Hygiene durch Nahrung und Trinkwasser übertragen. Man kann sich durch eine Schluckimpfung oder durch eine Injektion dagegen für etwa zwei bis drei Jahre immun machen.

Gegen **Cholera** kann man sich zwar auch impfen lassen, die meisten Mediziner raten aber davon ab. Zur Zeit besteht nur in den argentinischen Provinzen Salta, Jujuy, Mendoza und Tucumán eine sehr geringe Choleragefahr. Die Übertragung erfolgt durch das Trinken von kontaminiertem Wasser oder das Essen von kontaminierten Speisen. Also sind die vorbeugenden Maßnahmen schnell klar: Immer darauf achten, dass alles gut abgekocht ist, und die persönliche Hygiene auf keinen Fall vernachlässigen. Symptome der Erkrankung sind ein sehr starker, schmerzloser, wässriger Durchfall ohne Fieber, aber einhergehend mit Erbrechen. Gefährlich ist die damit verbundene Schwäche und die Dehydratisierung (Wasserverlust) des Körpers. Cholera ist eine Armutskrankheit, sie ist dort verbreitet, wo die hygienischen Bedingungen unzureichend sind.

Hepatitis A (Gelbsucht) ist ebenfalls in den Regionen verbreitet, wo die Hygiene mangelhaft ist. Sie wird über Nahrungsmittel, Trinkwasser oder durch Kontakt zu infizierten Personen übertragen. Die Inkubationszeit ist recht lang, allerdings werden die ersten Erreger bereits zwei Wochen nach der Ansteckung, vor dem Ausbruch der Krankheit, mit dem Stuhl ausgeschieden. Die Symptome sind zunächst recht harmlos: Appetitlosigkeit, eine Abneigung gegenüber fetten Speisen, Alkohol und Nikotin, Übelkeit, Schwäche, Fieber und Durchfälle. Verräterisch ist eine schmerzende Leber (unter dem rechten Rippenbogen). Später färben sich die Augen gelblich, der Urin wird dunkler und der Stuhl weißlich. Dann allerdings sollte man spätestens einen Arzt aufsuchen. Der verschreibt einige Medikamente, dazu aber vor allem Schonkost, Bettruhe und den lang andauernden Verzicht auf alle möglichen Gifte wie Alkohol und Nikotin.

Man kann durch eine Blutuntersuchung feststellen lassen, ob man bereits Antikörper gegen eine Hepatitis A besitzt. Ist das der Fall, ist man mit hoher Wahrscheinlichkeit lebenslänglich immun. Dann hatte man vermutlich früher bereits eine schwache Hepatitis-Infektion, die nicht richtig zum Ausbruch gekommen ist.

Der Impfschutz gegen die Hepatitis A wird durch zwei Injektionen im Abstand von zwei bis vier Wochen gewährleistet. Diese sollten nach einem halben bis ganzen Jahr wiederholt werden, dann hält die Immunität etwa zehn Jahre vor. Eine andere Möglichkeit ist die Impfung mit Gammaglobulin, die allerdings nur etwa zwei bis vier Monate vorhält.

Reiseapotheke

- persönlich benötigte Medikamente
- Tabletten gegen Reisekrankheit
- Tabletten gegen Magen- und Darmerkrankungen
- Malaria-Prophylaxe-Mittel
- Schmerztabletten
- Insektenschutzmittel
- Sonnenschutzmittel (hoher Lichtschutzfaktor)
- (Wasser-) Desinfektionsmittel
- als Brillenträger: Ersatzbrille (analog im Falle von Kontaktlinsen)
- Lippenschutzstift
- Nasentropfen *(gotas para la nariz)*
- Augentropfen *(gotas para los ojos)*
- Antibiotika
- Salben gegen Juckreiz und Hauterkrankungen, Wundsalben
- Kondome *(condones)*
- Antibabypillen
- Tampons
- Binden
- Pflaster
- Mullbinde; elastische Binde

Buchtipps:

Zum Thema Gesundheit/Krankheiten auf Reisen hat REISE KNOW-HOW nützliche Ratgeber im Programm:

- Dr. Dürfeld, Dr. Rickels
Selbstdiagnose und -behandlung unterwegs
- David Werner
Wo es keinen Arzt gibt, Gesundheitshandbuch zur Hilfe und Selbsthilfe
- Armin Wirth
Erste Hilfe unterwegs effektiv und praxisnah
- Werner und Jeanette Lips
Schwanger reisen

Malaria

Malaria wird von einzelligen Blutparasiten verursacht und von Stechmücken übertragen. Es gibt zwei Formen der Malaria, die so genannte gutartige **(Malaria tertiana)** und die bösartige **(Malaria tropica).** Der Krankheitsverlauf ist ähnlich, man leidet unter Fieber, Kopf- und Gliederschmerzen, Durchfall und Erbrechen. Die bösartige muss behandelt werden, sie kann ansonsten sogar zum Tod führen.

Entwarnung: In Nordargentinien, in den Provinzen Salta und Jujuy sowie in Paraguay kommt fast ausschließlich die gutartige Malaria vor, alle anderen Gebiete sind zwar nicht mücken-, aber malariafrei. Malaria ist in Salta und Jujuy nur unterhalb von 1200 m Höhe verbreitet – die Stadt Salta liegt auf knapp 1200 m, Jujuy auf mehr als 1500 m –, in Paraguay nur im Grenzgebiet zu Brasilien. Sie kommt nur in den Sommermonaten Oktober bis Mai vor.

Der simpelste **Schutz** besteht darin, sich vor dem Stich der Stechmücken zu hüten. Die Mücken stechen nur abends und nachts, daher sollte man:

- in den Abendstunden Kleidung tragen, die den Körper möglichst bedeckt;
- sich mit Insekten vertreibenden Mitteln einreiben *(repelente);*
- sich entweder in vollklimatisierten Räumen aufhalten oder
- die Mücken anderswie vertreiben, so z.B. durch so genannte Moskito-Coils, die abgebrannt werden und deren Geruch die Mücken vertreibt.

Hauterkrankungen

Die schlimmste Hauterkrankung ist der **Sonnenbrand,** den man nicht unterschätzen sollte. Im Gebirge und im Süden Patagoniens, wo sich das Ozonloch auswirkt, ist die Gefahr besonders groß und wird, da es dabei häufig recht kühl ist, leicht unterschätzt. Eine Sonnencreme mit mindestens Lichtschutzfaktor 25 gehört unbedingt ins Reisegepäck, eine noch stärkere evtl. für die Lippen und andere empfindliche Hautstellen. Zudem sollte man das Sonnenbaden zwischen 11 und 16 Uhr vermeiden.

Andere Hauterkrankungen resultieren aus Insektenbissen/-stichen. Gegen Fußpilz schützt man sich durch den Gebrauch von Badelatschen.

Höhenkrankheit

Vorsichtig sollte man beim schnellen Aufstieg in große Höhen sein, Argentinien ist hierbei ein gefährliches Land, denn leicht gelangt man mit dem Pkw auf Höhen von 3500 oder 4000 m, ohne sich vorher an die dünne, sauerstoffarme Luft zu gewöhnen. Die Höhenkrankeit befällt jeden, der sich zu schnell in große Höhen begibt und sich dort zu sehr anstrengt. Sie kündigt sich durch **Kopfschmerzen** an und kann im allerschlimmsten Fall zum Tod führen. Also Vorsicht beim Aufstieg in die Berge, eine **gute Akklimatisation** ist bei Höhen über 3000 m wichtig. Bei ersten Anzeichen von Unwohlsein sollte man sofort in niedrigere Regionen absteigen.

a7-43 Foto: gw

AIDS

Wie überall auf der Welt ist AIDS (spanisch **SIDA**) auch in den La-Plata-Ländern ein Thema. In Uruguay und Argentinien finden besonders in den Hauptstädten immer wieder große Aufklärungskampagnen über die Krankheit, die Gefahren der Ansteckung und den Schutz davor statt, in Paraguay wird weniger darüber gesprochen. Der einzige wirksame Schutz sind Kondome *(condones);* besser ist es, diese aus Europa mitzunehmen, da sie hier vielleicht nicht billiger, aber – so heißt es – zuverlässiger sind.

Der HI-Virus wird auch durch den Gebrauch nicht-steriler Spritzen übertragen. Sollte eine Injektion nötig sein, empfiehlt es sich, in einer Apotheke eine Einwegspritze zu kaufen und diese vom Arzt setzen zu lassen.

Weihnachtsdekoration in Uruguay

Medizinische Versorgung

Die **Gesundheitssysteme** in Argentinien und Uruguay **gehören zu den besten in Lateinamerika,** in Paraguay ist das Netz nicht so dicht ausgebaut. Allerdings gibt es ein starkes **Gefälle in der Ärztedichte zwischen den Haupt- und Großstädten und dem Landesinnern.** In den Großstädten, vor allem aber in Buenos Aires, Montevideo und Asunción, findet man auch problemlos deutschsprachige Allgemeinmediziner (Auskünfte geben die Botschaften und Konsulate).

Die **Apotheken** *(farmacias)* haben in Argentinien und Uruguay oftmals bis tief in die Nacht geöffnet, in Paraguay meistens nur zu den normalen Öffnungszeiten. Viele Medikamente, die z.B. in Deutschland nur auf Rezept zu erhalten sind, können dort frei erworben werden. Sie sind auch häufig wesentlich billiger. Es ist nicht ungewöhnlich, dass Apotheken auf dem Land aus einer Packung nur ein paar Tabletten verkaufen. Selbstmedikamentation ist sehr weit verbreitet.

Tropenmedizinische Institute

In Deutschland

- **Berlin:** Institut für Tropenmedizin, 14050 Berlin, Spandauer Damm 130, Tel. (030) 301166, Fax 30116888
- **Bonn:** Institut für medizinische Parasitologie der Universität, 53127 Bonn, Sigmund-Freud-Straße 25, Tel. (0228) 2875672, Fax 2874330
- **Dresden:** Städtisches Klinikum Dresden-Friedrichstadt, Referenzzentrum für Reisemedizin, 01067 Dresden, Friedrichstr. 39, Tel. (0351) 4803801, 4803805, Fax 4803809
- **Hamburg:** Bernhard-Nocht-Institut, 20359 Hamburg 36, Bernhard-Nocht-Str. 74, Tel. (040) 428180, Fax 42818400 (bei schriftlichen Anfragen frankierten Rückumschlag beilegen, Reiseziele und als Betreff „Reiseprophylaxe“ angeben); www.bni.uni-hamburg.de
- **Heidelberg:** Institut für Tropenhygiene am Ostasieninstitut der Uni, 69120 Heidelberg, Im Neuenheimer Feld 324, Tel. (06221) 562905 oder 562999, Fax 565948
- **Koblenz:** Zentrales Institut des Sanitätsdienstes der Bundeswehr, Ernst-Rodenwald-Institut für Wehrmedizin und Hygiene, 56068 Koblenz, Viktoriastr. 13, Tel. (0261) 9143862
- **München:** Institut für Infektions- und Tropenmedizin der Universität und Landesimpfanstalt, 80802 München, Leopoldstr. 5, Tel. (089) 333322; Impfauskünfte (durchgehend) für Mittel- und Südamerika: Tel. 333369; „Impfsprechstunde“ (persönliche Impfberatung und Impfungen): Leopoldstr. 5/Ecke Georgenstr., Mo bis Fr 11–12 Uhr, Mi, Do 16.30–18 Uhr, www.tropinst.med.uni-muenchen.de
- **Tübingen:** Institut für Tropenmedizin, 72074 Tübingen, Wilhelmstr. 27, Tel. (07071) 292365, Fax 296021
- **Würzburg:** Missionsärztliche Klinik, Tropenmedizinische Abt., 97074 Würzburg, Salvatorstr. 7, Tel. (0931) 7910, autom. Telefonansage (0931) 7912825

In der Schweiz

- CH-4051 **Basel,** Socinstr. 57, Tel. (061) 2848255, Fax 2848183 (Vorwahl Schweiz: 0041)

In Österreich

- A-1080 **Wien,** Lenaugasse 19, Tel. (01) 40268610, Impfauskünfte: 4038343 (Vorwahl Österreich: 0043)

Informationsstellen

Argentinien

In Europa

Für den deutschsprachigen Raum zuständig ist in Europa die

- **Botschaft der Republik Argentinien**
Dorotheenstr. 89, 10117 Berlin, Tel. (030) 2266890, info@argentinische-botschaft.de, www.argentinische-botschaft.de

Sie ist die beste Auskunftsstelle und übernimmt gleichzeitig die Aufgaben eines Fremdenverkehrsamtes.

In Argentinien

In Argentinien selbst hat jede größere Stadt oder jedes touristische Ziel sowie jede Provinz ein mehr oder weniger gut organisiertes und hilfreiches Touristenbüro. Diese lokalen Informationsbüros werden jeweils bei den praktischen Hinweisen genannt.

Alle Provinzen haben in der Hauptstadt Buenos Aires ein weiteres **Informationsbüro,** teils mit exzellentem, teils mit nahezu gar keinem Material. Die Öffnungszeiten der einzelnen Büros sind sehr unterschiedlich und sehr veränderlich, kommt man aber Mo bis Fr zwischen 10 und 13 Uhr und zwischen 15 und 17 Uhr, hat man sehr gute Chancen, dass geöffnet ist. Die Adressen der **Provinzbüros:**

• **Buenos Aires**	Av. Callao 237
• **Catamarca**	A. Córdoba 2080
• **Chaco**	Av. Callao 322
• **Chubut**	Sarmiento 1172
• **Córdoba**	Av. Callao 332
• **Corrientes**	San Martín 333
• **Entre Ríos**	Suipacha 846
• **Formosa**	H. Irigoyen 1429
• **Jujuy**	Santa Fé 967
• **La Pampa**	Suipacha 346
• **La Rioja**	Av. Callao 743
• **Mendoza**	Av. Callao 445
• **Misiones**	Santa Fé 989
• **Neuquén**	J. D. Perón 687
• **Río Negro**	Tucumán 1916
• **Salta**	Diagonal Norte, R. S. Peña 933
• **San Juan**	Sarmiento 1251
• **San Luis**	Azcuénaga 1087
• **Santa Cruz**	Suipacha 1120
• **Santa Fé**	Montevideo 373
• **Santiago del Estero**	Florida 274
• **Tierra del Fuego**	Marcelo T. de Avear 790
• **Tucumán**	Suipacha 140

Sonstige wichtige Adressen

Gute Informationen bekommt man auch noch beim:

- **Studentenreisebüro „Asatej"**
Florida 835, 3° Piso, of. 320, Tel. 4511-8700, informes@asatej.com.ar; hier kann man auch Nachrichten für andere Reisende hinterlassen oder günstige Flüge buchen.

Wer einen **Jugendherbergsausweis** braucht, bekommt ihn bei:

- **Jugendherbergsorganisation „Asociación de las Albergues de la Juventud"**
Talcahuano 214, 1013 Buenos Aires, Tel. 4372-7094, www.hostelling-aaaj.org.ar, info@aaaj.org.ar
- **Red Argentina de Alojamiento para Jóvenes (RAAJ)**
Eine zweite Jugendherbergsorganisation, Florida 835, oficina 319 b, Tel. 4311-6953, Buenos Aires, www.hostels.org, arraaj@hostels.org.ar

Informationen bietet auch der:

- **„Automobil Club Argentina",**
Hauptstelle auf der Libertador San Martín 1850 in Buenos Aires. Er hilft eigentlich nur Mitgliedern weiter, aber für 25 US-$ Jahres-

beitrag kann man Mitglied werden und dann von den billigeren Hotel- und Campingplatzangeboten profitieren (meistens Mittelklassehotels), außerdem gibt es Kooperationsverträge mit dem ADAC.

- Die zentrale **Verwaltung der Nationalparks** ist Av. Santa Fé 690 an der Plaza San Martín in Buenos Aires; www.parquesnacionales.gov.ar, info@parquesnacionales.gov.ar

Uruguay

In Europa

Uruguay hat keine eigenen Fremdenverkehrsämter in Deutschland, Österreich und der Schweiz. Auskünfte erteilen die Botschaften der Republik Uruguay in den einzelnen Ländern. Informationen über das Land, Broschüren und Tipps erhält man bei Einsendung eines frankierten Rückumschlages (A 4) an die Botschaft.

In Uruguay

- **Dirección Nacional de Turismo**
Agraciada 1409, Montevideo,
Tel. (02) 904148

Paraguay

In Europa

Für den deutschsprachigen Raum ist in Europa das Fremdenverkehrsamt Paraguays in der Bundesrepublik Deutschland zuständig.

- **Paraguayisches Fremdenverkehrsamt**
Postfach 1768, 67606 Kaiserslautern

Informationen über das Land, Broschüren und Tipps erhält man bei Ein-

a10-57 Foto: gw

sendung eines frankierten Rückumschlags (A 4) dorthin.

In Paraguay

- **Dirección Nacional de Turismo**
Palma 468, Asunción

Informationen über die **Nationalparks** erhält man bei:

- **Dirección de Parques Nacionales**
Ministro de Agricultura y Ganadería, 25 de Mayo 640, Asunción
- **Fundación Moisés Bertoni para la Conservación de la Naturaleza**
25 de Mayo 2140, Asunción

Im Internet

finden sich zahlreiche interessante **Web-Seiten** mit Informationen zu Argentinien, Uruguay und Paraguay, da sich immer mehr Unternehmen und staatliche Stellen im World Wide Web präsentieren. So macht es inzwischen keinen Sinn mehr, als Stichwort beim Suchprogramm Altavista nur noch „Argentinien" einzugeben. Stattdessen sollte man mehrere Begriffe genauer miteinander kombinieren, z.B. Argentinien und Tourismus oder Wirtschaft usw. Oder einfach den Ort eingeben, zu dem man eine genaue Information haben möchte.

Gute Web-Seiten mit Informationen und vor allem weiterführenden **Links zu Argentinien** sind:

- **www.argentinien.com**
Aktuelle Landesinformationen, Pressespiegel, Linkliste und Forum – auf Deutsch
- **www.redargentina.com**
Portal mit zahlreichen Informationen auf Spanisch
- **www.turismo.gov.ar**
Tourismus-Infos auf Englisch und Spanisch
- **www.cordoba.com.ar**
Seite der Provinz Córdoba mit Links zu Städten, Hotels, Infos, Unis etc.
- **www.asatej.org**
Studentenreisebüro mit Sitz in Buenos Aires, Córdoba, Mendoza, Rosario, Neuquen und Tucumán; informes@asatej.org.ar
- **www.hostels.org.ar**
Jugendherbergen im Netz
- **www.clarin.com.ar**
Argentiniens größte Tageszeitung
- **www.pagina12.com**
Die linke Wochenzeitung Argentiniens

Gute Web-Seiten mit Informationen und vor allem weiterführenden **Links zu Uruguay** sind:

- **www.uruguayaktuell.com**
- **www.uruguaytotal.com**
- **www.reduruguaya.com**

Gute Web-Seiten mit Informationen und vor allem weiterführenden **Links zu Paraguay** sind:

- **www.paraguay-online.net**
- **www.redparaguaya.com**

- Unter **www.reise-know-how.de** bietet der Verlag nicht nur eine Rubrik „latest news", in der die neuesten Infos zu Argentinien zu finden sind (alles, was die Leserpost so bringt), es gibt auch weiterführende „travellinks", die zu Web-Seiten mit Argentinien-Infos führen.
- Neueste Infos über das Land bitte an den Verlag (info@reise-know-how.de) oder direkt an den Autor (guewessel@aol.com) mailen – vielen Dank!

Infos und Hinweise zu den La-Plata-Ländern auch auf der Website des Auswärtigen Amtes: **www.auswaertiges-amt.de**

Kleidung und Umgangsformen

Die Wahl der Reisekleidung hängt natürlich vom Reiseziel und der Reisezeit ab (vgl. auch „Ausrüstung“).

Argentinier und Uruguayer legen im Arbeitsleben viel Wert auf ein gepflegtes Aussehen. Im Alltag kleiden sie sich oft schlicht. Trotzdem: In Buenos Aires und Montevideo, aber auch in den Städten im Binnenland oder auch in Asunción ist derjenige, der Shorts trägt, im Zweifelsfall ein Ausländer bzw. Tourist. Höchstens im Urlaub, in den Badeorten an der Atlantikküste, gehen die Einheimischen auch mal mit Shorts in ein Café. Gleichzeitig zieht man sich gern **modisch** an, wobei die Extravaganzen in Buenos Aires am größten sind. Montevideo hinkt da etwas hinterher, und in Asunción ist eher schlichte, zeitlose Kleidung angesagt. Frauen sollten in allen drei Ländern auf Frisur und Make-Up achten, als hässlich gelten Achsel- und Beinbehaarung. All das gilt natürlich in erster Linie für die Hauptstädte, in der Provinz sind die Regeln weniger streng.

Die normalen **Anredeformen** sind „Señor“ und „Señora“, Bekannte werden aber sehr schnell mit den Vornamen und „du“ angesprochen. Das Duzen passiert ohne Absprache, es wird niemals gefragt, ob man nun mit dem „du“ beginnen dürfe. Ist man im Zweifel, ist das förmlichere „usted“ aber nie falsch. Bei formelleren Bekanntschaften werden auch gern Visitenkarten ausgetauscht.

Bis Mittag sagt man zur Begrüßung „buenos días“, danach bis 18 Uhr „buenas tardes“, danach „buenas noches“. Bekannte begrüßt man mit „hola“, dann fragt man „que tal“ oder „como te va“ (wie geht es dir?). Eine Antwort wird dabei nicht unbedingt erwartet. Selbst wenn man sich nicht kennt, begrüßen sich Mann und Frau mit einem Kuss auf die Wange, Frauen untereinander auch, Männer hingegen mit einem Händedruck bzw. gute Bekannte auch mit einem herzlichen Schulterklopfen.

Pünktlich ist am Río de la Plata niemand, die Argentinier sind in dieser Hinsicht die „schlimmsten“. Wer bei einer Einladung für 21 Uhr wirklich um 21 Uhr erscheint, stürzt wahrscheinlich selbst den Gastgeber in große Verlegenheit. Denn der beginnt gerade mal mit den Vorbereitungen für den Abend. Eine Stunde später ist immer noch im Rahmen, wer mit einer halben Stunde Verspätung erscheint, ist superpünktlich. Ein kleines Gastgeschenk ist gern gesehen, am besten wäre natürlich etwas aus dem Heimatland.

Buchtipp:
- Harald A. Friedl
Respektvoll reisen
(Reise Know-How Praxis)

Tipps

Im Restaurant: In den La-Plata-Ländern ist es absolut unüblich, in einem Restaurant an einem besetzten Tisch, selbst wenn dort nur eine Person sitzt, Platz zu nehmen. Man wartet, bis ein Tisch frei wird, Stühle darf man allerdings umstellen.

Trinkgelder werden häufig gegeben. Kellner erhalten 5 bis 10 Prozent, allerdings werden ganz selten mehr als ein oder zwei Pesos, eher ein halber gegeben. Das Trinkgeld lässt man einfach auf dem Tisch liegen. Auch sollte man sich nicht als Gringo outen, indem man die Rechnung getrennt bezahlt oder die Dame bezahlen lässt. Kellner werden „mozo" gerufen.

Auch wenn es im Straßenverkehr nicht so wirkt: Argentinier, Uruguayer und Paraguayer sind sehr geduldige Menschen. **Schlangestehen** scheint niemanden zu stören, und für gewöhnlich gibt es auch nur wenige, die sich vordrängeln.

Bei **Adressen** sollte man sich unbedingt Hausnummer, Geschoss und Wohnung merken. Denn nur in absoluten Ausnahmefällen steht neben der Klingel ein Name.

Medien

Wer Spanisch kann, wird keine Probleme haben, sich über das Weltgeschehen zu informieren. Die größten **Zeitungen** Argentiniens sind „El Clarín" und „La Nación", in Uruguay heißen sie „La República" und „La Nación" und in Paraguay „ABC" und „Ultima Hora". Wer nicht auf die spanischsprachigen Medien setzen kann, der sollte in Buenos Aires und den größeren Provinzstädten Argentiniens den „Buenos Aires Herald" kaufen, der vorwiegend über Wirtschaft berichtet, oder die **deutschsprachige Wochenzeitung „Argentinisches Tageblatt",** die ebenfalls in Buenos Aires, in den größeren Städten des Inlandes sowie in Montevideo zu haben ist. In **Paraguay** erscheint dreimal monatlich ebenfalls eine deutschsprachige Zeitung, die **„Aktuelle Rundschau".**

Wer ganz dringend über die aktuelle deutsche Politik Bescheid oder die Fußball-Bundesliga-Ergebnisse wissen will, kann – von der Möglichkeit, in ein Internetcafé zu gehen, einmal abgesehen – in Buenos Aires an zahlreichen Kiosken auf der Florida deutsche Zeitungen kaufen oder das deutschsprachige Programm der **Deutschen Welle** hören. Den besten Empfang hat man zwischen 19 und 23 Uhr, in Paraguay von 18 bis 22 Uhr, und zwar auf folgenden **Frequenzen:**

- 49 m: 6100 kHz
- 31 m: 9545 kHz und 9765 kHz
- 25 m: 11785 kKz und 11795 kHZ
- 22 m: 13780 kHz
- 19 m: 15270 kHz und 15410 kHz
- 16 m: 17860 kHz

Das Programm der Deutschen Welle kann man anfordern bei:

- **„Deutsche Welle"**
Öffentlichkeitsarbeit, Postfach 100 444, 50588 Köln, Tel. (0221) 3890, Fax 3893000, online@dwelle.de, www.dwelle.de

Öffnungszeiten

Argentinien

In Argentinien gibt es **kein Ladenschlussgesetz,** und so differieren die Öffnungszeiten häufig beträchtlich. Kleinere Lebensmittelläden öffnen meist gegen 8 Uhr, schließen gegen 13 Uhr für eine ein- bis zweistündige Siesta und haben dann oft bis 20 oder 21 Uhr geöffnet. Auch am Wochenende ist es in solchen Geschäften ebenso wie in den zahlreichen Malls häufig möglich einzukaufen. Nicht-Lebensmittel-Geschäfte, besonders die in den Fußgängerzonen der Städte, haben meist von etwa 10 Uhr morgens bis 19 Uhr am frühen Abend geöffnet. In Buenos Aires kann man in manchen Buchhandlungen und Schallplattenläden auch bis 2 oder 3 Uhr nachts einkaufen. Nach Ladenschluss helfen die **Kioske** - es ist wirklich erstaunlich, was deren Besitzer alles aus den verstecktesten Winkeln ihrer kleinen Läden hervorzaubern können.

Banken und Wechselstuben haben in der Regel von 10–15 Uhr geöffnet, samstags meist geschlossen. Behördengänge sollte man vormittags erledigen.

In vielen Geschäften ist es üblich, eine Nummer zu ziehen, in deren Reihenfolge dann bedient wird.

Uruguay

Die meisten Geschäfte sind montags bis freitags von 9–12 und 14–19 Uhr geöffnet, kleine Läden auch manchmal nachmittags von 16–21 Uhr, große auch durchgehend von 9–19 Uhr. Samstags ist in der Regel nur vormittags geöffnet, sonntags vollständig geschlossen. Ausnahmen sind die großen Supermärkte in Montevideo, von denen viele sieben Tage in der Woche von 9 bis 20/21 Uhr geöffnet haben, und viele kleine Geschäfte in den einzelnen Stadtvierteln.

Banken haben meist nur am Nachmittag geöffnet, einige Wechselstuben dagegen jeden Tag in der Woche (sonntags ist der Kurs schlechter).

Paraguay

Die meisten Geschäfte sind montags bis freitags von 9 bis 12 und 15 bis 19 Uhr geöffnet, samstags in der Regel nur vormittags, sonntags gar nicht.

Organisierte Touren

Argentinien

Die Entfernungen in Argentinien und die mitunter **unzureichende Infrastruktur** stellen den Individualreisenden häufig vor Probleme. Wie soll er zur Pinguinkolonie Punta Tomba gelangen, die über 100 km von jeder Stadt entfernt und ohne Busanschluss

Grenzübergang zwischen Chile und Argentinien in Patagonien

ist? Wie in den Nationalpark Perito Moreno, in den auch kein Bus fährt?

Wer sich eine Auto leihen kann, hat es einfach. Die anderen müssen gucken, was die **Reiseveranstalter** bieten. In jedem größeren Ort gibt es einige Unternehmen, die auf Ausflüge in die Provinz spezialisiert sind. Sie werden immer unter der Rubrik „Reiseveranstalter" an den einzelnen Punkten genannt, darüber hinaus können die Touristeninformationen immer etwas vermitteln. Intensiver Preisvergleich lohnt kaum, in der Regel verlangen die Veranstalter für dasselbe Programm dieselben Preise. Man sollte nur darauf achten, wie groß die Reisegruppe ist. Je kleiner, desto besser, denn dann lassen sich individuelle Wünsche besser berücksichtigen.

Organisierte Touren sind bei vielen argentinischen Touristen beliebt; für viele ist wichtig, dass am jeweiligen Urlaubsort eine ausgebaute touristische Infrastuktur mit Restaurants etc. zur Verfügung steht. Bei einigen Ausflügen nimmt deshalb die Essenspause viel Zeit in Anspruch.

Andere Touren werden von **Spezialveranstaltern** angeboten, so Aufenthalte auf Estanzias (siehe dort).

Hier die Adressen von **zwei** renommierten, auch deutschsprachigen **Reiseagenturen in Buenos Aires,** die fast überallhin Ausflüge und Programme vermitteln:

a2-24 Foto: gw

- **Flyer**
Reconquista 621, 8° Piso, 1003 Buenos Aires, Cap. Fed., Tel. (0054-1) 313-8224, Fax (0054-1) 312-1330, flyer@impsat1.com.ar
- **Oceantur**
Paraguay 577, 3° Piso, 1057 Buenos Aires, Cap. Fed., Tel./Fax (0054-1) 311-1761, 311-2215

Wer direkt von Europa per **Pauschalreise** nach Argentinien will, sollte in den Reiseteil großer überregionaler Tages-/Wochenzeitungen wie Frankfurter Allgemeine Zeitung, Frankfurter Rundschau, Süddeutsche Zeitung oder Die Zeit schauen. Dort inserieren viele **Reiseveranstalter** regelmäßig ihre Programme. Einige Adressen:

- **Airtours International**
Kleingruppentouren und Individualangebote
Adalbertstraße 44–48, 60486 Frankfurt am Main, Tel. 069/7928-0, www.airtours.de
- **Chamaeleon Reisen**
Gute Naturreiseprogramme und Mietwagentouren
Otto-Suhr-Alle 115, 10585 Berlin, Tel. (030) 347996-22, www.chamaeleonreisen.de
- **Dr. Tigges**
Studienreiseveranstalter
Holzkoppelweg 19a, 24118 Kiel,
Tel. (0431) 5446461, www.DrTigges.de
- **Duma Naturreisen**
Naturnahe Gruppenreisen
Postfach 10 20 68, 69010 Heidelberg, Tel. (06221) 166880, www.duma-naturreisen.de
- **Footprints Reisen**
Naturnahe Gruppenreisen
Mathias-Giesen-Gasse 25,
41540 Dormagen, Tel. (02133) 219292,
www.footprintsreisen.de
- **Gebeco Reisen**
Günstige Gruppen- und Spezialreisen
Holzkoppelweg 19a, 24118 Kiel,
Tel. (0431) 5446-0, www.gebeco.de
- **Hauser-Exkursionen**
Trekking-Touren unterschiedlicher Schwierigkeitsgrade
Marienstr. 17, 80331 München,
Tel. (089) 235006-0, Fax 2913714
- **Ikarus Tours**
Gute Kleingruppentouren und Individualangebote
Am Kaltenborn 49–51, 61452 Koenigstein,
Tel. (06174) 29020, www.ikarus.com
- **Lernidee Reisen**
Gute Kleingruppentouren und Individualangebote
Dudenstr. 78, 10965 Berlin,
Tel. (030) 786000-23,
www.lernidee-reisen.de
- **Studiosus**
Führender Veranstalter für hochklassige Studienreisen
Riesstraße 25, 80992 München,
Tel. (089) 50060250, www.studiosus.com
- **Take Off Reisen**
Eppendorfer Weg 158, 20253 Hamburg,
Tel. (040) 4222288, www.takeoffreisen.de
- **Wendy-Pampa-Tours**
Kulturtourismus, Trekking-Touren, mehrwöchige Wohnmobil-Reisen, aber auch Extratouren wie beispielsweise ein einwöchiger Tango-Kurs in Buenos Aires
Güttinger Straße 19, 78315 Radolfzell,
Tel. (07732) 972290, Fax 972292
- **Windrose**
Anspruchsvolle Kleingruppentouren
Neue Grünstr. 28, 10179 Berlin,
Tel. (030) 201721-88, www.windrose.de
- **Wigwam**
Lerchenweg 2, Waltenhofen, 87448 Allgäu,
Tel. (08379) 92060, www.wigwam-tours.de
- **Wikinger-Reisen**
Hochklassige Outdoor-Reisen
Kölnerstraße 20, 58135 Hagen,
Tel. (02331) 9046, www.wikinger-reisen.de

Buchtipp:
- Harmut Schäfer
All inclusive?
(REISE KNOW-HOW Praxis)

Uruguay

Für Uruguay gilt Ähnliches: Viele Ziele auf dem Land sind nur schwer mit öffentlichen Verkehrsmitteln zu erreichen, so dass auch hier organisierte Touren bei vielen Touristen beliebt sind. Die Buslinien verbinden nur die größeren Städte, deren touristische Infrastruktur ist begrenzt.

Besser als organisierte Touren ist aber das Reisen mit eigenem Fahrzeug. In der Nebensaison kann man sich schon bei lokalen Vermietern für etwa 250 Dollar eine Woche inklusive Versicherung und ohne Kilometerbegrenzung ein Auto leihen, in der Hauptsaison (Dezember/Januar) muss man allerdings mit einem Aufschlag von 50 Prozent oder mehr rechnen. Autovermieter werden bei den einzelnen Reisezielen genannt.

Paraguay

Organisierte Touren sind bei vielen Touristen in Paraguay beliebt, auch weil viele Ziele auf dem Land nur schwer mit öffentlichen Verkehrsmitteln zu erreichen sind. Die Buslinien verbinden nur die größeren Städte, die nur begrenzt über eine touristische Infrastruktur verfügen. Allerdings lassen sich die wichtigsten Touristenziele außerhalb der Ortschaften, wie beispielsweise die Jesuitenmissionen im Süden, problemlos mit dem Bus erreichen.

Post und Telefon, Internet und e-Mail

Wer statt mit dem Telefon oder mit Briefen lieber per e-Mail kommuniziert, ist in Argentinien, Uruguay und Paraguay gut aufgehoben. **E-Mail und Internet** sind **weit verbreitet,** nicht nur in Buenos Aires, sondern auch in den kleineren Orten. In Argentinien findet man nahezu in jeder Telefonzentrale einen Computer, mit dem man im Internet surfen kann. Selbst in den kleinsten Nestern kann man so seine e-Mail lesen. Der Service kostet in der Regel etwa 6 US-$ pro Stunde, manchmal unterteilt in Zehn-Minuten-Einheiten, mitunter wird aber auch sogar minutengenau abgerechnet. In Buenos Aires im Stadtzentrum ist die Konkurrenz besonders groß. Hier kostet die Stunde Internet oft nur 2 oder 3 US-$.

Internationale Vorwahlnummern

- Deutschland: 0049
- Österreich: 0043
- Schweiz: 0041
- Niederlande: 0031
- Argentinien: 0054
- Paraguay: 00595
- Uruguay: 00598

Bei den jeweiligen Städtevorwahlnummern ist dann die „0" wegzulassen.

Städtevorwahlen in Argentinien

Buenos Aires	011
Bahía Blanca	0291
Calafate	02902
Catamarca	03833
Comodoro Rivadavia	0297
Córdoba	0351
Corrientes	0783
Formosa	0717
La Plata	0221
La Rioja	0822
Mar del Plata	0223
Mendoza	0261
Neuquén	0299
Paraná	0343
Posadas	03752
Puerto Iguazú	03757
Puerto Madryn	02965
Puerto San Julian	02962
Rawson	02965
Resistencia	03722
Río Gallegos	02966
Río Grande	02964
Rosario	0341
Salta	087
San Carlos de Bariloche	02944
San Juan	064
San Luis	0652
San Miguel de Tucumán	0381
San Salvador de Jujuy	0388
Santa Fé	042
Santa Rosa	0954
Santiago del Estero	0385
Trelew	02965
Ushuaia	02901
Viedma	02920

Buchtipps:
- Volker Heinrich
Kommunikation von unterwegs
- Günter Schramm
Internet für die Reise
(beide Bände REISE KNOW-HOW Praxis)

Argentinien

Die argentinische Post arbeitet mit Einschränkungen recht zuverlässig, allerdings sollte man keine Geschwindigkeitsrekorde erwarten. Es scheint leichter zu sein, Post nach Europa zu senden, als von Europa nach Argentinien. Eine Woche, mitunter etwas länger, sollte man schon für einen Brief nach Europa einkalkulieren. Das Porto ist recht günstig, ein Luftpostbrief kostet mit der staatlichen Post 2 US-$, mit der privaten wesentlich mehr. Wer sicher gehen will, sollte seine Post „certificado“ (als Einschreiben) schicken; das ist natürlich teurer. Die Paketpost per Luftpost ist sehr teuer, per Schiff muss man aber mit vier bis acht Wochen rechnen.

Post empfangen ist ebenfalls einfach. Die Adresse lautet: Señor/Señora X (am besten den Vornamen weglassen), Poste restante, Correo central, Namen der Stadt, Argentina. Gegen Vorlage seines Ausweises, eventuell auch Zahlung einer Gebühr (i.d.R. 1 US-$ je Brief) kann man dann bei den Hauptpostämtern seine Briefe abholen. Innerhalb des Landes kann man Pakete und Briefe auch mit den Busunternehmen versenden. Die bieten oft eine besseren Service als die Post – sie lagern die Sendungen in der Regel aber nur vier Wochen.

Beim **Telefonieren** kann man leicht arm werden. Die Tarife liegen je nach Tageszeit zwischen 3, 5 und über 6 Pesos je Minute, das ist etwa doppelt so teuer wie von Deutschland nach Argentinien. Seit der Privatisierung des

Telefonnetzes gibt es zwei Gesellschaften im Land und weitere für den Auslandsverkehr. Das hat zu Preiserhöhungen, aber auch zum Ausbau des Telefonnetzes geführt. Ein Ortsgespräch kostet ca. 0,25 Pesos pro Minute (etwa 7 Cent), ein Ferngespräch innerhalb Argentiniens das Doppelte, und nach Deutschland kann man schon für 1,20 Pesos (ca. 33 Cent) anrufen. Mittlerweile gibt es in jeder Stadt eine oder mehrere **Telefonzentralen,** von denen man problemlos auch ins Ausland anrufen kann. Selbst im äußersten Norden, in Humahuaca, funktionierte das Telefon noch problemlos, nachdem im ganzen Ort der Strom ausgefallen war: Die Computer waren sicherheitshalber zusätzlich noch an zwei Autobatterien angeschlossen. Die Telefonzentralen werden meist privat betrieben, die Betreiber erhalten eine günstigeren Großkundentarif von den Telefongesellschaften, und man kann von dort zum Normaltarif telefonieren.

Zwei Tipps für diejenigen, die viel telefonieren müssen oder wollen: In den meisten Telefonzentralen kann man sich zwar nicht zu allen Uhrzeiten, aber dennoch meistens **problemlos zurückrufen** lassen. Eine andere Möglichkeit besteht darin, sich bei der Telekom in Deutschland oder einer Kreditkartengesellschaft eine so genannte **Calling Card** zu besorgen. Damit ruft man zunächst eine Servicenummer an, die dann das Gespräch nach Hause vermittelt. Die Gebühren werden in diesem Fall nach anderen, wesentlich niedrigeren Tarifen abgerechnet.

Da in den letzten Jahren das Telefonnetz erneuert wurde, haben sich viele Nummern geändert. Vor allem die ersten zwei oder drei Ziffern wurden häufig ausgetauscht. Falls eine Nummer nicht stimmt, kann man versuchen, bei der **Auskunft 110** die neue Nummer zu erfragen. Telefonieren ist nicht einfach, denn falsche Verbindungen gehören immer noch zur Tagesordnung.

Öffentliche **Telefonzellen** funktionieren mit Telefonkarten oder mit speziellen Telefonmünzen *(fichas).*

Die argentinischen **Telefonsitten** erscheinen etwas unhöflich. Statt sich mit dem Namen zu melden, sagt man dort schlicht „hola", dann fragt der Anrufer nach dem gewünschten Gesprächspartner, und erst auf Nachfrage („¿de parte de quién?") nennt er seinen Namen. Auch ist es völlig üblich, bei Freunden und Bekannten noch nach 22 oder 23 Uhr oder sogar 24 Uhr anzurufen.

Eine Alternative zum Anruf oder zur Luftpost ist das **Fax.** Von fast allen privaten Telefonzentralen aus lässt sich ein Fax schicken, in der Regel kostet es pro Blatt etwa 1 US-$ plus der Telefongebühren. Dort kann man auch Faxe empfangen, der Preis beträgt meist 1 US-$ pro Blatt.

Uruguay

Die **Post** ist preiswert, aber nicht immer zuverlässig. Luftpostbriefe nach Europa kosten umgerechnet etwa 80 Cent, sie brauchen etwa drei bis 14 Tage. Wichtige Sendungen sollte man als

Einschreiben *(certificado)* schicken. Briefe aus Europa nach Uruguay dauern länger. Das liegt zu einem wesentlichen Teil an der Bürokratie. Nach einer internen Studie der nationalen Postdirektion trägt ein Briefträger in Montevideo pro Tag durchschnittlich 81 Briefe aus. Im Vergleich zu seinen Kollegen in anderen lateinamerikanischen Hauptstädten ist das sehr wenig: In Buenos Aires schafft ein Briefträger 480 Briefe täglich, in Bogotá 540 und in Santiago de Chile gar 670. Dafür arbeiten – so die Studie – die Briefträger in Montevideo auch nur durchschnittlich drei Stunden täglich.

Die staatliche **Telefongesellschaft „ANTEL"** hat das Monopol im Telefonwesen. Von Montevideo und anderen Städten gibt es einen Selbstwählferndienst, dennoch kommen Auslandsgespräche nicht immer zustande. In vielen kleinen Orten auf dem Land werden die Gespräche noch von einer Te-

Städtevorwahlen in Uruguay

Artigas	0772
Atlantida	0372
Bella Union	0770
Canelones	0332
Carmelo	0542
Chuy	0474
Colonia del Sacramento	0522
Dolores	0362
Duranzno	0362
Florida	0352
Fray Bentos	0535
La Paloma	0479
Maldonado	042
Melo	0462
Mercedes	0532
Minas	0442
Montevideo	02
Nueva Palmira	0544
Paysandú	0722
Piriapolis	043
Punta del Este	042
Rivera	0622
Rocha	0472
Salto	0732
San José de Mayo	0342
Tacuarembo	0632
Treinta y Tres	0452
Trinidad	0364

Städtevorwahlen in Paraguay

Asunción	021
Caaguazú	0522
Capiata	028
Ciudad del Este	061
Concepción	031
Coronel Oviedo	0521
Encarnación	071
Filadelfia	091
Hohenau	075
Itauguá	05138
Neu-Halbstadt	091
Paraguarí	0531
Pedro Juan Caballero	038
Pilar	086
Piribebuy	0515
Río Negro	026
San Bernadino	0512
San Estanislao	043
San Ignacio Guazú	082
San Lorenzo	058
Santa Rita	0983
Villa Florida	083
Villarica	0541
Yaguarón	0533

lefonzentrale handvermittelt. Da sind die Chancen dann noch schlechter.

Für Gespräche von öffentlichen Telefonzellen sind Jetons erforderlich, besser ist es jedoch, das Büro von ANTEL aufzusuchen, um von dort zu telefonieren. Telefongespräche nach Europa sind sehr teuer, der Minutenpreis liegt bei etwa 3 US-$.

Paraguay

Die **Post** ist preiswert, aber nicht immer zuverlässig. Luftpostbriefe nach Europa kosten umgerechnet etwa 30 Cent, sie brauchen etwa drei bis 14 Tage. Wichtige Sendungen sollte man als Einschreiben *(certificado)* schicken.

Telefonate nach Europa sind von Paraguay aus billiger als von Argentinien oder Uruguay. Am besten sucht man eine Telefonzentrale der staatlichen Telefongesellschaft „Antelco" auf.

Reisen in den La-Plata-Ländern

Flugzeug

Da die Entfernungen mitunter riesig sind – von Buenos Aires nach Ushuaia im äußersten Süden sind es 3400 Straßenkilometer – lohnt sich mitunter in Argentinien auch ein Inlandsflug. Für Uruguay und Paraguay gilt das nur sehr begrenzt, dort gibt es auch außer in den Hauptstädten nur an den wenigsten Orten Flughäfen, die regelmäßig angeflogen werden.

Das **Inlandsflugnetz in Argentinien** ist dicht, und auch die Verbindungen in die Nachbarländer Uruguay und Paraguay sind gut. Im Reiseteil wird bei jeder Stadt der dazugehörige Flughafen genannt, auch die Adresse der jeweiligen Stadtbüros der einzelnen Fluggesellschaften sowie die wichtigsten Verbindungen.

Das dichteste Streckennetz hat **Aerolíneas Argentinas** gemeinsam mit ihrer Tochtergesellschaft Austral. Sie bietet auch das **Rundflugticket „Visite Argentina"** (Besuchen Sie Argentinien) an, das nur im Ausland gekauft werden kann und nur in Verbindung mit einem internationalen Flugticket nach Buenos Aires gültig ist.

Zurzeit kostet das Visite-Argentina-Ticket in der Touristenklasse 300 US-$ für Besucher, die mit Aerolíneas Argentinas (AA) anreisen bzw. 400 US-$ für Passagiere anderer Gesellschaften. Das Paket enthält drei Kupons für je einen Einweg-Inlandsflug, weitere Kupons können bei Bedarf für 125 (AA) bzw. 165 US-$ (andere) hinzugekauft werden. Die jeweiligen Flüge können vor der Einreise oder am Ort gebucht werden, einzige Einschränkung (auch für die – kostenlose – Umbuchung) ist die Verfügbarkeit. Jede Stadt außer Buenos Aires darf nur einmal angeflogen werden.

Der Nachteil des Pakets: Viele Inlandsflüge gehen über Buenos Aires. Um von Trelew an der Atlantikküste nach Bariloche am Andenrand zu kommen, muss man in Buenos Aires umsteigen, und so fehlen am Ende schon zwei Kupons im Airpass. Ein

a13-67 Foto: gw

Preisvorteil bestand Anfang 2003 nicht mehr: Ein Einwegflug von Buenos Aires nach Ushuaia im äußersten Süden kostete rund 88 US-$ und damit weniger als ein Airpass-Kupon, nach Salta im hohen Norden mit knapp über 100 US-$ genau so viel. Von daher ist vom Airpass unter den jetzigen Bedingungen eher abzuraten. Erkundigen Sie sich ggf. bei AA nach Veränderungen bei dem Angebot: www.aerolineas.com.ar.

Beachten Sie bitte: Bestätigen Sie alle Flüge unbedingt immer wieder, und fragen Sie nach, ob die angegebenen Zeiten stimmen – oft wird überbucht, und oft werden auch die Termine kurzfristig geändert. Umbuchungen auf frühere Flüge sind oft kostenlos möglich – auch hier lohnt das Nachfragen.

Auch die **LADE** verfügt noch über ein recht ausgedehntes Streckennetz, dazu kommen mitunter regionale Anbieter. Diese werden ebenfalls in den einzelnen Städtekapiteln genannt. Die **Adressen** der zentralen Büros:

In Argentinien (Buenos Aires):

- **Aerolineas Argentinas,** Perú 2, Tel. 43202000, gratis 0810-2228-6527
- **Austral,** Av. Alem 1134, Tel. 4340-7800
- **LADE,** Perú 710, Tel. 4361-7071
- **Andesmar** Esmeralda 1063, Tel. 43121077
- **Dinar,** Diagonal Roque Sáenz Peña 933, Tel. 43260135
- **LAER,** Maipú 935, Tel. 43115237

- **LAPA,** Carlos Pellegrini 1075, Tel. 4114-6200
- **Southern Winds,** Florida 868, 13° piso, Tel. 43122811, gratis 0810-7777979
- **Grupo TACA** C. Pellegrini 1275 PB, Tel. 4325-8222

In Uruguay (Montevideo):

- **Varig/Pluna,** Miraflores 1445 (Carrasco), Tel. 6044080, 9021414

In Paraguay (Asunción):

- **TAM/Arpa,** Oliva 761, Tel. 491039

Überlandbusse

Busse sind das wichtigste Verkehrsmittel in allen La-Plata-Ländern. Zwischen den einzelnen Städten verkehren Überlandbusse. Sie sind in Argentinien in der Regel sehr gut, in Uruguay gut, in Paraguay sehr unterschiedlich, gut bis ausreichend. Ausnahmen bestätigen aber auch hier die Regel. Preiswert sind sie auf jeden Fall und zudem erstaunlich pünktlich.

Die meisten Städte haben einen **zentralen Busbahnhof (Terminal),** wo alle Busse starten. Diese Busbahnhöfe sind unterschiedlich gut organisiert, Spitzenbahnhöfe mit allem Komfort findet man z.B. in Córdoba, in Montevideo oder Asunción, manch andere sind wirklich traurige und verlorene Plätze, v.a. in den kleinen Landstädten. Man kann in allen drei Ländern nur Tickets für jeweils eine einfache Fahrt kaufen. Es empfiehlt sich überall, sein **Busticket so früh wie möglich zu kaufen,** denn erstens hat man dann bei der Reservierung die Auswahl des Sitzplatzes, zum anderen sind die Busse mancher Linien in der Sommersaison (Dezember bis Februar) doch sehr voll.

Wichtigstes Verkehrsmittel in den La-Plata-Staaten sind Busse

Auch bei langen Strecken braucht man sich um sein leibliches Wohl kaum Sorgen zu machen. Viele Busse in Argentinien haben einen **Essensservice,** der unterschiedlich gut ist. Man bekommt Sandwiches und Kekse sowie *Gaseosas* (Cola, Fanta) serviert, auf manchen Linien sogar ein warmes Abendessen und Rotwein dazu. Auf anderen Strecken halten die Busse vor Restaurants an, wo man eine schnelle Mahlzeit zu sich nehmen kann. In Paraguay und in Nordargentinien wird bei Zwischenstops auf den Bahnsteigen allerlei angeboten, mitunter fahren auch Verkäufer ein Stück mit.

Langeweile ist in argentinischen Bussen zumeist ein Fremdwort. Erstens kommt man schnell mit seinem Nachbarn ins Gespräch, zum anderen wird oft ein mehr oder weniger gutes Videoprogramm gezeigt (englisch mit spanischen Untertiteln). Die Qualität ist abhängig vom Geschmack der beiden Fahrer. Manchmal werden sogar Gesellschaftsspiele gepflegt, eine Bingorunde im Bus ist sehr beliebt.

Zu den besseren Gesellschaften gehören Andesmar, Chevallier, Flecha Bus und La Estrella/El Cóndor. Einige bieten auch Studentenrabatte bis zu 20 Prozent.

Für das Ein- und Ausräumen des Gepäcks erwarten die Bediensteten der Gesellschaften häufig ein Trinkgeld:

0,25 bis 1 US-$ sind angebracht. Viele Busbahnhöfe haben auch Gepäckaufbewahrungen *(Custodia)*, wo man seine Taschen bei Tagesausflügen deponieren kann.

Grundsätzlich gibt es **drei** verschiedene **Klassen Busse,** die sich in Qualität, Ausstattung, Komfortabilität und Preis unterscheiden. Die besten sind die der Klasse „super coche cama", mitunter auch „salon cama" genannt. Hier sitzt man wie in der ersten Flugzeugklasse. Also lassen Sie sich beim Ticketkauf nicht nur vom Preis beeindrucken, fragen Sie auch jeweils nach den Bustypen und den Zusatzleistungen (Abendessen, Snacks, Getränke, Essen im Bus oder bei einer Pause im Restaurant).

Zwei Tipps: Bei Nachtfahrten sollte man sich einen Pullover oder eine dünne Jacke mit in den Bus nehmen, denn oft ist die Klimaanlage zu stark eingestellt. Wenn zwei Busse parallel dieselbe Route fahren, sollte man überlegen, ob man sich nicht den teureren leisten kann. Oft bedeutet teurer auch leerer, und bei Nachtfahrten ist es schön, eine Sitzreihe für sich allein zu haben.

Leihwagen

Leihwagen sind erschwinglich geworden und lohnen sich oft schon deswegen, weil viele Punkte und Sehenswürdigkeiten mit öffentlichen Verkehrsmitteln nur sehr schwer und sehr zeitaufwendig zu erreichen sind. Am teuersten sind die international agierenden Vermieter wie Localiza (National) oder Avis, wesentlich preiswerter hingegen die lokalen Anbieter, zumal dort die Preise meistens auch Verhandlungssache sind. In der Hauptsaison muss man für einen normalen PKW mit etwa 20 US-$ am Tag rechnen. Ein Jeep oder Pick-up kostet 28 bis 36 US-$ pro Tag. Außerhalb der Saison kann man oft, besonders in Montevideo, einen nahezu unglaublichen Preisnachlass bekommen. Theoretisch braucht man einen internationalen und einen nationalen Führerschein.

Man sollte den Wagen immer **ohne Kilometerbeschränkung** leihen. Nicht immer ist der Abschluss einer **Vollkaskoversicherung** obligatorisch, trotzdem empfiehlt es sich. Der Nachteil dieser Versicherungen: Die Eigenbeteiligung ist oft sehr hoch. Die meisten Autovermieter vermieten keine Neuwagen, häufig haben die Autos schon einige Schrammen oder kleinere Schönheitsfehler. Beim Verleih werden die größten Mängel in eine Liste aufgenommen. Achten Sie beim Autoleihen unbedingt darauf, dass der Wagen technisch in Ordnung ist, dass **Handbremse und Beleuchtung funktionieren und das Reserverad genügend Luft hat.** Mittelklassewagen sind normalerweise ausreichend, auch für die Schotterpisten. Wer neuere oder größere Wagen möchte, sollte zu den Vertretungen der internationalen Verleihfirmen gehen. Bei den jeweiligen Städtekapiteln werden Autovermieter genannt.

Die Verkehrsregeln in den La-Plata-Ländern entsprechen im Wesentlichen den europäischen, allerdings werden sie besonders in Argentinien nur in Ausnahmefällen beachtet. Man fährt drauflos, und in den Städten sollte auch nur derjenige fahren, der gute Nerven hat, überdurchschnittlich reaktionsschnell ist und Augen auch im Hinterkopf hat. Das Auto muss dort sehr gute Bremsen, eine schnelle Beschleunigung und eine funktionierende Hupe besitzen.

Benzin („nafta") kostet etwa 0,50 US-$ pro Liter, in Südpatagonien aufgrund einer Steuerbefreiung nur etwa die Hälfte. Die Höchstgeschwindigkeit auf städtischen Nebenstraßen beträgt 40 km/h, auf den Hauptachsen 60 km/h und auf Landstraßen und Autobahnen 100 bis 120 km/h. Generell wird viel und streng kontrolliert, wobei neben der Geschwindigkeit oft auch „nur" die Papiere überprüft werden. Die Strafen liegen zwischen 50 und 150 Pesos.

Bei **Überlandfahrten** sollte man immer mindestens einen Ersatzkanister und einen Ersatzreifen dabeihaben. Von **Nachtfahrten** rate ich ab. Straßen und andere Autos sind entweder schlecht oder gar nicht beleuchtet, Fahrradfahrer nie. Auf **Schotterpisten** gelten einige Besonderheiten: Kommt ein Wagen entgegen, drückt man mit dem Daumen vor die Windschutzscheibe, damit ein eventuell hochgewirbelter Stein die Windschutzscheibe nicht vollständig zertrümmert, sondern nur ein kleines Loch hineinschlägt. Um überhaupt zu vermeiden, dass die Steine so weit hochgewirbelt werden, sollte man dicht an den entgegenkommenden Fahrzeugen vorbeifahren.

Wohnmobile/Geländewagen

Einige **wenige Verleiher** vermieten auch Campingbusse oder Wohnmobile, teilweise sogar mit Allradantrieb. Der Spaß ist allerdings nicht billig. Ein umgebauter Ford-Pick-up mit Kabine und zwei Schlafplätzen, angetrieben von einem Dieselmotor, kostet am Tag mindestens 70 US-$ (vom 1.12. bis 31.1.), im Winter ist er etwa 15 Dollar am Tag billiger. Darin enthalten sind die Miete sowie täglich 250 Freikilometer, jeder weitere Kilometer kostet ca. 0,75 US-$. Unbegrenzt ist die Kilometerzahl ab 35 Tagen Mietdauer. Hinzu kommt eine Vollkaskoversicherung, die pro Monat etwa 390 US-$ kostet, allerdings immer noch 2400 US-$ Selbstbeteiligung vorsieht. Bei einem Vier-Wochen-Aufenthalt betragen Miete und Versicherung also etwa 3000 bis 3500 Dollar. Diese Wohnmobile können und sollen auch besser bereits **von Deutschland aus** gebucht werden:

- **Petra Lang/Klaus Granzow,** Kaiserstraße 30, 47411 Moers, Tel. (02841) 31060, Fax (02841) 33691. In Argentinien werden die Wagen in Necochea, einem Küstenort in der Provinz Buenos Aires, übergeben. Die Adresse dort lautet: **Gary Mendiola/Klaus Granzow,** in der Calle 63-2588, 7360 Necochea, Tel. und Fax (0054-52262) 228-24 (Minimarkt, ohne Namensschild).
- **Camper Sur,** Michael Kohnke, Albertstraße 8, 47509 Rheurdt, Tel./Fax (02845) 609781, und Christof Kapner, Schaffenbergstraße 28, 41352 Korschenbroich, Tel./Fax (02161) 640475. Die Firma hat zwei Vermietstationen

in Argentinien, die Übergabe des Wagens ist aber auch in jedem anderen Ort des Landes möglich (beispielsweise am Flughafen in Buenos Aires). Die Fahrzeuge haben eine komplette Campingausrüstung an Bord, auf Wunsch können sie auch mit Kajak und Schlauchboot etc. ausgestattet werden. Guter Service.

- Einer der wenigen lokalen Anbieter operiert in Patagonien: **Patagonia Sur Car,** Buenos Aires, Tel. 4814-4081, Comodoro Rivadavia, Tel. (0297) 446-6768/1363, aonikenk@satlink.com.ar

Eine dritte Möglichkeit ist eine **organisierte Fahrt mit dem Geländewagen,** die von Santiago de Chile bis nach Punta Arenas führt und dabei immer wieder die argentinische Andenseite berührt. So sieht diese Tour auch Wanderungen am Fitzroy-Massiv vor. Die zwanzig Tage dauernde Reise ist allerdings nicht billig. Sie kostet inkl. der Inlandsflüge von Santiago nach Punta Arenas oder zurück, der Hotels, Übernachtungen und sämtlicher Mahlzeiten, Bootspassagen, kultureller Veranstaltungen, Eintrittspreise und deutschsprachiger Reiseleitung pro Person rund 3500 Euro. Weitere **Informationen bei:**

Buchtipps:
- Rainer Höh
Wildnis-Ausrüstung;
Handbuch Wohnmobil-Ausrüstung;
Clever reisen mit dem Wohnmobil
- Bernd Büttner
Fernreisen mit dem eigenen Fahrzeug
(alle Bände Reise Know-How Praxis)

- **Wendy-Pampa-Tours,** Ute Wendel, Güttinger Straße 19, 78315 Radolfzell, Tel. (07732) 972290, Fax 972292. Wendy-Pampa-Tours vermittelt auch Leihwagen in Argentinien.

Mit dem eigenen Auto

Pkws, Wohnmobile und Motorräder können mit dem „Carnet de Passage en Douanes" in die La-Plata-Länder eingeführt werden. Das Carnet ist in Deutschland beim ADAC zu bekommen, in den anderen Ländern bei den dortigen Automobilclubs.

Fahrzeug verladen und verschiffen

Sein eigenes Fahrzeug nach Südamerika zu transportieren, ist unproblematischer, als man zunächst glaubt. Mehrere deutsche Seefrachtunternehmen bieten einen Container-Service nach den wichtigsten brasilianischen Häfen an der Atlantikküste wie Santos oder Rio de Janeiro an, auch Buenos Aires wird regelmäßig, d.h. nahezu wöchentlich, Montevideo seltener, angefahren. Die Abfertigung in Kiel, Hamburg oder Bremen kostet etwa 500 Euro, hinzu kommen noch etwa 1200 Euro für die Container-Fracht bis Buenos Aires. Man sollte sich möglichst etwa drei Wochen vor dem geplanten Reisebeginn mit einer der unten genannten Speditionen in Verbindung setzen, die reine Reisezeit auf dem Schiff dauert dann noch einmal 20 bis 22 Tage.

Anders als nach Nordamerika werden in den Süden des Doppelkontinents seltener Fahrten im Roll-on-Roll-off-Verfahren (Ro/Ro) angeboten. Diese Möglichkeit des Fahrzeugtransports ist angeblich nicht ganz so sicher, immer wieder wird erzählt, dass Autos aufgebrochen oder Autoteile abmontiert wurden. Da dieser RoRo-Transport nach Buenos Aires nur unwesentlich billiger (etwa 100 Euro) ist, empfehle ich, sicher zu gehen und einen Container zu mieten.

Weitere **Auskünfte** geben:

- **Interfracht,** Hogenkamp + Karrasch, Bergiusstraße 1, 28816 Bremen/Brinkum
- **Schenker International,** Getreidestraße 5, 28217 Bremen, Tel. (0421) 61051
- **Deugro,** Carl. E. Press, Hovestraße 61, 20515 Hamburg, Tel. (040) 784555

Schiffspassagen nennt auch die

- **Deutsche Verkehrs-Zeitung,** DVZ-Verlag, Nordkanalstraße 36, 20097 Hamburg , Tel. (040) 2371401

Ankauf und Papiere

Wer Zeit und Geduld mitbringt, kann in den La-Plata-Ländern ein Fahrzeug kaufen und nach der Reise wieder verkaufen. Die Preise von Gebrauchtwagen sind nach dem Währungs-Crash überaus günstig, und mit den richtigen Papieren kann man mit dem Wagen auch die Grenzen zu den Nachbarländern überqueren. Hier steckt der Teufel freilich im Detail, man sollte im Zweifelsfall mehrmals und bei verschiedenen Stellen nachfragen, um nicht plötzlich an einer abgelegenen Grenzstation nicht weiter zu kommen. In Argentinien genügt es, eine Adresse angeben zu können, das kann sogar ein Hotel sein. Man ruft den *Registro del Automotor* an (Kraftfahrzeugbehörde, Tel. 4011-7406/7451), lässt sich das für die Wohnadresse zuständige Büro sagen und kann dort den Papierkram für den Autokauf abwickeln – dazu benötigt man lediglich seinen Pass. Für das gekaufte Fahrzeug müssen bei der *Dirección de Rentas* Steuern entrichtet werden. Nähere Informationen über die Papiere für den Grenzübertritt erteilt ebenfalls der Registro del Automotor. Beim Kauf des Wagens von einem Händler übernimmt dieser meist die Abwicklung. In Uruguay und Paraguay ist der Ablauf ähnlich.

Über den Kauf eines gebrauchten Autos in Paraguay informieren einige Zeilen aus einem persönlichen Bericht von 1992: „Wer sich nicht gerade abseits der Hauptverbindungsstrecken durch den paraguayischen Chaco kämpfen möchte, der benötigt in den La-Plata-Staaten kein allradgetriebenes Fahrzeug. Die Straßen sind zumeist gut ausgebaut, gelegentlich mit löchriger Teerung, oder es sind breite, halbwegs intakte Pisten. Als Gerät für solche Strecken werden „camionetas" von Chevrolet oder Ford angeboten, also zweiradgetriebene Lizenzbauten großer US-Pick-ups. Den bewährten VW-Bus kann man aus brasilianischer Fertigung erwerben, sogar als Diesel, was die Treibstoffversorgung um etwa 40 Prozent verbilligt. In den Weiten Argentiniens allerdings ist der VW-Bus kaum verbreitet.

Als PKWs bieten sich in Argentinien gebaute Peugeots 504 an, in Argentinien oder Brasilien gebaute Fiats oder brasilianische VWs, z.B. der „Gol". Die Fahrzeuge sind den südamerikanischen Straßen durchaus gewachsen und bieten zwei Passagieren einschließlich Campingausrüstung ausreichend Platz. Für unseren VW „Gol" Baujahr 1987 bezahlten wir 6000 US-$ und verkauften ihn nach 20.000 km Fahrt für 5000 US-$. Unterwegs bzw. vor dem Verkauf hatten wir noch Reparaturen von ca. 1000 US-$.

Werkstätten findet man übrigens in jeder Kleinstadt, Reifendienste bei fast jeder Hütte am Straßenrand. Die Werkstätten sind gewohnt zu improvisieren und Teile zu beschaffen, sie arbeiten schnell und preiswert. Wegen Auftragsmangels fangen sie sofort mit der Arbeit an und sind viel billiger als in Deutschland. Da z.B. in Paraguay 60% aller dort laufenden Fahrzeuge in Brasilien gestohlen wurden, tut man gut daran, bei einem seriösen Händler zu kaufen. Die wenigsten der deutschen Reisenden sprechen ausreichend gut Spanisch, um Kaufverhandlungen führen zu können, die Südamerikaner wiederum sprechen fließend ihr „castellano" und sonst nichts. Anders ist das allenfalls bei einzelnen Mitarbeitern von Werksvertretungen ausländischer Marken, was uns schnurstracks zur VW-Vertretung Diesa S.A. in Asunción führte. Das geringe Angebot erleichtert die Auswahl, und der Bekanntheitsgrad der Firma beschleunigt die Formalitäten.

Zur Bedingung des Kaufs wird gemacht, dass das Fahrzeug durch den Händler auf den ausländischen Käufer zugelassen und mit Papieren versorgt wird, die den Grenzübertritt ermöglichen. Dazu gehen Verkäufer und Käufer zu einem *Notario,* also einer Art Rechtsberater mit Schreibstube, der einen Vertrag aufsetzt, beglaubigt und die Formalitäten der Umschreibung erledigt. Da die Umschreibung bis zur Erlangung des sog. Titels, also des Kfz-Scheins, ca. drei Wochen dauert, lässt man sich vom Notario eine Bescheinigung schreiben und beglaubigen, dass man das Fahrzeug rechtmäßig erworben hat. Damit kann man zumindest im Land des Kaufes zunächst einmal herumreisen und dann erst die Nachbarländer angehen. Wie unsere Erfahrung zeigt, kann man für eine Reihe von Wochen auch anstandslos die ganze Reise mit vielen Grenzüberschreitungen abwickeln. Extrem wichtiges Papier schon beim Kauf ist die *Nacionalisación,* also die Verzollungsbescheinigung, die belegt, dass das Fahrzeug legal importiert und verzollt wurde. Dieses Dokument muss, ebenso wie der Titel, gehütet werden wie der eigene Augapfel.

Da in Paraguay ein solcher Autokauf durch verheiratete Käufer nur beglaubigt werden darf, wenn beide Ehepartner unterschreiben, riet mir der Notario – in Ermangelung meiner Frau, die diese Reise nicht mitmachte – mich als unverheiratet auszugeben. Das heißt, ich verfüge jetzt über ein vom Notario beglaubigtes Dokument, das bescheinigt, dass ich unverheiratet bin! Mit diesen Dokumenten war es problemlos möglich, die Grenzen zu den ein-

In Uruguay (noch) ein alltäglicher Anblick: Oldtimer

gangs genannten Ländern zu überschreiten. Lediglich an der Grenze zu Brasilien prüfte man höflich, aber über eine Stunde lang, ob das Auto nicht in Brasilien gestohlen war. An keiner Grenzkontrolle wurde der Versuch unternommen, uns ein Schmiergeld abzunehmen."

Eisenbahn

Eisenbahnfreunde kommen in den La-Plata-Ländern nicht auf ihre Kosten. Der **Zugfernverkehr ist in allen drei Ländern nahezu eingestellt.** Dort, wo die Eisenbahn noch fährt, ist sie allenfalls preislich eine Alternative, vom Tempo her nicht.

Für Liebhaber dennoch die Adressen der Eisenbahngesellschaften, wo man **Informationen** über bestehende Zugverbindungen einholen kann:

In Argentinien

- **Centro de Información de Ferrocarriles Argentina,** Maipú 88, Tel. 331-3280

In Uruguay

- **Bahnhof Montevideo**
La Paz/Ecke Paraguay

In Paraguay

- **Bahnhof Asunción,** Plaza Uruguay, Straßenecke Eligio Ayala/México

Schiff

Die einzige wirklich gut funktionierende Schiffsverbindung besteht **zwischen Buenos Aires und Montevideo** (siehe jeweils dort).

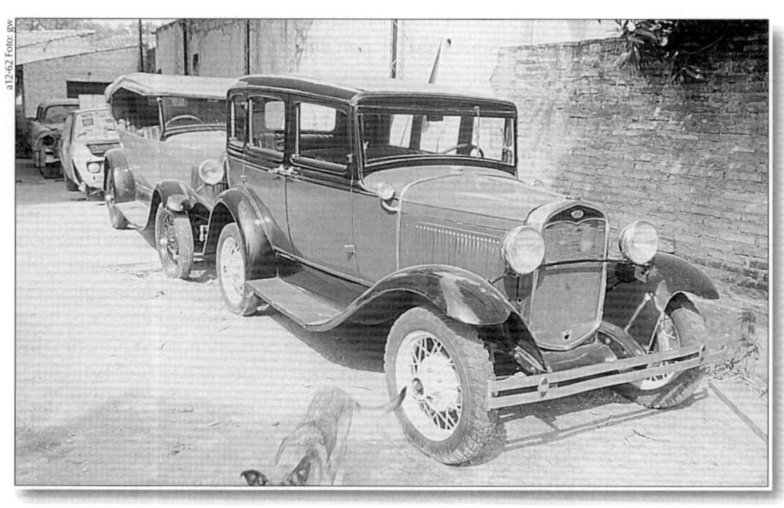

a12-62 Foto: gw

Autostopp

Autostopp kann allein schon wegen des fehlenden Verkehrs ein **echtes Geduldsspiel** sein. Auf manchen Strecken ist es einfacher, so etwa im Sommer auf der viel befahrenen „Rennpiste" zwischen Montevideo und Punta del Este. In Patagonien kann man sich dagegen leicht mal die Füße in den Bauch stehen, bis sich irgendwann ein LKW-Fahrer erbarmt. Am besten stellt man sich an die Tankstellen an den Ausfallstraßen der Städte.

Stadtbusse und Taxis

Die Stadtbusse **(colectivos)** sind meistens schnaubende und stinkende Ungetüme. Eine Ausnahme ist Mendoza, dort verkehren in der Innenstadt Oberleitungsbusse. In Argentinien und Paraguay bezahlt man beim Fahrer, manchmal gibt es auch Automaten, in Uruguay kassiert ein Schaffner den Fahrpreis.

Die **Haltestellen** *(paradas)* sind nur selten deutlich gekennzeichnet, am besten fragt man immer nach. Beeilung und Vorsicht sind nicht nur beim Einsteigen angebracht: Die Colectivo-Fahrer fühlen sich meistens als legitime Nachfolger der Formel-I-Piloten *Carlos Reutemann* oder *Juan Manuel Fangio*.

Taxis haben überall Taxameter. In Argentinien und Paraguay zeigen sie den Preis an, in Uruguay eine Ziffer, die für einen bestimmten Preis steht. Auf manchen Strecken allerdings wird der Preis vorher ausgehandelt.

Remise nennt man private Taxis, die ohne Taxameter, aber nach vorher ausgehandelten Preisen fahren. Hotelbesitzer wissen in der Regel die Telefonnummer so genannter Remiseras, wo man solche Autos chartern kann.

Reiserouten/-ziele in Argentinien

Argentinien ist ein **Land der Gegensätze,** hier die hektische Metropole Buenos Aires und dort die unendlichen Weiten Patagoniens. Die großen Entfernungen machen es schwierig, das Land in seiner ganzen Vielfalt kennenzulernen. Wer nur wenig Zeit hat, sollte sich auf einen Landesteil konzentrieren oder versuchen, bestimmte Ziele schnell anzufliegen.

Zum Pflichtprogramm gehört natürlich **Buenos Aires.** Einige Tage sollte man schon in der Metropole verbringen, zumal auch alle Verkehrswege über die argentinische Hauptstadt führen. Nach dem ersten Schock entdeckt man vielleicht auch die stilleren Ecken und kann das Leben auf den Straßen genießen.

Die **Provinz Buenos Aires** lässt sich auf einer Route von der Hauptstadt bis nach Bahía Blanca und dann zur Sierra de la Ventana entdecken, eine Tour, die die wichtigsten Sommerorte der Porteños an der Küste berührt. Landschaftlich ist sie für den Europäer vielleicht nicht ganz so attraktiv, andererseits ist es schon interessant, das sommerliche Leben hier kennen zu lernen.

Bei Abstechern ins Landesinnere lässt sich die berühmte Einsamkeit der argentinischen Pampa erleben.

Will man das **subtropische Argentinien** kennen lernen, sollte man sich auf die Provinzen zwischen Río Uruguay und Río Paraná konzentrieren. Dort gibt es tiefgrünen Urwald, rote Erde, geheimnisvoll glitzernde Sumpfgebiete, mächtig dahinströmende Flüsse, dazwischen rätselhaft wirkende alte Jesuitenmissionen und als absoluten Höhepunkt eine der größten Natursensationen Südamerikas: die tosenden Wasserfälle in Iguazú.

Der **Nordwesten** lockt mit alten Indianersiedlungen und Kolonialkirchen, mit wüstenartigen Hochebenen, umgeben von den Gipfeln der Fünf- und Sechstausender, mit kahlen Bergtälern und Schluchten, die im Sonnenlicht in allen Regenbogenfarben glitzern. Dort fährt auch von Salta bis San Antonio de los Cobres der „Tren á las Nubes".

Um **die höchsten Berge Amerikas** zu sehen, fährt man nach Mendoza. Dort ist das Tor zum **Aconcagua, mit 6959 m der höchste Andengipfel.** Weiter könnte eine Rundreise über Córdoba, Argentiniens zweitgrößte Stadt, und später dann in die Provinzen San Juan und Rioja führen; dort locken mit dem Provinzpark Talampaya die argentinische Ausführung des Grand Canyon und im Provinzpark Ischigualasto, auch „Tal des Mondes" genannt, eine bizarre Sandfelsenlandschaft.

Auf der **Península Valdés** lassen sich wie sonst nirgendwo Wale, Seelöwen, See-Elefanten und auch Pinguine beobachten. Im argentin. Frühjahr treffen sich dort verschiedene Walarten zur Paarung, später kommen die See-Elefanten und -löwen. Nur 120 km südlich liegt bei Punta Tomba die größte Pinguinkolonie Südamerikas.

Nicht versäumen sollte man das **argentinische Seengebiet** auf der Andenseite in Nordpatagonien. Hier liegen der Parque Nacional Lanín und der Nahuel Huapi, zwei der schönsten Nationalparks des Landes; sie locken mit blaugrünen Seen, mit schneebedeckten Gipfeln und tiefgrünen Wäldern. Weiter südlich, im Parque Nacional Los Glaciares, finden sich zwei der spektakulärsten Sehenswürdigkeiten des Landes: der riesige **Gletscher Perito Moreno** mit seiner mehr als 60 m hohen Eiswand, die sich langsam vorwärtsschiebt, sowie die bizarren Gipfel des **Fitzroy-Massivs.** Von dort ist es nur noch ein kurzes Stück zum „Ende der Welt", nach **Feuerland.**

Reisezeit

Argentinien

Argentinien hat das ganze Jahr über Saison. Je nach Lage der Reiseziele sollte man seinen Aufenthalt planen. Im Nordwesten ist beispielsweise der Spätherbst/frühe Winter (April) eine der schönsten Reisezeiten. Dann ist es hier trockener, der „Tren a las Nubes" (Zug zu den Wolken, vgl. entsprechenden Exkurs) fährt bereits, aber die Tage sind immer noch schön warm, die Nächte allerdings, je nach Höhenlage, sehr kalt. Für den Nordosten gilt dasselbe.

In Iguazú sind die hohen Sommertemperaturen, gepaart mit hoher Luftfeuchtigkeit, mitunter nur schwer zu ertragen. Nach Buenos Aires sollte man auch lieber im Frühjahr oder Herbst reisen, da die Sommermonate sehr heiß sein können. Allerdings ist die Stadt im Januar doch spürbar leerer als z.B. im Oktober oder März.

Je weiter man südwärts kommt, desto eher sollte man den argentinischen Sommer als Reisezeit nehmen, denn in den Bergen Patagoniens oder auch Feuerlands hat man nur selten eine Gute-Wetter-Garantie. Dort kann es selbst im Sommer recht kühl werden.

Uruguay

Die **beste Reisezeit** liegt im uruguayischen Sommer **zwischen November und April.** In den Monaten Januar und Februar kann es für Mitteleuropäer unerträglich heiß werden, milder ist es ab Mitte Februar bis Mitte März. Dann ist die Hitze nicht mehr ganz so groß, die Strände sind leerer, und das Wasser an der Atlantikküste ist angenehm warm.

Der traditionelle Urlaubsmonat vieler Uruguayer und Argentinier ist der Januar, eine Zeit, in der es schwer ist, an der Küste noch ein preiswertes Zimmer zu finden.

Die Winter sind nicht sehr kalt, Probleme schafft aber die hohe Luftfeuchtigkeit.

Paraguay

Die **beste Reisezeit** liegt im paraguayischen Frühjahr und Sommer, also **zwischen September und April.** In den Monaten Dezember bis März wird es mitunter für Mitteleuropäer zu heiß. Dann klettert die tägliche Durchschnittstemperatur in Asunción auf über 30°C.

Buchtipp:
- Matthias Faermann, **Schutz vor Gewalt und Kriminalität unterwegs** Reise Know-How Praxis

Sicherheit und Kriminalität

Die La-Plata-Staaten Argentinien, Uruguay und Paraguay gehörten bis vor kurzem zu den sichersten Ländern in Südamerika. Dies muss man nach den turbulenten Jahren 2001/2002 relativieren. Die **Wirtschaftskrise** hat Millionen von Menschen in die Armut getrieben, und in der Folge stieg die Kriminalität Besorgnis erregend an, vor allem in den großen Städten und insbesondere in Buenos Aires. Hingegen braucht man in ländlichen Regionen um sein Leben, Hab und Gut keine besondere Angst zu haben.

In den Zentren und touristischen Vierteln der Großstädte werden verstärkt Polizeikräfte aufgeboten; so wurde 2002 in Buenos Aires eine **Comisaría del Turista** zusammengestellt, eine spezielle Polizeitruppe für Touristen, deren Beamte Englisch sprechen und in den Fußgängerzonen des Microcentro patroullieren. Schwieriger wird die Situation in anderen Vierteln und Außenbezirken, die man als Tourist generell versuchen sollte zu meiden. Im Zweifelsfall sollte man sich vor dem Besuch eines unbekannten Viertels genau nach der Sicherheit erkundigen und besondere Vorsicht walten lassen.

In den Zentren sind die größte Gefahr nach wie vor die **Taschendiebe,** die im Gedränge der U-Bahn oder auf belebten Straßen geschickt agieren, sich ihre Opfer sehr gut aussuchen und die wissen, dass die Gringos oft einiges an Bargeld mit sich herumtragen oder eine teure Kamera besitzen. Daher sollte man seine Wertsachen nie offen tragen, in der U-Bahn besonders gut auf Brief- und Handtasche achten und vielleicht auf die Mitnahme der teuren Uhr verzichten. Vielleicht nimmt man auch nicht immer seine gesamte Barschaft mit, bewahrt ein wenig Kleingeld in der Hosentasche auf und den Rest im sicheren Geldgürtel, den man allerdings unter der Kleidung tragen sollte. In größeren Städten kann es in bestimmten Stadtvierteln (in Buenos Aires z.B. la Boca) zu bewaffneten Überfällen kommen.

Die größte Gefahr bestohlen zu werden droht immer da, wo viele Leute aufeinandertreffen, also z.B. in Busbahnhöfen, auf Bahnsteigen, in Warteschlangen usw. (zu Buenos Aires s.a. den Punkt „Gefahren" eingangs des entsprechenden Stadtkapitels).

Im Jahr 2002 haben in Argentinien und insbesondere in der Hauptstadt die Fälle von **Entführungen** stark zugenommen. Deren Opfer sind zumeist zahlungskräftige Geschäftsleute, Prominente oder Manager, darunter immer wieder Spitzenangestellte ausländischer Unternehmen.

Strom

Die Stromspannung in Argentinien, Paraguay und Uruguay beträgt wie in Mitteleuropa **220 Volt/50 Hz.** Allerdings passen europäische Stecker nicht oder nur selten in die Steckdosen der drei La-Plata-Länder. **Zwischenstecker (Adapter)** bekommt man fast überall problemlos.

In Paraguay ist die Stromspannung auf dem Land oft schwankend.

Souvenirs und Einkäufe

Lederwaren und Kunsthandwerk sind die beliebtesten Mitbringsel aus den La-Plata-Staaten.

Alle drei Länder bieten verhältnismäßig preiswerte Lederwaren. Die Sachen sind in Buenos Aires am modischsten, allerdings mit Abstand auch am teuersten, in Asunción am billigsten und simpelsten. Montevideo rangiert dazwischen und ist vielleicht der beste Platz, um sich eine neue Lederjacke oder Tasche zuzulegen.

Beliebt als Souvenirs sind auch **Mate-Kalebassen,** die auf jedem Markt in Argentinien und Uruguay zu kaufen sind. Die luxuriösesten sind mit dünnem Leder umkleidet und am Rand mit getriebenem Blech oder – ganz aufwendig – Silber verziert, die gewöhnlichen Varianten sind schlichte Kalebassen oder tragen das Signet des bevorzugten Fußballvereins. Ebenso sind die Bombillas, die Trinkhalme, in allen Preis- und Güteklassen zu kaufen. Wer den Mate lieben gelernt hat, sollte sich unbedingt mit einem kleinen Vorrat eindecken, denn in Europa ist das Alltagsgetränk der Río-Platenser echter Luxus.

Kunsthandwerk ist in allen drei La-Plata-Staaten beliebt, doch variiert dessen Qualität beträchtlich. Es gibt ein Nord-Süd-Gefälle, in Paraguay ist die Qualität (aber nicht der Preis) deutlich am höchsten. Hier werden die fantastischen **Ñanduti-Decken** gewebt, teilweise metergroße Decken aus hauchzartem, spinnennetzdünnem Gewebe. Dazu kommen federleichte Holzarbeiten, Hängematten, gewebte Ponchos und erstaunlich preiswerte Ledertaschen.

Wer bereit ist, mehr oder viel Geld auszugeben, kann gut auf einem der Antikmärkte oder in einem der Antiquitätengeschäfte in Buenos Aires oder Montevideo fündig werden.

Fährt man beispielsweise in Uruguay über Land oder liest man die Rural-Seiten der Tagespresse, fällt einem hin und wieder das Wort **Remate** auf. Remates sind Versteigerungen, normalerweise von Vieh, aber auch Versteigerungen von kleinen Landhäusern oder sogar ganzen Estanzias, denn wird das Leben auf dem Land aufgegeben und zieht man in die Stadt, so kommt nur wenig persönliche Habe mit auf die Reise. Alles andere bleibt im Haus und wird versteigert: Essservices, Schmuck, Sporen, Werkzeug, Tische, Kühlschränke, komplette Ess- oder Schlafzimmer, Möbel, Bilder, Teppiche. Diese Remates sind normalerweise die Hauptquelle der Antiquitätenhändler, aber auch als Laie kann man mal mitmischen.

Unterkunft

In allen drei La-Plata-Ländern kann man aus einer Fülle von Unterkünften wählen. Die meisten sind **Hotels und Pensionen, es gibt aber auch Residenciales, Hosterías, Cabañas und Casas de Familias.** Es gibt wie bei allen Lebenshaltungskosten auch bei den Hotelpreisen ein deutliches Süd-Nord-Gefälle: Je weiter man nach Norden kommt, desto billiger werden die Übernachtungsmöglichkeiten; in Paraguay sind sie am preiswertesten, auf Feuerland am teuersten. Eine Ausnahme bildet Uruguay, wo die Preise an der Küste während der Saison sehr hoch sind. Fast alle Hoteliers verdoppeln in dieser Zeit ihre Preise (Mitte Dezember bis Mitte Januar). Dennoch muss man dort meistens vorbestellen, denn in vielen Hochburgen des Tourismus kann es in der Saison zu Engpässen kommen. Die Fremdenverkehrsämter sind aber bei der Suche nach einer Unterkunft gern behilflich.

Die Währungskrise von 2002 hat im einst teuren Argentinien die Unterkünfte wieder erschwinglich und in vielen Fällen sogar außerordentlich preiswert gemacht; Ähnliches gilt für Uruguay. Die angegebenen **Preise** sind – soweit nicht anders vermerkt – gültig für **zwei Personen im Doppelzimmer;** landestypischen Sitten folgend fast immer ohne Frühstück. Bei Hotels ab Mittelklasse aufwärts hat man immer ein eigenes Bad, in der unteren Preisklasse kann es auch schon einmal mit „Baño común" (Gemeinschaftsbad) statt „Baño privado" sein. Einzelzimmer sind häufig im Verhältnis teurer. Manchmal zahlt man für sie das gleiche wie für ein Doppelzimmer.

Hotels

Hotels sind meistens nach Sternen klassifiziert, was aber eher eine preisliche als eine qualitative Festschreibung ist. In touristischen Regionen ist das Preis-Leistungs-Verhältnis meist ganz gut. Ein gutes Preis-Leistungs-Verhältnis in der gehobenen Kategorie bieten immer die Hotels des argentinischen Automobilclubs, allerdings muss man, um dort unterzukommen, Mitglied des ACA oder eines europäischen Partnerclubs (z.B. ADAC) sein. Viele Hotels haben nicht nur Doppel- oder Einzelzimmer, sondern verfügen auch über Mehrbettzimmer.

Einfache Unterkünfte

Sie heißen **„Residencial", „Hostería"** oder manchmal auch Hotel, sind einfache und teils etwas abgewohnte Unterkünfte. Die billigsten sind immer in der Nähe des Busbahnhofs zu finden. Allzuviel Komfort sollte man in der Regel nicht erwarten, dann kann man mitunter doch sehr, sehr positiv überrascht werden. Hier hilft: Herumschauen, Zimmer angucken, eventuell weitergehen.

„Cabañas" sind in Uruguay und Argentinien kleine Apartments oder Ferienwohnungen, mitunter kleine Bungalows, die sich für einen mehrtägigen Aufenthalt hervorragend eignen. Sie sind im Verhältnis meist billiger als Hotels gleicher Güteklasse und bieten zudem die Möglichkeit, sich selbst zu verpflegen.

Jugendherbergen

In **Argentinien und Uruguay** gibt es wenige **„Albergues de la Juventud",** Jugendherbergen, in Paraguay gar keine. Bei den Ortsbeschreibungen werden sie immer genannt. Die Jugendherbergen sind gute Treffpunkte besonders auch für Alleinreisende. Sie stellen oft regelrechte Info-Börsen dar und bieten eine Kochgelegenheit und die Möglichkeit, die Wäsche zu waschen. Übernachtet wird in Doppel- bis Achtbettzimmern, je nach Komfort- und Preiswunsch.

Grundsätzlich stehen die Jugendherbergen in beiden Ländern auch Nicht-Mitgliedern des Internationalen Jugendherbergsverbandes offen, allerdings ist dann die Übernachtung teurer. Einen internationalen Jugendherbergsausweis bekommt man in Deutschland in jeder Jugendherberge oder beim „Deutschen Jugendherbergsverband", Postfach 1455, 32754 Detmold. In Argentinien und Uruguay erhält man diesen Ausweis nur in der Zentrale des nationalen Verbandes; die **Adressen:**

- **Red Argentina de Alojamiento para Jovenes (RAAJ),** Florida 835, 3° piso, of. 319 B, Buenos Aires, Tel. 4511-8712, Fax 4312-0089, raaj@hostels.org.ar, www.hostels.org.ar – die inzwischen größere und bessere Organisation mit etwa 15 guten Herbergen im Land.
- **Asociación Argentina de Albergues de la Juventud,** Talcahuano 214, Buenos Aires, Tel. 4372-7094, zwei Passbilder mitbringen; www.hostelling-aaaj.org.ar, info@aaaj.org.ar
- **Asociación de Alberguistas del Uruguay,** Pablo de María 1583, Montevideo, Tel. (02) 400-0581, zwei Passbilder mitbringen; www.hosteluruguay.org

Übrigens: **„Albergues Transitorios"** sind keine Jugendherbergen, auch wenn dort vermehrt junge Menschen absteigen. Es handelt sich um **Stundenhotels** für unverheiratete Paare, die im Hause der Eltern nicht zusammenkommen können.

Camping

Für Reisende, die **preiswert** unterkommen wollen/müssen, ist Camping in Argentinien und Uruguay die beste Alternative. In Paraguay gibt es keine Campingplätze.

Die Zeltplätze sind zwar nicht immer sehr komfortabel, aber immer recht preiswert, die besten sind die des argentinischen Automobilclubs ACA, die billigsten die meist kostenlosen in den Nationalparks. Nur im Nationalpark Iguazú ist das Zelten nicht erlaubt. **In vielen Nationalparks** ist **Campen** überhaupt die **einzige Übernachtungsmöglichkeit.** Die Zeltplätze des ACA sind wegen ihrer guten Installationen, aber auch wegen ihres Sicherheitsstandards im Zweifelsfall vorzuziehen. Eine Liste findet sich unter www.aca.org.ar, nähere Informationen auch im ACA-Büro Buenos Aires, Av. del Libertador 1850, Tel. 4808-4040, turismo@aca.org.ar.

Die beste Campingsaison ist natürlich der Sommer. Man braucht aber auch dann vor allem im Süden eine **hochwertige Ausrüstung,** denn der patagonische Sturm zerrt mitunter mehr als heftig an den Zeltwänden. Gute Campingutensilien sind mitunter teurer als in Europa, aber fast überall zu haben, ebenso wie die notwendigen Zubehörteile.

Versicherungen

Da mit den La-Plata-Staaten **keine Sozialabkommen** bestehen, übernehmen die gesetzlichen Krankenkassen normalerweise keine Leistungen, so dass man gut beraten ist, für die Reisezeit eine zusätzliche **Auslandskrankenversicherung** abzuschließen.

Dabei muss man allerdings sämtliche Arzt- und Krankenhauskosten selbst vorstrecken, sie werden erst später gegen Beleg von der Krankenkasse zurückerstattet.

Ob man eine **Reisegepäckversicherung** abschließen sollte, darüber streiten sich die Fachleute. Denn je wertvoller die Fotokamera ist, desto höher wird auch die Prämie ausfallen und desto unwilliger sind Versicherungsgesellschaften, im Schadensfall auch wirklich zu zahlen. So gibt es z.B. ein Urteil des Landgerichts Köln, das besagt, dass man Wertgegenstände nicht im verschlossenen Kofferraum eines Autos aufheben dürfe, wenn das Auto ein Stoffdach hat – was das allerdings miteinander zu tun hat, erschließt sich wohl nur dem Gericht und dem Versicherungsunternehmer ...

Wer aber bestohlen wurde, ist vielleicht ganz froh, wenn er einen Teil ersetzt bekommt. Davor stehen allerdings einige **bürokratische Hürden:** Man braucht ein polizeiliches Protokoll über den Diebstahl/Raub. Außerdem sollte man bei wichtigen und wertvollen Gegenständen die Verkaufsquittung aufbewahrt haben, denn diese kann das Versicherungsunternehmen als Nachweis verlangen.

Auch über den Abschluss einer **Reiseunfall- oder zusätzlichen Reisehaftpflichtversicherung** kann man nachdenken.

Zeit

Argentinien

Die Zeitverschiebung zu Mitteleuropa (MEZ) beträgt normalerweise **minus vier Stunden.** „Normalerweise" deshalb, weil sie während der mitteleuropäischen Sommerzeit (MESZ) minus fünf Stunden ausmacht und während der argentinischen Sommerzeit von Mitte Oktober bis Mitte März nur minus drei Stunden. In der Hauptreisezeit von Dezember bis Anfang März beträgt der Zeitunterschied also nur minus drei Stunden.

Uruguay

Für Uruguay gilt das gleiche wie für Argentinien.

Paraguay

Die Zeitverschiebung zu Mitteleuropa (MEZ) beträgt **minus fünf Stunden** (MESZ: minus sechs Stunden).

arg3-076 Foto: gw

Argentinien

a69-356 Foto: gw

arg3-077 Foto: gw

Das Kongressgebäude in Buenos Aires

Landschaft bei Bariloche

Beagle-Kanal: Leuchtturm am Ende der Welt

Land und Leute

Geografie

Lage und Größe

Beim flüchtigen Blick auf eine Weltkarte fällt nur eine Besonderheit Argentiniens auf: Es ist mit Chile das Land, dessen Grenzen dem **Südpol** am nächsten kommen. Die Südspitze Feuerlands liegt etwa 3200 km südlicher als das Kap der Guten Hoffnung in Südafrika und auch noch 1500 km südlicher als Neuseeland. Die zweite Besonderheit teilt sich Argentinien ebenfalls mit Chile: Kein anderes Land hat eine solche **Nord-Süd-Ausdehnung.** In Argentinien trennen Feuerland und der nördlichste Punkt bei La Quiaca an der argentinisch-bolivianischen Grenze etwa 3700 km, vom Polarmeer bis zu den Tropen reicht folglich die Bandbreite.

Argentinien erstreckt sich zwischen 53°–73° westlicher Länge und 21,5°–55° südlicher Breite. Die Nord-Süd-Ausdehnung würde auf der Nordhalbkugel koordinatengetreu etwa der Strecke von Kopenhagen bis zur Südgrenze Ägyptens entsprechen.

Das Land am Río de la Plata hat im Westen eine 5308 km lange **Grenze** mit Chile und im Nordwesten eine 742 km lange mit Bolivien. Die nördliche Grenze zu Paraguay ist 1699 km lang, die im Nordosten mit Brasilien 1132 km. Die kürzeste Grenze hat das Land zu Uruguay. Der Río Uruguay trennt die beiden Länder auf einer Länge von 495 km voneinander. Die Atlantikküste Argentiniens ist etwa 5100 km lang.

Argentinien in Kürze

• Staatsname
República Argentina

• Staatsform
Präsidiale Bundesrepublik

• Staatsoberhaupt
Eduardo Duhalde (Interimspräsident bis Mai 2003)

• Staatsflagge
Blau-weiß-blau

• Staatssprache
Spanisch (castellano)

• Grenzen
Argentinien grenzt im Westen an Chile, im Nordwesten an Bolivien, im Norden an Paraguay, im Nordosten an Brasilien und Uruguay. Im Osten besitzt das Land eine etwa 5100 km lange Atlantikküste.

• Fläche
Mit 2.780.400 km² Fläche ist Argentinien das achtgrößte Land der Erde und nach Brasilien das zweitgrößte in Südamerika. Damit ist es etwa achtmal so groß wie Deutschland.

• Lage
Argentinien erstreckt sich zwischen 53°–73° westlicher Länge und 21,5°–55° südlicher Breite. Die größte Nord-Süd-Ausdehnung des Landes beträgt 3700 km, die größte Ost-West-Ausdehnung 1570 km.

• Höchster Berg
Aconcagua, 6959 m

• Längster Fluss
Paraná, 3700 km

• Gesamtbevölkerung
36,2 Mio. Einwohner (2001)

• Mittlere Bevölkerungsdichte
13 Einwohner je km² (zum Vergleich: In Deutschland teilen sich 228 Einwohner einen km²)

• Hauptstadt
Buenos Aires (2,8 Mio. Einwohner, im Großraum 11,5 Mio.)

• Wichtigste Städte
Buenos Aires, Córdoba (1,2 Mio. Einwohner), Rosario (1 Mio.), Mendoza (720.000), La Plata (540.000)

• Lebenserwartung
Männer 71 Jahre, Frauen 78 Jahre

• Analphabetenrate
5% geschätzt

• Religionen
Katholiken 95%, Protestanten 2%, Minderheiten von Juden und Moslems und anderer Religionen.

• Währung
1 Peso = 100 Centavos

• Bruttoinlandsprodukt
7400 US-$ pro Kopf (2001)

• Arbeitslosenquote
Um 21%; hohe Unterbeschäftigung

• Internationale Mitgliedschaften
UN und UN-Sonderorganisationen, OAS (Organisation der Amerikanischen Staaten), SELA (Lateinamerikanische Wirtschaftssystem), Mercosur („Mercado Común del Cono Sur", gemeinsame Handelszone mit Brasilien, Uruguay und Paraguay)

• Uhrzeit
MEZ minus 4 Stunden

Die meisten Landesgrenzen werden durch **natürliche Barrieren** gebildet: Die Westgrenze zu Chile verläuft fast durchgängig über die Andenhöhen, nur im Süden an der Magellanstraße und auf Feuerland wurde sie per Strich auf der Karte gezogen. Dort wurde sie erst spät fixiert, 1902, nach einem Schiedspruch des englischen Königs. Kleinere Inseln in den Kanälen um Feuerland sind zwischen den Nachbarländern immer noch umstritten, ebenso wie es im südlichen Patagonien immer wieder zu Grenzstreitigkeiten kommt. Auch die Grenzziehung in der Antarktis ist unsicher, denn Chile und Argentinien erheben Anspruch auf teilweise dasselbe Stück. Der Grund dafür ist einfach: Dort werden große Mengen von Bodenschätzen vermutet.

Die Nordgrenze zu Bolivien wird nicht durch ein natürliches Hindernis gebildet. Sie verläuft quer duch die Bergwelt und trifft dann im Osten auf den **Río Pilcomayo,** der im weiteren Verlauf nach Südosten die natürliche Grenze zwischen Argentinien und Paraguay ist. Bei Asunción mündet der Pilcomayo in den südlich fließenden Paraguay, dort folgt die Landesgrenze dem Flußlauf ebenfalls nach Süden bis zur Mündung des Paraguay in den Paraná. Die weitere Grenze zu Paraguay wird nun nach Osten vom **Río Paraná** gebildet, bis zum Dreiländereck Argentinien-Paraguay-Brasilien bei der Mündung des Iguazú in den Paraná. Dort endet die paraguayisch-argentinische Grenze, es beginnt die mit Brasilien, die zunächst flussaufwärts dem Iguazú folgt, sich dann – als nicht natürliche Grenze – quer durchs Land nach Süden wendet und auf den **Río Uruguay** trifft. Der bildet wieder eine natürliche Barriere, zunächst zu Brasilien, dann bis zu seiner Mündung in den Río de la Plata zu Uruguay. Diese Flussgrenzen dürfen nicht unterschätzt werden, ist der Río Uruguay doch z.B. beim uruguayischen Fray Bentos, wo eine Brücke von Argentinien nach Uruguay führt, knapp 3 km breit.

Argentinien ist nach Brasilien das **zweitgrößte Land Südamerikas** und das achtgrößte Land der Erde. Mit **2.780.400 km²** Fläche ist es knapp achtmal so groß wie Deutschland oder so groß wie Deutschland, Frankreich, Spanien, Portugal, Schweiz, Österreich, Liechtenstein, Italien, Großbritannien, Irland, die Benelux-Staaten, Polen, Dänemark, die Tschechische Republik und Slowenien zusammen.

Geografische Gliederung

Argentinien lässt sich in drei geografische Zonen untergliedern: die Anden im Westen, das Flachland im Norden und Osten sowie Patagonien.

Die Anden

Die Anden ziehen sich **wie ein Rückgrat durch das gesamte Land.** Sie erscheinen als einheitliches Gebirge, der Geograf unterscheidet aber innerhalb Argentiniens drei Hauptabschnitte: die **Puna** im Norden, anschließend die **Hochkordillere** und – weiter südlich – die **Südkordillere.**

Die Anden sind ein recht junges Gebirge. Sie entstanden größtenteils im Tertiär und sind damit etwa gleich alt wie die europäischen Alpen. Die Gebirgsbildung ist noch nicht vollständig abgeschlossen, darauf weisen die zahlreichen, teilweise noch aktiven Vulkane hin.

Puna wird das Hochland im Nordwesten Argentiniens genannt. Es ist ähnlich wie der bolivianische **Altiplano** strukturiert: 5000 bis 6000 m hohe Gebirge umgeben ein abflussloses Hochland auf etwa 3500 m Höhe. Die Landschaft ist wüstenartig, und es gibt zahlreiche Salzseen. Die Puna ist keine Hochebene, sondern besteht aus verschiedenen lang gezogenen Senken, die durch etwa 1000 bis 1500 m höhere Bergzüge voneinander getrennt sind.

Der Puna vorgelagert sind im Nordosten die Gipfel der so genannten **Vorpuna,** ein Gebirgszug, der auch **Präkordillere** genannt wird. Fährt man beispielsweise von Salta aus in Richtung der chilenischen Grenze, so passiert man zunächst diese Präkordillere, die aber auch schon riesige Höhenzüge besitzt. So erreicht der Nevados de Cachi stolze 6720 m Höhe, der Nevados de Acay, gut zu sehen auf der Fahrt nach San Antonio de los Cobres, 5950 m.

Südlich etwa von San Miguel de Tucumán, etwa auf der Höhe des 27. Breitengrades, beginnen die **Hochkordilleren,** zwei parallel in Nord-Süd-Richtung verlaufende Gebirgszüge. Hier liegt der höchste Andengipfel Argentiniens, der **6959 m hohe Aconcagua,** den die Argentinier gleich mit zwei Superlativen rühmen: als höchsten Berg des Doppelkontinents Amerika und höchsten Gipfel der südlichen Hemisphäre. Ohne seine Größe zu schmälern, könnte man ihn auch einfach als den höchsten Gipfel außerhalb Asiens beschreiben. Von den fünf höchsten Gipfeln der Anden finden sich vier in diesem Abschnitt der Hochkordillere: Neben dem Aconcagua, der westlich von Mendoza liegt, sind es der **Nevado Ojos del Salado** (6880 m) auf der argentinisch-chilenischen Grenze westlich von Tucumán, ebenfalls dort der **Volcán Bonete** (6872 m), der auf der Grenze liegenden **Cerro Tupungato** (6800 m), südwestlich von Mendoza, sowie der **Cerro Mercedario** (6770 m), westlich von San Juan. Der zweithöchste Andengipfel überhaupt liegt nicht in Argentinien, es ist der 6882 m hohe Nevado de Illimani in Bolivien. Nach anderen Messungen ergeben sich andere Ergebnisse, dann ist der Ojos del Salado mit 6930 m der zweithöchste Andengipfel. Unbestritten bleibt der Aconcagua aber der höchste.

Etwa beim 38. Breitengrad – ca. 100 km nördlich der Linie vom chilenischen Temuco zur argentinischen Stadt Neuquén – beginnt die **Südkordillere.** Sie reicht von dort bis über Feuerland hin zu den vorgelagerten Islas de los Estados. Charakteristisch ist die fehlende durchgehende Kammlinie. Stattdessen finden sich isoliert stehende Gipfel, wie der Cerro Tronador (3554 m) bei Bariloche oder der Fitzroy (3375 m). Tiefe Quertäler zerschneiden das Gebirge, als tiefstes die **Magellanstraße,** die Meerenge zwischen dem Festland und Feuerland.

Das Flachland im Norden und Osten

Drei Großlandschaften werden unter dem Begriff des argentinischen Flachlandes zusammengefasst: der **Gran Chaco** im Norden, eine flach gewellte Ebene, die bis auf 500 m ansteigt, das **Zweistromland** zwischen den beiden Flüssen Río Uruguay und Río Paraná sowie die **Pampa,** eine baumlose Ebene, die südlich des Gran Chaco beginnt und sich bis zur patagonischen Grenze hinzieht.

Der Name **Chaco** stammt aus der Quetschua-Sprache und bedeutet „Jagdfeld". Der Chaco gehört heute etwa zur Hälfte zu Argentinien, die andere Hälfte teilen sich Bolivien und Paraguay. Der Chaco liegt stellenweise unter der Höhe des Meeresspiegels, er ist zu einem Drittel mit Wald bedeckt, dazwischen dehnt sich Grasland aus. In Argentinien sind nach Süden die Grenzen zwischen dem Chaco und der Pampa fließend.

Pampa ist ebenfalls ein Quetschua-Wort. Es bedeutet „baumlose Ebene", womit der Charakter der Großlandschaft ziemlich exakt beschrieben wird. Die Pampa erstreckt sich vom Atlantik bis zu den Anden, sie wird im Norden vom Chaco, im Nordosten vom Río Paraná und im Süden von Patagonien begrenzt. Eine heute noch

a18-88 Foto: gw

gültige Beschreibung der Pampa lieferte der deutsche Zoologieprofessor **Hermann Burmeister,** von 1861–1892 Direktor des Naturhistorischen Museums in Buenos Aires und Gründer der Akademie der Wissenschaften in Córdoba (1870). Er schrieb 1857: *„Wenn man die äußersten, meist aus dürftigen Lehmhütten bestehenden Teile der Stadt Rosario hinter sich hat, so gelangt man schon auf die Pampa und sieht eine endlose Ebene vor sich, deren Boden mit einem feinen, kniehohen Grase bedeckt ist. Kein Gegenstand von irgendwelcher Eigentümlichkeit zeichnet sich darin aus; der weite Horizont verschwimmt in violetter Bläue, und völlig wie auf dem Meere wird man von einem kreisförmig abgegrenzten, überall gleich fernen Gesichtsfelde umgeben, dessen äußerste Grenze selbst der Färbung dem Meereshorizont ähnelt. Auf dieser einförmigen, aber nicht ganz öden Ebene fährt man eine Stunde nach der anderen, einen Tag wie den anderen (Burmeister war mit der Kutsche unterwegs, G. W.) und hat keine Abwechslung darin zu erwarten als etwa eine weidende Viehherde, ein aufgescheuchtes Wild, einen Ochsenkarrenzug, ein Bauerngehöft oder einen kleinen See; auch große wasserreiche Flüsse gehen den Pampas gänzlich ab, kleine Bäche mit veränderlichem Wassergehalt durchfurchen hier und da die Ebene.“*

Im Nationalpark Los Glaciares,
in der Nähe des Fitz-Roy-Massivs

Die Pampa ist das Kernland Argentiniens. 60% der Viehzucht und etwa 90% des Ackerbaus werden hier betrieben. Umstritten war lange, ob die Pampa ein natürliches Grasland ist oder ob das Fehlen von Bäumen die Folge menschliche Eingriffe sei. Inzwischen ist aber erwiesen, dass die kompakte, sehr feste Bodenstruktur das Wachstum von Gräsern fördert, dem von Bäumen aber so hinderlich ist, dass sie sich nicht selbst verbreiten.

Das **Zweistromland,** das „argentinische Mesopotamien“ zwischen dem Río Uruguay und dem Río Paraná, ist eine hügelige, teils sumpfige Landschaft. Der südliche Teil ist eine Marschlandschaft, nach Norden werden Klima und Landschaft subtropisch. Die Nordspitze des Zweistromlandes gehört einer anderen Großlandschaft an: dem brasilianischen Schild. Sein Übergang zur flacheren Landschaft in Mesopotamien ist an einer Stelle spektakulär – bei den Iguazú-Fällen bricht das höher gelegene Basaltplateau einfach ab.

Patagonien

Patagonien umfasst den gesamten **Süden Argentiniens, südlich des Río Colorado.** Das Tafel- und Schichtstufenland steigt von der Atlantikküste bis auf eine Höhe von etwa 1500 m an. Die Landschaft ist weitgehend gleichförmig, lediglich einzelne kleinere Mittelgebirgszüge unterbrechen sie. Der argentinische Teil Patagoniens liegt im Regenschatten der Anden und ist deshalb ein sehr trockenes Gebiet. Auch aufgrund des ständigen Windes können nur niedrige Sträucher und Büschelgräser wachsen.

Die Flüsse

Mehrere große Flüsse durchqueren Argentinien. Die größten münden in den Río de la Plata, einige andere patagonische direkt im Atlantik, wieder andere – v.a. im Nordwesten – versiegen im Binnenland oder enden in salzigen Seen. Die wichtigsten Flüsse sind der Río Paraná, der Río Uruguay, die Flüsse Patagoniens und natürlich der Río de la Plata.

Río Paraná

Der Río Paraná ist der **wichtigste Fluss Argentiniens** und des gesamten La-Plata-Raumes. Er entsteht in Brasilien aus dem Zusammenfluss von Paranaíba und Río Grande, die beide im brasilianischen Bergland entspringen. **Der Paraná ist auf seiner gesamten Länge in Argentinien schiffbar,** für Seeschiffe aber nur 600 km flussaufwärts bis nach Rosario.

Der Paraná bildet die Landesgrenze zwischen Paraguay und Brasilien. Vor Ciudad del Este wird er gestaut, dort liegt **Itaipú,** das **größte Wasserkraftwerk der Welt,** ein paraguayisch-brasilianisches Gemeinschaftsunternehmen. Von Osten mündet kurz darauf der Río Iguazú in den Paraná, danach ist er Grenzfluss zwischen Argentinien und Paraguay. Bei Posadas und Encarnación wird der Fluss ein weiteres Mal gestaut, die beiden Anliegerländer wollen hier ein Wasserkraftwerk errichten. Ab Posadas gleicht der Paraná mehr einem See als einem Fluss. Er fließt träge dahin, überall finden sich kleine und größere Inseln. Er hat hier eine Breite von 3–4 km. Bei Corrientes, der Mündung des Río Paraguay, seines größten Nebenflusses, wendet sich der Paraná südlich. Charakteristisch für den weiteren Verlauf ist seine Aufgliederung in viele Haupt- und Nebenarme, die parallel nach Süden fließen, bis bei San Nicolás, südlich von Rosario, sein eigentliches **Delta** beginnt. Der Fluss zerteilt sich bis zur Mündung in den Río de la Plata in unzählige Arme und Kanäle, dazwischen liegt sumpfiges Land, das immer wieder weg- und neu angeschwemmt wird. Da der Paraná viele Sinkstoffe mit sich führt, baut er sein Delta immer weiter nach Osten vor.

Río Uruguay

Der Río Uruguay ist der **Grenzfluss zwischen Argentinien und Uruguay.** Er entspringt in Brasilien, durchfließt dort das Bergland und bildet dann gemeinsam mit dem Paraná das Paraná-Uruguay-Tiefland. Sein größter Nebenfluss ist der **Río Grande,** der in ost-westlicher Richtung fast das ganze Staatsgebiet von Uruguay durchfließt. Am Unterlauf wirkt der Río Uruguay nicht wie ein Fluss, eher wie ein See. Er fließt träge dahin und besitzt dort eine Breite von stellenweise bis zu 10 km. Schiffbar ist er lediglich bis Salto (Uruguay). Dort befinden sich Stromschnellen, die vom Schiffsverkehr nicht überwunden werden können. Oberhalb von Salto wird der Fluss allerdings wieder als Verkehrsweg genutzt. Nördlich von Colonia (Uruguay) mündet der Río Uruguay nach etwa 1650 km in den Río de la Plata.

Die patagonischen Flüsse

Die meisten patagonischen Flüsse haben eine **Gemeinsamkeit:** Sie entspringen in der Südkordillere, werden dort von Regenfällen und Gletschern gespeist – vom Gletscherwasser haben sie auch ihre leicht milchige Färbung – und haben bis zu ihrer Mündung in den Atlantik keinen nennenswerten Zufluss mehr. So hängt ihr Wasserstand einzig von den Niederschlägen in den Anden ab. Die wichtigsten Flüsse (von Norden nach Süden) sind: der etwa 1300 km (entspricht etwa der Länge des Rheins) lange **Río Colorado,** der 750 km lange **Río Negro,** der bei Neuquén durch den Zusammenfluss von Río Neuquén und Río Limay, dem Abfluss des Nahuel-Huapi-Sees, entsteht. Südlich der Península Valdés mündet bei Rawson der 1000 km lange **Río Chubut,** bei Puerto Deseado der **Río Deseado.** Gespeist von den großen Gletscherseen fließen bei Puerto Santa Cruz der **Río Chico,** er entspringt im Lago Viedma, und der **Río Santa Cruz** (im Lago Argentino) in den Atlantik. Der südlichste Fluss ist der **Río Gallegos,** der beim gleichnamigen Ort ins Meer mündet.

Klima

Aufgrund der großen Fläche und der unterschiedlichen Höhenlagen weist Argentinien auch **klimatisch große Unterschiede** auf: Von subtropischen Temperaturen im Norden bei gleichzeitiger Eiseskälte in Patagonien oder auf Feuerland reicht die Palette. Eine Konstante ist, dass die Temperaturen von Nord nach Süd abnehmen, ebenso die Niederschläge von Osten nach Westen.

Etwa entlang des **68. Längengrads** verläuft von Feuerland bis hinauf nach Ecuador längs durch Südamerika eine **Trennungslinie:** Grob gesagt, regnet es auf dem gesamten Kontinent westlich dieser Linie wesentlich weniger. Verfolgt man den Verlauf dieses 68. Längengrades in Argentinien, stellt man fest, dass der Norden des Landes östlich dieser Linie liegt, während sich südlich von Comodoro Rivadavia Argentinien fast durchgehend westlich des 68. Längengrades erstreckt.

Im Nordosten des Landes regnet es am meisten. Dort fallen bis zu 1900 mm Niederschläge jährlich, während die Trockengebiete Patagoniens nicht einmal auf 250 mm kommen.

Die Winde

Eine Besonderheit Argentiniens sind die Winde, die für einen **schnellen Wetterumschwung** sorgen. Sie fegen mit Geschwindigkeiten von bis zu 180 km/h über das baumlose Land. Da es in Argentinien keine Gebirgszüge gibt, die in Ost-West-Richtung verlaufen, kann der Wind ungebremst über die Ebenen fahren. Vier Arten von Stürmen gibt es, der berühmteste ist der Pampero, die anderen heißen Norte, Sudestada und Zonda. Sie werden hier – mit Ausnahme des Zonda – mit ihrer Wirkung im Gebiet Buenos Aires beschrieben.

Der **Pampero** weht alle sieben bis zehn Tage am Río de la Plata. Nach einigen Tagen Nordwind, bei denen das Thermometer steigt und gleichzeitig der Luftdruck fällt, es schwül und heiß wird, kommt der Pampero, ein Sturmwind, meist aus Süd-Ost-Richtung. Die Temperatur fällt plötzlich, oft um 10° bis 15°C. Man kennt den „trockenen Pampero", der nur für eine ordentliche Abkühlung sorgt, den „feuchten Pampero", der mit Gewittern einhergeht, sowie den „schmutzigen Pampero", der zusätzlich große Staubmengen aus dem Süden heranweht.

Der **Norte** ist der häufigste Sommerwind. Er bringt feuchtheiße Meeresluft und wird normalerweise durch den Pampero abgelöst. Er kann aber schon einmal über einen längeren Zeitraum anhalten. Dann stöhnen die Bewohner der Stadt über die schwüle Hitze, die auch nachts nicht weicht.

Der **Sudestada** heißt ebenfalls nach seiner Richtung. Er weht vorwiegend an der Atlantikküste bei Buenos Aires

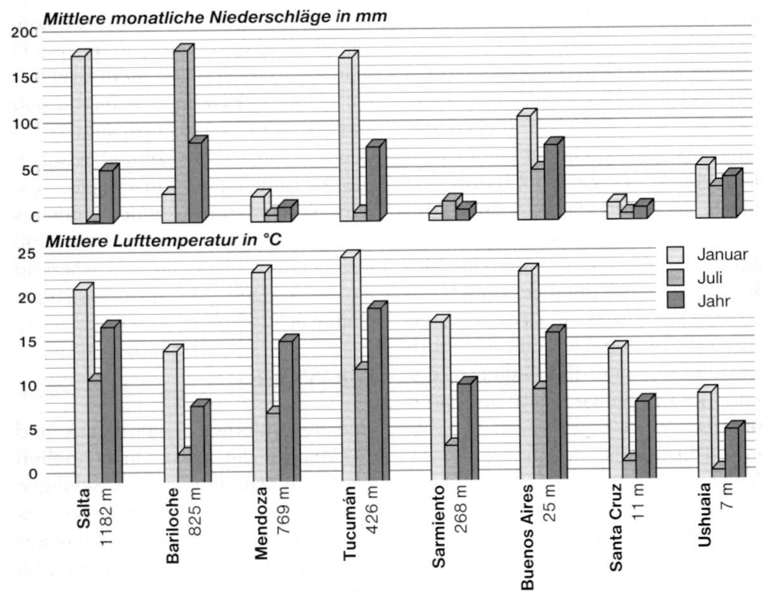

in den Wintermonaten von Juni bis Oktober. Er ist bei den Porteños gefürchtet, nicht wegen seiner Stärke, sondern weil er viel Feuchtigkeit bringt.

Der **Zonda,** ein Föhnwind, weht vorwiegend im Winter und in der Cuyo-Region. Luftmassen vom Pazifik regnen sich an der chilenischen Seite des Gebirges ab, überqueren dann die Anden und erwärmen sich beim Absteigen. Der warme Wind hat eine Temperatur von etwa 20°–25°C und eine Geschwindigkeit von etwa 70 Kilometern pro Stunde.

Pflanzen- und Tierwelt

Die großen klimatischen und geografischen Unterschiede im Land bedingen natürlich auch große Kontraste in Fauna und Flora. Menschliche Eingriffe haben in der Pampa darüber hinaus große Veränderungen bewirkt. Buschland und Wälder wurden gerodet, stattdessen säten die Einwanderer importierte Gräser; der Raubbau an bestimmten Holzsorten hat die Wälder artenärmer gemacht.

Geografen unterscheiden in Argentinien **neun unterschiedliche Naturräume:** den subtropischen Regenwald im Nordosten, die Pampa, den Chaco, die Puna, den subtropischen Feuchtwald im Nordwesten, den so genannten Monte, die Strauch- und Wüstensteppe Patagoniens, die Regenwälder in der Südkordillere sowie Feuerland.

Der subtropische Regenwald im Nordosten

Argentinien hat an dieser Großlandschaft, die bis Paraguay und v.a. Brasilien reicht, nur in der Provinz Misiones Anteil. Hier gibt es **immergrüne Regenwälder,** denn die Niederschlagsmengen sind recht gleichmäßig über das Jahr verteilt. An den Flussufern des Paraná und des Uruguay wachsen Weichhölzer und verschiedene Bambusarten, die bekanntesten Baumarten im Landesinnern sind die Zeder, verschiedene Palmen-Arten sowie der Lapacho-Baum, der bis zu einer Höhe von 20 m aufragt. Hier wächst auch wild der **Yerba-Baum** – wissenschaftlich *Ilex paraguayensis* –, der in Paraguay und Südbrasilien als Kulturpflanze angebaut wird und dessen getrocknete Blätter die Mate liefern, das Nationalgetränk aller drei La-Plata-Länder (siehe entsprechenden Exkurs).

Artenreich, aber auch gefährdet ist die **Tierwelt** im Nordosten: Einen Tapir wird man nur mit sehr viel Glück sehen, Jaguare sind noch seltener geworden. Im Wald um Iguazú bekommt man Affen, vielleicht auch Gürteltiere und Wildkatzen zu Gesicht. Nicht ganz so selten sind Papageie, großschnäblige Tukane, die winzigen Kolibris und bunte Schmetterlingsarten.

Die Pampa

Die Pampa ist die Landschaft Argentiniens, deren Pflanzenwelt sich durch **menschliche Eingriffe** am meisten gewandelt hat. Zahlreiche neue Gräser wurden angesiedelt, die Pampa ist heute eine Kultursteppe. Dazu pflanzten die Viehzüchter Bäume, unter denen das Vieh Schutz vor Kälte oder Hitze suchen kann. So wurde der Ombú – leicht an seiner breiten, ausladenden Krone zu erkennen – gern als Schattenspender angepflanzt, ebenso wie die ursprünglich aus Australien stammenden, schnell wachsenden Eukalyptusbäume.

Die **Tierwelt der Pampa** hat nur teilweise überlebt. Zwar wird jeder Besucher bei seiner Fahrt durch Argentinien irgendwo **Ñandus** treffen. Der Laufvogel, ein kleinerer Verwandeter des südafrikanischen Vogel Strauß, ist aber im Verhältnis zu früher selten geworden. Fast ausgestorben ist der Pampahirsch. Häufig trifft man hingegen kleinere Höhlenbewohner wie das Stinktier oder auch das Gürteltier. Der bekannteste Vogel ist der **Hornero,** zu deutsch „Töpfervogel". Sein charakteristisches Nest ist leicht zu erkennen. Den Rundbau aus Lehm baut er oft auf Zaunpfähle, die höchsten Punkte der Ebene.

Der Chaco

Der nördlich angrenzende Chaco unterscheidet sich zunächst nur wenig von der Pampa. Im Bereich der Flüsse ist die **Vegetation,** v.a. der Bäume, artenreich, nach Nordwesten wird sie immer dünner. Hier wachsen immergrüne Trockenwälder sowie sperriges Dorngebüsch.

Die **Tierwelt** des Chaco ist ausgesprochen artenarm. Manche Tierarten der Pampa wie der Ñandu leben auch hier. In den Feuchtgebieten um den Río Paraguay an der argentinisch-paraguayischen Grenze finden sich Tapire, Schlangen und diverse Affenarten.

Die Puna

Die Hochkordillere und die Puna sind nahezu **Wüstenlandschaften.** Unterhalb von 3200 m findet sich ein wenig Buschwald, in höheren Regionen nur Büschelgräser und Polsterpflanzen. Auffällig sind die großen Kakteen.

Die Wüstenregion bietet aber **vielen Tieren** Lebensraum. Mit Glück sieht man kleinere Herden von Guanakos oder deren Verwandten, Lamas, Alpacas oder Vicuñas. Öfter trifft man auf Füchse; wer sehr viel Glück hat, sieht auch einen Puma. Zahlreich sind die Vogelarten: Kleinere Raubvögel kann man leicht beobachten, eventuell auch den einen oder anderen Adler. Die Kondore mit ihrer Flügelspannweite von über 3 m sind selten.

Der subtropische Feuchtwald

Bei Tucumán, Salta und Jujuy versperren **große Gebirge** den Zugang zur Ostseite der Puna. Die vom Flachland aufsteigenden Wolken regnen sich an dieser Gebirgsschwelle ab und haben dort einen unterbrochenen Streifen subtropischer Feuchtwälder entstehen lassen. Besonders eindrucksvoll kann dieser auf einer Fahrt von Salta nach Jujuy über die sehr steile und kurvenreiche und auch nicht sehr gut ausgebaute „Ruta 9" betrachtet werden.

Moose, Flechten, Lianen und schmarotzende Orchideenarten überwuchern die dicken Stämme, so dass das Licht nur noch schwach bis zum Waldboden vordringt. In diesen Wäldern leben viele **Tierarten:** Affen, Tapir, Wildschweine, aber auch Jaguare und andere (kleine) Raubkatzen.

Der Monte

Südlich des Chaco schließt sich im Westen Argentiniens die Region der westlichen Pampa und der so genannten pampinen Sierren an. Diese **pampinen Sierren** werden auch als Monte bezeichnet: Es handelt sich um einen Buschwald, der immer wieder von großen Grasflächen unterbrochen ist, eine maximale Höhe von 3–5 m erreicht und von Kakteen durchsetzt ist. Die Tierwelt gleicht der der Pampa und des Chaco, es fehlt allerdings der Ñandu. Die Fauna ist artenarm, es finden sich Pampahase, Stinktier und kleinere Gürteltiere.

Patagonien

Südlich des Río Colorado endet der Monte, es beginnt die **Strauch- und Wüstensteppe Patagoniens.** Sie lässt sich am besten negativ beschreiben: Es fehlt hier nahezu jeglicher natürlicher Baumwuchs. Über Hunderte von Kilometern wechseln Trockenbüsche von maximal 2 m Höhe und Büschelgräser einander ab. Die meisten Gräser und Büsche sind hart und dornig, nur in den feuchteren Talböden wachsen weiche, saftige Gräser.

Die **Tierwelt** ist trotzdem erstaunlich **vielfältig:** Es gibt Guanakos, Füchse, den „patagonischen Hasen" und Ñandus. Tierliebhaber fahren aber besonders gern zur Atlantikküste: Auf bzw. vor der Península Valdés leben Wale, See-Elefanten, See-Löwen, Robben und Pinguine.

Die Südkordillere

Ein schmaler Streifen entlang der Südkordillere gehört zu einem anderen klimatischen Gebiet als Patagonien. Hier ist die Niederschlagsmenge größer, hier wächst deshalb auch wieder undurchdringlicher, **kalter Regenwald.** Besonders im nördlichen Teil der Südkordillere, also zwischen der Linie Temuco-Neuquén und der Stadt Esquel, ist er artenreich, hier gedeihen Bäume wie Ñirre, Lenga, aber auch Alercen. Die Baumgrenze liegt hier bei etwa 1900 m, südwärts senkt sie sich immer weiter ab und endet schließlich auf Feuerland bei 500 m.

Die **Tierwelt** ist allerdings **artenarm,** was daran liegt, dass die Südanden und weite Teile ihres Vorlandes in vorgeschichtlicher Zeit lange eisbedeckt waren.

Feuerland

Feuerland ist durch eine **Mischung aus Steppe und ausgedehnten Laubwäldern** gekennzeichnet. Hinzu kommen weite **Moorgebiete.** Die Laubwälder bestehen vorwiegend aus sommergrünen Südbuchen. Biologen und Geografen vermuten, dass Feuerland einst dichter bewaldet war. Klimaverschlechterungen seit etwa 2000 Jahren haben zu einer langsamen Erkaltung und zum Vordringen der Steppe geführt.

Feuerland besitzt eine **artenreiche Tierwelt**, besonders an Wassertieren und Vogelarten. Eine Besonderheit sind die **Biber,** die im Nationalpark auf Feuerland leben. Sie wurden 1947 aus Kanada geholt und in einer Farm gehalten, um sie als Pelztiere zu nutzen. Das Projekt scheiterte, die Biber entkamen, und da sie auf Feuerland keine natürlichen Feinde haben, konnten sie sich ungestört und zu schnell vermehren: Heute sind große Flächen im Nationalpark von ihnen geschädigt. Die Biberdämme sorgen für eine dauernde Überschwemmung des wassernahen Waldes, die faulen Baumwurzeln können den Stamm irgendwann nicht mehr halten, die Bäume stürzen um.

Naturschutz und Umweltprobleme

Nationalparks und andere Schutzzonen

Argentinien besitzt eine Fülle unterschiedlicher Naturschutzgebiete. Die meisten, aber nicht alle liegen in der Andenregion, wo auch 1903 der erste Park Argentiniens eingerichtet wurde. Damals stiftete der Naturforscher *Francisco Perito Moreno* 7500 Hektar Land in der Nähe von Bariloche, sie sind heute Teil des Nationalparks Nahuel Huapi.

Die Naturparks besitzen keinen einheitlichen Status. Die meisten sind Nationalparks, es gibt aber auch einige kleinere, dabei sehr lohnende Naturschutzgebiete, die von den Provinzen eingerichtet wurden, beispielsweise auf der Península Valdés oder der Parque Provincial Talampaya in der Provinz Rioja.

Im Folgenden die wichtigsten Nationalparks und Naturparks der Provinzen in aller Kürze, ausführlicher werden sie in den Reiserouten vorgestellt. Wer allgemein mehr Informationen über das System der Nationalparks, die Natur und die Probleme des Umweltschutzes in den Parks erfahren will, sollte die zentrale Verwaltung der Nationalparks in Buenos Aires aufsuchen. Insgesamt gibt es heute **29 Parques Nacionales (P.N.), Reservas Naturales (R.N.) und Monumentos Naturales (M.N.)**, die von der „Administración de Parques Nacionales", Santa

M.N. Lag. de los Pozuelos
BOLIVIEN
R. Lag. de los Pozuelos
P.N. Baritú
CHILE
P.N. Calilegua
PARAGUAY
P.N. Los Cardones
P.N. El Rey
P.N. Rio Pilcomayo
R. Laguna Blanca
P.N. Chaco
P.N. Iguazú
R. Ibera
BRASILIEN
R. Talampaya
R. Mar Chiquita
R. Ischigualasto
P.N. El Palmar
P.N. Sierra de las Quijadas
P.P. Aconcagua
URUGUAY
PAZIFISCHER OZEAN
P.N. Lihuel Calel
P.Ernesto Tornquist
P.N. Lanin
P.N. Los Arrayanes
P.N. Nahuel Huapi
P.N. Lago Puelo
R. Peninsula Valdés
P.N. Los Alceres
R. Punta Tombo
ATLANTISCHER OZEAN
M.N. Bosques Petrificados
P.N. Perito Moreno
P.N. Los Glaciares
R. Cabo Virgenes
CHILE
P.N Tierra del Fuego
NATIONALPARKS

Fé 690, Buenos Aires, Tel. 311-1943, verwaltet werden. Über die Vegetation in den Nationalparks Argentiniens erschien – allerdings schon 1989 – eine gut bebilderte Broschüre, die vom „Palmengarten" (dem Botanischen Garten) der Stadt Frankfurt herausgegeben wurde: „Von Iguazú bis Feuerland. Zur Vegetation argentinischer Nationalparks", Palmengarten der Stadt Frankfurt, Siesmayerstr. 61, 60323 Frankfurt/Main.

In den **Provinzen Salta und Jujuy** gibt es mittlerweile fünf Nationalparks, die nicht weit voneinander entfernt sind: An der bolivianischen Grenze in der Provinz Salta liegt der **P.N. Baritú,** in dem 72.000 ha subtropischer Regenwald geschützt werden. Die über 16.000 ha große **Laguna de los Pozuelos** ist ein Monumento Natural. Auf dem See lebt eine Fülle unterschiedlicher Wasservögel, darunter alle drei Flamingoarten, die in Argentinien vorkommen. Der **P.N. Calilegua** beherbergt subtropische und subalpine Wälder. Er wurde 1974 in einem schwer zugänglichen Gebiet eingerichtet. Ebenfalls subtropischen Andenwald findet man im Nationalpark **El Rey.** Neu eingerichtet wurde der **P.N. Los Cardones.** Hier gibt es auf einer hochgelegenen Wüste Tausende riesiger Kandelaber-Kakteen zu bewundern.

Im **Norden und Nordosten** des Landes liegen vier attraktive Parks: Der **P.N. Río Pilcomayo** in der Provinz Formosa bietet an der argentinisch-paraguayischen Grenze Sumpf- und Palmenlandschaft. Der nur 15.000 ha große **P.N. Chaco** wird nur wenig besucht. In ihm lassen sich ebenfalls große Palmenhaine bewundern. Einer der attraktivsten Nationalparks Argentiniens ist der ganz im Nordosten der Provinz Misiones liegende **P.N. Iguazú.** Auch im Nordosten, in der Provinz Entre Ríos, liegt der **P.N. El Palmar.** Er verrät schon im Namen, was hier zu sehen ist: große Palmenhaine, v.a. der Yatay-Palme.

Eine Besonderheit ist der mitten in der **Pampa** liegende Nationalpark **Lihué Calel.** Er gehört zur Monte-Zone; in der sanft gewellten Landschaft lassen sich mit Glück viele Tiere beobachten: Guanakos, Maras (patagonische Hasen), Füchse und vielleicht sogar ein Puma.

Die anderen Nationalparks liegen alle in **Patagonien** bzw. vor der Küste oder auf Feuerland, die meisten in den Anden an der Grenze zu Chile. Von Nord nach Süd sind es die Nationalparks **Laguna Blanca, Lanín, Los Arrayanes, Nahuel Huapi, Lago Puelo** und **Los Alerces**, noch weiter in der Südkordillere folgen der **P.N. Perito Moreno** sowie der **P.N. Los Glaciares.** Die meisten dieser Parks sind gut bis sehr gut besucht, kein Wunder, bieten einige doch echte Attraktionen: Nahuel Huapi eine zauberhafte Berg- und Seenlandschaft und der P.N. Los Glaciares die spektakulären Gipfel des Fitzroy-Massivs sowie den Perito-Moreno-Gletscher.

Buenos Aires:
Umweltbelastung Straßenverkehr

An der patagonischen Küste liegen die beiden Provinzparks der **Península Valdés** und **Punta Tombo.** Die Península Valdés ist Rückzugsgebiet großer Seelöwen und See-Elefanten-Kolonien, dazu gibt es unzählige Wasservögel zu sehen. Vor der Insel treffen sich in den Monaten des europäischen Herbstes Wale zur Paarung. Punta Tombo ist die größte Kolonie von Magellan-Pinguinen.

Im zentralen **Patagonien** liegt das **M.N. Bosques Petrificados,** ein 10.000 ha großes Gebiet, wo zahlreiche Stämme versteinerter Araukarien zu sehen sind. Diese Baumstämme sind älter als die Anden, sie stammen aus der Zeit, als Patagonien noch von feuchtem Wald bedeckt war. Zum Schutz des südlichsten Andenwaldes wurde 1963 der **P.N. Tierra del Fuego** angelegt.

Umweltprobleme

In **Buenos Aires** ist die **Umweltverschmutzung** für jeden spürbar, der sich auch nur auf mindestens einen seiner Sinne verlassen kann. Der Verkehr, der Lärm und Müll, die Luft- und die Wassserverschmutzung – die argentinische Hauptstadt leidet unter einer ganzen Reihe von Umweltbelastungen. Veraltete Techniken in der Industrie, fehlende Kläranlagen für die Abwässer, dazu oftmals auch ein gerüttelt Maß an Gedankenlosigkeit im Alltagsverhalten haben nicht nur die gute Luft in Buenos Aires zum Verschwinden gebracht. Potenziert wer-

a20-100 Foto: gw

den die Probleme durch das ungebremste Wachstum der Stadt. Inzwischen leben fast 12 Millionen Menschen im Großraum Buenos Aires, fast 40 Prozent der Gesamtbevölkerung des Landes. Das Müllaufkommen steigt unaufhörlich, viele Einwohner der Stadt besitzen weder einen Anschluss an fließendes Wasser noch an die Kanalisation.

In manchen argentinischen Städten gibt es auch **Probleme mit dem Trinkwasser.** In Tucumán wird beispielsweise seit 1981 das Leitungswasser systematisch untersucht, und die Ergebnisse zeigen eine Besorgnis erregende bakteriologische Verschmutzung des Wassers an.

Außerhalb der Städte sind die Umweltprobleme nicht so offensichtlich, was nicht heißt, dass sie nicht vorhanden sind. Zahlreiche **Pflanzen- und Tierarten sind vom Aussterben bedroht,** stark gefährdet sind Affen, Wildkatzen und die Säugetiere des Meeres sowie Papageien, Adler, der Kondor und Reptilien wie Kaimane.

Das größte Problem Argentiniens ist aber mittlerweile die **Verwüstung:** In **Patagonien** haben sich in den letzten hundert Jahren weite Teile der ursprünglichen Steppe in Wüste verwandelt, an manchen Orten haben sich bereits die ersten Sanddünen gebildet. Schuld daran hatte der Kahlschlag des ohnehin spärlichen Waldes und die Überweidung des Bodens durch zu viele Schafe. Trockene Jahre lassen das Gras nur langsam wachsen, die Schafe reißen es dann mit den Wurzeln aus, und der ständig stürmige Wind weht die fruchtbare Erdkrume einfach davon. So wird die Bodenerosion beschleunigt. Die Folgen spüren auch die großen Schafzuchtbetriebe: Sie mussten die Anzahl ihrer Schafe bereits reduzieren. Brauchte vor einem Jahrhundert ein Schaf etwa 3 ha Weidefläche, so reichen heute 5 bis 8 ha gerade mal zum Überleben aus.

In der **Pampa** sorgen **Überdüngung und zu großer Pestizideinsatz** mehr und mehr für Umweltprobleme. Gegen Heuschrecken und andere Schädlinge in den Luzernen- und Sonnenblumenfeldern versprühen die Farmer dort mehr und mehr das Gift Monocrotophos; das vergiftet nicht nur die Heuschrecken, sondern auch andere Tiere wie Raubvögel, die in der Nahrungsmittelkette folgen.

Raubbau wird auch nach wie vor an den **argentinischen Wäldern** betrieben. Inzwischen steht nur noch ein Drittel der Waldflächen, die es noch 1914 in Argentinien gab. Der Kahlschlag war in allen Regionen stark: in den Nordprovinzen Chaco und Misiones genauso wie in San Luis, La Pampa oder in den Wäldern Feuerlands.

Argentinien betreibt zur Zeit **zwei Atomkraftwerke,** das Werk Atucha I (ca. 360 Megawatt) in der Provinz Buenos Aires und Embalse (600 MW) in der Provinz Córdoba. Atucha I, 1974 als erstes Atomkraftwerk auf der Südhalbkugel errichtet, wurde von der Siemens-Tocher KWU gebaut. 1996 sollte seine Erweiterung vollzogen sein. Bislang ist das 700 Millionen Dollar teure Projekt Atucha II jedoch an Finanzierungsschwierigkeiten gescheitert.

Das bislang nicht so stark ausgeprägte **Umweltbewusstsein** in Argentinien wächst. Das zeigt sich beispielsweise daran, dass bestimmte Großprojekte heute umstritten sind.

So gibt es nicht wenige Kritiker des **Staudamms,** der bei Posadas und Encarnación gebaut wurde, um dort am Paraná das zweitgrößte Wasserkraftwerk (nach Itaipu auf der paraguayisch-brasilianischen Grenze) entstehen zu lassen. Hier kam der Protest allerdings zu spät – das Bauwerk ist praktisch fertig und liefert Energie, lediglich der Stausee wurde noch nicht bis zur ursprünglich vorgesehenen Höhe geflutet.

Hoffentlich früh genug hat der Protest bei zwei anderen zweifelhaften Großprojekten eingesetzt: Das eine ist der geplante **Brückenschlag über den Río de la Plata.** Dieser Plan schwebt einigen Mercosur-Politikern vor. Um die Transportwege zwischen den Industrieregionen um Buenos Aires und Sao Paulo (Brasilien) zu verringern, ist eine 50 km lange Brücke geplant, die westlich der argentinischen Hauptstadt beginnen und westlich von Colonia de Sacramento in Uruguay enden soll. Dafür müssten große Teile des Paraná-Deltas zubetoniert werden.

Ein anderes Großprojekt ist der **Hidrovía Paraguay-Paraná:** Es handelt sich um eine **3300 km lange Wasserstraße,** die von Cáceres im brasilianischen Mato Grosso bis an den Río de la Plata führen soll. Es geht im Wesentlichen darum, den Río Paraguay, der dort durch einige Quellflüsse gebildet wird, und später den Río Paraná durchgehend zur Schiffbarkeit auszubauen. Die Zeit für den Bau von Kanälen, Häfen und Dämmen wird auf 25 Jahre veranschlagt, die Höhe der Kosten auf etwa 1,3 Milliarden US-Dollar. Dazu kämen 18 Millionen Dollar jährlicher Folgekosten für das notwendige Freibaggern der durchgehend 13,5 m tiefen und 50 m breiten Fahrrinne. Inzwischen haben siebzig nationale und internationale **Umweltorganisationen** gegen das Vorhaben **protestiert,** darunter auch der „World Wildlife Fund for Nature" (WWF). Sie fürchten unabsehbare Folgen. Der Pantanal, durch den Kanäle gebaut werden sollen, ist ein gigantisches Wasserrückhaltereservoir. Während der Regenzeit saugt sich das Sumpfgebiet wie ein Schwamm voll und gibt dann das Wasser in den Trockenperioden langsam an die Flüsse Paraguay und Paraná ab. Ohne diesen natürlichen, langsamen Ausgleich gäbe es an den Flüssen und somit auch am Río de la Plata ständig einen krassen Wechsel von Hoch- und Niedrigwassern. Die Umweltorganisationen halten die ökologischen Folgekosten des Projektes zu Recht für völlig ungeklärt: Wie verändert sich die Natur, wenn der Wasserstand reguliert wird? Wird es zu Überschwemmungen kommen, wenn erst einmal der Wasserabfluss beschleunigt wird? Viele, besonders brasilianische Organisationen, halten die Modernisierung und den Ausbau des veralteten Eisenbahnnetzes für eine sinnvollere, billigere und ökologisch unbedenkliche Lösung des Transportproblems.

Geschichte der La-Plata-Staaten

Für den südlichen Teil Südamerikas gibt es zwei Bezeichnungen: die **„La-Plata-Länder"** und **„Cono Sur"**.

Ein kurzer Blick auf die Karte Südamerikas macht deutlich, welche Länder zum **Cono Sur** – wörtlich übersetzt: „südlicher Kegel" – gehören: Es sind Chile, Argentinien, Paraguay und Uruguay. Die letzten drei werden als die **La-Plata-Länder** zusammengefasst, obwohl nur zwei direkt an den Río de la Plata grenzen und die Länder hinsichtlich Umfang, politischer und wirtschaftlicher Bedeutung kaum unterschiedlicher sein könnten. Das Riesenland Argentinien ist flächenmäßig und von der Bevölkerungszahl her mehr als viermal so groß wie Paragay und Uruguay zusammen.

Dennoch haben sie **Gemeinsamkeiten.** Sie liegen geografisch in einer Zone, Uruguay und Argentinien grenzen direkt an den Río de la Plata und den Atlantik, aber auch das Binnenland Paraguay gehört zu den Ländern, die durch das Flusssystem des Río de la Plata bestimmt werden: Durch Paraguay fließt der Río Paraguay, der sich an der argentinisch-paraguayischen Grenze in den Paraná ergießt.

Nicht nur geografisch, sondern auch **historisch und kulturell bestehen enge Verbindungen** zwischen den drei Ländern. Erst zu Beginn des 19. Jahrhunderts entstanden die drei eigenständigen Staaten, bis dahin bildeten sie das Vizekönigreich Río de la Plata. Dementsprechend wird im Folgenden zunächst die gemeinsame Geschichte der drei Länder beschrieben.

Von der präkolumbischen Zeit bis zur Unabhängigkeit

Über die **präkolumbische Geschichte** Argentiniens, Uruguays und Paraguays ist nur wenig bekannt. Zwei Gründe sind dafür ausschlaggebend: Zum einen wurde die Urbevölkerung der Region mit Ausnahme der paraguayischen Guaraní von den Eroberern weitgehend ausgerottet, zum anderen hinterließ die **Urbevölkerung** im Süden der Länder – anders als z.B. in Mexiko oder Peru – kaum Bauwerke. Die Lebensweise war vorwiegend **nomadisch oder halbnomadisch,** denn anders als in den mittelamerikanischen Kulturen fehlte den meisten Ureinwohnern im Cono Sur eine Kulturpflanze, die systematisch angebaut und gepflegt werden musste und somit zu einer sesshaften Lebensweise geführt hätte.

Die ältesten **archäologischen Funde,** die auf menschliche Besiedelung hinweisen, wurden im Nordwesten Argentiniens, in Patagonien, Feuerland, am Alto Paraná in Südparaguay und in Uruguay gemacht. Sie stammen aus der Zeit um 10.000 bis 8000 v.Chr.

Die Urbevölkerung

Zahlreiche Stämme unterschiedlicher **Ureinwohner** lebten zur Zeit der spanischen Eroberung in den La-Plata-Ländern. Im Nordwesten des heutigen Argentinien, in der Region um Jujuy,

Mendoza und Córdoba siedelten die **Diaguita,** die auch als „Calchaquí-Indianer" bezeichnet werden. Bis hierher reichte der politische und kulturelle Einfluss der Inkas. So unterhielten die Diaguita schon ausgedehnte Handelsbeziehungen und kannten auch die Kulturpflanze Mais, die sie in Terrassenanlagen mit künstlicher Bewässerung anbauten, sowie das Lama als Haustier. Die Diaguitas besaßen auch schon weitläufige Siedlungen aus Steinbauten. Es wird angenommen, dass ihre Siedlungen bereits vor der spanischen Eroberung von nomadisierenden Ureinwohnern zerstört wurden, da sie in alten spanischen Aufzeichnungen nicht erwähnt werden.

Sesshaft waren auch die Ureinwohner des heutige Paraguay, die **Guaraní.** Sie lebten vom Feldbau, dabei betrieben sie eine Art Brandrodung, gleichzeitig ernährten sie sich vom Fischfang und auch von der Jagd sowie dem Sammeln von wild wachsenden Früchten. Das Gebiet des heutigen Uruguay beherrschten die **Charrúa,** ebenfalls Halbnomaden. Sie ernährten sich neben dem Feldbau von der Jagd und dem Fischfang.

Der Río de la Plata

„Unvergleichbar den schläfrigen Mündungen des Rheins, des Po, des Ebro, des Tajo, wo man immerhin zur Rechten und zur Linken noch deutlich die Ufer wahrnehmen kann, dehnt sich hier endlos die Weite der Wasser." So beschrieb *Stefan Zweig* in seiner Magellan-Biographie den Eindruck, den die ersten europäischen Seefahrer vom Río de la Plata hatten.

Der Río de la Plata – der „Silberfluss", wie ihn die spanischen Eroberer nannten, in der Hoffnung, auf ihm das Silberland Peru zu erreichen – ist der gemeinsame Mündungstrichter von Río Uruguay und Río Paraná. Er ist ein Zwischending aus Meeresbucht und Flußmündung. Sein Wasser ist bis etwa 30 km westlich von Montevideo, auf argentinischer Seite an der Westgrenze der Bahía Samborobón, süß, ab dort wird es salzig. Weder die Hochwasser von Río Uruguay und Río Paraná noch der Gezeitenhub des Meeres wirken sich wesentlich im Río de la Plata aus. An der schmalsten Stelle – der Mündung von Paraná und Uruguay – ist der Río de la Plata etwa 50 km breit, an der breitesten – beim Übergang in den Atlantik zwischen dem uruguayischen Punta del Este und dem argentinischen Punta Norte del Cabo San Antonio – etwa 220 km. Insgesamt hat er eine Oberfläche von ungefähr 36.000 km^2.

Der Río de la Plata ist sehr flach, seine größte Tiefe beträgt 25 m (vor der Mündung des Río Uruguay), meist aber nur unter 20 m. Da Paraná und Uruguay große Schlammengen mit sich führen, wirkt das Wasser des Río de la Plata schmutzig-trüb, allerdings in unterschiedlichen Farben. Vom Flugzeug aus ist gut zu erkennen, wie sich die Wassermassen des Río Uruguay und des Río Paraná erst allmählich untereinander und dann mit denen des Atlantiks mischen. Aufgrund der geringen Tiefe müssen die wichtigsten Schiffahrtswege immer freigebaggert werden. Das Ufer des Río de la Plata eignet sich nur auf der uruguayischen Seite zum Baden. Es ist dort weitgehend eine Steilküste. Westlich von Montevideo werden sogar Höhen von 45 m erreicht.

„Er sagt, er heiße Colón und käme, um uns zu entdecken" („descubrir" kann auch entkleiden heißen ...)

Die argentinische Pampa war das Jagd- und Siedlungsgebiet der **Querandí.** Sie kannten keine festen Siedlungen, besaßen Zelte und jagten Guanakos und Ñandús. **Araukaner,** die sich selbst **Mapuche** (Menschen der Erde) nannten, wanderten aus Chile in die weiten Ebenen ein, wo sie teils als sesshafte, teils als nomadisierende Volksgruppen lebten: Im Bereich der heutigen Provinzen des nördlichen Neuquén und südlichen Mendoza waren es die **Pehuenche,** weiter südlich in Neuquén die **Huilliche,** in der heutigen Pampa-Provinz, im Süden der Provinz Buenos Aires und in Río Negro die **Puelche,** alles ursprünglich araukanische (Mapuche-) Stämme. Ebenfalls Araukaner waren die **Tehuelche,** die mit Pfeil und Bogen die Ebenen Patagoniens in Chubut und Santa Cruz durchstreiften.

Auf Feuerland lebten die **Ona,** die sich selbst **Selk'nam** nannten und mit den Tehuelches verwandt sind. Sie waren ein mit Pfeil und Bogen jagendes Volk; das Guanako lieferte ihm alles, was es zum Leben brauchte: Fleisch, Fell für Kleidung und den Zeltbau, die Knochen wurden als Werkzeug und die Sehnen als Faden genutzt. Die Selk'nam zogen ursprünglich den Guanako-Herden hinterher.

Die Küsten und Kanäle Süd- und Westfeuerlands waren der Lebensraum der **Yámana** und der **Alakaluf.** Sie waren Wassernomaden, jagten von ihren Kanus, auf denen sie sogar Feuer entzündeten, vorwiegend Robben, Pinguine und Fische mit Speeren, Harpunen und Netzen.

Die Ankunft der Spanier

Am 12. Okt. 1492 landete **Christoph Columbus** auf San Salvador, einer kleinen Insel der Bahamas, am 27. Okt. auf Kuba und am 6. Dez. auf Hispaniola, der Insel, die heute zwischen Haiti und der Dominikanischen Republik geteilt ist. Damit war für die Europäer eine neue Welt (wieder)entdeckt worden. Sie wurde später nach dem Entdecker und Geografen **Amerigo Vespucci** benannt; der deutsche Karthograf **Martin Waldseemüller** führte den **Namen Amerika 1507** ein. *Vespucci* selbst hatte den neuen Erdteil immer als „Nuevo Mundo", als „Neue Welt", bezeichnet.

Columbus war im Zuge der „Capitulación de Santa Fé" durch König *Ferdinand von Aragón* und Königin *Isabella von Kastilien* beauftragt worden, „Inseln und Festländer des Ozeanischen Meeres" für die Herrscher in Besitz zu nehmen. Als Gegenleistung finanzierte das Herrscherhaus die Expedition. Dazu sollte *Columbus* Gewinnanteile aus dem Handel erhalten sowie Gouverneur und Vizekönig der entdeckten Gebiete werden. *Columbus'* (Geschäfts-) Vertrag mit dem spanischen Königshaus war der Mustervertrag für die späteren Entdecker und Eroberer. Kein Wunder also, dass die Entdeckung der Neuen Welt vorwiegend von Eroberern und Abenteurern statt von Wissenschaftlern vorangetrieben wurde, konnte man sich doch persönlich gut bereichern.

Nach *Columbus'* Rückkehr bestätigte 1493 der spanischstämmige **Papst Alexander VI.** die Rechtmäßigkeit der Annektion der Westindischen Inseln für Spanien durch *Columbus*. Den Portugiesen war bereits 1455 die Aneignung großer Gebiete in Westafrika päpstlich legitimiert worden. Der Heilige Stuhl wurde somit als Schiedsrichter zwischen christlichen Herrschern anerkannt. So wurde mit dem Segen der Kirche eine Rechtspraxis geschaffen, die es den christlichen Potentaten erlaubte, Länder, die nichtchristlichen Herrschern unterstanden oder scheinbar unbewohnt waren, einfach in Besitz zu nehmen. So war es auch nur konsequent, dass die beiden großen Seefahrernationen Spanien und Portugal die Welt mit kirchlichem Segen unter sich aufteilten: Im **Vertrag von Tordesillas,** der am 7. Juni 1494 auf Vermittlung des Papstes geschlossen wurde, legten sie eine gedachte Linie 370 Seemeilen westlich der Kapverdischen Inseln von Pol zu Pol. Alle Gebiete westlich dieser Linie, etwa auf Höhe 40° westlicher Länge, waren seitdem kastilisches Gebiet, die Gebiete östlich davon (außer den Kanarischen Inseln) portugiesisch.

Nach *Columbus'* Rückkehr setzte ein regelrechter Entdecker- und Erobererboom ein. Am 22. April 1500 landete *Pedro Alvares Cabral* nahe des heutigen Porto Seguro, etwa 400 km südlich von Salvador de Bahia, an der brasilianischen Küste und nahm das Land entsprechend dem Vertrag von Tordesillas für Portugal in Besitz. In den ersten beiden Jahrzehnten des 16. Jahrhunderts rüsteten Spanier und Portugiesen zahlreiche Expeditionen in die Neue Welt aus. In Spanien wurden diese von der **Casa de Contratación** in Sevilla koordiniert. Die Kaufleute in der andalusischen Stadt bekamen 1503 von der Krone auch das Handelsmonopol mit den südamerikanischen Provinzen verliehen, ein Umstand, der für die weitere Entwicklung Südamerikas entscheidend wurde.

Spanien drängte auf weitere Ausdehnung seines Reiches. Ziel war es, eine **Seepassage um den neuen Kontinent von Osten nach Westen** zu finden. Denn man darf nicht vergessen:

Die neue Welt bedeutete den Spaniern zunächst nichts. Ihnen ging es immer noch um den **Seeweg nach Indien,** auf die Molukken, zu den sagenumwobenen Gewürzinseln. *Columbus* war nicht ausgefahren, um Amerika zu entdecken, sondern den Seeweg nach Indien. Die Entdeckung des neuen Kontinents war bislang ein kommerzieller Misserfolg, es gab keine Gewürze, nicht einmal Sklaven, und von den sagenhaften Goldfeldern erfuhr man auch erst später.

Man wusste aber, dass sich hinter dem riesigen neuen Kontinent auch ein neues Meer erstreckte; schließlich hatte 1513 *Vasco Núñez de Balbao* die Landenge von Panama durchquert und als erster Europäer den Pazifik gesehen.

Am 8. August 1515 segelte **Juan Díaz de Solís** in Spanien mit dem Ziel los, eine Ost-West-Passage zum Pazifik zu finden. Anfang Februar 1516 gelangte er an den **Río de la Plata,** den er für die Durchfahrt zum östlichen Meer hielt. Beim Versuch, das Ufer des heutigen Uruguay zu erkunden, lauerte ihm allerdings ein Trupp der dortigen Charrúa auf – gemeinsam mit einem großen Teil seiner Expedition wurde der Spanier getötet.

Der Portugiese **Fernando de Magallanes** segelte 1519 mit demselben Auftrag los, ebenfalls unter spanischer Flagge. Er durchforschte wochenlang den Río de la Plata, den er nach seinem getöteten Vorgänger Río Solís nannte. Auch er vermutete dort die ersehnte Ost-West-Passage. Fast besessen setzte er seine Fahrt nach Süden

Die Suche nach der Ost-West-Passage

Ein Faktum bei der Entdeckung der Ost-West-Passage ist verwirrend. Woher wusste man von ihrer Existenz? *Magellan* behauptete bei seiner Abfahrt, er wisse genau, wo diese Durchfahrt liege. *Stefan Zweig* schreibt in seiner Magellan-Biographie: „Sondern er (Magellan) sagte mit dem erzenen Ton der Sicherheit: ich werde den „paso" finden. Denn ich weiß, ich allein, daß es einen Durchlaß gibt zwischen dem Atlantischen und dem Pazifischen Ozean, und ich weiß, an welcher Stelle ich ihn zu finden habe."

Woher wusste *Magellan* von dieser Durchfahrt? Hier setzten Spekulationen und Vermutungen ein. *Antonio Pigafetta,* der italienische Chronist an Bord von Magellans Schiff, liefert in seinem Tagebuch der Reise eine Begründung. Er schreibt über die Durchfahrt durch die Meerenge: „Ohne das Wissen des Anführers unserer Flotte hätte man sicherlich nicht den Ausgang aus dieser Meerenge gefunden, denn wir alle glaubten, daß sie auf der anderen Seite geschlossen sei; aber unser Anführer hatte Kunde, daß er durch eine sonderbare verborgene Meerenge hindurchsteuern müsse, welche er auf einer in den Archiven des Königs von Portugal aufbewahrten und von einem ausgezeichneten Kosmographen *Martino di Boemia* angefertigten Seekarte gesehen hatte."

Martino di Boemia war der Nürnberger Kartograf **Martin Behaim,** der bis zu seinem Tod 1507 wirklich Hofkartograf in Portugal gewesen war. Magellan, früher in portugiesischen Diensten, hatte wohl auch Zutritt zu den Archiven der Portugiesen gehabt. Martin Behaim starb 1507, zwölf Jahre vor der Abfahrt Magellans. Ob es die Karte wirklich gab, ist ungewiss, sie ist leider nicht erhalten.

Erhalten blieb aber ein Globus von *Johann Schöner.* 1515 geschaffen, zeigt er bereits eine Passage südlich von Südamerika, allerdings an einer ganz falschen Stelle. Und Schöner wusste offensichtlich noch mehr. Bereits 1513, sechs Jahre vor Magellans Abfahrt und neun Jahre vor der Rückkehr des einzigen Schiffes der Flotte, schrieb er: „Das Land Brasilien ist vom Kap der Guten Hoffnung aus gar nicht weit entfernt. Die Portugiesen haben dieses Land umschifft und eine Meerenge gefunden, die fast übereinstimmt mit derjenigen unseres Erdteils Europa, die wir bewohnen. Sie liegt versteckt zwischen Ost- und dem Westmeer (gemeint sind Atlantik und Pazifik)."

Vermutungen von Geografen oder echtes Wissen? Manch ein Historiker früherer Zeiten hat sogar Martin Behaim die Entdeckung der Ost-West-Passage zugeschrieben. Glaubhaft ist jedenfalls, dass bereits kleinere Expeditionen von Portugiesen, sei es im Auftrag des Königs, aus privater Abenteuerlust oder zum Zwecke der Bereicherung, bis an die Meerenge nach Süden gesegelt waren und ihre Forschungsergebnisse geheim gehalten hatten. Schließlich hatte der portugiesische König *Manuel* 1504 verboten, „Angaben über die Schiffahrt jenseits (d.h. südlich) des Kongostroms zu machen". Der Grund dafür war einfach: Spanien sollte keinen Profit aus den portugiesischen Entdeckungen ziehen, und außerdem war es den Portugiesen nach dem Vertrag von Tordesillas verboten, Ländereien jenseits des 40. Längengrades zu erforschen.

War Magellan also gar nicht der Entdecker der Magellan-Straße? Ein Handelsbrief in deutscher Sprache, um 1507 in Augsburg erschienen, scheint es endgültig zu beweisen. Die „Copia der Newen Zeytung aus Presillg Landt" (Presillg = Brasilien) spricht davon, dass bereits 1502/03 portugiesische Segler auf Höhe des 40. Breitengrades um ein Kap gesegelt seien, und dass sich hinter dem Kap eine breite Wasserstraße erstrecke, ähnlich der Straße von Gibraltar. Man sei 60 Meilen in diese Wasserstraße hineingesegelt, und von dort seien es nur noch ungefähr 600 Meilen bis nach Malakka.

Martin Behaim, Johann Schöner und zuletzt der Handelsbrief aus Augsburg, sie alle sprechen von oder zeichnen eine Durchfahrt vom Atlantik zum Pazifik. Aber alle verlegen diese Durchfahrt an eine falsche Stelle, nämlich etwa auf Höhe des 40. Breitengrades oder weiter nördlich auf Höhe des Kaps der Guten Hoffnung. Und weiter als 60 Meilen war bislang auch niemand in diese Meerenge hineingesegelt. Die Mündung des Río de la Plata liegt ungefähr auf Höhe des 35. Breitengrades, also auf der Höhe des Kaps der Guten Hoffnung; vom Zusammenfluss des Río de la Plata mit dem Atlantik bis zum Festland sind es etwa 350 km. Auf etwa dem 40. Breitengrad liegt der Golfo San Matías, ebenfalls eine Bucht, in die man fast 250 km hineinfahren kann. Hätten Kartografen wie Behaim oder Schöner nicht die riesige Mündungsbucht des Río de la Plata in ihre Karten eingezeichnet? Davon ist nichts bekannt. Wahrscheinlich ist Magellan mit falschen Karten losgesegelt: Ironie der Geschichte – mit falschen Informationen zum richtigen Ziel.

fort, monatelang ließ er jede Bucht erkunden, immer auf der Suche nach der Durchfahrt. Schließlich fand er sie, und im November 1520 durchsegelte er die Meerenge, die das argentinische und chilenische Festland von Feuerland trennt: die **Magellan-Straße.** Die Ost-West-Passage war gefunden. Der Seefahrer selbst hatte allerdings nicht viel von seiner Entdeckung – er wurde vier Monate später auf den Philippinen erschlagen.

Die Eroberung des Landesinnern

Die Außengrenzen des neuen Kontinents waren den Spaniern nun durch die Umsegelungen bekannt, das Landesinnere aber weiterhin eine „terra incognita". Die ersten Europäer, die unter der Führung des Portugiesen **Alejo García** das Land erkundeten, waren fünf Schiffbrüchige aus der Flotte von Solís. Die Fünf schlugen sich nach Paraguay durch, verbündeten sich dort mit den Guaraní und marschierten weiter bis ins bolivianische Hochland. Dort mussten sie allerdings umkehren. García, der ebenso wie seine Begleiter später von den Guaraní getötet wurde, war somit der erste Europäer, der lange vor *Pizarro* mit dem Inka-Reich in Berührung kam.

Der italienisch-englische Seefahrer **Sebastiano Caboto** folgte 1526–30 im spanischen Auftrag. Er sollte eigentlich die Route der Magellan-Expedition nachvollziehen. Doch sei es, weil bereits in Brasilien eines seiner Schiffe zu Bruch ging, oder weil er von großen Silberschätzen im Hinterland des la Plata gehört hatte – **Caboto segelte den La Plata hinauf,** dann in den Paraná hinein und gründete dort, nördlich des heutigen Rosario, an der Mündung des heutigen Río Tercero/Río Carcaraña eine erste Niederlassung. Von dort fuhr er weiter flussaufwärts. Stromschnellen, Klima, Hunger und nicht zuletzt der Widerstand der Einheimischen zwangen ihn schließlich zur Umkehr. *Cabotos* Expedition kam mit leeren Händen nach Spanien zurück, aber mit dem Glauben, dass sich über den Río Paraná das sagenumwobene Silberland, von dem er von den Eingeborenen gehört hatte, erreichen lasse. Río de la Plata – „Silberstrom" nannte *Caboto* deshalb die gemeinsame, riesengroße Mündung von Río Paraná und Río Uruguay.

Caboto wollte Geld und Soldaten vom spanischen Kaiser zur weiteren Erkundung des La-Plata-Raums. Bessere Argumente für *Karl V.* hatte aber ein anderer Seefahrer: 1528 war **Francisco Pizarro** am Hof erschienen und hatte erstmals Gold und Silber aus Peru vorgelegt und daraufhin 1529 mit *Karl V.* einen Vertrag geschlossen. Der spanische Herrscher setzte nun auf die Konquistadoren *Pizarro* und *Almagro,* die 1533 auch Vollzug melden konnten: Peru war brutal besiegt worden, das Inkareich zerschlagen, märchenhafte Reichtümer erobert.

Für Spanien hatte natürlich ab sofort die **Ausbeutung Perus** absoluten Vorrang. Am Río de la Plata interessierte nur noch, wie man seine strategische Position den Portugiesen gegenüber halten konnte und ob es über den Paraná wirklich eine Verbindung nach

Peru gäbe. Lima wurde schließlich 1542 Sitz des Vizekönigs von Peru, dem formell das gesamte spanische Südamerika, mit Ausnahme des heutigen Venezuela, unterstand.

Die erste Gründung von Buenos Aires

Pedro de Mendoza war Anführer der Expedition, die 1536 am Río de la Plata landete. Seine Ausrüstung war nicht vom Kaiser, sondern er hatte die Mannschaft selbst bezahlen und ausstatten müssen, dafür aber schon im Vorfeld den Titel eines Gouverneurs über die neu zu erobernden Gebiete sowie andere Privilegien erhalten. Am 2. Februar 1536 ließ *Mendoza* ein Fort erbauen; er nannte es **Puerto de Nuestra Señora de Santa María del Buen Aire** – es war die Keimzelle des heutigen Buenos Aires.

Mendozas Expedition umfasste über 1600 Menschen, war somit sehr groß und landete im Spätsommer/Herbst 1536 in einem Gebiet, das vorwiegend von halbsesshaften kleinen Indianergruppen bewohnt war. Damit sind die Gründe des Scheiterns dieser Expedition bereits benannt: Man war zu spät für die Getreideaussaat gelandet, die Indios bauten kaum Feldfrüchte an, und die Ergebnisse der Jagd und des Fischfangs reichten auch nicht aus, die vielen Menschen zu ernähren. Als man versuchte, die dort lebenden Querandí zu zwingen, Nahrungsmittel zu liefern, zogen die sich in die Pampa zurück. Später kam es zu einer Schlacht, bei der die Indianer die Oberhand behielten.

Wie groß Hunger und Elend der Spanier waren, zeigt der Bericht von **Ulrich Schmidl,** auch Schmiedel oder Schmidel geschrieben, eines deutschen Landsknechts, der zu *Mendozas* Heer gehörte und den ersten „Reise"-bericht vom Río de la Plata verfasste. Er erzählt als Augenzeuge: *„Viele starben vor Hunger, und die Not war so groß, daß das Pferdefleisch nicht mehr ausreichte. Drei Spanier hatten ein Roß gestohlen und heimlich verzehrt. Der Diebstahl wurde entdeckt, man brachte die Leute auf die Folter und richtete sie hin. Drei andere Spanier schnitten denen am Galgen Hängenden die Beine ab, rissen ihnen auch noch andere Stücke Fleisch vom Leibe und aßen sich davon in ihrer Hütte satt; ein anderer verzehrte gar den Körper seines Bruders, der in Buenos Ayros gestorben war."*

So gab *Mendoza* bald auf. 1537 schiffte er wieder nach Spanien ein, starb allerdings auf der Rückreise. Seinem Nachfolger **Juan de Ayola** erging es nicht wesentlich besser. Er war vor *Mendozas* Abreise den Paraná hinaufgefahren und wollte erkunden, ob es möglich sei, so nach Peru zu gelangen. *Ayola* blieb verschollen. Dennoch hatte *Mendozas* Expedition ein wichtiges Ergebnis: Seine beiden Hauptmänner *Juan Salazar de Espinoza* und *Gonzalo de Mendoza* errichteten am 15. August 1537 am Río Paraná während der Suche nach *Ayola* einen weiteren Stützpunkt, dem ein besseres Schicksal als Buenos Aires beschieden war und der zum Ausgangspunkt weiterer Erkundungen werden sollte – die Festung

Casa Fuerte de Nuestra Señora de Santa María de la Asunción.

Asunción als Zentrum der spanischen Kolonisation

Asunción wurde zum Ausgangspunkt für das weitere spanische Vordringen: Die **Guaraní** in dieser Region waren sesshaft und mussten mit ihren Nahrungsmittelüberschüssen die Spanier, die ja als Eroberer, nicht als Kolonisten kamen, versorgen. Zunächst verlief das Miteinander weitgehend friedlich bis idyllisch, aber unter dem **Gouverneur Domingo Martínez Irala** nahmen die Übergriffe der Spanier zu. Gewalttaten waren an der Tagesordnung, so dass die Guaraní sich erhoben. Ein Aufstand 1544 scheiterte, auch weil die Spanier 1541 Buenos Aires aufgegeben hatten und deshalb Asunción verstärken konnten.

Weiterhin war das Ziel der Spanier das fabulöse **Silberland.** Von Asunción brach 1548 eine Expedition unter *Martínez Irala* auf, sie fuhr den Paraguay flussaufwärts bis zum 21. Breitengrad, schlug sich dann quer durch den Chaco und traf endlich kurz vor Potosí auf Spanisch sprechende Indios. Die Suche nach der Silberstadt hatte ein für *Martínez* und sein Heer enttäuschendes Ende gefunden: Man war zu spät gekommen, Perus Schätze waren bereits verteilt. Der Zugang zu Gold- und Silberland war für die Spanier in Asunción verloren. Sie mussten sich umorientieren, siedeln anstatt Gold zu suchen. Land und Bevölkerung wurden unter den Konquistadoren aufgeteilt.

Repartimiento und Encomiendas

Die Herrschaft der Spanier gründete sich auf Gewalt; zunächst auf Sklaverei, dann auf Zwangsarbeit. Bereits 1503 wurden im gesamten Vizekönigreich Peru zwei einfache, unterschiedliche Systeme zur Aneignung der Arbeitskraft der Ureinwohner eingeführt.

„Repartimiento" bedeutete, dass unter den siegreichen Spaniern das eroberte Land mit seinen Bewohnern, den Indianern, aufgeteilt wurde. Sie waren Untertanen, zwar formal frei, aber letztlich schlimmer dran als früher die Sklaven, denn diesen musste der Besitzer wenigstens zu essen geben.

Die weiter verbreitete Variante des Repartimiento war die **„Encomienda".** Theoretisch funktionierte sie folgendermaßen: Der König „anempfahl" (spanisch: encomendar) einem seiner Konquistadoren ein Stück Land mit den dort lebenden Indios. Dieser Eroberer sollte nun als Schutzherr *(Encomendero)* für die Verteidigung, die Sicherheit, die politische und religiöse Unterweisung seiner Anvertrauten sorgen. Dafür musste er natürlich belohnt werden. Er durfte nun im Gegenzug im Namen des Königs von den ihm anvertrauten Indios Zahlungen verlangen: Sklavenarbeit, Nahrungsmittel, Gold. Das Land aber gehörte nicht dem Encomendero, sondern blieb Eigentum der Krone; er hatte nur ein lebenslanges Nutzungsrecht, das später auch erblich wurde. *Eduardo Galeano* schreibt: „Von 1536 an wurden die Indiander im „Encomienda"-Verhältnis (d.h. als „Anvertraute") zusammen mit ihrer Nachkommenschaft für die Dauer von zwei Lebensaltern, nämlich dem des „Encomendero" und dem seines unmittelbaren Erben, zugeteilt; von 1629 an wurde das System auf drei und von 1704 an auf vier Lebensalter ausgedehnt. Im 18. Jahrhundert sicherten die Indianer bereits, soweit sie am Leben blieben, ein bequemes Leben für vier Generationen."

Aus Rechtfertigungssicht beschreibt der Deutsche *Karl Andree* in seiner Mitte des 19. Jahrhunderts erschienenen Landeskunde das Encomienda-System. Glaubt man ihm, muss das Leben der Indígenas eine Idylle gewesen sein: „In diesen Gemeinden, Encomiendas (Pfründen), wie man sie nannte, mußte jeder männliche Einwohner vom achtzehnten bis zum fünfzigsten Jahr den sechsten Theil seiner Arbeitszeit seinem Herrn zur Verfügung stellen, nämlich zwei Monate von zwölfen. Zehn Monate im Jahr war er durchaus sein eigener Herr. Und auch um jene zwei Monate Arbeitszeit den Gemeinden zu erleichtern, sollte sie abwechseln. Sie hieß deshalb Mitayos, nach dem indianischen Ausdruck mittá, wechselweise. Die Kaziken, alle weiblichen Personen und die ältesten Söhne waren ohnehin von jeder Zwangsarbeit frei. Ueber eine so geringe Summe von Arbeit führten die Indianer keine Klage, ohnehin hatten sie reichliche Entschädigung dafür in der Sorgfalt, welche ihnen von Seiten der Regierung gewidmet wurde. Diese Mitaysiedlungen bildeten größere oder kleinere Commanderias, welche den Conquistadoren für zwei Lebenslängen (durante dos vidas) zuerkannt wurden; sie waren somit nur dem Eroberer und dessen unmittelbarem Erben verliehen. Der Besitzer konnte sie weder verkaufen noch sich ihrer auf irgend eine andere Art entäußern. Nach Ablauf jener zwei Lebenslängen sollten die Indianer all und jeder Dienstbarkeit enthoben sein; man nahm an, daß sie alsdann hinlänglich vorbereitet sein würden, um an allen Rechten ihrer spanischen Gebieter theilnehmen zu können. Bis dahin waren sie Vasallen der europäischen Herren."

Andree glaubte, dass die niedergeschriebenen Regeln auch der Wirklichkeit entsprachen. Realistischer ist da wohl die Einschätzung eines anderen Deutschen, nämlich von *Adolf Schuster*, der 1929 eine Landeskunde Paraguays veröffentlichte: „Besonders bedauernswürdig wurde das Leben der Eingeborenen, als man einmal mit der sehr einträglichen Gewinnung der Yerba, des Paraguaytees, begonnen hatte. Oft bestand das Essen dieser unglücklichen Leute kaum aus Pilzen, Früchten oder etwas Wurzeln. Wer nicht arbeitete, wurde durchgepeitscht oder kurzweg getötet." Schuster weist auch darauf hin, dass erstmals 1537 in einer Bulle Papst *Paul III.* die Eingeborenen Amerikas als „wirkliche Menschen" bezeichnet wurden, eine Ansicht, die weder alle Priester, erst recht aber nicht die Konquistadoren teilten.

Von Asunción aus erfolgten **weitere Stadtgründungen,** die den Herrschaftsbereich der Spanier ausdehnten: Santa Cruz de la Sierra im heutigen Bolivien 1561, Santa Fé am Unterlauf des Río Paraná 1573 und Corrientes 1588. Gleichzeitig überquerten Spanier aus Chile die Anden, sie gründeten Santiago del Estero (1553), Mendoza (1561), San Juan (1562), Tucumán (1565), Córdoba (1573), Salta (1582), La Rioja (1591), Jujuy (1592) und San Luis (1596). Die wichtigste Neugründung machten die Spanier aber 1580: In diesem Jahr wurde zum zweiten Mal Buenos Aires gegründet.

Die meisten spanischen Niederlassungen lagen weit isoliert voneinander. Sie dienten der militärischen Sicherung und entwickelten sich erst allmählich zu wirklichen Städten. Córdoba nahm eine Sonderrolle ein: Hier wurde 1621 die erste Universität im La-Plata-Gebiet gegründet. Man darf sich keine falsche Vorstellung von der **Lebenswelt der Spanier** machen. Nur innerhalb der Städte und um sie herum herrschten sie wirklich. Schließlich lebten Ende des 16. Jahrhunderts nur etwa 4000 Spanier im gesamten La-Plata-Raum. Buenos Aires war immer noch eine kleine, vor sich hindümpelnde Siedlung, die vorwiegend vom Schmuggel lebte.

Für das Land östlich des Río Uruguay hatten sich die Spanier bislang kaum interessiert. Nur der Gouverneur von Asunción, **Hernando Arias,** hatte 1603 dort hundert Rinder und Pferde aussetzen lassen und somit die Grundlage für die heutige Weidewirtschaft gelegt. Der Mischling *Arias,* in Asunción als Sohn eines Spaniers und einer Indígena geboren, war der erste regierende „Amerikaner". Er schlug dem spanischen König vor, die riesige La-Plata-Provinz zu teilen: 1617 wurde dem entsprochen. Die nördliche **Provinz Guairá,** später Paraguay, wurde weiterhin von Asunción aus verwaltet, die **Provinz Río de la Plata** von Buenos Aires. Die Grenze entsprach noch nicht der heutigen; Misiones, heute Argentinien, gehörte damals noch zu Paraguay. Beide Provinzen unterstanden aber weiterhin dem Vizekönig von Lima, Peru.

Handelsbeschränkungen als Hindernis der Enwicklung

Haupthindernis für eine weitere Entwicklung der Provinzen Paraguay und Río de la Plata waren die Handelsbeschränkungen, die bereits 1503 eingeführt worden waren. Danach musste jeglicher **Südamerika-Handel** einen **bestimmten Handelsweg einhalten:** Von den spanischen Häfen wurden die Waren zum Karibikhafen Cartagena (Kolumbien) verschifft, dort ausgeladen und über die Landenge von Panama transportiert, dort erneut auf Schiffe geladen und an der Pazifikküste entlang bis Callao, dem Hafen von Lima, geschippert. Waren für Buenos Aires wurden dann entweder per Schiff weiter bis Valparaiso gebracht und von dort über Land getragen, oder direkt von Lima aus über den Landweg transportiert. Der Hafen von Buenos Aires durfte nicht für den Außenhandel genutzt werden.

Zollbeschränkungen gab es auch innerhalb des Vizekönigreiches Peru. 1623 wurde bei Córdoba eine **Zollgrenze** eingeführt, die den Warenverkehr zwischen Buenos Aires und Peru erschwerte, ab 1663 wurden dann die Schiffe aus Asunción gezwungen, ihre Güter bei Santa Fé aus- oder umzuladen. Paraguay wurde damit zum Binnenstaat ohne Hafenzugang, die paraguayischen Exporte, schon damals vorwiegend Yerba-Mate, wurden überteuert.

Schmuggel war die Folge. Besonders britische und portugiesische Schiffe versuchten über Buenos Aires Waren ins Land zu bringen, das bald zum größten spanischen Schmuggelzentrum in Südamerika wurde.

Die Portugiesen versuchten bald, direkten Einfluss in der La-Plata-Region zu gewinnen. Sie gründeten 1680 gegenüber von Buenos Aires, auf der heute uruguayischen Seite des Río de la Plata, eine Stadt: **Colonia del Sacramento** – der Streit um das Gebiet des heutigen Uruguay begann. Die Spanier eroberten die Stadt zwar mehrmals, mussten sie aber immer wieder den Portugiesen überlassen. Schließlich ließ der Gouverneur von Buenos Aires, **Bruno Mauricio de Zabala,** 1724 die einzige wirklich geschützte Bucht auf der nördlichen Seite des Río de la Plata besetzen. Dort entstand erst eine Festung und zwei Jahre später die Stadt **Montevideo.**

Das Vizekönigreich Río de la Plata

1776 war ein entscheidendes Jahr für die Río-de-la-Plata-Provinzen. Der spanische **König Carlos III.** verfügte die Gründung des Vizekönigreichs Río de la Plata und ein Jahr später die weitgehende Aufhebung der Handelsbeschränkungen, jedenfalls die des direkten Handels.

Der deutsche *Karl Andree* beschrieb die neuen Handelsgesetze in seiner um 1856 erschienenen Landeskunde über Argentinien. In Originalorthografie und -grammatik liest es sich so: *„Neun Häfen in Spanien und vierundzwanzig in den Colonien wurden zu puertos habilitados, Einfuhrhäfen, erklärt. Spanische Fabrikate aus Wolle, Baumwolle, Leinen, Stahl, Glas u.s.w. sollten für die Dauer der nächsten zehn Jahre frei von Eingangszoll in den Colonien importirt werden dürfen; auch sollten die als Rückfracht eingenommenen Roherzeugnisse, namentlich Baumwolle, Zucker, Kaffee, Cochenille, Indigo, Chinarinde und Kupfer zollfrei sein."* Und weiter: *„Die Verschiffung mehrerer ausländischer Artikel, welche der spanischen Fabrikation hätten Concurrenz machen können, insbesondere Baumwollwaren, Tuche, Hüte, seidene Strümpfe, Oel, Wein und Branntwein waren unbedingt verboten. Man wollte die spanischen Interessen schützen, dachte nur an den vermeintlichen Vortheil des Mutterlandes und nicht auch an jenen der Colonien, und erneuerte deshalb einige durchaus veraltete Erlasse, denen zufolge in einigen Provinzen der Anbau des Oelbaumes und der Weinrebe, in anderen jener von Flachs und Hanf verboten wurde. Auch zielte alles darauf ab, in den Colonien keine Gewerbsamkeit aufkommen zu lassen;*

a22-117 Foto: gw

die Südamerikaner durften kein Tuch weben, und sogar die Vicuñawolle mußte auf Befehl des Vicekönigs nach Spanien abgeliefert werden, wo sie in der königlichen Manufaktur zu Guadalajara verarbeitet wurde." Wurde so der Grundstein zu einer vorwiegend Rohstoffe exportierenden Landwirtschaft gelegt?

Das Vizekönigreich umfasste das heutige Argentinien, Uruguay und Paraguay sowie das heutige Bolivien mit der Silberstadt Potosí. Es wurde in acht „Intendenzias" gegliedert. Das waren die Intendenzia Buenos Aires, die ungefähr dem Gebiet der heutigen Provinzen Chaco, Corrientes, Entre Ríos, Santa Fé und dem Nordteil der Provinz Buenos Aires entsprach, sowie die Intendenzias Paraguay, Salta (heute den Provinzen Salta, Tucumán, Santiago del Estero, Catamarca und Jujuy entsprechend), Córdoba (heute Córdoba, La Rioja, San Juan, Mendoza und San Luis), und zuletzt vier Intendenzias auf heute bolivianischem Boden, nämlich Santa Cruz de la Sierra, La Paz, Charcas und Potosí. Montevideo und damit das Gebiet des heutigen Uruguay hatten einen Sonderstatus als selbstständiges Gouvernement.

Spanien hoffte durch die Schaffung des neuen Vizekönigreiches die wichtiger werdende Region am Río de la Plata besser kontrollieren zu können. Nachdem die La-Plata-Region der Vormundschaft von Lima entrungen war, nahm sie einen ungeahnten **Aufschwung.** An der demografischen Entwicklung von Buenos Aires ist das exemplarisch abzulesen: Hatte die Stadt 1726 erst 2200 Einwohner, so lebten fünfzig Jahre später bereits 32.000 Menschen in ihren Grenzen.

Seit 1777 war auch der Status der „Banda Oriental", des heutigen Uruguay, geklärt: Im **Vertrag von San Ildefonso,** am 1. Oktober 1777 zwischen Spanien und Portugal abgeschlossen, hatten die Portugiesen ihren Verzicht auf das Land erklärt. Bis zum Ende der Kolonialzeit gehörte das Land nun zum Vizekönigreich Río de la Plata.

Auf dem Weg zur Unabhängigkeit

Und dieses Ende der Kolonialzeit war nah. Zwei Faktoren waren dafür auschlaggebend: zum einen die immer deutlicher werdende Schwäche der europäischen Macht Spanien, zum anderen die eigene, innere Entwicklung des Vizekönigreiches.

Zwar waren die Bewohner der Städte am Río de la Plata vorwiegend spanischstämmig, lebten aber schon einige Generationen in der Neuen Welt und hatten die Bindung an das Mutterland Spanien weitgehend verloren.

In den Städten entwickelte sich eine **Kaufmannsschicht,** bei der die **Ideen der europäischen Aufklärung** sowie des **politischen und wirtschaftlichen Liberalismus** breiten Anklang fanden.

Denkmal in Humahuaca zur Erinnerung an die indianische Unterstützung während der Freiheitskriege

Im Landesinnern gab es eine kleine Schicht **sehr reicher Großgrundbesitzer,** der so genannten Estanzieros, die zwar politisch oft in großem Gegensatz zu den Stadtbewohnern stand – ein Konflikt, der in Argentinien und Uruguay später den Fortlauf der Geschichte bestimmte – aber gleichfalls an freiem Handel ohne Beschränkungen durch ein Mutterland interessiert war. Zudem gab es Beispiele bzw. Vorbilder: 1776, im gleichen Jahr, als das Vizekönigreich Río de la Plata eingerichtet wurde, hatten sich die nordamerikanischen Kolonien für unabhängig erklärt und diese Unabhängigkeit auch gegen die britischen Kolonialherren durchgekämpft. Auch die Ergebnisse der Französischen Revolution wurden am Río de la Plata natürlich bemerkt.

Anfang des 19. Jahrhunderts wurden die spanischen Kolonien direkt in innereuropäische Konflikte hineingezogen. Spanien hatte seit 1796 einen Bündnisvertrag mit Frankreich und wurde 1803 von Napoleon zur Hilfe gegen England gerufen. Zunächst versuchten die Spanier sich durch Geldzahlungen freizukaufen. Die Engländer aber, inzwischen eine wichtige Seemacht, begannen daraufhin spanische Schiffe zu kapern, worauf **Spanien** im **Dezember 1804 England** den **Krieg** erklärte. Der wurde in einer wichtigen Schlacht entschieden: Am 21. Oktober 1805 versenkten die Briten in der **Seeschlacht von Trafalgar** die spanische Flotte. Spaniens Seemacht war gebrochen, die überseeischen Kolonien schienen schutzlos.

Ob mit der Regierung in London abgesprochen oder nicht, jedenfalls später von ihr unterstützt, griffen – anfangs offiziell in privater Initiative – die beiden englischen Offiziere *Sir Home Popham* und *William Carr Beresford* am 27. Juni 1806 mit ihren Truppen Buenos Aires an. Gegenwehr gab es zunächst kaum, der spanische Vizekönig *Marqués de Sobremonte* flüchtete ins Landesinnere nach Córdoba.

Stattdessen erhob sich die Bevölkerung, und sie konnte unter Führung von **Santiago Liniers,** einem französischen Offizier in spanischen Diensten, die **Engländer am 12. August 1806 vertreiben.** Eine Blamage für die Kolonialmacht England, eine Blamage, die sie nicht auf sich sitzen lassen wollte. London schickte Verstärkung, und unter der Führung des Generals **John Whitelocke** sammelten sich 10.000 englische Soldaten im zwischenzeitlich eroberten Montevideo, um von dort eine weitere Invasion nach Buenos Aires zu starten.

Anfang Juli 1807 begann der Angriff, der mit einer Niederlage der Engländer endete. Am 5. Juli war der Kampf verloren, am 7. Juli unterzeichnete *Whitelocke* die Kapitulationsurkunde und erklärte darin den Rückzug aller Engländer aus dem La-Plata-Gebiet. Zwei Monate später, am 9. September 1807, segelte eine gewaltige Flotte nach England zurück: 200 Schiffe waren für die Truppen und die sicherheitshalber direkt mitgekommenen Händler und Kriegsgewinnler nötig.

Der **Sieg der Criollos** (Kreolen), wie sich die in Amerika geborenen Nachfahren der Spanier nannten, war weniger ein Bekenntnis der Treue zum spanischen Mutterland als der Auftakt des Unabhängigkeitskampfes der La-Plata-Staaten. Deutlich hatte sich gezeigt, dass man die großen europäischen Mächte schlagen konnte, ebenso deutlich war, dass man von Spanien nichts zu erwarten hatte. Es begann der Kampf um die Unabhängigkeit von Argentinien, Uruguay und Paraguay.

Geschichte Argentiniens

Argentinien wird unabhängig

Nachdem die Bewohner von Buenos Aires 1807 die Engländer vom Río de la Plata vertrieben hatten, setzten die Spanier 1808 einen neuen Vizekönig, nämlich *Baltasar de Cisneros,* für das Vizekönigreich Río de la Plata ein. Aber Spaniens Weltmacht war endgültig im Niedergang. In Europa war *Napoleon* in Spanien einmarschiert, hatte den König entmachtet und seinen eigenen Bruder Josef zum spanischen König gemacht.

Die Bewohner von Buenos Aires wussten die Schwäche Spaniens zu nutzen. Gegen den Willen des bestehenden Stadtrats *(Cabildo),* in dem vorwiegend spanientreue Royalisten saßen, riefen sie einen **Cabildo abierto** (offener Stadtrat) ein. Der erklärte am **25. Mai 1810** den spanischen **Vizekönig** für **abgesetzt,** legte aber gleichzeitig – wohl eher aus taktischen Gründen – ein Treuebekenntnis zu Spanien ab und wählte **Cornelio Saavedra** zum **Präsidenten.**

Dadurch, dass man sich noch nicht für unabhängig erklärte, wollte man wohl dem Zerfall des Gesamtterritoriums vorbeugen. Man befürchtete, dass sich einzelne Teile des ehemaligen Vizekönigreiches für autonom erklären würden, wie es ja dann auch 1811 in Paraguay passierte.

Uneinigkeit herrschte über den weiteren Weg. Zwei Fraktionen standen sich gegenüber, deren Auseinandersetzung auch über lange Jahre den kriegerischen Verlauf der argentinischen Innenpolitik bestimmen sollte.

Föderalisten und Unitarier

Föderalisten und Unitarier standen sich unversöhnlich gegenüber. Die **Föderalisten** waren größtenteils Vertreter der Großgrundbesitzer, sie waren die Träger der alten kolonialspanischen Ordnung und des Klerus. Ihr Ziel war ein lockerer Bund (Föderation) von einzelnen Bundesstaaten. Sie fürchteten das, was die **Unitarier** wollten: einen straff geführten Einheitsstaat unter der politischen Führung von Buenos Aires. Kein Wunder, kamen die führenden Unitarier doch aus der Hauptstadt. Sie waren Vertreter des Handelsbürgertums; ihr wirtschaftliches Programm las sich auch danach: totaler Freihandel, keine Schutzzölle, keine Subventionen. Uneinig waren sich die Unitarier hingegen über die künftige Regierungsform. Es gab Anhänger einer konstitutionellen Monarchie wie den General **Manuel Belgrano,** andere bevorzugten die Republik. Führend unter den liberalen Republikanern war der Publizist **Mariano Moreno.**

In den nächsten Jahren wurde die **innenpolitische Situation** – milde formuliert – **unübersichtlich.** Regierungen wechselten einander in immer kürzeren Abständen ab, mal war es eine mehrköpfige Junta, dann ein Triumvirat, mal ein einzelner „Director Supremo". Zwischendurch zerbrach das einheitliche Reich: Zunächst spaltete sich **Paraguay** vom Vizekönigreich ab (1811) und konnte auch durch den Einsatz von Belgranos Truppen nicht bezwungen werden, später war es das Gebiet östlich des Río Uruguay, das heutige **Uruguay,** das sich ebenfalls der Herrschaft von Buenos Aires entzog. Zusätzlich mussten noch die spanientreuen Truppen in den Provinzen geschlagen werden, um die Unabhängigkeit auch wirklich im ganzen Land durchzusetzen. Das gelang bei Córdoba 1810, bei Tucumán 1812 und Salta 1813, und so wurde am **9. Juli 1816 vom Nationalkongress in Tucumán die Unabhängigkeit erklärt –** „Vereinigte Provinzen von Südamerika" nannte sich das Land zunächst.

Der Nationalheld – José de San Martín

Die politische Unabhängigkeit musste aber auch militärisch durchgesetzt werden. Dabei gab es einen **Hauptgegner: die Spanier.** Die ehemaligen Herrscher kontrollierten von Peru aus noch große Teile des Kontinents. Ohne ihre Macht zu brechen, gab es keine wirkliche Unabhängigkeit. Das war die Stunde dreier Männer: von **Simon Bolívar, Bernardo O'Higgins** und dem Argentinier **José de San Martín.**

José de San Martín wurde am 25. Februar 1778 in Yapeyú in der Provinz Corrientes geboren. 1785 wurde er von seinem Vater, einem hohen Kolonialbeamten, nach Spanien geschickt. Dort besuchte er das Adelskolleg in Madrid, und bereits mit zwölf Jahren wurde er Kadett in der Armee. Im Frühjahr 1812 kam *San Martín* nach Buenos Aires zurück, war zunächst Regimentsführer, dann ab 1815 Gouverneur der Cuyo-Region mit Sitz in Mendoza und begann dort mit dem Aufbau und der Ausbildung eines großen Heeres.

Inzwischen hatte sich 1810 eine von *Simon Bolívar* in Caracas angeführte Junta gegen die spanische Herrschaft erhoben. Zwar konnten die Spanier das Land zunächst zurückgewinnen, aber 1817 bis 1820 wurden Venezuela und Kolumbien unabhängig. Auch in Chile hatte man sich gegen die Spanier erhoben. *Bernardo O'Higgins* war Anführer der Truppen gewesen, allerdings ohne Kriegsglück. 1814 waren die Spanier erneut von Peru aus eingefallen und hatten die Chilenen bei Rancagua besiegt. *O'Higgins* musste fliehen, er kam nach Mendoza zu *San Martín.*

1817 begann dann der legendäre **Feldzug des San Martín.** Mit 10.000 Pferden und Mauleseln überquerte das Heer die Hochanden über Pässe in 4000 m Höhe, voll gepackt mit Waffen und tragbaren Brücken, um die engen Schluchten zu überwinden. Am 12. Februar 1817 schlugen Chilenen und Argentinier die zahlenmäßig überlegenen Spanier bei Chacabuco, drei Tage später waren sie in Santiago de Chile. Mit der **Schlacht von Maipú** am 5. April 1818 war die chilenische Unabhängigkeit endgültig erkämpft.

Doch *San Martín* setzte nach: Er glaubte, dass die Unabhängigkeit der neuen Staaten immer wieder gefährdet sei, solange die Spanier nicht endgültig aus Peru vertrieben seien. Der englische Abenteurer *Lord Cochrane* finanzierte dem Argentinier eine kleine Flotte, und San Martín landete im September 1820 in der Nähe von Callao an der peruanischen Küste. Im Juli 1821 konnte er in das von den Spaniern freiwillig geräumte Lima einziehen.

San Martíns Truppen waren in der Zwischenzeit stark geschrumpft. Er erhielt auch keine Unterstützung mehr aus Argentinien und bemühte sich daher um ein Treffen mit *Simon Bolívar,* das auch Ende Juli 1822 im ecuadorianischen Guayaquil stattfand. Über dieses Zusammentreffen der beiden Befreier ist nichts bekannt, doch kam es nicht zu der von *San Martín* gewünschten Zusammenarbeit. Ob die unterschiedlichen Vorstellungen über das Erreichen ihres wichtigsten politischen Ziels, nämlich eines starken Staatenbundes in Südamerika, eine Rolle spielten?

Da inzwischen der Widerstand der Spanientreuen in Lima gewachsen war, und *San Martíns* Ruhm in Buenos

Aires dank verschiedenster Intrigen arge Kratzer abbekommen hatte, zog der später als „Libertador" (Befreier) Gefeierte sich nach Europa zurück. Er starb am 17. August 1850 in Boulogne-sur-Mer, einer Kleinstadt an der französischen Kanalküste. Dreißig Jahre später wurden seine sterblichen Reste nach Buenos Aires überführt und in der Kathedrale bestattet. Seitdem ist er der **Nationalheld Argentiniens,** und es gibt heute keine Stadt im Land, in der nicht eine Straße oder ein Platz nach ihm benannt ist und in der nicht ein Denkmal an ihn erinnert.

Bolívar eroberte 1824 mit seinem General *Sucre* **Peru** und vertrieb die Spanier endgültig aus Südamerika. Südperu machte sich unabhängig und nannte sich ihm zu Ehren Bolivien. *Bolívar* starb am 17. Dezember 1830 in Santa Marta in Kolumbien.

Bürgerkrieg und Diktatur

Doch zurück nach Buenos Aires: In der Hauptstadt war inzwischen „relative Ruhe" eingekehrt. 1816 war der Unitarier *Juan Martín Pueyrredón* „Director Supremo" geworden. Er amtierte drei Jahre, schaffte es aber nicht, die Konflikte zwischen den Unitariern und Föderalisten zu lösen. **In den Provinzen herrschten „Caudillos"** (politische Führer, teilweise mit Privatarmee), sie zwangen schließlich auch *Pueyrredón* zum Rücktritt. Einer der wichtigsten Provinzführer war *Martín Güemes* aus Salta.

Doch die Unitarier behielten zunächst die Macht: **Bernadino Rivadavia** wurde **1826 erster Präsident Argentiniens.** Seine Amtszeit war nur kurz. Er scheiterte innenpolitisch wie sein Vorgänger am Widerstand der Föderalisten, außenpolitisch am Versuch, die Banda Oriental (Uruguay) wieder Argentinien einzuverleiben.

Nach seinem Rücktritt wechselte das Präsidentenamt häufig, dabei ging es nicht immer friedlich zu. Faktisch befand sich das Land im **Bürgerkrieg.** *Manuel Dorrego* löste *Rivadavia* ab, dann regierten unter anderem die Ge-

a23-120 Foto: kg

Soldat in Paradeuniform

neräle *Juan Lavalle, Juan José Viamonte* und *Juan Ramón Balcarce,* alles Namen, die heute noch den Plan jeder Stadt schmücken.

Im Bürgerkrieg siegten die Föderalisten, am 13. April **1835** wurde General **Juan Manuel de Rosas** als Gouverneur von Buenos Aires Chef des Staates. Er herrschte als **Diktator,** der Tausende seiner Gegner umbringen ließ, die nächsten 23 Jahre.

1793 in Buenos Aires geboren, war *Rosas* auf dem Land als Gutsbesitzersohn unter Gauchos aufgewachsen. Ab 1820 wandelte sich der erfolgreiche Estanziero zum Caudillo, er setzte seine Gauchos und Landarbeiter mehr und mehr als Privatarmee zu politischen Zwecken ein. 1829 wurde er kurzfristig Gouverneur von Buenos Aires, trat aber zurück, weil man ihm keine diktatorischen Vollmachten übertragen wollte. Die bekam er 1835 zugesichert.

Mit einer **Säuberungskampagne** in Heer und Verwaltung, mit Propaganda, Zensur, Terror und seiner gefürchteten Geheimpolizei, der „mazorca", setzte Rosas seine Ziele durch: weitgehende Einigung des Landes unter seiner Gewaltherrschaft, Bevorzugung des Argrasektors gegenüber dem Handel.

Rosas war verbal ein großer Verfechter der Föderalisten – die Farbe Blau der Unitarier zu tragen war allein schon ein Verfolgungsgrund. Gleichzeitig zentralisierte er aber die politische Macht in seiner Person. Auch bevorzugte seine Politik die Hauptstadt, denn Buenos Aires war nach wie vor der einzige Überseehafen des Landes und jeglicher Handel musste über die Hauptstadt erfolgen. Aufgrund seiner Gewaltherrschaft konnte sich *Rosas* mehr als zwei Jahrzehnte an der Macht halten. Erst als er damit begann, sich auf außenpolitische Abenteuer einzulassen, etwa in den uruguayischen Bürgerkrieg einzugreifen oder auch Konflikte mit den Handelspartnern England und Frankreich heraufzubeschwören, schlossen sich Argentinier im Exil, im Untergrund und auch in *Rosas* eigenen Truppen zusammen, um den Diktator zu stürzen.

Intellektuell wurde dieser Widerstand von der **„Generation von 1837"** angeführt, einer Gruppe, der z.B. *Juan Bautista Alberdi, Domingo Faustino Sarmiento, Esteban Etcheverría* und *Bartolomé Mitre* angehörten. Militärischer Führer war der Gouverneur von Entre Ríos, **Justo José de Urquiza,** einer der mächtigsten Großgrundbesitzer dort. Er besiegte mit seinen Truppen die des Dikators am 3. Februar **1852** in der **Schlacht von Monte Casero.** *Rosas* musste das Land verlassen, er floh nach England. Dort starb er 1877 in der Nähe von Southampton. Inzwischen ist der lang verhasste Diktator rehabilitiert, 1989 holte man seine Gebeine nach Argentinien und beerdigte sie auf dem Friedhof der Reichen, Recoleta, in Buenos Aires.

Der Nationalstaat entsteht

Urquiza rief **1853** eine **Verfassungsgebende Versammlung** nach Santa Fé ein. *Urquiza* war wie *Rosas* Föderalist, seine Vorstellung von einem Staatenbund mit weitgehender Autonomie der einzelnen Provinzen stand derjenigen der nach *Rosas'* Flucht wiedererstarkten Unitariter konträr entgegen. Sie lehnten deshalb die Teilnahme an dem Verfassungskongress ab. Gleichzeitig trat das von ihnen beherrschte Buenos Aires aus der Föderation aus.

Die Föderalisten interessierte das zunächst nicht. Die übrig gebliebenen 13 Provinzen gaben sich am 1. Mai **1853** eine **Verfassung,** die in wesentlichen Punkten auch heute noch gültig ist. *Urquiza* residierte als Staatspräsident in der neuen Hauptstadt Paraná.

Später wurde ein Kompromiss gefunden. Er sah vor, dass Buenos Aires die Verfassung von 1853 anerkannte und dass auf nationaler Ebene freie Wahlen abgehalten wurden. Das Land änderte auch seinen Namen: Hieß es bisher „Provincias Unidas del Río de la Plata", so nannte es sich nun in **„República Argentina"** um.

Gewinner der nächsten Wahlen wurde der unitaristische General **Bartolomé Mitre.** Er verlegte den Sitz der Regierung wieder nach Buenos Aires, zunächst nur provisorisch. 1880 wurde dann der 200 km² große „Distrito Federal de Buenos Aires" zur Hauptstadt des Staates erklärt, die Provinz Buenos Aires erhielt mit La Plata eine eigene Provinzhauptstadt.

Mitre setzte auf **innenpolitischen Ausgleich,** auf die Stabilisierung des Landes. Die **europäische Einwanderung** wurde gefördert. Gleichzeitig stiegen die Exportchancen für argentinische Produkte, allerdings nur für Agrarprodukte. Ein ungleicher Warenverkehr mit den europäischen Ländern entstand: **Rohstoffe gegen Industriegüter.** *„Wir sind weder Industrielle noch Seefahrer, und Europa wird uns noch viele Jahrhunderte hindurch seine Erzeugnisse im Tausch gegen unsere Rohstoffe liefern",* schrieb der spätere Präsident *Sarmiento.* In *Mitres* Regierungszeit fällt auch der Beginn des „Tripelallianz-Krieges" (Argentinien, Brasilien und Uruguay gegen Paraguay), am Ende war Argentinien um die Provinzen Chaco, Formosa und Misiones größer.

Domingo Faustino Sarmiento löste *Mitre* **1868** als **Präsident** ab. Sarmiento war der erste **Denker** auf den Präsidentenstuhl. Er hatte jahrelang aus dem Exil gegen den Diktator *Rosas* angeschrieben, und er glaubte, dass dem erneuten Entstehen einer Diktatur wie der von *Rosas* nur durch Bildung zu begegnen sei. **„Zivilisation und Barbarei"** hieß sein wichtigstes Werk, der „Facundo", denn auch im Untertitel. So setzte *Sarmiento* das Schwergewicht seiner Regierungsarbeit auf die **Bildungspolitik.** Er ließ Lehrerbildungsanstalten gründen, holte ausländische Lehrer ins Land, erbaute Abend- und Fachschulen sowie wissenschaftliche Akademien. Dazu förderte auch er die europäische Einwanderung, denn als Garanten für die Zivilisation sah er die gebildeten Europäer.

Aber erst seine Nachfolger *Nicolás Avellaneda* (1874–80) und General *Julio Argentino Roca* (1880–86) kurbelten die europäische Einwanderung richtig an. Sie übernahmen das Alberdi-Wort **„gobernar es poblar"** (vgl. weiter unten, „Einwanderung"), und mit den Einwanderern kam der **Wirtschaftsboom.** Die Binnennachfrage stieg, der Export ging in die Höhe. Die „goldenen Jahre" Argentiniens begannen; aber nicht für alle brachte der wirtschaftliche Aufschwung auch eine Blütezeit: Opfer waren die Ureinwohner des Südens und Patagoniens, die nomadisierenden Indianerstämme. Schon unter *Avellaneda* hatte *Roca* als Kriegsminister mit der **Ausrottung der Indianer** begonnen – „Campaña del Desierto" wurde der Vernichtungskrieg genannt.

Mit **Krediten aus Europa** wurde die Infrastruktur verbessert, Kredite, die fürstlich entlohnt wurden: Engländer finanzierten bis 1890 den Bau der Eisenbahn, sie erhielten dafür für 99 Jahre das Betriebsrecht sowie das Gelände von jeweils 7 km links und rechts der Bahnlinie zugesichert. Durch den Ausbau der Infrastruktur entwickelte sich Argentinien zum größten Fleisch-, Woll- und Getreide-Exporteur der Welt.

Die Mittelschicht wächst – und fordert Demokratisierung

1890 war Buenos Aires zur größten und wichtigsten Stadt Lateinamerikas geworden. 700.000 Menschen lebten dort, und in den hauptstädtischen intellektuellen Zirkeln wollte man sich nicht mehr damit abfinden, dass Argentinien immmer noch mehr oder weniger diktatorisch regiert wurde und es wenig demokratische Mitwirkungsmöglichkeiten gab.

Hinzu kamen erstmalig wirtschaftliche Schwierigkeiten im Gefolge der ersten internationalen Wirtschaftskrise. Die Inflation wuchs wegen der riesigen Auslandsschulden, und die Arbeiterschaft verarmte. Es gab keinen Arbeitsschutz und keinerlei Sozialgesetzgebung. Stattdessen herrschte immer noch eine verschwindend kleine Oberschicht mit den Mitteln der **Korruption** und Patronage. In **Opposition** dazu gründeten sich die ersten Parteien und Interessenverbände: Die Gewerkschaften, die Sozialistische Partei und auch die **Unión Cívica Radical** (UCR), die radikale Bürgerunion.

1916 fanden **erstmals Wahlen** statt, bei denen zumindest alle Männer Stimmrecht hatten – den Frauen blieb

das noch bis 1948 verwehrt. Gewählt wurde der Kandidat der Radikalen Bürgerunion **Hipólito Irigoyen.**

Irigoyen verstand es, einerseits die Interessen der konservativen Großgrundbesitzer zu bedienen, die ansonsten vielleicht versucht hätten, ihn mit Gewalt zu stürzen, anderseits aber auch die Ansprüche der wachsenden Mittelschicht und der Arbeiterklasse nicht aus dem Auge zu verlieren. Die Hochschulen wurden reformiert und eine Sozialgesetzgebung mit Krankenversicherung, Arbeitszeitbegrenzung und Urlaubsregelung wurde eingeführt. Aber sein Regierungsstil war auch repressiv: Als im Januar 1919 die Stahlarbeiter in Buenos Aires streikten, wurde der Streik ebenso blutig niedergeschlagen („Semana Trágica") wie 1921 der große Landarbeiterstreik in Patagonien.

Im **Ersten Weltkrieg** blieb Argentinien außenpolitisch strikt **neutral.** Das führte zunächst zu Importeinbußen, stärkte aber letztlich die einheimische Industrie. Außerdem verscherzte man es sich mit keinem Handelspartner; während des Krieges und danach boomte der Markt für argentinische Agrarprodukte erneut. Die USA lösten England als wichtigsten Handelspartner Argentiniens ab.

Irigoyen schaffte es zwar nicht, die Korruption und Vetternwirtschaft abzuschaffen, zumindestens aber blieb er selbst integer. Er lebte auf „kleinem Fuß", verzichtete auf Prunk und auch darauf, in den Präsidentenpalast, die „Casa Rosada", umzuziehen. Kein Wunder, dass er beliebt war und nach der obligatorischen Pause – die Verfassung erlaubte keine zwei Amtszeiten nacheinander – als Nachfolger von *Marcelo Torcuato de Alvear* 1928 erneut zum Präsidenten gewählt wurde.

Diesmal überdauerte seine Präsidentschaft aber nicht die volle Amtszeit: Die **Weltwirtschaftskrise 1929 stürzte das Land ins wirtschaftliche Chaos,** die Arbeitslosigkeit stieg, der Peso verfiel. Im September 1930 fand die konservative Opposition den Zeitpunkt günstig: Mit Hilfe der Armee unter General *José Félix Uriburu* wurde *Irigoyen* gestürzt. Erstmals im 20. Jahrhundert griff das Militär in die Politik ein und machte sich ein General zum Präsidenten.

„La Década Infama" – das ehrlose Jahrzehnt

Nach Wahlmanipulation wurde im November **1931 General Agustín P. Justo** zum **Präsidenten** gewählt; er trat im Februar 1932 sein Amt an. Ihm folgte 1938 der – ebenfalls bei nicht ganz sauberen Wahlen – gewählte *Roberto M. Ortiz,* der 1940 zurücktrat und so Platz für den Vizepräsidenten *Ramón S. Castillo* machte.

Die meisten sozialen Errungenschaften der Irigoyen-Zeit wurden von diesen Präsidenten wieder rückgängig gemacht, statt demokratischer Verhältnisse herrschten **Wahlbetrug, Manipulation, Vetternwirtschaft, Korruption** und die deutliche **Bevorzugung der Oligarchie**.

Als 1939 der **Zweite Weltkrieg** begann, erklärte Argentinien sofort seine

Neutralität und behielt diese auch bei, nachdem im Dezember 1941 die USA in den Krieg eingetreten waren und die anderen Staaten des Doppelkontinents zu einem Abbruch der diplomatischen Beziehungen zu den Achsenmächten Deutschland, Italien und Japan drängen wollten. Auf der Konferenz der amerikanischen Außenminister im Januar 1942 in Río de Janeiro setzten sich die Argentinier mit einer unverbindlichen Gummiformulierung durch, die lediglich den Abbruch von Beziehungen empfahl.

Seine Neutralität wahrte Argentinien aus zwei widerstreitenden Gründen: Das Land war im Ersten Weltkrieg mit diesem Kurs wirtschaftlich gut gefahren, und die großen Estanzieros wollten nicht ihr Handelskontakte nach England gefährden. Andererseits standen die starken, nationalistischen Kräfte, angeführt vom Militär, eher auf Seite der Achsenmächte, deren militärische Überlegenheit, besonders nach der Niederlage Frankreichs, nicht mehr bezweifelt wurde.

Der lange Krieg beeinträchtigte nach und nach auch die argentinische Wirtschaft. Zwar konnten weiterhin Nahrungsmittel in alle Welt verkauft werden, aber die Importe blieben immer mehr aus. Alle Importwaren und damit die meisten Industriegüter verteuerten sich, die Lebenshaltungskosten stiegen, ebenso die soziale Unzufriedenheit.

Im Militär gärte es beträchtlich. Eine Gruppe von rechtsgerichteten, meist jüngeren Offizieren, die **„Grupo de Oficiales Unidos"** (Gruppe der Vereinigten Offiziere, GOU), hatte sich bereits 1941 unter der Führung von Oberst **Juan Domingo Perón** zusammengefunden. Ihre Ziele: Bekämpfung aller kommunistischen Tendenzen, Beendigung der Korruption, eine autoritäre Staatsführung.

Die GOU stürzte schließlich am 4. Juni 1943 den amtierenden Präsidenten Castillo. Sein Nachfolger wurde General *Arturo Rawson,* allerdings nur für wenige Tage; er wurde durch General *Pedro Pablo Ramírez* ersetzt. Der sorgte erst einmal für die Ausschaltung der Opposition: Der Kongress wurde aufgelöst, die Gewerkschaften teilweise verboten, in Patagonien wurden Lager für Oppositionelle eingerichtet, und zum Jahresbeginn 1944 wurde die politischen Parteien verboten. Im Februar 1944 hatte er seine Schuldigkeit getan und übergab sein Amt an den Vizepräsidenten *Edelmiro J. Farrell.*

Außenpolitisch blieb Argentinien zunächst weiterhin neutral, aber schließlich sah das Land sich unter dem Druck der Alliierten doch gezwungen, im Januar 1944 – als letztes lateinamerikanisches Land – die diplomatischen und wirtschaftlichen Beziehungen zu Deutschland und Japan abzubrechen, und am 27. März 1945 erklärte Argentinien als letztes Land der Erde den beiden Staaten den Krieg.

Peróns Aufstieg

Innerhalb der Militärregierung hatte ein Mann schnell eine Schlüsselstellung eingenommen: **Juan Domingo**

Perón war Sozial- und Arbeitsminister geworden. Ein wirkungsvoller dazu: 1944 setzte er eine 30-prozentige Erhöhung der Löhne für alle Industrie- und Landarbeiter durch und führte den Mindestlohn für Landarbeiter ein. So legte er den Grundstein für eine in Lateinamerika nahezu **beispiellose Sozialpolitik:** Es gab feste Arbeitszeitregelungen, ein 13. Monatsgehalt, Ruhestandsgelder, feste Höchstpreise für Genuss- und Nahrungsmittel, Unfall- und Krankenschutz, Preisbindung bei den Mieten. Innerhalb eines Jahres – von 1945 bis 1946 – stieg der Reallohn für die Arbeiter um 50 Prozent.

Kein Wunder, dass die Armen, die „Descamisados" (Hemdlosen), in dem Offizier ihren Retter sahen. Als die Militärs ihn – der eine deutliche Sympathie für *Mussolini* und auch *Hitler* zeigte – im Oktober 1945 verhaften ließen und auf die Insel Martín García verbannten, kam es zu Arbeitsniederlegungen und Streiks und schließlich, am 17. Oktober 1945, zu einer der größten Demonstrationen in der argentinischen Geschichte: **300.000 Arbeiter demonstrierten vor dem Präsidentenpalast** für die Freilassung und Rückkehr *Peróns,* die noch am gleichen Abend in Buenos Aires erfolgen sollte. Am nächsten Tag wurden Wahlen ausgeschrieben. „Stimmt gegen die Börse, die Großgrundbesitzer, das Großkapital und die offizielle Presse – stimmt für ein neues Argentinien ohne Armut und Korruption, stimmt für das Argentinien Peróns", hieß es auf den Plakaten, und die Wähler folgten dem Ratschlag. Mit weit über 50 Prozent aller Stimmen wurde *Juan Domingo Perón* am 24. Februar 1946 gewählt, im Juni 1946 übernahm er das Präsidentenamt.

Der Peronismus

Juan Domingo Perón nannte seine Politik nicht Peronismus, sondern **„Justicialismo"** (Justizialismus), abgeleitet von „justicia", Gerechtigkeit. Was war nun dieser Justizialismus, auf den sich noch heute die meisten führenden Politiker Argentiniens berufen, was dieser Peronismus, den die einen genauso vehement bejubeln, wie die anderen ihn ablehnen?

Im Wesentlichen handelte es sich um einen populären Nationalismus, einen **Populismus,** der sich um **sozialen Ausgleich** sowie **politische und wirtschaftliche Souveränität** bemühte, dabei dirigistisch in Wirtschaft und Lebensführung eingriff, Kritiker verfolgte, weitgehend **undemokratisch** regierte und das Militär hofierte, antikapitalistische und antikommunistische Parolen verbreitete und somit viel Widersprüchliches miteinander zu vereinen schien. *„Für uns steht weder positiv noch negativ irgendetwas fest. Wir sind Antikommunisten, weil die Kommunisten Sektierer sind, wir sind Antikapitalisten, weil die Kapitalisten Sektierer sind. Unser dritter Weg ist nicht ein Weg der Mitte. Er ist ein weltanschauliches Verhalten, das sich je nach besonderen Umständen mal nach der Mitte, mal nach links oder rechts orientiert",* so lautete das politische Credo *Peróns.* **Purer Pragmatismus** also, **oftmals garniert mit radikalen Parolen.**

Dennoch war Perón um den sozialen Ausgleich der Gesellschaft bemüht. Mit Sozialpolitik wollte er einem drohenden Umsturz begegnen, und Reformen sollten die Arbeiter in die Gesellschaft integrieren. Nicht nur wirtschaftlich, auch politisch wurden sie eingebunden: Die Gewerkschaften wurden zu einer großen und schlagkräftigen Organisation, ihre Mitgliederzahl stieg innerhalb weniger Jahre von 500.000 auf fünf Millionen Menschen. Sie zahlten dafür aber einen politischen Preis: Die nahezu bedingungslose Unterstützung von *Peróns* Politik wurde gefordert.

La Plata –
Eingang zum Naturkundemuseum

Wirtschaftliche Autonomie war ein weiteres Ziel der Peronisten. Sie verstaatlichten ausländische Unternehmen, kauften die von den Engländern betriebene Eisenbahn zurück und förderten die nationale Klein- und Mittelindustrie. Mit großer Geste beglichen sie sämtliche Auslandsschulden (231 Mio. US-$) – politische Neutralität war schließlich das erklärte außenpolitische Ziel.

Ermöglicht wurde Peróns Politik nur dank der äußerst guten finanziellen Lage Argentiniens. Während und nach dem Zweiten Weltkrieg boomte die Exportwirtschaft, Argentinien besaß bei seinen Handelspart-

Evita

Hunderttausende standen Schlange, um ihr einen letzten Abschiedsblick zuzuwerfen: Sie defilierten weinend an dem gläsernen Sarg vorbei, in dem „Evita", der „Engel der Armen", aufgebahrt war. *Eva Perón* war am 26. Juli 1952 im Alter von nur 33 Jahren an Leukämie gestorben.

Am 7. Mai 1919 war sie als *Eva Duarte,* als uneheliches Kind einer baskischen Einwanderin in dem armen Pampa-Dorf Los Toldos geboren worden. Mit 15 ging sie nach Buenos Aires, schlug sich als Tänzerin und Sängerin in Bars durch, bis sie endlich einen Rundfunk-Vertrag bekam. Zehn Jahre später, 1944, sie war 25, lernte sie Oberst *Juan Domingo Perón* kennen und heiratete ihn.

An seiner Seite wurde sie rasch berühmt. Ob sie Einfluss auf seine Politik hatte, oder ob sie bloß Peróns auffälligster Lautsprecher war, ist umstritten. Eva Perón unterstützte die Forderung nach dem Frauenwahlrecht, gründete die feministisch-peronistische Front, forderte Bezahlung für Hausarbeit, sah den entstehenden Kult um ihre Person gern und beteuerte gleichzeitig immer wieder, dass sie alles nur für ihr geliebtes Argentinien und ihren geliebten Mann tue, für den sie sich auch opfern würde.

Sie war aber auch machtbewusst: Politische Gegner wurden gnadenlos verhaftet, Familienmitgliedern schob sie hohe Posten zu. Sie selbst leitete das Regierungsbüro für Arbeit und Wohlfahrt, und nach ihr war eine Stiftung benannt, die ebenfalls Geld verteilte: Die „Descamisados" (Hemdlosen), die Armen, waren die Nutznießer dieser Wohltätigkeit.

Evita ist unvergessen. „Evita vive" (Evita lebt) ist noch heute oft an Mauern zu lesen, und mit Bildern der Präsidentengattin ist jedes peronistische Büro geschmückt.

Ein Leben wie aus dem Bilderbuch – Stoff für eine Operette oder ein Musical. *Andrew Lloyd Webber* erkannte das zuerst: 1976 schrieb er sein Musical „Evita", das 1978 erstmals aufgeführt wurde. „Don't cry for me, Argentina" – „Weine nicht um mich, Argentinien", Evitas Grabinschrift, wurde damit zum Welthit.

Zuletzt war Evita im Jahr 1995 wieder in aller Munde. Der Peronismus feierte seinen fünfzigsten Geburtstag, der Vater der Bewegung, Juan Domingo Perón, wäre hundert Jahre alt geworden – wer aber bewegte die Gemüter? Genau: Evita. In Argentinien wechselten sich die verschiedenen Evita-Biographien an der Spitze der Bestsellerlisten ab, das Projekt eines großen Films über ihr Leben sorgte nicht nur in ihrem Heimatland für Gesprächsstoff: In Hollywood stand die erste Garde der Schauspielerzunft Schlange, um die Hauptrollen in einem geplanten Evita-Epos, der Verfilmung von Andrew Lloyd Webbers Musical, zu ergattern. *Madonna* durfte schließlich Evita spielen, *Antonio Banderas* den *Ché,* gedreht wurden große Teile des Films in Budapest. Egal, die Porteños standen Schlange vor den Kinokassen – Evita vive!

Zum Abschluss noch ein Lesetipp: Von dem Argentinier *Tomás Eloy Martínez* ist 1996 auf Deutsch der Roman „Santa Evita" erschienen, der in einer gekonnten Mischung aus Fiktion und Fakten Leben und vor allem Sterben – d.h. die makabre Wanderschaft des Leichnams der Eva Perón, an dessen Verbleib bzw. Versteck alle möglichen Seiten und Personen aus verschiedensten Gründen Interesse zeigten – behandelt.

nern ein gutes finanzielles Polster. So konnte zunächst mit diesen Geldreserven Sozialpolitik betrieben werden, und *Perón* brauchte weder Agrarreformen oder Enteignungen durchzusetzen oder sparsam zu regieren. Rückhalt erhielt er jetzt auch vom Militär. Zum einen entstammte er selbst dieser Schicht, zum anderen bediente er auch seine ehemaligen Kollegen großzügig: Es wurde maßlos aufgerüstet; in den ersten drei Jahren seiner Regierung wurde die Hälfte der Staatsausgaben für Rüstung aufgewandt. Perón flankierte seine Politik durch heftige Propaganda. Missliebige Zeitungen wurden verboten, ein eigener peronistischer Pressekonzern vertrieb Zeitschriften und Zeitungen.

Ab 1949 wurde die Lage in Argentinien schwieriger. Die Devisen waren weitgehend aufgebraucht, die Wirtschaft stagnierte. *Perón* änderte seine Politik und setzte auf **freies Unternehmertum,** Streiks wurden brutal niedergeschlagen. Zwar wurde er 1951 noch einmal triumphal wiedergewählt, aber er hatte seine schichtenübergreifende Integrationskraft verloren. Das Militär stellte sich gegen ihn, Kirche und Großgrundbesitzer ebenfalls. Am 16. Mai **1955 stürzte das Militär** schließlich **den Präsidenten.** *Perón* floh zunächst nach Asunción, später ging er dann über Panamá und Santo Domingo nach Spanien.

Perón im Exil – Argentinien im Chaos

In den Jahren nach *Perón* wurden die meisten sozialen Errungenschaften wieder abgebaut. Peronisten wurden verfolgt, aus den Gewerkschaften gejagt, das Streikrecht wurde abgeschafft und die Verstaatlichungen rückgängig gemacht – **Entperonisierung** war das Ziel. Von Perón durfte nur noch als dem „geflohenen Tyrannen" gesprochen werden.

Die Militärs lösten einander schnell ab: Auf General *Eduardo Lonardi* folgte bereits im November 1955 General *Pedro Eugenio Aramburu.* 1957 kam es zu einer beeindruckenden Demonstration für *Perón:* Bei den Wahlen zur Verfassungsgebenden Versammlung hatte *Perón* seine Anhänger aus dem Exil zur Abgabe von leeren Stimmzetteln aufgerufen. Ein Viertel aller Wahlberechtigten folgte seinem Aufruf.

Der zivile **Präsident Arturo Frondizi** wurde nur gewählt, weil er den Peronisten Reformen und die Wiederzulassung der peronistischen Partei zugesichert hatte. Sein **Reformversprechen** konnte er nicht einhalten, das Parteiversprechen schon. Die Wahlen 1962 sahen die Peronisten mit über 40 Prozent der Stimmen als Sieger. Das Militär wurde nervös und verlangte erfolgreich die Annullierung der Wahlen.

Die **Peronisten** hatten sich inzwischen **gespalten:** Die **Linksperonisten** propagierten einen Peronismus ohne *Perón* und waren stark von marxistischen Gedanken geprägt, die **Rechtsperonisten** waren mehr in der Führungsebene der Gewerkschaften verankert und wollten zurück zum klassischen Peronismus der 40er Jahre. *Perón* selbst beobachtete aus seinem Madrider Exil die Enwicklung, stärkte mal den einen, mal den anderen Flügel, auch um seine eigene Macht nicht zu erschüttern.

Präsident Arturo Illia, ein Rechtsliberaler, wurde **1963** gewählt. Er regierte ohne parlamentarische Mehrheit für drei Jahre und wurde von einem Militärputsch **unter General Juan Carlos Onganía gestürzt**.

Onganía ließ die Gewerkschaften verfolgen, schlug mit Polizeikräften Arbeiterstreiks nieder und öffnete das Land für ausländisches Kapital. Aber der erhoffte Aufschwung trat nicht ein. Im Gegenteil – immer mehr Argentinier waren ohne Arbeit. Am 29. und 30. Mai 1969 kam es zum **Aufstand der Arbeiter in Córdoba,** dem so genannten Cordobazo, der von Truppen blutig niedergeschlagen wurde. Onganía musste 1970 General *Roberto Marcelo Levingston* weichen, der dann ein Jahr später General *Alejandro Agustín Lanusse* Platz machen. *Lanusse* versuchte, die sich immer mehr spaltende Gesellschaft wieder zu vereinen. Er führte Gespräche um die Wiederzulassung der peronistischen Partei und die Rückkehr von *Perón.*

Währenddessen hatten sich auf der Linken mehrere **Guerilla-Organisationen** gebildet, die sich durch den bewaffneten Kampf die Befreiung Argentiniens erhofften. Eine war die linksperonistische „Monteneros", die andere der trotzkistische „ERP" (Revolutionäre Volksarmee). Beide Gruppen wurden von den Militärs brutal verfolgt, ihre Anschläge dienten zur Begründung für den Terror des Militärs gegen alles „Subversive".

Peróns Rückkehr

Perón unterstützte aus dem Exil den Linksperonisten *Héctor José Cámpora* – reine Taktik, wie sich später zeigen sollte. *Cámpora* erreichte bei den Wahlen im März 1973 49 Prozent der Stimmen und versuchte, eine linksperonistische Politik durchzusetzen. Er ließ die Kommunistische Partei wieder zu und berief zwei Linksperonisten gegen den Widerspruch von *Perón* in sein Kabinett.

Als am 20. Juni **1973 Perón nach Argentinien zurückkehrte,** kam es unter den Wartenden auf dem Flughafen in Ezeiza zu einem **Massaker.** Rechtsperonisten eröffneten aus Maschinengewehren das Feuer auf Linksperonisten, etwa 100 bis 200 Menschen starben. *Perón* rechtfertigte am nächsten Tag in einer Rundfunkansprache das Geschehen.

Am 13. Juli 1973 trat *Héctor Cámpora* zurück, ein Interimspräsident übernahm die Geschäfte, bis am **23. September Perón wiedergewählt** wurde. *Perón* setzte seine nach rechts gegebenen Wahlversprechen sofort in die Tat um. Alle Linksperonisten wurden aus wichtigen Stellungen verbannt, 1974 ließ *Perón* sogar den frei gewählten linksperonistischen Gouverneur von Córdoba absetzen.

Doch **Perón** blieb keine Zeit mehr. Er **starb am 1. Juli 1974,** und seine Witwe *María Estela Martínez de Perón* wurde seine Nachfolgerin. Das Land war zutiefst gespalten: Guerilla-Aktionen von links wurden mit ausuferndem **Staatsterror** gegen alles „Subversive“ von rechts bekämpft, die peronistische Partei war korrupt, die Inflation stieg noch schneller als die Löhne sanken.

Am 24. März **1976 ergriff erneut das Militär die Macht.** Der Putsch war von vielen Bürgern lang erwartet gewesen und von manchen sogar erhofft. Eine dreiköpfige Junta mit **General Jorge Rafael Videla** als Führer übernahm die Macht.

Die Diktatur und der Terror

„Zuerst werden wir die Subversiven töten, dann ihre Helfershelfer, dann ihre Sympathisanten; dann kommen die Lauen und am Schluß die Furchtsamen an die Reihe.“ Dieses Zitat, das dem Gouverneur von Buenos Aires, General *Ibérico Saint-Jean* zugeschrieben wurde, verdeutlicht am besten, was die **Militärdiktatur bis 1983** auszeichnete: **Terror, grenzenloser Terror** gegen alle, die von ihnen selbst als „Subversive“ definiert wurden. Und das waren praktisch alle. Gewerkschaftler, Schüler oder Studenten, Pazifisten, kritische Journalisten, Sozialwissenschaftler – sie alle konnten verhaftet, gefoltert, vergewaltigt oder zusammengeschlagen werden. Oder sie verschwanden spurlos, mitgenommen von vier Gestalten, die im Morgengrauen mit einem schwarzem Ford Falcon ohne Nummernschilder vorfuhren.

„Proceso de la Reorganización Nacional“ (Prozess der nationalen Reorganisation) nannte sich der Staatsterror, dessen ganzer Umfang erst viel später ans Licht kam. Über 30.000 Menschen verschwanden in Folterzentren, der offizielle Bericht „Nunca más“ (Nie wieder) berichtet detailliert auf über 500 Seiten von den Menschenrechtsverletzungen. Im Frühjahr 1995 wurden weitere schreckliche Einzelheiten bekannt: Piloten berichteten von Flügen, bei denen Offiziere betäubte Menschen in den Atlantik geworfen hätten. Der ehemalige Korvettenkapitän *Francisco Scilingo* enthüllte das im Gespräch mit argentinischen Journalisten; in diesen Interviews zeigte sich auch die Normalität des Folterns, des Tötens und „Verschwindenlassens“ der Opfer. Ein Zitat: *„Es war etwas, was man machen mußte. Ich weiß nicht, was die Henker durchleben, wenn sie töten, die Klingen hinunterziehen oder die elektrischen Stühle vorbereiten. Niemand tat es gern, es war nichts Angenehmes. Aber es wurde gemacht, und es war selbstverständlich die beste Form, es wurde nicht darüber diskutiert. Es war etwas Höheres, das man für das Land tat. Ein höheres Werk.“*

Die bekanntesten Kämpfer gegen den Terror waren die **„Madres de la Plaza del Mayo“** (Mütter von der Plaza del Mayo), die jeden Donnerstag vor der Casa Rosada, dem Präsidentenpalast, mit weißen Kopftüchern demonstrierten und Auskunft über den Verbleib der Verschwundenen, oft genug ihrer eigenen Kinder und Enkel, verlangten.

Die Militärs waren ebenfalls angetreten, um die **marode Wirtschaft** des

Landes in Griff zu bekommen. Aber auch dort versagten sie. Der neoliberale Kurs ihrer Wirtschaftsexperten endete in privater Bereicherung und in Spekulationsgewinnen. Lediglich Auslandsverschuldung und Inflation wuchsen, die allerdings bis ins Unermessliche.

Mit dem **Falkland/Malwinen-Krieg** suchten die Militärs von ihrem Versagen abzulenken. Das gelang auch kurzzeitig, denn sie hatten richtig auf die nationalistischen Gefühle ihrer Landsleute gesetzt. 1833 hatten die Engländer die Islas Malvinas besetzt, die Argentinier hatten sie lange schon zurückgefordert. Am 2. April 1982 marschierte das argentinische Militär auf den Malwinen ein. Doch die englische Reaktion war falsch eingeschätzt worden. Den Briten lag durchaus etwas an dem Eiland, außerdem hatte die Regierung *Thatcher* ebenfalls innenpolitische Schwierigkeiten, Grund genug, auch die nationalistische Karte zu spielen. Nach knapp sechs Wochen waren die Argentinier blamabel geschlagen - auch auf ihrem eigenen Feld hatten die Militärs versagt.

So kam es bald zu ersten **Massendemonstrationen.** Ende 1983 musste das Militär die Casa Rosada räumen, bei den **Wahlen** im **Oktober 1983** setzte sich der Kandidat der Radikalen Bürgerunion, **Raúl Alfonsín,** durch.

Von Alfonsín zu Menem

Mit großer Unterstützung bedacht, startete Raúl Alfonsín sein politisches Programm: Abbau der Auslandsverschuldung, Einkommensverteilung im Land, Aufarbeitung der schrecklichen Vergangenheit. Aber bald zeigten sich die widerstrebenden Kräfte. Die Militärs erkämpften das **Punto-final-Gesetz,** das einen Schlusspunkt unter die Aufarbeitung ihrer Verbrechen setzte, die Ökonomie sprang nicht so an wie erwartet, und bald erreichte die Inflation erneut Rekordmarken. Ein Drittel der Bevölkerung war unter die Armutsgrenze abgerutscht.

So wunderte es nicht, dass 1989 wieder der peronistische Kandidat gewählt wurde. Der dreimalige Gouverneur der Provinz La Rioja **Carlos Saúl Menem,** der im Wahlkampf noch linksperonistische Thesen vertrat, wandelte sich schnell. Statt die angekündigte Sozialpolitik umzusetzen, verwirklichte er streng **neoliberale Politik:** Reduzierung des Staatsapparates, Privatisierung, Abbau der Importgrenzen. Gleichzeitig forcierte er eine außenpolitisch enge Anbindung an die USA.

Trotz großer Kritik an seiner Politik, trotz Streiks und Arbeitsniederlegungen war *Menem* während seiner ersten Regierungszeit nie gefährdet. Die Senkung der Inflation, unzweifelhaft das Verdienst der Wirtschaftspolitik seiner Regierung, sicherte seinen Erfolg, ebenso wie seine Art des Auftretens bei nationalen und internationalen Anlässen, eine Art, die bei den Intelektuellen verhasst war, aber vom Volk bejubelt wurde. 1995 wurde er, auch mangels Alternativen, mit großer Mehrheit wiedergewählt. Seine zweite Amtszeit war weniger erfolgreich, die

Geschichte in Zahlen

1776	Einrichtung des Vizekönigreiches Río de la Plata mit Buenos Aires als Hauptstadt.
25.05.**1810**	Absetzung des spanischen Vizekönigs.
09.07.**1816**	Unabhängigkeitserklärung. Anschließend beginnt das Zeitalter der Bürgerkriege.
1833	England annektiert die Islas Malvinas/Falkland-Inseln.
1853	Verabschiedung der ersten Verfassung. Argentinien wird offiziell Republik, die Hauptstadt ist Paraná.
1880	Unter Präsident Roca wird Argentinien endgültig zum Bundesstaat, Buenos Aires wird zur Hauptstadt erklärt. Während der Indianerkriege wird die Urbevölkerung im Süden weitgehend ausgerottet.
1910	Allgemeines, gleiches und geheimes Wahlrecht, allerdings nur für Männer. Das Frauenwahlrecht wird 1948 eingeführt.
04.06.**1946**	*Juan Domingo Perón* wird Staatspräsident.
19.09.**1955**	Sturz Peróns durch das Militär.
01.05.**1958**	Nach freier Wahl wird *Arturo Frondizi* Staatspräsident.
28.06.**1966**	Putsch des Militärs unter General *Juan Carlos Onganía*.
23.03.**1971**	Neue Junta unter General *Lanusse*. Dieser leitet die Rückkehr zur Demokratie ein.
25.05.**1973**	Der Perónist *Héctor Cámpora* wird zum Präsidenten gewählt.
20.06.**1973**	Perón kommt aus dem Exil nach Argentinien zurück und wird am 23.09. zum Präsidenten gewählt.
01.07.**1974**	Tod Peróns, seine Witwe María wird Präsidentin.
24.03.**1976**	Das Militär unter Führung von General *Jorge Videla* übernimmt die Macht.
02.04.**1982**	Argentinien besetzt die Islas Malvinas/Falkland-Inseln, England erobert das Archipel aber sechs Woche später wieder zurück.
30.10.**1983**	Aus den ersten Wahlen seit 1976 geht *Raúl Alfonsín* als Sieger hervor.
14.05.**1989**	*Carlos Saúl Menem* gewinnt die Präsidentschaftswahlen und übernimmt am 08.07. die Macht. Er wird im Mai 1995 im Amt bestätigt. Eine Verfassungsreform hatte ihm zuvor den Weg zu einer zweiten Präsidentenschaft ermöglicht.
Okt. **1997**	Bei den turnusgemäßen Nachwahlen zum Abgeordnetenhaus verlieren die Peronisten, die Partei Menems, die absolute Mehrheit im Parlament.
10.12.**1999**	*Fernando de la Rúa,* der gemeinsame Kandidat der Parteien UCR und FREPASO, tritt als Nachfolger von Carlos Menem das Amt als Staatspräsident an.
2001	Die Finanz- und Wirtschaftskrise eskaliert.
21.12.2001	De la Rúa tritt unter dem Druck einer Protestwelle zurück. Innerhalb von zehn Tagen wechseln sich drei provisorische Nachfolger ab, bis am
01.01.**2002**	der Kongress den Peronisten *Eduardo Duhalde* zum Interimspräsidenten (voraussichtlich bis Mai 2003) ernennt. Abwertung des Peso und Einstellung des Schuldendienstes.
2002	Inflationsrate um die 40%.
27.04.**2003**	Präsidentschaftswahlen.

wirtschaftliche Lage verschlechterte sich, und *Menem* wurden mafiöse Machenschaften, Korruption und persönliche Bereicherung nachgesagt. So wurde er nach seiner Ablösung wegen der Verstrickung in illegale Waffenlieferungen nach Ecuador und Kroatien angeklagt und zeitweise sogar unter Hausarrest gestellt.

De la Rúa und die Krise

1999 konnte Menem nicht erneut antreten. Bei den Präsidentschaftswahlen setzte sich der gemeinsame Kandidat der bisherigen Oppositionsparteien UCR und FREPASO, **Fernando de la Rúa,** bis dato Bürgermeister von Buenos Aires, durch. Von dem Vertreter der sozialdemokratisch orientierten Linken versprachen sich viele einen neuen politischen Impuls, ein Aufräumen mit dem alteingesessenen peronistischen Politikerklüngel und sozial verträgliche Reformen. Doch de la Rúa agierte zögerlich und ohne Rückhalt in den Reihen seines in sich zerstrittenen Parteienbündnisses. Zudem verschärfte sich während seiner Amtszeit die Rezession, die Regierung trieb die Auslandsverschuldung in die Höhe und klammerte sich zu lange an die künstliche Kopplung des Peso an den Dollar (siehe „Wirtschaft"). Im Dezember 2001 fror die Regierung die Spareinlagen der Bevölkerung ein (der so genannte corralito, siehe entsprechenden Exkurs), um der steigenden Kapitalflucht entgegenzusteuern. Es kam zu aufstandartigen Protesten der Bevölkerung und Plünderungen von Supermärkten, offenbar von peronistischen Kräften tatkräftig mitorganisiert. Bei Auseinandersetzungen zwischen Polizei und Demonstranten wurden 30 Menschen getötet. Am 21. Dezember musste de la Rúa zurücktreten.

Damit war der Weg frei für die Rückkehr der Peronisten an die Macht. Die konnten sich zunächst intern nicht einigen: Zwei provisorische Nachfolger blieben jeweils nur Stunden im Amt, der vom Kongress eingesetzte *Adolfo Rodríguez Saa* brachte es immerhin auf eine Woche. Schließlich ernannte das Parlament am 1. Januar 2002 den Peronisten **Eduardo Duhalde** zum Präsidenten – dem fünften innerhalb von zehn Tagen. *Duhalde,* einst *Menems* Vizepräsident und als Präsidentschaftskandidat 1999 *de la Rúa* unterlegen, zog eine traurige Bilanz: „Argentinien ist ruiniert!", sagte der neue Staatschef in seiner Antrittsrede. Als erstes hob er die Kopplung des Argentinischen Peso an den Dollar auf; in der Folge kam es zu einer rapiden Entwertung der nationalen Währung. Gleichzeitig fror *Duhalde* die Rückzahlung von Krediten an private Geldgeber und die Weltbank ein, forderte aber ungeachtet dessen vom Internationalen Währungsfonds neue finanzielle Hilfsmaßnahmen.

Im Jahr 2002 bekamen die Argentinier die Folgen der schlimmsten Wirtschaftskrise ihrer Geschichte voll zu spüren: Rund die Hälfte der Bevölkerung rutschte unter die Armutsgrenze, jeder fünfte war arbeitslos, und Argentinien, bis vor kurzem eines der prosperierendsten Länder Lateinamerikas, gehörte über Nacht zur Liga der Dritte-Welt-Länder. *Duhalde* bemühte sich mit improvisierten und eher kurzsichtigen Mitteln um Schadensbegrenzung und schaffte es immerhin, die finanzpolitische Lage - wenn auch auf einem katastrophalen Niveau - zu stabilisieren. Im Dezember 2002 gab die Regierung die Bankkonten wieder frei, allerdings nicht die Dollar-Guthaben (s.a. „Wirtschaft").

Gleichzeitig begann das politische Tauziehen um die Nachfolge des Präsidenten. Für März 2003 waren Neuwahlen angesetzt, *Duhalde* selbst wollte nicht wieder antreten, stattdessen zog **Carlos Menem** die Fäden, um erneut für die Justizialistische Partei zu kandidieren. Trotz seines Debakels Ende 2001 machte ihm sein Parteifreund *Adolfo Rodríguez Saa* mit populistischen Sprüchen Konkurrenz, während sich die Kandidatin der Bürgerbewegung ARI, *Elisa Carrió,* ebenfalls Chancen ausrechnen konnte (s.a. weiter unten, „Parteien").

Politik

Verfassung und Regierungsform

Argentinien ist eine **Bundesrepublik und Präsidialdemokratie.** Seit 1983 ist die am 25. Mai 1853 verabschiedete **Verfassung** wieder gültig. Sie war während der Militärdiktatur 1976–83 durch eine „Acta para el Proceso de Reorganización Nacional" ersetzt worden, die viele Freiheitsrechte außer Kraft setzte. Auf Drängen der regierenden Peronisten und besonders ihres Präsidenten *Carlos Saúl Menem* wurde 1994 die Verfassung geändert: Seither kann der Präsident direkt wiedergewählt werden, eine Änderung, die Menem aus eigenem Interesse durchsetzte und auch sofort nutzte. Er kandidierte zum zweiten Mal als Präsident und siegte bei den Wahlen. Vorher war eine zweite Amtszeit ebenfalls möglich, allerdings nur mit einer Legislaturperiode Pause dazwischen. Seitdem wird auch der Bürgermeister von Buenos Aires direkt gewählt, vorher konnte er vom Präsidenten eingesetzt werden. **Legislative** (Gesetzgebung), **Exekutive** (Regierung) und **Jurisdiktion** (Rechtssprechung) sind nach der Verfassung getrennt, und laut Verfassung herrscht auch ein Gleichgewicht zwischen den drei Gewalten.

Das Volk wählt den **Staatspräsidenten,** den Chef der Exekutive, und den Vizepräsidenten über ein Wahlmännergremium in direkter Wahl für eine Amtszeit von heute vier Jahren - bis zur Verfassungsänderung 1994 waren es noch sechs Jahre. Bis 1994 schrieb die Verfassung auch vor, dass der Staatspräsident Katholik sein musste.

Seit 1912 hat jeder männliche Argentinier über 18 Jahre Wahlrecht, das Frauenwahlrecht wurde erst 1948 unter *Perón* eingeführt. Die Legislative obliegt dem **Kongress,** einem **Zwei-Kammer-Parlament,** das aus dem **Abgeordnetenhaus** und dem **Senat** besteht. Die 254 Mitglieder des Abgeordnetenhauses werden vom Volk für eine Amtszeit von vier Jahren gewählt. Diese Wahlen finden versetzt statt, so dass die Hälfte des Parlaments alle zwei Jahre neu gewählt wird. Die zweite Kammer des Parlaments ist der Senat, dessen 46 Mitglieder von den Provinzen entsandt werden (neunjährige Amtsdauer, je Provinz zwei Abgeordnete). Von ihnen wird alle drei Jahre ein Drittel neu ernannt. Beide Kammern sowie der Präsident haben das Recht, Gesetzentwürfe einzubringen, diese brauchen dann die Zustimmung beider Kammern. Aktuell ist die Macht der Exekutive, sprich die des Präsidenten, größer als die des Parlaments.

Die oberste Gerichtsbarkeit wird vom neunköpfigen **Obersten Gerichtshof** in Buenos Aires ausgeübt. Seine Mitglieder werden vom Staatspräsidenten ernannt, benötigen aber die Zustimmung des Senats. Der Präsident benennt auch die Mitglieder der fünf Appelationsgerichte sowie mindestens eines Gerichtes in jeder der 23 Provinzen. Bei der Benennung der Gerichte spielen politische Motive eine ganz entscheidende Rolle.

Verwaltung

Argentinien ist aufgegliedert in **23 Provinzen sowie die Hauptstadt Buenos Aires** *(Capital Federal).* Die früher als selbstständige Einheit betrachteten Inseln des Südatlantiks – zu denen Argentinien auch die Falkland/Malwinen-Inseln rechnete – und die Teile der beanspruchten Antarktis wurden inzwischen der Provinz Tierra del Fuego (Feuerland) zugeschlagen. Die Provinzen besitzen eine eigene **Provinzregierung,** denen ein Gouverneur

a27-137 Foto: kg

vorsteht. Die Parlamente und Gouverneure werden vom Volk gewählt, ihre Verfassungen dürfen nicht im Widerspruch zur nationalen Verfassung stehen. Insgesamt sind die Rechte der Provinzen eingegrenzt. Sie beschränken sich auf infrastrukturelle Belange in der jeweiligen Provinz und auf die Wirtschaftsförderung; eigene Steuerhoheit z.B. haben die Provinzen nicht.

Parteien

Die **Unión Cívica Radical (UCR)** und der **Partido Justicialista (PJ)** sind die beiden größten und wichtigsten Parteien des Landes.

Die **UCR** wurde bereits im Jahr 1890 gegründet und ist damit die älteste Partei Argentiniens. Angeführt wurde sie nach 1983 – der Rückkehr Argentiniens zur Demokratie – von *Raúl Alfonsín,* der von 1983 bis 1989 auch Staatspräsident war und sich teilweise auf eine absolute Mehrheit im Parlament stützen konnte. Traditionell versteht sich die UCR als Vertretung der Mittelschicht. Bei den Wahlen 1995 musste der Spitzenkandidat der UCR *Raúl Alfonsín* eine schwere Niederlage gegen den PJ unter *Carlos Saúl Menem* einstecken. 1999 konnte *Fernando de la Rúa* die Regierung für die UCR zurückerobern, scheiterte aber nach zwei Jahren (s.o.).

Der **PJ** wurde 1946 gegründet und ist die Partei des ehemaligen Präsidenten *Juan Perón.* Traditionell sprechen die Peronisten besonders Wähler aus den unteren sozialen Schichten an; ihre Propaganda ist stark nationalistisch und populistisch. Ihre konkurrierenden Flügel unterwerfen die Partei starken Richtungskämpfen. Unter *Menem* als Staatspräsident hat sich das Profil des PJ stark gewandelt. Zwar treten einzelne Führer der Partei immer noch mit antikapitalistischem Vokabular auf, aber Menem hat die Partei zu einem beobachtenden Mitglied des Weltbundes der christdemokratischen Parteien gemacht. Die Niederlage bei den Präsidentschaftswahlen 1999 war die größte in der Geschichte der Partei – die Partei wurde erstmalig nicht aus der Macht geputscht, sondern vom Volk abgewählt.

Weiter links zerfranst die Parteienlandschaft zu einem unübersichtlichen Flickenteppich. 1995 trat erstmals der **Frente por un País Solidario** (Bewegung für ein solidarisches Land), **FREPASO,** zu den Präsidentschaftswahlen an, 1997 dann bereits als Bündnispartner der UCR zu Parlaments- und Provinzialwahlen. Diese so genannte **Alianza** war dann auch das Wahlbündnis, das *Fernando de la Rúa* 1999 zum Erfolg verhalf; FREPASO-Chef **Carlos „Chacho" Alvarez** wurde Vizepräsident. Doch schon bald zeigten sich unüberwindbare Unterschiede in Politikstil und -zielen. *De la Rúa* umgab sich mit einem geschlossenen Kreis von Verwandten und Adepten und distanzierte sich immer mehr von seinem Bündnispartner. Weniger als ein Jahr nach dem Wahlerfolg trat *Alvarez* aus Protest gegen den Versuch der UCR, Senatoren mit Bestechungsgeldern zur Verabschiedung eines Gesetzespakets zu bewegen, zurück. Die Ali-

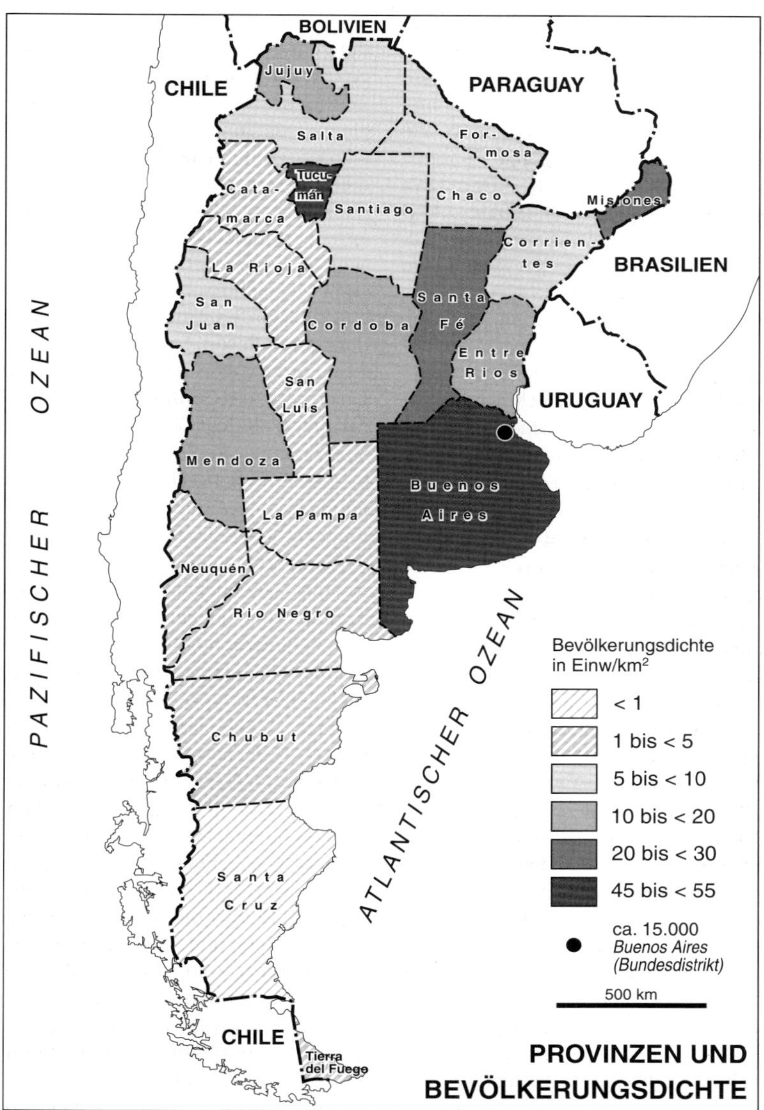

PROVINZEN UND BEVÖLKERUNGSDICHTE

anza wurde zwar nicht offiziell aufgelöst, kam aber praktisch zum Erliegen.

Heute ist vom FREPASO nicht mehr viel übrig. Teile der Partei sind in einer neuen Bewegung aufgegangen, die sich als Gegenmodell der traditionellen Parteien versteht: die **Alternativa para una República de Iguales (ARI)** entstand 2002 als Wahlkampf-Plattform der unabhängigen Kandidatin **Elisa „Lilita" Carrió,** die in Anlehnung an den Protestslogan „Que se vayan todos" (Sie – die Politiker – sollen alle gehen!) Stimmung gegen die alteingesessenen Politiker macht und eine Runderneuerung des Staatsapparates verspricht, allerdings mit eher hausbackenen Rezepten.

Arbeiterbewegung und Gewerkschaften

Die argentinische Gewerkschaftsbewegung hat ihre Wurzeln im 19. Jahrhundert. **Europäische Einwanderer** brachten auch neue politische Anschauungen mit ins Land – Ideen von sozialer Gerechtigkeit, von Sozialismus und Anarchismus. Bereits 1870 gründeten die Drucker eine erste politische Vereinigung, 1878 gab es den ersten Streik der Drucker, 1882 gründeten dann deutsche Einwanderer den Arbeiterverein **„Vorwärts".** *Hermann Lallemant* gab die Zeitschrift „El Obrero" („Der Arbeiter") heraus, die Sozialisten und Anarchisten hatten ebenfalls ihre Blätter.

1890 wurde der erste **Gewerkschaftsverband** ins Leben gerufen. Die *Federación de Trabajadores de la Región Argentina* wurde später von der *Federación Obrera Argentina* abgelöst. Die ersten Jahrzehnte des 20. Jahrhunderts waren von harten Auseinandersetzungen geprägt. Streiks wurden vom Militär ohne Rücksicht niedergeschlagen, trauriger Höhepunkt war das Massaker an Landarbeitern in Patagonien 1921/22, wo in drei Monaten etwa 1500 Menschen von Truppen erschossen wurden.

Groß wurden die Gewerkschaften dann unter **Perón.** Er setzte zahlreiche ihrer Forderungen durch, machte aber gleichzeitig die **Confederacíon General del Trabajo (CGT)** zu einer der Stützen seines Regimes. Konkurrierende Gewerkschaften in einem Beschäftigungszweig waren verboten, die Beiträge zur Gewerkschaft wurden direkt von den Löhnen abgezogen. Die Führer der Gewerkschaften waren korrumpiert und in *Peróns* Herrschaftssystem eingebunden.

Unter der letzten Militärregierung sank der Einfluss der Arbeitnehmervertretung. Viele Gewerkschaftsführer hatten mit den Militärs paktiert, gleichzeitig beschnitten aber diese mit neuen Gesetzten den Einfluss der Gewerkschaften. Während der ersten demokratischen Regierung unter *Alfonsín* wurde die CGT wieder zur wichtigsten oppositionellen Kraft. Sie stützt bis heute die Politik der peronistischen Partei; ohne ihre Wahlkampfhilfe wäre *Menem* 1989 kaum zum Präsidenten gewählt worden.

Inzwischen mehrt sich die Kritik an der Führung der CGT. Einzelne Verbände haben sich von ihr abgespalten und den neuen Dachverband **MTA (Movimiento de Trabajadores Argentinos)** gegründet, gleichzeitig entstand der **Congreso de Trabajadores Argentinos (CTA).**

Das Militär

Das Militär hat seit 1930 immer wieder in die Innenpolitik eingegriffen. **Militärdiktaturen** gab es von 1930–38, 1943–46, 1955–58, 1966–73 und zuletzt von 1976–83 (s.a. „Geschichte"). Keine der Diktaturen zeichnete sich jedoch durch eine einheitliche Ideologie oder ein stringentes Konzept aus. Zu umstritten waren die Ziele innerhalb des Militärs, ein Grund vielleicht dafür, dass alle Diktaturen nicht nur am Widerstand, sondern auch an sich selbst scheiterten.

Von den drei Waffengattungen **Heer, Luftwaffe** und **Marine** ist die stärkste und einflussreichste das Heer. Insgesamt hat das Ansehen der Militärs, das zu Beginn der letzten Diktatur gar nicht so schlecht war, inzwischen sehr gelitten – Schuld sind die von ihnen verübten Greueltaten während ihrer Herrschaft und der unverantwortlich vom Zaun gebrochene und schlecht geführte Falkland-Malwinen-Krieg.

Nach der Rückkehr zur Demokratie versuchte Präsident *Raul Alfonsín,* die **Untaten der Militärs bestrafen** zu lassen. Die Verantwortlichen für den „schmutzigen Krieg", für Menschenrechtsverletzungen und Folter wurden angeklagt – erstmalig wurden in Südamerika Diktatoren vor ein ziviles Gericht gestellt. Gleichzeitig kürzte er die Gehälter der Militärs und reduzierte die Truppenstärken.

Kleinere Aufstände, Meutereien und Putschversuche waren die Antwort der Militärs auf *Alfonsíns* Politik. 1986 musste dann das **„Punto-Final-Gesetz"** („Schlusspunkt-Gesetz"), 1987 das **Gesetz zum Befehlsnotstand** verabschiedet werden – letzteres attestierte allen Offizieren vom Brigadegeneral abwärts Befehlsnotstand für die begangenen Menschrechtsverletzungen und gewährte ihnen so Straffreiheit.

Präsident *Menem* begnadigte alle wegen Menschenrechtsverletzungen inhaftieren Offiziere, andererseits kürzte er mit der Begründung, dass es im Cono Sur keine Kriegsgefahr mit den Nachbarn gäbe, die Militärausgaben drastischer als sein Vorgänger *Alfonsín.* Selbst der unter *Perón* geschaffene Wirtschaftskonzern der Streitkräfte („Fabricaciones Militares") wurde privatisiert, die Gewinne flossen in die Staatsschatullen, und auch Ländereien, deren Besitzer ursprünglich das Militär war, wurden verkauft. Auch die **allgemeine Wehrpflicht** wurde **abgeschafft.** Heute beläuft sich die **Gesamtstärke des Militärs** auf etwas über **80.000 Mann** (davon 16.000 Wehrpflichtige), 1980 waren es noch 180.000 Soldaten.

Außenpolitik

Die argentinische Außenpolitik wurde lange und wird von zwei Faktoren bestimmt: dem Ringen um die **Vor-**

machtstellung in Südamerika und dem traditionell **guten Verhältnis zu den europäischen Staaten.**

Das Verhältnis zu Europa war bedingt durch eine Fülle unterschiedlicher Faktoren: Zum einen waren die europäischen Mächte, besonders England, lange die wichtigsten Handelspartner Argentiniens, zum anderen waren auch die kulturellen Einflüsse aus Europa dank der vielen Einwanderer übermächtig. Im Selbstverständnis fühlte Argentinien sich lange als ein europäisches Land auf einem anderen Kontinent. Dafür hielt man **Distanz zu den USA;** schließlich waren die Vereinigten Staaten und Argentinien lange Zeit Konkurrenten auf dem Weltmarkt, und man sah sich auch selbst immer im Wettstreit mit den USA um die Vormachtstellung in Lateinamerika. Der Anti-USA-Gestus wird auch heute noch bejubelt. 1989 wurden im Wahlkampf alte Anti-US-Peronisten-Lieder angestimmt, schrieb der „Spiegel", und er zitiert eines: „Wir Argentinier trinken unseren Wein/Die Coca-Cola steckt euch hinten rein."

Seit 1950 muss Argentinien allerdings einen immer größeren **Verlust an internationalem Einfluss** beklagen. In Südamerika verlor es bis in die 1980er Jahre seine Führungsrolle an Brasilien, innerhalb der spanischsprachigen Länder dann an Mexiko und später Chile. In den 1990er Jahren gewann Argentinien dank seiner wirtschaftlichen Stärke vorübergehend wieder an Gewicht. Spätestens mit der „Tango-Krise" war es damit jedoch wieder vorbei; heute ist das Land mehr denn je von internationalen Finanzhilfen abhängig.

Territoriale Konflikte belasteten lange das Verhältnis zum Nachbarland **Chile.** Zuletzt wurde über ein 530 km² großes Teilstück an der Laguna del Desierto in Patagonien gestritten. 1965 war es dort sogar zu einem bewaffneten Konflikt gekommen, bei dem ein Chilene getötet wurde. Im November 1994 legte ein internationales Schiedsgericht fest, dass das umstrittene Gebiet zu Argentinien gehöre. Ende der 1970er Jahre war es wegen der Grenzziehung im Beagle-Kanal in Südfeuerland fast zum Krieg zwischen den Nachbarländern gekommen; aus dieser Zeit stammen zahlreiche Minenfelder an strategischen Punkten der gesamten Grenze. Der Papst vermittelte und sprach drei kleine Inseln Chile zu, Argentinien darf allerdings die angrenzenden Meeresgebiete teilweise nutzen. Heute ist lediglich ein 1200 km² großes Gletschergebiet bei Calafate umstritten, ebenso wie der Antarktisanteil der beiden Staaten. Chile erhebt seit 1940 Anspruch auf einen Teil der Antarktis zwischen 53° und 90° westlicher Länge, ein Gebiet, das zurzeit Großbritannien für sich reklamiert und auf das zum Teil auch Argentinien Ansprüche, nämlich zwischen dem 25. und dem 74. westlichen Längengrad, erhebt.

Buenos Aires –
das älteste Steinhaus der Stadt

Weitgehend beendet ist inzwischen der argentinische Konflikt mit Großbritannien um die **Falkland/Malwinen-Inseln** (siehe „Geschichte"). Zur Erinnerung: Am 2. April 1982 besetzte das argentinische Militär die Inseln, am 14. Juni mussten die argentinischen Truppen kapitulieren. Die USA und die EG, die damals ein Handelsembargo gegen Argentinien erließ, stellten sich hinter Großbritannien. Unter *Menem* wurde der Konflikt mit Großbritannien erst einmal beigelegt, auch wenn Argentinien natürlich nicht müde wird, zu versichern, dass die Besetzung der Inseln durch Großbritannien illegal sei – „Las Malvinas son argentinas" (die Malvinen sind argentinisch), das ist das erste, was man auf einem großen Schild liest, wenn man bei La Quiaca von Bolivien nach Argentinien einreist.

Argentinien ist unter anderem Mitglied der Vereinten Nationen (UNO) und zahlreicher ihrer Unterorganisationen, der Organisation Amerikanischer Staaten (OAS), des Allgemeinen Zoll- und Handelsabkommens (GATT), des Lateinamerikanischen Wirtschaftssystems (SELA), der Weltbank und des Internationalen Währungsfonds (IWF). Mit den Nachbarn Brasilien, Uruguay und Paraguay wurde 1996 die Gründung eines gemeinsamen südamerikanischen Binnenmarktes vereinbart (vgl. unter „Mercosur" im Kapitel „Wirtschaft").

arg3-170 Foto: gw

Wirtschaft

10.000 Dollar brauche er mindestens zum Leben, hat **Domingo Cavallo,** lange Zeit unter *Menem* Wirtschaftsminister, einmal zugegeben, als er diese Summe für seine Dienste bei einer industrienahen Stiftung bekam. Bereits damals, in den „goldenen" 1990er Jahren, als es den meisten Argentiniern verhältnismäßig gut ging, wären viele froh gewesen, diese Summe im Jahr zu verdienen. Heute mag den Namen *Cavallo* kaum ein Argentinier mehr hören, ohne einen Wutanfall zu bekommen. Denn – Ironie der Geschichte – es war ausgerechnet dieser Superstar der Finanzwelt, der mit der Kopplung des Peso an den Dollar den Grundstein legte für die wirtschaftliche Blüte der 1990er Jahre – und der, von dem verzweifelten *de la Rúa* zu Hilfe gerufen, als Wirtschaftsminister im Jahre 2001 das Land in die Katastrophe steuerte.

Welchen Anteil *Cavallo* an deren Ausmaß hatte, darüber streiten die Gelehrten. Für viele Argentinier hat sein ambitioniertes Maßnahmenpaket die Krise weiter angeheizt. Tatsächlich war es *Cavallo,* der die Sparguthaben der Bürger einfror und damit die Protestwelle auslöste, die die Regierung *de la Rúa* stürzen ließ. Böse Zungen behaupten, *Cavallo* habe zuvor den Banken genügend Zeit gegeben, große Beträge ins Ausland zu bringen. Andere meinen, dass *Cavallo* zu spät kam, um noch etwas zu retten. Heute lebt er im selbst gewählten New Yorker Exil: Für eine geraume Weile kann sich der Glatzkopf in seiner Heimat nicht mehr blicken lassen.

Die **schwere Krise,** die das wohlhabende Argentinien binnen weniger Monate rasant verarmen ließ, ist ein trauriges Beispiel dafür, wie sich Experten aller Couleur gründlich irren können. Denn in den 1990er Jahren hatte die argentinische Wirtschaftspolitik durchweg gute Kritiken von Weltbank und Internationalem Währungsfond bekommen: Entbürokratisierung, Öffnung der Märkte, Sanierung des Haushaltes, Senkung der Zölle, Privatisierung von Staatsbetrieben – die Grundregeln des Wirtschaftsliberalismus wurden eingehalten, egal ob es Proteste von Gewerkschaften, Unternehmen oder Staatsbediensteten gab.

Die Liberalisierung lockte ausländische Investoren an, die Wirtschaft boomte. Doch gegen Ende der 1990er, als sich – verstärkt durch die Krisen in Mexiko und Brasilien – **Rezession** und wachsendes **Haushaltsdefizit** abzuzeichnen begannen, zog sich das internationale Kapital rasch zurück. Die Kopplung des – damit überbewerteten – Peso an den Dollar wurde zum Hindernis, verteuerte sie doch die Exporte und brachte die Handelsbilanz aus dem Gleichgewicht. Dennoch bestanden IWF und Weltbank auf dieser Anbindung und forderten ebenso harsche Sparmaßnahmen der Regierung im sozialen Bereich, was die Unzufriedenheit der Bevölkerung schürte.

Trotz der sicher berechtigten Kritik an der Politik der internationalen Finanzinstitutionen gegenüber Argentinien war die **„Tango-Krise"**, wie sie bald weltweit bezeichnet wurde, in erster Linie hausgemacht. Mehrere Faktoren kamen zusammen:

- eine **schwache Regierung,** die nicht nur von der peronistischen Opposition und den Provinzgouverneuren, sondern auch von internen Querelen blockiert wurde;
- verstärkte **Steuerflucht** und damit Mindereinnahmen des Staates, die dieser mit immer neuen Auslandsschulden auszugleichen suchte;
- die Einführung von **Parallelwährungen** wie der *patacones:* Gutscheine, die von den Provinzregierungen ausgegeben wurden, um ihre Zahlungsschwierigkeiten zu überbrücken, was die Schulden der öffentlichen Hand weiter nach oben trieb;
- das Versickern enormer Mittel in einem nach wie vor überdimensionierten, **uneffizienten Staatsapparat,** in dem viele sozialen Zwecken zugedachte Gelder nie ihre Adressaten erreichen;
- Verschlechterung der sozialen Situation durch radikale **Sparmaßnahmen.**

Hinterher ist müßig zu diskutieren, ob der Kollaps so dramatisch ausfallen musste oder durch zeitigeres, geschickteres Gegensteuern abzufedern gewesen wäre. Anfang Januar 2002 gab der neu eingesetzte Präsident *Eduardo Duhalde* quasi die **Bankrotterklärung** Argentiniens ab: Er stellte den Schuldendienst ein und koppelte den Peso vom Dollar ab. Vom künstlichen Kurs 1:1 fiel die Währung im freien Fall auf zwischenzeitlich 4:1 und pegelte sich dann bei 3,5:1 ein. Mit anderen Worten: Binnen weniger Wochen verlor der Peso rund 70 Prozent seines Wertes – und damit einen großen Teil seiner Kaufkraft.

Damit brach das Wirtschaftsgefüge mit einem großen Krach auseinander. War das Bruttoinlandsprodukt schon in den Jahren 1999 bis 2001 deutlich gefallen (minus 4,8 Prozent im Jahr 2001), kam es 2002 zu einem dramatischen Rückgang von 11 Prozent; einige Branchen wie das Bauwesen brachen sogar mit über 40 Prozent ein, den Handel und die Banken traf es mit 25 Prozent. Damit fiel das Bruttoinlandsprodukt (BIP) auf den Stand von 1993 zurück: etwa 230 Milliarden Dollar. Pro Kopf liegt das BIP mit rund 6300 US-$ sogar noch um zehn Prozent niedriger als zehn Jahre zuvor, da die Bevölkerung in der Zeit gewachsen ist. Gleichzeitig zeigte sich aufgrund von Teuerungen und gleichbleibenden Peso-Einkommen erneut das Gespenst der Inflation, das die Argentinier für immer gebannt glaubten: 2002 lag der Preisauftrieb bei 41 Prozent in zwölf Monaten.

Mehr als an der Makroökonomie lassen sich die Krisenfolgen an der **Lage der Menschen** ablesen. Ende 2001 lag das Durchschnittseinkommen der Argentinier bei 540 Pesos monatlich – damals noch 540 Dollar. Wenig genug, doch einige Wochen später waren es aufgrund der Abwertung nur noch 150 Dollar. Dabei klafft in Argentinien die Einkommensschere zwischen Reich und Arm jährlich weiter auseinander: Die zehn Prozent Reichs-

a28-142 Foto: gw

ten verdienen heute rund 28-mal mehr als die zehn Prozent Ärmsten – 1990 waren es „nur" 15-mal so viel. Über die Hälfte der Bevölkerung (Mai 2002: 53 Prozent) lebt unterhalb der offiziellen Armutsgrenze (siehe „Armut").

Ein **Blick in die Vergangenheit:** Argentinien besaß bereits zu Beginn des Jahrhunderts gute Voraussetzungen, ein moderner Industriestaat zu werden. Die Bedingungen waren günstig: Es gab Rohstoffe in genügender Zahl und gut ausgebildete Fachkräfte dank der europäischen Einwanderung. Das Wirtschaftswachstum war enorm: Es lag bis zum Ersten Weltkrieg jährlich bei 7 Prozent für das reale Bruttoinlandsprodukt, bis zum Jahr 1929 verlangsamte es sich etwas, betrug aber immer noch jährlich 4 Prozent (ebenfalls am realen BIP gemessen) – „reich wie ein Argentinier" war ein geflügeltes Wort in Europa.

Nach der Weltwirtschaftskrise 1929 ließ das Wirtschaftswachstum weiter nach. Zwar gab es nach dem Zweiten Weltkrieg einen kurzzeitigen Boom, denn argentinisches Fleisch war begehrt, doch dann ging es endgültig bergab. Weltweit sanken die Nahrungsmittelpreise, fehlende Investitionen und ein abnehmendes Außenhandelsvolumen sorgten für ein immer

Brücke im Stadtteil La Boca (Buenos Aires)

Corralito und Corralón – der Geldpferch

Mit Sperrholzplatten vernagelte Schaufenster, am hellichten Tag herunter gelassene metallene Rolläden, in denen sich nur eine kleine Tür öffnet, an den Wänden Protestparolen, an den Jalousien unzählige Beulen – ein befremdliches Bild bieten die Banken in Buenos Aires und anderen Städten. Dabei wetteiferten sie früher wie anderswo auf der Welt mit protzigen Glasfronten, eleganten Neon-Logos und bunten Reklametafeln um die Gunst der Kunden – bis zum 1. Dezember 2001, als die Regierung die Spareinlagen der Bevölkerung einfror mit der Begründung, einer massiven Kapitalflucht zuvorzukommen. Lediglich 250 Pesos pro Woche (damals noch 250 Dollar wert) durften die Konteninhaber in bar abheben, Zahlungen mit Kredit- oder Geldkarte waren allerdings weiterhin möglich. Schnell fanden die geschockten Argentinier ein griffiges Wort für die Maßnahme: corralito, was in der Verniedlichungsform eigentlich „Kinderlaufstall" bedeutet, aber von dem Wort corral, der Pferch, abgeleitet ist.

Als am Abend zuvor die Gerüchte über den corralito begannen, stürmten die Leute die Geldautomaten und versuchten abzuheben, was sie konnten – bald waren die Geräte leer, und hilflos mussten die Argentinier zusehen, wie ihre Bankguthaben „eingepfercht" wurden: insgesamt über 20 Milliarden Pesos, damals noch ebensoviel in Dollar wert. Plötzlich war Bargeld knapp: fatal in einer Gesellschaft, in der traditionell viele Zahlungen über Bargeld und nur wenige über Schecks oder Karten abgewickelt wurden. Die Argentinier mussten sich radikal umstellen und ihre Ausgaben auf das allernötigste beschränken.

In den folgenden Tagen, Wochen und Monaten kam es immer wieder zu Demonstrationen wütender Sparer, die mit Stöcken, Stangen und allem, was Lärm machte, auf die Rolläden der Banken einschlugen. Wer sich einen Anwalt leisten konnte, klagte vor Gericht – in tausenden Fällen mussten die Banken den Klägern ihr Geld zurückerstatten.

Doch es kam noch schlimmer: Der neue Präsident *Duhalde* wertete den Peso ab, die Bankeinlagen in US-Dollar (insgesamt 16 Milliarden) wurden mit einem Federstrich in Pesos umgewandelt – zu einem Kurs von 1,40 Pesos pro Dollar in einem Moment, als der Dollar bereits bei über 3 Pesos gehandelt wurde –, und ihre Auszahlung wurde auf 2003 bis 2005 „umprogrammiert": corralón, Riesen-Pferch, tauften die Leute die Maßnahme. Gleichzeitig wurden die Kredite, die die Argentinier zum Kauf von Häusern oder Wohnungen aufgenommen hatten, im Verhältnis 1:1 von Dollar auf Pesos umgestellt – sonst hätte niemand mehr Dividenden zahlen können.

Im Zuge der Stabilisierung des Finanzystems wurde der corralito nach und nach gelockert und am 1. Dezember 2002 für die Pesokonten endgültig aufgehoben – eine Maßnahme, die in erster Linie den Konsum wieder ankurbeln sollte. Die Guthaben waren nun wieder voll verfügbar, aber – gemessen am US-Dollar – nur noch ein Drittel wert, und das Vertrauen der Argentinier in die Banken und die Wirtschaftspolitik des Staates war am Boden zerstört.

langsameres Wachstum. Zur Zeit der letzten Militärdiktatur (1976–83) stiegen die Auslandsschulden. Die hohen Staatsausgaben konnten nicht mehr durch Einnahmen gedeckt werden, folglich wuchs die Inflation. Auch unter *Alfonsín* konnten Inflation und Auslandsschulden nicht reduziert werden.

Unbestritten war es das Verdienst der Regierung *Menems* und seines Wirtschaftsministers *Cavallo,* die **Inflation** zu stoppen. Lag sie in den 1980er Jahren noch bei dreistelligen Werten (1983: 434%; 1985: 385%; 1986: 86%; 1987: 175%; 1988: 388%), so betrug sie in den 1990er Jahren nur rund 1 Prozent.

Auch das **Wirtschaftswachstum** war beeindruckend: Das Wachstum des Bruttoinlandsprodukts lag 1997 bei 5 Prozent, 1996 bei etwas über 4 Prozent, zu Beginn der 1990er Jahre wurden sogar Werte von über 8 Prozent erzielt. Geschafft wurde das im wesentlichen dadurch, dass der Peso fest an den Dollar gekoppelt wurde, durch eine radikale Kürzung der Staatsausgaben und die Privatisierung der staatlichen Unternehmen.

Argentinien verhökerte alles: Die ehemals staatliche Fluggesellschaft Aerolíneas Argentinas gehört inzwischen zur Iberia-Gruppe, die Wasserwerke sind längst in privater Hand, ebenso wie die Telefongesellschaften und die Ölgesellschaft. Man hoffte so, große Investoren anzulocken, die längerfristig Geld anlegen und zu einem industriellen Boom mit neuen Arbeitsplätzen beitragen. Doch zunächst entließen die neuen Besitzer viele Angestellten. „Betriebssanierung" und „Zurückgewinnung der Konkurrenzfähigkeit" durch Straffung und leider unumgänglichen Beschäftigungsabbau – so nennt man dieses Verfahren auch in Argentinien. Und so wuchs die Arbeitslosenzahl schon unter *Menem.*

Die **Kritiker** der Privatisierungspolitik haben offenbar Recht behalten mit ihrer Behauptung, die Käufer hätten sich nur die Sahnestücke der argentinischen Industrie einverleibt, profitträchtige Unternehmen, die bei richtiger Führung auch dem Staat hätten Geld einbringen können. Das fremde Geld kam kurzfristig ins Land, schöpfte den Rahm ab und verschwand ebenso schnell wieder. Und nicht immer funktionierte die Privatisierung so wie von der Regierung erhofft: Zum Beispiel musste sich der argentinische Staat im Jahr 1992 wieder in die Fluglinie Aerolíneas Argentinas einkaufen, weil es der spanischen Iberia-Gruppe plötzlich an Kapital mangelte.

Land- und Forstwirtschaft, Fischerei

Nach wie vor ist der Agrarsektor der wichtigste Wirtschaftsbereich Argentiniens: 55 Prozent der Exporterlöse werden hier erwirtschaftet. Da die Landwirte ihre eigene, weitaus stabilere „Währung" produzieren – von Weizen bis Soja –, sind sie von der Krise am wenigsten betroffen.

Die meisten landwirtschaftlichen Betriebe sind **Großbetriebe,** die zu knapp drei Vierteln von Pächtern bewirtschaftet werden. So haben etwa ein Prozent aller Betriebe eine Größe von über 5000 ha, sie vereinigen damit aber immerhin 20 Prozent der gesamten landwirtschaftlichen Nutzfläche. Diese Riesenbetriebe hemmen auch die Entwicklung der Landwirtschaft: Der Boden gilt vielen Eigentümern in erster Linie als soziales Statussymbol oder als Spekulationsobjekt und erst in zweiter Linie als produktiver Faktor. Auch bei nur geringer Bewirtschaftung brachte der Grundbesitz den Eigentümern ein hohes Einkommen. Mit dem Verfall der Preise für landwirtschaftliche Produkte änderte sich das nicht unbedingt. Die reichen Großgrundbesitzer konnten parallel dazu ihre Betriebsflächen immer weiter ausdehnen, da die kleineren Landwirte zuerst Pleite machten und ihr Land an die großen verkaufen mussten.

Der flächenintensivste Teil der Landwirtschaft ist die Viehzucht. Über die Hälfte aller landwirtschaftlich genutzten Fläche sind Wiesen und Weiden, nur 12 Prozent werden für den Ackerbau genutzt, den Rest teilen sich Wald und nicht besonders genutzte Flächen.

Ackerbau wird vorwiegend in den Pampaprovinzen betrieben, **Hauptanbaugüter** sind Weizen, Mais, Sorghum sowie Ölsaaten, und bei diesen Produkten gehört Argentinien auch zu den wichtigsten Produzenten weltweit. Obst und Gemüse tragen inzwischen mehr als 10 Prozent zu den landwirtschaftlichen Exporterlösen bei. Argentinien ist der fünftgrößte Weinproduzent der Welt – mit wachsendem Erfolg auf ausländischen Märkten. Insgesamt wird die landwirtschaftliche Erzeugung mehr und mehr diversifiziert. Vorwiegend für die Inlandsnutzung werden Baumwolle, Zuckerrohr, aber auch Gemüse und Obst angebaut.

Im Unterschied zum Nachbarland Brasilien hat Argentinien nur einen geringen Bestand an **forstwirtschaftlich nutzbaren Wäldern.** Etwa zwei Drittel des geschlagenden Holzes (10 Mio. Kubikmeter) werden als Nutzholz, das restliche Drittel als Brennholz verwandt. Die Waldnutzung erfolgt im Wesentlichen durch **Raubbau** an bestehenden Beständen. Zwar sieht das Gesetz die Aufforstung abgeholzter Flächen vor, doch bisher werden nur im Gebiet des Paraná-Deltas größere Neuanpflanzungen vorgenommen.

Die **Fischereiflotte** wurde in den 1970er Jahren nach Ausweitung der Fischfangzone auf 200 Meilen ausgebaut. Sie besteht vorwiegend aus kleineren Schiffen, die größeren, auf denen die Ladung direkt gefroren werden oder gar industriell weiterverarbeitet werden kann, gehören argentinisch-internationalen Gemeinschaftsunternehmen. Der größte Fischereihafen ist Mar del Plata.

Die Viehzucht

Argentinien lebte lange Jahre vorwiegend von der Viehzucht. Diese war nicht nur prägend für die Wirtschaft, sondern auch für die Kultur des Landes (siehe Exkurs „Gauchos"). Ihre Bedeutung sinkt aber, seitdem immer größere Teile der Pampa als Ackerland genutzt werden. Hinzu kommt der Preisverfall für Viehzuchtprodukte wie Rindfleisch oder Wolle auf dem Weltmarkt.

Dennoch sind die Zahlen des Weideviehs in Argentinien beeindruckend. Insgesamt weiden über **50 Mio. Rinder,** darunter 2,5 Mio. Milchkühe auf argentinischen Wiesen; hinzu kommen mehr als etwa **28 Mio. Schafe** und ungefähr **3 Mio. Pferde.**

Die **Viehwirtschaft** in Argentinien begann im 16. Jahrhundert, als aus Hoch-Peru und der Umgebung von Asunción die ersten Siedler ihre Rinder, Pferde und Schafe mit in das neue Land nahmen. Das Vieh vermehrte sich rasch und verwilderte. Es galt in der Folgezeit als herrenlos und durfte von jedermann gejagt, eingefangen und geschlachtet werden. Die ersten Gauchos lebten vorwiegend von der **Jagd auf Felle,** das Fleisch wurde als wertlos angesehen und nur für den Eigenverbrauch genutzt.

Mitte des 18. Jahrhunderts wurde begonnen, auch das Fleisch intensiver zu nutzen. **Pökelfleisch** war im Sommer bei hohen Temperaturen und großer Trockenheit leicht herzustellen. Das Tier wurde zerteilt, die besten Fleischstücke wurden eingesalzen und an der Luft getrocknet. Schon damals war die Fleischindustrie ein wichtiger Wirtschaftszweig.

Aber erst mit der Entstehung der modernen Konservierung wurde die Viehzucht auch für die Exportwirtschaft interessant. Im uruguayischen Fray Bentos entstand 1859 mit englischem und französischem Kapital die erste richtige Fabrik für **Salz- und Trockenfleisch,** und 1861 führte der deutsche Ingenieur *Georg Giebert* dort das Verfahren zur **Fleischextraktherstellung** von *Liebig* ein. 1864 wurde die „Liebigs Extract of Meat Company Ltd." (LEMCO) gegründet. Das Werk verarbeitete jährlich 100.000 bis 200.000 Rinder. Haut, Hufe, Hörner und Därme wurden verkauft, das Fett und der Talg wurden extrahiert, die Abfälle zu Mehl verarbeitet, das als Viehfutter diente, und das Fleisch wurde zu Extrakt eingekocht. Zwar enthielt dieser Extrakt nicht – wie ursprünglich vermutet – noch die Nährstoffe des frischen Fleisches, aber als Genussmittel war der Fleischextrakt dennoch weltweit ein Erfolg.

1866 gelang es dann erstmals, das Fleisch als **Corned Beef** direkt zu konservieren, und 1877 fuhr erstmals ein Kühlschiff mit **Gefrierfleisch** von Buenos Aires nach Frankreich. Danach entstanden die großen Gefrierfleischfabriken *(frigoríficos)*, und mit der besseren Verwertung des Fleisches wurde auch mehr Wert auf gute und fleischreiche Rinder gelegt.

Die bis dahin frei lebenden und gezüchteten **Criollo-Rinder** wurden uninteressant. Sie waren zu starkknochig und dabei fleischarm, zur Veredelung wurden ab 1860, aber besonders ab 1900 englische Rassetiere der Arten Hereford, Shorthorn und Durham

Fleischtransporter auf Feuerland

eingeführt. Mit anderen Rassen wie Schweizer Braunvieh oder Schwarz-Bunten („Holländer“ genannt) bilden sie auch heute noch die Mehrzahl der Fleischrinder.

Die **Schafzucht** ist heute vorwiegend in Patagonien verbreitet, obwohl sie dort erst Ende des 19. Jahrhunderts eingeführt wurde. 1886 wurden im Süden Patagoniens erst 10.000 Schafe gezählt, im Jahr 1895 waren es bereits 360.000, 1914 rund 4 Mio., 1942 über 8,7 Mio., 1957 mehr als 17,8 Mio. Heute sind es wesentlich weniger, die Überweidung der Steppe und der Verfall der Weltmarktpreise für Wolle und Schaffleisch haben dafür gesorgt, dass es heute nur noch insgesamt 28,5 Mio. Schafe im gesamten Argentinien gibt, davon weiden etwa 40 Prozent in Patagonien.

Die großen Viehzuchtbetriebe werden *Estancia,* eingedeutscht **Estanzia,** genannt. Meist im Zentrum der Estanzia liegt der „casco“, der eigentliche Gutshof. Er besteht aus dem Herrenhaus, einigen Nebengebäuden *(ranchos)* für die Gauchos und Peones sowie Wirtschaftsgebäuden. Größere Estanzias besitzen darüber hinaus noch einige „puestos“. Das sind kleinere Häuser weitab des Herrenhauses, in denen Verwalter, Peones oder Gauchos leben, die sich um die weitab weidenden Herden kümmern.

Diese Estanzias (vgl. entsprechendes Kapitel in „Praktische Tipps A–Z“) entstanden mit der **Einzäunung des Lan-**

a29-147 Foto: gw

Schmeckt wie Frischfleisch

Nachdem das erste Kühlschiff, der Dampfer „Paraguay", mit gefrorenem Rindfleisch aus Argentinien den Atlantik überquert hatte, wurde das Fleisch natürlich gründlich getestet. Die argentinische Nationalregierung ernannte eine besondere Prüfungskommission, die am 2. Oktober 1877 ihr Gutachten ablegte. In diesem wird auch die schwere und verantwortungsvolle Tätigkeit der Prüfungskommission deutlich. Das Gutachten:

„Buenos Aires, 2. Oktober 1877
Sr. Exzellenz, interimistischer Minister des Innern,
Herrn Dr. B. de Irigoyen.
Die Uebereinstimmung der Siegel und der Zeitangaben bezüglich der Ladung in Marseille stellte zuverlässig Herr Gualberto Shoolbred, Angestellter des Ministeriums des Aeußern, fest. Es ergab sich, daß der Aufenthalt des Fleisches in den Gefrierkammern der „Paraguay" 47 Tage betragen hat. Denn laut Zeugnis des argentinischen Vicekonsuls hat das Verladen und Siegeln am 13. August gleichen Jahres stattgefunden.

Wir schritten zugleich zur Untersuchung des Fleisches im Lagerraum. Hier befand sich das Fleisch der Tiere in völliger Konservierung. Sein äußeres Aussehen unterschied sich von dem eines eben geschlachteten Tieres in nichts. Der Zustand des Fleisches ist der eines Steines. Die natürliche Konsistenz nimmt es wieder an, sobald es, je nach Größe des Stückes, einige Stunden an der frischen Luft zugebracht hat. (...)

Wir besichtigten sowohl das Fleisch im Lagerraum, als dasjenige, das zum Zwecke der Prüfung tags zuvor herausgenommen worden war. Nachher lud man uns zu einem Essen ein, in dessen Verlauf wir das nach dem System des „Paraguay" aufbewahrte Fleisch kosten konnten. Es war auf verschiedene Art zubereitet und bot weder im Geschmack noch beim Kauen einen Unterschied gegenüber frischem Fleisch.

Am nächsten Tag wurde dieses Experiment mit demselben Fleisch und demselben Ergebnis an Land wiederholt.

Wir bemerken ausdrücklich, daß wir diese zweite Prüfung unternahmen, um uns zu überzeugen, daß wir uns das erste Mal nicht getäuscht hatten.

Man könnte Fleisch, das nach dem System des „Paraguay" aufbewahrt wurde, Leuten mit dem feinsten Geschmack vorsetzen, und wir sind überzeugt, daß sie es in jeder beliebigen Form als Frischfleisch essen würden. Alle, die Gelegenheit hatten, dieses Fleisch zu genießen, sind derselben Ansicht ...

Mit diesen Ausführungen glauben wir unsere Aufgabe erfüllt zu haben.

gez. Guillermo White
Pedro N. Arata"

a75-388 Foto: gw

des. 1845 umzäunte der Engländer *Richard B. Newton* als erster seine Estanzia mit einem **Drahtzaun,** ab 1860 folgten andere Großgrundbesitzer seinem Beispiel. Ein gutes Geschäft für die internationale Drahtindustrie: Die Argentinier gaben in den letzten 30 Jahren des 19. Jahrhunderts fast 64 Mio. Goldpesos für den Import von Draht aus, aber nur 7,5 Mio. für die Einfuhr von Zuchtvieh. Bereits vor der Umzäunung gab es große Landgüter, allerdings zogen die Viehherden damals relativ ungeordnet durchs Land, und trotz der Brennung der Tiere waren die Eigentumsverhältnisse nicht immer eindeutig geklärt.

Die **Bewirtschaftung der Estanzias** ist extensiv: Je Rind wird in den fruchtbaren Pamparegionen eine Weidefläche von 1,5 Hektar kalkuliert, je Schaf ein halber Hektar, die obligatorischen Pferde zählen nicht. In den unfruchtbareren Gebieten sind diese Zahlen natürlich anders, deshalb werden heute in Patagonien auch Landflächen nicht nach Hektar, sondern danach berechnet, wieviel Schafen sie Nahrung bieten. In manchen Regionen braucht ein Schaf heute allein 6 bis 8 ha.

Eine Estanzia von 1000 bis 2000 ha bedeutete in den 1920er und -30er Jahren **märchenhaften Reichtum:** Eigene Arbeit war nicht nötig, im Winter buchte man einen Platz auf dem Luxusliner und fuhr in das sommerliche Europa, zu Hause hatte man Dienstboten, Arbeiter und Gauchos. Auch heute reicht der Besitz meistens noch zu mehr als bescheidenem Wohlstand.

Zur Bestellung eines 1000-ha-Gutes reichen etwa sechs bis zehn Personen, für Spitzenzeiten werden Saisonarbeiter angeheuert. Die Arbeiter leben gleichfalls am Hof, allerdings nicht im Herrenhaus, sondern in einfachen Nebengebäuden. Der Verdienst ist gering, mehr als der Mindestlohn ist nicht drin. Hinzu kommt die Verpflegung: Alle paar Tage schlachten sich die Arbeiter ein Schaf.

Ohne **Pferde** ist die Bewirtschaftung einer Estanzia undenkbar. Das Pferd ist Arbeitstier, es dient zum Zusammentreiben der Rinder und als Fortbewegungsmittel. Auf vielen Estanzias arbeiten heute **Criollo-Pferde.** Sie sind nicht elegant, eher stämmig. Ihr Temperament ist ruhig, wenig nervös, sie sind daher als ausdauernde Arbeitstiere sehr geschätzt. Sie brauchen keinen Stall und außer der Weide kein zusätzliches Futter.

Die ersten Pferde kamen 1536 mit den Spaniern in die La-Plata-Gegend. Die Criollo-Rasse entstand aus einer Kreuzung von Berber- und Araberpferden; sie war zäh und ausdauernd, arbeits- und genügsam. Später verwilderten die Pferde teilweise, sie dienten den Indianern als Reittier und Nahrungsmittel. Andere europäische Pferdearten kamen hinzu, die Criollos wurden wieder und wieder gekreuzt und verloren dabei die Eigenschaften, die sie ursprünglich so ausgezeichnet hatten. Erst im Jahr 1911 gelang es *Emilio Solanet,* einem Tiermediziner aus Buenos Aires, in Südpatagonien reinrassige Criollos zu finden und wieder zu vermehren.

1925 begann dann der **längste Pferderitt der Geschichte,** ein Beweis für die Kondition und Genügsamkeit dieser Pferde. Der Schweizer Einwanderer *Aimé-Félix Tschiffely* ritt am 23. April 1925 mit seinen beiden 14- und 15-jährigen Criollos „Mancha" und „Gato" in Buenos Aires los. Sein Weg führte ihn in Etappen von 40 km täglich quer durch Argentinien, über die Höhen der Anden, durch Bolivien, Peru, Kolumbien und Mexiko, bis er schließlich am 29. August 1928 die Fifth Avenue in New York erreichte: 15.000 km hatte der Schweizer mit den beiden Pferden in dreieinhalb Jahren zurückgelegt.

Industrie, Bergbau und Energie

Industrie und Bergbau tragen zu rund einem Viertel (inklusive Bauwirtschaft sowie Elektrizität und Wasser) zum Bruttoinlandsprodukt bei. Die Industrie ist recht unterschiedlich über das Land verteilt: Industrielle Ballungszentren sind der Großraum Buenos Aires, dazu kommen die Provinzen Santa Fé, Córdoba und Mendoza. Auch auf Feuerland bemüht man sich, internationale Fertigungsindustrie anzusiedeln, die Insel wurde deshalb zur Freihandelszone mit Steuererleichterungen für die Fabrikation erklärt. Insgesamt arbeitet etwas mehr als ein Drittel aller Beschäftigten in Industriebetrieben.

Bis Mitte der 1970er Jahre hatte die Industrie fast ausschließlich für den **Binnenmarkt** produziert. Ziel war es, die Abhängigkeit von Importen zu verringern. Deshalb wurden auch die Importe mit hohen Steuern belegt, schließlich sollte sich die einheimische Industrie ohne große Konkurrenz entwickeln können. Das Konzept war nur theoretisch erfolgreich, denn in der Praxis standen dem fehlende Investitionen und fehlendes Know-How entgegen. Die argentinische Industrie veraltete mehr und mehr und war immer weniger konkurrenzfähig. 1976 wurde das Konzept schließlich aufgegeben. Seitdem hat sich der Markt für ausländische Produkte zunehmend geöffnet – die klare Folge: Importe verdrängten die einheimischen Produkte, der Anteil der Industrie am Bruttoinlandsprodukt sank zunächst kräftig.

Wichtigster Wachstumsbereich innerhalb der Industrie ist die **Automobilindustrie,** die immer noch Importschutz genießt. Ohne sie würde der industrielle Sektor weitgehend stagnieren. Mehrere internationale Marken haben Fertigungsstätten in Argentinien, allen voran Ford und Chevrolet, aber auch Volkswagen und Daimler-Chrysler.

Insgesamt entwickeln sich die Industriezweige, die für den einheimischen Markt produzieren, besser als die exportorientierten Unternehmen.

Argentinien verfügt über große Mengen, allerdings zumeist unerschlossener, **Bodenschätze.** Die wichtigsten Bergbau-Produkte sind Steinkohle, Eisenerz, Mangan, Kupfer, Zink, Blei und Silber vor allem im Nordwesten des Landes und in Patagonien. Wichtigster Bereich ist die **Erdöl- und**

Erdgasförderung. 1993 begann die argentinische Regierung mit dem Teilverkauf der staatlichen Erdölgesellschaft „Yacimientos Petrolíferos Fiscales“ (YPF). YPF war bis dahin das größte argentinische und viertgrößte lateinamerikanische Unternehmen gewesen. Knapp 60 Prozent der Aktien von YPF wurden an internationalen Börsen verkauft. Argentinien ist in Lateinamerika drittgrößter Erdgaslieferant hinter Venezuela und Mexiko.

Elektrische Energie wird heute v.a. mit Wärme- und Wasserkraftwerken erzeugt. Der Energieverbrauch ist in den letzten Jahren ständig gestiegen. Die meisten Wasserkraftwerke sind Gemeinschaftsunternehmen mit den Nachbarstaaten, das letzte – die Talsperre Yacyretá am Río Paraná bei Posadas – ist ein argentinisch-paraguayisches Projekt.

Argentinien besitzt zurzeit zwei **Atomkraftwerke,** eines davon (Atucha I) hat die deutsche Siemens Kraftwerk Union (KWU) gebaut, ein weiteres (Atucha II) steht seit Jahren auf dem Reißbrett. Geplant ist die Privatisierung der Kraftwerke. Ursprünglich hoffte man auf einen Erlös von fast 1 Mrd. US-$, heute ist man realistischer. Die veralteten Atommeiler sollen nun ein Viertel der Summe erbringen.

Erwerbsstruktur

In Argentinien sind die Grenzen zwischen Arbeit, Gelegenheitsarbeit, der Tätigkeit unbezahlt mithelfender Familienangehöriger und Arbeitslosigkeit fließend. Grund dafür ist die auch hier wie in fast allen Entwicklungsländern verbreitete Unterbeschäftigung. Deshalb sind die statistischen Zahlen über die Erwerbstätigkeit, vor allem die Arbeitslosenzahlen, oft ungenau.

In Argentinien zählen etwa 13 Mio. Menschen zur erwerbstätigen Bevölkerung, etwa 38 Prozent der Gesamtbevölkerung. Die meisten arbeiten in staatlichen oder privaten Dienstleistungsbereichen (etwa 50 Prozent). Im produzierenden Gewerbe sind etwa 20 Prozent aller Berufstätigen aktiv, in der Landwirtschaft 12 Prozent.

Arbeitslosigkeit und Unterbeschäftigung waren schon vor der „Tango-Krise“ hoch und wurden durch diese noch verschärft. Offiziellen Angaben zufolge lag die Arbeitslosenquote im Mai 2002 bei 21 Prozent, unterbeschäftigt waren weitere 18 Prozent; beide Zahlen unterlagen landesweit erheblichen Schwankungen. Zusammengenommen sind also fast 40 Prozent der arbeitsfähigen Bevölkerung von Arbeitslosigkeit und Unterbeschäftigung betroffen.

Argentinien war lange Zeit ein **Einwanderungsland.** Besonders aus den ärmeren Ländern Südamerikas wie Bolivien, Paraguay, im Süden des Landes auch aus Chile kamen legale und illegale Einwanderer, um in Argentinien Arbeit zu finden. Die Zahl der legalen Einwanderer betrug in den 1990ern jährlich etwa 200.000, über die illegale Einwanderung liegen keine Statistiken vor. Heute ist dieser Zustrom weitgehend abgeflaut, stattdessen wandern die Argentinier ab. In der Verzweiflung der Wirtschaftskrise erinnerten sich viele ihrer ursprünglichen Abstammung, kramten alte Urkunden heraus und standen tagelang vor den Konsulaten europäischer Länder Schlange, um einen Pass zu beantragen und ihr Glück anderswo zu versuchen – darunter viele gut ausgebildete Fachkräfte. In den Jahren **2001/2002 verließen** rund **200.000 Argentinier das Land,** damit katapultierte sich das Land an die dritte Stelle der Auswanderungs-Statistik Lateinamerikas, nach Kolumbien und Nicaragua.

Außenhandel

Argentiniens Handelsbilanz hat in den vergangenen Jahrzehnten ein Wechselbad erlebt. Lange Zeit war die Außenhandelspolitik von der Absicht gelenkt, möglichst hohe Exportüberschüsse zu erzielen, um die eingehenden Devisen zur Begleichung der Auslandsschuld zu verwenden. Mit der Öffnung des argentinischen Marktes Anfang der 1990er Jahre stiegen jedoch die Einfuhren, gleichzeitig sanken die Ausfuhren, da durch die künstliche Dollar-Peso-Kopplung argentinische Waren überteuert auf den Weltmarkt gelangten. Im Zuge der Wirtschaftskrise gingen die Importe um 30 Prozent zurück, und das Bild änderte sich schlagartig: Wies die Handelsbilanz 1998 noch ein Defizit von 3,7 Mrd. Dollar aus, so verzeichnete man 2001 bereits einen Überschuss von 6,7 Mrd. Dollar. Die Abwertung des

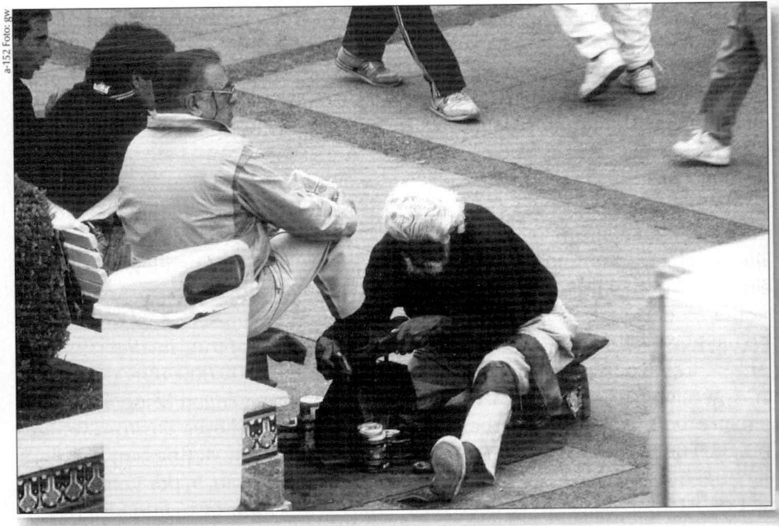

a-152 Foto: gw

Peso Anfang 2002 hat diesen Effekt noch verstärkt.

Die wichtigsten **Einfuhrgüter** sind so genannte Investitionsgüter, denn diese sind seit 1991 von Importsteuern befreit und können zudem subventioniert eingeführt werden. Allerdings werden in den Statistiken auch langlebige Konsumgüter als Investitionsgüter geführt. Ansonsten sind Maschinenbau- und elektronische Erzeugnisse sowie Produkte der chemischen Industrie die Haupteinfuhrgüter. Die wichtigsten **Lieferländer** sind die USA vor dem Mercosur-Partner Brasilien und Deutschland.

Exportiert werden vor allem Landwirtschaftserzeugnisse in unverarbeiteter und verarbeiteter Form, darunter pflanzliche Produkte, Nahrungsmittel, Getränke und Tabak, Tiere und tierische Produkte. Dazu kommen Brennstoffe und mineralische Erzeugnisse. **Haupthandelspartner** ist Brasilien, mit weitem Abstand folgen die USA und die Niederlande, dann Deutschland.

Mercosur

Der **Mercado Común del Cono Sur** – übersetzt „Gemeinsamer Markt des Südens Lateinamerikas“ – stellt ein Abkommen dar, das Anfang der 1990er Jahre zwischen **Argentinien, Brasilien, Paraguay und Uruguay** geschlossen wurde. Ziel ist es, einen **gemeinsamen Markt** zu schaffen, der nach dem Vorbild der Europäischen Union nach außen durch eine einheitliche Zollgrenze geschützt ist. Anfang 1995 fielen die Handelsgrenzen zwischen den einzelnen Ländern weitgehend, insgesamt umfasst der Mercosur nun einen Wirtschaftsraum von etwa 200 Mio. Menschen und ein Bruttosozialprodukt von 700–800 Mio. US-$. Zur Zeit sind die Außenzölle für bestimmte Produkte noch umstritten.

Ähnlich wie die EU will der Mercosur jetzt als Organisation mit anderen Ländern und Wirtschafträumen verhandeln. Das oberste Organ des Mercosur ist die Präsidentenkonferenz, die laufenden Angelegenheiten werden von einer Konferenz von Außen- und Wirtschaftsministern geregelt. Das Sekretariat des Mercosur hat seinen Sitz in der uruguayischen Hauptstadt Montevideo.

Verschuldung

Argentinien ist international **hoch verschuldet.** Ende 2002 betrug die Auslandsschuld rund 150 Mrd. US-$, das sind zwei Drittel des gesamten Bruttoinlandsproduktes. Damit ist das Land hinter Mexiko und Brasilien der drittgrößte Schuldner im gesamten Lateinamerika. Die argentinischen Schulden entsprechen etwa dem 5,5-fachen der gesamten Exportgewinne.

Argentiniens Verschuldungsindikatoren (wie z.B. die absolute Schuldenhöhe und der Schuldendienst) gehörten schon vor der „Tango-Krise“ zu

Schuhputzer in Salta

der schlechtesten in Lateinamerika. Seit die Regierung *Duhalde* Anfang 2002 den Schuldendienst einstellte und die Richtlinien von IWF und Weltbank ignoriert, ist der Ruf des Landes weiter in den Keller gerutscht. Die Umschuldungsverhandlungen mit beiden Kredit-Institutionen wurden zum eisigen Pokerspiel. Anfang 2003 rechnete man damit, dass erst ein neu gewählter Präsident Chancen hätte, zu einer Einigung über Umschuldung und neue Kredite zu kommen.

Informeller Sektor

In allen Ländern Lateinamerikas, so auch in Argentinien, wächst der so genannte informelle Sektor. Neben den klassischen Sparten der Industrie und des Handels entwickeln sich vorwiegend **Dienstleistungen, die nicht in den offiziellen Statistiken auftauchen.** In Klein- und Kleinstunternehmen, oft Ein-Mann-Betriebe, wird ge- und verkauft, ohne Steuerabgabe, ohne Sozial- oder Rentenversicherung.

An den Bahnhöfen in Buenos Aires und der Provinz verkaufen die einen Sonnenbrillen oder Cola-Dosen, die anderen Sandwiches. Ein fast „klassischer" Beruf im informellen Sektor ist der des Schuhputzers; in den reichen Stadtteilen von Buenos Aires, so z.B. in *Recoleta,* sind die Hundeausführer gern und viel gesehen. Zwanzig Hunde gleichzeitig auszuführen und dafür zu sorgen, dass sie sich nicht ineinander verbeißen und keiner unter die Räder kommt, ist schon eine Kunst. Deshalb gehören die Hundeausführer auch zu den besonders gut bezahlten Fachkräften im informellen Sektor, anders als z.B. diejenigen, die für andere vor Behörden Schlange stehen.

In manchen Ländern trägt der informelle Sektor inzwischen mehr zum Bruttoinlandsprodukt bei als die konventionellen Wirtschaftsbereiche. Manche Wirtschaftswissenschaftler, wie der Peruaner *Hernando de Soto,* glauben daher auch, dass in einzelnen Ländern diese „Schattenwirtschaft" der wichtigste Motor der Wirtschaftsentwicklung ist.

In Argentinien hat die Krise eine besondere Form der Parallelökonomie wie Pilze aus dem Boden sprießen lassen: die **Tauschringe.** Das sind offene Clubs, deren Mitglieder Waren und Dienstleistungen nach einem ausgeklügelten Punktesystem austauschen. Geld spielt dabei keine Rolle, die Bonuspunkte übernehmen die Funktion einer internen Währung. Oft werden in großen Hallen oder auf Plätzen Tauschbörsen organisiert, wo jeder etwas anbietet, was er hat oder kann, und die damit erworbenen Bons gegen etwas eintauscht, das er braucht: Haareschneiden gegen Übersetzungen, die Espresso-Maschine gegen Psychiater-Stunden.

Armut

Die Wirtschaftskrise hat die ohnehin prekäre Lage der unteren Bevölkerungsschicht dramatisch verschlimmert und große Teile der Mittelschicht abrutschen lassen. Offiziellen Zahlen zufolge lebte 2002 **mehr als die Hälf-**

te der Bevölkerung (53 Prozent) unterhalb der Armutsgrenze, welche je nach Region mit 168 bis 183 Pesos monatlich angesetzt wird, also rund 50 Dollar. Jeder vierte Argentinier wird sogar als extrem arm *(indigente)* eingestuft: Diese Menschen müssen mit rund 20 Dollar im Monat auskommen. Die Armen sind in den Elendsgebieten der Hauptstadt oder in den Provinzen des Nordens und Nordwestens zu Hause. In Corrientes oder Jujuy stellen sie schon fast 70 Prozent der Bevölkerung. Sie leben vom Müll, betteln auf der Straße und stehen Schlange vor den Suppenküchen von Benefizorganisationen. Krankheiten grassieren, begünstigt von Unterernährung und Vitaminmangel. Im November 2002 geriet die nordwestliche Provinz Tucumán in die internationalen Schlagzeilen, als ein Dutzend Kleinkinder buchstäblich Hungers starb – eine bis vor kurzem für das wohlhabende Argentinien unvorstellbare Meldung.

Bevölkerung

Argentinien hat etwa **36,2 Mio. Einwohner** und ist damit von der Einwohnerzahl her hinter Kolumbien das größte Spanisch sprechende Land Südamerikas. Durchschnittlich leben etwa **13 Menschen auf jedem km²,** in Wirklichkeit ist die Bevölkerungsverteilung aber sehr unterschiedlich: Schließlich wohnen rund 86% aller Argentinier in Städten. Dichtester Ballungsraum ist dabei der Hauptstadtbezirk Buenos Aires, hier drängen sich 13.800 Menschen auf jedem km². In Stadt und Provinz Buenos Aires sind inzwischen fast die Hälfte der Argentinier zu Hause. Dünn sind dagegen die Provinzen Patagoniens besiedelt: In Santa Cruz hat jeder Bewohner mehr als 1 km² Platz, auf Feuerland und in den Provinzen Chubut, Río Negro, La Pampa, La Rioja, San Luis und Neuquén teilen sich ein bis fünf Argentinier 1 km². Insgesamt sind die nördlichen und zentralen Landesteile dichter besiedelt als der Süden.

Das **Bevölkerungswachstum** lag in den letzten Jahren bei etwa **1,1 Prozent,** es wird erwartet, dass es sich weiter verlangsamt. Argentinien zeigt im Altersaufbau der Bevölkerung eine klassische Pyramide mit recht schmaler Basis, es fehlen sowohl der „Bauch", den entwickelte Industriestaaten mit ihrem Überhang in der Altersgruppe von 20 bis 65 Jahren aufweisen, als auch das charakteristische, sehr breite Fundament, das Entwicklungsländer besitzen. Die durchschnittliche **Lebenserwartung** ist im

Verhältnis zu vielen südamerikanischen Ländern hoch. Sie beträgt für Männer 71, für Frauen 78 Jahre (Deutschland 73/79 Jahre).

Volksgruppen/Indigene Völker

Die Masseneinwanderung aus Europa und die Eroberung und Kolonisation des Landes waren entscheidend für die heutige Bevölkerungsstruktur Argentiniens. Über 90 Prozent der Bevölkerug sind nach den offiziellen Statistiken weiß und Nachfahren von Europäern. Die indianische Urbevölkerung wurde hingegen während der Eroberung des Landes weitgehend ausgerottet.

Heute leben noch etwa **450.000 Indígenas** im Land. Die größte Gruppe sind die 170.000 **Kolla** in den Provinzen Salta und Jujuy, gefolgt von den **Mapuche** (90.000) in den Provinzen Neuquén, Río Negro, La Papa, Chubut und Buenos Aires.

Die indianische Bevölkerung lebt heute in Gemeinschaften auf dem Land oder isoliert in den armen Randgebieten der Städte. Sie genießt zwar offiziell die gleichen Bürgerrechte, wird aber **diskriminiert.** Die Indianer, die auf dem Land in Gemeinschaften leben, besitzen zum größten Teil kein eigenes Land. Sie arbeiten als billige Arbeitskräfte auf den Farmen oder den großen Zuckerplantagen.

Indigene Volksgruppen

Ethnie	Provinzen	Bevölkerung
Toba	Chaco, Formosa, Salta, Santa Fé, Buenos Aires	60.000
Pilaga	Formosa	5000
Mocovi	Santa Fé, Chaco	7300
Wichi	Chaco, Salta, Formosa	80.000
Chorote	Salta	900
Chulupi	Salta	1200
Guarani	Misiones	2900
Chiriguano	Salta, Jujuy	21.000
Tapiete	Salta	600
Chane	Salta	1400
Mapuche	Neuquén, Río Negro, La Pampa, Chubut, Buenos Aires	90.000
Tehuelche	Chubut, Santa Cruz, Tierra del Fuego, Catamarca,	1000
Diaguita	Tucumán, La Rioja	5000
Ranquelles	La Pampa	Zahlen unbekannt
Kolla	Jujuy, Salta	170.000

a-158 Foto: kd

Wer mehr über die indianische Urbevölkerung wissen will, sollte sich an **„Mundo Aborigen“** in Córdoba wenden. Die Organisation, die auch Kunstartikel und Literatur vertreibt, unterhält auf der Calle 25 de Mayo 73 im Büro 6 und 7 eine kleine Bibliothek. Sie ist Sa vormittags geöffnet.

Religionen

Etwa **90 Prozent** der Bevölkerung bekennt sich zur **römisch-katholischen Kirche,** die Staatsreligion ist. Die gesetzliche Glaubensfreiheit wird vom Staat durch das Verbot bestimmter Glaubensrichtungen eingeschränkt. Eine Minderheit bilden Protestanten und Juden, in einigen Provinzen auch Gruppen von Muslimen.

Traditionell hat die **katholische geistliche Hierarchie** einen engen und guten Kontakt zur Regierung, sie ist konservativ und versteht sich auch als Hüterin der bestehenden Ordnung. So unterstützte sie zu Teilen sogar die Militärdiktatur. Wie im Frühjahr 1995 bekannt wurde, hatten katholische Priester sogar die Verantwortlichen für die Todesflüge gesegnet, bei denen Militärs politische Gegner aus Flugzeugen ins Meer warfen. Auf der anderen Seite gibt es zahlreiche Priester, die eine „Theologie der Befreiung“ praktizieren, auch ohne die Debatte um den theologischen Hintergrund mit der Staatskirche zu suchen.

Wie sich der Glaube im Alltag auswirkt, ist abhängig von der sozialen Schicht. Ober- und Mittelschicht haben viele Wurzeln in den katholischen Gemeinden, sei es auf konservativer Seite, wo auch katholische Geheimbünde wie das „Opus Dei" sehr aktiv sind, sei es auf der progressiven, wo karitatives Handeln oft der politischen Emanzipation vorangeht. Wieder andere Argentinier haben keine Verbindung zur Kirche, sie sind lediglich katholisch getauft.

Besonders Angehörige der Mittel- und Unterschicht sind empfänglich für **religiöse Mischformen.** So haben sich regionale Mythen und Figuren oder andere Religionen mit katholischen Glaubensvorstellungen gemischt, wie beispielsweise bei der „Difunta Correa" und dem „Fest der Pacha Mama".

Bildung und Soziales

Argentinien hat offiziell eines der besten Bildungssysteme Südamerikas, allerdings kommen nicht alle Argentinier in seinen Genuss. **Regionale Unterschiede** sind beträchtlich. Besonders in den ländlichen Gebieten – egal ob im Nordwesten oder in Patagonien auf dem Land – ist die Infrastruktur eher schlecht, es mangelt an Schulen, an Möglichkeiten, den Schulweg zu organisieren und nicht zuletzt, wegen der schlechten und unsicheren Bezahlung, an Lehrern. Die Schulpflicht reicht vom 6. bis zum 14. Lebensjahr, sie wird aber in ländlichen Regionen nur von der Hälfte aller Kinder und Jugendlichen befolgt.

Das Schulsystem ist zweigeteilt: Es gibt **öffentliche und private Schulen,** der Ausbildungsinhalt ist aber jeweils der gleiche und stark an europäische Vorbilder angelehnt. Privatschulen haben das höhere Prestige, auch weil sie über die bessere Ausstattung verfügen und ihre Lehrer besser bezahlen können. Der Besuch der öffentlichen Schulen ist kostenfrei – die Schüler sind an ihren weißen Schulkitteln zu erkennen. Die **Analphabetenrate** beträgt ungefähr 5 Prozent, in der älteren Bevölkerung etwa 13 Prozent.

Hochschulen sind sowohl staatlich als auch privat organisiert. Die staatlichen klagen zu Recht über fehlende finanzielle Mittel, die guten privaten haben dagegen eine recht gute personelle und technische Ausstattung. Kritiker behaupten, der argentinische Staat habe sich in den letzten Jahren nicht nur aus finanziellen Gründen mehr und mehr aus der Hochschulbildung zurückgezogen, sein Ziel sei gar die vollkommene Entkoppelung von Staat und Universitätsausbildung.

Dank der starken Gewerkschaften gibt es in Argentinien eine weitreichende **Sozialgesetzgebung,** die inzwischen aber zusehends nur auf dem Papier besteht bzw. auch staatlicherseits abgebaut wird. So wurde das Arbeitsrecht in den letzten Jahren immer mehr zu Ungunsten der Arbeiter geändert, und auch die längst überfälligen Rentenanpassungen werden seit langem verweigert.

Das **Gesundheitssystem** ist recht gut ausgebaut, es bestehen allerdings große Unterschiede zwischen den urbanen Zentren und den ländlichen Gebieten.

Verstädterung

Der Verstädterungsprozess in Argentinien kann deutlich anhand von Zahlen belegt werden. Lebten 1970 erst 72 Prozent aller Argentinier in Städten, so sind es heute **über 86 Prozent.** So stieg z.B. die Einwohnerzahl im Großraum von Buenos Aires von 7 Millionen Menschen 1960 auf 11,5 Millionen Einwohner heute.

Durch das schnelle Wachstum haben sich die Städte natürlich stark verändert. Den klassischen **kolonialen Aufbau** (vgl. nächste Seite) findet man nur noch in den Nordwestprovinzen. Inzwischen wurden in vielen Städten Straßen verbreitert und auch diagonale Straßen angelegt, damit der Verkehr bewältigt werden kann. Im Stadtzentrum werden mehr und mehr Hochhäuser gebaut, die Außenbezirke bilden eine Mischung aus einerseits geplanten Großsiedlungen des sozialen Wohnungsbaus und abgeschlossenen reichen Wohnbezirken, andererseits wild wachsenden Elendsvierteln *(villas miserias)*, die spontan entstehen. Provisorische Unterkünfte werden gebaut, dann legalisiert und erweitert. Neu in die Stadt kommende Menschen errichten dann einen neuen Ring von Hütten.

Sozialstruktur und Lebensformen

Der spanische Philosoph **José Ortega y Gasset** lieferte in seinem Essay „Der Mensch in der Defensive" die beste **Charakteristik des Porteños,** des Bewohners von Buenos Aires: *„Der Argentinier lebt hingespannt – nicht auf das, was wirklich sein Leben ausmacht, oder auf das, was er als Person tatsächlich ist – sondern auf eine Vorstellung, die er von sich selber hat. Dieses Bild hat er sich nicht im Laufe seines Daseins in dem oder jenem Zeitpunkt zurechtgemacht, denn so gut er sich am Leben befindet, so findet er sich von allem Anfang an in Gesellschaft einer strahlenden Idee von sich selbst. Es ist keine scharf umrissene Idee, zusammengesetzt aus den oder jenen Attributen; er hält sich nicht für einen großen Gelehrten, einen Apollo, einen Politiker usw. Das wäre schlechthin Eitelkeit. Er weiß nicht recht, wofür er sich hält (...), aber er empfindet Hochachtung vor dieser unscharfen Persönlichkeit, zu der es sein Wesen gebracht hat. Man kommt um den einzigen wirklich streng gefaßten Ausdruck nicht herum: der Argentinier findet Geschmack an sich selbst (...) Es ist mithin natürlich, daß die Kommunikation mit dem Argentinier nicht leicht fällt. Wir suchen sein Inneres, er zeigt uns sein Idealbild, seine „Rolle" vor."*

Das gilt vorwiegend für Buenos Aires, auf dem Land ist es anders. Dort sind die Menschen in der Regel sehr unkompliziert und auch ausgeglichen, während sich Buenos Aires besonders in den Mittelstandsgebieten „rühmt", die weltweit höchste Rate an psychoanalysierten Personen zu haben ...

Die **Mittelschicht** in Buenos Aires entstand während der Industrialisierung Anfang des 20. Jahrhunderts. Sie besteht heute aus Beamten, Ge-

Kolonialer Städtebau

Die klassische spanische Kolonialstadt ist ein Kind der Renaissance. Sie wurde nach dem Schachbrettgrundriss erbaut, den bereits im 5. Jahrhundert v.Chr. *Hippodamus von Milet* entworfen hatte und der den Spaniern durch die Aufzeichnungen des römischen Baumeisters *Vitruvius* bekannt war. 1521 wurde die „General-Instruktion" für den Städtebau entworfen, seitdem war der Schachbrettgrundriss für alle Städtegründungen verpflichtend.

Einzelne quadratische Häuserblöcke gliedern dabei die Stadt. Im Mittelpunkt steht ein unbebauter Block, die Plaza. Sie wird von den wichtigsten öffentlichen Bauten umgeben: Die Kathedrale steht hier, ebenso das Rathaus, der so genannte Cabildo, das Gericht, die Schule, Regierungsgebäude, eventuell auch die Häuser der einflussreichsten Familien.

Die Plaza ist das Zentrum der Stadt, große Städte haben inzwischen mehrere. So ist heute noch zu erkennen, aus wie vielen einzelnen Siedlungskernen eine Stadt zusammengewachsen ist. Die Plaza ist mehr als nur der zentrale Platz mit den Repräsentativbauten. Sie ist das absolute Stadtzentrum, sie ist Flanierort und Treffpunkt. Besonders gut ist das in den kleineren Städten zu beobachten.

Von der Plaza gehen die sich senkrecht kreuzenden Straßenzüge aus, die alle 100 bis 150 m (alle 100 Hausnummern) von Querstraßen unterbrochen werden. Ohne Rücksicht auf die Topografie wurden die Straßenzüge einfach geradeaus gebaut. In Buenos Aires sind diese Straßenzüge auch schon einmal 15 km lang. Mitunter wirken die kolonialen Städte wegen ihrer so gleichförmigen Grundrisse ein wenig langweilig.

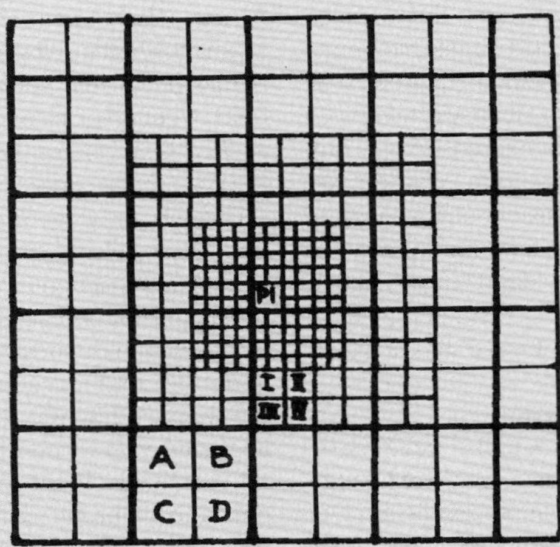

schäftsleuten, kleineren Industriellen, dem so genannten Mittelstand, aus Akademikern, Verkäufern, Künstlern und Intellekuellen und großen Teilen des Militärs. Sie durchlebt – so Beobachter – eine permanente **Identitätskrise:** Sie träumt von Europa, weil sie sich als Einwanderer ohne eigene Geschichte auf dem falschen Kontinent wähnt, sie versucht, den Lebensstil der Oberschicht zu kopieren, ohne das finanziell zu können, sie kämpft andauernd gegen drohenden sozialen Abstieg, immer das Idealbild des Aufsteigers vor Augen, in einer Stadt, die hektisch und konkurrenzbeladen erlebt wird. Gleichzeitig versteht sie sich als Kulturträger und als Initiator neuer Ideen.

Das steht im Gegensatz zur **Oberschicht** – die ist verrufen als bloße Kopie des internationalen Jet-Sets, ohne eigene Klasse, **ohne Kultur nur auf schnelles Vergnügen fixiert.** Das Wichtigste sind hier wirtschaftlicher und gesellschaftlicher Erfolg. Die Oberschicht oder Oligarchie lebt in bestimmten Gebieten der Hauptstadt, vorwiegend im Barrio Norte. Sie verbringt ihre Ferien im Ausland, häufig im uruguayischen Seebad Punta del Este, sie versucht unter sich zu bleiben, selbst im Tod: Die meisten Oberschichtangehörigen werden auf dem Friedhof Recoleta beerdigt. Die Oberschicht – Industrielle, Großgrundbesitzer, Kapitalvertreter, aber auch Fernseh- und Sportstars, hohe Militärs, Politiker und sogar hohe kirchliche Würdenträger – hat einen ausufernden Lebensstil: Geld nutzt nichts, wenn man es einfach nur besitzt, es muss auch demonstrativ ausgegeben werden. Das ist einfach, denn Illustrierte wie „Gente" füllen einen Großteil ihrer Seiten mit Storys, die dieses Verhalten unters Volk streuen.

Da dürfen dann auch die Angehörigen der **Unterschicht** vom Schicksal der Reichen lesen. Zur Unterschicht gehören einfache Arbeiter und Handwerker, auch die Einwanderer aus den armen Nordprovinzen oder den Nachbarländern, die in den „villas miserias", den Elendsvierteln der Hauptstadt, leben. Sie suchen Gelegenheitsarbeiten, auch Kinderarbeit und Prostitution sind üblich. Eine Chance, aus der Marginalität zu entrinnen, gibt es aber praktisch nicht.

Familie, Mann und Frau

Die **Familie** ist auch heute noch für viele Argentinier der wichtigste Bezugspunkt. Selbst in einer Weltstadt wie Buenos Aires leben die meisten Argentinier – männlich wie weiblich – bei ihren Eltern, bis sie heiraten. Die Familie wird bei allen wichtigen Entscheidungen gefragt, sie dient als Rückzugspunkt. In ihr sind die **Rollen streng verteilt:** Hat der Mann außerhalb des Heimes zu bestimmen und besitzt er die Meinungsführerschaft bei allen „großen" Themen wie der internationalen Politik und Wirtschaft, so ist die Mutter – zwar nicht direkt, sondern eher versteckt – bei familiären Dingen die letzte Instanz.

Das **Frauenbild** ist festgelegt: Die Frauen sind zuständig für den Zusammenhalt der Familie, sie haben Mutter der Kinder und Geliebte des Mannes zu sein, schön, gepflegt, modisch und natürlich auch zurückhaltend, eine angenehme Dekoration für die „schwere" Männerwelt.

Diese traditionelle Rollenverteilung wird allmählich, ganz allmählich aufgebrochen. Der Widerstand gegen die Militärdiktatur wurde wesentlich von Frauengruppen getragen – die auch international bekannteste ist die Gruppe der „Madres de la Plaza del Mayo". Dabei erkämpften sie sich auch einen Freiraum außerhalb ihrer traditionellen Rolle. Aber ebenso im Privaten wachsen inzwischen die Möglichkeiten, nicht zuletzt, weil immer mehr Frauen durch eigene Arbeit wirtschaftlich unabhängig geworden sind.

Das klassische Männerbild wird mit einem Wort charakterisiert: **Machismo.** Kraft, Gewalt, Mut, auch Hartherzigkeit und natürlich immer währender sexueller Appetit und sexuelle Potenz sind die klassischen Eigenschaften des Latino-Mannes. Erfolgreiche Argentinier verkörpern dieses Bild auch perfekt: Fußballstar *Diego Armando Maradona* wird nicht nur wegen seiner Tore geliebt, sondern auch wegen seiner machistischen Sprüche, auch Präsident *Carlos Saúl Menem* hat es wohlweislich stets unterlassen, Gerüchten über seine sexuellen Eskapaden entgegenzutreten. Einige Autoren vermuten, dass der Machismo auch hilft, die unvorstellbare politische Repression und Folter während der Militärdiktatur zu erklären (nicht zu entschuldigen): Schließlich seien die Männer von klein auf erzogen worden, menschliche und Mitleidsgefühle zu unterdrücken.

Unter den festgefügten Rollen leiden beide Geschlechter. Ein normaler Umgang miteinander erscheint nur schwer möglich – vielleicht ist auch das ein Grund, warum es in Buenos Aires die meisten psychoanalyisierten Menschen geben soll.

Einwanderung

Als Spanier, die Italienisch sprechen, sich kleiden wie Franzosen und sich selbst für Engländer halten, hat man scherzhaft die Argentinier charakterisiert. Der Witz verweist auf das **Einwandererland** Argentinien, in dem sich verschiedene Kulturen bewahrt und vermischt haben. In der Kurzcharakteristik fehlen allerdings viele, die ebenfalls kamen: die Iren, Waliser und Deutschen, die osteuropäischen Juden, die Muslime aus dem Nahen Osten, die erst in neuerer Zeit gekommenen Koreaner, die Einwanderer aus den Nachbarländern Uruguay, Chile, Paraguay und Bolivien.

Ein Blick zurück: Der Schriftsteller und Politiker *Juan Bautista Alberdi* prägte Mitte des 19. Jahrhunderts die griffige Formel **„gobernar es poblar – poblar con Europeos"** („Regieren heißt bevölkern – und zwar mit Europäern"), die dann zum Leitspruch argentinischer Politik wurde. Nach 1850 setzte die Anwerbung von Auswanderungswilligen ein. Zunächst kamen diese nur zögernd, dann immer mehr; insgesamt belaufen sich die Schätzungen über die Gesamtzahl an Einwan-

Gauchos

„Der Gaucho hat in seinem Charakter die wilde Entschlossenheit und den unabhängigen Sinn der Ureinwohner und zeigt dabei den Anstand, den Stolz, die edle Freimütigkeit und das vornehme, gewandte Betragen des spanischen Caballero. Seine Neigungen ziehen ihn zum Nomadenleben und zu abenteuerlichen Fahrten. Ein Feind jeden Zwanges, ein Verächter des Eigentumes, welches er als eine unnütze Last betrachtet, ist er ein Freund glänzender Kleinigkeiten, welche er sich mit großem Eifer verschafft, aber auch ohne Bedauern wieder verliert." So schreibt *Karl May* über die Gauchos in Uruguay, die er allerdings selbst nie zu Gesicht bekommen hatte. Aber er stellt geschickt alle romantischen Klischees zusammen.

Zeitgenossen und besonders die Estanzieros, die Eigentümer der großen Landgüter, urteilen da anders: „Er ist ein Faulenzer, verdreckt aus Lust am Dreck und grausam von Natur aus. Wir kannten ihn trübsinnig, um nicht zu sagen, er wäre mürrisch und schlecht gelaunt. Auch meinten wir, er wäre lakonisch und introvertiert, aber er war nur ein alberner Ignorant. Nie in seinem Leben hat er gearbeitet, nicht einmal, um sich zu ernähren. Denn reiten, Strauße jagen und Pferde zähmen war für ihn nur ein Vergnügen."

Wo liegt die Wahrheit zwischen den beiden Urteilen? Wahrscheinlich in der Mitte. Der Gaucho war unabhängig, er war Nachfahre von Weißen und den Ureinwohnern, er streifte umher, lebte auch mit den Indianern zusammen, kleidete sich mit Silbergürtel und Silbersporen, war schlecht ausgebildet und ignorierte – und das störte vor allem die Estanzieros – alle Eigentumsbegriffe. Für ihn galten die Zäune auf der Pampa nicht, er nahm sich die Rinder, um zu überleben. Für ihn war das kein Diebstahl: Schon immer hatte er, wenn er hungrig war, Vieh gejagt. Bloß behinderte er so Ende des 19. Jahrhunderts den Aufbau der geregelten Viehzucht auf den Estanzias.

Der argentinische Schrifsteller *José Hernández* (1834–86) setzte dem Gaucho in seinem zweibändigen Werk „El Gaucho Martín Fierro" (1872) und „La vuelta de Martín Fierro" (1879) das bekannteste Denkmal. Sein Held *Martín Fierro* lehnt sich gegen die bürgerliche Ordnung, die Reichen und die Stadtbewohner auf. Eine kurze Textstelle:

„Ich bin ein Gaucho,
und man verstehe doch meine Sprache!
Für mich ist die Welt ja so klein,
könnte sie denn größer sein?
Es beißt mich keine Viper,
und die Sonne verbrennt mir nicht die Stirn.
Ehre ist mir, in Freiheit zu leben,
so wie der Vogel am Himmel.
Ich bau' mir kein Nest auf diesem Boden,
wo es sich nicht lohnt zu leben.
Und so braucht's mir keiner nachzutun,
wenn ich mich wieder erhebe."

Gauchos heute? Eigentlich Fehlanzeige. Stattdessen arbeiten schlecht bezahlte Peones (Knechte) festangestellt auf den großen Estanzias. Sieht man die aber über das weite Land galoppieren, fest im Sattel, den Zigarettenstummel genauso fest im Mundwinkel, vor sich die Rinder und neben sich zwei Hunde, kommen einem doch wieder alle romatischen Gauchoträume in den Sinn.

a-161 Foto: kd

derern zwischen 1850 und 1950 auf etwa **7 bis 9 Mio. Menschen.** Von 1,8 Mio. Menschen 1869 stieg die Einwohnerzahl des Landes auf 7,4 Mio. im Jahr 1914, dann weiter auf 11,2 Mio. 1930 und auf 15,9 Mio. Einwohner 1947. In den ersten Jahrzehnten des 20. Jahrhunderts besaß Argentinien das stärkste relative Bevölkerungswachstum weltweit.

Nicht alle Einwanderer blieben im Land. Viele kamen nur für wenige Jahre, wieder andere pendelten als Saisonarbeiter zwischen Europa und Südamerika. Besonders unter den **Italienern** – sie stellten lange die größte Gruppe an Einwanderern – waren viele so genannte *golondrinas* (Schwalben), die nur für eine Erntesaison kamen oder auch nur für wenige Jahre, um, wie es damals hieß, ihr „Amerika zu machen". Golondrinas werden auch heute noch die Saisonarbeiter aus Bolivien oder Paraguay genannt. Golondrina bedeutet Schwalbe, das männliche Pendant Golondrino allerdings Landstreicher.

Die zweitgrößte Gruppe der Einwanderer stellten die **Spanier,** zahlenmäßig geringer waren hingegen die **Deutschsprachigen** und die **Engländer.** Letztere waren aber wirtschaftlich sehr bedeutsam: Mit britischem Kapital wurde die Grundlage zur Verkehrserschließung und Industralisierung des Landes gelegt. Briten begründeten nicht nur die Eisenbahngesellschaften, sondern auch die Trocken- und Gefrierfleischfabriken.

Die ersten Einwanderer kamen meist als Kolonialisten und bauten die Landwirtschaft in der Pampa auf. Sie begründeten Estanzias im Süden oder pflanzten Baumwolle im Chaco. Spätere Generationen gingen in die Städte und ließen sich als Arbeiter im Bau- und Transportgewerbe, den Fleischfabriken oder anderen Industriebetrieben oder als selbständige Handwerker und Kaufleute nieder.

Gegen Ende des 20. Jahrhunderts kamen vor allem Einwanderer aus den ärmeren Nachbarländern. Viele gingen nach Buenos Aires und schlugen sich dort mehr schlecht als recht in den Elendsvierteln durch. Es waren **Chilenen,** von denen viele im Süden des Landes auf den großen Schafestanzias arbeiten (geschätzte Zahl 250.000), **Paraguayer,** die auch oft in den an Paraguay grenzenden Provinzen blieben (etwa 350.000), und **Bolivianer,** die sich auch als Saisonarbeiter in den Provinzen Salta und Jujuy durchschlagen (ca. 200.000).

Die Deutsch(sprachig)en in Argentinien

Die ersten Deutschsprachigen, die in das Gebiet des heutigen Argentinien kamen, waren Teilnehmer an spanischen und portugiesischen **Entdeckungfahrten,** wie *Hans Varge,* der an der ersten Weltumsegelung von *Magellan* teilnahm, oder *Ulrich Schmidl,* der die Gründung von Buenos Aires miterlebte und später mit den Spaniern nach Asunción ging. Danach kamen **Jesuitenmissionare,** darunter auch der Österreicher *Anton Klemens Sepp von Seppenburg,* der eine schöne

a32-162 Foto: gw

Deutsches Café in Villa General Belgrano

Beschreibung seiner Überfahrt hinterließ. Geplagt von Wanzen, Flöhen und Läusen auf dem Schiff, schrieb er: *„Es nimmt einen nur Wunder, wie dergleichen kleine und schwache Tierlein eine so weite Reise unternehmen können."* Ein anderer bekannter österreichischer Jesuit war *Martin Dobritzhoffer*, besonders wegen seines Buches über die „Abiponer", einen Volksstamm in Nordargentinien. Im **Unabhängigkeitskrieg** kämpfte der östereichische Adlige *Eduard Kailitz Freiherr von Holmberg* auf der Seite der argentinischen Patrioten.

Kamen zunächst nur einzelne Abenteurer, so änderte sich das **1827:** Da wurde die **erste deutsche Siedlung,** die „Chacrita de los Colegiales", in der Provinz Buenos Aires gegründet. Die Siedlung hielt aber nur drei Jahre, die meisten Einwanderer zogen dann in die Stadt und ließen sich dort als Handwerker, als Schuster, Tischler, Klempner und Schneider nieder. 1843 wurden auch die erste deutsche Schule und die erste deutsche Kirchengemeinde gegründet, 1855 folgte der erste deutsche Turnverein, ebenfalls der Gesangsverein „Germania" und 1878 das deutsche Hospital. Früh schon entstanden die ersten **Zeitungen:** Die „La-Plata-Zeitung" 1863 und das „Argentinische Wochenblatt", später „Tageblatt", 1878.

Unter den Einwanderern, die ab Mitte des 19. Jahrhunderts das Land besiedelten, waren viele Deutsche. Sie gründeten ihre eigenen Siedlungen, arbeiteten in der Landwirtschaft, besonders im Ackerbau. Bei argentinischen Politikern waren diese **Kolonisten** hoch angesehen. Der spätere Präsident *Domingo Faustino Sarmiento* lobt 1845 ihre Ordnung, ihren Fleiß und ihre Sauberkeit: *„Bei den Deutschen sind die Häuschen immer angestrichen, der Platz davor wird stets peinlich sauber gehalten und mit Blumen und hübschen Sträuchern geschmückt. Die Einrichtung des Hauses ist einfach, aber sie umfaßt alles Notwendige, das Kupfer- und Zinngeschirr* *blinkt, das Bett ist mit kleinen Vorhängen geschmückt, und die Bewohner befinden sich in dauernder Bewegung und Tätigkeit."*

In Buenos Aires gründete sich 1882 der erste Arbeiterverein „Vorwärts", auf dessen Initiative 1890 erstmals der 1. Mai gefeiert wurde. In seinen Räumlichkeiten wurde auch die Sozialistische Partei Argentiniens im Jahr 1896 gegründet.

Die deutsche Gemeinde spaltete sich mit dem **Machtantritt der Nazis** in Deutschland. Zahlreiche deutsche Juden emigrierten nach Buenos Aires, auch viele verfolgte Künstler, wie *Paul Zech.* Argentinien nahm nahezu die Hälfte aller Deutschen, die nach Lateinamerika emigrierten, auf. Gleichzeitig war das Land der größte Tummelplatz von Nazis in Südamerika. Bereits 1931 hatte sich in Buenos Aires die „Nationalsozialistische Vereinigung Argentinien – Ortsgruppe Buenos Aires" gebildet. Die Nazis hatten Einfluss, sie beherrschten bald die meisten deutschen Vereine und Schulen. Die offizielle Politik ließ sie bis 1938 gewähren – schließlich hatte Argentinien gute Wirtschaftsbeziehungen zu Hitler-Deutschland. Dennoch demonstrierten anlässlich der so genannten „Reichskristallnacht" im November 1938 20.000 Menschen in den Straßen von Buenos Aires gegen den Faschismus. Zentren der **Nazi-Gegnerschaft** waren der Arbeiterverein „Vorwärts" und das „Argentinische Tageblatt", das sich weder durch Klagen noch von Terrorakten oder Anzeigenboykotts von seiner konsequenten Anti-Nazi-Haltung abbringen ließ. Weniger kritisch stand die „La-Plata-Zeitung" Hitler-Deutschland gegenüber.

Argentinien brach am 26. Januar 1944 die diplomatischen Beziehungen zum Dritten Reich ab, erklärte aber erst am 20. März 1945 auf alliierten Druck hin Deutschland den Krieg.

Nach dem Zweiten Weltkrieg kam eine **neue Welle von Deutschen.** Es waren keine Emigranten, die Arbeit suchten, es kamen **hoch gestellte Nazis** auf der Flucht vor den Gerichten. Viele hatten einen Flüchtlingspass des Vatikan, und Argentinien war eines der wenigen Länder, die dieses Papier nach dem Krieg anerkannten. Zudem war Präsident *Perón* der Hitler-Sympathie nicht unverdächtig, und – so *Simon Wiesenthal* – er profitierte auch wirtschaftlich davon: 60 Mio. US-$ für seine Privatschatulle waren der Preis für 7500 neue Identitäten.

So kam **Adolf Eichmann,** der Hauptverantwortliche für die Ermordung von Millionen Juden, nach Buenos Aires, wo er bis 1960 bei Mercedes-Benz arbeitete. Damals spürte ihn der israelische Geheimdienst auf und entführte ihn zur Gerichtsverhandlung nach Israel, wo er zum Tode verurteilt wurde. Der Kriegsheld des Dritten Reiches, der Fliegeroberst **Hans-Ulrich Rudel,** arbeitete für Siemens in Buenos Aires. Erfolgreich – schließlich durfte Siemens für Argentinien Atomkraftwerke bauen. *Goebbels'* Pressechef, **Wilfried von Oven,** wurde Chefredakteur der „Freien Presse", wie sich die „La-Plata-Zeitung" von 1944 an nannte. In Bariloche entdeckte ein US-amerikanischer Journalist 1994 noch zwei alte Nazis: Der ehemalige SS-Offizier **Erich Priebke,** mutmaßlicher Verantwortlicher für ein Massaker in der Nähe von Rom, bei dem 335 Italiener, darunter 70 Juden ermordet wurden, war lange hoch gelobter Präsident des Trägervereins der deutschen Schule in dem Andenort und in dieser Eigenschaft auch diverse Male vom deutschen Botschafter empfangen worden; er wurde im November 1995 an Italien ausgeliefert, dort verurteilt und sitzt in Haft. Der ehemalige Nazi-Agent *Reinhard Kops* lebte unter dem Namen *Juan Maler* in Bariloche und pflegt wohl noch heute Beziehungen zur internationalen Neonazi-Szene.

Den **Zusammenhalt der Deutschsprachigen** untereinander gewährleisten heute viele **Vereine,** wie Turn- und Gesangsvereine, Tanz- und andere Klubs. Wer die entsprechenden Seiten im lesenswerten, liberalen „Argentinischen Tageblatt" aufschlägt, ist erstaunt, wie viele dieser „heimatbewussten" Gesellschaften es gibt. In Argentinien sind die **Feste** der Deutschen beliebt: „Fiestas de cerveza" (Bierfeste) werden hier ebenso bestaunt und als Folklore betrachtet wie in Deutschland Auftritte argentinischer Tangopaare.

Kunst und Kultur

Bildende Kunst

Aus der Zeit **vor der spanischen Eroberung** sind nur wenige Kunstwerke erhalten: so einzelne Keramiken, Handabdrücke in Patagonien (Cueva de las Manos in Santa Cruz) sowie im Nordwesten des Landes Ruinen von Inka-Stützpunkten (Pucarás).

Die frühe Kolonialzeit hinterließ einige schöne Bauten, vor allem im Nordwesten Argentiniens. In den Provinzen Salta und Jujuy stehen die meisten kolonialen Kirchen, später entstand die schöne Kathedrale von Córdoba. Die Ruinen der Jesuiten-Missionen besonders in San Ignacio Mini geben ein eindrucksvolles Zeugnis von der Stilvielfalt und dem Können der Architekten und Bildhauer.

Mit der verstärkten europäischen Einwanderung **nach Ende der Bürgerkriege** wurde auch das künstlerische Leben vielfältiger. Die Architekten verarbeiteten Einflüsse aus Italien, Frankreich und – vorwiegend auf dem Land – auch England. Ab der Jahrhundertwende entwickelte sich das künstlerische Leben vorwiegend in Buenos Aires. Dort entstanden einige große Bauwerke in eklektizistischem Stil, häufig prunkvoll verziert. Das architektonisch wichtigste war das 1908 eröffnete „Teatro Colón".

Die wichtigsten **Maler** waren Mitte des 19. Jahrhunderts *Prilidiano Paz Pueyrredón* (1823–70), der vorwiegend Porträts malte, später dann *Eduardo Sívori* (1847–1918) und *Ernes-*

to de la Cárcova (1866–1927), *Cándido López* (1839–1902). Stark von europäischer Kunst beeinflusst waren der Maler *Martín Malharro* (1865–1911) und der Bildhauer *Rogelio Yrurtia* (1879–1950).

Zwischen den Weltkriegen entwickelte sich ein vielfältiger künstlerischer Austausch mit Europa. Im Jahr 1929 war *Le Corbusier* nach Buenos Aires gekommen. Er gab der funktionalen Architektur einen kräftigen Schub, konnte ihr jedoch nicht zum endgültigen Durchbruch verhelfen. 1929 fand schließlich der „Erste Salon für Moderne Kunst" statt. Einer der führenden Vertreter der Moderne war *Emilio Pettoruti* (1892–1971), der Mitglied einer futuristischen Gruppe in Italien gewesen war. Weniger einzuordnen ist das Werk von *Lino Enea Spilimbergo* (1896–1964). Der bekannteste Maler Argentiniens, *Benito Quinquela Martín* (1890–1977), der immer wieder La Boca, das Hafenviertel von Buenos Aires, und das Leben der Seeleute malte, machte sich ebenfalls in den 1920er und -30er Jahren einen Namen.

Nach dem Zweiten Weltkrieg fand Argentinien schnell Anschluss an die moderne Kunst. Architektur, Malerei und Plastik lebten in den Boomjahren nach dem Krieg auf. Die Kunstszene wurde später aber immer wieder durch die schlechte wirtschaftlich Lage und die fehlenden politischen Freiheiten behindert. Wichtige Künstler waren beispielsweise *Julio Le Parc,* der 1966 auf der Biennale in Venedig den Preis für Malerei erhielt, *Xul Solar, Vincente Forté* und *Roberto Aizenberg.* Einige von ihnen mussten während der Diktaturzeiten im Exil leben.

Namen von aktuellen Künstlern zu nennen, ist schwierig. In Buenos Aires eröffnen jeden Tag unzählige Ausstellungen, ein wichtiger Treffpunkt ist das „Centro Cultural San Martín".

Einer der bekanntesten Zeichner ist *Martín Lavado,* den aber unter diesem Namen kaum jemand kennt. Als **Quino** hingegen ist er nicht nur dank seiner Figur **Mafalda,** einem altklugen Mädchen, berühmt.

Medien

Die regionale **Medienkonzentration** in Argentinien ist fortgeschritten. Die wichtigsten Verlage, Zeitungen, Zeitschriften und Rundfunkstationen befinden sich in Buenos Aires. Der Medienmarkt ist weitgehend privatwirtschaftlich organisiert, eine Zensur existiert zurzeit nicht, allerdings klagen Gewerkschaftsvertreter immer mehr und immer wieder über die Behinderung der journalistischen Arbeit.

Die wichtigsten **Tageszeitungen** erscheinen in der Hauptstadt. Es sind „Clarín" (gegr. 1945, Auflage 480.000, sonntags 750.000) und „La Nación" (1870, 211.000). Als Alternative sieht sich die linksliberale, 1987 gegründete Tageszeitung „Pagina/12", die durch Lokalteile für Córdoba, La Plata, Rosario und andere ihren Leserkreis im Inland zu erweitern versucht.

Die wichtigsten **Zeitschriften** sind die beliebteste Illustrierte „Gente", dann das Nachrichtenmagazin „Noticias", dazu kommen Hunderte von bunten Blättern. Eine Besonderheit ist die sehr beliebte Kinderzeitschrift „Billiken".

Zur Zeit existieren knapp **200 Fernseh- und Radiosender** im gesamten Land. Von den etwa 120 Radiosendern sind etwa die Hälfte privat, von den Fernsehstationen der weitaus größte Teil. Derzeit können zumindest in der Hauptstadt fünf Fernsehsender per Antenne empfangen werden, die beliebtesten sind die Kanäle 13 und 11 (Telefé).

Die meisten Medienunternehmen arbeiten multimedial, sie besitzen neben Zeitungen und Zeitschriften auch elektronische Medien. Insgesamt kontrollieren sechs Unternehmen einen Großteil der Medien. Auch die katholische Kirche besitzt Tageszeitungen, Zeitschriften, sogar Radio- und Fernsehsender.

Theater

Das Theater war in den Anfangsjahren Argentiniens **europäisch geprägt** und fand – wie auch heute noch – **vorwiegend in Buenos Aires** statt. Bis zum „teatro gauchesco" standen fast nur europäische Stücke auf dem Spielplan. Ausnahmen wie die Werke von *Manuel José de Lavardén* (1754–1809), *Juan Cruz Varela* (1794–1839) und *Pedro Echargüe* (1875 oder 1877–1950) bestätigten da eher die Regel.

Einer der ersten Theaterautoren in Buenos Aires war der in Montevideo geborene *Florencio Sánchez* (1875–1910) mit seinen Stücken wie „Mi hijo el doctor" (Mein Sohn, der Herr Doktor) oder „Barranca abajo" (Den Hang hinab). Häufig gespielte Autoren sind heute *Roberto Arlt* (s.u.) und *Roberto Cossa* (*1934), der wie *Germán Rozenmacher* (1936–1971) und *Ricardo Talesnik* (1935) zur „Neuen Realistengeneration" gehört.

Der vielleicht bekannteste Theaterautor ist *Osvaldo Dragún;* er gewann zweimal den renommierten kubanischen Preis der „Casa de las Américas". Seine Werke sind bis heute nicht ins Deutsche übertragen worden.

Die **Theaterszene in Buenos Aires** wird dominiert von den großen kommerziellen Häusern an der Avenida Corrientes. Hier wird viel seichte Unterhaltung im Musical-Stil geboten. Kleine, sog. Off Corrientes-Produktionen leiden an chronischem Geldmangel. Subventioniert werden neben dem Teatro Colón die Theater Cervantes, San Martín und Presidente Alvear. Ein Stück an diesen drei Theatern ist fast immer ein guter Tipp. Unter den Off-Theatern sei vielleicht die in den letzten Jahren erfolgreiche Gruppe *Catalinas Sur* erwähnt, deren Spielstätte im Stadtteil La Boca liegt (siehe unter „Theater" bei Buenos Aires).

Film

Mit „Nobleza Gaucha" (1915, dt. Der Edelmut des Gauchos) nimmt 1915 der kommerzielle Film in Argentinien

Buenos Aires: im Teatro Colón

seinen Anfang. Aber erst in der Nachkriegszeit kommt die argentinische Filmindustrie auf Touren. **Nach 1955** beginnt die Hochphase, eine Zeit, in der man sich wieder auf argentinische Stoffe besinnt und auf Imitate US-amerikanischer Erfolge verzichtet. Führende Vertreter des argentinischen Kinos waren *Pino Solanas,* der Mitte der 1960er Jahre mit *Octavio Getino* die Politfilmbewegung „Kino der Befreiung" gründete und 1976 ins Exil gehen musste. Seine bekanntesten Werke „Tangos: Exilio de Gardel", „Sur" und zuletzt „El Viaje" hatten auch international großen Erfolg. International bekannt wurde auch *Luis Puenzo* mit seinem Werk „La historia oficial" (Die offizielle Geschichte). Der Oscar-gekrönte Film erzählt von einer Lehrerin, die feststellen muss, dass ihr adoptiertes Kind das Kind von Verschwundenen ist, die wahrscheinlich von den Militärs während der Diktatur ermordet wurden. *María Luisa Bembergs* Stoffe hingegen sind vordergründig eher privat. 1981 drehte sie „Momentos": Protagonistin ist die starke Frau, die aus gesellschaftlichen Konventionen ausbricht. Für Aufsehen sorgte 1974 *Héctor Olivera* mit seinem Film „La Patagonia rebelde".

Hauptproblem des argentinischen Kinos ist heute das fehlende Geld. Die großen Kinos von Buenos Aires werden dominiert von internationalen Produktionen, für die einheimischen Filme fehlen die Spielorte und somit

img520 Foto: ab

die Verdienstmöglichkeiten. Dennoch schaffen es die argentinischen Filmemacher immer wieder, mit anspruchsvollen und unterhaltsamen Streifen das kinoversessene argentinische Publikum zu erobern, so *Fabián Bielinsky* mit der hintersinnigen Gaunerklamotte „Nueve Reinas", die 2000 sämtliche Kassenrekorde brach, oder *Juan José Campanella* mit der nachdenklich-sentimentalen Familienkomödie „El hijo de la novia" (2001), die auch für den Oscar nominiert war. Ein viel versprechendes Talent ist *Israel Adrián Caetano,* der mit seinen zeitkritischen Low-Budget-Produktionen „Mundo grúa" (2001) und „El oso rojo" (2002) für Aufsehen sorgte.

Spricht man vom zeitgenössischen argentinischen Kino, dürfen drei gestandene Regisseure zwischen 50 und 60 – die Großen Drei – nicht fehlen: *Eliseo Subiela,* der sich mit sentimentalvertäumten Geschichten wie „Hombre mirando al sudeste" und vor allem „El lado oscuro del corazón" (1992) in die Herzen der Argentinier spielte; *Adolfo Aristaraín,* dessen intime Dramen die Lebenswege der Exilgeneration beleuchten („Un lugar en el mundo", „Martín H" oder sein neuester Film „Lugares comunes"); und ganz vornean **Marcelo Piñeyro,** der wohl produktivste argentinische Filmemacher der letzten zehn Jahre: Er machte sich einen Namen mit „Tango feroz" (1992) und legte mit „Caballos salvajes" (1995), „Cenizas del Paraíso" (1997) und „Plata quemada" (2000) unter die Haut gehende Leinwand-Geschichten vor. Sein neuester Streifen, „Kamchatka" (2002), erzählt von einer Familie, die während der Diktatur verfolgt wurde, und auch hier ist – wie in allen anderen Filmen *Piñeyros* – einer der großen Darsteller des argentinischen Kinos präsent: *Héctor Alterio.*

Musik

Argentinische Musik, das bringt man weltweit vor allem mit den schwermütigen Rhythmen von **Tango** und **Milonga** in Verbindung. An dieser kulturellen „Marke" kommt kaum ein argentinischer Musiker vorbei. Dennoch wäre es ungerecht, die Musik des Landes auf den Tango zu reduzieren. Für all jene, die auf ihrer Argentinien-Reise das eine oder andere Konzert erleben oder ein paar Platten populärer Musiker mit nach Hause nehmen wollen, nachfolgend ein paar Tipps.

In der reichhaltigen Folklore des Landes wurzelt die Musik einiger erstklassiger Sänger, allen voran **Mercedes Sosa,** die Grande Dame der argentinischen Ballade. Die 1935 in Tucumán geborene Sängerin mit der rauchigen Stimme und dem innigen Ausdruck hat viele Lieder lateinamerikanischer Komponisten berühmt gemacht und ist heute aktiv wie eh und je.

Der nächsten Generation gehören **León Gieco** und **Víctor Heredia** an, dem progressiven Rock näher verhaftet der erste, klassischer Liedermacher der zweite – populär ist die Konstellation Sänger mit Gitarre (und Band) allemal, wie auch der stärker am Rock und Jazz orientierte **Pedro Aznar** beweist.

Tango

Der Taxifahrer hört ihn, in Kaufhäusern läuft er, sonntags wird auf der Plaza Dorrego getanzt: Der Tango ist heute in Buenos Aires noch so lebendig wie in den 1930er Jahren, als *Carlos Gardel* seine Triumphe feierte.

Der Tango war die Musik der Vorstädte, der armen Vorstädte. Die Texte waren rüde, geschrieben im Slang, dem Lunfardo. Sie passten in die Atmosphäre der Hafenkneipen oder der Bordelle in La Boca, Sittsamkeit war nicht angesagt. Oft handeln die Lieder von Armut und Verlust, von Streiks, von verlassenen Lieben, und so kann man dem Tangodichter *Enrique Santos Dicépolo* nur zustimmen, der den Tango einmal als „einen traurigen Gedanken, den man auch tanzen kann", bestimmte. Die Unterschichtmusik wurde geadelt, nachdem sie in den Salons von Europa große Triumphe gefeiert hatte. 1907 wurde das erste Tango-Tanzturnier in Paris gegeben. Die europäische Oberschicht war begeistert, in Folge auch die am Río de la Plata.

Gespielt wurde der Tango zunächst mit Flöte, Gitarre und Geige, später kam das Klavier hinzu. Schließlich das Bandoneon, eine Knopfharmonika, die der Krefelder *Hans Band* (1821–60) um 1845 erfunden hatte; es gab dem Tango seinen unverwechselbaren Klang.

Wo der Tango erfunden wurde, ist umstritten. Die Argentinier behaupten (wohl zu Recht) in Buenos Aires, die Uruguayer in Montevideo. Genauso wenig können sich Argentinien und Uruguay darüber einigen, welcher Staatsangehörigkeit der berühmteste Sänger des Tango, *Carlos Gardel,* war. Er wurde in Frankreich geboren, aber auf dem Friedhof von La Chacarita in Buenos Aires beerdigt.

Nachdem der Tango populär geworden war, änderte er sich: Die Tanzschritte wurden dem gehobenen Niveau angemessener, die sexuellen Anspielungen weniger. Musiker wie *Carlos Gardel, Ignacio Garsini, Enrique Santos Discépolo, Rosita Quiroga* und *Tita Merello* waren die Helden des traditionellen Tangos in den 1920er und -30er Jahren. Neuerungen im Tango brachten dann die 1950er Jahre. Zunächst *Astor Piazzolla,* dann auch andere, verknüpften den Tango mit moderner Klassik, mit Jazz- oder auch Rockklängen.

Von dieser Generation lebt heute noch der berühmte Komponist und Pianist *Horacio Salgán.* Fast 90 Jahre alt, kann man ihn hin und wieder noch bei Auftritten erleben.

Des Spanischen mächtige Tango-Fans können auf den folgenden Websites mehr über die aktuelle Szene erfahren:

- www.tangodata.com.ar – Veranstaltungskalender
- www.detangueros.com.ar – neue Platten, Tanzclubs, Künstler
- www.clubdetango.com.ar – Verkauf von Platten, Büchern, Partituren etc.
- www.cosmotango.com – Tango lernen von A bis Z

arg4-165 Foto: gw

a31-154 Foto: gw

Wallfahrtsstätte Difunta Correa

Die Übergänge zur Rockmusik sind fließend. Bestes Beispiel ist vielleicht **Charly García,** die schillerndste Figur des argentinischen Rock. Der 1951 geborene Musiker sorgte Anfang der 1970er Jahre mit seiner Band Sui Generis für Aufsehen, seither spielt er mit wechselnden Formationen. *García* verbindet Folk- und Rockmusik mit zeitkritischen, provokativen Texten. Vom Publikum wegen seiner Respektlosigkeit verehrt, gerät *García* immer wieder mit Skandalen in die Schlagzeilen: Er beschimpft Politiker und Journalisten, zertrümmert Gitarren und Hotelmobiliar, erscheint nicht zum Konzert oder singt ein Lied und geht.

Weniger provokant, aber kaum weniger populär ist **Fito Páez** (geb. 1963). Seine Musik liegt ebenfalls im Grenzbereich zwischen Lied und Rock, seine Texte kreisen um die Liebe und triefen teilweise vor Schmalz, aber immer schafft er es, kurz vor dem Kitsch die Kurve zu kriegen. Mehr in Richtung Pop geht **Gustavo Cerati,** der nach der Auflösung seiner erfolgreichen Band Soda Stereo als Solist auftritt. Seichter geht es auch bei den **Fabulosos Cadillacs** zu, die eingängigen Gitarrenpop produzieren. Hardrock mit Folklore-Einflüssen kann man von der Band **Divididos** hören.

Zwei Künstler der E-Musik dürfen hier nicht fehlen. Da ist zum einen **Daniel Barenboim,** einer der großen zeitgenössischen Orchesterleiter. Der 1942 in Buenos Aires geborene Sohn russisch-jüdischer Einwanderer ist Chefdirigent der Deutschen Staatsoper Berlin und des Chicago Symphony Orchestra. Zum anderen ist **Dario Volonte** zu nennen, ein 35-jähriger Operntenor, der in jüngster Zeit von sich reden macht.

Literatur

Während der spanischen Kolonialzeit entwickelte sich in Argentinien kein eigener literarischer Stil, und auch nach der Unabhängigkeit blieb die argentinische Literatur lange **europäischen Vorbildern**, vor allem aus Frankreich, verpflichtet. Das beruhte vorwiegend auf den Literaturschaffenden – für die meisten argentinischen Schriftsteller ist, zugespitzt formuliert, auch heute noch Europa der Kontinent, auf dem sie sich eher heimisch fühlen und ihre Vorbilder finden.

Einer der ersten, der dagegen einheimische Themen aufnahm, war der Uruguayer *Bartolomé Hidalgo* (1788–1822), der ab 1818 in Argentinien lebte. Er war Initiator der **gauchesken Dichtung** in den La-Plata-Staaten, die dann mit dem **Versepos „Martín Fierro"** (1872) von **José Hernández** (1834–86) ihren Höhepunkt fand. Hier mischt sich Romantisches und Realistisch-Sozialkritisches: Einerseits wird das freie Gaucholeben propagiert, andererseits auf die Veränderung der Lebensumstände und die Belastungen der Landbevölkerung hingewiesen. Das Versepos ist eine Anklage gegen die Verachtung der Gauchos und die Überbetonung der städtischen Zivilisation, wie sie beispielsweise Domingo Faustino Sarmiento betrieb (s.u.), gleichzeitig ist es aber auch ein ästhetisches Modell: Es knüpft unmittelbar an die Volkspoesie und Volkssprache an und verneigt sich nicht vor europäischen Vorbildern. Der „Martín Fierro" hatte viele Nachfolger, das Nationalepos wurde in den 1920er Jahren vor allem für die sog. *Martínfierristas* – einen Schriftstellerkreis um *Borges* und die Zeitschrift „Martín Fierro" – zu einem Symbol gegen verstaubte Traditionen der Stadt.

Stärker europäischen Vorstellungen verpflichtet waren *José Mármol* (1817–71) und *Esteban Echeverría* (1805–51) und vor allem **Domingo Faustino Sarmiento** (1811–88), der in „Vida de Juan Facundo Quiroga" (1845, dt. Facundo Quiroga oder Zivilisation oder Barbarei) die verfeinerte städtische Zivilisation gegen die Kulturfeindlichkeit und blutrünstige Wildheit der Pampa stellt. *Sarmiento* berichtet teilweise selbst Erlebtes: Er musste vor dem Provinz-Caudillo *Quiroga* ins Exil flüchten und konnte erst nach dem Sieg über den Diktator *Rosas* wieder nach Argentinien zurückkehren.

1893 begann mit der Ankunft des ursprünglich aus Nicaragua stammenden *Rubén Darío* (1867–1896) auch in Argentinien der **Modernismo.** *Darío* wandte sich gegen die prosaisch-nüchterne und realistische Literatur des 19. Jahrhunderts und arbeitete stattdessen sehr subjektivistisch. Für Argentinien ist besonders der Lyriker *Leopoldo Lugones* (1874–1928) als Anhänger dieser Richtung zu nennen.

In den 1920er Jahren wurde zunächst der **Ultraismo** bekannt. Er enstand um *Jorge Luis Borges* (1899–1986), der 1921 aus Spanien zurückgekehrt war, sich aber später davon löste. Als Gegenrichtung etabliert sich der **„Grupo de Boedo"**, schon im Namen das Programm tragend. Denn die Ultraismo-Anhänger wurden auch „Grupo de Florida" genannt, nach der Einkaufsstraße im Zentrum von Buenos Aires, und in Opposition dazu nannten sich die sozialkritischeren Dichter der Boedo-Gruppe nach einer Straße in einem Arbeiterviertel. Ihr gehörten u.a. *Leónidas Barletta* (1902–75) und *Elías Castelnuovo* (1893–1982) an. Zu ihrem Umkreis zählte auch **Roberto Arlt** (1900–42), der den **Lunfardo-Slang** der Hauptstadt literaturfähig machte. Er glaubte – anders als die Mitglieder der Boedo-Gruppe – nicht an gesellschaftlichen Fortschritt: *„Die Menschen gleichen eher Monstren, die in der Finsternis herumwaten, als den leuchtenden Engeln der alten Geschichten."*

Arlt hat viele Autoren beeinflusst, besonders der späteren Generation, da seine Rezeption erst ab den 1950er Jahren intensiver begann. Zu diesen Autoren gehören *Antonio Di Benedetto* (1922–86), *Héctor Alvarez Murena* (1923–75) und David Viñas (*1929). Die beiden letztgenannten zählten auch zum Umfeld der **Literaturzeitschrift „Sur"**, die von 1931–1980 erschien. Sie wurde von *Victoria Ocampo* (1890–1974) herausgegeben. Ihre Schwester *Silvina Ocampo* (*1903) ist als Lyrikerin hervorgetreten. Ihr Mann **Adolfo Bioy Casares** (*1914) ist ebenfalls einer der Großen der argentinischen Literatur, blieb aber immer ein wenig im Schatten von Borges, mit dem er gemeinsam zahlreiche Erzählungen (v.a. Kriminalparodien) verfasste. **Osvaldo Soriano** (*1943) ist einer der bekanntesten zeitgenössischen Autoren. Viele seiner Romane wurden auch verfilmt.

Eine ganze Generation von Autoren musste während der letzten **Militärdiktatur** das Land verlassen. Andere schafften es nicht mehr, sie wurden verschleppt und ermordet, darunter: *Miguel Angel Bustos* (*1933, am 30.05.1976 verschleppt), *Haroldo Conti* (*1925, am 05.05.1976 verschleppt, 1977 ermordet), *Francisco Urondo* (*1930, 1976 im Kampf gegen die Militärdiktatur gefallen), *Rodolfo Jorge Walsh* (*1927, am 25.03.1977 verschleppt und ermordet).

Einzelne Autoren lassen sich weniger in das ganze Beziehungsgeflecht der Literaten einsortieren. Es sind Schriftsteller wie das große „Dreigestirn" *Jorge Luis Borges, Julio Cortázar, Ernesto Sábato* oder auch ein Autor wie *Manuel Puig.*

Jorge Luis Borges (1899–1986) ist einer der bedeutendsten Lyriker, Erzähler und Essayisten des 20. Jahrhunderts. Verblüffend ist seine ungeheure Bildung: Er verarbeitet die Mythologie von Buenos Aires und der argentinischen Geschichte ebenso wie altgermanische Dichter und Helden, die antike Mythologie, die klassische idealistische Philosophie genauso wie die Weltliteratur oder die Muster der Kriminalerzählung. Schlüsselsymbole von *Borges* Texten sind Bibliothek, Spiegel, Labyrinth, Doppelgänger – alles ist mehrdeutig, das Imaginäre ist ein wesentlicher Teil der Realität. Auf deutsch erschienen seine Werke im Fischer Verlag, hervorzuheben sind als Einführung die Erzählbände „Das Aleph" und „Fiktionen".

Julio Cortázar (1914–1984) begann erst spät zu schreiben. Bis 1946 arbeitete er als Lehrer, 1951 ging er nach Paris, und erst 1960 veröffentlichte er seinen ersten Roman: „Los Premios" (dt. Die Gewinner, 1966), eine vielschichtige Satire auf die argentinische Gesellschaft. Sein Hauptwerk ist „Rayuela" (1963, dt. 1981), ein schon formal einzigartiges Buch. Die 157 Kapitel bieten mehrere Lesarten. Einmal der normalen Reihenfolge entsprechend von Kapitel 1 bis 56, dann können – so der Autor im Vorwort – die anderen Kapitel weggelassen werden. Eine andere Kapitelfolge verweist immer wieder auf die Entstehung des fiktiven Werkes und thematisiert somit die Romanentstehung selbst. Berühmt ist *Cortázar* auch für seine Erzählungen, über die der chilenische Dichter *Neruda* urteilte: *„Wer sie nicht liest, ist verloren. Sie nicht zu lesen ist ein schwere, schleichende Krankheit, die mit der Zeit schreckliche Folgen haben kann. Ähnlich wie jemand, der nie einen Pfirsich gekostet hat. Er würde langsam melancholisch werden und immer blasser, und vielleicht würden ihm nach und nach die Haare ausfallen."* *Cortázars* Werke sind auf deutsch im Suhrkamp Verlag erschienen, mit Ausnahme von „Nicaragua, so gewaltsam zärtlich" (Peter Hammer Verlag).

Ernesto Sábato (*1911) ist vor allem als Herausgeber des Abschlussberichtes „Nunca más" (1986, dt. Nie wieder, 1987) der staatlichen Kommission über die Dokumentation der Menschenrechtsverletzungen während der Militärdiktatur bekannt. So wird oft übersehen, dass er vorher mit „El túnel" (1948, dt. Maria oder die Geschichte eines Verbechens, 1976), mit „Sobre héroes y tumbas" (1961, dt. Über Helden und Gräber, 1967) und „Abbadón" (1974, dt. Abbadón, 1974) drei weithin beachtete Romane vorgelegt hat. *Sábato* ist auch als Essayist hervorgetreten, allerdings hierbei in Argentinien umstritten. Seine Werke sind auf Deutsch als Taschenbücher bei Ullstein erschienen.

Manuel Puig (1932–1990) wurde besonders durch die Verfilmung eines seiner Romane bekannt: „El beso de la mujer araña" (1976, dt. Der Kuss der Spinnenfrau, 1979) war ein internationaler Erfolg. Zur Regierungszeit *Isabel Peróns* reden ein politischer Aktionist und ein Homosexueller über ihre Situation und ihr Leben, während sie im Gefängnis sitzen. Das stilistisch Besondere an diesem, wie an fast allen Werken *Puigs* ist, dass es vollständig ohne Erzähler auskommt. Die gesamte Handlung wird im Dia- oder Monolog entwickelt, in Gedankengängen der Helden und in ihrer jeweiligen Sprache oder in Ausschnitten aus Artikeln, Radiosendungen etc. Andere Werke von *Puig* sind (Auswahl): „La traición de Rita Hayworth" (1968, neu 1976, dt. Verraten von Rita Hayworth, 1976), „Boquitas pintadas" (1969, dt. Der schönste Tango der Welt), „Sangre de amor correspondido" (1982, dt. Herzblut erwiderter Liebe, 1986). Die deutschen Übersetzungen sind im Suhrkamp Verlag erschienen.

Eine gute **Auswahl an (Taschenbuch-) Bänden,** die das breite Spektrum argentinischer (und auch uruguayischer) Literatur zeigen, sind „Argentinien erzählt" (Fischer Taschenbuch, Frankfurt) und „21 Erzähler vom Río de la Plata" (Verlag Volk und Welt, Berlin).

Sport

Ganz einfach: Die **beliebteste Sportart ist Fußball.** Zwar gibt es auch schichtenspezifische Unterschiede: Die Oberschicht kann sich auch durchaus für Polo oder Pato begeistern, zwei aufwendige Pferdesportarten. Beim **Polo** wird der Ball mit einem Schläger vom Pony aus in Richtung eines Tores getrieben, beim **Pato** muss ein mit Griffen versehener Ball ebenfalls vom Pferd aus in einen Korb geworfen werden – eine Art Basketball zu Pferde. Dann ist dank (früher) *Guillermo Vilas* und *Gabriela Sabatini* und (heute) *Guillermo Cañas* und *David Nalbandian* der **Tennissport** noch ziemlich populär, ebenso wie der **Autorennsport** wegen der historischen Erfolge von *Juan Manuel Fangio* und *Carlos Reutemann.*

1978 und **1986** wurde die argentinische Fußballnationalmannschaft **Weltmeister.** Im eigenen Land gewannen sie 1978 das Endspiel gegen Holland mit 3:1, angetrieben von Spielmacher *Mario Kempes.* 1986 siegten sie in Mexiko im Endspiel gegen Deutschland mit 3:2. Damals war **Diego Armando Maradona** der Held des Turniers, auch wegen seiner beiden Tore gegen England. Das erste erzielte er regelwidrig mit der Hand – mit der „Hand Gottes", wie er anschließend formulierte. Das zweite regelgerecht, und zwar in einer Art und Weise, dass Fußballfans heute noch bei der bloßen Erinnerung ins Schwärmen kommen: Am eigenen Strafraum wird er angespielt und marschiert von dort los, lässt ein halbes Dutzend Engländer wie Slalomstangen stehen und schiebt den Ball an Torhüter *Peter Shilton* vorbei ins Netz. So schön, dass es gar nicht genug Wiederholungen geben kann. Wie sagte *Cesar Luis Menotti,* der argentinische Trainer, der Maradona als 17-jährigen Nachwuchsspieler erstmals in die Nationalmannschaft holt, später über ihn: *„Auf dem Rasen ist Maradona die genetische Synthese des Fußballs in all seiner Brillanz."* Das mag freilich kaum noch glauben, wer *Maradona* heute sieht: Aufgedunsen und vom Drogenkonsum gezeichnet, gibt er nur noch ein trauriges Spektakel ab. Überhaupt scheinen die Glanzzeiten des argentinischen Fußballs vorerst vorbei: Bei der WM 2002 schied die Nationalmannschaft erstmals seit langem schon in der Vorrunde aus.

Die beiden wichtigsten Klubs des Landes sind **Boca Juniors** und **River Plate,** beide aus Buenos Aires. Der Besuch eines Spieles der Rivalen gegeneinander kann gefährlich sein, denn die beiden Klubs verfügen über die größten „Barras bravas", den jeweils harten Kern von Fans. Zwischen den „Barras bravas" von Boca und River Plate werden Meinungsverschiedenheiten auch schon einmal mit Messern und Schusswaffen ausgetragen ...

Unterwegs in Argentinien

Buenos Aires ⇗XIII,C2

„Buenos Aires es horrible de fea" – „Buenos Aires ist atemberaubend hässlich", schrieb *Jorge Luis Borges,* und der Architekt *José María Peña* antwortete darauf: *„Lo que pasa es que Borges era ciego"* – „Fakt ist, dass Borges blind war".

Buenos Aires polarisiert auch die Besucher. Die einen leben auf in der **Großstadthektik,** genießen die langen Nächte auf der Avenida Corrientes, das **riesige kulturelle Angebot** mit Konzerten zu jeder Tages- und Nachtzeit. Die anderen stöhnen über den Lärm und Krach der 18.000 Autobusse, 40.000 Taxis und ungezählten Privatwagen und über den Taxifahrer, der stolz erzählt, dass in Buenos Aires der Verkehr am schlimmsten sei, weltweit natürlich. Sie sehen die Polarisierung zwischen Arm und Reich, auch die abbröckelnde Schönheit der Architektur, das oft sehr arme Leben auf den Straßen und Plätzen.

Neugierig auf Großstadt muss man schon sein, soll einem die argentinische Hauptstadt gefallen. Dann versteht man auch den Stolz, den die meisten **„Porteños"** (Hafenstadtbewohner, abgeleitet von Puerto = Hafen) haben – „Buenos Aires ist Argentinien", sagen sie nicht ganz zu Unrecht: Immerhin lebt inzwischen jeder dritte Argentinier, insgesamt fast 12 Millionen, im Großraum der Hauptstadt, davon **2,8 Millionen** Menschen in der eigentlichen Capital Federal Buenos Aires.

Der erste Eindruck verblüfft die meisten Besucher: Wie eine lateinamerikanische Hauptstadt sieht Buenos Aires im Zentrum nicht aus. Man fühlt sich an **Südeuropa,** aber auch an Paris erinnert; es gibt Plätze mit Denkmälern, Straßencafés, platanengesäumte Straßen, hohe Häuser mit schmiedeeisernen Balkonen aus der Zeit der Jahrhundertwende. Wie kaum eine andere Stadt Lateinamerikas wurde Buenos Aires von den **europäischen Einwanderern** geprägt. Die Architektur mischt fröhlich Elemente aus allen europäischen Ländern, genauso wie die Speisekarte der meisten Restaurants.

Aber die **lateinamerikanische Realität** lässt sich nicht verleugnen, auch wenn viele Porteños sie nicht wahrhaben wollen. Heute lebt im Großraum der Stadt jeder zweite unterhalb der Armutsgrenze. Im Stadtzentrum fallen sie nicht so stark auf, aber die Hauptstadt ist umgeben von einem ständig wachsenden Ring von Siedlungen, in die sich kein Tourist verirrt, besser auch nicht verirren sollte. Diese **villas miserias** bestehen vorwiegend aus Blech- und Bretterhütten, die Häuser besitzen weder Strom noch Wasseranschluss, die meisten Bewohner dort sind arbeitslos oder unterbeschäftigt.

Geschichte

Die **erste Gründung** von Buenos Aires erfolgte **1536,** als eine Expedition *Pedro de Mendozas* am Küstenstreifen des Río de la Plata an Land ging, angeblich dort, wo sich heute der Park Lezama befindet. Diese spanische Expedition war sehr groß, 1600 Menschen, und sie war zu spät gekommen: Der Zeitpunkt für das Anpflanzen von Getreide war vorüber, und so zwangen die Spanier die dort lebenden Indianer, sie mit Nahrung zu versorgen. Die wehrten sich, Kriege und Hunger rafften bald zwei Drittel der Europäer dahin. Über das harte Leben der ersten Siedler berichtete ein Deutscher. Der Landsknecht *Ulrich Schmidl* ließ seine Erlebnisse nach seiner Rückkehr aufschreiben und drucken: *„Die Lage war fürchterlich ... nicht nur, daß wir Ratten, Mäuse, Schlangen oder Insekten essen mußten. Wir mußten unsere Schuhe und Leder und alles mögliche verzehren."* Die spanische Expedition rettete sich ins Landesinnere, fuhr den Paraná hinauf und ließ die Siedlung mit dem prunkvollen Namen **Puerto Nuestra Señora Santa María de Buen Aire** zurück, die im Jahr 1541 dann vollständig von Indianern zerstört wurde.

Die **zweite Gründung 1580** unter **Juan de Garay** war erfolgreicher. die Siedlung musste nicht wieder aufgegeben werden. Sie dümpelte aber die nächsten beiden Jahrhunderte nur so dahin, abgeschnitten von allen Handelswegen, lediglich mit den Portugiesen vom anderen Ufer des Río de la Plata wurde ein wenig **Schmuggel** getrieben. Der war auch für das weitere Wachstum der Stadt verantwortlich.

Nachdem Buenos Aires im Jahr 1776 **Hauptstadt des Vizekönigreiches Río de la Plata** geworden war, kam es zu einem Aufschwung. Um

1780 hatte die Stadt bereits 25.000 Einwoher, dicht besiedelt war das Gebiet im Umkreis von einem Kilometer um die Plaza de Mayo, im Süden davon lagen die reichen Viertel, im Westen die armen. Die Stadt wuchs und wuchs und hatte knapp hundert Jahre später mehr als 200.000 Bewohner (1870). Schließlich war ab 1857 die Eisenbahn gebaut worden, die Buenos Aires – seit 1861 auch offiziell Hauptstadt – mit dem Hinterland verband. Mit der Bedeutung des Hafens und der Fleischverarbeitung entstanden **neue Stadtviertel:** La Boca am Hafen, Barracas um die Fleischfabriken. 1871 veränderte die Gelbfieberepidemie das Stadtbild: Aus den am stärksten betroffenen Vierteln im Süden zogen die Reichen weg, sie gingen in den Norden, nach Belgrano und Flores. Zur Wende vom 19. zum 20. Jahrhundert war Buenos Aires die größte Stadt Lateinamerikas mit einer Bevölkerung von mehr als einer Million Menschen.

Rinderzucht und -export machten die Stadt reich. Prachtstraßen entstanden nach Plan, ungeplant hingegen wucherten die Industriebauten und die ärmeren Viertel. In den 30er und 40er Jahren des 20. Jahrhunderts wurde das Zentrum modernisiert, nach dem Zweiten Weltkrieg wurden im Stadtkern immer mehr Hochäuser, in den letzten Jahren mehr und mehr schicke Einkaufspassagen gebaut.

Buenos Aires heute

Die größte Stadt Lateinamerikas ist Buenos Aires nicht mehr – Mexiko-Stadt und Sao Paulo haben ihr längst den Rang abgelaufen. Aber Buenos Aires ist das unbestrittene **Zentrum Argentiniens** und eine der wichtigsten **Kulturmetropolen** Lateinamerikas. Die Stadt ist Sitz von Parlament und Regierung, aller wichtigen Verwaltungsstellen und der Börse. Hier finden sich etwa ein Drittel aller argentinischen Industriebetriebe, die meisten Hochschulen, der größte Export- und Flughafen des Landes; selbst das Straßennetz Argentiniens ist weitgehend auf die Hauptstadt ausgerichtet.

Unterwegs in Buenos Aires

Orientierung

Buenos Aires ist zwar Hafenstadt, lebt aber mit dem Rücken zum Río de la Plata. Das Stadtzentrum ist überschaubar, die **Orientierung ist recht einfach.** Die meisten Sehenswürdigkeiten lassen sich zu Fuß erkunden, ansonsten hilft die U-Bahn weiter.

Der **Stadtplan der Metropole ist regelmäßig,** die Straßen stoßen nach dem klassischen Kolonialstadtplan rechtwinklig aufeinander; Ausnahmen finden sich dort, wo unterschiedlich ausgerichtete Viertel aufeinander treffen, und in der Innenstadt bilden die beiden Diagonalen, die Av. Roque Sáenz Peña („Diagonal Norte") und die Av. Pres. J. A. Roca („Diagonal Sur") zwei Sonderfälle. Jeder Block zwischen zwei Straßen hat immer genau hundert Hausnummern, egal wieviel Häuser dort in Wirklichkeit stehen. Bei den Straßen in Ost-West-Richtung beginnt die Zählung an der Uferstra-

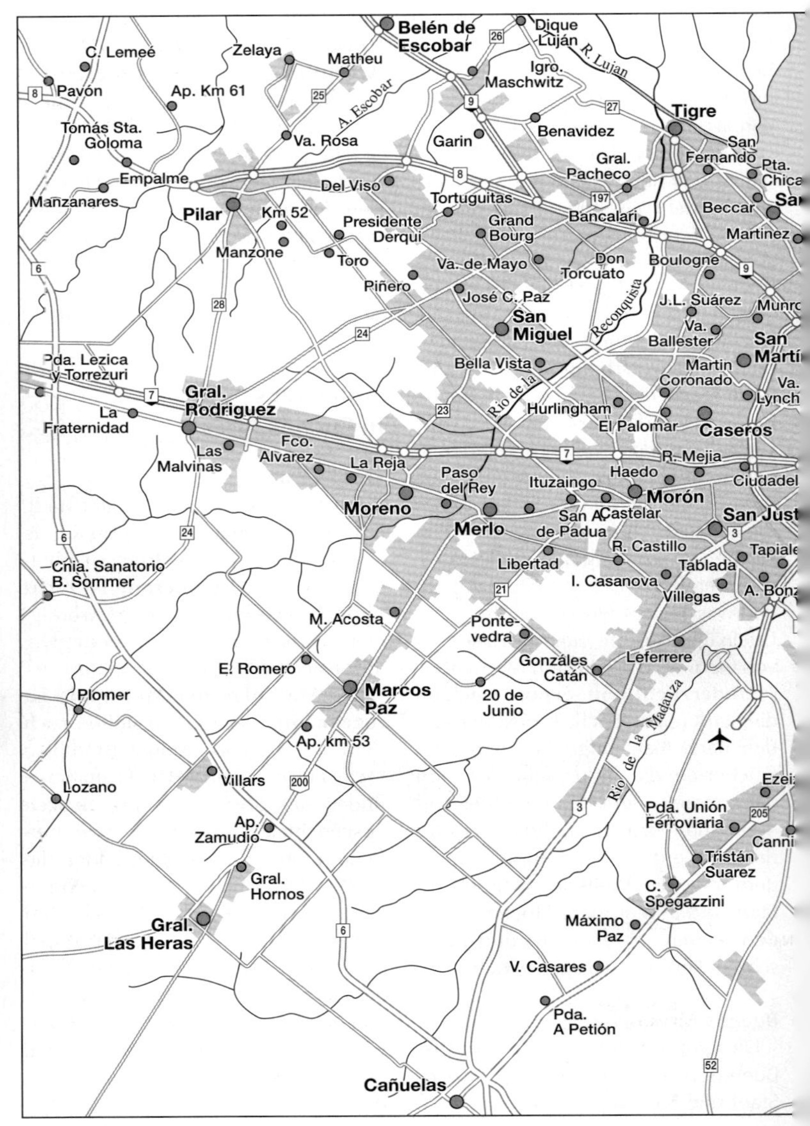

Belén de Escobar
Dique Luján
R. Lujan
C. Lemeé
Zelaya
Matheu
Igro. Maschwitz
Pavón
Ap. Km 61
A. Escobar
Tigre
Tomás Sta. Goloma
Va. Rosa
Garin
Benavidez
San Fernando
Pta. Chica
Empalme
Del Viso
Gral. Pacheco
Manzanares
Pilar
Km 52
Tortuguitas
Beccar
Presidente Derqui
Grand Bourg
Bancalari
Martinez
Manzone
Toro
Va. de Mayo
Don Torcuato
Boulogne
Piñero
José C. Paz
Reconquista
J.L. Suárez
San Miguel
Va. Ballester
San Martín
Pda. Lezica y Torrezuri
Bella Vista
Martin Coronado
Va. Lynch
Gral. Rodriguez
Rio de la
Hurlingham
La Fraternidad
El Palomar
Caseros
Fco. Alvarez
Las Malvinas
La Reja
R. Mejia
Paso del Rey
Haedo
Ituzaingo
Ciudadel
Moreno
Merlo
Morón
San A. de Padua
Castelar
San Just
R. Castillo
Tapiale
Cnia. Sanatorio B. Sommer
Libertad
Tablada
I. Casanova
Villegas
A. Bonz
M. Acosta
Ponte-vedra
Leferrere
Gonzáles Catán
E. Romero
Marcos Paz
20 de Junio
Plomer
Rio de la Madanza
Ap. km 53
Villars
Lozano
Pda. Unión Ferroviaria
Ap. Zamudio
Tristán Suarez
Gral. Hornos
C. Spegazzini
Gral. Las Heras
Máximo Paz
V. Casares
Pda. A Petión
Cañuelas

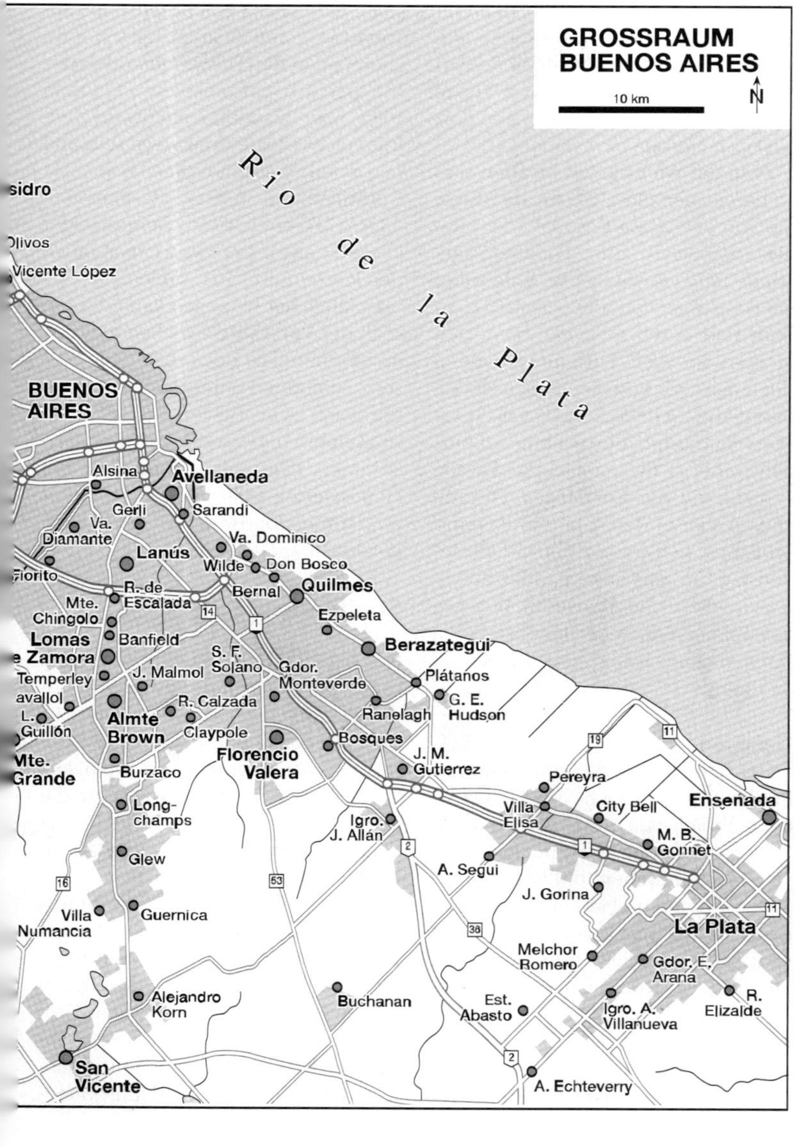

GROSSRAUM BUENOS AIRES

10 km
N

Rio de la Plata

sidro
Olivos
Vicente López
BUENOS AIRES
Alsina
Avellaneda
Gerli
Sarandi
Va. Diamante
Va. Dominico
Lanús
Wilde
Don Bosco
Fiorito
R. de Escalada
Bernal
Quilmes
Mte. Chingolo
Ezpeleta
Lomas de Zamora
Banfield
Berazategui
S. F. Solano
Gdor. Monteverde
Temperley
J. Malmol
Plátanos
avallol
R. Calzada
G. E. Hudson
L. Guillón
Almte Brown
Claypole
Ranelagh
Mte. Grande
Florencio Valera
Bosques
J. M. Gutierrez
Burzaco
Pereyra
Long-champs
Igro. J. Allán
Villa Elisa
City Bell
Ensenada
M. B. Gonnet
Glew
A. Segui
J. Gorina
Villa Numancia
Guernica
La Plata
Melchor Romero
Gdor. E. Arana
Alejandro Korn
Buchanan
Est. Abasto
Igro. A. Villanueva
R. Elizalde
San Vicente
A. Echteverry
14
1
19
11
2
16
53
36

Unterwegs in Argentinien

ße, die Hausnummer 1000 befindet sich auf Höhe der Av. 9 de Julio, die Straßen in Nord-Süd-Richtung ändern ihren Namen an der „Rivadavia" (nahe der Av. de Mayo) und zählen von dort aus nach Norden bzw. Süden.

Zwei der wichtigsten Straßen sind so bereits genannt: Die **Av. de Mayo,** die von der „Casa Rosada" (dem Regierungspalast) zum Parlamentsgebäude führt, sowie die **Av. 9 de Julio,** ein Fußgängeralptraum – sie ist 125 m breit und damit eine der breitesten Straßen der Welt. **Fußgängerzone** in der Innenstadt sind die Straßen Florida (Nord-Süd-Richtung) und Lavalle (Ost-West-Richtung), die wichtigste Ausgehstraße ist die parallel zur Lavalle verlaufende **Av. Corrientes.** Die reicheren Viertel Recoleta und Palermo schließen sich im Norden an die Innenstadt an, das ärmere, aber bei Intellektuellen und Künstlern beliebte San Telmo südlich der Innenstadt, La Boca, malerisch und arm, südlich an San Telmo.

Gefahren

Der Aufenthalt in der Innenstadt von Buenos Aires ist nicht mehr ganz so ungefährlich wie noch vor wenigen Jahren. Gefahren drohen vor allem von **Taschendieben,** die in der überfüllten U-Bahn und in den Fußgängerzonen unterwegs sind. **Trickdiebe** spritzen einem Senf oder Ähnliches auf die Jacke, und beim Fleckwegwischen verschwindet dann vielleicht auch das Portemonnaie.

2002 wurde in Buenos Aires eine **Comisaría del Turista** zusammengestellt, eine spezielle Polizeitruppe für Touristen, deren Beamte Englisch sprechen und in den Fußgängerzonen des Microcentro patroullieren. Dennoch sollte man besonders nachts im Zentrum nicht alleine unterwegs sein und besondere Vorsicht walten lassen. Die Comisaría del Turista ist unter Tel. 4346-5770 erreichbar (zweisprachiger Dienst), ansonsten kann man auch den Polizeinotruf 101 wählen.

Gefährlicher hingegen kann der Besuch der **Vorstädte** sein. Schon im ärmeren Viertel La Boca sollte man besser zu mehreren unterwegs sein, denn dort kann es in abgelegeneren Seitenstraßen hin und wieder zu Überfällen kommen. Die **villas miserias,** die Elendsviertel, sollte man nicht betreten. Armutstourismus ist eben auch gefährlich.

Stadtbesichtigung

Im Folgenden werden ein Rundgang durch die Innenstadt und drei Rundgänge durch die Viertel San Telmo, La Boca, Recoleta und Palermo (zusammengefasst) vorgeschlagen. Man sollte sich aber nicht sklavisch an die Rundgänge halten, denn vieles ist auch noch in der Nachbarschaft zu entdecken.

Die Porteños leben in ihren **Stadtvierteln.** Jedes Viertel hat seine eigene, mitunter unverwechselbare Identität. Diese **Barrios** waren ursprünglich eigene Gemeinden, die mit dem Größerwerden der Stadt zusammenwuchsen. Die bekanntesten und interessantesten für Touristen sind die innen-

arg3-175 Foto: gw

stadtnahen Viertel San Telmo, La Boca, Recoleta, Palermo und Montserrat, aber auch Viertel wie Villa Crespo, das Zentrum der jüdischen Gemeinde, oder Chacarita mit dem riesengroßen Friedhof, auf dem auch *Carlos Gardel* und *Perón* beerdigt liegen, sind eine Erkundung wert.

Im Stadtzentrum

Historisches Zentrum von Buenos Aires ist die **Plaza de Mayo.** Hier befand sich das Zentrum der Siedlung, die *Juan Garay* 1580 gründete. Damals war das Zentrum nur funktional, erst nach der Unabhängigkeit Argentiniens bekam die Plaza de Mayo, benannt nach dem Mai 1810, als der erste „Cabildo" (Rat) den spanischen Vizekönig abgesetzt hatte, ihren Schmuck. So wurde 1811, zum Jahrestag der Mai-Revolution, die **Pirámide de Mayo** mitten auf dem Platz aufgestellt. Später, 1873, folgte das Denkmal für den Revolutionshelden *Manuel Belgrano.*

Jeden Donnerstag um 15.30 Uhr trifft sich auf der Plaza de Mayo auch heute noch die **bekannteste Menschenrechtsgruppe** Argentiniens: Die **Madres de la Plaza de Mayo** hatten mit ihren Demonstrationen bereits in der Hochphase der Militärdiktatur begonnen. Sie prangerten damals das „Verschwinden" ihrer Kinder und Ehegatten an, ihr couragiertes öffentliches Auftreten schockierte die Militärs da-

Blick auf den Obelisk

mals so sehr, dass sie zwei der Gründerinnnen ebenfalls „verschwinden" ließen.

Der öffentliche Auftritt der Mütter auf dem Platz hatte Vorbilder: Die Plaza de Mayo war immer schon das Zentrum von Demonstrationen für oder gegen die Regierung. Hier wurde die Unabhängigkeit von Spanien verkündet, hier ließ *Evita Perón* die „Descamisados" (Hemdlosen) gegen die Verhaftung ihres Gatten demonstrieren, hier verkündete *Perón* seine Regierungsentscheidungen, hier bejubelten die Argentinier 1982 die Falkland-Invasion der Militärs und 1983 die Rückkehr zur Demokratie, die sie 1987 auch gegen neue Putschgerüchte verteidigten.

Kein Wunder, liegt doch das Gebäude am Platz, wo die wichtigsten politischen Entscheidungen gefällt werden: Die **Casa Rosada,** der **Präsidentenpalast,** wurde auf den Resten der alten Stadtbefestigung erbaut, vielfach verändert und hat ihr heutiges Aussehen etwa seit Ende des 19. Jahrhunderts. Die rosa Farbe gab dem Haus den Namen; sie geht auf den Präsidenten *Sarmiento* zurück und soll die Einheit Argentiniens symbolisieren: Sarmiento mischte 1873 für den Anstrich angeblich rote und weiße Farbe, die Symbole der beiden verfeindeten Lager. Besichtigt werden kann die Casa Rosada Mo bis Fr um 17 Uhr, im Sommer auch um 12 Uhr (Gratis-Führung auf Spanisch, freitags auch auf Englisch). Gleichfalls besucht werden kann von Mo bis Fr 10–18 Uhr und So 15–16.30 Uhr das **Museum der Casa Rosada,** dessen Eingang sich an der Seite, der Straße H. Irigoyen, befindet.

Auch der **Cabildo,** das weiß getünchte Gebäude gegenüber, ist zu besichtigen. Der frühere Sitz des Rates von Buenos Aires – hier wurde die Loslösung von Spanien verkündet – beherbergt heute ein **historisches Museum,** in dem Möbel, Gemälde und Dokumente aus der Kolonialzeit Argentiniens und „Alto Perus" (Boliviens) gezeigt werden. In seinem Innenhof ist ein kleines Café, manchmal findet auch ein Kunsthandwerkermarkt dort statt. Geöffnet ist das Museum Di bis Fr sowie So in den Sommermonaten von 16–20 Uhr, in den Wintermonaten von 15–19 Uhr. Ursprünglich war der Cabildo größer, doch als die Av. de Mayo, die an der Plaza beginnt, gebaut wurde, mussten mehrere der Bögen abgebrochen werden, so dass das Gebäude heute nur noch insgesamt fünf Bögen aufweist.

Zwei weitere wichtige Gebäude stehen an der Plaza de Mayo: Der **Banco de la Nación,** unverkennbar ein Geldtempel, mit seiner Vorhalle, die von vier mächtigen Säulen gestützt wird, sowie die **Kathedrale** der Stadt. Sie ist nicht die erste Kathedrale an diesem Ort, die Vorgängerbauten brachen aber alle zusammen, und 1791 war die jetzige klassizistische Kathedrale nach Plänen von *Antonio Masella* und *Próspero Catelín* (für die Fassade) vollendet. Ihr Bauplatz am politischen Zentrum der Stadt dokumentiert den großen Einfluss, den die katholische Kirche in Argentinien hat; noch bis 1994 musste der Staatspräsident Katholik sein. Man betritt die Kathedrale durch einen säulengestützten Portikus an der Calle Rivadavia. Auffallend sind die vielen Seitenaltäre sowie der barocke Hauptaltar, am wichtigsten ist aber die Seitenkapelle im rechten Kirchenschiff. Hier befindet sich das **Grab des Generals José de San Martín.**

Hinter der Casa Rosada erstreckt sich der **Parque Colón,** eine kleine Grünanlage; dahinter waren einst die schmutzigen Hafenanlagen. Buenos Aires war mit dem Rücken zum Wasser erbaut worden, mit Blick ins Land, nicht zum Río del la Plata. Das änderte sich in den letzten Jahren. Die Stadt wächst wieder zum Fluss – die Lagerhäuser wurden ordentlich herausgeputzt, und nun präsentiert sich hier das neue, schicke Viertel **Puerto Madero,** teure Büros und einige wenige Wohnungen und Lofts in alten Lagerhäusern, ein gutes Viertel nicht nur fürs abendliche Ausgehen. Entlang der alten Hafenbecken haben sich zahlreiche Restaurants installiert, und an den Kais liegen nicht nur die noblen Boote des Yachtclubs, sondern auch **zwei Museumsschiffe:** die Fregatte „Sarmiento", zu Beginn des 20. Jahrhunderts Flaggschiff der argentinischen Marine, und die gepanzerte Korvette „Uruguay", die 1903 die Mannschaft der gescheiterten Nordenskjöld-Expedition aus der Antarktis rettete. Stolz sind die Porteños auch auf den **Puente de la Mujer** (Brücke der Frau), eine originelle Fußgängerzugbrücke, die seit 2001 das Hafenbecken Nr. 3 (an der Verlängerung der Calle Perón) überspannt und von dem berühmten spanischen Architekten *Santiago Calatrava* entworfen wurde.

An der Plaza de Mayo beginnt die **Avenida de Mayo.** Sie führt von dort schnurgerade nach Westen bis zur Plaza del Congreso. 1880 wurde die Straße geplant, zwölf Jahre später war sie vollendet: Eine wirkliche Prachtstraße verband nun Regierungspalast und Kongressgebäude.

Von der einstigen Pracht ist der Goldlack ein wenig abgeblättert, aber immer noch lohnt – trotz Verkehr, Lärm und Smog – der Bummel über die Av. de Mayo. Links und rechts ist sie von Bauten gesäumt, die Anfang des 20. Jahrhunderts Buenos Aires' Ruf als das „Paris Südamerikas" begründeten. Einige besonders schöne Gebäude sind das der Tageszeitung „La Prensa" (Hausnummer 575), das Haus Nr. 1333 und das Edificio Barolo (1370). Bei Hausnummer 1000 überquert man die **Av. 9 de Julio,** angeblich die **breiteste Prachtstraße der Welt,** aber wohl eher eine Stadtautobahn als eine wirkliche Prachtstraße. Rechter Hand ist der Obelisk zu sehen, dazu später mehr.

Schon von weitem erkennt man den **Kongresspalast,** ein Gebäude, das – beeinflusst von der Architektur des Kapitols in Washington – 1906 vollendet wurde. Davor steht das Denkmal für die beiden Kongresse, die 1813 in Buenos Aires und 1816 in Tucumán stattfanden; ein Denkmal, das eher groß als ansehnlich ist. Am schönsten ist der Platz am frühen Abend: Kinder spielen Fußball, andere füttern die Tauben, auf den Bänken sitzen Zeitungs-

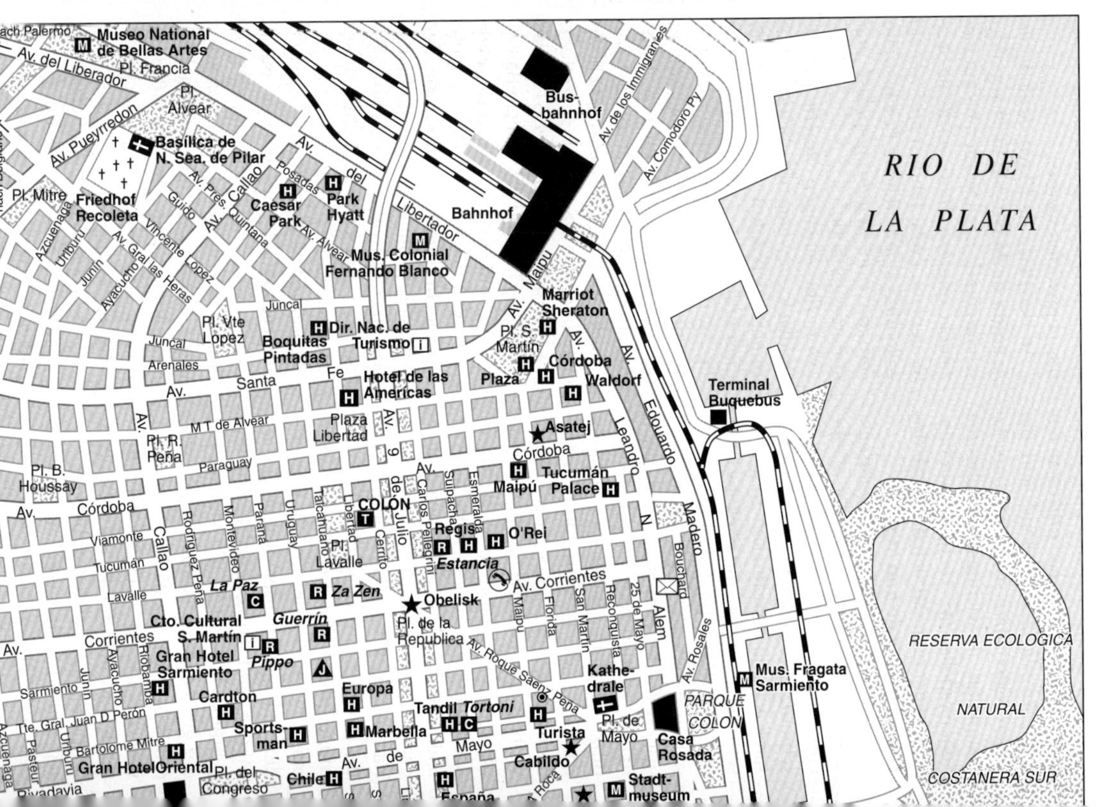
nach Palermo
Museo National de Bellas Artes
Av. del Liberador
Pl. Francia
Pl. Alvear
Av. Pueyrredon
Basílica de N. Sea. de Pilar
nach Belgrano
Pl. Mitre
Friedhof Recoleta
Azcuenaga
Uriburu
Junín
Ayacucho
Av. Gral las Heras
Vincente Lopez
Guido
Av. Pres. Quintana
Av. Callao
Posadas
Caesar Park
Park Hyatt
Av. Alvear
Av. del Libertador
Bahnhof
Bus-bahnhof
Av. de los Immigrantes
Av. Comodoro Py
RIO DE
LA PLATA
Mus. Colonial Fernando Blanco
Av. Maipu
Marriot Sheraton
Juncal
Dir. Nac. de Turismo
Pl. Vte Lopez
Boquitas Pintadas
Pl. S. Martín
Av. Córdoba
Plaza
Waldorf
Av. Edouardo
Leandro
Terminal Buquebus
Arenales
Av. Santa Fe
Hotel de las Americas
Plaza Libertad
Av. 9 de Julio
M T de Alvear
Asatej
Córdoba
Pl. R. Peña
Paraguay
Pl. B. Houssay
Tucumán
Maipú
Palace
Av. Córdoba
Viamonte
Callao
Rodriguez Peña
Montevideo
Paraná
Uruguay
Talcahuano
Libertad
COLÓN
Carlos Pellegrini
Suipacha
Esmeralda
Regis
O'Rei
N
Madero
Tucumán
Pl. Lavalle
Cerrito
Estancia
Av. Corrientes
Bouchard
Lavalle
La Paz
Za Zen
Obelisk
Maipu
Florida
San Martín
Reconquista
25 de Mayo
Alem
Cto. Cultural S. Martín
Guerrín
Pl. de la Republica
Av. Roque Saenz Peña
Av. Rosales
Av. Corrientes
Gran Hotel Sarmiento
Pippo
Kathe-drale
Mus. Fragata Sarmiento
RESERVA ECOLOGICA
Sarmiento
Riobamba
Cardton
Europa
Tandil
Tortoni
PARQUE COLON
NATURAL
Tte. Gral. Juan D Perón
Sports-man
Marbella
Pl. de Mayo
Casa Rosada
Bartolome Mitre
Turista
Av. de Mayo
Cabildo
Gran Hotel
Oriental
Pl. del Congreso
Chile
Pasteur
Rivadavia
España
Roca
Stadt-museum
COSTANERA SUR

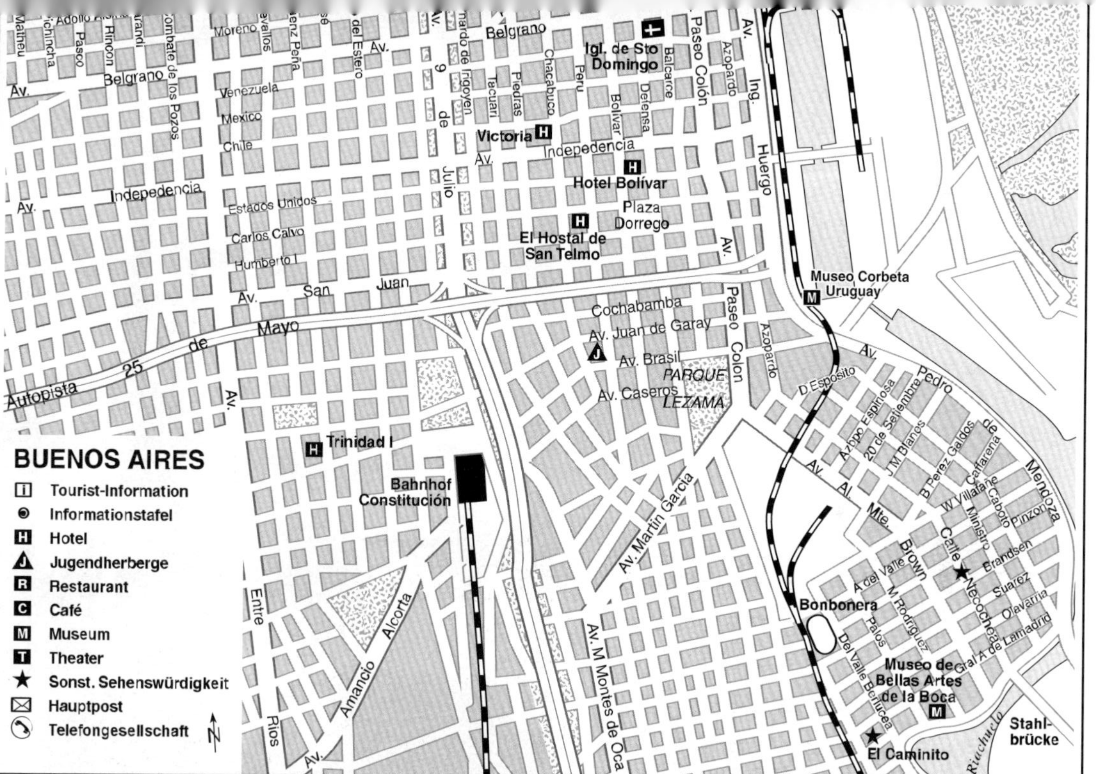
BUENOS AIRES
Tourist-Information
Informationstafel
Hotel
Jugendherberge
Restaurant
Café
Museum
Theater
Sonst. Sehenswürdigkeit
Hauptpost
Telefongesellschaft
N
Museo Corbeta Uruguay
Av. Ing. Huergo
Azopardo
Paseo Colón
Balcarce
Defensa
Bolívar
Peru
Chacabuco
Piedras
Tacuari
Igl. de Sto Domingo
Hotel Bolívar
Victoria
Plaza Dorrego
El Hostal de San Telmo
Av. Independencia
Belgrano
Av. 9 de Julio
Cochabamba
Av. Juan de Garay
Av. Brasil
Av. Caseros
PARQUE LEZAMA
Av. Paseo Colon
Av. Martín García
Av. M Montes de Oca
Av. Pedro de Mendoza
Av. Al. Mte. Brown
D Esposito
Azbpo Espinosa
20 de Setiembre
J M Blanes
B Perez Galdos
Caffarena
W Villafañe
Caboto
Pinzon
Ministro Brandsen
Suarez
Olavarria
Gral A de Lamadrid
Calle Necochea
A del Valle
M Rodriguez
Palos
Del Valle Iberlucea
Bonbonera
Museo de Bellas Artes de la Boca
El Caminito
Stahlbrücke
Riachuelo
Bahnhof Constitución
Trinidad I
Amancio Alcorta
Entre Rios
Av. San Juan
Autopista 25 de Mayo
Estados Unidos
Carlos Calvo
Humberto I
Moreno
Venezuela
Mexico
Chile
Combate de los Pozos
Rincon
Pasco
Matheu
del Estero
Irigoyen

leser, und auf dem Sockel des Rodin-Nachgusses „Der Denker" küssen sich die Liebenden. Auf dem Platz steht auch ein Monolith, der **Kilometerstein 0:** Von hier ab werden alle Entfernungen in Argentinien gemessen.

Mit dem Kongressgebäude im Rücken geht es in die Avenida Callao. Rechts, in dem Gebäude mit der großen Uhr und den beiden Glockenschlägern im Dachgeschoss, befand sich früher die Confitería „El Molino", eines der schönsten Kaffeehäuser der Stadt, das leider Anfang 1996 geschlossen wurde. Bald ist die **Av. Corrientes** erreicht, und zwar auf dem Abschnitt, wo abends das Kultur- und Nachtleben tobt. Rechts geht es zum **Centro Cultural San Martín,** gegenüber liegen einige der besten Buchhandlungen von Buenos Aires, auch lag hier das bekannte „Café la Paz", früher eines der „Wohnzimmer" der argentinischen (Kaffeehaus-)Intellektuellen, wie das „Molino" Opfer der Krise. Auch einige Theater und Kinos finden sich auf dieser Straßenseite.

Man erreicht erneut den **Obelisken:** Das 67,5 m hohe Ungetüm wurde am 25. Mai 1936 (25. Mai = Unabhängigkeitstag) zum 400. Jahrestag der Gründung von Buenos Aires dort aufgestellt, wo 1812 erstmalig die argentinische Flagge gehisst wurde. Alles sehr

arg3-180 Foto: gw

symbolisch, dachten die Stadtväter, doch drei Jahre später fanden sie ihre Idee nicht mehr so gut und beschlossen sogar mit satter Mehrheit den Abriss: Wahrscheinlich waren sie auch die Witze über das vorgebliche Denkmal für den argentinischen Machismo leid geworden. Aber eben nicht jeder Beschluss wird in Buenos Aires verwirklicht ...

Wendet man sich am Obelisken nach links und geht die Av. 9 de Julio lang, so gelangt man nach zwei Blocks zum wichtigsten Theater von Buenos Aires: dem **Teatro Colón.** Der Besuch mit Führung ist ein Muss, wer Glück und Geld und dann noch die passende Abendgarderobe hat, kann eine Karte für eine Vorstellung ergattern. Anders als der Name vermuten lässt, werden hier keine Theateraufführungen gezeigt: Vielmehr handelt es sich um eine Konzert-, Ballett- und Opernbühne, und mitunter mietet auch ein Rockstar das Haus für einen Auftritt. Das 1908 eröffnete Theater, ein Stilgemisch aus italienischer Renaissance und französischem Empire, zählt zu den bekanntesten Häusern der Welt. Es bietet in seinem großen Zuschauerraum 2500 sitzenden und 1000 stehenden Menschen Platz. Hier sind alle Berühmtheiten des internationalen Operngeschäfts aufgetreten, kein Wunder bei der tollen Akustik. Bei Führungen lernt man auch die Kellerräume des Theaters kennen, die Magazine, wo Tausende von Perücken und Kostümen gelagert werden, und die Werkstätten, wo gerade die Kulissen für eine neue Premiere entstehen.

Die **Führungen** finden Mo bis Fr 11 und 15 Uhr, Sa um 9, 10, 11 und 12 Uhr statt (50 Min., Eintritt 2 US-$, Treff in Viamonte 1168 10 Min. vorher).

Überquert man die Av. 9 de Julio und hält sich rechts, gelangt man in die **Calle Lavalle,** eine der beiden **Fußgängerstraßen** der Stadt. Die Lavalle ist meistens gedrängt voll, auch abends, liegen hier doch viele der Kinopaläste der Hauptstadt. Ansonsten viele moderne Geschäfte: Wer konsumgefährdet ist, sollte die Lavalle ebenso wie die kreuzende Florida meiden. Geht man die **Florida** nach links, so liegt, nachdem man die Av. Córdoba überquert hat, rechts die **Galería Pacífico,** ein Konsumtempel allererster Güte.

Am Ende der Florida liegt die **Plaza San Martín,** ein untypischer und deshalb vielleicht der schönste Platz der argentinischen Hauptstadt. Er wirkt parkähnlich, hier verbringen viele Büroangestellte und Verkäuferinnen ihre Mittagspause im Schatten der riesigen Ombú-Bäume.

Zurück geht es wieder durch die Florida. Man passiert dabei noch das eine oder andere sehenswerte Gebäude, wie die traditionsreiche Buchhandlung „El Ateneo" (Hausnummer 340) oder den „Banco de Boston" an der Ecke zur Calle Juan de Perón. Die Florida endet an der Rivadavia, die nach links wieder zur Kathedrale an der Plaza de Mayo führt.

Vor der Casa Rosada (Präsidentenpalast)

Die Stadtviertel

Nach und durch San Telmo

Der Weg nach und durch San Telmo beginnt ebenfalls an der **Plaza de Mayo** und führt von dort in die südliche Diagonalstraße, die Av. Julio A. Roca. Roca sorgte – wie es offiziell heißt – für die „Grenzsicherung" im Süden des Landes, genauer gesagt war er für die Eroberung Patagoniens und die Ausrottung der im Süden lebenden Indianer in der zweiten Hälfte des 19. Jahrhunderts verantwortlich.

An der Ecke Bolívar y Alsina steht am Rande der Manzana de las Luces die 1722 eingeweihte **Jesuitenkirche San Ignacio de Loyola,** die nicht nur die älteste erhaltene Kirche von Buenos Aires, sondern eines der ältesten Gebäude der Stadt überhaupt ist. Die **Manzana de las Luces** trägt ihren Namen „Häuserblock der Lichter", weil hier seit Kolonialzeiten wichtige wissenschaftliche und schulische Einrichtungen untergebracht waren, heute das Elitegymnasium „Colegio Nacional de Buenos Aires".

Die Kirche San Ignacio de Loyola folgt wie die an der nächsten Straßenecke (Alsina/Ecke Defensa) gelegene **Iglesia de San Francisco** und die weiter südlich Defensa/Ecke Belgrano stehende **Iglesia de Santo Domingo** dem gleichen architektonischen Entwurf: eine barock-klassizistische Fassade mit ein oder zwei Türmen, dazu ein kreuzförmiges Kirchschiff mit einer zentralen Kuppel über dem Treffpunkt von Lang- und Querhaus. Alle drei Kirchen haben auch ein gemeinsames Schicksal: Am 16. Juni 1955, während der letzten Monate der ersten Präsidentschaft *Peróns* und großer Spannungen zwischen Regierung und Kirche sowie dem Militär, bombardierten drei Flugzeuge der Luftwaffe Buenos Aires. Gleichzeitig griff Marineinfanterie das Regierungsgebäude an, ohne *Perón* dort zu finden. Am Nachmittag kam es zu weiteren Bombardierungen, insgesamt wurden 300 Menschen getötet. Am Abend zogen peronistische Gruppen durch die Straßen, sie zerstörten Teile der Kathedrale und viele Kirchen in der südlichen Innenstadt. Drei Monate später wurde *Perón* endgültig vom Militär gestürzt.

An der Ecke der Straßen Alsina und Defensa befindet sich auch das **Stadtmuseum** (Alsina 412). Seine Austellungen wechseln monatlich, sie sind häufig sehr kurios, denn ausgestellt wird alles, was irgendeine Verbindung zur Stadtgeschichte hat. Geöffnet ist das Museum Mo bis Fr 11–19 Uhr und So 15–19 Uhr. Das verfallene Gebäude gegenüber ist übrigens das älteste noch erhaltene Steinhaus von Buenos Aires. Es wurde 1812 erbaut. In die Apotheke neben dem Stadtmuseum sollte man auch einen Blick werfen.

Die **Iglesia de Santo Domingo** an der Ecke Defensa/Belgrano ist leicht zu erkennen: In ihrem Vorhof ist ein Mausoleum zu bewundern, in dem die Gebeine des Revolutionshelden *Manuel Joaquín del Corazón de Jesús Belgrano,* kurz *Manuel Belgrano,* ruhen. Im Kirchturm erinnern Holzzapfen an die Beschießung der Kirche durch die argentinischen Verteidiger von Buenos Aires. Hierhin hatten sich nämlich die britischen Stadtbesetzer 1806 zurückgezogen. Im Innern erinnern auch noch vier zerfetzte britische Flaggen an diese Epoche der argentinischen Geschichte.

Die Defensa geht es weiter geradeaus. Man überquert die Av. Belgrano und später die Av. Independencia und ist bald an der Plaza Dorrego, dem Zentrum von **San Telmo.** San Telmo war lange Hafenviertel und Wohnsitz sowohl für Fischer und Sklaven als auch von reichen Kaufleuten und Grundbesitzern. Als 1871 eine Gelbfieberepidemie ausbrach, änderte sich das Viertel. Die Reichen gingen nach Norden und gründeten dort neue Wohnviertel, die meisten anderen zogen in Richtung des heutigen Stadtzentrums. Nach San Telmo kamen und in San Telmo blieben die, die woanders keine Bleibe fanden: die ganz Armen und die neuen europäischen Einwanderer. Heute ist das Viertel wieder sehr beliebt, besonders bei Künstlern und jungen Intellektuellen. Hier ist es ruhiger als anderswo, es gibt kleine Gassen und enge Plätze, man lebt weniger berührt vom Alltagsstress als in anderen Vierteln der Stadt.

Die **Plaza Dorrego** sollte man sonntags aufsuchen. Dann ist dort **Flohmarkt,** es wird ge- und verkauft, was nicht niet- und nagelfest ist. Die Plaza und die umgebenden Gassen werden zu Bühnen: Zum Teil sehr gute Tangoshows finden statt, jeder, der etwas kann oder glaubt, etwas zu können, zeigt sich. Die Woche über ist es sehr ruhig, der richtige Platz, um ausführlich Zeitung zu lesen. Auch in den Nebenstraßen finden sich schöne Läden und Galerien.

Weiter geht es bis zum **Parque Lezama,** einer etwas heruntergekommenen Grünanlage, in der jeden Sonntag Kunsthandwerker ihre Produkte verkaufen, ansonsten aber Väter und Söhne Fußball spielen. Hier vermuten einige Stadthistoriker das geschichtliche Zentrum der Stadtgründung, deshalb wurde dort wohl auch 1936 zum 400. Jahrestag der Stadtgründung das Denkmal für *Pedro de Mendoza* aufgestellt. Im Park steht auch das **Museo Histórico Nacional,** in dem eine nicht sehr kritische Aufarbeitung der Nationalgeschichte präsentiert wird. Geöffnet ist das Museum Di bis So von 12–18 Uhr.

Von dort ist es auch nicht mehr weit ins Stadtviertel La Boca.

La Boca

Das Viertel La Boca liegt an der Mündung des Flusses **Riachuelo,** der den zweifelhaften Ruhm genießt, einer der dreckigsten der Welt zu sein, in den Río de la Plata. Es ist das alte **Hafenviertel,** hier siedelten im 19. Jahrhundert vorwiegend ärmere italienische Einwanderer.

Berühmt ist der Stadtteil wegen seiner **originellen Häuser.** Sie wurden aus Blech erbaut, angeblich aus dem von abgewrackten Schiffen, und dann sehr bunt und dick mit Schiffslack bemalt. Deshalb kommen auch die meisten Touristen hierhin, sie schlendern über die Straße **El Caminito,** wo die bunten Fassaden mit den bunten Wäschestücken auf der Leine harmonieren und Kunsthandwerker ihre Werke ausstellen. Es wirkt inszeniert und ist es auch, zumindest was das Kunsthandwerk angeht, ansonsten aber sind die Häuser „normal" bewohnt und auf keinen Fall von reichen Leuten.

Aus La Boca stammt auch der **Tango,** er wurde angeblich in einer der Kneipen auf der **Calle Necochea** erfunden. Dorthin gelangt man, wenn man sich am Ende der Straße Caminito, also am Flussufer, wo alte Schiffswracks vor sich hindümpeln, nach links wendet, unter dem Zubringer der Brücke hergeht – die **alte Stahlbrücke** ist übrigens eines der Wahrzeichen der Stadt – und dann die zweite Straße links betritt. Dort liegt Kneipe an Kneipe, manchem Besucher ist das bereits zu viel.

Auf dem Weg zur Brücke hat man ein interessantes Museum passiert. Das **Museo de Bellas Artes de La Boca** zeigt die Hauptwerke von *Benito Quinquela Martín,* der in seinen Bildern immer wieder die Menschen und das Leben des Viertels darstellte. Das Museum ist auf der Av. Pedro de Mendoza 1835, es ist täglich von 9–18, Sa/So von 10–17 Uhr geöffnet.

Eine wichtige Sehenswürdigkeit, besonders für Fußballfreunde, ist die **Bonbonera** (Pralinenschachtel), das **Stadion des Fußballklubs Boca Juniors.** Auch wenn nicht gespielt wird, kann es besichtigt werden. Das Stadion trägt seinen Namen, weil es wie ein Betonschachtel den Stadtteil überragt. Es steht inmitten eines Wohngebietes, atemberaubend steil steigen seine Tribünen an. La Boca ist nicht der sicherste Stadtteil – auch nicht tagsüber. Bleiben Sie auf den Touristenwegen, auch die Calle Necochea sollten Sie besser nicht allein aufsuchen.

Recoleta und Palermo

Der Boom in Recoleta begann mit der Gelbfieberepidemie Ende des 19. Jahrhunderts in San Telmo. Die Reichen bauten sich hier ihre neuen Häuser, und zwar in den Boomjahren, als Argentinien zu den reichsten Ländern der Erde gehörte.

So sieht es in Recoleta auch heute noch aus. Von Krise war und ist hier nichts zu spüren, die Geschäfte sind vergleichsweise teuer und trotzdem voll mit Kunden, die Cafés ebenso. Wichtig aussehende Männer sitzen dort mit Handys am Ohr, man fährt erstklassige europäische Autos und trägt exquisite Mode. An der **Plaza Alvear** sieht man nicht selten junge Männer mit einem Dutzend Rassehunden an der Leine – Hundeausführer für die Reichen ist ein viel gesuchter und recht gut bezahlter Fulltime-Job in Buenos Aires.

An der Plaza Alvear ist man auch direkt an zwei der wichtigsten Sehenswürdigkeiten von Recoleta: dem **Friedhof** des Viertels und der daneben liegenden Kirche **Basílica de Nuestra Señora de Pilar.** Der Friedhof entspricht dem Viertel – auch im Tode wird der Reichtum mit monumentalen Mausoleen ungeniert ausgestellt. Eher schlicht ist das **Grab von Eva Perón.** Sie liegt in der Familiengruft der *Duartes* unter schwarzem, glänzendem Marmor begraben. Die Kirche neben

a36-192 Foto: gw

dem Friedhof ist vielleicht die schönste der ganzen Stadt. Mit ihrer schlichten kolonialen Fassade, der das reich geschmückte Innere nicht entspricht, wurde sie 1732 vom Architekten *Giovanni Andrea Bianchi* geschaffen und ist weitgehend original erhalten.

Wendet man sich, die Kirche im Rücken, nach links, gelangt man zu dem rot angestrichenen **Centro Cultural Recoleta,** welches in einem ehemaligen Kloster untergebracht ist und wo Ausstellungen und Veranstaltungen stattfinden. Angeschlossen ist auch das **Centro Comercial para el Arte y la Decoracíon,** eine Ladengalerie mit modischen Geschäften und Restaurants.

Auf der anderen Straßenseite der Av. Libertador (Hausnummer 1473) ist das **Museo Nacional de Bellas Artes** zu sehen (geöffnet Di bis Fr 12.30–19.30 Uhr, Sa/So 9.30–19.30 Uhr, Eintritt frei). Hier finden viele hochrangige internationale Kunstausstellungen statt. Wer argentinische Kunst betrachten will, sollte den ersten Stock besuchen, ansonsten zeigt das Museum Kunstwerke aus aller Welt vom Mittelalter bis in die Gegenwart.

Auf der Rückseite des Museums, auf der Plaza Naciones Unidas neben der Juristischen Fakultät, steht ein Kunstwerk ganz besonderer Art: **Floralis**

Sonntagsruhe auf der Avenida de Mayo

Genérica, eine riesige Metall-„Blume", deren Blüten sich mit einem hydraulischen System je nach Tageszeit öffnen und schließen. Der Entwurf stammt von dem Architekten *Eduardo Catalano.*

Sechs Blocks Richtung Nordwesten, auf der Av. Figueroa Alcorta 3415 (Ecke San Martín de Tours) beherbergt ein originelles Gebäude die bedeutendste Sammlung lateinamerikanischer Kunst der Stadt. Das **Museo de Arte Latinoamericano de Buenos Aires** (Malba) ist Mi bis Mo 12–20 Uhr geöffnet, Mi bis 21 Uhr.

Nördlich angrenzend an Recoleta beginnt der **Stadtteil Palermo,** ebenfalls eines der bevorzugten Wohngebiete der Stadt: Es ist innenstadtnah und besitzt die meisten und größten Parks, hier liegen **Zoo** und **Botanischer Garten,** zwei beliebte Ausflugsziele. Aber nicht nur der Parks wegen sollte man die U-Bahn bis zur **Plaza Italia** nehmen, ein Bummel durch das alte Palermo lohnt sich. Man verlässt die Plaza Italia in Gegenrichtung von Zoo und Botanischem Garten, und streift durch die Calle Serrano bis zur Calle Honduras und durch die engen Parallelstraßen. Manch schönes altes Haus steht hier, Palermo ist schon lange ein Viertel der aufstrebenden Mittelklasse. Und noch eines ist Palermo: das Viertel der Psychoanalytiker. Hier findet man angeblich die höchste Dichte von Psychoanalytikern und psychoanalysierten Personen je km² weltweit, ein Umstand, der dem Stadtviertel auch den Beinamen **„Villa Freud"** eingebracht hat.

Im **Zoo** auf der gegenüberliegenden Seite der Plaza Italia lässt sich neben Giraffen, Kondoren und Eisbären auch die **kleinste Kuh der Welt** bewundern: Schulterhöhe knapp über 50 cm, Produkt einer genetischen Veränderung. Der Sinn davon bleibt unklar; vielleicht damit jeder Argentinier sich sein eigenes Rind in den Vorgarten stellen kann ...

Vom Zoo aus ist es auch nicht weit zum **Parque 3 de Febrero,** dem beliebtesten Wochenendausflugsziel der Porteños.

Touristeninformation und nützliche Adressen

- **Dirección Nacional de Turismo,** Santa Fé 883, Tel. 4312-5550. Öffnungszeiten: Mo bis Fr 9–12.30, 13.30–17 Uhr. Hier gibt es Informationen über Gesamt-Argentinien und die Stadt Buenos Aires.
- **Subsecretaría de Turismo de la Ciudad de Buenos Aires,** Balcarce 360, 2° piso, Tel. 4114-5724, www.buenosaires.gov.ar. Öffnungszeiten: Mo bis Fr 9–17 Uhr. Es sind Informationen über die Stadt erhältlich.
- **Info-Kioske;** diese befinden sich in der Fußgängerzone, der Calle Florida, und zwar auf der Ecke zur Diagonal Norte, im Shopping-Center Abasto (Corrientes 3247), auf der Uferstraße im Puerto Madero (N° 200, Dique 4), im Teatro de la Ribera in La Boca (Mendoza 1821), an der Ecke Ortiz/Quintana in Recoleta sowie an den beiden Flughäfen und im Busbahnhof Retiro.
- **Studentenreisebüro Asatej,** Florida 833, 3° Piso, Tel. 4311-6953. Das Reisebüro vermittelt preiswerte Reisen, kennt preiswerte Hotels auch in den Nachbarländern; an einem Schwarzen Brett kann man Nachrichten hinterlassen.
- **Jugendherbergsorganisation;** wer einen Jugendherbergsausweis braucht, kann den in der Zentrale der Jugendherbergsorganisation, Talcahuano 214, 2° piso, Tel. 4372-7094,

www.hostelling-aaaj.org.ar, bekommen (Mo bis Fr 13–20 Uhr). Er kostet 20 US-$, das notwendige Passfoto lässt man sich in einem der zahlreichen Fotoläden nebenan machen.

Jugendherbergen/ Backpackers/Hostels

●**Albergue Juvenil,** Av. Brasil 675 nahe dem Bahnhof Constitución, Tel. 4300-9321. Sie kostet 3 US-$ pro Person (mit Frühstück), bietet billige Mahlzeiten, aber keine Kochmöglichkeiten. Internationaler Jugendherbergsausweis erforderlich.
aaaj@hostelling.aaaj.org.ar

●**V & S Youth Hostel Backpackers,** Viamonte 887, Tel./Fax 4322-0994. Frisch renovierter Altbau, DZ 18 US-$, Bett in Mehrbettzimer 6 US-$, Abholservice vom Flughafen (Ezeiza 13 US-$, Aeroparque 9 US-$).
www.hostelclub.com

●**El Hostal de San Telmo,** Carlos Calvo 0614, Tel. 4300-6899, Fax 4300-9028. Kochgelegenheit, Wäscheservice, Internet. 24 Std. geöffnet. Ab 4 US-$ pro Person für die Unterkunft in Vierbettzimmern.
elhostal@satlink.com.

●**Recoleta Youth Hostel,** Libertad 1218, Tel. 4812-4419. Gute Lage im Stadtteil Recoleta. Unterkunft in Mehrbettzimmern für 7 US-$.
www.hostelclub.com

●**The tango City,** Piedras 680, Tel. 4300-5764. Hostel in frische renoviertem Altbau mitten in San Telmo, Küchenbenutzung. Mit Gemeinschaftsbad 6 US-$ p.P.

●**The Hostel Inn Buenos Aires,** Humberto Primo 820, Tel. 4300-7992. Ebenfalls in San Telmo, ebenfalls mit Küchenbenutzung. P.P. mit Gemeinschaftsbad 6 US-$.

Hotels

Einfach und billig

●**Metropolitan II,** Boedo 449, Tel. 4932-7547. Große Zimmer, sauber, Küchenbenutzung, englischsprachig, Gepäckaufbewahrung, ab 5 US-$ pro Person. Auch Betten in Mehrbettzimern (mit Frühstück).

●Das **Metropolitan I,** Corrientes 3973, Tel. 4862-3366, soll ähnlich gut sein.

●**Hotel Victoria,** Chacabuco 726, Tel. 4361-2135. Preiswert (EZ 7 US-$, DZ 10 US-$, beide mit Bad) und beliebt, etwas morbider Charme. Schön in San Telmo gelegen.

●**Hotel Bolívar,** Bolívar 886, Tel. 4361-5105. Vergleichbar. Ebenfalls in San Telmo, beliebt, einige Zimmer mit Balkon. EZ/DZ mit Bad für 15/25 US-$.

●**Gran Hotel Oriental,** Bartolomé Mitre 1840, Tel. 4952-3371. Die ruhigeren Räume liegen nach innen, okay. EZ mit Bad 7 US-$, DZ mit Bad 10 US-$.

●**Hotel Maipú,** Maipú 735, Tel. 4322-5142. Schlichte, aber gute Zimmer für 30 US-$ (DZ mit Bad), ohne Bad etwas billiger.

●**Gran Hotel Sarmiento,** Sarmiento 1892, Tel. 4374-8069. Freundlich, manche Zimmer sind sehr klein und eng. EZ/DZ mit Bad 25/35 US-$.

●**Hotel Europa,** Bartolomé Mitre 1294, Tel. 4381-9629. Mit Küchenbenutzung und Aufenthaltsraum, EZ/DZ mit Bad für 7 US-$.

●**Hotel Sportsman,** Rivadavia 1435, Tel. 4381-8021. Mit Küche, Wäscheservice und Aufenthaltsraum. Einige Zimmer recht abgewohnt. EZ/DZ ohne Bad 12/20 US-$, mit Bad 20/30 $.

●**Hotel O'Rei,** Lavalle 733, Tel. 4393-7186. Mitten in der Fußgängerzone gelegen, trotzdem recht ruhig, mitunter sehr unfreundlich, aber okay. EZ/DZ ohne Bad 5 US-$, mit Bad 9 US-$.

Hotels der Mittelklasse

Die angegebenen Preise sind oft ein bisschen verhandelbar.

●**Hotel El Cabildo,** Lavalle 748, Tel. 4322-6695, DZ 45 US-$, etwas abgewohnt, dafür Zimmern nach hinten sehr ruhig, obwohl mitten in der Fußgängerzone.

●**Hotel Chile,** Av. de Mayo 1297, Tel./Fax 4383-7112. Gute zentrale Lage, Zimmer nach vorne laut, aber mit gutem Ausblick. DZ mit Bad und Frühstück für 45 US-$.

●**Hotel Marbella,** Av. de Mayo 1261, Tel. 4383-8566. DZ 14 US-$, sehr gutes Preis-Leistungs-Verhältnis, sehr sauber, deutsch- und englischsprachig, gutes Restaurant, Internet, Kabel-TV.

●**Central Córdoba Hotel,** San Martín 1021, Tel. 4311-1175. DZ 15 US-$. Freundlich, sauber und ruhig, aber auch ein bisschen abgewohnt.

●**Hotel Regis,** Lavalle 813, Tel. 4327-2614. DZ 68 US-$, besser und ruhiger sind die Zimmer nach hinten.

●**Cardton Hotel,** Perón 1555, Tel. 4382-2463, DZ 11 US-$. Für den Preis sehr, sehr gut.

●**Gran Hotel Argentino,** Pellegrini 37, Tel. 4334-4001. DZ 60 US-$.

●**Splendid Hotel,** Rivadavia 950, Tel. 4345-2800. DZ 60 US-$

●**Presidente,** Cerrito 850, Tel. 48162222; www.hotelpresidente.com.ar. Mitten in der Stadt gelegen, mit wunderbarer Aussicht auf den Obelisken. DZ mit Frühstück 40 US-$.

●**Pop Hotel Boquitas Pintadas,** Estados Unidos 1393, Tel./Fax 4381-6064. Benannt nach dem Roman von *Manuel Puig* (dt.: „Der schönste Tango der Welt") ist das Pop-Hotel Buenos Aires, das sich – so die Eigenwerbung – im „aristokratischen Trash-pop-glammer-Stil" präsentiert. Alles geplant und gestaltet von argentinischen Künstlern. DZ 13–25 US-$, mit Restaurant und Dance-Club. pop-hotel@boquitas-pintadas.com.ar www.boquitas-pintadas.com.ar

●**Tucumán Palace Hotel,** Tucumán 0366, Tel. 4311-3555. DZ 80 US-$, zentrale Lage. Frühstück ab 7 Uhr.

Luxus-Hotels

●**Hotel de las Americas,** Libertad 1020, Tel. 4393-3432, Fax 4393-0418. Das preiswerte unter den Luxus-Hotels, DZ 57–86 US-$.

Mindestens 80 US-$ muss man in den folgenden Häusern veranschlagen. Dafür wohnt man hier auch mit allem Komfort wie Marmorbädern, Whirlpool, Sauna und Fitnessräumen, und kann auf internationale Prominenz treffen. Die meisten dieser Hotels gehören internationalen Ketten.

●**Hotel Caesar Park,** Posadas 1232, Tel. 4819-1110, 160 US-$.

●**Sheraton Hotel Libertador,** Av. Córdoba 690, Tel. 4321-0000, ab 78 US-$.

●**Park Hyatt,** Posadas 1086, Tel. 4321-1715, 270 US-$.

●**Sheraton Buenos Aires Hotel,** San Martín 1225, Tel. 4318-9000, ab 110 US-$.

●**Marriot Plaza Hotel,** Florida 1005, Tel. 4318-3000, 180 US-$.

Camping

●Der Campingplatz **Balneario Autocamping** befindet sich in Lomas de Zamora etwa 15 km vom Stadtzentrum entfernt. Von der Plaza Italia fährt der Bus Nr. 141 bis Puente La Noria, dort geht es weiter mit dem Bus Nr. 540 Richtung Villa Albertini. Der Platz ist billig, 5 US-$ pro Nacht, inklusive Swimmingpool. Informationen über Camping erhält man auch beim „Autómovil Club Argentino", ACA, Av. del Libertador 1850; www.aca.org.ar.

●**Camping Don Vitale,** San Francisco de Paola 680, Tel. 4294-9039. Einfacher Campingplatz (8 US-$ p.P.), etwa 40 km südlich des Stadtzentrums im Stadtteil Burzaco. Über Autopista Ezeiza bis Ausfahrt Ciudad Evita, dann Ruta 4 nach Süden Richtung la Plata. Nach 20 km an einem Kreisverkehr (YPF-Tankstelle, Mercedes-Niederlassung) nach rechts (Süden) in die Av. España, ca. 2 km bis Aspro-Tankstelle, dann links in die 25 de Mayo, ca. 4 km, dann rechts zu Don Vitale (ausgeschildert). don_vitale@hotmail.com

Längere Aufenthalte

Eine Unterkunft für länger ist in Buenos Aires **nicht leicht zu finden.** An den Schwarzen Brettern im Goethe-Institut (Corrientes 311) oder bei Asatej (Florida 833, 3° Piso) hängen manchmal Angebote aus, ansonsten hilft nur ein Blick in den Anzeigenteil der großen Zeitungen. Für ein möbliertes Zimmer muss man mit 250–300 US-$ monatlich rechnen, eine Zwei-Zimmer-Wohnung ist in der Regel ab 500 US-$ zu haben, mit Telefonanschluss wird es teurer.

Essen und Trinken

Essengehen in Buenos Aires ist immer gut und nach der Peso-Abwertung auch enorm preiswert. Für umgerechnet 5 Dollar kann man in einfachen Restaurants schon richtig tafeln. Als Faustregel gilt: **Mittagsmenüs sind meistens billiger als Abendmenüs.** Noch preiswertere Möglichkeiten bieten kleinere **Imbisse** wie Pizzerien, wo man auch nur Portionen essen kann, und Restaurants, die „comida para llevar" (Mahlzeiten zum Mitnehmen) anbieten oder einen „tenedor libre", wörtlich „freie Gabel": In diesem Fall kann man zu einem Fixpreis so viel essen, wie man möchte. Das Fleisch ist in allen Restaurants gut, insofern kann man als Nicht-Vegetarier eigentlich nicht viel falsch machen. Eine Auswahl aus der Restaurant-Szene:

Grillrestaurants

Die typischen Grillrestaurants mit großen Fleischportionen, wo das Steak mindestens 400 g wiegt, sind etwas teurer. Mit 30–40 US-$ je Person muss man schon bei einer Mahlzeit rechnen. Eine **klassische Auswahl** für Freunde großer Fleischeslust:

- **La Estancia,** Lavalle 941.
- **La Cabaña,** Entre Rios 436.
- **La Chacra,** Av. Córdoba 941; sehr empfehlenswert.
- **Las Nazarenas,** Reconquista 1132.
- **Cabañas la Lilas,** Puerto Madero, Av. Alicia Moreau de Justo 516.
- **El Mirasol de la Recova,** Posadas 1032.

Die **besten Grillrestaurants** liegen an der Costanera Norte, etwa einen Kilometer nördlich des Aeroparque Jorge Newberry, sowie nahe der Innenstadt im Puerto Madero. Hier gibt es die authentischen Riesensteaks im Tellerformat – und zwar zu deutlich niedrigeren Preisen als in den oben genannten klassischen Restaurants der Innenstadt.

Pizza

Viele behaupten, dass man in Buenos Aires die beste Pizza der Welt bekommen würde; der Streit geht dann nur noch darum, wo in Buenos Aires.

- **Pizzería Guerrín,** Av. Corrientes 1372.
- **Los Idolos,** Suipacha 436.
- **María,** Güemes 3140.
- **Il Gatto,** Corrientes 959 (nahe Obelisk).
- **Las Cuartetas,** Av. Corrientes 838
- **Los Inmortales,** Av. Corrientes 1369, auch Callao 1165 und Marcelo T. de Alvear 1254

Im Zweifel aber schwört der Porteño doch auf seine Pizzeria an der Ecke. Die billigste Variante, die allerdings keinen Vergleich besteht, liefert die **Pizza-Kette Ugi.**

Vegetarisch

Wer im Fleischland Argentinien auch mal vegetarisch essen will, kann das gut in folgenden Restaurants:

- **Oasis,** Callao 749; nur Mo bis Fr und nur Mittagstisch.
- **La Esquina de las Flores,** Córdoba 1599; sehr gut.
- **Za Zen,** Talcahuano 434; auch abends geöffnet.

Luxusrestaurants

Neben den Restaurants in den Luxushotels (siehe dort) noch ein paar Empfehlungen:

●**Au bec fin,** Vicente López 1827, Tel. 4801-6894; französisch.
●**Catalinas,** Reconquista 875, Tel. 4313-8430; französisch-international.
●**Lola,** R. M. Ortiz, Tel. 4804-3410; französisch-international.
●**Tomo I,** Carlos Pellegrini, Tel. 4326-6695; serviert wird so genannte neue argentinische Küche.

Andere Restaurants

●**El Pulpo,** Tucumán 400; gutes Fischrestaurant, nicht ganz preiswert.
●**Pippos,** Vier preiswerte Restaurants besitzt die Pippo-Kette inzwischen in der Stadt, alle mit guten Steaks und Nudelgerichten. Die Adressen: Callao 1077, Paraná 356, Montevideo 341 und Esmeralda 440.
●**La Nueva Martona,** Uruguay 1080; beliebtes Fischrestaurant.
●**La Cantina de David,** Av. Córdoba 6299; Italienische Küche, aber weitab des Zentrums.
●**Salon Español,** Av. del Mayo 1199; spanische Küche.
●**El Sabor Escondido,** Cochabamba 435; sehr gutes Preis-Leistungs-Verhältnis.
●**Ristorante Broccolino,** Esmeralda 776; wunderbare Pizza- und Pastagerichte.
●**Brizzi,** Lavalle 445; gut fürs Mittagessen.
●**Vieja Victoria,** Hipólito Yrigoyen 778, Tel. 4342-0838. Schlicht aussehendes Restaurant, aber gute Fleischgerichte, für das Gebotene recht preiswert.
●**La Vieja Rotisseria,** Defensa, 900er Block. Gut, recht preiswert, vor allem Fleischgerichte, beliebt und oft voll, schöne Atmosphäre.
●Auf der Lavalle befinden sich weitere große, gute Restaurants mit zivilen Preisen, z.B. **Acapulco,** Lavalle 757, Tenedor libre (sehr preiswert) oder **La Casona del Nonno,** italienisch (preiswerte Mittagsmenüs).
●Die **Calle Necochea** im Stadtteil La Boca ist ein sehr beliebtes Pflaster zum Speisen. Vorwiegend italienische Küche wird hier serviert, das Ambiente ist etwas abgewirtschaftet.

arg3-190 Foto: gw

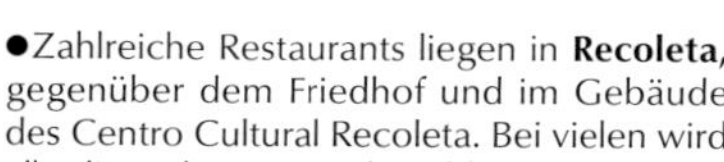

●Zahlreiche Restaurants liegen in **Recoleta,** gegenüber dem Friedhof und im Gebäude des Centro Cultural Recoleta. Bei vielen wird allerdings die Lage mitbezahlt.

●Viele neue, oft sehr schöne, aber auch teurere Restaurants finden sich **am Puerto Madero,** dem alten, neu herausgeputzten Hafen. Dort sind in den letzten Jahren die Lagerhallen restauriert und umgebaut worden. Ein neues Zentrum der Stadt am Fluss – Konkurrenz zu den schicken Vierteln wie Recoleta.

Cafés und Bars

Unter den Tausenden von Bars und Cafés wird jeder schnell seinen Lieblingsplatz finden. Der Porteño lebt im Café, stundenlang vor ein oder zwei Tässchen mit heißem und süßem Gebräu sitzend.

●Das bekannteste und berühmteste Café ist das **Tortoni,** Av. de Mayo 829, das bereits 1858 eingeweiht wurde und sich seit 1893 hier befindet. An Wochenenden spielt hier eine Jazz-Band, dann flaniert man durchs Café und hofft zu sehen und gesehen zu werden. Ein Cortado hier gehört zum Pflichtprogramm des Buenos Aires-Besuchers.

Andere klassische Cafés sind:

●**Confitería Ideal,** Suipacha 384.

●**Confitería La Biela,** Av. Quintana 600.

●**Confitería Suiza,** Tucumán 753.

●**El Gato Negro,** Av. Corrientes 1660; auch Jazz und Tango live.

●**36 Billares,** Av. de Mayo 1265/71.

●**Confitería Las Violetas,** Rivadavia Ecke Medrano (Metro Castro Barros); im alten Wiener Stil restauriert.

●Wer's moderner liebt, sollte das so genannte **Drugstore „Open Plaza 1800"** auf der Av. del Libertador 1800 aufsuchen – hier fehlen weder modernes Design noch Multimedia.

●An und in der Nähe der Avenida Corrientes liegen die „Wohnzimmer" der argentinischen (Kaffeehaus-) Intellektuellen. Beliebt ist das **Clásica y Moderna** auf der Callao 892: Es ist rund um die Uhr geöffnet. Wer sich im Café gern der Lektüre widmet, kommt hier auf seine Kosten, schließlich gehört eine Buchhandlung direkt dazu. Auch das berühmte **La Paz** (Corrientes 1599) hat inzwischen wieder geöffnet – es war 1997 unter großer Anteilnahme der argentinischen Intellektuellen geschlossen worden.

●Sonntags ist ein Besuch des **Café Plaza Dorrego** sehr zu empfehlen. Es liegt an der Humberto 1°/Ecke Plaza Dorrego, direkt am Flohmarkt in San Telmo.

●**Club del Vino,** Cabrera 4737, Palermo.

●**Henry J. Beans,** Junín 1749, Recoleta.

●**Bar Seddon,** 25 de Mayo 774, Zentrum.

●**Bar Sur,** Estados Unidos 299, San Telmo.

Eis

Porteños sind davon überzeugt, dass es in Buenos Aires das weltbeste Eis gibt. Machen Sie die Probe aufs Exempel – die Porteños könnten Recht haben.

●Den besten Ruf hat die Eisfabrik **Freddo,** die vorübergehend an eine ausländische Kette verkauft war und fast bankrott ging, nun aber wieder unter den ursprünglichen Besitzern die Bonaerenser beglückt. Freddo-Filialen gibt es in der ganzen Stadt.

Kinos

Die meisten Kinos von Buenos Aires liegen an der Av. Corrientes und an der Lavalle. Zahlreiche moderne Säle sind in den Einkaufszentren untergebracht, z.B. Alto Palermo, Abasto, Patio Bullrich, Paseo Alcorta, Galerías Pacífico. Multiplex-Kinos sind u.a. Village Recoleta (Vicente López, Ecke Junín), Cinemark Puerto Madero (Justo 1920), Cinemark Caballito (Av. La Plata 96). Sie spielen das international übliche Programm, in Originalsprache mit Untertiteln. Der Eintritt kostet normal 2,30 US-$, Mi nur 1,30 US-$, in den Einkaufszentren und Multiplexen gibt es auch Mo und Di Ermäßigung.

Wer etwas Außergewöhnliches sucht, sollte in die Tageszeitungen (am besten die Freitagsausgabe des „Clarín") schauen; in vielen

Kulturinstituten gibt es außergewöhnliche Filmreihen, so im **Centro Cultural San Martín** (s.u.).

Gute Off-Kinos mit alternativem Angebot sind außerdem:

- **Cosmos,** Av. Corrientes 2046.
- **Tita Merello,** Suipacha 442.

Theater und Konzerte

Auch hier lohnt ein Blick in die Zeitung. Die Corrientes ist der „Broadway von Buenos Aires", hier gibt es die meisten Theater. Die Karten für Konzerte und Theater kauft man direkt am Spielort oder bei einer der Vorverkaufsstellen *(carteleras)*. Die zentralste liegt in der Lavalle 828. Einen hervorragenden Überblick über das aktuelle Theater-Angebot bietet die Website www.alternativateatral.com.

Die wichtigsten Spielstätten:

- **Teatro Colón,** Libertad 621, Tel. 4382-0554. Wer die Chance hat, dort eine Aufführung zu erleben, sollte sie auf keinen Fall versäumen.
- **Teatro Municipal Presidente Alvear,** Av. Corrientes 1659.
- **Teatro Municipal General San Martín,** Av. Corrientes 1530, Tel. 4374-1250.
- **Teatro Nacional Cervantes,** Córdoba/Ecke Libertad, Tel. 4815-8883.
- **Teatro Catalinas Sur,** Av. Benito Pérez Galdos 93, La Boca, Tel. 4300-5707, www.catalinasur.com.ar
- **Luna Park,** Bouchard 465; nahe der Hauptpost: Veranstaltungsort für große Rock- und Popkonzerte.
- **Centro Cultural Recoleta,** Junín 1930.

Diskos

Die meisten Diskotheken der Stadt kosten um die 15 US-$ Eintritt. Das Tanzvergnügen beginnt sehr spät, vor 2 oder 3 Uhr nachts ist in der Regel nichts los. Die angesagten Orte wechseln schnell, daher empfiehlt sich ein Blick in die Zeitungsanzeigen.

Einige Adressen:

- **Cemento,** Estados Unidos 700. Hard-Rock, Punk, schwarze Lederjacken.
- **Halley,** Corrientes 2020. Harte Rockmusik.
- **Bembe,** Nicote Vega 5510. Bar, Salsadisko, freitagsabends mit Tanzstunde.
- **Mitos Argentinos,** Humberto Primo 489, San Telmo.
- **Nave Jungla,** Nicaragua 4346. Club mit düsterer Atmosphäre, leicht bizarr.
- **Pacha,** Costanera Norte/Ecke La Pampa; Riesendisko mit großen Terrassen.

Restaurant-Diskos

Die neueste Mode in Buenos Aires: Zunächst gut essen gehen, dann gleich dableiben zum Tanzen. Die Restaurants öffnen normalerweise gegen 21 Uhr, meist nur Mi/Do bis So, und ab 1 Uhr verwandeln sie sich in Diskotheken. Abendessen für ca. 10 US-$, Disko-Eintritt inklusive:

- **Puente Mitre,** Av. Casares Ecke Sarmiento, Palermo.
- **Divino Buenos Aires,** Av. Cecilia Grierson 225, Puerto Madero.
- **La Diosa,** Rafael Obligado s/n, Complejo Costa Salguero, Palermo.

Tango

Die preiswertesten Möglichkeiten, **Tango live** zu erleben, bieten sich Sonntagvormittag auf und in der Nähe der Plaza Dorrego. In vielen **Bars** finden auch Tango-Shows statt, deren Besuch zwischen 35 und 70 US-$ kostet (siehe „Stadtrundfahrten"). Die kostenlose Zeitschrift „El Tangauta" bringt monatlich Tangotipps. Einige der bekannteren Adressen, auch mit Tango-Shows:

- **Bar Sur,** Estados Unidos 299.
- **Café Homero,** J. A. Cabrera 4946.
- **La Casa Blanca,** Balcarce 868.
- **El Querandí,** Perú 302, San Telmo
- **Taconeando,** Balcarce 725
- **Esquina Carlos Gardel,** Carlos Gardel 3200.

Tangokonzerte finden regelmäßig an folgenden Orten statt (empfehlenswert ist ein Blick auf die Veranstaltungstipps in den Tageszeitungen):

- **Café Tortoni,** Av. de Mayo 829.
- **Club del Vino,** Cabrera 4737.

●**El Chino,** Beazley 3566.
●**Foro Gandhi,** Av. Corrientes 1551.
●**Teatro Municipal Pte. Alvear,** Av. Corrientes 1659.
●**Teatro Nacional Cervantes,** Libertad 815.

Tanzlehrer in Buenos Aires:
●**Eduardo Arquimbau,** Boedo 722, Tel. 4957-1829.
●**Gustavo Naveira,** Lavalle 2185, 3° piso, Tel. 4374-6550.
●**Rodolfo und Maria Cieri, Rodolfo Dinzel,** Juffré 160, Tel. 4777-0405.
●**Fernando Galera,** Boedo 722, Tel. 4584-6311.

Aktuelle **Tango-Informationen** im Internet unter:
●www.tangodata.com.ar
●www.detangueros.com.ar

Milongas (Tango-Tanzclubs)

Hier kann man nicht nur zusehen, sondern sich selber an den Tangoschritten versuchen:
●**El Abrazo Tango Club/Confitería Ideal,** Suipacha 384, 1° piso, Tel. 4306-5800, Fr 14 Uhr.
●**Maracaibo,** Maipú 365, Tel. 4326-2534, Fr bis Mo 15 Uhr, Fr/Sa 22 Uhr, So 20 Uhr.
●**La Galería del Tango,** Av. Boedo 722, Tel. 4584-4727, Sa 23 Uhr.
●**Viejo Correo,** Av. Díaz Vélez 4820, Tel. 4958-0364, Sa/So 22 Uhr.

●**Centro Cultural Torquato Tasso,** Defensa 1575, Tel. 4307-6506, Fr bis So 23 Uhr.

Kulturzentren

●Das größte und bekannteste Kulturinstitut ist das **Centro Cultural San Martín** (Kunstgalerien, Theater- und Kinosäle). Hier ist jeden Tag etwas los, gut besucht sind die Filmreihen, die dem Filmschaffen anderer Länder gewidmet sind. Die offizielle Adresse ist Sarmiento 1551, aber die meisten Besucher benutzen den Eingang von der Av. Corrientes.
●Für deutschsprachige Besucher interessant ist das **Goethe-Institut** auf der Av. Corrientes 319. Es besitzt eine Bibliothek (Mo, Di, Do, Fr 12–19.30 Uhr), veranstaltet werden auch Konzerte und Filmprogramme.

Notfall

Polizeizentrale

●Moreno 1550, Tel. 438-8041.

Notruf

●**Polizei:** Tel. 101
●**Feuerwehr:** Tel. 100

Deutsches Krankenhaus

●Pueyrredón 1658, Tel. 4821-7661; mit Erste-Hilfe-Station.

Flugverbindungen

Buenos Aires besitzt zwei Flughäfen: einmal weit östlich der Stadt den **internationalen Flughafen Ezeiza,** zum anderen den westlich des Zentrums liegenden **nationalen Flughafen Aeroparque Jorge Newberry,** meist kurz Aeroparque genannt. Hier starten und landen auch Flüge nach und von der uruguayischen Hauptstadt Montevideo aus.

Zum Aeroparque kann man mit dem Taxi oder „Colectivo" (Stadtbus) gelangen. Eine Taxifahrt vom Zentrum aus kostet ca. 3 US-$. Eine weitere Transportmöglichkeit bieten die Kleinbusse von Manuel Tienda León, die einen für 5 US-$ zu fast jedem Hotel in der Innenstadt bringen (ab der Innenstadt: Avenida Santa Fé 790). Am billigsten sind die Stadtbusse. Vom Bahnhof Retiro fahren Busse der Linie 45 für ca. 0,20 US-$. Sie halten direkt vor dem Flughafengebäude. Evtl. kann es Schwierigkeiten mit dem Gepäck geben: Manche Colectivo-Fahrer weigern sich, Reisende mit zu großen Koffern oder Rucksäcken mitzunehmen.

Um **nach Ezeiza** zu gelangen, gibt es vier Möglichkeiten. Die beiden billigsten sind der normale oder der schnellere Bus der Linie 86; allerdings fahren nicht alle Busse dieser Linie zum Flughafen, man muss auf die Beschilderung *(aeropuerto)* achten. Zusteigen kann man am besten an der Avenida del Mayo oder der Avenida Rivadavia. Der normale Bus braucht etwa 2½ Stunden für die Strecke, der schnellere ist ca. 1½ Stunden unterwegs. Er wird als „servicio diferencial" bezeichnet (0,40 US-$).

Die vielleicht einfachste Möglichkeit bieten die **Busse der Manuel Tienda León S.A.** (Tel. 4314-3636). Für 4,30 US-$ fährt man in etwa 40 Minuten vom Flughafen in die Stadt. Endstation im Zentrum ist auf der Avenida Santa Fé 790, sehr nahe an der Plaza San Martín. Hier ist das Stadtbüro von Manuel León, von wo in umgekehrter Richtung die Busse halbstündlich von 5–20.30 Uhr abfahren, Fahrzeit ca. 40 Min., 15 Min. vorher dasein. Man kann sich innerhalb des Zentrums auch zu Hause abholen lassen. Der Service zum Aeroparque Newberry kostet mit Manuel León ca. 1,40 US-$ und funktioniert im selben Rhythmus. Taxis kosten vom Flughafen in die Stadt rund 10 US-$ (vom/zum Aeroparque: 3 US-$), man kann meist auch mit Kreditkarte bezahlen.

Wichtig: Bei internationalen Abflügen wird in Ezeiza eine **Flughafensteuer** von derzeit 18 US-$ verlangt. Diese Steuer muss in bar bezahlt werden.

Am Flughafen gibt es eine Filiale des Banco Nación mit Geldautomaten, ebenso einen Schalter der Wechselstube Casa Piano.

Die wichtigsten **Fluggesellschaften** mit ihren Büros in Buenos Aires:

- **Aerolíneas Argentinas,** Perú 2, Tel. 4340-7777, gratis 0810-2228-6527.
- **Austral Líneas Aéreas,** Av. Alem 1134, Tel. 4340-7800.
- **Lapa,** Carlos Pellegrini 1075, Tel. 4114-6200.
- **Lade,** Perú 710, Tel. 4361-707.
- **British Airways,** Av. Córdoba 650, Tel. 4320-6600.
- **Iberia,** C. Pellegrini 1163, Tel. 4326-5082.
- **KLM,** Reconquista 559, 5° Piso, Tel. 4315-8882.
- **Lan Chile,** Paraguay 609, Tel. 4378-2222.
- **Lufthansa,** M. T. Alvear 590, 6° Piso, Tel. 4313-0600.
- **Southern Winds,** Florida 868, 13° piso, Tel. 4312-2811, gratis 0810-7777979.
- **Varig,** Florida 630, Tel. 4329-9211.
- **Vasp,** Av. Santa Fé 784, Tel. 4311-2699.

Zu **Flugzielen** im Inland siehe „Reisen in den La-Plata-Ländern".

Überlandbusse

Alle Überlandbusse fahren vom **zentralen Busbahnhof Retiro** ab, einige wenige auch am **Bahnhof Constitución.** Beide Bahnhöfe sind durch die U-Bahn-Linie C miteinander verbunden.

Von Retiro aus ist **jede Provinzhauptstadt zu erreichen.** Viele Busgesellschaften haben dieselben Ziele im Angebot, deshalb sollte man herumschauen und Preise vergleichen. Mit einem Internationalen Studentenausweis ist mitunter auch ein Preisrabatt zu erhalten. Der Busbahnhof ist meistens überfüllt, oft bilden sich vor den Ticketschaltern lange Warteschlangen. Deshalb ist man gut beraten, sich frühzeitig um seine Karte zu bemühen.

Im Busbahnhof gibt es zwei Möglichkeiten, sein Gepäck aufbewahren zu lassen, und mehrere Cafés, Kioske und eine Bank. Vor dem Bahnhof finden sich zahlreiche Marktstände und Freiluft-Restaurants. Vorsicht: Achten Sie hier gut auf Ihr Gepäck!

Eisenbahn

Die beiden wichtigsten **Bahnhöfe** sind **Retiro** (Richtung Norden) **und Constitución** (Richtung Süden). Sie sind durch die U-Bahn-Linie C verbunden. Der Zugverkehr wurde aber weitgehend eingestellt.

- **Córdoba,** von Retiro fährt täglich ein Zug nach Córdoba.
- **Tucumán,** es fährt zweimal wöchentlich ein Zug nach Tucumán (von Retiro)
- **Bariloche,** von Constitución geht zweimal wöchentlich ein Zug nach Bariloche.
- **Mar del Plata,** von Constitución verkehrt mehrmals täglich ein Zug nach Mar del Plata.

Da weitere Stillegungen und Änderungen zu erwarten sind, fragt man besser im **Informationsbüro der Eisenbahnen** nach, Maipú 88, Tel. 4331-3280.

Retiro ist auch einer der wichtigsten Bahnhöfe für die Vorortzüge, beispielsweise um ins Paraná-Delta nach Tigre zu gelangen; zum Zugfahren s.a. „Reisen in den La-Plata-Ländern".

Schiff

Die meisten Bootslinien verbinden Buenos Aires mit uruguayischen Häfen, entweder mit Colonia oder direkt mit Montevideo.

- **Ferrytur,** Maipú 866, Tel. 4311-4700, Av. Córdoba 699, Tel. 4315-6800, und im Buquebus-Terminal am Puerto Madero.

Von Buenos Aires über Colonia nach Montevideo und Punta del Este. Zweimal täglich mit der Fähre, die auch Autos mitnehmen kann (ca. 20 US-$), zusätzlich zweimal täglich mit der normalen Fähre. Abfahrtzeiten sind 8.30 (Autofähre), 11, 16.30, 19.30 Uhr (Autofähre). Die Fahrt bis Colonia dauert 2½ Stunden (Autofähre) bzw. 45 Minuten (Personenboot), die Busfahrt nach Montevideo weitere 1½ Stunden. Die Fahrt bis Colonia kostet 15 US-$, bis Montevideo 20 US-$, bis Punta del Este 25 US-$.

- **Buquebus,** im Shopping-Center „Patio Bullrich" auf der Av. de Libertador 750, 1. Stock, Tel. 4313-4444, Antártida Argentina 821, Tel. 4316-6500, Puerto Dársena Norte am Puerto Madero (wo die Calle Viamonte auf die Av. Eduardo Madero trifft), allgemein als Terminal Buquebus bekannt; www.buquebus.com.

Mehrmals täglich Service nach Colonia, mit Schnellbooten und Autofähren, Fahrtdauer 50 Min. bzw. 2½ Stunden, Preis 36 bzw. 28 US-$, auch ein teurer First-Class-Service.

Nach Montevideo fährt Buquebus mit seinem Schnellboot „Buqueavion" in 2½ Stunden (viermal täglich, einfache Fahrt 35 US-$, auch ein teurerer First-Class-Service).

- **Cacciola,** Florida 520, 1° piso, oficina 113, Tel. 4393-6100.

Bus-Boot-Kombinationen von Buenos Aires über Tigre und Carmelo (Uruguay) nach Colonia, Montevideo und zu anderen Zielen in Uruguay. Die Fahrt nach Montevideo dauert etwa 8 Stunden, sie kostet 10 US-$ (hin und zurück nur 15 US-$).

Stadtbusse

Stinkend, laut, meistens überfüllt, dafür billig – das sind die Stadtbusse von Buenos Aires, die **Colectivos.** 18.000 dieser dieselqualmenden Ungetüme verkehren auf mehr als hundert Linien. Der Busplan der Stadt sieht aus wie ein Schnittmusterbogen und ist für Fremde kaum zu durchschauen. Hier muss man sich durchfragen, beim Fahrer oder bei Mitfahrenden. Die Busse haben keinen festen Fahrplan, in den Hauptverkehrszeiten wartet man aber selten länger als drei Minuten. Die wenigsten Haltestellen sind ausgeschildert, der Kiosk-Besitzer an der Ecke weiß aber meistens weiter. Der Einzelfahrschein kostet etwa 0,75 Pesos (ca. 0,20 US-$), beim Umsteigen muss ein neues Ticket gelöst werden. Bei den meisten Bussen zahlt man beim Fahrer, manche Colectivos haben auch Automaten.

Taxis

Taxis sind leicht an ihrem schwarz-gelben Anstrich zu erkennen. In Buenos Aires gibt es zur Zeit mehr als 60.000, es werden aber nahezu täglich mehr, da viele Arbeitslose hoffen, sich so eine neue Existenz aufbauen zu können.

Taxistände gibt es kaum, die meisten Wagen schleichen leer im Schrittempo an den Straßenrändern entlang, um ja keinen Fahrgast zu verpassen, und tragen so nicht unwesentlich zum allgemeinen Verkehrschaos bei. Das hochgeklappte „libre"-Schild verrät, dass sie frei sind. Taxifahren ist recht billig, alle Wagen haben ein Taxameter, das in der Regel auch eingeschaltet wird. Bei Fahrten, die aus dem Stadtgebiet herausführen, muss immer noch zusätzlich der Preis für die Strecke zurück ins Stadtgebiet bezahlt werden, da Fahrer aus dem Stadtgebiet von Buenos Aires außerhalb ihres Reviers keine Fahrgäste aufnehmen dürfen.

Ein **Sicherheits-Hinweis:** Grundsätzlich sollte man vermeiden, irgendein Taxi auf der Straße zu nehmen. In der letzten Zeit häufen sich Fälle von sog. *taxis truchos,* das sind Autos, die sich als Taxi ausgeben, deren Fahrer aber mit einem Kumpanen unter einer Decke steckt: Dieser steigt an der nächsten Ecke zu und erleichtert den Passagier um seine Wertsachen und/oder zwingt ihn, Geld aus einem Bankautomaten zu ziehen. Man sollte sich daher schon im Hotel die Nummern von vertrauenswürdigen Taxiunternehmen geben lassen und diese im Bedarfsfall anrufen. Achten Sie im Zweifelsfall auf eine eindeutige Kennzeichnung des Wagens (Nummernschild, Name des Unternehmens außen, Ausweis mit Foto und Namen des Fahrers sichtbar innen), bevor Sie einsteigen.

U-Bahn

Fünf U-Bahn-Linien durchkreuzen das Zentrum von Buenos Aires. Die U-Bahn, von den

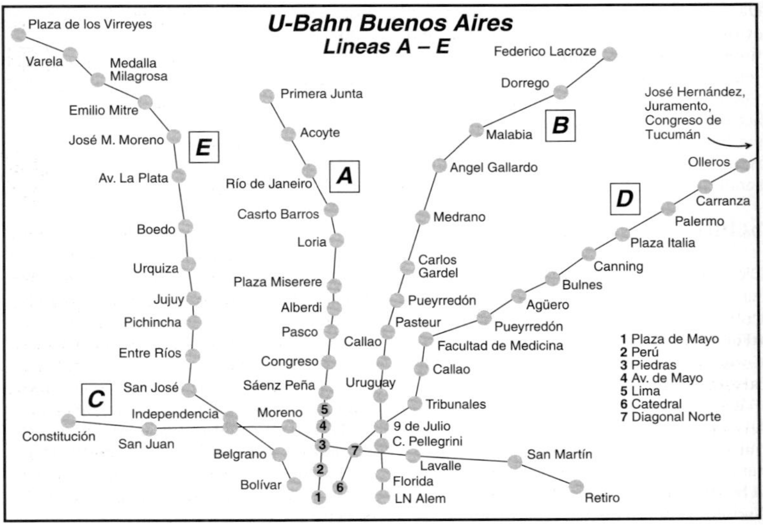

Bonaerensern liebevoll *subte* genannt (von *subterráneo,* unterirdisch), ist uralt, die Züge teilweise recht ungemütlich und laut, aber sie ist schnell und billig: 0,70 Pesos (0,20 US-$) kostet ein Ticket, mit dem man unbegrenzt umsteigen und hin- und herfahren kann. Man kauft entweder eine subtecard für eine Einzelfahrt oder einen subtepass für 20 Fahrten, der wie eine Kreditkarte aussieht und wieder aufladbar ist. Die U-Bahn fährt von 6–23 Uhr. In den letzten Jahren wurde in die Modernisierung der Wagen und den Ausbau des Streckennetzes investiert. Künftig soll die Linie H als zweite Transversallinie neben der Linie C die Stadt von Ost nach West durchqueren, und zwar von Retiro über Once nach Pompeya.

U-Bahn-Kunst: Wer sich für die z.T. aufwendig ausgeschmückten und künstlerisch gestalteten U-Bahnhöfe interessiert, kann sich einer Führung der Gruppe „Flor de Buenos Aires" anschließen: So 14 Uhr ab Pasaje Roverano, Av. de Mayo 500, neben dem Ausgang der Station Perú; Dauer: 2 Stunden, 1,5 US-$, Tel. 154049-3337.

Autovermietung

Wer Stress nicht scheut, wer gute Nerven hat und möglichst noch Augen am Hinterkopf, der kann auch in Buenos Aires Auto fahren. Und wer es liebt, im Stau zu stehen und zusätzlich noch ein gewisses Aggressionspotential sein eigen nennt, dem wird es sogar Spaß machen.

Allgemeine Infos zum Autoleihen siehe im Kapitel „Reisen in den La-Plata-Ländern"; hier die Adressen einiger **Autovermieter:**

- **Dollar Rent a Car,** M. T. de Alvear 523, Tel. 4315-8800, www.dollar.com.ar.
- **Localiza,** Suipacha 570 7°A, Tel. 0800-999-2999, www.localiza.com.ar.
- **Avis,** Sarandi 1255, Tel. 0810-9991-2847, www.avis.com.ar.
- **Hertz/Annie Millet,** Paraguay 1122, Tel. 4816-8001, www.milletrentacar.com.ar.
- **New Way,** Marcelo T. de Alvear 773, Tel. 4515-0331/2 und 4595-1476, newwayrentacar@hotmail.com.
- **Thrifty,** Av. Leandro N. Alem 699, Tel. 4315-0777, www.thrifty.com.ar.
- Auch **am Flughafen in Ezeiza** haben die großen internationalen Gesellschaften ihre Büros.

Botschaften

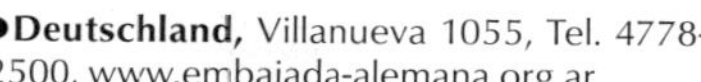

- **Deutschland,** Villanueva 1055, Tel. 4778-2500, www.embajada-alemana.org.ar.
- **Holland,** Olga Cossenttini 831, piso 3, Tel. 4338-0050, www.embajadaholanda.int.ar.
- **Österreich,** French 3671, Tel. 4802-7195, www.austria.org.ar.
- **Schweiz,** Av. Santa Fé 846, 10° Piso, Tel. 4311-6491, www.eda.admin.ch/buenosaires.

Wer von Argentinien nach Paraguay und Uruguay einreisen möchte, findet die geltenden Einreisevorschriften im Kapitel „Dokumente, Ein- und Ausreisebestimmungen"; wer in die Nachbarländer Bolivien, Brasilien und Chile einreisen möchte, sollte bei Fragen deren Botschaften in Buenos Aires aufsuchen. Zur Zeit ist die Einreise in alle drei Länder für Deutsche, Niederländer, Schweizer und Österreicher mit Reisepass problemlos möglich. Hier die **Konsulatsadressen:**

- **Bolivien,** Belgrano 1670, 2° Piso, Tel. 4381-0539.
- **Brasilien,** C. Pellegrini 1363, 5° Piso, Tel. 4394-5264.
- **Chile,** Tagle 2762, Tel. 4804-5927.

Geldwechsel und Kreditkarten

Nahezu jede Bank wechselt Dollar- oder auch Euro-Scheine, allerdings mit hoher Kommission. Noch schwieriger ist es, kommissionsfrei Geld auf Traveller-Schecks zu bekommen. Dazu wendet man sich am besten an die jeweilige Ausgabestelle. **American Express** hat sein Büro auf Arenales 707, nahe Plaza San Martín, Tel. 312-0900; der **Banco Roberts,** 25 de Mayo 258, tauscht Thomas-Cook-Schecks ohne Kommission.

Mehrere **Wechselstuben (cambios)** finden sich im Viertel San Martín/M. T. Alvear.

Hier die Adressen der wichtigsten **Kreditkartenbüros:**

- **American Express,** Arenales 707, Tel. 4310-3535 (auch Postsammelservice).
- **Visa Argentina,** Av. Corrientes 1437, Tel. 4379-1000, 800-888-8006.
- **Eurocard/MasterCard,** H. Yrigoyen 874, Tel. 4348-7000, 4348-7070.
- **Diners,** C. Pellegrini 1023, Tel. 4327-4545.

Stadtpläne

An fast allen Kiosken gibt es Stadtpläne von Buenos Aires mit Straßenverzeichnis zu kaufen. Praktisch und ausreichend für den kürzeren Aufenthalt ist der kleine Plan des Stadtzentrums (mit U-Bahn-Linien), der von der U-Bahn-Gesellschaft herausgegeben wird und kostenlos an den Schaltern zu haben ist.

Post

Die Hauptpost befindet sich auf der Ecke von Sarmiento mit L. N. Alem. Geöffnet: Mo bis Fr von 8–20 Uhr. „Poste Restante" kann man im 1. Stock abholen; man braucht Geduld und je Brief wird 1 US-$ verlangt. Auch wer nicht schreiben will und keinen Brief erwartet, sollte das Gebäude aufsuchen – die wunderschöne Schalterhalle sucht ihresgleichen.

Telefon

So genannte **Centros de Llamadas** (Telefonzentralen) finden sich inzwischen nahezu in jeder Straße. Sie werden privat betrieben und bieten meistens auch einen Faxservice. Die meisten Telefonzentralen haben auch einen Internet- und e-Mail-Service, billiger sind aber Internetcafés (nicht immer mit Kaffee).

Internetcafés

Internet-Zugang kann man mittlerweile an fast jeder Ecke haben – die Internetcafés sprießen so schnell aus dem Boden, wie sie wieder schließen. Rund um die Kreuzung der Fußgängerzonen Florida und Lavalle gibt es mindestens zwei pro Block, die Preise oszillieren zwischen 1 und 3 Pesos pro Stunde, also 0,30 bis 0,90 US-$.

Sprachschulen

Die Argentinien-Reise wird mit Sprachkenntnissen schöner. Buenos Aires bietet gut Möglichkeiten, argentinisches Spanisch zu lernen. Für eine Einzelstunde muss man 10–15 US-$ kalkulieren. In Kleingruppen (bis 5 Personen) zahlt man rund 6–8 US-$ je Stunde. Die Schulen können meist auch Übernachtungsmöglichkeiten in Familien oder Wohngemeinschaften organisieren. Zwei Sprachschulen sind:

- **Laboratorio de Idiomas der Universidad Buenos Aires,** 25 de mayo 221, Tel. 4343-5981, www.idiomas.filo.uba.ar.
- **Centro Universitario de Idiomas (CUI),** Junín 508, piso 3, Tel. 4372-9674 interno 24, www.cui.com.ar.

Auch am schwarzen Brett des Goethe-Institutes wird immer wieder Spanisch-Unterricht angeboten oder ein deutsch-spanischer Sprachaustausch gesucht.

Reiseveranstalter / Stadtrundfahrten

- **Buenos Aires Vision** (Esmeralda 356, 8° Piso, Tel. 4394-2986) und **Buenos Aires Tur** (Lavalle 1444, Tel. 4371-2304) bieten Stadtrundfahrten für 7 US-$ an. Die Rundfahrten starten täglich um 9.30 und um 14.30 (Mo bis Sa), Do um 14 Uhr. Weiter im Angebot sind Gaucho-Feste (100 US-$), Ausflüge ins Tigre-Delta (40–80 US-$) sowie abendliche Rundfahrten mit Tango-Show (75 US-$ bzw. 110 US-$ mit Abendessen).
- An den Wochenenden organisiert die **Stadtverwaltung** Rundfahrten und -gänge durch Buenos Aires (Information: Tel. 4476-3612).

Buenos Aires: architektonischer Kontrast an der Plaza Lavalle

arg3-198 Foto: gw

●Die **schönste Stadtrundfahrt** ist für gerade mal 0,40 US-$ zu bekommen: Es ist die zweistündige, 40 km lange Tour mit der **Buslinie 29** quer durch die argentinische Hauptstadt. Der Bus startet in La Boca, direkt am Ufer des Río Riachuelo, verlässt La Boca über die Av. Almirante Brown, vorbei am Parque Lezama. San Telmo durchquert er auf der Calle Defensa und erreicht, vorbei an den Kirchen San Francisco und Santo Domingo, die Plaza del Mayo. Über die Diagonal Norte geht es zum Obelisken, von dort an der Plaza Lavalle und dem Teatro Colón vorbei in die Av. Santa Fé – die Stadtteile Recoleta und Palermo bleiben abseits liegen – bis zur Plaza Italia. Zuletzt geht es durch das Botschafterviertel Belgrano, bis der Bahnhof Olivos, die Endstation der Buslinie, erreicht ist. Der Vorteil bei dieser Stadtrundfahrt: Man kann unterwegs überall aussteigen; der nächste Bus nimmt einen wieder mit.

Zu Reiseveranstaltern, die Ziele außerhalb von Buenos Aires anfahren, zum Beispiel Estanzias, siehe auch im Abschnitt „Organisierte Touren".

Buchhandlungen und Zeitungen

●Die größte Buchhandlung ist **El Ateneo** auf der Florida 340, die auch viele englische und französische Bücher führt. Viel schöner sind aber die Buchhandlungen auf der Corrientes, wie das **Foro Gandhi,** die teilweise Literatur, Café und Veranstaltungsraum verbinden und bis spät in die Nacht geöffnet haben.

●Hervorragend sortiert ist **Platero,** auf der Talcahuano 485, mit einem riesigen Vorrat an antiquarischen Büchern im Kellergeschoss. Wer etwas Bestimmtes zur argentinischen Geschichte oder Kultur sucht, wird hier garantiert fündig.

●Second-Hand-Bücher findet man auf der nahegelegenen Plaza Lavalle. Deutschsprachige Bücher in großer Auswahl und zu hohen Preisen führen die Buchhandlungen **ABC,** Córdoba 685, und die **Goethe Buchhandlung,** Almte. Brown 168.

●**Antiquariat Henschel,** Reconquista 533, 1. Stock. Kein Schild am Hauseingang verrät, was es hier für Schätze gibt. Wundervolles, freundliches Antiquariat mit vorwiegend deutschen Büchern.

●Die **Kioske** auf der Florida bieten dem deutschsprachigen Leser eine reiche Presseauswahl: Vom „Spiegel" über die „Zeit" bis zur einen Tag alten „Süddeutschen" oder „FAZ" ist dort in der Regel alles zu finden (zu happigen Preisen), natürlich auch das „Argentinische Tageblatt".

●Wer sich über das **Kulturleben der Stadt** informieren möchte, sollte sich die Tageszeitung „Clarín" kaufen, in der täglich ein Veranstaltungskalender zu finden ist (am Freitag für die gesamte Woche).

Sport

Am stimmungsvollsten ist natürlich **Fußball,** und zwar der Besuch des Klassikers **Boca Juniors gegen River Plate** im Stadion von River Plate oder Boca Juniors. Ein Sitzplatz ist schon aus Sicherheitsgründen zu empfehlen (6–30 US-$).

Wer sich nach dem Spiel wie ein richtiger Fan fühlen und fachsimpeln möchte, sollte unbedingt einen Abstecher in die dem Stadion gegenüberliegende Freiluft-Kneipe machen – immer dem Duft der gegrillten Chorizos und Steaks folgen. Bei den Bocas gibt es auch ein kleines Museum.

●**Stadio El Monumental,** Club Atlético River Plate, Av. Figuerose Alcorta/Ecke Udaondo, Tel. 4788-1200.

●**La Bombonera** (Pralinenschachtel), Club Atlético Boca Juniors, Brandsen 805, Tel. 4362-2266, 4309-4700.

Ausflüge

Feria Mataderos

Sonntags ab 11 Uhr findet auf der Av. de los Corrales 6500 (zahlreiche Buslinien) ein lebhafter, bunter **Markt** statt, auf dem Kunsthandwerk aller Art, typische Gerichte und Folklore-Vorführungen geboten werden. Vorsicht vor Taschendieben! Auch sollte man sich nicht allein in der Umgebung des Marktes bewegen.

Tigre

Die Kleinstadt Tigre, etwa **30 km** vom Zentrum von Buenos Aires entfernt, ist wegen ihre Lage am Delta des Paraná eines der schönsten Ausflugsziele. Man nimmt den Zug vom Bahnhof Retiro (F.C. Mitre); er benötigt etwa 50 Min. und kostet ca. 1,5 US-$. Auch der Bus Nr. 60 fährt dahin.

Gegenüber dem Bahnhof, an der Estación Fluvial am Río Tigre, legen die Boote ab, die ins **Delta des Paraná** fahren. Das Delta ist ein 10.000 Quadratkilometer großes, grünes Inselgewirr, durchzogen von unzähligen kleinen und großen Flüssen und Kanälen, an deren Ufern sich die Begüterten ihre Sommerresidenzen errichtet haben. Hier wachsen subtropische Bäume und Pflanzen, es ist ein kleines Naturparadies nahe der Hauptstadt. Im gesamten Delta gibt es zahlreiche **recreos,** rustikale bis gediegene Picknickplätze, teilweise verbunden mit kleinen Hotels, Campingplätzen und Ausflugsrestaurants. Informationen erhält man am Flusshafen in Tigre, ebenso über die zahlreichen Bootstouren, die das Delta erkunden. Hier reicht die Palette vom einfachen Linienkahn bis zum Panorama-Schnellboot und von der einstündigen Schnuppertour bis zum Tagesausflug. Einen Besuch lohnt auch der **Puerto de Frutas,** ein bunter Obst- und Kunsthandwerksmarkt am Hafen (täglich 10–18 Uhr).

Für ein ganzes Wochenende im Delta kann man preiswert in der **Jugendherberge** dort übernachten. Sie liegt auf einer kleinen Insel, man kann dort auch Kanus mieten und Paddeltouren im Delta unternehmen. Die Herberge ist mit dem Bus Nr. 710 vom Bahnhof San Fernando (eine Station vor Tigre) zu erreichen, an seiner Endstation ist gleich die Haltestelle für die Fähre zur Insel. Am besten meldet man sich für den Aufenthalt in der Jugendherberge bereits in Buenos Aires an, in der dortigen Zentrale auf der Calle Talcahuano 214. Man benötigt einen Internationalen oder argentinischen Jugendherbergsausweis.

Ebenfalls nur per Boot erreichbar ist *Jorge Luis Borges'* Lieblingsherberge **Hotel de los Aeronavegantes** am Río Carapachay, Tel. 4728-0033, ab 12 US-$ p.P. mit Vollpension. Wer es nobler mag, kann in der **Bungalowanlage Alpenhaus** absteigen (Tel. 4728-0422, www.alpenhaus.com.ar, Cabaña für 62 US-$/2 Personen). Alternativ gibt es in Tigre selbst das **Bed & Breakfast,** Lavalle 557, direkt am Río Luján, Tel. 4749-2499, 12 US-$ p.P.

Isla Martín García

Nur 3,5 km vom uruguayischen, aber 37,5 km vom argentinischen Festland entfernt, liegt die nur 168 ha große Insel Martín García, die lange von den Argentiniern als Marinestützpunkt genutzt wurde und jetzt ein **ökologisches und historisches Reservat** ist. Die Insel war vermutlich der erste Punkt, auf dem Europäer 1516 landeten. Lange wurden hierhin auch Indianer aus dem Chaco und Patagonien verbannt.

Die Tour lohnt sich höchstens, wenn man sonst keine Gelegenheit hat, **subtropische Vegetation** zu bewundern: Die Insel ist komplett von einem Urwald-Gürtel umgeben, in dem zweihundert Vogelarten und der vom Aussterben bedrohte **Sumpfhirsch** *(ciervo de los pantanos)* leben.

Organisierte Ausflüge zur Insel sind mit Cacciola möglich. Die Adresse: Florida 520, 1° Piso, Buenos Aires, Tel. 4394-5520. Die Ausflüge starten um 9 Uhr (Treffpunkt 8.30 Uhr) an der internationalen Mole, Lavalle 520, in Tigre, Rückkehr ist gegen 17.30 Uhr. Die Schiffsfahrt dauert jeweils drei Stunden. Der Preis des Ausfluges beträgt 13 US-$, eingeschlossen sind Asado und die Getränke im einzigen Restaurant der Insel.

Die einzige Herberge der Insel, die **Hostería Martín García,** kann nur über Cacciola gebucht werden und kostet 15 US-$ pro Nacht inkl. Überfahrt (Minimum 2 Nächte).

Provinz Buenos Aires

Im Landesinnern

Die Provinz Buenos Aires ist die **größte und dichtestbesiedelte Provinz Argentiniens.** Auf ihren 307.000 km² leben etwa 14 Mio. Menschen. Die Bevölkerungsverteilung ist allerdings sehr unterschiedlich, da die meisten Einwohner im Großraum von Buenos Aires (allein über 11 Mio.) und der Provinzhauptstadt La Plata leben. Die Provinz ist auch das **wirtschaftliche Kernland** Argentiniens. Hier, im Hinterland von Buenos Aires, war schon vor einhundert Jahren die Viehzucht am intensivsten, und hier wurde der meiste Weizen angebaut. Die Provinz grenzt im Osten an den Atlantik: Hier liegen, sieht man von der patagonischen Península Valdés ab, die einzigen Badestrände Argentiniens.

Die Provinz Buenos Aires gehört zur **Pampa,** und zwar zur *Pampa húmeda,* der feuchten Pampa. Die **grenzenlos scheinende Grasebene** ist die klassische Landschaft Argentiniens. Rinderherden wirken hier wie kleine braune oder schwarze Punkte auf einer unendlichen, in verschiedenen Grüntönen schimmernden Ebene. Kleine Wälder verraten die Existenz von Estanzias, das Holz für den Asado wird direkt neben dem Hof angepflanzt. Die Pampa ist hier wasserreich, deshalb finden sich zahlreiche kleine Seen oder Lagunen. Unterbrochen wird die Pampa von zwei Höhenzügen: der Sierra de Ventana mit Höhen bis zu 1243 m und der Sierra de Tandil, die nur 506 m erreicht.

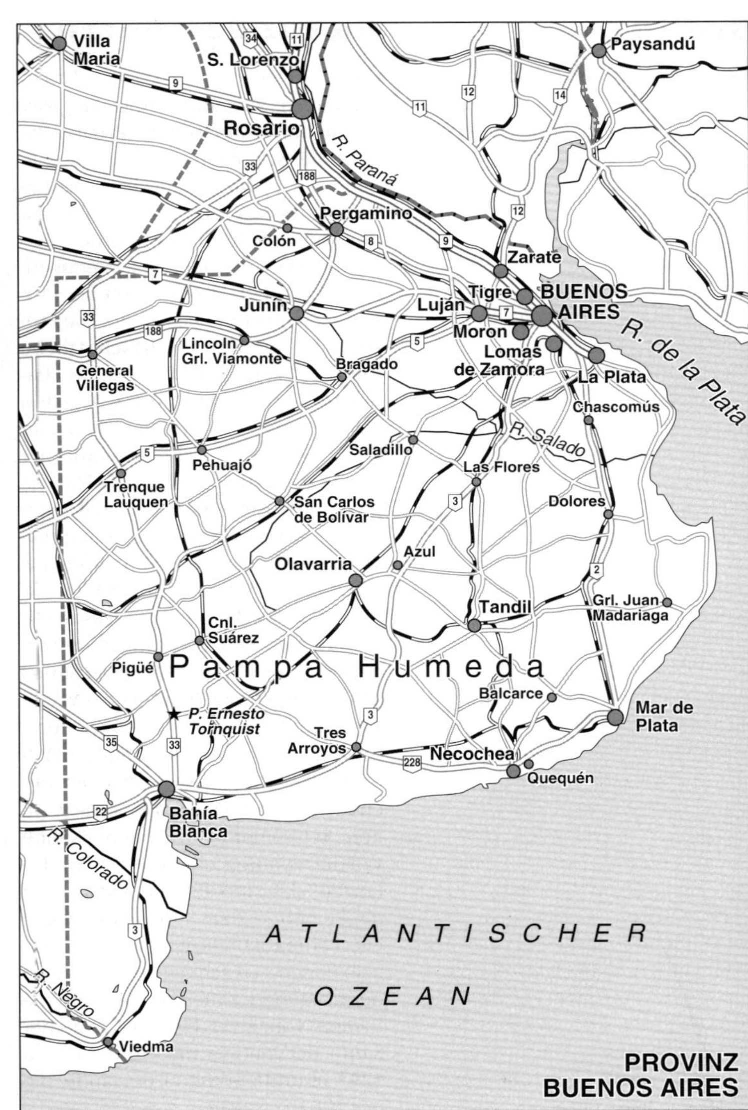
Villa Maria
S. Lorenzo
Paysandú
Rosario
R. Paraná
Pergamino
Colón
Zarate
Tigre
BUENOS AIRES
Junín
Luján
Moron
R. de la Plata
Lomas de Zamora
La Plata
Lincoln
Grl. Viamonte
General Villegas
Bragado
Chascomús
R. Salado
Saladillo
Pehuajó
Las Flores
Trenque Lauquen
San Carlos de Bolívar
Dolores
Azul
Olavarria
Grl. Juan Madariaga
Tandil
Cnl. Suárez
Pigüé
Pampa Humeda
Balcarce
P. Ernesto Tornquist
Mar de Plata
Tres Arroyos
Necochea
Quequén
Bahía Blanca
R. Colorado
ATLANTISCHER OZEAN
R. Negro
Viedma
PROVINZ BUENOS AIRES
34
11
9
12
14
33
188
8
7
5
3
2
35
228
22

La Plata

↗XIII,C2

Fast mit Buenos Aires zusammengewachsen ist die **Hauptstadt der Provinz Buenos Aires** (230.000 Einwohner). Das 1882 gegründete La Plata wurde von dem Architekten *Pedro Benoit* auf dem Reißbrett entworfen: Die Stadt ist streng symmetrisch angelegt. Es gibt ein System von Plätzen, von deren Ecken aus Diagonalen das ansonsten obligatorische Schachbrettmuster der Straßen durchschneiden. Die Straßen tragen keine Namen, sie sind durchnummeriert und werden von den ebenfalls nummerierten Avenidas umgeben und den nummerierten Diagonalen durchkreuzt. Auch in den öffentlichen Gebäuden wird der Gestaltungswille beim Aufbau der neuen Provinzhauptstadt deutlich.

Zentrum der Stadt ist die **Plaza Moreno** – die Plätze sind nicht nummeriert, sie tragen Namen –, wo der Gründungsstein der Stadt zu sehen ist und wo die größte Sehenswürdigkeit von La Plata steht: die **Kathedrale.**

Sehenswürdigkeiten

Die Kathedrale

Die neogotische Kirche wurde ab 1885 erbaut und bereits 1903 geweiht. Die fünfschiffige Kirche ist eine der größten in Südamerika, in ihrem Innern finden bei Gottesdiensten bis zu 14.000 Menschen Platz. Ihre Vorbilder waren die gotischen Kathedralen von Amiens und Köln, aus Frankreich und Deutschland stammt auch ein Großteil der Glasfenster, die der Kathedrale in Chartres nachgeahmt sind, und die Fensterrose der Fassade ist eine Kopie der von Nôtre Dame in Paris. Das Chorgestühl schnitzte der Tiroler *Leo Moroder.* In der Kirche liegt der erste Provinzgouverneur *Dardo Rocha* beerdigt.

Palacio Municipal und Provinzregierung

Deutscher Einfluss zeigt sich auch am gegenüberliegenden Gebäude der Stadtverwaltung (Palacio Municipal). Der deutsche Architekt *Hubert Stier* nahm Anleihen bei deutschen Renaissancebauten, während beim Gebäude der Provinzregierung die flämische Renaissance Pate stand.

Naturkundemuseum

Nicht versäumen sollte man das Naturkundemuseum (Museo de Ciencias Naturales) im Paseo del Bosque, der in der Verlängerung der 58. Straße liegt. Das Museum beruht vor allem auf den Sammlungen der argentinischen Forscher *Perito Francisco Moreno* und *Florentino Ameghino.*

Ausgestellt werden in dem „besten Naturhistorischen Museum Südamerikas", wie es *Bruce Chatwin* nannte, Fossilien, ausgestopfte Tiere und andere Exponate zur Landeskunde, zur Zoologie, Botanik und Geologie.

Geöffnet ist das Museum täglich von 10–18 Uhr.

República de los niños

Von der Plaza San Martín fährt ein Kleinbus zur „República de los niños", einem Kinderparadies, das auf Initiative *Evita Peróns* eingerichtet wurde und in dem ein Puppenmuseum sowie Märchenfiguren locken.

Touristeninformation

- Die Touristeninformation hat zwei Büros, eines an der Plaza Moreno, das andere in der Nähe der Plaza San Martín, auf der Ecke der Straßen 6 und 50. Infos auch im Studentenreisebüro Asatej, Av. 5, Nr. 990/Ecke 53, Tel. 4838673. laplata@asatej.com.ar

Hotels 

- **Roca,** Straße 1/Ecke 42. Straße, Tel. 421-4916; DZ 9 US-$, Ermäßigung mit Internationalem Studentenausweis.
- **Plaza,** Straße 44/Ecke 2. Straße, Tel. 421-0325; ca. 8 US-$.
- **San Marco,** 54. Straße Nr. 523, Tel. 422-2249; gut, ca. 20 US-$.

Essen und Trinken 

- An der Plaza Passo befinden sich einige gute Restaurants, wie das **„Don Quijote"**; preiswerter lässt sich in der Umgebung des Busbahnhofes essen.

Verkehrsverbindungen 

An der Ecke der Straßen 4 und 42 ist der **Busbahnhof.** Von dort fahren ungefähr jede halbe Stunde Busse bis zum Bahnhof Retiro in Buenos Aires. Vom Bahnhof an der Avenida 1/Ecke Calle 43 verkehren **Züge** zum Bahnhof Constitución in Buenos Aires.

Luján ⇗XII,B2

Zweimal im Jahr platzt das 40.000-Einwohner-Städtchen aus allen Nähten: Am **8. Mai und am 8. Dezember** pilgern Hunderttausende von Argentiniern nach Luján und huldigen hier der Schutzheiligen der Reisenden, die seit dem Erlass von Papst *Pius X.* aus dem Jahre 1935 auch die offizielle Schutzheilige von Argentinien, Paraguay und Uruguay ist. Luján ist der **wichtigste Wallfahrtsort in Argentinien.**

Die kleine, gerade mal 40 Zentimeter hohe **Statue der Jungfrau** ist so auch die wichtigste Attraktion des Ortes. Im Jahr 1630 – so ist überliefert – soll diese Statue von einem Gutsbesitzer bestellt worden sein. Sie wurde per Schiff von Brasilien nach Buenos Aires gebracht, dann mit dem Ochsenkarren landeinwärts. In Luján war plötzlich Ende. So sehr sich die Ochsen mühten, sie bekamen den Karren nicht mehr vorwärts. Erst nachdem die Statue abgeladen war, ging es weiter. So ließ man die Statue dort und baute eine Wallfahrtskapelle. Langsam entwickelte sich eine kleine Ortschaft, und 1887 legte man den Grundstein für die heutige neogotische **Kathedrale,** die 1935 vollendet wurde. Diese Kathedrale besitzt zwei 107 Meter hohe Fassadentürme; in ihr steht hinter dem Altar die sehr kostbar geschmückte Statue der Jungfrau Maria.

Neben der Kirche ist das **Devotionalienmuseum.** Hier werden die wichtigsten Geschenke ausgestellt, die Gläubige der Jungfrau gemacht haben. Selbst gemalte Bilder z.B. wurden ihr en masse vermacht, aber auch Hochzeitskleider. *Diego Maradona* stiftete sogar eines seiner Nationaltrikots.

Zwei andere Museen der Stadt sind ebenfalls interessant: das **Verkehrsmuseum** (Museo del Transporte) mit der ersten Postkutsche Argentiniens und das **Kolonialhistorische Museum** (Museo Colonial e Histórico), das im ehemaligen Cabildo untergebracht ist. Möbel, Waffen und Bilder erzählen die Kolonialgeschichte der Region. Beide Museen sind täglich von 12–18 Uhr geöffnet.

Im **Busbahnhof** in der Av. Nuestra Señora del Rosario befindet sich auch die **Touristeninformation.** Stündlich fahren Busse nach Buenos Aires. Die Haltestelle dort ist an der Plaza Once.

Tandil ⇗XVII,C2

Die Kleinstadt (80.000 Einwohner) ist das Zentrum eines Agrar- und Viehzuchtgebietes im Süden der Provinz Buenos Aires. Sie ist gleichzeitig der beste Ausgangspunkt für Besuche der **Sierra de Tandil,** des niedrigeren der beiden Höhenzüge, die durch die Provinz Buenos Aires laufen. In Tandil wird die Karwoche *(semana santa)* besonders aufwendig gefeiert. Zwar ist die Sierra de Tandil nicht hoch (nur bis zu 524 m), sie besitzt aber dennoch interessante Naturschönheiten wie kleinere Wasserfälle und seltsame Felsformationen.

Touristeninformation

- Die Touristeninformation befindet sich in der 9 de Julio 555, Tel. 43-2073.

Hotels

- **Hotel Kaikú,** Mitre 902, Tel. 423114. Freundlich, schlicht. DZ für 8 US-$ mit Frühstück.
- **Hotel Austral,** 9 de Julio 725, Tel. 425606. DZ mit Bad und Frühstück ca. 20 US-$.

Busverbindungen

Der Busbahnhof befindet sich an der Ecke der Av. Buzón mit der Calle Portugal. Von hier fahren mehrmals täglich Busse nach Buenos Aires, Necochea und Mar del Plata.

Sierra de la Ventana

Der **höchste Gebirgszug in der Provinz Buenos Aires** erreicht immerhin eine Höhe von 1243 m, was in der ansonsten flachen Pampalandschaft schon beträchtlich ist. Die Sierra ist ein **Naturpark,** sie ist von Wanderwegen durchzogen. Seinen Namen hat das Gebirge von einem **Felsendurchbruch** von über 8 x 4 m, der sich wie ein Fenster (= ventana) öffnet.

Der Gebirgszug kann über zwei Orte erreicht werden: Von **Tornquist,** einem netten kleinen Ort etwa 80 km nördlich von Bahía Blanca, oder vom Örtchen **Sierra de la Ventana** selbst. Dieses Dorf ist ein populäres Ziel bei argentinischen Besuchern und verfügt über jede Menge touristischer Einrichtungen, darunter Golfplatz, Schwimmbad und Casino.

Die **Reserva Provincial Ernesto Tornquist** ist ein 6700 ha großer Naturpark. Das gesamte Gelände war früher Privatbesitz der Familie *Tornquist.* Drei Stunden dauert die Wanderung vom Parkeingang bis zum Gipfel der Sierra de la Ventana, von wo sich der phantastische Blick durch das „Fenster" bietet.

Andere Wege führen zu Indianerhöhlen und -grabstätten und zu einer Forststation, wo man zusätzliche Informationen bekommen kann und von der aus Exkursionen zur Tierbeobachtung starten.

Touristeninformation

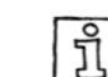

- Av. San Martín/Ecke Roca im Ort Sierra de la Ventana. Die Touristeninformation ist wichtig wegen des Kartenmaterials für den Park.

Unterkunft

Im Ort Sierra de la Ventana gibt es Hotels nahezu aller Kategorien, nur die Luxusklasse fehlt. Hinzu kommen eine **Jugendherberge** und mehrere Zeltplätze. Auch im Park selbst gibt es **Campingmöglichkeiten.**

- **Hospedaje La Perlita,** Malvinas/Ecke Pasaje 3, Tel. 491-5020. Diese Unterkunft ist preiswert, ein DZ kostet 9 US-$.
- **Aca Motel,** Calle Iguazú; Hotel des Automobilclubs, empfehlenswert, für Mitglieder preiswerter, 15 US-$.

Busverbindungen

Täglich fahren mehrere Busse **nach Buenos Aires** und nach **Bahía Blanca.** Von dort bestehen Verbindungen in alle Landesteile.

An der Atlantikküste

Was viele Mitteleuropäer mit Grauen erfüllt – überfüllte Strände, volle Restaurants, hektischer Verkehrslärm –, das scheinen Argentinier zu suchen: **pulsierendes Leben statt einsamer Buchten.** Stolz verweisen sie bei der Beschreibung eines Urlaubsortes auf die vielen großen Hotels – je höher, desto besser, – stolz auf die große Menge von Diskotheken, Shopping-Centers und auch Spielhallen für die lieben Kleinen.

In den Sommermonaten von Januar bis März zieht es die Porteños nahezu zwanghaft an den Strand. Die meisten an die eigene Atlantikküste zwischen San Clemente und Necochea, die ganz Reichen fahren ins uruguayische Punta del Este. **Ferienwohnungen** sind beliebt, wer keine hat, hat Freunde, die eine haben. Man verbringt die Tage am Strand, mit Essen, Matetrinken, Faulenzen und Reden. Hier niemanden kennen zu lernen, ist fast unmöglich. Lange Gespräche mit dem Nachbarn, bis wieder Essenszeit ist. Dann geht man ins Restaurant, danach ein kurzer Spaziergang über die Rambla, ein bisschen Einkaufen, eine Tasse Kaffee und anschließend wieder an den Strand. Und abends lockt das Vergnügen: ausgehen, die Restaurants sind voll, die Diskos spät in der Nacht ebenfalls.

a37-209 Foto: ab

Faulenzen am Strand

San Clemente del Tuyú

⇗XVII,D1

San Clemente liegt etwa 330 km von Buenos Aires entfernt und ist damit das nächstgelegene Strandziel. Das ehemalige Fischerdorf am südlichen Abschluss der Atlantikbucht **Bahía Samborobón** ist nicht der schickste Badeort und besitzt auch nicht die feinsten Strände, dafür ist er eine der billigeren und ruhigeren Erholungsstätten. Wer das argentinische Strandleben in etwas gemäßigter Form genießen will, ist hier zwischen Anglern, deren beliebtester Treff in den frühen Abendstunden die weit ins Meer vorragende Mole ist, gut aufgehoben.

Freizeitpark Mundo Marino

Die meisten Besucher kommen inzwischen nach San Clemente wegen des Freizeitparks Mundo Marino, der neben diversen Freizeiteinrichtungen wie Sommertheater und Spielplätzen mit Vorführungen von **Meerestieren** wirbt. Seelöwen, Otter und Delphine werden in Shows gezeigt, die größte Attraktion ist aber die Vorführung der schwarz-weißen Orcas, die oft auch als Killerwale bezeichnet werden. Mundo Marino ist der größte derartige Freizeitpark in Südamerika und gehört zu den meistbesuchten Zielen des argentinischen Tourismus.

Zu erreichen ist der Park mit öffentlichen Bussen (Nr. 500). Er ist geöffnet Januar und Februar täglich 10–20 Uhr, in den restlichen Monaten Do bis So von 10–18 Uhr, Eintritt: 10 US-$, Tel. (02252) 430300.

Touristeninformation

- Die Touristeninformation ist an der Ecke der Calle 2, Hausnummer 2030 mit der Avenida 1 - nicht wundern, die meisten Straßen in San Clemente sind nummeriert.

Hotels

- Die meisten Hotels finden sich an der Strandpromenade, es dürfte nicht schwer sein, selbst in der Saison dort eine Unterkunft zu finden. Sämtliche Preisklassen sind vertreten, unter den billigen ist das **Residencial Bahía,** Calle 4, zu empfehlen (Übernachtung, DZ etwa 30 US-$).

Camping

- ACA hat einen sehr guten Campingplatz auf de Avenida 2, Nr. 96. Er ist allerdings vorrangig für Mitglieder bestimmt. Auch im Garten des Residencial Bahía auf der Calle 4, zwischen den Straßen 1 und 15, kann man sein Zelt aufschlagen.

Busverbindungen

- Zentraler Abfahrtsort der Busse ist die Calle 10 Ecke Av. San Martín.
- Nach und von **Buenos Aires** bestehen direkte Busverbindungen für 5–6 US-$.
- Andere Buslinien als nach Buenos Aires fahren die Küste hinab Richtung **Mar del Plata,** das kostet um die 4 US-$.

9 km entfernt, an der **Punta Rasa,** liegt ein **kleines Naturschutzgebiet.** Es wird von der Fundación Vida Silvestre gemanaged und ist im Sommer Heimat tausender Zugvögel der nördlichen Erdhalbkugel.

Pinamar

⇗XVII,D2

Dieser Urlaubsort, 90 km von San Clemente entfernt, hat sich nicht aus einer älteren Ansiedlung heraus entwickelt, sondern entstand als Produkt kühler Planung. Der Architekt *Jorge Bunge,*

Sohn einer reichen Oberschichtfamilie, legte vor etwa fünfzig Jahren das Konzept für ein **Seebad** für Angehörige seiner Schicht vor, das sich besonders gut in die **Dünenlandschaft** einfügen sollte. Das ist weitgehend gelungen. Von großen Grünflächen und Eukalyptus- und Nadelwäldern durchzogen, besitzt Pinamar heute vor allem in den Außengebieten immer noch eine sehr ruhige Atmosphäre. Es ist somit einer der **beliebtesten Urlaubsorte für die Reichen,** denen die anderen teuren Urlaubsorte an der Küste zu hektisch sind. Die übliche Hektik ist allerdings im Zentrum von Pinamar inzwischen auch eingezogen. Dort stehen die großen Häuser mit Ferienwohnungen, die Hotels und unzählige Restaurants.

Bunge hat den Platz für sein Seebad gut gewählt, denn vor der Küste von Pinamar zieht eine warme Meeresströmung, aus Brasilien kommend, vorbei. Deshalb lockt das Wasser hier besonders zum Baden.

Touristeninformation

- Die Touristeninformation ist an der Ecke der Av. Bunge mit Libertador.

Hotels

- Hotels kosten mindestens 17 US-$ im DZ. In dieser Preislage bewegen sich die **Hospedaje Las Acacias** (Del Cangrejo 1358, Tel. 485175) und **Hospedaje Valle Fértil** (Del Cangrejo 1110, Tel. 484799).

Camping

- In der Umgebung gibt es zahlreiche Campingplätze, so zum Beispiel im Ortsteil Ostende den **Campingplatz Moby Dick** und den **Platz Ostende.**

Jugendherberge

- Die Jugendherberge liegt Nuestras Malvinas/Ecke Sarmiento, Tel. 482-908. Eine Voranmeldung ist empfehlenswert. Freundlich, Bett im Schlafsaal für 4 US-$.

Busverbindungen

- Der neue **Busbahnhof** liegt an der Ecke Constitución/Neptuno.
- Es gibt gute Verbindungen **nach Buenos Aires.**

Villa Gesell

↗ XVII,C/D2

Nur 20 km von Pinamar entfernt liegt Villa Gesell, ein Badeort, der besonders bei **jüngeren Leuten** beliebt ist. Im Unterschied zu anderen Orten ist Villa Gesell auch außerhalb der Saison belebt: Immerhin leben hier 15.000 Menschen das ganze Jahr über.

Wie Pinamar geht auch Villa Gesell auf die Initaive eines Einzelnen zurück. Der Schweizer Einwanderer **Karl Gesell** bewaldete eine Sanddünenlandschaft von etwa 1800 ha. Dem „Verrückten der Dünen", wie man ihn zunächst nannte, sind die heutigen Einwohner von Villa Gesell dankbar. Mit dem Wald begann der Aufstieg zum beliebten Ferienort.

Karl Gesell hatte einen genauen Plan davon, wie sein Urlauberparadies auszusehen hatte. In einer Broschüre von 1948 verrät er es: *„Die Straßen, die sich in Serpentinen zwischen den Hügeln winden, sind eben und gut passierbar. Die Häuser erheben sich auf den Dünen, hoch über den Straßen; ideal zum Bauen. Große Grundstücke und breite Alleen geben allem einen Hauch von Würde."*

Nicht alles ist nach Plan gelungen – auch große Hotels säumen heute den Strand. Und in der Hochsaison, wenn Hunderttausende hier Erholung suchen, unterscheidet sich Villa Gesell nur unwesentlich von den größeren Geschwistern unter den Badeorten wie Mar del Plata.

Ungewöhnlich ist allerdings der **Stadtplan** des kleinen Ortes. Er sieht aus, als habe man sich verzweifelt bemüht, die Regelmäßigkeit normaler argentinischer Städte aufzubrechen. Zwar gibt es Blocks, viel Wege aber wurden im Zickzack gebaut. Die Orientierung fällt daher zumindest am Anfang etwas schwer.

Sehenswürdigkeiten

Villa Gesell besitzt einen **10 km langen Sandstrand,** er ist die wichtigste Attraktion des Ortes. Die zweitwichtigste ist die **Schokoladenfabrik,** besser gesagt deren Produkte. Dann gibt es noch ein **Aquarium,** eine **Freilichtbühne** (das so genannte „Anfiteatro") sowie ein **Autokino.**

Touristeninformation

- Die Touristeninformation hat einen Schalter am Busbahnhof. Informationen auch unter www.gesell.com.ar.

Hotels

- **Bero,** Av. 4/Ecke Calle 141, Tel. 47-6077; 7 US-$.
- **Hostería Bavaria,** Av. 3 zwischen Paseo 126 und 127, Tel. 46-2361, gut und sauber, man spricht auch Deutsch, DZ 10 US-$.
- **Hostería Gran Chalet,** Paseo 105 zwischen Av. 4 und 5, Tel. 462-913; 17 US-$.
- **Villa Gesell,** Av. 3/Ecke 108, Tel. 46-2053; 10 US-$.

Camping

- Zahlreiche Campingplätze befinden sich südlich des Stadtzentrums.

Jugendherberge

- Die Jugendherberge (vorbestellen!) heißt **El Coyote.** Sie liegt Alameda 212/Ecke 304, Tel. 468-448.

Busverbindungen

- Der **Busbahnhof** liegt an der Ecke der 3. Avenida mit 140. Paseo.
- Von hier fahren mehrmals täglich Busse **nach Buenos Aires** (ca. 6 US-$, am besten im Voraus buchen).

Reiten

- Wer reiten möchte, sollte zu **Tante Puppi** (Reitschule) gehen. Dort werden **Reitkurse,** aber auch Ausritte veranstaltet (Adresse: Boulevard/Ecke Paseo 102, Tel. 45-5533).

Mar del Plata

XVII,C2

Traum und Alptraum, Mar del Plata ist beides: Das traditionelle Ferientraumziel vieler Porteños ist ein Alptraum für diejenigen, die ruhige, stille und menschenleere Buchten schätzen.

Der **größte Badeort Argentiniens** liegt etwa 410 km von der Hauptstadt entfernt, hat außerhalb der Saison etwa 570.000 Einwohner und während der Saison an Wochenenden oft eine bis eineinhalb Millionen mehr. Insgesamt machen mehr als 3 Millionen Menschen jedes Jahr hier Urlaub. Es gibt zwar kilometerlange und sehr breite Sandstrände, aber dort noch einen Platz für sein Badetuch zu finden, ist schwierig.

Dabei fing alles so idyllisch an: 1746 hatten Jesuiten hier eine Mission gegründet, die allerdings bereits fünf Jahre später aufgegeben wurde. Dann geschah bis 1856 nichts. Damals fand der Portugiese *Coehlo do Meyrelles* den Platz, wo sich die Seehunde tummelten, attraktiv für eine Salzfleischfabrik. Die Stadt erlebte einen recht schnellen Boom, 1886 wurde die Eisenbahn nach Buenos Aires eröffnet und vier Jahre später die erste, noch sehr kleine Badeanstalt. Mar del Plata, wie die Stadt seit 1907 offiziell hieß, entwickelte sich rasch zum vornehmen Badeort. Zunächst kamen nur die ganz Reichen, ab Mitte der 1930er Jahre auch die reicher gewordene Mittelschicht und schließlich nach dem Zweiten Weltkrieg auch die Arbeiter, die sich einen Urlaub leisten konnten. Dafür bleiben allmählich die ganz Reichen aus.

„Mardel" und „Ciudad feliz" nennen viele Argentinier liebevoll ihr schönstes Urlaubsziel. Denn hier ist für alles gesorgt: Es gibt Restaurants in Hülle und Fülle, auch wenn in den beliebtesten die Gäste mitunter schon schichtweise abgefüttert werden müssen, es gibt eine Überfülle von Diskotheken, von Veranstaltungen, mehr als ein Dutzend Kinos, jede Menge Spielhallen für die Kleinen und Shopping-Centers für die Großen, Wassersportmöglichkeiten aller Art, kurz, alles, was das Herz begehrt. Nur Ruhe sucht man vergeblich.

Ein später Höhepunkt der Saison findet alljährlich Anfang März statt: das **Internationale Filmfestival von Mar del Plata.**

Den besten Überblick über die Stadt erhält man von der 88 m hohen **Aussichtsplattform der Torre Tanque** (Wasserturm) an der Ecke Mendoza/Falucho. Was ist sehenswert in der Stadt?

Sehenswürdigkeiten

Strand, Fußgängerstraßen

Sehenswert ist das Strandleben, auch wenn man kein begeisterter Fan von Massentourismus ist. Das Gewimmel an den Stränden muss man einfach erlebt haben. Ebenso den abendlichen Trubel in den Fußgängerstraßen San Martín und Rivadavia. An der Calle San Martín steht auch die neogotische **Kathedrale San Pedro,** auf deren Vorplatz bis tief in die Nacht Künstler auftreten.

Villa Victoria und Los Troncos

Etwas außerhalb des direkten Zentrums liegen die beiden wichtigsten Sehenswürdigkeiten der Stadt: Die **Villa Victoria** an der Straße Matheu 1851, etwa auf der Höhe Tucumán, sowie das **Stadtviertel** Los Troncos. Beim Bummel durch **Los Troncos** (die Baumstämme) sieht man einige schöne Villen, die von der schickeren Vergangenheit von Mar del Plata berichten, ebenso wie einzelne Gebäude an der Avenida Peralta, wie der Bv. Marítimo offiziell heißt.

Die Villa Victoria wurde nach ihrer ehemaligen Besitzerin *Victoria Ocampo* benannt. Das Haus wurde vom Vater der Schriftstellerin 1912 errichtet, es ist ein Holzgebäude, dessen Baumaterial vollständig aus Norwegen und Schweden herbeigeschafft wurde. *Victoria Ocampo* (siehe „Land und

Leute/Literatur") traf sich hier mit führenden Schriftstellern und Intellektuellen, heute ist das Gebäude Museum. Es ist täglich 11–19 Uhr geöffnet.

Naturkundemuseum

Lohnend ist auch ein Besuch des Naturkundemuseums (Museo Municipal de Ciencias Naturales) auf der Av. Libertad 2900. Es ist in der Saison Mo bis Fr von 9–17 und Sa/So von 15.30–19.30 Uhr geöffnet. Wer **Muscheln** liebt, findet zwar keine mehr am Strand, kann aber die Muschelsammlung mit 50.000 Exemplaren aufsuchen (Calle San Luis 1771). Sie ist geöffnet Mo bis Fr von 16–20 Uhr.

Fischereihafen

Unbedingt einen Besuch lohnt der Fischereihafen der Stadt. Mar del Plata ist das Fischfangzentrum Argentiniens. Die Fischer fahren frühmorgens aus und kehren gegen 17 Uhr zurück, laden ihren Fang ab, umgeben von schnorrenden Seehunden. Eine gute Gelegenheit für das eine oder andere schöne Foto.

Aquarium

Auch Mar del Plata hat sein großspuriges Meeres-Spektakel, angeblich das größte Südamerikas. Hier heißt es Aquarium, liegt im Süden der Stadt an der Uferstraße nahe der Punta Mogotes und wartet mit zahlreichen Wasserspielen, Schwimmbecken und Vorführungen mit Meerestieren auf. Anfang

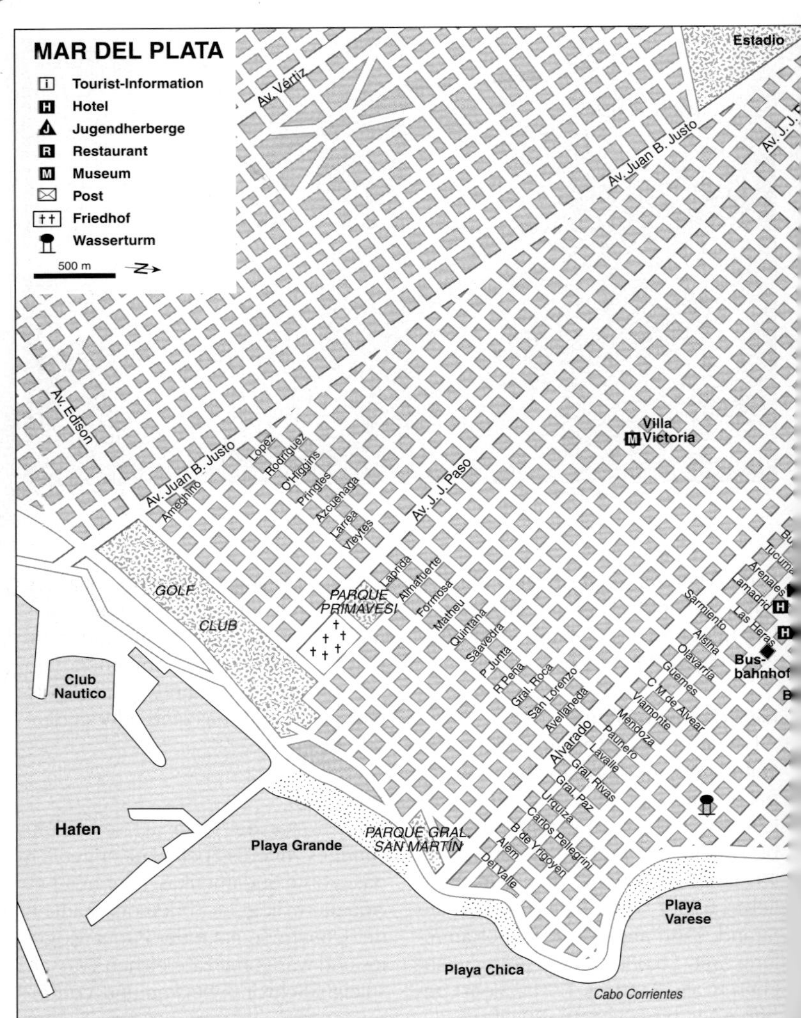
MAR DEL PLATA
Tourist-Information
Hotel
Jugendherberge
Restaurant
Museum
Post
Friedhof
Wasserturm
500 m
N
Estadio
Av. Vértiz
Av. Juan B. Justo
Av. J. J. Paso
Av. Edison
Villa Victoria
Lopez
Rodriguez
O'Higgins
Pringles
Azcuenaga
Larrea
Vieytes
Ameghino
GOLF
CLUB
PARQUE PRIMAVESI
Laprida
Almafuerte
Formosa
Matheu
Quintana
Saavedra
P. Junta
R. Peña
Gral. Roca
San Lorenzo
Avellaneda
Alvarado
Gral. Paz
Gral. Rivas
Lavalle
Paunero
Mendoza
Viamonte
C. M. de Alvear
Guemes
Olavarria
Alsina
Sarmiento
Lamadrid
Las Heras
Arenales
Tucuman
Bus-bahnhof
Urquiza
Carlos Pellegrini
B. de Yrigoyen
Alem
Del Valle
Club Nautico
Hafen
Playa Grande
PARQUE GRAL. SAN MARTÍN
Playa Varese
Playa Chica
Cabo Corrientes

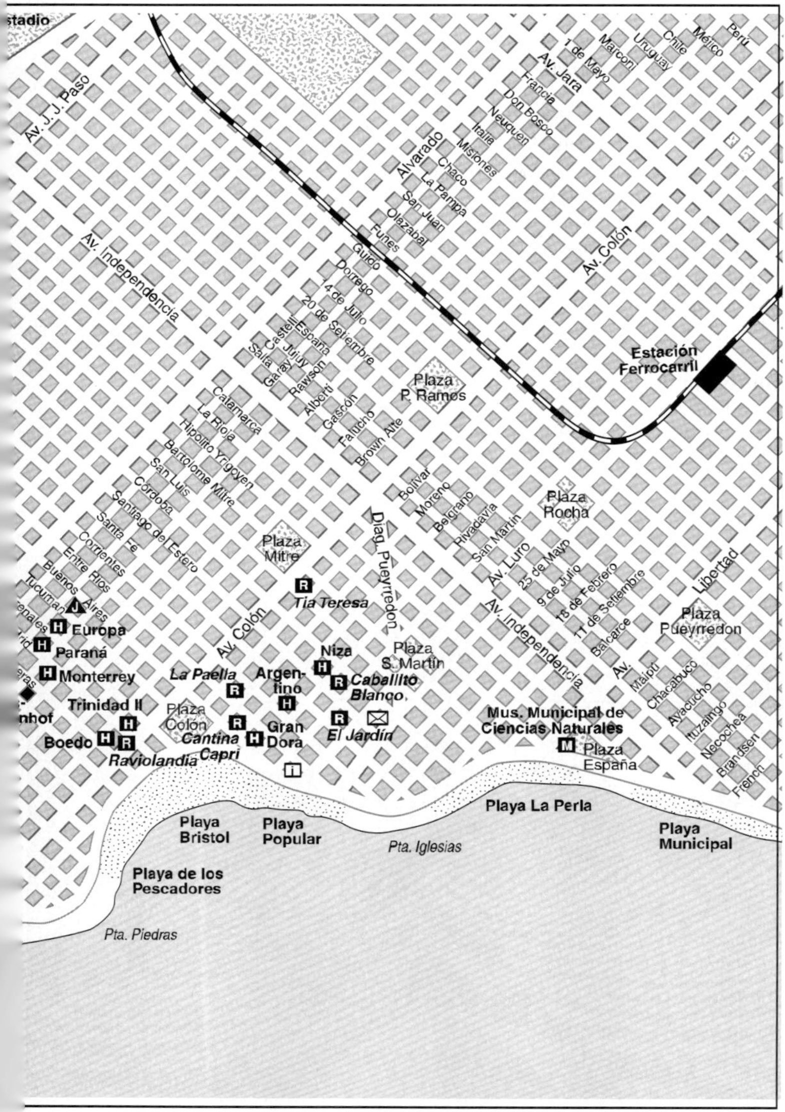

Estadio
Av. J. J. Paso
Av. Jara
1 de Mayo
Marconi
Uruguay
Chile
Méjico
Perú
Francia
Don Bosco
Neuquen
Italia
Misiones
Alvarado
Chaco
La Pampa
San Juan
Olazabal
Funes
Guido
Dorrego
14 de Julio
20 de Setiembre
España
Castelli
Salta
Jujuy
Garay
Rawson
Alberti
Gascón
Falucho
Brown Alte
Av. Independencia
Av. Colón
Estación Ferrocarril
Plaza P. Ramos
Catamarca
La Rioja
Hipólito Yrigoyen
Bartolomé Mitre
San Luis
Córdoba
Santiago del Estero
Santa Fe
Corrientes
Entre Ríos
Buenos Aires
Tucumán
Bolívar
Moreno
Belgrano
Rivadavia
San Martín
Plaza Rocha
Av. Luro
25 de Mayo
9 de Julio
15 de Febrero
11 de Setiembre
Libertad
Diag. Pueyrredon
Plaza Mitre
Tía Teresa
Av. Colón
Av. Independencia
Plaza Pueyrredon
Balcarce
Av.
Maipú
Chacabuco
Ayacucho
Ituzaingó
Necochea
Brandsen
French
Europa
Paraná
Monterrey
Trinidad II
Boedo
Raviolandia
Plaza Colón
La Paella
Cantina Capri
Argentino
Gran Dora
Niza
Plaza S. Martín
Caballito Blanco
El Jardín
Mus. Municipal de Ciencias Naturales
Plaza España
Playa La Perla
Playa Bristol
Playa Popular
Pta. Iglesias
Playa Municipal
Playa de los Pescadores
Pta. Piedras

2003 war die Anlage krisenbedingt geschlossen, Infos zur Wiedereröffnung unter Tel. 467-0700.

Bedeutend in Mar del Plata sind natürlich auch die **Alfajores.** In der Stadt werden die meisten Alfajores hergestellt; ob die wohl **typischste argentinische Süßigkeit,** eine von Schokolade umhüllte, mit „dulce de leche" (Karamel) gefüllte Lebkuchenart, auch hier erfunden wurde, ist allerdings nicht bekannt.

Touristeninformation

- Die Touristeninformation befindet sich an der Av. Peralta bzw. dem Bd. Marítimo 2267. Geöffnet täglich von 8–12 und 16–20 Uhr.

Hotels

Einfach und billig

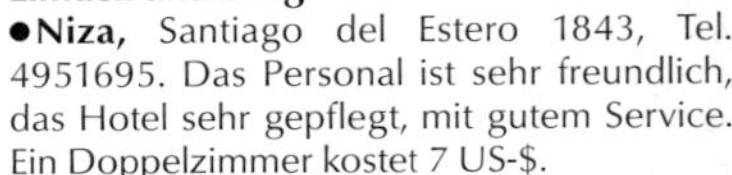

- **Niza,** Santiago del Estero 1843, Tel. 4951695. Das Personal ist sehr freundlich, das Hotel sehr gepflegt, mit gutem Service. Ein Doppelzimmer kostet 7 US-$.
- **Hotel Trinidad II,** Almirante Brown 1860, Tel. 443-448; 8 US-$, Ermäßigung mit Internationalem Studentenausweis.

Hotels der Mittelklasse

- **Boedo,** Almirante Brown 1771, Tel. 424-695; sehr zu empfehlen, gutes Preis-Leistungsverhältnis, 10 US-$.
- **Palace,** Santiago del Estero zwischen San Martín und Av. Luro. Nahe der Fußgängerzone, sauber, sehr freundlich. DZ mit Bad und Frühstück 12 US-$.
- **Europa,** Arenales 2735, Tel. 494-0436; ruhige Lage, in der Nähe des Busbahnhofs, 10 US-$.

img310 Foto: ab

Luxushotels

Alle Luxushotels kosten mind. 30 US-$ im Doppelzimmer.

- **Argentino,** Belgrano 2225, Tel. 493-0091.
- **Gran Dorá,** Buenos Aires 1841, Tel. 496-1390.

Camping

- Campingplätze gibt es reichlich. Viele liegen an der Ruta 11, der Küstenstraße gen Süden; auch im Park El Bosque de Camet nördlich vom Stadtzentrum kann man campen.

Jugendherberge

- Die Jugendherberge ist auf der Straße Tucumán 2728, eine Voranmeldung ist empfehlenswert (Tel. 4495-7927).

Essen und Trinken

Mar del Plata besitzt eine **riesige Auswahl** an verschiedenen Restaurants unterschiedlichster Qualiät und unterschiedlichster Preisgestaltung. Dennoch ist es mitunter schwierig, einen freien Platz zu ergattern.

Die **billigeren Restaurants** finden sich in der Regel nahe des Busbahnhofs, viele mit tenedor libre in der San Martín. Den besten und vergeichsweise billigsten **Fisch** bekommt man in der Umgebung des Fischereihafens (Centro Comercial del Puerto).

- **Raviolandia,** Colón/Ecke Las Heras; sehr guter Fisch, auch andere Speisen günstig.
- **El Jardín,** San Martín 2463; vegetarisches Restaurant für alle, die des Fleisches überdrüssig sind, mit tenedor libre.
- **Tía Pepina,** Yrigoyen 2645; gute Fleischgerichte.

Nachtleben

Die meisten **Diskos** befinden sich in der Av. Constitución nördlich des Stadtzentrums. Vor 3 Uhr morgens ist vom Besuch abzuraten, weil bis dahin einfach noch nichts los ist.

- Bis dahin kann man vielleicht mit ensprechendem Kleingeld und entsprechender Garderobe sein Glück im **Casino** probieren. Das liegt gegenüber der Plaza Colón, es soll – so die Argentinier – das größte der Welt sein. Schließlich gehen jeden Tag mehr als 20.000 Besucher hinein.

Flugverbindungen

- Ungefähr 10 km nördlich der Innenstadt befindet sich der Flughafen **Aeropuerto Camet,** Tel. 479-2787. Ein Flug von Buenos Aires nach Mar del Plata kostet 46 US-$ inkl. Steuern, hin und zurück 94 US-$.
- Aerolíneas Argentinas und Austral fliegen täglich Buenos Aires an. Beide **Fluggesellschaften** haben ihr Büro Las Heras/San Martín, Tel. 493-0708. LADE (Rambla, Casino Local 5, Tel. 493-8211) fliegt ebenfalls zum Aeroparque in Buenos Aires sowie nach Córdoba, Bahía Blanca, Viedma, Puerto Madryn, Trelew, Neuquen und Bariloche, Dinar (San Martín 2574, Tel. 494-2301) nach Buenos Aires und Comodoro Rivadavia, Southern Winds (San Luis 1819, Tel. 495-4141) nach Rosario, Córdoba, Mendoza, Salta, Tucumán, Neuquen und Bariloche.

Überlandbusse

- Der **Busbahnhof** liegt sehr zentral auf der Calle Alberti 1602.
- **Buenos Aires,** von Mar del Plata bestehen täglich mehrere Busverbindungen nach Buenos Aires, zum Busbahnhof in Retiro, aber auch zu anderen argentinischen Großstädten. Die Fahrt nach Buenos Aires dauert etwa 7 Stunden und kostet 10 US-$.
- Nach **Bahía Blanca** fahren mehrmals täglich Busse (ca. 10 US-$, 7 Stunden); von dort bestehen Anschlüsse bis nach Bariloche.
- Zweimal wöchentlich geht ein Bus nach **Trelew** (25 US-$).
- Es fahren außerdem mehrmals täglich Busse entlang der Küste zu anderen Badeorten.

Autoverleih

- **Ansa,** Colón Ecke Santa Fé, Tel. 491-0091.
- **Avis,** Flughafen, Tel. 470-2100.
- **Hertz,** Bolívar 2628 und Flughafen, Tel. 496-2772.

Am Strand von Mar del Plata

● **Localiza,** Córdoba 2270, Tel. 493-3461.

Sonstiges

● Die **Hauptpost** ist an der Av. Luro 2460; dort befindet sich auch an der Ecke zur Santiago del Estero ein **Telefonbüro.**

● **Travellerschecks** einzulösen fällt auch in Mar del Plata schwer. Man versuche die **Wechselbüros** auf der San Martín, darunter das Büro Jonestur, San Martín 2574.

Feste/Veranstaltungen

In den drei Sommermonaten Januar bis März gibt es eine Fülle von Veranstaltungen, darunter einige prominent besetzte Sporttreffs. Eine **Auswahl:**

● **Januar:** Fiesta Nacional del Mar, Torneo de Tenis de Sur de la República Argentina, Seven de Rugby de verano, Torneo de fútbol de verano.

● **Februar:** Torneo de fútbol de verano, Torneo de Golf Internacional.

● **März:** Muestra de Cine Internacional, Muestra de Cine Nacional.

Ausflüge

Balcarce

In dem 70 km westlich gelegenen Geburtsort des legendären mehrfachen Formel-1-Weltmeisters **Juan Manuel Fangio** (1911–1995) wurde ihm zu Ehren ein **Motor-Museum** eingerichtet, in dem alle seine Rennwagen und Trophäen ausgestellt sind. Es liegt an der Kreuzung der Straßen 17 und 18. Balcarce ist leicht mit Bussen von Mar del Plata aus zu erreichen.

Jesuiten-Reduktion und José-Hernández-Museum

Noch vor Balcarce, etwa 26 km hinter Mar del Plata, liegt **Sierra y Laguna de los Padres,** ein kleiner Ort mit einer 475 ha großen **Lagune.** Er ist ein beliebtes Ausflugsziel, weil sich in den Wäldern und Grünflächen schöne Picknickplätze finden. Dort stand auch das Jesuitenkloster Reducción de Nuestra Señora de Pilar, eine Ansiedlung mit Kapelle und Glockenturm, Wohnhäusern und Brunnen.

Bereits auf Klostergebiet liegt auch das **Museo Tradicionalista Argentino José Hernández** (bei Km 14 auf der Nationalstraße 226). Das Wohnhaus des berühmten Dichters, der mit seinem „Martín Fierro" die Gauchos unsterblich machte (vgl. „Land und Leute/Literatur"), ist heute ein Museum, in dem sein Leben, aber auch die Gaucho-Kultur dokumentiert wird.

Miramar

⇗ XVII,C2

Zwar wie alle Badeorte an der Küste gut besucht, aber ohne die Hektik und das Leben von Mar del Plata, so präsentiert sich Miramar, ein Badeort, der als *Ciudad de los Niños* (Stadt der Kinder) in Argentinien bekannt ist.

Die **Dünen** in der Umgebung laden zu Wanderungen ein, interessant ist auch der 500 ha große **Park** der Baumschule Vivero Dunícola Florentino Ameghino. Für Unterhaltung sorgen die Bars und Cafés an der Küstenstraße sowie das Casino.

Touristeninformation

- Die Touristeninformation befindet sich an der Kreuzung der 28. mit der 21. Straße (Tel. 420-190); auch in Miramar sind die Straßen praktischerweise nur nummeriert.

Hotels

Miramar besitzt ein gutes Angebot vorwiegend von Mittelklassehotels.

- **Gran Hotel,** Calle 29 Nr. 586/Ecke Calle 12, Tel. 420-358; DZ ca. 12 US-$.
- **Hospedaje El Farol,** Calle 23 Nr. 1728, Tel. 420-937; DZ ca. 8 US-$.

Camping

- Campingplätze gibt es mehrere, so zum Beispiel den 8 km vor der Stadt liegenden Platz **Escargot** oder auch **Camping El Durazno** (2 km vor der Stadt in Richtung Mar del Plata).

Busverbindungen

- Es gibt keinen zentralen Busbahnhof, allerdings fahren mehrmals täglich Busse nach Buenos Aires, und es gibt auch häufige Verbindungen nach Mar del Plata, Bahía Blanca und Necochea.

Necochea

⇗ XVII,C2

Die 1881 gegründete Stadt ist mit ihren etwas über 50.000 Einwohnern nach Mar del Plata der **zweitgrößte Badeort Argentiniens.** Sie ist etwa 510 km von Buenos Aires entfernt.

Die Stadt liegt an beiden Ufern des Río Quequén an dessen Mündung in den Atlantik. Sie hat einen **24 km** langen **Strand,** an dem sich zu Spitzen-

zeiten bis zu 100.000 Touristen tummeln. Dennoch: Im Vergleich zu Mar del Plata ist Necochea ein ruhiges, familiäres Ferienzentrum.

An **Freizeitmöglichkeiten** ist alles geboten: Casino, Sportanlagen und ein schöner, direkt am Strand gelegener Freizeitpark mit Botanischem Garten (Parque Lillo).

Touristeninformation

- Die Touristeninformation hat zwei Büros, eines am Strand, wo die 83. Straße endet, das zweite im Busbahnhof.

Hotels

Die meisten Hotels liegen in Strandnähe. Eine **Auswahl:**

- **Tres Reyes,** Calle 4 Nr. 4112, Tel. 42-2011; 30 US-$.
- **Hotel Internacional,** Calle 81 Nr. 232, Tel. 424-587; 15 US-$.
- **Doramar,** Calle 83 Nr. 357, Tel. 425-815; 30 US-$.
- **Hospedaje Solchaga,** Calle 62 Nr. 2822, Tel. 425-584; DZ ca. 25 US-$.

Camping

- Im **Parque Lillo** gibt es Campingmöglichkeiten, andere Zeltplätze liegen direkt **am Strand.**

Busverbindungen

- Der **Busbahnhof** liegt an der Ecke der Calle 47 mit der Av. 52.
- Von hier fahren Busse mehrmals täglich nach Buenos Aires (ca. 10 US-$). Gute Verbindungen bestehen auch nach Mar del Plata (ca. 2 US-$), Bahía Blanca (17 US-$) sowie dem Ausflugsziel Claromeco.

Ausflüge

Wasserfälle des Río Quequén

Etwa 5 km von der Stadt, im kleinen Ort Los Manantiales, befinden sich die kleinen Wasserfälle des Río Quequén.

Claromeco

Der kleine Ort ist ein beliebtes Ziel für Badeurlauber, aber vor allem Angelfreunde kommen hier auf ihre Kosten. Obwohl es eine direkte Busverbindung von hier nach Buenos Aires gibt (ungefähr 20 US-$), ist Claromeco bislang ziemlich vom Tourismus verschont geblieben. Es ist ruhig und recht preiswert, ein gutes Ziel, um sich einige Tage am Strand zu entspannen.

Vom 54 m hohen **Leuchtturm** hat man einen sehr guten Blick über den Ort und die Dünenlandschaft der Umgebung.

Von Necochea ist Claromeco ebenfalls mit Bussen leicht zu erreichen.

Bahía Blanca ↗XVI,B2

Obwohl an der Küste gelegen, ist Bahía Blanca nicht als Urlaubsort bekannt. Die Stadt (300.000 Einwohner) ist vielmehr die wichtigste **Industrie- und Hafenstadt** im Süden der Provinz Buenos Aires, ja sogar im gesamten Süden Argentiniens. Hier ist petrochemische Industrie angesiedelt, und die meisten Waren aus dem Süden werden hier verschifft. Trotzdem gibt es einige passable Strände; wer baden will, sollte die Stadt dennoch lieber in Richtung Osten verlassen.

Touristeninformation

- Die Touristeninformation befindet sich im Gebäude der Stadtverwaltung, Alsina 25, gegenüber der zentralen Plaza Rivadavia.

Hotels

- **Residencial Roma,** Cerri 759, Tel. 453-8500. Das Residencial ist ein billiges, unschönes Hotel gegenüber dem Busbahnhof, das DZ kostet ungefähr 8 US-$.

- **Bayón,** Chiclana 487, Tel. 452-2504. Das Bayón ist die bessere Alternative zum gleichen Preis, freundlich und sauber.
- **Victoria,** Gr. Paz 82, Tel. 452-0522. Das Hotel ist etwas verwohnt, aber nett, das Doppelzimmer kostet ungefähr 8 US-$.
- **ACA Motel Villa Borden,** Av. Sesquicentenario, zwischen den Rutas 3 und 35, Tel. 440-151. Es gibt Ermäßigung für ACA-Mitglieder, das Doppelzimmer kostet 15 US-$.

Flugverbindungen

- 15 km außerhalb der Stadt liegt der **Flughafen.** Der Stadtbus Nr. 10 hat dort seine Endhaltestelle.
- **Verbindungen:** Aerolíneas Argentinas und Austral fliegen täglich nach Buenos Aires, Austral auch mehrmals wöchentlich nach Comodoro Rivadavia, Río Gallegos und Río Grande.
- **Aerolíneas Argentinas/Austral,** San Martín 298, Tel. 456-0561.

Überlandbusse

- Der **Busbahnhof** ist auf der Ecke Estados Unidos und Brown, etwa 2½ Kilometer außerhalb des Zentrums. Von dort fahren mehrmals täglich Busse nach
- **Buenos Aires,** Preise je nach Service/Dauer (8–11 Stunden; ca. 15 US-$).
- **Mar del Plata,** die Busfahrt kostet 8 US-$ und dauert 6 Stunden.
- **Neuquén,** 6 US-$, 10 Stunden.
- **Viedma,** 4 US-$, 4 Stunden.
- Nach **Trelew** fahren die Busse nur alle zwei Tage. Die knapp 750 km kosten ca. 12 US-$, die Fahrt dauert etwa 13 Stunden.

Geldwechsel

- **Casa de Cambio Pullman,** Av. San Martín 171, Tausch von Reiseschecks und Bargeld.

Ausflüge

Monte Hermoso

Zwei Stunden Busfahrt braucht man schon, um ins 106 km östlich liegende **Küstenstädtchen** Monte Hermoso zu gelangen. Der Ort ist eine echte Sommerfrische, und die meisten Hotels haben nur von Januar bis März geöffnet. Die wichtigste Sehenswürdigkeit des Ortes ist neben den Stränden der 70 m hohe Leuchtturm.

Carmen de Patagones

Die **Grenzstadt** der Provinz Buenos Aires, die gegenüber von Viedma, der Hauptstadt der patagonischen Provinz Río Negro, am anderen Ufer des Río Negro liegt, wird gemeinsam mit dieser im Abschnitt zur Provinz Río Negro (Patagonien) vorgestellt.

Der Nordwesten

Der großartige Nordwesten Argentiniens, dort wo – so die Fremdenverkehrswerbung – „Argentinien mit dem Himmel spricht", umfasst die **fünf Provinzen Jujuy, Salta, Tucumán, Catamarca** und **La Rioja.**

Nicht nur landschaftlich, auch historisch und kulturell ist dieser Raum besonders interessant: Die Kulturlandschaft wurde stark von **indianischen Kulturen** geprägt. Zunächst von verschiedenen kleinen Völkern, unter denen die **Diaguita** die größte Gruppe waren, später von den Inkas, deren Einfluss- und Herrschaftsgebiet zeitweise bis nach Córdoba und Mendoza reichte. Nach Ankunft der Spanier entstanden hier auch die ersten Siedlungen. Die Spanier kamen aus dem Norden, dem heutigen Bolivien. Die erste Stadt war 1553 Santiago del Estero, von dort aus vergrößerten die Spanier allmählich ihr Einflussgebiet in alle Richtungen und gründeten San Miguel de Tucumán (1565), Córdoba (1573), Salta (1582), La Rioja (1591) und San Salvador de Jujuy (1593). Parallel dazu eroberten Spanier, die aus Chile kamen, weiter südlich das Cuyo-Gebiet (siehe dort).

In der frühen Kolonialzeit war das Gebiet reich, denn die Spanier konzentrierten sich aufgrund ihrer Handelsbeschränkungen, die vorsahen, dass der gesamte Handel über die peruanischen Häfen laufen musste, stark auf den Nordwesten des heutigen Argentinien. Nachdem aber 1776 das Vizekönigreich Río de la Plata mit Buenos Aires als Hauptstadt gegründet worden war, wurden die Nordwest-

Provinzen wegen ihre Randlage recht unattraktiv. Heute gehören sie zu den ärmsten des Landes, die Arbeitslosigkeit ist hoch, Saisonarbeit ist häufig.

Tucumán, Catamarca und La Rioja

Die drei südlichen Provinzen des argentinischen Nordwestens haben eines gemeinsam: **Sie gehören zu den ärmsten des Landes.** Catamarca und La Rioja leiden unter ihrer Abgeschiedenheit, dem Klima und der fehlenden Infrastruktur, Tucumán hingegen unter der Monokultur des Zuckerrohrs, die einst den Reichtum der Provinz begründete.

Tucumán ist, abgesehen von Feuerland, mit 22.524 km² die kleinste argentinische Provinz, mit einer Einwohnerzahl von über 1,3 Mio. Menschen aber gleichzeitig die dichtestbesiedelte (abgesehen vom Hauptstadtbezirk Buenos Aires). Die meisten Menschen versuchen heute noch, vom Zuckerrohr zu leben, ein mühseliges und oft erfolgloses Unterfangen, da sich die Zuckerindustrie international in einer schweren Krise befindet. Erschwerend kommen die Besitzverhältnisse hinzu: Nicht einmal hundert Familien besitzen etwa die Hälfte aller Zuckerrohrplantagen.

Tucumán ist eine der geschichtlich interessantesten Provinzen des Landes. Hier finden sich die alten Indianerfestungen von Quilmes, in der Hauptstadt steht das Haus, in dem die argentinischen Provinzen sich von Spanien lossagten, hier gab es vor und während der letzten Militärdiktatur die Guerillagruppe der ERP (Revolutionäre Volksarmee). Bis Ende der 1990er Jahre wurde die Provinz vom gewählten General *Antonio Bussi* regiert, der auch schon zurzeit der Militärdiktatur, während der mehr als 600 Menschen in Tucumán „verschwanden", das Sagen hatte.

Catamarca ist mit einer Fläche von 102.600 km² die größte der drei Provinzen. Auf dem Gebiet leben allerdings nur etwa 330.000 Menschen. „Felsenfestung" lautet der Name der Provinz übersetzt aus der Sprache der Ureinwohner. Catamarca wurde lange von Provinzcaudillos regiert – auch Ende des 20. Jahrhunderts noch. Seit 1949 herrschte dort die Sippe der Saadi; *Vicente Leonidas de Saadi* war der erste Nachfahre arabischer Einwanderer, der Gouverneur einer argentinischen Provinz wurde. Die *Saadis* betrachteten die Provinz als ihren Erbhof, sie betrieben eine hemmungslose Vetternwirtschaft, blähten den Beamtenapparat auf, um sich Günstlinge zu schaffen. 1991 waren 60.000 Menschen in Catamarca Staatsangestellte. Als *Vicente de Saadi* 1988 starb, wurde, für die wenigsten überraschend, sein Sohn *Ramón* neuer Gouverneur. Ein Mord erschütterte die Macht des Familienclans. 1990 war eine Schülerin ermordet worden, der Verdacht fiel auf den Sohn eines peronistischen Bundesabgeordneten (später mangels

Beweisen freigesprochen), der sich guter Kontakte zum Saadi-Clan erfreute. Beim Prozess wurde die herrschende Korruption sichtbar, doch statt das wie gewohnt hinzunehmen, protestierten die Bürger von Catamarca: Demonstrationen und Schweigemärsche fanden statt, die Presse berichtete, und nach und nach kam zutage, wie der Saadi-Clan geherrscht hatte. Im Jahr 1991 wurde *Ramón de Saadi* als Gouverneur abgesetzt, ein Staatsbeamter übernahm die Regierungsgewalt.

La Rioja umfasst 89.680 km² und wird von ungefähr 290.000 Menschen bewohnt. Die Provinz lebt vorwiegend von der Agrarwirtschaft, Wein, Oliven und Nüsse werden angebaut. Die Viehzucht ist wegen der trockenen Böden vergleichsweise unwichtig. Seit Anfang der 1980er Jahre wird die Industrialisierung gefördert. Aus La Rioja stammt der argentinische Präsident *Carlos Saúl Menem,* die Familie ist in der Provinz sehr einflussreich.

San Miguel de Tucumán

↗ VII,C2

Die **Hauptstadt der Provinz Tucumán** ist mit knapp 530.000 Einwohnern die größte Stadt im Nordwesten Argentiniens, sie ist das wirtschaftliche und kulturelle Zentrum der Provinz. Die Universität der Stadt ist die älteste im Nordwesten Argentiniens. In den sommerlichen Mittagsstunden fällt die Stadt in einen tiefen Schlaf: Die Siesta wird strikt eingehalten, erst nach 17 Uhr beleben sich die Straßen wieder, dann allerdings bis tief in die Nacht.

San Miguel de Tucumán y Nueva Tierra de Promisión, wie die Stadt, deren Name sich heute umgangssprachlich auf Tucumán verkürzt hat, ursprünglich hieß, ist eine frühe Stadtgründungen. 1565 ließen sich die ersten Spanier hier nieder. Woher die Bezeichnung „Tucumán“ stammt, ist nicht eindeutig belegt, denn es ist kein Quetschua-Wort und auch kein spanisches. Die Bezeichnung taucht erstmalig in spanischen Dokumenten des 16. Jahrhunderts auf, als „Land oder Königreich von Tucma“. Man vermutet, dass Tucma der Name eines indianischen Dorfes oder Führers war.

Sehenswürdigkeiten

Plaza Independencia, Kathedrale

Als alte Stadt besitzt Tucumán den regelmäßigen Schachbrettaufbau. Absolutes Zentrum ist die **Plaza Independencia,** eine Plaza wie aus dem Bilderbuch. Es fehlen weder das „vorgeschriebene“ Denkmal noch die Kathedrale oder das prächtige, mit einer Freitreppe versehene Regierungsgebäude der Provinz. Die dreischiffige **Kathedrale** wurde 1845 bis 1852 nach Plänen des französischen Architekten *Pedro Delgare Etcheverry* im neoklassizistischen Stil fertig gestellt. In der Nordwestecke der Plaza erblickt man eine weitere Kirche, die Iglesia San Francisco, die zwischen 1879 und 1885 erbaut wurde.

Historisches Museum

Östlich der Plaza verläuft die Calle Congreso. Dort liegt, einen halben Block südlich, das Historische Museum der Provinz, das ehemalige Wohnhaus des Präsidenten *Nicolás Avellaneda,* ebenfalls ein Entwurf des französischen Architekten Pedro Delgare Etcheverry. Die Sammlung dort ist eher bescheiden. Das Museum ist Mo bis Fr 8.30–12.30 und 16.30–20.30 Uhr sowie Sa/So 9.30–12.30 und 17.30-20.30 Uhr geöffnet.

Einen Block weiter trifft man auf die wichtigste Sehenswürdigkeit der Stadt:

Casa de la Independencia

Hier (Congreso 151) erklärten am 9. Juli 1816 die Vertreter der Provinzen die Unabhängigkeit von Spanien. Der Originalsaal ist weitgehend erhalten, zu sehen sind Dokumente, Gemälde, Möbelstücke und in der Saison jeden Abend (außer Di) eine Ton-Bild-Show, in der das ganze Ereignis vorgestellt wird. Das Museum ist Mi bis Mo 9–13 und 15.30–19.30 Uhr geöffnet. Der

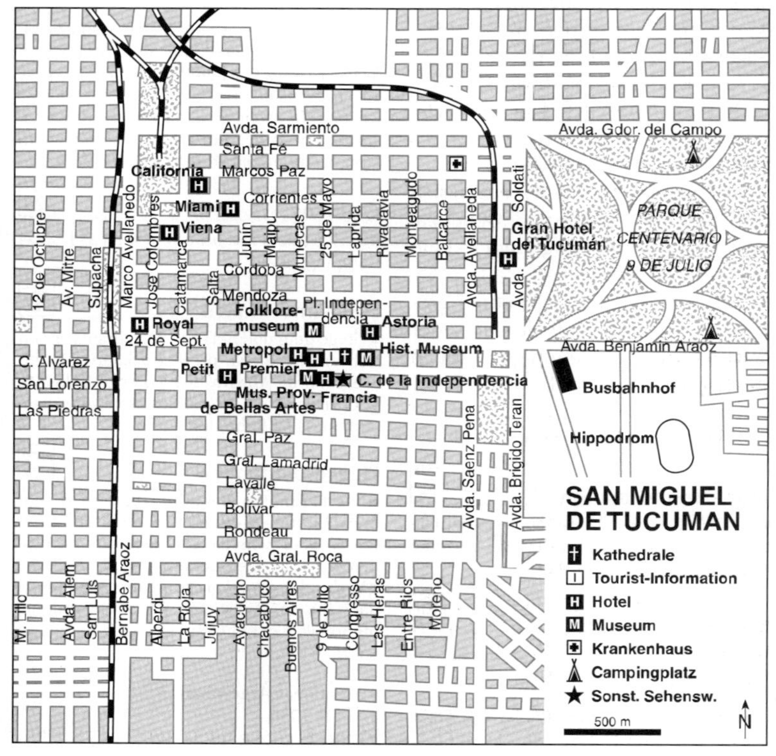

Eintritt kostet 1 US-$, der zur Ton-Bild-Show 4 US-$.

Zurück zum Hauptplatz geht es über die Alvarez y 9 de Julio; an deren Ecke trifft man auf das

Museo Provincial de Bellas Artes

Das Museum ist in einem neoklassizistischen Bau untergebracht. Geöffnet: Di bis Fr 9–12.30 und 17–20.30 Uhr sowie Sa/So 17–20.30 Uhr).

Eine Parallelstraße weiter, in der Av. 24 de septiembre 565, ist ein weiteres Museum, das **Folkloremuseum,** in dem Lebensformen der Ureinwohner dokumentiert sind. Es ist Mo bis Fr 9–12 und 15–20 Uhr sowie Sa 9.30–12.30 und 17.30–20.30 Uhr geöffnet.

Park Centenario 9 de Julio

Nordwestlich der Plaza kreuzen sich die Straßen Muñescas und Mendoza, sie bilden dort für einige Blocks eine kleine Fußgängerzone.

Östlich des Zentrums liegt der große Park Centenario 9 de Julio, der richtige Platz für eine ruhige Siesta. In ihm liegt das Haus des Erzbischofs *Colombres,* der im frühen 19. Jahrhundert das Zuckerrohr in Tucumán einführte.

Touristeninformation

- Das Informationsbüro ist direkt an der Plaza, in der Calle 24 de Septiembre, geöffnet Mo bis So 7–21 Uhr, Tel. 421-1764.

Hotels

Einfach und billig

- **Hotel Royal,** San Martín 1186, Tel. 421-8697; 25 US-$.
- **Hotel Astoria,** Congreso 88, Tel. 421-7876; zentral, modern, 12 US-$.
- **Hotel Viena,** Santiago del Estero 1050, Tel. 431-0313; 10 US-$.
- **Hotel Petit,** C. Alvarez 765, Tel. 421-3902; im Gegensatz zum Namen große Räume, Frühstück, ruhig, sehr empfehlenswert, 10 US-$.

Hotels der Mittelklasse

- **Hotel Francia,** C. Alvarez 467, Tel. 431-0781; 12 US-$.
- **Hotel Premier,** Alvarez 510, Tel. 431-0385; ruhig, freundlich, 20 US-$.
- **Hotel Miami**, Junín 580, Tel. 431-0265; 12 US-$.

Luxushotels

- **Hotel Metropol,** 24 de Septiembre 524, Tel. 431-1180; 30 US-$.
- **Gran Hotel del Tucumán,** Av. Soldati 380, Tel. 450-2250; Fünf-Sterne-Hotel, 40 US-$.
- **Hotel Suites Garden Park,** Av. Soldati 330, Tel./Fax 431-0700. Nur Suites mit kleiner Kochnische, sehr gut, mit Pool und Sauna. Direkt am Park und nahe der Innenstadt. Übernachtung mit Frühstück 20 US-$.

Camping

- Im **Parque 9 de Julio** befinden sich zwei Campingplätze.

Essen und Trinken

- Einige gute und beliebte Restaurants finden sich an der Plaza, preiswert kann man im **Mercado de Abasto** (San Lorenzo/Ecke Miguel Lillo) essen. Eine gutes arabisches Restaurant ist **Ali Baba,** Junín 380.

Flugverbindungen

- Der **Flughafen Benjamín Matienzo** liegt etwa 15 km außerhalb der Stadt. Er ist mit Bus (2 US-$) vom Hotel Mayoral, 24 de Septiembre 364, zu erreichen.
- **Verbindungen:** täglich mehrere Maschinen nach Buenos Aires (94 US-$) und Córdoba, mehrmals wöchentlich eine nach Jujuy und Salta.

- **Aerolíneas Argentinas,** 9 de Julio 112, Tel. 431-1030.
- **Lapa,** Buenos Aires 95, Tel. Tel. 430-2630.

- **Dinar,** 9 de Julio/Ecke 24 de Septiembre, Tel. 421-6661.
- **Andesmar,** 9 de Julio 72, Tel. 4304517.
- **Southern Winds,** 9 de Julio 77, Tel. 422-5574.

Überlandbusse

Vom Busbahnhof auf der Av. Benjamín Aráoz südlich des Parque Centenario 9 de Julio fahren täglich Busse nach

- **Buenos Aires,** 20–30 US-$ je nach Service, 16 Stunden.
- **Santiago del Estero,** 2 US-$, 2 Stunden.
- **La Rioja,** 5 US-$, 7 Stunden.
- **Mendoza,** 12 US-$, 19 Stunden.
- **Córdoba,** 8 US-$, 7 Stunden.
- **Catamarca,** 4 US-$, 5–6 Stunden.
- **Salta,** 6 US-$, 4 Stunden.
- **Jujuy,** 8 US-$, 5–6 Stunden.
- **Tafi de Valle,** 3 US-$, 2 Stunden.
- **Cafayate,** 6 US-$, 7 Stunden.

Autoverleih

- **Móvil Renta,** San Lorenzo 370, Tel. 421-8635.
- **Ai Rent a Car,** Congreso 64, Tel. 430-4625.
- **Localiza,** San Juan 935, Tel. 421-5334.

Sonstiges

- Die **Post** ist Córdoba/Ecke 25 de Mayo, bei Noroeste Cambios können auch **Reiseschecks** getauscht werden (24 de Septiembre 549).
- Einige **Reisebüros** organisieren von Tucumán aus Touren in die Umgebung. Beliebte Ziele sind Tafí del Valle (für 28 US-$ pro Person) und Quilmes (s.u.), manche Touren gehen auch weiter bis nach Cafayate in der Provinz Salta. Allerdings kann es außerhalb der Saison schon einmal passieren, dass die Touren mangels Teilnehmern nicht zustande kommen. Zwei Veranstalter:
- **Patsa Turismo,** Chacabuco 38, Tel. 421-6806.
- **Duport Turismo,** Mendoza 720, Local 3, Tel. 422-0000.

Ausflug

Über Tafí del Valle nach Quilmes

Diese Tour ist auch mit öffentlichen Verkehrsmitteln zu machen, denn die Strecke von Tucumán bis nach Quilmes wird durchgehend von Bussen befahren. Man kann über diese Route auch weiter über Cafayate nach Salta reisen. Eine Tour von Salta nach Cafayate wird im Kapitel über Salta (siehe dort) beschrieben. Allerdings muss man bei den Verbindungen auch Glück haben, umsteigen und manche Strecken zu Fuß gehen. So hält der **Bus** beispielsweise nicht direkt bei den sehenswerten **Ruinen von Quilmes,** sondern etwa 5 km entfernt. Wer keine organisierte Tour machen will, für den ist ein Leihwagen vielleicht eine Alternative.

Obwohl Tafí del Valle und Quilmes nordwestlich von Tucumán liegen, verlässt man die Stadt in südlicher Richtung auf der Ruta 38 Richtung Lules, da die einzige Straße nach Tafí del Valle dem Talverlauf folgen muss. In Lules gibt es die Ruinen einer alten Jesuitensiedlung zu besichtigen.

Bei Acheral biegt man Richtung Tafí del Valle nordwestwärts ab. Die Fahrt führt bergan durch die enge **Schlucht des Río de los Sosas** mit subtropischer Vegetation. Nach knapp 100 km Fahrt öffnet sich die Schlucht auf etwa 2000 m Höhe in ein weites Bergtal, umringt von Fünftausendern. Das Tal der Tafí ist benannt nach einer Volksgruppe, die hier im 4. bis 9. Jahrhundert siedelte und bereits auf Terrassen Getreide anbaute. Heute gibt es hier einen 10 km langen Stausee und das Dorf **Tafí del Valle,** ein beliebtes Ausflugsziel der Provinzhauptstadtbewohner. Ein Campingplatz und einige preiswerte Residenciales (Los Cuartos, Castillo de Piedra) sind vorhanden, ebenso das nagelneue Mirador del Tafí, etwas außerhalb an der Zufahrtsstraße, Tel. (03867) 421-219, www.miradordeltafi.com.ar.

Die größte Attraktion neben der Natur ist der **Parque de los Menhires** kurz vor dem Ort Tafí del Valle. Hier gibt es 129 aufrecht stehende Menhire, die von verschiedenen Fundstellen zusammengetragen wurden. Diese Steine sind bis zu 3 m hoch, zylindrisch geformt, teilweise nur poliert, teils mit eingemeißelten Zeichen und Gesichtern verziert. Ihre Bedeutung konnte noch nicht geklärt werden, ebensowenig die Frage, zu welcher Kultur sie eigentlich gehören.

Die Fahrt geht hinter Tafí weiter bergauf bis zur Passhöhe **Abra del Infiernillo** („kleine Hölle", 3040 m bei Km 85), die im Winter hin und wieder wegen Schneefall gesperrt ist.

img720 Foto: ab

Bergab geht es nach **Amaichá del Valle,** einem kleinen Ort mit 5000 Einwohnern, der auf 1997 m Höhe liegt und 56 km von Tafí del Valle entfernt ist. Amaichá del Valle ist ein Ort, wo jedes Jahr im Februar (in der Karnevalswoche) das **Fest der Pacha Mama,** der Mutter Erde, drei Tage lang besonders intensiv gefeiert wird. Aus den umliegenden Orten kommt man zusammen, um der *Pacha Mama,* der Göttin der Furchtbarkeit, für die Ernte zu danken und um eine neue gute Ernte zu bitten. „Pacha Mama, Pacha Mama, cusiya, cusiya" – „Mutter Erde, Mutter Erde, hilf uns, hilf uns", lautet eines der Gebete. **Joy-Joy** heißen diese simplen Gesänge, die nur von rhythmischen Schlägen auf eine Kiste begleitet werden. Auch folkloristische Tanzgruppen treten auf, und am letzten Tag der Festwoche findet ein Umzug statt, bei dem eine der Alten als Pacha Mama herausgeputzt durchs Dorf zieht und jungen Wein ausschenkt, begleitet von einer jungen Schönen namens *Ñusta* (Fruchtbarkeitssymbol), dem *Yastay* (Gott der Tiere und der Jagd) und dem Faun *Pujllay,* dem fröhlichen Karnevalsgeist.

Der Glaube an Pacha Mama ist häufig synkretistisch. Man wird im Norden gute Katholiken treffen, die selbstverständlich den ersten Schluck Wein zu Boden gießen, um ihn Pacha Mama zu opfern, man sieht auch in christlichen Kapellen am Wegesrand häufig kleine Opfergaben wie Zigaretten oder einige Coca-Blätter für die Mutter Erde.

Ruinen von Quilmes

Amaichá del Valle hat eine direkte Busverbindung mit Tucumán sowie einen kostenlosen Campingplatz.

Von hier kann man nun nach Santa María an der Grenze zur Provinz Catamarca fahren oder weiter bis nach **Quilmes** (22 km).

Zu Beginn des 11. Jahrhunderts bauten die **Quilmes-Indianer,** die wahrscheinlich von der chilenischen Andenseite stammten, hier eine neue Stadt, in der vor der Eroberung etwa 5000 Menschen wohnten. Um sich gegen andere Indianer-Völker wie die Inka und die Calchaquíes zu schützen, errichteten sie eine Festung, deren Ruine heute zu bewundern ist und deren dicke Mauern ein gutes Zeugnis von der indianischen Baukultur geben. Der Blick vom höchsten Punkt der Ruine (Eintritt 2 US-$) über die Mauerreste und die zahllosen großen Kandelaber-Kakteen, die heute dort wachsen, ist wunderbar.

Doch gegen die Spanier halfen auch die dicksten Mauern nichts. 1665 wurden die Quilmes nach 35-jähriger Gegenwehr besiegt. Dem Umsiedlungskonzept der Inkas folgend, zwangen die Spanier die letzten Überlebenden der Quilmes, 270 Familien, zu einem über 1000 km langen Fußmarsch bis nach Buenos Aires. Wer den Marsch überlebte, starb dort an Krankheiten. Eine Vorstadt südöstlich von Buenos Aires trägt heute noch den Namen des

Indianerstammes. Ebenso das Bier, das dort gebraut wird, das populärste in Argentinien.

Bei den Ruinen stehen ein kleines **Museum** und ein Hotel (Tel. (03892) 421075, 80 US-$), dazu gibt es **Campingmöglichkeiten** und ein **Restaurant.** Die **Busse** von Santa María nach Cafayate (und zurück) und von Tafí del Valle nach Cafayate (und zurück) halten an der Stichstraße, die zu den Ruinen führt. Von dort sind es ca. 5 km bis zum Ruinenfeld.

Catamarca (Stadt) ↗VII,C3

San Fernando del Valle de Catamarca, wie die Hauptstadt der Provinz Catamarca offiziell heißt, hat heute etwa 90.000 Einwohner. Die Stadt ist ruhig bis verschlafen. Catamarca wurde zuerst 1559 gegründet, konnte aber nicht gehalten werden. Eine spätere Stadtgründung 1683 war dann erfolgreicher.

Sehenswürdigkeiten

Plaza 25 de Mayo

Das Zentrum bildet die Plaza 25 de Mayo, ein sehr schöner, schattiger Platz, der Ende des 19. Jahrhunderts von *Carlos Thays* gestaltet wurde. Das Stadtzentrum wird begrenzt von vier großen Straßen, die jeweils in einer Entfernung von sechs Blocks von der Plaza liegen.

Kathedrale

Die Stadtbesichtigung beginnt an der Plaza, wo das Regierungsgebäude und die Kathedrale stehen. Diese **Basílica de Nuestra Señora del Valle** wurde 1852 durch den italienischen Architekten *Luis Caravatti* erbaut. Im Innern befindet sich das Heiligenbildnis der Jungfrau, der Schutzpatronin von Catamarca, eines der meistverehrten Heiligenbilder des Landes. Zweimal jährlich wird das Fest der Jungfrau gefeiert, einmal am 8. Dezember und das zweite Mal 13 Tage nach Ostern. Eine weitere interessante Kirche, die Iglesia de San Francisco, liegt einen Block nördlich der Plaza.

Museen

Catamarca kann mit verschiedenen Museen aufwarten. Das **Museo Arqueológico Adán Quiroga** im Centro Cultural Esquiú, Sarmiento 450, zwei Blocks nördlich der Plaza, zeigt Funde von etwa 3000 v.Chr. bis zum 18. Jahrhundert. Es ist Mo bis Fr 7.30–12.30 und 14.30–20.30 Uhr sowie Sa/So 8.30–12.30 und 15.30–18.30 Uhr geöffnet. Provinzgeschichte vermittelt das **Museo Histórico de Catamarca** auf der Chacabuco 425, das Mo bis Fr von 8–12 und 15–19 Uhr sowie Sa von 15–19 Uhr geöffnet ist.

Touristeninformation

- Die Touristeninformation der Stadt ist Sarmiento 450, Tel. 0810-777-4321. Nur wenig weiter auf der Gral. Roca/Ecke Av. Virgen del Valle (einen Block stadtauswärts) ist die Information für die gesamte Provinz. Beide sind Mo bis Fr 8–13 und 14–20 Uhr geöffnet, Tel. (03833) 43-7413 bzw. 43-7593.

Hotels

Einfach und billig

- **Residencial Yunka Suma,** Vicario Segura 1255, Tel. 423034. Okay, 5 US-$ p.P.

- **Hotel Suma Huasi,** República 541, Tel. 43-5801; Rabatt für ACA-Mitglieder, 13 US-$.
- **Hotel Colonial,** República 802, Tel. 42-3502; gut, 11 US-$.

Hotels der Mittelklasse

- **Hotel Ancasti,** Sarmiento 520, Tel. 43-5921; 50 US-$.
- **Hotel Inti Huasi,** República 297, Tel. 43-5705; 12 US-$.

Essen und Trinken

- **Preiswerte Restaurants** finden sich entlang der Av. Güemes, auch auf der Fußgängerzone Rivadavia sind viele Cafés. Spanische Küche zu günstigen Preisen gibt es bei der **Sociedad Española,** Urquiza 703, italienische bei der **Sociedad Italiana,** Moreno 152.

Flugverbindungen

- Der **Flughafen Felipe Varela** ist 22 km außerhalb der Stadt.
- **Aerolíneas Argentinas,** Sarmiento 589, Tel. 42-4450, fliegt täglich außer So nach Buenos Aires (81 US-$).

Überlandbusse

Vom **Busbahnhof** Güemes 852, Tel. 43-7577, zwischen Tucumán und V. Segura, fahren mehrfach täglich Busse nach

- **Buenos Aires,** ab 15 US-$, etwa 16 Std.
- **Tucumán,** 4 US-$, 5–6 Stunden.
- **La Rioja,** 3 US-$, 2 Stunden.
- **Salta,** 8–10 US-$, etwa 7 Stunden.
- **Santiago del Estero,** 4 US-$, etwa 4 Std.

Autoverleih

- **Localiza,** Esquiú 786, Tel. 43-5838.

Sonstiges

- Die **Post** ist San Martín 753.
- **Geldwechsel** ist in der Banco de Catamarca an der Plaza möglich. Schecks werden nicht überall genommen, und wenn, nur gegen hohe Kommission.

Über den Paso de San Francisco nach Chile

- **819 km,** davon 286 km in Chile

Wer das Abenteuer liebt und nach Chile möchte, kann von Catamarca aus einen der höchsten Andenpässe überhaupt überqueren. Der **Paso de San Francisco** liegt auf **4748 m** Höhe, also knapp 60 m niedriger als der Montblanc, der höchste Berg Europas, hoch ist. Die Fahrt gehört zweifellos zu den **spektakulärsten Andenüberquerungen.** Sie führt durch tief eingeschnittene Hochtäler auf den **Altiplano,** jene farbenprächtige Hochebene auf über 4000 m, die sich von Bolivien und Peru bis hierher zieht. Dabei berührt die Strecke einige der höchsten Andengipfel und ausgedehnte Salzseen.

Von Catamarca geht es über die gut ausgebaute Straße Nr. 38 südwärts, dann nach Nordwesten auf der Straße Nr. 60 über Aimogasta und Tinogasta (letzte Tankmöglichkeit!) zur Flussoase **Fiambalá** (323 km, kommunale Hostería, Tel. 03837-496291). 2 km vorher steht die historische Kirche San Pedro (1770 erbaut); im Ort selbst kann man kunstfertigen Wollweberinnen bei der Arbeit zusehen. Einen Abstecher lohnen die 15 km südöstlich gelegenen **Termas de Fiambalá** (Asphaltpiste), rustikale Naturthermen in einem Hochtal auf 2300 m, die sich aus einer 80 Grad heißen Quelle speisen (Cabañas und Zeltplatz).

Seit kurzem ist die Strecke bis zur Grenze komplett asphaltiert. Der Weg steigt steil bergan, immer entlang der Flüsse Abaucán und Chaschuil. Gut 3 Stunden hinter Fiambalá ist **La Gruta** erreicht, die argentinische Grenzstation (Papiere vorab klären!) mit Blick auf die Andenriesen Incahuasi (6638 m) und San Francisco (6016 m). Nach 210 km überquert man die Grenze, die Straße wird zur (gut ausgebauten) Schotterpiste und passiert die in weiße Salzkrusten eingebettete **Laguna Verde** auf 4325 m Höhe. Zwei Grenzpolizisten trotzen hier dem eisigen Wind und der Einsamkeit.

Rund 25 km hinter der Lagune sieht man auf der linken Seite das Massiv des **Nevado Ojos del Salado,** des höchsten Vulkans der Erde (6893 m). Zwischen einem Spalier von Fünf- und Sechstausendern geht es weiter, quer durch den Nationalpark Nevado Tres Cruces und vorbei am Salar de Maricunga (offizielle Grenzkontrolle). Zwei Routen führen über eine Bergkette hinunter nach Copiapó, beide mit tollen Ausblicken, die nördlichere über den Paso de Codocedo ist einfacher zu fahren. **Copiapó,** die Hauptstadt der III. Region Chiles, ist 286 km von der Grenze entfernt.

Insgesamt muss man von Tinogasta bis Copiapó rund 550 km ohne Tankstelle auskommen, und das bei hohem Benzinverbrauch in der großen Höhe. **Autofahrer** sollten unbedingt einen vollen Kanister (20–30 Liter) mitführen, ebenso zwei Ersatzreifen sowie warme Sachen, genügend Verpflegung und Wasser. Vorher die Zündung auf die Höhe einstellen lassen! Die Route ist mit einem normalen PKW zu bewältigen, auf den chilenischen Schotterpisten ist freilich ein Pick-up oder Jeep angenehmer. Fragen Sie unbedingt vorher bei einem Polizeiposten nach dem Straßenzustand! Der Pass ist nicht immer geöffnet, meist nur von Oktober bis März und abhängig von den Klimaverhältnissen. Von Fiambalá bis zur Grenze sind es 3–4 Stunden, von dort bis nach Copiapó etwa 6 Stunden.

Die Puna Catamarqueña

Wer es ganz wild und einsam mag, kann von Catamarca aus die Puna oder Altiplano genannte andine Hochebene noch intensiver erkunden als oben beschrieben. Eine abenteuerliche Schotterpiste, die **Ruta 43,** erklimmt von dem Städtchen **Belén** aus (294 km von Catamarca) die Anden und führt vorbei an Salzseen, Flamingolagunen und Sechstausendern zu der Minensiedlung **Antofagasta de la Sierra** auf 3400 m Höhe (260 km, einfache Unterkünfte). Weitere einsame 253 km weiter nördlich trifft die nur im Frühsommer und nur mit Geländefahrzeugen bezwingbare Piste auf die von Chile über den Sico-Pass kommende Ruta 51. Auf dieser sind es 258 km hinunter nach Salta.

La Rioja (Stadt) ⇗VI,B3

Die **Hauptstadt der Provinz La Rioja** (heute etwa 100.000 Einwohner) wurde 1591 unter dem prächtigen Namen Todos los Santos de la Nueva Rioja gegründet. Da aber **1894** ein **Erdbeben** fast die gesamte Stadt zerstörte, ist wenig von der kolonialen Atmosphäre geblieben.

La Rioja ist eine der ruhigsten Städte in Argentinien, die ausgedehnte Siesta wird intensiv gepflegt. La Rioja ist aber auch das Zentrum der Provinz und ein guter Ausgangspunkt für den Besuch des **Provinzialparks Talampaya** (s.u.) und des **Provinzparks Ischigualasto** (siehe entsprechenden Abschnitt nach San Juan), und wer einen oder zwei Tage Aufenthalt in der Stadt einlegt, muss das keineswegs bereuen.

Sehenswürdigkeiten

Plaza 25 de Mayo

Im kleinen Zentrum der Stadt gibt es zwei Plätze; zentraler Treff ist die Plaza 25 de Mayo, an der auch die Kathedrale steht. Die dort anschließenden

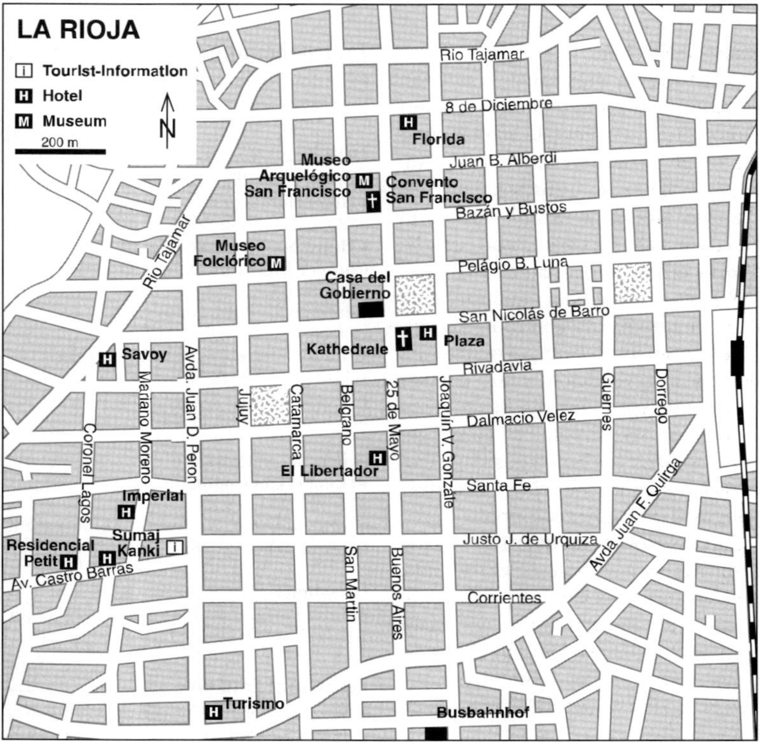

Straßen Pelagio Luna und 25 de Mayo sind die Hauptgeschäftsstraßen.

Kathedrale

Die Kathedrale an der Plaza wurde nach dem Erdbeben 1894 gebaut, fertiggestellt wurde sie 1912. Architekt war *Juan B. Arnaldi,* die Innenausstattung schuf der Maler *Juan Demiszenko*. In ihr steht die Kopie des Holzkreuzes, das *Columbus* bei seiner Entdeckung Amerikas mit sich führte: „Cruz de Evangelización" heißt es, ob passend, das mag jeder selbst beurteilen.

Konvent-Kirchen

Zwei andere sehenswerte Kirchen sind die Kirchen des Konvents Santo Domingo (Luna/Ecke Lamadrid) und die des Franziskanerkonvents (25 de Mayo/Ecke Bazán y Bustos).

Santo Domingo wurde 1623 von Diaguita-Indios gebaut und ist die älteste erhaltene Kirche des Landes. Die Kirche besteht aus Bruchstein mit freistehendem Glockenturm, sie verblüfft durch ihren lang gezogenen Innenraum bei vergleichsweise geringer Breite. Interessant ist die freiliegende Decken-Stützkonstruktion. Einen genaueren Blick verdienen das Portal sowie der Innenhof mit seinem Arkadengang und dem Löwenbrunnen.

Im **Franziskanerkonvent** steht eine Figur des so genannten *Niño Alcalde,* eine Jesus-Darstellung, die den Gottessohn als Bürgermeister der Stadt zeigt. Außerdem ist hier ein abgestorbener Orangenbaum zu sehen, den *San Francisco Solano* 1592 gepflanzt haben soll.

Museen

Die interessantesten Museen sind das **Museo Folclórico** (Pelagio Luna 811, Di bis Fr 8–12 Uhr, 16–20 Uhr, Sa, So 9–12 Uhr), das das Alltagsleben in der Provinz im 19. Jahrhundert zeigt, sowie das **Museo Arquelógico Inca Huasi** (Alberdi 650, Di bis Sa 9–12 Uhr): Es präsentiert eine umfangreiche Sammlung von Funden aus unterschiedlichen Indianer-Kulturen des Nordwestens, darunter zahlreiche Keramik- und Webarbeiten der Diaguita-Kultur.

Touristeninformation

- Die Touristeninformation befindet sich an der Ecke Av. Juan D. Perón und Urquiza.

Hotels

Einfach und billig

- **Hotel Florida,** 8 de diciembre 524, Tel. 42-8583; einfaches Residencial, 5 US-$.
- **Hotel Sumaj Kanki,** Castro Barros/Ecke Coronel Lagos, einfach, aber empfehlenswert; 7–10 US-$.
- **Residencial Petit,** Lagos 427; einfach, freundlich, 7–10 US-$.
- **Hotel Imperial,** Mariano Moreno 345, Tel. 42-2478; 10 US-$.
- **Hotel Savoy,** Av. Roque A. Luna 14, Tel. 42-6894; hoch gelobt, 15 US-$.

Hotels der Mittelklasse

- **Hotel El Libertador,** Buenos Aires 253, Tel. 426-052; 20 US-$.
- **Hotel Turismo,** Av. Juan D. Perón/Ecke F. Quiroga; Tel. 422-005, 25 US-$.

Luxushotel

- **Hotel Plaza,** 9 de Julio/Ecke San Nicolás, Tel. 425-215; 40 US-$.

Essen und Trinken

- Preiswerte, aber nicht gerade schöne Restaurants liegen direkt in der Nähe des Busbahnhofs, bessere Cafés dagegen an der Plaza. Empfehlenswert sind der **Comedor de la Sociedad Española,** 9 de Julio 237, sowie **La Taberna de Don Carlos,** Rivadavia 459, sowie **Il Gato,** P. Luna 355 (plaza) und **La Cantina de Juan,** H. Irigoyen 190.

Flugverbindungen

- Vom **Flughafen Vicente Almonacíd,** 7 km östlich der Stadt, starten täglich außer So Flüge nach Buenos Aires (81 US-$) und Catamarca.
- **Aerolíneas Argentinas** hat das Büro auf Belgrano 93, Tel. 42-6307.

Überlandbusse

- Der **Busbahnhof** liegt sechs Blocks südwestlich des Zentrums an der Ecke Balcarce/Artigas, ein trauriger Platz mit einer 24-Stunden-Bar.

Verbindungen: Mehrfach täglich fahren Busse nach

- **Buenos Aires,** 15 US-$, etwa 16 Stunden.
- **Córdoba,** 4 US-$, 7 Stunden.
- **Mendoza,** 10 US-$, 8 Stunden.
- **Catamarca,** 4 US-$, 2 Stunden.
- **Tucumán,** 8 US-$, 8 Stunden.
- **Santiago del Estero,** 9 US-$, etwa 6 Std.
- **Salta,** 11 US-$, 10 Stunden.
- **Jujuy,** 12 US-$, 12 Stunden.

Sonstiges

- Die **Post** ist in der Av. Perón 258, **Geldwechsel** ist im Banco de Galicia an der Plaza 25 de Mayo möglich. Reiseschecks sind schwierig zu tauschen, mitunter im Banco de la Provincia auf der Bazán y Bustos.
- Einen **Internet-Zugang** bietet der Telefonladen neben der Kathedrale.
- **Reiseveranstalter:** Die attraktivste Reise ist eine **Tour in den Parque Provincial Talampaya,** der ansonsten per öffentlicher Verkehrsmittel schwierig zu erreichen ist (Beschreibung siehe weiter unten). Die gebuchten Touren dauern etwa 12 Stunden und kosten ca. 30 US-$. Sie besuchen ebenfalls den **Parque Provincial Ischigualasto,** das **Valle de la Luna,** das sich südlich an den Talampaya-Park anschließt (siehe bei San Juan).

Außerhalb der Saison (Januar/Februar) ist es evtl. schwierig, vier Personen zusammenzubekommen.

Zwei **Reiseveranstalter:**

- **Terra Riojana,** Galería Sussex, Local 10 A, Plaza 25 de Mayo, Tel. 46-0703.
- **Viejo Guardaparque,** Buenos Aires 244, Tel. 15-666-165.

Chilecito ⇗VI,B3

Die zweitgrößte Stadt der Provinz (etwa 31.000 Einwohner) ist heute wichtig wegen des **Wein-, Oliven- und Nussanbaus** in der Umgebung, im 19. Jahrhundert war sie die Goldstadt Argentiniens. Sie liegt auf 1074 m Höhe, umgeben von bis zu 6300 m hohen Gipfeln der **Sierra de Famatina.** Der Ort hat seinen Namen („kleines Chile") von den vielen chilenischen Minenarbeitern, die hier tätig waren. Ursprünglich hieß er Santa Rita.

Sehenswürdigkeiten

Aus der großen Zeit im 19. Jahrhundert stammen auch die wichtigsten Sehenswürdigkeiten des Ortes: Die Filiale des **Banco de la Nación,** die 1892 – als zweite Nationalbank im gesamten Land – dank der reichen Goldfunde hier eröffnet wurde, und die

Drahtseilbahn

Sie ist eine der wichtigsten technischen Sehenswürdigkeiten Argentiniens, auch wenn sie heute **nicht mehr in Betrieb** ist. Die Bahn wurde am 24. Juli 1903 eröffnet, sie verband den Ort Chilecito mit den Minen von La Mejicana auf 4400 m. Ein internationales Konsortium baute die Bahn, beteiligt waren Gesellschaften aus den USA,

Großbritannien, Italien und Deutschland. Der Grund für den Bau: Auf den Höhen des Famatina gibt es weder Wasser noch Holz, also gab es auch keine Möglichkeiten, das Mineral auszuwaschen oder zu schmelzen. Deshalb musste bis zum Bau der Bahn das ganze mineralische Gestein per Maulesel ins Tal transportiert werden.

Einige **Daten** zu dem beeindruckenden Bauwerk: Die Bahnstrecke ist 34 km lang und überwindet einen Höhenunterschied von über 3300 m. 450 kleine Waggons fuhren auf ihr, jeder konnte eine Nutzlast von 250 kg tragen, bei einer Geschwindigkeit von 8 km pro Stunde war die gesamte Strecke in etwa 4 Stunden zurückgelegt. Die Bahn war nur bis 1926 in Betrieb, heute fährt sie manchmal an Wochenenden, aber auch nur zwischen der ersten und zweiten Station.

Touristeninformation

- Chilecito ist ein ausgezeichneter Ausgangspunkt, um den **Parque Provincial Talampaya** sowie den Parque Provincial Ischigualasto zu besuchen. Material über den Park und die Besteigung der **Sierra de Famatina** und weitere Informationen gibt es beim **Tourismusbüro** auf der Ecke Libertad mit Independencia. Das Büro hilft auch bei der Vermittlung von Unterkünften.

Unterkunft

- **Aca-Hotel Chilecito,** Dr. Luis Martinez/ Ecke 8 de Julio, Tel. 42-2201. Das Chilecito ist das beste Hotel; für 15 US-$ (für Mitglieder 10 US-$) bekommt man ein Doppelzimmer.

Chilecito – Station der Drahtseilbahn

a41-233 Foto: kd

- **Hotel Rivera,** Castro Barros 133; DZ für 11 US-$.
- **Hotel Wamatinag,** Galeria Victoria an der Plaza Sarmiento, 25 de mayo 37, Tel. 42-3419; 10 US-$, empfehlenswert.
- **Museo Samay Huasi,** in San Miguel, 2 km südlich, Tel. 03825/42-2629, Mischung aus Privathaus und Uni-Gebäude mit Pinakothek, Mineralienausstellung etc. Übernachtung 4 US-$ p.P., mit Vollpension 10 US-$.

Busverbindungen

- Mehrere Busse fahren täglich nach La Rioja und Villa Unión. Mehrmals wöchentlich gibt es einen Bus nach San Juan.

P. P. Talampaya ↗VI,B3

Der Parque Provincial Talampaya (62.000 ha groß) ist der Höhepunkt eines Besuches der Provinz La Rioja. Er bietet faszinierende Sandsteinformationen, tief eingeschnittene Canyons, dazu interessante Überreste präkolumbischer Kulturen.

Talampaya ist ein Quetschua-Wort und bedeutet soviel wie „trockenes Tal des Tala". Die Region ist eine Wüste mit heißen Tagen und kalten Nächten, starken Winden im Frühjahr und mitunter sintflutartigen Niederschlägen in den Sommermonaten.

Wind und Wetter haben ihre Spuren im weichen Sandstein hinterlassen: Sie haben Canyons eingeschliffen, die bis zu 170 m tief sind, und einzelne **Felsen bizarr geformt;** kein Wunder, dass manche, mehr oder weniger treffend, als „Mönch", „Kathedrale", „Ka-

Felsen im Parque Provincial Talampaya

a42-235 Foto: ab

mel" oder „Schloss" bezeichnet werden. Mitten im Park liegt die „Ciudad Perdida", die „verlorene Stadt", ein Tal mit einem Irrgarten unterschiedlichster Sandsteinfiguren. Das „trockene Tal des Tala" war schon in vorspanischer Zeit bewohnt. Generationen von Eingeborenen haben hier ihre Spuren hinterlassen. Man fand und findet unzählige Felszeichnungen, deren Bedeutung teilweise noch nicht entschlüsselt ist, Darstellungen von Menschen und Tieren ebenso wie nicht-gegenständliche Formen. Als Naturreservat hat das Tal große Bedeutung, denn hier sollen u.a. die größten **Kondorgruppen** Amerikas nisten.

Talampaya ist von La Rioja oder Chilecito im Rahmen einer geführten Tour oder individuell zu besuchen. Auch in Córdoba (mit Asateje, 2½ Tage für 120 US-$) und Mendoza (70 US-$, die meisten Reiseveranstalter) werden Ausflüge dorthin angeboten. Die **Anfahrt** ist allerdings nicht einfach. Der Eingang zum Park liegt 42 km vom Dorf Pagancillo entfernt, etwa 14 km östlich der Ruta 26. Busse von La Rioja nach San Juan fahren über Patquía, dann über die Ruta 150, um an der Kreuzung mit der Ruta 26 (Polizeistützpunkt, nahe Los Baldecitos) nach Süden abzubiegen. An dieser Kreuzung muss man aussteigen und versuchen, per Bus oder mit dem Taxi die 58 km nach Norden plus die 14 km Stichstraße zurückzulegen.

Von Chilecito ist die Anreise einfacher, denn die Busse von Chilecito nach San Juan fahren durch das Dorf Pagancillo und direkt weiter über die Ruta 26. Man steigt entweder in Pagancillo aus und versucht dort, einen Führer für die Fahrt durch den Park zu engagieren, oder fährt direkt zur Kreuzung (bei Km 147,5), wo der Weg zum Park abzweigt (etwa 28 km südlich Pagancillo). Von dort sind es jedoch noch 14 km bis zum Parkeingang.

Der **Eintritt** zum Park kostet 3 US-$. Im Park selbst werden **Rundtouren** angeboten. Sie dauern 2–10 Stunden und werden in Pick-up-Trucks durchgeführt. Die zweistündigen Rundfahrten kosten 35 US-$ (pro Person, bis zu 8 Personen), die zehnstündigen 130 US-$ (ebenfalls in Gruppen bis zu acht Personen). Telefonische Informationen unter 03825/470397. Wer sich länger im Park aufhalten will, sollte sich bei der **Touristeninformation** in La Rioja oder besser in Chilecito informieren. Am Parkeingang kann man auch zelten. Mitunter werden mehrtägige Wanderungen durch den Park angeboten.

Zum benachbarten Naturpark Ischigualasto siehe bei San Juan.

Jujuy

Die Provinz Jujuy ist **eine der abgeschiedensten Provinzen des Landes.** Sie liegt im äußersten Nordwesten, grenzt im Norden an Bolivien, im Westen an Chile, im Osten und Süden an Salta. Für Besucher ist Jujuy eine der attraktivsten Gegenden in ganz Argentinien. Die **Anden-Kette und ihre Vorgebirge, die Hochebene, die alten Kolonialstädte** und die heute noch spürbaren **Indio-Traditionen** machen den Reiz der mit 53.219 km² und etwa 611.000 Einwohnern flächenmäßig und hinsichtlich der Bevölkerungszahl sehr kleinen Provinz aus. In Jujuy leben sehr **viele Indios,** etwa 40.000, die Anzahl der Mischlinge beträgt ungefähr 300.000.

Die Provinz ist **arm,** sie lebt vorwiegend vom nicht sehr ertragreichen Bergbau in **Zink-, Blei-, Eisen- und Silberbergwerke**n, dazu kommt der Anbau von Tabak und Zuckerrohr sowie Zitrusfrüchten. Da die wirtschaftliche Perspektive schlecht ist, verlassen viele die Provinz in Richtung Buenos Aires und versuchen, dort ein besseres Leben führen zu können. Dennoch bleibt die Einwohnerzahl stabil: Aus dem Norden kommen Bolivianer, denen Argentinien immer noch als das gelobte Land erscheint.

San Salvador de Jujuy ⇗ VII,C1

Die mehrfach gegründete und von Indianern zerstörte Stadt – die letzte Gründung 1593 war schließlich erfolgreich – hat heute ca. 180.000 Einwohner. Sie liegt am Südende der Quebrada de Humahuaca, an der Mündung des Río Xibi Xibi in den Río Grande.

Das Wort „Jujuy", der Name von Provinz und Stadt, stammt aus der Indianersprache. Es ist wahrscheinlich die spanische Übernahme des Quetschua-Wortes „xuxuyoc", mit dem der stellvertretende Herrscher der Inkas, der hier lebte, bezeichnet wurde.

Jujuys Zentrum ist die **Altstadt,** die sich zwischen den beiden Flüssen, Río Xibi Xibi und Río Grande, erstreckt. Die wichtigsten Gebäude liegen nahe der Plaza Belgrano, dort verläuft auch die Calle Belgrano, die zwischen der Lavalle und Necochea ein Stück Fußgängerzone ist. Folgt man der Lavalle nach Südwesten, überquert man den Río Xibi Xibi und gelangt zum Busbahnhof, wo um den Mercado Sur ein weiteres lebhaftes Zentrum ist.

Sehenswürdigkeiten

Kathedrale

Jujuy ist arm an Sehenswürdigkeiten. An der Plaza steht die Kathedrale mit ihrem mehrfach gestuften, schönen Turm, 1763 erbaut, barocke und klassizistische Formen miteinander vereinend. Ein Blick ins Innere lohnt sich, schon wegen der wunderbaren, von Indios geschnitzten Kanzel. Vor der Kathedrale findet ab und an ein kleiner **Kunsthandwerkmarkt** statt.

Provinzverwaltung, Iglesia San Francisco

Ebenfalls an der Plaza steht das leicht überdimensioniert wirkende,

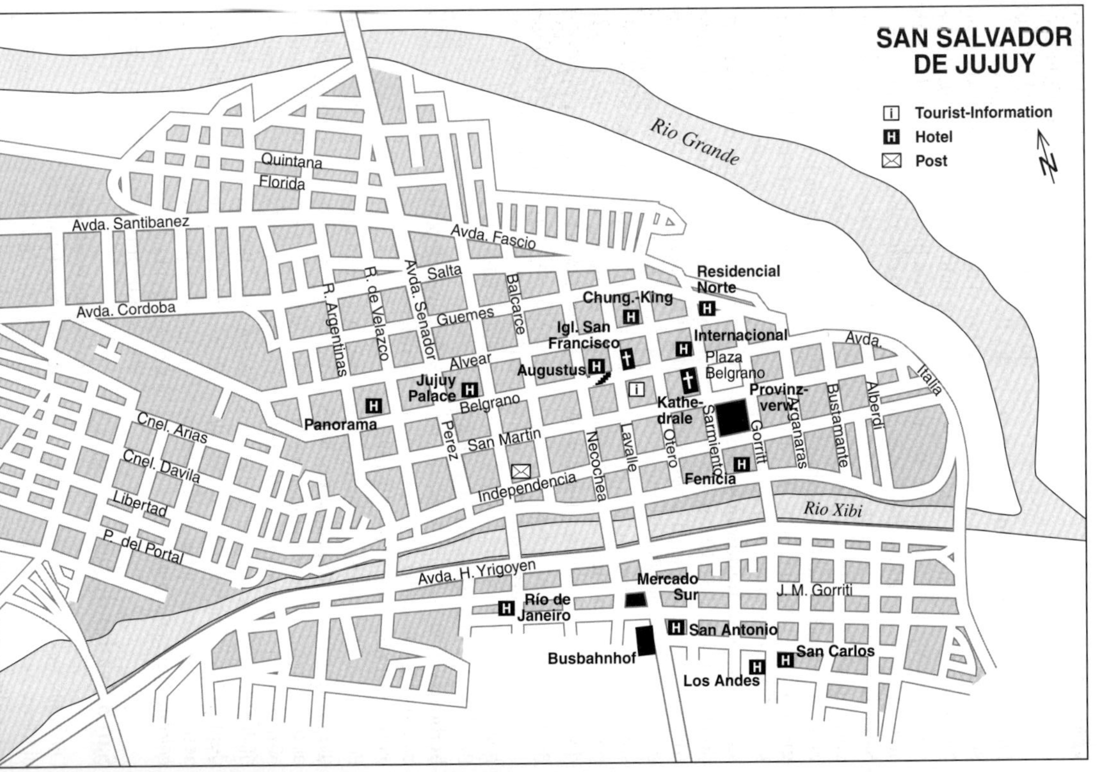
SAN SALVADOR DE JUJUY
Tourist-Information
Hotel
Post
Rio Grande
Rio Xibi
Avda. Italia
Alberdi
Bustamante
Arganaras
Gorritt
Sarmiento
Otero
Lavalle
Necochea
Balcarce
Belgrano
San Martin
Independencia
Avda. Fascio
Salta
Guemes
Alvear
Avda. Senador Perez
R. de Velazco
R. Argentinas
Quintana
Florida
Avda. Santibanez
Avda. Cordoba
Cnel. Arias
Cnel. Davila
Libertad
P. del Portal
Avda. H. Yrigoyen
J. M. Gorriti
Residencial Norte
Internacional
Plaza Belgrano
Provinz-verw.
Kathe-drale
Fenicia
Chung.-King
Igl. San Francisco
Augustus
Jujuy Palace
Panorama
Mercado Sur
Río de Janeiro
San Antonio
San Carlos
Los Andes
Busbahnhof

sehr repräsentative Gebäude der Provinzverwaltung. Eine weitere schöne Kirche ist die Iglesia San Francisco an der Ecke Belgrano und Lavalle.

Mercado del Sur

Nicht versäumen sollte man einen Besuch des Mercado del Sur, auf dem viele Indios aus der Umgebung der Stadt ihre Waren verkaufen. Der Markt ist nicht unbedingt schön, aber durchaus interessant.

Wer will (und wem es schmeckt), kann hier auch problemlos, so wie es fast alle Einheimische tun, kleine Tüten mit Coca-Blättern kaufen. Bloß – eine berauschende Wirkung sollte er vom Kauen der Blätter nicht erwarten.

Touristeninformation

- Die sehr hilfsbereite Touristeninformation, die auch über recht gute Karten verfügt, befindet sich in der Urquiza 69/Ecke Gorriti, Tel. 422-1325.

Hotels

Einfach und billig

- **Hotel Los Andes,** Rep. Siria 456, Tel. 422-4315. Das Hotel ist sauber, hat aber sehr kleine Räume; ein DZ kostet 8 US-$.
- **Hotel San Antonio,** Lesandro de la Torre 993, Tel. 422-5998; modern und sehr gut, 10 US-$.
- **Hotel Río de Janeiro,** J. Iglesia 1356, Tel. 422-3700; 7 US-$.
- **Hotel Chung-King,** Alvear 627, Tel. 422-8142; dunkle Räume, mit Restaurant, 8 US-$.
- **Hotel San Carlos,** Rep. Siria 453, Tel. 422-2286; 10 US-$.
- **Hotel Brisas,** Alte. Brown 1157, Tel. 425-1912; 10 US-$.

a43-239 Foto: gw

Kathedrale in San Salvador de Jujuy

Hotels der Mittelklasse

- **Hotel Augustus,** Belgrano 715, Tel. 423-0203; 20 US-$.
- **Hotel Fenicia,** 19 de April 427, Tel. 423-1800; 25 US-$.
- **Hotel Internacional,** Belgrano 501, Tel. 423-1599; 23 US-$.

Luxushotels

- **Jujuy Palace,** Belgrano 1060, Tel. 423-0433; 25 US-$.
- **Hotel Panorama,** Belgrano 1295, Tel. 423-4089; 25 US-$.

Camping

- Zwei Campingplätze finden sich außerhalb der Stadt: Einmal 14 km nördlich auf der Straße nach Humahuaca, der andere 3 km entfernt in Huaico Chico, zu erreichen mit Bus Nr. 14.

Essen und Trinken

- **Billige Restaurants** findet man in der Gegend des Busbahnhofs und beim Mercado del Sur. Einige Cafés gibt es in der Fußgängerzone, z.B. die **Bar la Royal** (Nähe Lavalle, etwas teurer) und die schöne, leicht altmodische **Confitería Carena,** Belgrano 899. Im **La Ventana,** Belgrano 751, ist das Essen nicht ganz preiswert, dafür aber gut, ebenso wie im **La Rueda** auf der Lavalle 320.

Flugverbindungen

- Der **Flughafen El Cadilla** liegt 32 km südöstlich der Stadt. Den Busservice sollte man bei **Aerolíneas Argentinas** und **Austral** erfragen, die ihr gemeinsames Büro auf der San Martín 735, Tel. 422-2412, haben.
- Täglich gibt es mehrere **Flüge** nach Buenos Aires (105 US-$), einen bis zwei nach Córdoba und Tucumán sowie einen nach Santiago del Estero. Es herrscht kein Flugbetrieb am Samstag, eingeschränkter am Sonntag.

Überlandbusse

Vom **Busbahnhof** auf der Ecke Dorrego und Iguazú fahren mehrfach täglich Busse nach:

- **Buenos Aires,** ca. 20 US-$, 18 Stunden.
- **Córdoba,** 10 US-$, 14 Stunden.
- **Tucumán,** 6 US-$, 5 Stunden.
- **Salta,** 2 US-$, 2–3 Stunden.
- **La Quiaca,** 5 US-$, 7 Stunden.
- **Humahuaca,** 2–3 US-$, 3 Stunden.
- **Tilcara,** 2 US-$, 1½ Stunden.
- **Termas de Reyes,** 0,5 US-$, 1 Stunde.
- **Busse nach Chile:** Buses Géminis, Tel. 15-52013, fuhr Anfang 2003 Di und Fr um 8.30 Uhr sowie Sa um 7.30 Uhr über Susques und den Paso de Jama nach San Pedro de Atacama (s.u.), Sa weiter bis Calama. Die Fahrt dauert bis San Pedro 11 Stunden und kostet 35 US-$. Rechtzeitiger Ticketkauf wird empfohlen, die Busse sind oft voll.
- Busfanatiker können auch in Jujuy mit Andesmar die **Tour de Argentina** starten, eine durchgehende Fahrt (allerdings mehrfaches Umsteigen) von Jujuy nach Río Gallegos. Das Ticket kostet etwa 250 US-$, die Fahrtdauer wird mit 2½ Tagen angegeben.

Rund ums Auto

- **Localiza,** am Flughafen, Tel. 491-2734.
- **Noroeste,** Belgrano 715, Tel. 422-6678.

Sonstiges

- Die **Post** ist Ecke Independencia und Lamadrid.
- **Wechselstuben** auf der Straße Belgrano tauschen Bargeld und auch Reiseschecks.
- Einen **Internet-Zugang** bietet Telecabina auf Belgrano 730.
- **Reiseveranstalter:** Die meisten haben dasselbe Angebot, nämlich **Touren durch die Quebrada de Humahuaca.** Auch die Preise sind dieselben, etwa 30 US-$ für einen 12-Stunden-Ausflug mit dem Kleinbus.

Einige **Reiseveranstalter:**

- **Jujuy,** Güemes 717, Tel. 424-1245.
- **Kollasuyo,** Necochea 250 local 13, Tel. 423-8096.
- **Ortiz,** J. M. Gorriti 984, Tel. 424-0728.

Ausflug

Termas de Reyes

Etwa 20 km westlich von Jujuy liegen auf einer Höhe von 1700 Metern in einer recht engen Schlucht des Río Reyes die Termas de Reyes, überragt vom 6200 m hohen Gipfel des Cerro Chañi. Die **heißen Quellen** (28° bis 56°C) laden zum Bad ein.

Wer dort bleiben will, kann sich im **Hotel Termas de Reyes** einquartieren (Tel. 492-2522, mit Swimmingpool, 53 US-$). Der **Campingplatz** ist umsonst, allerdings muss man dann für den Pool 3 US-$ Eintritt bezahlen.

Zu erreichen ist Termas de Reyes problemlos mit dem Bus vom Busbahnhof in Jujuy (die Fahrt dauert ca. eine Stunde und kostet 1 US-$).

Durch die Quebrada de Humahuaca bis nach La Quiaca

Größte Attraktion der Provinz Jujuy ist die Quebrada de Humahuaca. Diese **Schlucht** ist einer der wenigen Einschnitte in die Hochebene des Nordwestens, die Puna. Andere sind das Valle de Calchaquíes und die Quebrada del Toro.

Die Quebrada de Humahuaca beginnt nördlich von Jujuy und zieht sich über ca. 130 km nordwärts. Sie steigt dabei langsam an: Jujuy liegt 1552 m hoch, der Ort Humahuaca, 128 km von Jujuy entfernt und Endpunkt der Quebrada, auf 2939 m. Dort beginnt dann die eigentliche Puna, die Hochebene, die weiter ansteigt und am Endpunkt der Fahrt, in La Quiaca, eine Höhe von fast 3500 m erreicht hat.

Die Fahrt durch die Quebrada de Humahuaca kann bis nach La Quiaca leicht mit **öffentlichen Verkehrsmitteln** unternommen werden: Busse fahren durchgehend von Jujuy bis zur bolivianischen Grenze. **Gebuchte Touren** dagegen gehen meist nur bis Humahuaca. Als Reisender sollte man, besonders ab Humahuaca, ein wenig **vorsichtig wegen der Höhe** sein. Laufen und schnelle Bewegungen werden sofort mit Kurzatmigkeit und eventuell Kopfschmerzen „belohnt", also Anstrengungen vermeiden.

Direkt hinter Jujuy beginnt das **Farbenspiel,** für das die Quebrada de Humahuaca berühmt ist. Die Felsen leuchten rot und schwarz, grün und violett, je nach Sonnenstand und der mineralischen Zusammensetzung des Gesteins. Verlassene Siedlungen stehen im Tal, selten sieht man einen Menschen entlang der Straße.

Etwa auf halber Strecke Richtung Humahuaca zweigt links die Straße nach Purmamarca und später Richtung Susques und Paso de Jama ab.

Purmamarca

Der Ort auf 2190 m Höhe ist eine **alte Inkasiedlung;** „purma" bedeutet Wüste und „marca" Gegend. Überragt wird der Ort vom **Cerro del los Siete Colores,** dem „Berg der sieben Farben". Kommt man am Vormittag, wenn die Sonne den Berg bestrahlt, ist das Farbenspiel wirklich beeindruckend. Der Camino de los Siete Colores führt einmal um den Cerro herum (30 Minuten). Die Quebrada de Humahuaca war aber nicht nur Siedlungsweg der Inkas, auch die europäischen Eroberer zogen hier durch, gefolgt von Missionaren. Deshalb besitzen zahlreiche Orte sehenswerte alte **Dorfkirchen.** Die in Purmamarca wurde ab 1648 erbaut und im Jahr 1779 vollendet. In dem Gotteshaus sind einige Werke der Malerschule von Cuzco (Peru) zu sehen.

Unterkunft

- Eine Übernachtungsmöglichkeit in Purmamarca bietet der preiswerte (20 US-$) **Ranchito del Rincón** auf der Calle Sarmiento, der **Comedor** auf der Hauptplaza einfache, lokale Kost.

Bilder aus der Malerschule von Cuzco findet man auch in der alten Kirche in Tilcara, einer Kleinstadt mit hübscher

Plaza, die 86 km von Jujuy entfernt bereits auf knapp 2500 m Höhe liegt.

Tilcara

Der Name der Siedlung ist ein Quetschua-Wort, das „Sternschnuppe" bedeutet. Im Südosten wird der Ort vom 4851 m hohen Cerro Negro de Zucho überragt.

Die größte Sehenswürdigkeit ist aber das **Pucará,** das alte indianische Wehrdorf, das etwa 1 km vom Ort entfernt ist. Es lässt, seit den 1960er Jahren gut restauriert, die Struktur eines solchen Ortes erkennen. Näheres über die Festung, die zu präkolumbianischer Zeit entstand, erfährt man im ausgezeichneten **Archäologischen Museum** des Ortes (geöffnet Di bis So von 9–18 Uhr). Der Eintritt beträgt 2 US-$ und ist zugleich Eintrittskarte für das Pucará und den dazugehörigen **botanischen Garten,** in dem viele Pflanzen der Hochebene wachsen.

Auf und um die Plaza findet häufig ein guter **Kunsthandwerkermarkt** mit indianischen Waren statt.

Unterkunft/Restaurant

- Die beiden besten Hotels der Stadt sind das **Hotel de Turismo,** Belgrano 590, Tel. 495-5002 (DZ mit Bad), und das nicht nur wegen seines Restaurants empfehlenswerte **El Antigal,** Rivadavia ohne Hausnummer, Tel. 495-5020, die beide etwa 10 US-$ kosten.
- Sehr gut ist auch die **Jugendherberge Malka,** San Martín (ohne Hausnummer), etwa 400 m von der Plaza entfernt, Tel. 0288/4495-5200; mit Küche, Fahrradverleih, Touren, auch Mahlzeiten (8 US-$ pro Person). malka@hostels.org.ar
- Empfehlenswerte Milanesas (= panierte Schnitzel) gibt es im **Restaurant Don Chala** in der Peatonal Felix. L. Pereyra.

Kurz vor dem nächsten Ort, **Huacalera,** überschreitet man den **Wendekreis des Steinbocks,** wo die Sonne am 21. Dezember senkrecht am Himmel steht.

Humahuaca

Humahuaca ist Haupt- und gleichzeitig Endort der Quebrada. Er liegt 128 km von Jujuy entfernt, auf einer Meereshöhe von 2939 m und hat etwa 6000 Einwohner. Der Ort ist verschlafen und erwacht nur ein- bis zweimal am Tag zu etwas mehr Leben, nämlich dann, wenn die Touristenbusse hier ihren Stopp einlegen.

Warum sie halten, ist klar: Humahuaca hat einen hübschen Dorfplatz mit einer schönen **alten Dorfkirche,** in der einige gute Bilder der Cuzco-Schule hängen. Die Kirche ist im Innern rundherum mit Kaktusholz verkleidet. Am gleichen Dorfplatz steht auch der Cabildo aus den 1930er Jahren, der im neokolonialen Stil erbaut wurde. Mittags um 12 Uhr öffnet sich im Glockenturm eine Tür, und eine lebensgroße Figur des heiligen Francisco Solano segnet die Anwesenden – kommen Sie ruhig etwas früher, denn nicht immer geht die Uhr richtig.

Für viele Besucher aber ist die größte Attraktion der sehr lebendige **Markt,** wo Coya-Indios ihre selbst gefertigten Waren verkaufen (nahe der Bahnstation).

Die auffälligste Sehenswürdigkeit in Humahuaca ist das riesige **Monumento a la Independencia,** das Denkmal für die Unabhängigkeit, das von der kleinen Plaza aus über eine monua45-242 Foto: kd

mentale Steintreppe zu erreichen ist. Oben angekommen, ist man kurzatmig: Man weiß nicht so recht, ob das an der Höhe liegt oder weil einem der Anblick den Atem verschlägt. Das Denkmal wurde 1924 über dem Tal errichtet, weil hier während des Unabhängigkeitskrieges große Schlachten zwischen den Spaniern und den Freiheitskämpfern stattfanden. Es verherrlicht den indianischen Teil an der Erringung der Unabhängigkeit, und zwar so stark, dass es schon in sehr scharfem Kontrast zur heutigen Realität steht: Wie kommt es, dass diese heldenhaften, starken Kämpfer für die Unabhängigkeit heute zu den absolut Ärmsten des Landes gehören?

Mehr über das Leben der Indios erfährt man im **Museo Folclórico,** Buenos Aires 435, direkt neben der Jugendherberge, die vom gleichen Besitzer gemanagt wird. Hier werden Alltagsgegenstände ausgestellt, man erfährt auch viel über die Sitten und Gebräuche der Indios, speziell über den Karneval. Denn der wird hier ausgiebig gefeiert. Dann sind die engen Gassen von Humahuaca voll mit Besuchern, es wird getanzt und gefeiert, acht Tage und neun Nächte lang. Der Besitzer von Museum und Jugendherberge, *Sixto Vásquez,* kann viel, auch auf Deutsch, über das Leben der

Straßenszene in Humahuaca

Über den Paso de Jama nach Chile

Wer Abenteuer und Einsamkeit liebt, kann von Purmamarca über Susques und den Paso de Jama nach San Pedro de Atacama in Chile weiterreisen. Der Bus macht diese Tour viermal wöchentlich und erreicht etwa elf Stunden später San Pedro de Atacama (siehe bei Jujuy, „Überlandbusse").

Der Paso de Jama kann **mit normalem PKW** überquert werden. Genug zu essen und zu trinken sollte man einpacken, auch mindestens zwei Ersatzreifen, denn eine Reifenpanne kann man sich auf den Schotterpisten schnell holen. Dazu einen Ersatzkanister, denn Tankstellen sucht man unterwegs vergebens. Von Jujuy sind es bis nach San Pedro de Atacama 514 km, bis nach Purmamarca 65 km, nach Susques 194 und zur Grenze 349 km.

Von Purmamarca schraubt sich die Straße, teilweise tief in den Stein gesprengt, in unendlich erscheinenden Serpentinen steil bergauf, schließlich liegt Purmamarca auf 2192 m und das Ziel Susques auf 3675 m. Wo die Ruta 52 auf die kreuzende Ruta 40 trifft, beginnt eines der schönsten (und mittlerweile asphaltierten) Stücke der gesamten Strecke, die Überquerung der Salinas Grandes auf einem Damm. Nach 137 km Fahrt durch die Wüste (mindestens zwei Stunden) ist Susques erreicht. Der Ort hat nicht viel Sehenswertes außer einer Kirche aus dem 16. Jahrhundert. Susques ist ein typisches, sehr armes Dorf auf dem Altiplano, dessen einzige Besonderheit die Grenzstation für die Ausreise nach Chile bzw. die Einreise nach Argentinien ist. Reisende von Chile nach Argentinien müssen sich hier den Einreisestempel holen, ansonsten kann es bei der späteren Ausreise aus Argentinien kompliziert und teuer werden.

Von Susques geht es etwa 50 km weiter auf der Ruta 16 – nun wieder auf Schotter. Am Nordende der Salinas de Olaroz trifft man auf die Ruta 70, der man nach Süden (nach links), immer am Rande der Salinas de Olaroz entlang, für etwa 40 km, folgt. Dann zweigt rechts Richtung Westen eine Straße zum Paso de Jama ab, der nach ungefähr 60 km erreicht ist. Auf dem Weg zum Paso de Jama, der **mit etwa 4200 m einer der höchsten Andenpässe** ist, überschreitet man mehrfach den Wendekreis des Steinbocks. Hier steht am 21. Dezember die Sonne absolut senkrecht am Himmel.

Ab dem Pass ist die Straße wieder asphaltiert und führt auf einer faszinierenden Strecke über den chilenischen Teil des Altiplano: zunächst vorbei am vielfarbig schimmernden Salar de Aguas Calientes, dann an den Moais de Tara – bis zu 30 Meter hohe, völlig freistehende, vom Wind verwitterte Felsfinger – und den zerklüfteten Felswänden der Farellones de Tara. Gelegentlich kreuzen Vicuñas den Weg. Schier endlos erstreckt sich die Hochebene, der Horizont wird nur von gelegentlichen Vulkankegeln unterbrochen. An einem der imposantesten, dem fast 6000 m hohen Vulkan Licancabur, führt die Straße direkt vorbei und schließlich hinunter in die Flussoase San Pedro de Atacama.

Coya-Indianer erzählen. Ein weiteres interessantes Museum ist das **Museo La Casa,** Buenos Aires 296.

An der Plaza gibt es eine Bank mit Geldautomat.

Unterkunft

- Es gibt einige Unterkunftsmöglichkeiten, die preiswerteste ist die saubere, aber abgewohnte **Jugendherberge Humahuaca,** Buenos Aires 435, für etwa 6 US-$ pro Person, die teuerste das **Hotel de Turismo,** Buenos Aires 650, Tel. 42-1154, für etwa 12 US-$ (DZ), die beste das **Residencial Humahuaca,** Córdoba 401, Tel. 42-1141, ein sehr freundliches Haus für 10 US-$ das Doppelzimmer.

Hinter Humahuaca ändert sich das Landschaftsbild. Die Straße steigt schnell an, teilweise in Serpentinen führt sie jetzt bergan. Noch wachsen Kakteen am Straßenrand, später nichts mehr, dafür sieht man neben der Straße die ersten frei lebenden oder auch als Haustiere gehaltene Lamas.

Der kleine Ort **Tres Cruces,** wo ein Aufenthalt nicht lohnt, liegt auf 3700 m Höhe. Hier hat man nun die **Puna,** die Hochebene, den argentinischen Ausläufer des bolivianischen Altiplano, erreicht. **Abra Pampa,** das nächste Dorf (3484 m), ist ein typischer Altiplano-Ort mit Lehmziegelhäusern, im Nordosten ist der Cerro Totay (4366 m) zu sehen. Etwa 15 km westlich von Abra Pampa liegt eine Zuchtstation für Vicuñas, die wilderen Verwandten der Lamas. Hier lassen sich die sehr scheuen Tiere gut beobachten. Die Zuchtstation ist in der Woche mit lokalen Bussen von Abra Pampa aus zu erreichen.

La Quiaca ⇗ III,C3

Von Abra Pampa sind es nur noch 75 km nach La Quiaca, der **Grenzstadt zu Bolivien.** Das nicht sehr schöne, recht arme Städtchen hat ungefähr 11.500 Einwohner und liegt auf 3442 m Höhe, 293 km von Jujuy entfernt. Zwischen dem zweiten und dritten Sonntag im Oktober findet die **Fiesta de Ollas** mit einem großen Kunsthandwerkermarkt statt. In La Quiaca ist vorwiegend am Busbahnhof etwas los, das geschäftliche Leben spielt sich auf der anderen Seite des Grenzflusses Río Villazón ab, im **bolivianischen Villazón.** Der Grund ist einfach: In Bolivien ist fast alles billiger. Dort wird auf Märkten ge- und verkauft, Coya-Indianer stehen beisammen, die Frauen mit mehreren Röcken unterschiedlicher Farbe übereinander gekleidet, auf dem Kopf verschieden geformte Hüte, eine dicke Wange vom hineingestopften Coca-Pfriem.

Die **Grenze nach Bolivien** zu überqueren, ist einfach. Man zeigt seinen Pass vor, lässt ihn aber besser nicht stempeln, denn es gibt eine Bestimmung, nach der man ansonsten so schnell nicht wieder nach Argentinien einreisen darf (48 Stunden). Ob die Grenzer allerdings auf dieser Bestimmung beharren – wer weiß ... Bei der Rückkehr braucht man dann auch keinen Einreisestempel.

La Quiaca/Villazón ist der beste Weg für Reisende, die nach Bolivien weiterreisen wollen. Von Villazón fahren beispielsweise mehrfach täglich Busse nach Potosí.

Vom **Busbahnhof** in La Quiaca (España/Ecke Belgrano) fahren mehrfach täglich Busse nach Salta und Jujuy zurück. Sie kosten etwa 25 US-$, sind oft sehr unbequem und haben am Ende mitunter riesige Verspätungen.

Unterkunft/Restaurants

- Einige gute Restaurants gibt es auf der España in der Nähe des Busbahnhofs. Wer in La Quiaca übernachten will, sollte ins **Hotel Turismo,** Siria/Ecke San Martín, ca. 12 US-$, oder ins billigere **Hotel Crystal,** Sarmiento 539, etwa 8 US-$, gehen.

16 km östlich von La Quiaca liegt das Dorf **Yavi,** das nur mit einem Taxi zu erreichen ist (Hin- und Rückfahrt etwa 30 US-$). Hier steht eine der schönsten Kirchen der Region, 1690 erbaut und berühmt für ihren Altar, die Malereien sowie die Holzskulpturen. Sie zeigen den heiligen Franziskus, den Namenspatron der Kirche, Johannes den Täufer, den heiligen Josef und die Gottesmutter; ist die Kirche geschlossen, bittet man den Küster um Einlass.

Monumento Natural Laguna de Los Pozuelos ⇗II,B3

Die etwa 15.000 ha große Laguna de los Pozuelos liegt ca. 100 km südwestlich von La Quiaca auf ungefähr 3700 m Höhe. Sie ist ein Muss für **Flamingo-Liebhaber,** denn unterschiedliche Arten der rosafarbenen Vögel leben hier. Daneben gibt es andere Wasservögel, mit Glück sind auch wild lebende **Vicuñas** zu sehen.

Die **Anfahrt** ist einigermaßen kompliziert, verfügt man nicht über ein **Auto.** Damit ist die Laguna leicht von Abra Pampa oder von La Quiaca aus zu erreichen. Ersatzkanister müssen mitgenommen werden, denn nur in La Quiaca und Abra Pampa gibt es Tankstellen.

Ansonsten fahren **Busse** jeden Tag (außer So) von Abra Pampa Richtung Rinconada. Man kann entweder bis Rinconada fahren oder an der Park-Aufseher-Station aussteigen. Camping ist erlaubt, allerdings sinken die Temperaturen nachts stark ab, im Winter weit in die Minusbereiche. Einkaufsmöglichkeiten fehlen.

Parque Nacional Calilegua ⇗III,C3

106 km nordöstlich von Jujuy liegt der Ort Ciudad de Libertador General San Martín, kurz meistens **Libertador** genannt. Der Ort ist leicht mit dem **Bus** von Jujuy aus zu erreichen, von dort fahren mehrmals wöchentlich allradgetriebene Wagen zum Park.

Der Nationalpark Calilegua ist ein 75.000 ha großes Gebiet, das größtenteils von dichtem **subtropischem Regenwald** bewachsen ist. Man kann im Park campen, allerdings muss man sich vorher in Libertador mit Essen versorgen.

Der Nationalpark ist **berühmt für seine Tier- und Pflanzenwelt**. Hier leben unzählige Vogelarten, darunter Tukane und unterschiedliche Arten von Adlern. Mit sehr viel Glück sieht man auch mehr als bloß die Spuren von Tapiren, Jaguaren und Pumas. Die Parkaufseher zeigen gern die besten Pfade zur Tierbeobachtung, ebenso wie den Weg hinauf zum zweitgrößten Berg des Parkes, dem Cerro Hermoso (3600 m) (Tourpreis vorher vereinbaren).

Salta

Die Provinz Salta, mit einer Fläche von 155.488 km² und etwa 1,1 Mio. Einwohnern **eine der größten Provinzen Argentiniens,** ist mit Recht auch eine der beliebtesten bei in- und ausländischen Besuchern. Sowohl landschaftlich als auch kulturell hat die Provinz einiges zu bieten, seien es die Hauptstadt selbst oder die kleinen Kolonialorte der Umgebung, sei es die Natur, die mal lieblich, mal bedrohlich, aber immer anziehend ist.

Salta grenzt im Westen an Chile, im Norden an die Nachbarprovinz Jujuy, Bolivien und Paraguay sowie im Osten und Süden an insgesamt fünf weitere argentinische Provinzen. Die Region war immer recht reich als eines der Zentren, die von den Spaniern aus Peru besiedelt wurden. Heute lebt sie von der Ausbeutung ihrer Bodenschätze wie Erdöl und Erdgas, von der Landwirtschaft (Anbau von Tabak, Wein und Zitrusfrüchten), von der Waldwirtschaft und in geringem Maße auch von der Industrie. Der Tourismus wird immer mehr zu einer bedeutenden Erwerbsquelle.

In der Provinz Salta leben noch einige zehntausend Nachfahren der indianischen Ureinwohner, allerdings am unteren Ende der sozialen Stufenleiter. Viele bleiben in der Umgebung von Salta, andere verlassen die Provinz in Richtung des gelobten Buenos Aires.

Salta (Stadt) ⇗VII,C1

Die Provinzhauptstadt trägt stolz ihren **Beinamen La Linda,** „die Schöne", und – sie trägt ihn zu Recht. Denn keine andere Stadt bietet eine solche Fülle an historischen Bauten, nirgendwo laden die Plätze, Parks und Straßen derart zum Bummeln und Verweilen ein.

Salta wurde 1582 durch den Gouverneur von Tucumán, *Hernando de Lerma,* gegründet. Das Tal, in dem die Stadt liegt, trägt heute noch seinen Namen. Überragt wird der Ort auf 1200 m Höhe von den Gipfeln des San Bernardo (1464 m) und des 20 de Febrero (1400 m).

Trotz ihrer Größe mit immerhin etwa 370.000 Einwohnern im Großraum ist das **Zentrum von Salta gut überschaubar.** Der wichtigste Platz ist die Plaza 9 de Julio mit Kathedrale und Cabildo, dort beginnt auch, nach Süden führend, die eine der beiden Fußgängerstraßen, die Calle Alberdi. Zweite Fußgängerzone ist die parallel laufende Florida. Die wichtigsten Sehenswürdigkeiten sind von der Plaza alle zu Fuß innerhalb von etwa sechs Blocks zu erreichen.

Eine sehr gute **Stadtrundfahrt** von ca. 1 Stunde Dauer mit Abstechern in die Außen- und Armenbezirke der Stadt bekommt man im Linienbus Nr. 2, der an der Av. San Martín abfährt (0,70 US-$).

Sehenswürdigkeiten

Der Stadtrundgang beginnt an der Plaza 9 de Julio, dem zentralen Punkt der Stadt.

Plaza 9 de Julio

Die Plaza ist ein guter Ort für eine kleine Pause unter schattigen Bäumen neben den Denkmälern oder im Schatten der Arkaden der sie umgebenden Gebäude. Salta ist die einzige Stadt in Argentinen, in der der Arkadenumgang um die zentrale Plaza zwar nicht mehr original, aber noch vollständig erhalten ist.

Kathedrale

Unübersehbar an der Nordseite die gelbgetünchte, mächtige Kathedrale. Sie wurde 1882 auf den Ruinen des Vorgängerbaus errichtet und ist seit 1934 die Kirche des Erzbischofs von Salta. Die dreischiffige Kirche mit der großen Kuppel besitzt im Innern kaum einen Fleck, der nicht verziert ist. Herausragend sind das Bildnis der wundertätigen Madonna (Virgen del Milagro) und der Panteón de las Glorias, in dem die Überreste des größten Helden der Stadt, General *Martín Miguel de Güemes,* bewahrt werden. Dieser 1785 geborene Revolutionsgeneral kämpfte 1806 gegen die Invasion der Briten in Buenos Aires und wurde 1814 während des Unabhängigkeitskrieges von *San Martín* nach Salta ge-

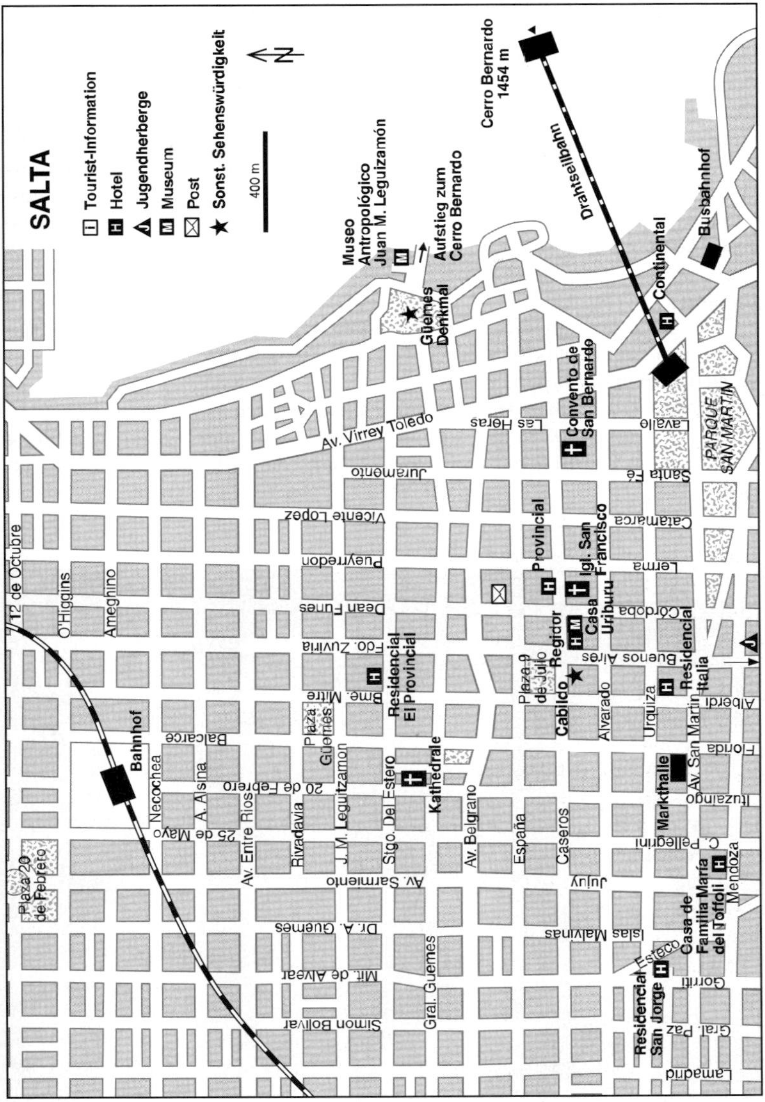

SALTA

- Tourist-Information
- Hotel
- Jugendherberge
- Museum
- Post
- Sonst. Sehenswürdigkeit

400 m

N

Cerro Bernardo 1454 m
Drahtseilbahn
Museo Antropológico Juan M. Leguizamón
Aufstieg zum Cerro Bernardo
Güemes Denkmal
Busbahnhof
Continental
Convento de San Bernardo
PARQUE SAN MARTIN
Av. Virrey Toledo
Las Heras
Lavalle
Juramento
Santa Fe
Vicente Lopez
Catamarca
Provincial
Igl. San Francisco
Pueyrredon
Lerma
Dean Funes
Casa Uriburu
Córdoba
Regidor
Fdo. Zuviria
Buenos Aires
Residencial El Provincial
Plaza 9 de Julio
Cabildo
Bme. Mitre
Alvarado
Urquiza
Residencial Italia
Alberdi
Plaza Güemes
Balcarce
Florida
Av. San Martin
Kathedrale
Markthalle
Bahnhof
Necochea
A. Alsina
20 de Febrero
Sgo. Del Estero
J. M. Leguizamon
Ituzaingo
25 de Mayo
Av. Entre Rios
Rivadavia
Av. Belgrano
España
Caseros
C. Pellegrini
Av. Sarmiento
Jujuy
Mendoza
Plaza 20 de Febrero
Dr. A. Guemes
Islas Malvinas
Casa de Familia María del Toffoli
Esteco
Mit. de Alvear
Residencial San Jorge
Gorriti
Gral. Guemes
Simon Bolivar
Gral. Paz
Lamadrid
12 de Octubre
O'Higgins
Ameghino

schickt. Dort hielt er *San Martín,* der sich bei Mendoza auf die Überquerung der Anden vorbereitete, den Rücken frei, indem er mit seinen Gaucho-Truppen – die Güemes-Gauchos waren an ihren schwarz-rot gestreiften Ponchos zu erkennen – die Spanier mit einer Art Guerrillataktik immer wieder in verlustreiche Kämpfe verwickelte.

Cabildo

Gegenüber der Kathedrale steht der Cabildo, in dem heute das **Museo Histórico Provincial** untergebracht ist. Der weißgetünchte Bau stammt von 1780 und wurde 1807 umgebaut. Allein schon das Gebäude mit seinen Innenhöfen und dem Blick vom Balkon auf die Plaza ist einen Besuch wert, aber auch die Sammlung mit Schwerpunkten zu Güemes und zur Stadt- und Provinzgeschichte. Man erfährt interessante Details: Beispielsweise besaß Salta Ende des 18. Jahrhunderts bereits 50 Häuser mit zwei Geschossen, während es in Buenos Aires damals nur 12 gab. Das Museum ist Di bis So 9.30–13.30 Uhr sowie Di bis Fr 15.30–20.30 Uhr und Sa/So 17–19.30 Uhr geöffnet; die genaue Adresse lautet Caseros 549.

Casa Uriburu

Folgt man der Caseros Richtung Osten (die Fußgängerzone liegt im

a46-247 Foto: gw

Westen), so gelangt man an der Ecke Córdoba zur Casa Uriburu, einem der schönsten Kolonialgebäude der Stadt, entstanden 1773. Es ist das Geburtshaus des Präsidenten, der Argentinen von 1895–1898 regierte und der nicht aus einer armen Familie stammte, wie man dem Gebäude und seiner Einrichtung entnehmen kann. Heute ist es ein Museum; Öffnungszeiten Di bis So von 9.30-13.30 Uhr und von 15.30-20.30 Uhr. Auf der anderen Straßenseite ist das **Museo del Arte Popular** (Caseros 476), das Kunsthandwerk aus fast allen lateinamerikanischen Ländern präsentiert.

Iglesia San Francisco

Dem Museum gegenüber steht die Iglesia San Francisco, wegen ihrer auffälligen rot-goldenen Bemalung und der überreich verzierten Architektur eine der meistfotografierten Kirchen Saltas. Sie wurde 1796 erbaut, der freistehende, mehrfach gestufte 57 m hohe Glockenturm entstand 1870.

Convento de San Bernardo

Weiter der Caseros folgend, gelangt man zum Convento de San Bernardo, einem Bau in wohltuend schlichtem Kolonialstil; dann hält man sich nach links und biegt in die Av. Las Heras ein. Der folgt man vier Blocks, geht dann rechts in den Paseo Güemes und steht

a47-249 Foto: gw

Iglesia San Francisco

Stadtleben in Salta

nach etwa 100 m vor dem etwas zu großen **Denkmal des Stadt- und Provinzhelden.** Hinter ihm liegt das **Museo Antropológico Juan M. Leguizamón,** das vorwiegend Keramikarbeiten der Indios aus der Provinz zeigt. Es ist Mo bis Fr 8–18 Uhr und Sa/So 9–13 Uhr geöffnet.

Cerro Bernardo

Beim Museum beginnt auch der Aufstieg über 1026 Stufen hinauf zum Gipfel des Cerro Bernardo; zur Beruhigung: Die Stufen sind nicht allzu steil, sondern recht bequem zu gehen. Von oben hat man einen wunderbaren Blick über die Stadt und sieht erst, wie groß Salta in Wirklichkeit ist. Wer nicht zu Fuß hinaufgehen will, kann auch per Drahtseilbahn vom **Parque San Martín** hinauffahren. Der vorgeschlagene Rundweg nimmt die Bahn hinab bis in den Parque San Martín und verlässt den Park nach Westen auf der Avenida San Martín. Wo diese auf die Fußgängerzone Florida trifft, steht die **Markthalle** von Salta, ein Gebäude voll fremder Farben und Gerüche, auch wenn diese nicht immer die besten sind ...

Durch die Fußgängerstraße Alberdi ist dann wieder die Plaza 9 de Julio erreicht.

Kunsthandwerkermarkt

Außerhalb des Stadtrundgangs auf der Av. San Martín 2555, etwa 20 Blocks vom Stadtzentrum entfernt, liegt der Kunsthandwerkermarkt. Hier kann man sehr gutes Kunsthandwerk aus der Provinz erwerben.

Touristeninformation

- Die sehr hilfsbereite Touristeninformation ist in der Buenos Aires 93, geöffnet Mo bis Fr 8–21 Uhr, Sa/So 9–20 Uhr, Tel. 431-0950. Ein kleineres Büro befindet sich auch im Busbahnhof. Gegenüber dem Stadtbüro auf Buenos Aires liegt das ebenfalls sehr hilfsbereite Infobüro der Provinz. Gute Infos auch im Internet unter: www.turismosalta.gov.ar

Hotels

Einfach und billig

- **Casa de Familia María del Toffoli,** Mendoza 915 (auch 917 und 919); schön, sauber, gemütlich, sehr empfehlenswert, 10 US-$.
- **Residencial El Provincial,** Santiago del Estero 555, Tel. 431-9344, zentrale, aber ruhige Lage, Wäscherei und Supermarkt in der Nähe, Einzelzimmer 10 US-$, DZ 12 US-$, alles mit Bad.
- **La Casa de la Abuela,** Mendoza 1569, Tel. 422-1705, www.granny.com.ar. Internet, Fahrradverleih, Wäscheservice. Pro Person 10 US-$.
- **Residencial Italia,** Alberdi 231, Tel. 421-4050, empfehlenswert; 12 US-$.
- **Residencial San Jorge,** Esteco 244 und Ruiz de Llanos 1164, Tel. 421-0443; kein Türschild, Haus mit großen Bäumen im Garten, sehr empfehlenswert, Aufenthaltsraum, gute Möglichkeit, Gepäck zu deponieren, sehr freundlich und sauber, sehr gute Ausflüge im PKW können gebucht werden, pro Person ca. 8 US-$.
- **Hostal La Casona,** Balcarce 81, Tel. 421-9166; sehr sauber und familiär. Von einem ehemaligen Reiseleiter geführt, der nützliche Tipps geben kann. DZ mit WC 20 US-$.
- **Casa de Fomia Camble Amado,** 25 de mayo 850, Tel./Fax 421-5721. Freundliche Unterkunft mit Garten, Aufenthaltsraum. 5 US-$ pro Person.

Hotels der Mittelklasse

- **Victoria Plaza,** Zuviría 16, Tel. 431-0634, vplaza@arnet.com.ar; mit gutem, aber teurem Restaurant, 25 US-$.
- **Hotel Continental,** H. Yrigoyen 295, Tel. 431-1083; 25 US-$.
- **Hotel Regidor,** Buenos Aires 10, Tel. 422-2070; 25 US-$.
- **Selva Montana,** in San Lorenzo, 8 km außerhalb von Salta, Calle Alfonsina Storni 2315, Tel. 492-1184. Stilvolles, komfortables Landhotel in der Quebrada de San Lorenzo, Privatbad, Kabel-TV, Internet, Swimmingpool. DZ 79–130 US-$. www.iruya.com/ent/selvamontana

Luxushotels

- **Hotel Portezuelo,** Av. de Turista 1, Tel. 431-0105, www.portezuelohotel.com; 40 US-$.
- **Hotel Provincial Plaza,** Caseros 794, Tel. 432-2000; 40 US-$.

Jugendherbergen

- **Backpacker's,** Buenos Aires 930, Tel. 423-5910, backpack@hostels.org.ar, Internet-Zugang, Küche, etwa 8 US-$ p.P., Mi Asado.
- **Hostal Travellers,** San Martín 104, Tel. 431-9247, travelersalta@hotmail.com, Küche, Fahrräder, Wäscheservice. Etwa 10 US-$ pro Person.

- **Los Cordones,** Entre Ríos 454, Tel. 431-4026, hostalloscordones@arnet.com.ar, ab 10 US-$.

Essen und Trinken 

- Viele **preiswerte Restaurants** findet man in der Umgebung vom Bus- und Eisenbahn-Bahnhof, auch in der Markthalle gibt es einige **preiswerte Ess-Stände,** wo man günstig Empanadas zu sich nehmen kann.
- Ein schöner Platz für den Kaffee ist das **Café Time** an der Plaza 9 de Julio.

Unter den vielen guten **Restaurants** sind zu empfehlen:

- **El Viejo Jack I und II,** Virrey Toledo 145 und Av. Reyes Católicos 1465; zwei Restaurants, die sich durch riesige, gute und sehr preiswerte Fleischportionen auszeichnen.
- **Lo de Andrés,** Juan Carlos Davalos/Ecke Gorriti, Tel. 492-1600, sehr gute Küche.
- **La Colonial Centro,** Balcarce 32 (zwischen Caseros und España); sehr gute Pizza.
- **Mama Mia,** Las Heras/Ecke Virrey Toledo; vor allem gute Nudelgerichte.
- **Barbas,** Pellegrini 335 (zw. Mendoza und San Martín); sehr gutes Frühstück für 2 US-$.
- **La Posta,** España 476; gutes Essen, freundliche Bedienung.

Nachtleben 

- Beliebt sind Volksmusik-Veranstaltungen in einigen Restaurants, zum Beispiel im **Boliche Balderrama,** San Martín 1126, oder bei **Gauchos de Güemes,** Uruguay 750.
- Im Tourismusbüro hängen aktuelle Veranstaltungen aus.

Flugverbindungen 

- Der **Flughafen** kann problemlos mit Bussen vom Büro der Aerolíneas Argentinas erreicht werden. **Verbindungen** bestehen nach:
- **Buenos Aires, Córdoba,** täglich mehrere Flüge, 103 US-$.
- **Jujuy, Tucumán**
- **Chile,** LanChile fliegt Ziele in Chile und auch Buenos Aires an.
- **Bolivien,** über Lloyd Aéreo Boliviano bestehen günstige Anschlüsse nach Bolivien (Airpass Bolivien ist sehr zu empfehlen).
- **Aerolíneas Argentinas/Austral,** Caseros 475, Tel. 44311331.
- **Lloyd Aéreo Boliviano,** Deán Funes 29, Tel. 431-5204.
- **LanChile,** Galeria Bacaro Local 35, Tel. 431-8982.
- **Southern Winds,** Buenos Aires 22, Tel. 421-1188.

Überlandbusse 

Vom hektischen **Busbahnhof** östlich des Parque San Martín fahren mehrfach täglich Busse nach

- **Buenos Aires,** 18 US-$, 20 Stunden.
- **Córdoba,** 10 US-$, 12 Stunden.
- **Mendoza,** 15 US-$, 20 Stunden.
- **Santiago del Estero,** 7 US-$, 6 Stunden.
- **Jujuy,** 2–3 US-$, 2 Stunden.
- **Cafayate,** 4 US-$, 4 Stunden.
- **Cachi,** 3 US-$, 5 Stunden.
- **San Antonio de los Cobres,** 5 US-$, 6 Stunden, einmal täglich.
- **Resistencia,** 16 US-$, 13 Stunden.
- **La Quiaca,** 8 US-$, 8 Stunden.
- **Nach Chile:** Es gibt Verbindungen über Jujuy, Susques und den Paso de Jama nach San Pedro de Atacama (11 Std., 35 US-$) sowie weiter bis Calama (14 Std., 40 US-$). Anfang 2003 fuhr Buses Géminis (Tel. 431-7773/8) Di und Fr um 7 Uhr sowie Sa um 6 Uhr, Sa weiter bis Calama. Neuerdings verkehrt auch Tur-Bus (Tel. 431-9719) Fr um 6.30 Uhr nach Calama, hält aber nicht in Jujuy. Die Fahrpläne ändern sich öfter; rechtzeitiger Ticketkauf wird empfohlen, die Busse sind oft voll.

Autoverleih 

Preise vergleichen! Die meisten Vermieter liegen nah beieinander.

- **Avis,** Alvarado 537, Tel. 4317575.
- **Ruiz Moreno,** im Hotel Salta, Buenos Aires 1, Tel. 4318049.
- **Europa,** Buenos Aires 186, Tel. 422-3609.
- **Integral,** Buenos Aires 189, Tel. 155-016-451.
- **Semisa,** Buenos Aires 1, Tel. 423-6295.

Reiseveranstalter 

Von Salta aus werden zahlreiche **Rundtouren durch die Provinz** angeboten. Bei den

a48-253 Foto: gw

meisten handelt es sich um ein- bis zweitägige Exkursionen, die bei fast allen Veranstaltern dasselbe kosten. Beliebte Ziele eintägiger Touren sind Cachi oder die Valles Calchaquíes. Der eintägige Ausflug kostete etwa 45 US-$ pro Person, eine kombinierte Tour von Salta über die Cuesta del Obispo, Cachi, dann nach Cafayate und durch die Valles Calchaquíes zurück nach Salta etwa 80 US-$. Sie dauert zwei Tage. Die Übernachtung ist im Preis nicht inbegriffen.

Wer keine Gelegenheit hat, die Rundfahrt selbst mit einem eigenen oder geliehenen PKW zu organisieren, sollte eine solche Tour mitmachen. Die zweitägige Rundfahrt ist unbedingt zu empfehlen (s.u.), allerdings nur wenn sie per PKW oder im Kleinbus durchgeführt wird. Je kleiner die Gruppe ist, desto mehr bekommt man zu sehen. Ansonsten bestehen zu wenig Haltemöglichkeiten, an bestimmten Punkten der Strecke fährt man nur vorüber.

Auf dem Weg nach Chicoana

Nicht zu empfehlen sind die Touren von Salta in die Quebrada de Humahuaca, das kann man von Jujuy preiswerter haben. Zur Fahrt mit dem „Tren a las Nubes“ siehe Exkurs weiter unten.

Einige gute **Veranstalter:**

- **Yaco Turismo,** Buenos Aires 39, Tel. 401-0969.
- **Clark Expediciones,** Caseros 121, Tel. 4215390, www.clarkexpediciones.com.
- **Residencial San Jorge,** Esteco 244 und Ruiz de Llanos 1164; der Besitzer und sein Sohn organisieren sehr gute Rundfahrten, auch spezielle Angebote, sehr empfehlenswert.
- **Movitrack,** Buenos Aires 28, oficina 1 B, Tel./Fax 431-6749, www.movitrack.com.ar. Hoch gelobtes Reisebüro, tolle Touren, sehr freundlich, s.a. weiter unten Exkurs „Tren al las Nubes“.
- Pferdefreunde sollten **Sibylle Oeschger** und **Hansruedi Hintermann** (beides Schweizer) anrufen, Tel. 492-1080. Die beiden leben in Villa San Lorenzo (S.V. Solá s/n) und führen von dort Reittouren durch.

Sonstiges

- Die **Post** ist in der Deán Funes zwischen España und Belgrano.
- Zahlreiche **Cambios** finden sich auf der España.
- Einen **Internet-Zugang** bietet **Shownet,** 20 de Febrero 28.

Feste/Veranstaltungen

- In Salta wird **Karneval** gefeiert, und zwar mit Umzügen an den letzten vier Wochenenden vor Aschermittwoch.
- Am 16. und 17. Juni ist die große **Gaucho-Parade** der Güemes-Gauchos, ein Volksfest mit viel Musik.
- Der 15. September ist der **Festtag der Virgen del Milagro,** der Stadtheiligen.

Um die Festtage herum kann es schwierig sein kann, in Salta noch ein Zimmer zu bekommen.

Ausflug

In die Quebrada San Lorenzo

Kombinierte Bustour und Wanderung von etwa 4 Stunden Länge.

Vom Busbahnhof in Salta geht es mit dem Busunternehmen Chávez zur Quebrada San Lorenzo (Abfahrt alle 15 Minuten ab Bahnsteig 15, Fahrtdauer 30 Minuten). Das Tal verblüfft den Besucher mit üppiger Vegetation, sehr im Unterschied zu der kargen Umgebung der Stadt Salta. In der Quebrada selbst kann eine dreistündige Wanderung unternommen werden: Von der Bushaltestelle losgehen, vorbei an einer Brücke, dann den ersten Weg rechts, ca. 5 Meter bergan laufen. Danach führt der Pfad parallel zu dem kleinen Flüßchen hinunter ins Tal. Man passiert einen Wasserspeicher und überquert danach auf einer Furt den Bach. Später steigt der Weg steil in Serpentinen an. Der mühsame Aufstieg wird mit einem wunderbaren Blick über Salta belohnt.

Wer länger in der Quebrada bleiben will, kann im **„El Castillo"** unterkommen. Das kleine Schloss wurde in den 1980er Jahren von Amerikanern zu einer stilvollen Heberge mit sehr gutem Restaurant umgestaltet (Camino a la Quebrada, Juan Carlos Davalos 1985, Villa San Lorenzo, Tel. 0387/492-1052, www.hotelelcastillo.com.ar).

Rundfahrt: Salta – Cuesta del Obispo – Cachi – Cafayate

Die Rundfahrt von Salta nach Cachi und Cafayate (und wieder zurück nach Salta) bietet unvergessliche Eindrücke – **bunte, fruchtbare Täler, bizarre Felsformationen,** die in allen Regenbogenfarben leuchten, **alte Kolonialstädtchen,** über 10 m hohe **Kandelaber-Kakteen.** Sie wird am besten mit dem eigenen oder geliehenen PKW in mehr als zwei Tagen gemacht oder per organisierter Tour in zwei Tagen von Salta aus (siehe „Reiseveranstalter"). Sie ist auch mit öffentlichen Bussen möglich; alle Orte sind mit Sal-

a49-254 Foto: gw

Kandelaber-Kakteen in Los Cardones

ta mehrfach am Tag verbunden, untereinander aber nicht: So fährt der Bus von Cachi nach Cafayate nur einmal die Woche. Die Fahrt mit dem Bus hat noch einen anderen Nachteil: Der Busfahrer fährt acht- und haltlos an den sehenswerten Punkten der Landschaft vorüber; wenn man dort aussteigt, wartet man eventuell Stunden auf die nächste Verbindung.

Die **genaue Route:** Salta - Chicoana - Cuesta del Obispo - Valle Encantado - Piedra del Molino - Parque Nacional Los Cardónes - Cachi - Seclantás - Molinos - Angostaco - Quebrada de las Fechas - San Carlos - Cafayate - Quebrada de las Conchas - Stausee Cabra Corral - Salta.

Das erste Stück von Salta nach Chicoana führt durch die Ebene langsam bergauf. Man passiert die Vorstädte Saltas, die Landschaft ist fruchtbar, die niedrigen Berge sind bewaldet, die Täler grün. Häuser aus roten Lehmziegeln säumen den Weg, auch die nicht befestigten Seitenstraßen leuchten rot. Viele Menschen leben hier vom Tabakanbau, in hochgeschossenen Häusern wird der Tabak getrocknet und weiterverarbeitet.

In **Chicoana** (47 km von Salta) endet die Asphaltierung der Straße. Über die Schotterpiste geht es steil durch die **Cuesta del Obispo** bergan, die Landschaft ändert sich mit der Höhe: Das subtropische, dichte Grün wird lichter, statt der Pflanzen werden die Felsformationen bunter. Am Straßenrand stehen die ersten großen Kandelaberkakteen, die „Cardones".

Tren a las Nubes – mit dem Zug in die Wolken

Um Salta mit den Minen im argentinischen und chilenischen Hochland sowie dem chilenischen Pazifikhafen Antofagasta zu verbinden, scheute man ab 1921 weder Kosten noch Mühen: Der Bau einer Eisenbahn über die Anden wurde unter den größten technischen Schwierigkeiten angegangen. Mit Schleifen und Zick-Zack-Strecken, Viadukten und Tunneln überwand man schließlich die Höhe, 1929 war San Antonio de los Cobres, ein trauriger kleiner Ort auf 3775 Höhe, erreicht. Der spätere Ausbau ging noch langsamer vonstatten, so dass erst 1948 die argentinische Strecke bis zur Grenze am 3852 m hohen Socompa-Pass vollendet war. Zwischen San Antonio de los Cobres und der Grenze liegt mit 4475 m auch der höchste Punkt der gesamten Strecke und auch der technisch spektakulärste: der Viadukt la Polvorilla, eine Spannbrücke aus Stahl, die 224 m lang ist und in 63 m Höhe ein Tal 20 km westlich von San Antonio de los Cobres überspannt – ein Gebilde wie der Eiffelturm, nur als Brücke über dem Tal in einer vollständig kahlen Gebirgswüste liegend. Die gesamte Eisenbahnlinie von Salta bis Antofagasta ist 901 km lang, der argentinische Streckenabschnitt 529 km.

Heute verkehren nur wenige Züge auf der Strecke, diese bieten aber ein unvergessliches Erlebnis. Der Tren a las Nubes, der „Zug in die Wolken", ist eine Erfindung argentinischer Tourismusmanager. Er fährt das ganze Jahr über, meistens einmal am Wochenende, im Winter (Juli) mitunter auch zweimal die Woche. Er ist mit allem Komfort ausgestattet, es gibt sogar Ärzte mit Sauerstoffflaschen an Bord, die notfalls höhenkranke Personen, die unter Sauerstoffmangel leiden, versorgen können. 500 Personen können mitfahren, denen über Kopfhörer in verschiedenen Sprachen die einzelnen Streckenabschnitte vorgestellt werden. Die Fahrt ist ein Tagesausflug, sie beginnt um 7 Uhr morgens, geht bis San Antonio de los Cobres, weiter bis zum Viadukt Polvorilla, hat dort einen kurzen Aufenthalt und erreicht gegen 22 Uhr wieder Salta.

Der Zug fährt normalerweise nur samstags (in der Osterwoche Fr und Sa, in den Juli-Ferien viermal pro Woche). Abfahrt ist um 7.30 Uhr, die Fahrt dauert 13–15 Stunden und kostet 70 US-$; sie sollte möglichst früh im Voraus gebucht werden, da sie inzwischen eine 1-A-Touristenattraktion ist.

Buchen kann man bei La Veloz Turismo, Buenos Aires 44, in Salta, Tel. 0387/401-2000, info@lavelozturismo.com.ar, oder in Esmeralda 320, piso 4, in Buenos Aires, Tel. 4326-0126, www.lavelozturismo.com.ar, sowie bei zahlreichen Reiseveranstaltern und -agenturen. Evtl. ist es leichter, direkt in Buenos Aires eine Reservierung zu bekommen.

Wer kein Ticket für den Tren a las Nubes bekommt (oder nicht will), hat zwei Möglichkeiten: Auto mieten und bis San Antonio (oder weiter) parallel der Bahnstrecke fahren (Ruta 51) oder den hoch gelobten MoviTrack nutzen. Das ist ein umgebauter Truck, der ebenfalls parallel der Bahnstreck bis hinauf nach San Antonio fährt, für den Rückweg aber einen anderen Weg durch die Puna nimmt. Die Tour kostet ca. 50 US-$ und wird in verschiedenen Reisebüros in Salta angeboten oder kann direkt beim Veranstalter gebucht werden: Movitrack Safaris & Turismo (Buenos Aires 28, oficina 1 B, Tel. und Fax 431-6749, www.movitrack.com.ar, movitrack@movitrack.com.ar).

nubes Foto: ab

Einige Kurven vor der Passhöhe zweigt nach links der Weg ins **Valle Encantado** ab, auch er ist mit einem normalen Pkw zu fahren, wenn es vorher nicht stark geregnet hat. Große Tourbusse benutzen ihn nicht, da begnügt man sich mit einem Blick von oben. Bis ins Tal sind es etwa 2 km. Das Valle Encantado ist ein fruchtbares Hochtal, ein Platz für ein romatisches Picknick und gute Ausblicke in die tiefer gelegene Ebene.

Piedra de Molino heißt die wenig später folgende Passhöhe. Sie hat ihren Namen von dem Mühlstein, den dort, 3260 m über dem Meeresspiegel, irgendjemand liegengelassen hat, aus welchen Gründen auch immer. Auf der Höhe, die eine wunderbare Aussicht ins Tal und auf die umgebenden Gipfel eröffnet, steht auch eine kleine Kapelle, meistens liegen auf dem Altar neben den Kerzen auch ein paar Zigaretten oder Coca-Blätter, Opfer der Indios an Pachamama.

An der nächsten Kreuzung biegt man rechts (Richtung Norden) ab, nicht dem direkten Weg nach Cachi folgend. Ein kurzer Abstecher führt zum **Nationalpark Los Cardones,** einem 70.000 ha großen Park mit schier unübersehbaren Mengen hoch aufragender Kandelaber-Kakteen. Zu Abertausenden wachsen sie auf der Hochebene, teilweise sind sie weit über 10 m hoch, und wie Arme strecken sie ihre Äste in die Lüfte. Sehr selten blühen diese Kakteen (botanisch: *Trichocereus pasacana),* deren Früchte essbar sind. Abgesehen von einem Hinweisschild existiert der Park realiter nicht. Es gibt keine Parkaufseher und keinerlei touristische Infrastruktur.

Über Payogasta erreicht man schnell Cachi.

Cachi

Der kleine Ort hat viel koloniale Atmosphäre bewahrt. Das liegt wahrscheinlich an der großen, leeren, zentralen Plaza, wo Kirche und Archäologisches Museum stehen, beides Bauten, die in eine Musterkollektion für Gebäude der Kolonialzeit passen würden. Cachi – der Name der Ortschaft bedeutet auf Quetschua „Salz" – liegt auf 2280 m Höhe und wird vom schneebedeckten Nevado de Cachi (6720 m, bei anderen Messungen nur 6380 m) überragt.

In der Kirche von Cachi kann man sehen, was aus dem Holz der Cardones alles gemacht werden kann. Das Kirchdach wurde mit Kakteenholz gedeckt, der Boden, der Beichtstuhl und weitere Gegenstände wurden ebenfalls aus diesem Material gefertigt.

Direkt hinter der Kirche gibt es ein gutes und preiswertes **Restaurant.** Wer in Cachi über Nacht bleiben möchte, kann das entweder im **ACA-Hotel** (Tel. 03868/49-1105, 15 US-$), im **Hotel Nevado de Cachi** (Tel. 49-1004, 7 US-$) oder im **Albergue Municipal** (Tel. 49-1053, 5 US-$), wo man auch campen kann. Außerhalb liegt das **Hostal Samay Huasi** (Tel. 425-0625, 8 US-$).

Beim nächsten Ort **Seclantas,** 28 km von Cachi entfernt und 2 km östlich der Hauptstraße, sollte man kurz den Friedhof besuchen. Von der massiven Friedhofskirche führt ein Kreuzweg auf den Hügel oberhalb des Ortes.

Auch **Molinos** (19 km südlich) besitzt eine schöne alte Kolonialkirche. Sie wurde ab 1659 erbaut und später mehrfach verändert. Im Innern wird der mumifizierte Körper des letzten spanischen Gouverneurs von Salta, *Don Nicolás Isasmendi Echelar,* aufbewahrt. Früher war die Mumie sichtbar, aber seit einigen Jahren liegt sie hinter einer Platte – Besucher hatten Haare und Kleidung abgetrennt. Gute Übernachtungsmöglichkeiten und gutes Essen bietet **El Molino de Cachi adentro** gegenüber der Kirche, Tel. 03868/491-094 (DZ mit Frühstück 30 US-$). Preiswerter ist es im **Complejo Municipal** auf der Calle Alberdi. Die Cabañas kosten pro Person 5 US-$, man kann auch campen. Außerhalb des Ortes gibt es eine Kunstgewerbe-Kooperative, wo preiswert hochklassige Webarbeiten verkauft werden.

Der nächste Ort ist **Angastaco** (Albergue Municipal, 5 US-$ p.P., oder Camping). Südlich von ihm gelangt man in die **Quebrada de la Flecha,** eine farbenprächtige Felslandschaft mit faszinierenden Felsformationen. In allen Farben der Palette, von violett über rot, ocker und orange bis hin zu grün und weiß schimmern die Felswände, die durch Wind und Wetter zu bizarren Formen geschliffen wurden.

Kurz darauf ist **San Carlos** erreicht. Der kleine Ort auf etwa 1700 m Höhe besitzt, wie fast alle Orte der Region, ebenfalls eine sehenswerte Kirche, die aber als einzige hier mit einer Kuppel gekrönt ist. San Carlos wurde unter anderem Namen bereits 1551 gegründet, aber in der Folgezeit mehrfach zerstört. Heute präsentiert sich der Ort weitgehend im Zustand des 19. Jahrhunderts – ein Beispiel für gelungene Denkmalpflege.

Cafayate

Cafayate ist mit 8500 Einwohnern der **Hauptort der Valles Calchaquíes.** Der Begriff umfasst die Täler der Flüsse Calchaquí und Santa María, die bei Cafayate zusammenfließen. Der Ort ist gleichzeitig das touristische Zentrum der Region mit Unterkünften aller Preisklassen. Cafayate liegt umgeben von den ersten Andengipfeln und Weingärten, hier wächst der bekannte und oftmals hochklassige **Torrontés-Wein,** ein starker, trockener und dennoch fruchtiger Rebensaft, der auch nach Europa exportiert wird. In der Region gibt es allein acht große Bodegas, die zusammen 60 Mio. Liter produzieren. Obwohl Cafayate eines der wichtigsten Touristenzentren der Region ist, wirkt der Ort nicht überlaufen. Besonders abends versinkt die Kleinstadt in ländliche Ruhe; sie ist somit ein idealer Platz, um einige Tage auszuspannen.

Zentrum des Ortes ist natürlich die Plaza, und auch in Cafayate steht dort eine schöne alte **Kolonialkirche.** Sie besitzt eine Besonderheit: Es ist die einzige fünfschiffige Kirche der Region und eine der wenigen dieser Art in ganz Argentinien. Im dunklen Innenraum stehen mehrere Altäre, die meis-

arg3-257 Foto: gw

ten in der für die Region typischen Ausprägung des Kolonialstils. Charakteristisch dafür ist, dass die Figuren oft echtes Haar (meist als Opfer einer Frau) und echte Kleidung tragen. Häufig stimmen die Proportionen nicht, und der Gesichtsausdruck ist eher typisierend als individuell gestaltet: Die Figuren sind rührend gläubig, ehrfurchtsvoll und gleichzeitig Ehrfurcht erheischend.

Um die Plaza herum gibt es viele Kunsthandwerkerläden. Besuchen sollte man das **Museo de Arqueología Calchaquí,** ein privates Museum, Colón 191, das zu normalen Zeiten an Werktagen auf Klingeln öffnet, und das **Weinmuseum** auf der Av. Güemes (keine Hausnummer, Mo bis So 8–20 Uhr). Mehr Spaß bringt aber der Besuch einer Bodega, so z.B. der Bodega La Rosa (Michel Torino) oder der Bodega Etchart an der Straße nach Tucumán oder der Bodega La Banda, der ältesten der Stadt.

Wer **in Cafayate übernachten** will, hat viel Auswahl. Der Kiosk der Touristeninformation auf der Plaza hilft weiter, günstig sind das **Residencial Colonial,** Calle D. de Amalgro 134, für 10 US-$, das **Hotel Tinkunaku** auf D. de Amalgro 12 (Tel. 03868/42-1148, DZ 12 US-$) sowie das **Residencial Briones,** V. Toscano 80, Tel. 42-1270, für 12 US-$. Gut ist auch die **Jugendherberge Kutiy-Ashpa** in der Córdoba

Landschaft bei Cafayate

135, Tel. 42-1156, pabloyfer@connmed.com.ar, mit Küchenbenutzung 6 US-$ pro Person. Auf der Av. Güemes gibt es eine Reihe weiterer Zwei-Sterne-Hotels, und fünf Blocks südlich der Plaza liegt am Río Loro Huasi der kommunale Campingplatz. Von Cafayate bestehen gute **Busverbindungen** nach Tucumán und Salta, weniger gute gen Norden nach Cachi.

Richtung Norden und Salta geht es durch die **Quebrada de las Conchas,** eine etwa 80 km lange Schlucht, die mit unterschiedlichsten Farben und Formen der Felswände beim Reisenden immer wieder Erstaunen hervorruft. Die Höhepunkte sind zwei große, spektakuläre Einzelschluchten: El Anfiteatro, ein Felsenkessel von etwa 50 m Durchmesser und über hundert Metern Höhe, sowie La Garganta del Diablo, der „Teufelsschlund" bei Km 141.

Nach einem Abstecher zum **Stausee Cabra Corral** bei Cnl. Moldes erreicht man wieder Salta, den Ausgangspunkt der Route.

Parque Nacional El Rey ⇗VII,C1

Der 44.000 Hektar große Nationalpark östlich von Salta ist ein Schutzgebiet für die Tiere und Pflanzen des **subtropischen Regenwaldes.** Vor allem Vogelarten, darunter **Tukane,** lassen sich beobachten, an größeren Säugetieren sollen **Tapire** und **Pumas** vorkommen. Die Flüsse eignen sich außerdem gut zum Fischfang.

El Rey – der Name stammt von einer Estanzia, zu der das Gelände früher gehörte – ist das südlichste subtropische Gebiet in Argentinien, weiter nördlich liegen die **Naturparks Calilegua** (siehe vor Salta) **und Baritú,** der nur von Bolivien aus besucht werden kann.

Auch zum Parque Nacional El Rey ist der **Zugang** schwierig. Am leichtesten geht es per organisierter Tour von Salta aus (siehe dort unter „Reiseveranstalter"); wer hingegen individuell den Park besuchen will, sollte das **Büro des Nationalparks** in Salta, España 366, 3° piso, aufsuchen.

Unterkunft

- Es gibt im Park keine Unterkunftsmöglichkeiten, **Camping** ist jedoch erlaubt.

Termas Rosario de la Frontera ⇗VII,C1

Wem nach den staubigen Touren rund um Salta der Sinn nach gründlicher Reinigung und Entspannung steht, kann das Thermalbad in Rosario de la Frontera aufsuchen. Die Kleinstadt 180 km südöstlich von Salta ist auch gut von Tucumán aus zu erreichen (140 km). Hier steht das 1880 errichtete und damit **älteste Thermalhotel Argentiniens,** dessen mittlerweile etwas verstaubten Charme etliche Präsidenten zu schätzen wussten. Hier wird auch das Mineralwasser „Palau" abgefüllt, benannt nach dem Gründer der Anlage, *Antonio Palau.* Die bis zu 99 Grad heißen Quellen helfen gegen zahlreiche Gebrechen (Tel. 03876/481-004, hoteltermas@hotmail.com, DZ ab 33 US-$).

Der Nordosten

Der Nordosten Argentiniens umfasst **sechs Provinzen: Entre Ríos, Santa Fé, Corrientes, Misiones, Chaco** und **Formosa.** Er vereint zwei unterschiedliche Gebiete, nämlich die Provinzen des argentinischen **Mesopotamien** (Zweistromland), Entre Ríos, Corrientes und Misiones, mit den weiten Ebenen der Provinzen Santa Fé, des Chaco und Formosas.

Diese weiten Ebenen schließen sich westlich an den Río Paraná an. Die südlichste der drei Provinzen, Santa Fé, gehört noch zur Pampa humeda, zur feuchten Pampa, und ist dank der vielen regelmäßigen Niederschläge noch eines der reichsten Landwirtschaftsgebiete Argentiniens. Die nördlich anschließenden Provinzen Chaco und Formosa sind ärmer: Hier ist Landwirtschaft nur noch bedingt möglich. Die Provinzen westlich des Río Paraná werden nur von wenigen Touristen besucht, interessant sind hier auch nur einige Orte am Río Paraná.

Die meisten touristischen Höhepunkte hat eindeutig Misiones zu bieten. Hier finden sich die alten **Jesuitenmissionen,** dazu kommt eines der größten Naturwunder Argentiniens, die **Wasserfälle von Iguazú.** Corrientes und Entre Riós locken mit einzelnen schönen Städten sowie interessanten Nationalparks.

Chaco und Formosa

Die beiden Provinzen haben den größten argentinischen Anteil an der Großlandschaft, die sich als **Gran Chaco** weit bis nach Paraguay erstreckt. Es ist eine Region, die nur **dünn besiedelt** ist: Auf der Gesamtfläche der beiden Provinzen, die zusammen etwa halb so groß wie Deutschland sind, leben gerade mal 1,4 Millionen Menschen.

Lange war der Chaco ungestörtes Rückzugsgebiet der dort lebenden Indianer. Erst im Zuge der europäischen Einwanderung wurde er dichter besiedelt. Das lag auch am Klima: Die Sommer in den beiden Provinzen sind sehr heiß, im Winter kann es hingegen sogar zu Frösten kommen. Dann fällt auch der meiste Niederschlag.

Der Name „Chaco" kommt aus der Indianersprache Quetschua. Das Wort „cha" bezeichnet eine ruhende Sache, und mit dem Suffix „cu" wird der Plural ausgedrückt. „Chacu" war auch eine bestimmte Jagdmethode: Ein Ring von Jägern kreist ein bestimmtes Waldstück ein und verengt den Kreis dann immer mehr.

Die Wirtschaft dieser Region ist von der Land- und Forstwirtschaft geprägt, besonders vom **Abholzen des Quebracho-Baumes.** Dieser Baum wird bis zu 25 m hoch und 1½ m dick, sein Holz ist sehr schwer, aber auch sehr hart und widerstandsfähig, es wurde deshalb z.B. lange für den Bau von Eisenbahnschwellen genutzt. Auch lässt sich aus seinem Holz gut der Wirkstoff Tannin gewinnen, zu deutsch Gallusgerbsäure, der sehr wichtig für das Gerben von Leder ist. Mittlerweile ist auch der Anbau von Sonnenblumen und Baumwolle wichtiger geworden. Der Ausbau der Industrie geht sehr zögerlich voran.

Resistencia ⇗VIII,A/B2

Durch die Belgrano-Brücke über den Río Paraná ist die **Hauptstadt der Chaco-Provinz** mit Corrientes, der Hauptstadt der gleichnamigen Provinz, verbunden. Resistencia (230.000 Einwohner) war eine der ersten Siedlungen im Chaco-Gebiet, 1750 gründeten Jesuiten hier die Reduktion San Fernando del Río Negro. Nach der Ausweisung der Jesuiten – zur Geschichte der Jesuiten in Argentinien und Paraguay siehe den Exkurs „Der Jesuitenstaat von Paraguay" – wurde diese Ansiedlung 1773 aufgegeben, aber 1878 gründeten Immigranten die Provinzhauptstadt Resistencia neu. Die Stadt besitzt den üblichen Schachbrettgrundriss mit der zentralen Plaza 25 de Mayo. Die Bauten sind selbst in der Innenstadt bis auf einige Hochhäuser niedrig.

Sehenswürdigkeiten

Skulpturen

Resistencia nennt sich selbst **„Stadt der Skulpturen".** Insgesamt besitzt die Stadt mehr als zweihundert Denkmäler, auf nahezu jedem Platz und jeder Straße steht eine Skulptur. Bei der Touristeninformation (Santa Fé 178) erhält man auf Nachfrage eine Liste mit den Standorten und Erklärungen zu mehr als fünfzig dieser Skulpturen.

Museen

Das interessanteste Museum der Stadt ist das **Museo Histórico Regional Ichoalay** an der Straße Dónovan 425, direkt an der Plaza 9 de Julio. Es zeigt die Provinzgeschichte, berichtet von der Gründung der Stadt und vom Leben der Ureinwohner der Provinz. Es ist Mo 15–21.30 Uhr, Di/Mi 9–12 Uhr und Di bis Fr 14–18 Uhr geöffnet.

Lohnend ist auch ein Besuch des **Museo Regional de Antropología** in der Universität auf der Avenida las Heras 727. Es ist geöffnet Mo bis Fr von 9–12 Uhr.

Club Fogón de los Arrieros

Der Club Fogón de los Arrieros (wörtlich „Lagerfeuer der Viehtreiber") ist ein Begegnungszentrum und Treffpunkt für Künstler und Durchreisende, gleichzeitig ist er ein privates Museum. Der Club liegt auf der Calle Brown 350, er ist Mo bis Sa von 8–11.30 Uhr geöffnet, dazu Mi bis Fr von 21–23 Uhr.

Touristeninformation

- Das Büro der Tourismusinformation ist auf der Straße Santa Fé 178, Tel. 42-3547. Ein häufig geschlossener Kiosk befindet sich auch auf der zentralen Plaza 25 de Mayo.

Hotels

- **Casa del Docente,** French 555, Tel. 42-4657, okay für 3 US-$ p.P.
- **Residencial Hernandarias,** Perón 799, Tel. 42-7088, 7 US-$.
- **Colón,** Santa María de Oro 143, Tel. 42-2862, 11 US-$.
- **Covadonga,** Güemes 200, Tel. 44-4444, 20 US-$.

Camping

- Der schönste Platz zum Campen ist im **Parque 2 de Febrero,** 15 Blocks vom Zentrum entfernt.

Essen und Trinken

Resistencia bietet das übliche Spektrum an **Parrilladas** und **Pizzerien.** Viele Restaurants sind auf der Straße Güemes, das bekannteste Café ist das **Colón** auf der S. María de Oro 145.

Flugverbindungen

- 8 km außerhalb der Stadt ist der **Flughafen. Aerolíneas Argentinas** und **Austral** haben beide ihr Büro auf Frondizi 99, Tel. 44-5550. Es gibt täglich einen Flug nach Buenos Aires (69 US-$).

Überlandbusse

- Der **Busbahnhof** ist in der Malvinas/Ecke Mac Lean, Tel. 46-1098. Von dort fährt alle 15 Minuten ein Bus nach Corrientes und mehrmals täglich nach
- **Buenos Aires,** ca. 15 $, 14–17 Stunden.
- **Formosa,** 3 US-$, 2½ Stunden.
- **Posadas,** 5 US-$, 7 Stunden.
- **Clorinda,** 5 US-$, 5 Stunden.
- **Tucumán,** 6–7 US-$, 12 Stunden.

Einmal am Tag bestehen Verbindungen nach
- **Iguazú,** 35 US-$, 11 Stunden.
- **Salta,** 40 US-$, mindestens 13 Stunden.

Autoverleih

- **Localiza,** Av. 25 de Mayo 736, Tel. 42-4888.
- **T. A.,** Pueyrredón 576, Tel. 43-2598.
- **Litoral,** S. B. de Alto 445, Tel. 421-154.

Sonstiges

- Direkt an der Plaza 25 de Mayo liegt die **Hauptpost.**

●**Reiseschecks** sind schwierig zu tauschen. Die Wechselbüros wie Banco del Chaco (Güemes/Ecke Plaza 25 de mayo) tauschen nur Bargeld oder geben Geld auf Kreditkarte.
●Einen **Internet-Service** bietet der Telecentro auf der Av. Illia 390.

Isla del Cerrito ⇗VIII,B2

An der Mündung des Río Paraguay in den Río Paraná, 50 km nordöstlich von Resistencia, liegt das **Naturschutzgebiet** Isla del Cerrito, wo man in ländlich-geruhsamer Umgebung einen guten Eindruck von der subtropischen Flora und Fauna bekommen kann. Die Busgesellschaft Bula Tur (Roca 43, Tel. 43-8527) fährt täglich ein- bis zweimal zur Insel, dort gibt es einfache Herbergen und Campingplätze.

Campo del Cielo ⇗VIII,B2

Wer sich für **Meteroriten** interessiert, sollte in den Campo del Cielo (Himmelsfeld) fahren, eine Tour, die allerdings nicht mit öffentlichen Verkehrsmitteln möglich ist.

Der Campo liegt etwa 300 km von Resistencia entfernt. Über die Ruta 16 geht es nach Nordwesten, bei Avia Teray biegt man Richtung Quimili nach links auf die Ruta 94, später 89 ab. Dort fährt man bis Gancedo. Von dort sind es nur noch wenige Kilometer bis zum Campo del Cielo, einem etwa 15 x 4 km großen Gebiet, wo vor mehr als 6000 Jahren ein Meteoritenregen niederging. Große Meteoritenstücke sind in Buenos Aires (Museo Rivadavia) ausgestellt, die größten aber liegen noch auf dem Campo.

Parque Nac. Chaco ⇗VIII,A1

Am besten gelangt man von Resistencia in den etwa 100 km nordwestlich der Hauptstadt liegenden **Nationalpark** Chaco. Die Anfahrt ist allerdings kompliziert: Der öffentliche Bus fährt nach Capitán Solari, die letzten 5 km von dort bis zum Park muss man laufen. Man kann im Park frei campen, die letzten Einkaufsmöglichkeiten sind in Capitán Solari.

Der etwa 15.000 ha große Nationalpark Chaco wurde 1954 eingerichtet. Ziel war es, die ursprüngliche Flora des Chaco zu schützen. Im Park stehen die inzwischen seltenen **Quebracho-Wälder,** es gedeihen Pflanzen des Sumpflandes, trockene Grassavanne sowie große Palmenhaine. Große Säugetiere sieht man selten, dafür eine Fülle unterschiedlicher Vogelarten.

Roque Sáenz Peña ⇗VIII,A1

Die Stadt etwa 170 km westlich von Resistencia (75.000 Einwohner) ist bekannt wegen ihrer Thermen und des Zoos. Man erreicht sie problemlos mit dem Bus von Resistencia.

Die **Thermalquellen** haben eine Temperatur von 42°C, es gibt einfache Thermalbäder, aber auch Saunen und türkische Bäder; Adresse: Brown 541, Tel. 42-1365.

Der **Zoo** liegt wenige Kilometer östlich der Stadt an der Kreuzung der Ruta 16 mit der Ruta 95. Er ist einer der besten Argentiniens, es werden vorwiegend einheimische Tiere gezeigt, darunter auch Tapire und Jaguare.

Formosa ⇗ VIII,B1

Die Hauptstadt der gleichnamigen Provinz hat knapp 100.000 Einwohner und ist wenig lohnend. Der Ort ist nur als **Zwischenstation auf dem Weg nach Paraguay** interessant. Von hier gibt es durchgehende Busse nach Asunción, in die Grenzstadt Clorinda und natürlich nach Buenos Aires.

Clorinda ⇗ IV,B3

Im **Grenzort zwischen Argentinien und Paraguay** bleibt niemand länger als unbedingt notwendig. Man verpasst in der Kleinstadt (40.000 Einwohner) auch absolut nichts. Das Wichtigste an Clorinda ist die Brücke Ignacio de Loyola, die dort über den Río Paraguay führt, den Grenzfluss zwischen Argentinien und Paraguay. Direkt hinter der Grenze warten die Geldwechsler, die einem paraguayische Guaraní anbieten, und auch die Taxifahrer, die einen für 20 US-$ (Preis fürs Taxi, nicht pro Person) nach Asunción bringen wollen. Die Taxifahrt von der Grenze bis in die paraguayische Hauptstadt dauert etwa 20 Minuten.

Von Clorinda fahren Busse in zahlreiche argentinische Städte.

Parque Nacional Río Pilcomayo ⇗ IV,B3

Clorinda ist auch der Ausgangspunkt für eine Fahrt in den Parque Nacional Río Pilcomayo. Der 60.000 ha große Park liegt etwa 50 km westlich der Stadt bei Laguna Blanca, ein öffentlicher Bus fährt bis dorthin, allerdings nicht bis zum Parkeingang (ca. 7 km).

Im Park gibt es freie Campingmöglichkeiten und markierte Wege. Dort leben angeblich Wildkatzen und sogar Pumas, in der Regel bekommt man aber nur die reichhaltige Vogelwelt, mit viel Glück ein Riesengürteltier und natürlich die Flora mit den unterschiedlichen Arten des Quebracho-Baumes zu sehen. Nähere Informationen bei der Parkverwaltung in Laguna Blanca, Tel. 03718/47-0045.

Santa Fé

Die Provinz Santa Fé, mit 133.007 km² und einer Einwohnerzahl von knapp 3 Mio. Menschen eine der dichter besiedelten Provinzen Argentiniens, umfasst zwei landschaftliche Großräume: die **Ebenen der Pampa im Süden** und **die des Chaco im Norden.** Im Osten trennt der Río Paraná die Provinz von den beiden Nachbarn Corrientes und Entre Ríos.

Zumindest der Süden Santa Fés gehört zu den reicheren Gegenden Argentiniens. Hier war schon früh die Infrastruktur geschaffen worden, um die landwirtschaftlichen Güter mit der Eisenbahn oder dem Schiff schnell nach Buenos Aires zu bringen. Kommt man allerdings in den Norden der Provinz, so sinkt der Lebensstandard in glei-

Im Zentrum von Santa Fé

chem Maße, wie die Entfernung von den beiden wichtigsten Städten der Provinz, Rosario und Santa Fé, steigt.

In der Provinz wurde argentinische Geschichte geschrieben. *Manuel Belgrano* hisste 1812 erstmalig im späteren Rosario die argentinische Flagge, 1813 wurden hier erstmalig von *San Martín* die Spanier geschlagen, und am 1. Mai 1853 wurde in der Provinzhauptstadt Santa Fé die Verfassung des Landes verabschiedet. Das kam nicht von ungefähr, denn genau wie die Nachbarprovinz Entre Ríos war Santa Fé lange ein Zentrum des Widerstandes der Föderalisten.

Santa Fé (Stadt) ⇗XII,B1

Die **Provinzhauptstadt** ist eine der ältesten Städte Argentiniens. Sie wurde bereits 1573 von *Juan Garay* während einer Expedition von Asunción aus gegründet. Allerdings mussten die Spanier 1653 ihre Stadt verlegen: Indianerüberfälle und die regelmäßigen Überflutungen des Río Paraná machten einen Umzug der Siedlung nötig, so dass das Leben in Santa Fé heute zwar immer noch vom Paraná bestimmt wird, die Stadt selbst aber nicht direkt am Fluss liegt, sondern über einen Stichkanal mit ihm verbunden ist.

img620 Foto: ab

In Santa Fé de la Vera Cruz, wie der Ort vollständig und richtig heißt, wohnen etwa 350.000 Menschen. Im Großraum sind es eine halbe Million, und damit ist Santa Fé nach Rosario die zweitgrößte Stadt der Provinz. Sie ist ein modernes **Geschäftszentrum,** in dem aber viele koloniale Bauten erhalten blieben.

Sehenswürdigkeiten

Plaza 25 de Mayo

Das Zentrum ist die Plaza 25 de Mayo, um sie herum liegen die wichtigsten Sehenswürdigkeiten, und auch das Geschäftszentrum befindet sich dort. Hier verläuft auch die Calle San Martín, die weiter westlich auch Fußgängerzone ist. Am Platz liegen zwei Kirchen: die Kathedrale sowie die Iglesia de la Compañía de Jesus an der Av. San Martín.

Kirchen

Die **Iglesia de la Compañía de Jesus** ist eine der besterhaltenen Kolonialkirchen der Provinz, sie wurde bereits 1669 erbaut. Nur wenige Blocks entfernt steht die Kirche **Templo de Santo Domingo** (3 de Febrero/Ecke 9 de Julio), die ebenfalls aus der Mitte des 17. Jahrhunderts stammt, später aber oftmals verändert wurde.

Convento de San Francisco

Ein Stadtrundgang lässt sich auf den Spuren des großen Helden der Stadt und der Provinz machen: *Estanislao López* war einer der Caudillos von Santa Fé, die im 19. Jahrhundert gegen die Vorherrschaft von Buenos Aires kämpften. Sein **Wohnhaus** auf der Av. López 2729 ist einer der schönsten Kolonialbauten der Stadt und heute Sitz des Historischen Archivs der Provinz; er selbst und seine Frau sind im **Convento de San Francisco** begraben (Amenábar 2257 nahe der Av. San Martín). Zum Konvent gehört auch ein **Museum,** in dem wichtige Stücke aus der Geschichte der Kirche und der Provinz ausgestellt sind. In einem Saal wird mit Wachsfiguren die Verfassunggebende Versammlung von 1853 nachgestellt.

Geöffnet ist das Museum Mo bis Fr 8–12, So 9–12 und 16–19.30 Uhr.

Touristeninformation

- Das Informationsbüro hat seinen Sitz im Busbahnhof, Belgrano 2910. Weitere Informationsstellen an den Ecken Gálvez/Rivadavia und Dr. Zavallo/Paso. Das Tourismusbüro der Provinz ist in der San Martín 1389, Mo bis Fr 7–13 Uhr, Tel. 459-3572.

Hotels

- **Apolo,** Belgrano 2825, Tel. 4527984; sehr schlicht, 7 US-$.
- **Brigadier,** San Luis 3148, Tel. 453-7387; nahe der Busstation, 10 US-$.
- **Carlitos,** Irigoyen Freyre 2336, Tel. 453-1541; sauber und freundlich, 10 US-$.
- **Hostal Santa Fé de la Vera Cruz,** San Martín 2954, Tel. 455-1740; sehr gut, 18 US-$.

Camping

- Außerhalb der Stadt befinden sich einige Campingplätze. Im städtischen Parque del Sur ist auch kostenloses Camping erlaubt.

Essen und Trinken

- Die meisten Restaurants und Cafés liegen in der Umgebung der Calle San Martín und der Parallelstraße 25 de Mayo. Hier ist nichts hervorzuheben.

●Um den Busbahnhof herum finden sich zahlreiche preiswerte Restaurants.
●Außerhalb des Zentrums liegt das empfehlenswerte, allerdings sehr große Restaurant **El Quincho de Chiquito,** an der Ecke Obispo Príncipe und Almte. Brown.

Flugverbindungen

●Der **Flughafen** befindet sich 7 km außerhalb der Stadt.
●**Buenos Aires** (35 US-$), Mo bis Fr gehen je zwei Flüge nach Buenos Aires, Sa keiner, So einer.
●**Aerolíneas Argentinas/Austral,** Lisandro de la Torre 2663, Tel. 459-8400.

Überlandbusse

●Mehrmals täglich fahren vom modernen **Busbahnhof** in der Belgrano 2910 Busse nach:
●**Buenos Aires,** 10 US-$, 6 Stunden.
●**Paraná,** 1 US-$, 1 Stunde.
●**Rosario,** 3 US-$, 2 Stunden.
●**Andere Orte** Argentiniens wie Córdoba, Mendoza, Salta und Tucumán werden zumindest mehrmals die Woche angefahren.

Ausflug nach Cayastá

Etwa 80 km nordöstlich der Stadt an der Ruta 1 liegt Cayastá, das ursprüngliche Santa Fé. Obwohl einige Teile des alten Ortes weggeschwemmt wurden, vermitteln die restaurierten Ruinen noch ein gutes Bild der ehemaligen **Kolonialstadt.** Ein Haus wurde mit originalen Einrichtungsgegenständen als **Museum** eingerichtet. Cayastá ist leicht mit Bussen von Santa Fé zu erreichen.

Rosario

↗XII,B1

Mit Córdoba streitet sich Rosario um den Titel der zweitgrößten Stadt Argentiniens. Unbestritten ist die Stadt mit ihren etwa 1,1 Mio. Einwohnern die größte der Provinz Santa Fé und eines der wichtigsten Wirtschaftszentren des Landes. Hier ist das **Handelszentrum der Provinz,** gleichzeitig ist Rosario ein wichtiger Sitz der argentinischen Automobilindustrie.

Wichtig für den Aufstieg der Stadt, die 1730 von einigen Siedlern aus Santa Fé gegründet wurde, ist der **Hafen.** Bis nach Rosario ist der Río Paraná für Ozeanriesen schiffbar, so dass der Warenverkehr mit den nördlichen Provinzen direkt von hier und nicht über Buenos Aires erfolgen kann.

Rosarios Innenstadt hat den üblichen Schachbrettgrundriss, im Zentrum liegt die Plaza 25 de Mayo, dort führt auch die Calle Córdoba vorbei, die wie die San Martín Fußgängerzone und Einkaufszentrum der Stadt ist.

Sehenswürdigkeiten

Monumento de la Bandera

Zwar nicht unmittelbar in der Nähe, aber nur wenige Blocks entfernt am Ende der Córdoba steht die wichtigste Sehenswürdigkeit von Rosario: das Monumento de la Bandera, das „Denkmal für die argentinische Flagge". 1957 wurde das 78 m hohe Monument von *Angel Guido* geschaffen. Es steckt voller Symbolik: Das gesamte Monument soll das Vaterland darstellen, die vier Statuen, die um es herum gruppiert sind, bedeuten zum einen die vier Himmelsrichtungen, zum andern den Atlantik, den Paraná, die Anden und die Pampa. Dann finden sich noch Reliefs, die über die Schaffung der Fahne berichten, und ein **Museum,** in dem die Originalfahne *Belgra-*

nos aufbewahrt wird. Manch einer steht ergriffen, andere schaudernd vor diesem Denkmal, einig sind sich aber fast alle über die schöne Aussicht auf die Ufer des Paraná, die man von oben hat. Das Museum ist täglich von 7–19 Uhr (außer Mo vormittag) geöffnet. Ab Mitte Juni wird jedes Jahr die Woche der Fahne gefeiert, Höhepunkt des Festes ist der 20. Juni, der Todestag von Manuel Belgrano.

Kathedrale

Neben dem Denkmal steht auch die Kathedrale, die Ende des 19. Jahrhunderts erbaut wurde, und zwar dort, wo ehemals das Zentrum der ersten Ansiedlung war. Interessant in der Kirche sind die Marienbilder, die im 18. Jahrhundert von indianischen Künstlern gemalt wurden.

Haus Entre Ríos 480

Das Haus Entre Ríos 480 wurde von *Alejandro Bustillo,* der auch am Monumento de la Bandera beteiligt war, gebaut. Hier wurde der wohl bekannteste Sohn Rosarios geboren: *Dr. Ernesto Guevara Lynch,* besser bekannt als **Ché Guevara.**

Estación Fluvial

An der Wasserfront, nahe dem Monumento de la Bandera, befindet sich die Estación Fluvial, die Bootsanlegestelle. Hier sind Wandmalereien zu bewundern, die das Leben am und mit dem Fluss darstellen. Von hier starten Ausflugsschiffe auf dem Río Paraná, Samstag um 16.30 Uhr und Sonntag um 14 Uhr und 16.30 Uhr.

Paseo Centenario

Um Rosario genau kennenzulernen, empfiehlt sich der Rundgang entlang des Paseo Centenario, der die wichtigsten Punkte im Stadtzentrum berührt.

Viele Gebäude werden mit Hinweisschildern erklärt; weitere Information dazu sind im Tourismusbüro (s.u.) erhältlich.

Monumento de la Bandera – wichtigste Sehenswürdigkeit in Rosario

Centro Cultural Rivadavia

Wer Tipps und Hinweise zu kulturellen Veranstaltungen sucht, sollte ins Centro Cultural Rivadavia gehen. Hier finden z.B. auch Filmvorführungen statt. Das Centro Cultural ist auf der San Martín 1080, Tel. 480-2401.

Touristeninformation

- Das Büro der Touristeninformation ist am Ufer (Belgrano/Ecke Buenos Aires), nördlich des Monumento Nacional de la Bandera, zu finden, Tel. 480-2230.

Hotels

- **Río,** Rivadavia 2665; nahe dem Bahnhof, etwas abgewohnt, aber sauber, 8 US-$.
- **La Paz,** Báron de Mauá 36, Tel. 440-8930; sehr zu empfehlen, 12 US-$.
- **Savoy,** San Lorenzo 1028, Tel. 448-0071, 17 US-$.
- **Monumento,** Buenos Aires 1020, Tel. 448-4446, 10 US-$.
- **Plaza,** Báron de Mauá 26, Tel. 426-1122; 60 US-$.

Camping

- In der Stadt gibt es keinen Campingplatz, nur außerhalb in **La Florida** (8 km nördlich) befindet sich ein Campingplatz am Río Paraná. Dort ist auch der Badestrand der Stadt.

Essen und Trinken

- Viele gute Grillrestaurants, die auch Fischgerichte bieten, finden sich am Ufer des Río Paraná, bei den meisten kann man auch draußen sitzen. Gut ist auch die Straße Santa Fé. Hier liegen die empfehlenswerten Restaurants **Don Rodrigo, Fénix** und **Doña María.**

Flugverbindungen

- Der **Flughafen Aeropuerto Fisherton** liegt 8 km außerhalb der Stadt.
- Täglich starten **Flüge nach:** Buenos Aires, Córdoba, Tucumán, Salta, Mar del Plata und Mendoza.

Die **Fluggesellschaften** und ihre Büros:

- **Aerolíneas Argentinas/Austral,** Santa Fé 1421, Tel. 424-9332.
- **Southern Winds,** Mitre 737, Tel. 425-3808.

Überlandbusse

- Der **Busbahnhof** ist in der Cafferata 702. Es fährt täglich mindestens ein Bus nach
- **Buenos Aires,** 5 US-$, 4–5 Stunden.
- **Santa Fé,** 3 US-$, 3 Stunden.
- **Córdoba,** 5 US-$, 6 Stunden.
- **Mendoza,** 12 US-$, 12 Stunden.
- **Iguazú,** 17 US-$, 24 Stunden.

Post

- Das Hauptpostamt ist auf der Ecke Córdoba und Buenos Aires.

Banken/Geldwechsel

- Wie überall ist es schwierig, Reiseschecks zu tauschen. Man probiere die **Citibank** auf Santa Fé 1101, die **Bank of Boston,** Córdoba/Ecke Mitre, oder die **Casas de Cambio Transatlántica,** Córdoba 900, und **Carey,** auf der Corrientes 802.

Feste/Veranstaltungen

- Der **7. Oktober** ist der **Tag der Stadtgründung.** Er wird jährlich mit einem großen Fest begangen.

Entre Ríos

Schon der Provinzname ist eine recht eindeutige geographische Verortung: Entre Ríos – „zwischen den Flüssen", und zwar **zwischen dem Río Uruguay im Osten,** der die Provinz vom Nachbarstaat Uruguay trennt, **und dem Río Paraná im Süden und Westen,** der die Grenze zwischen Entre Ríos und den Nachbarprovinzen Santa Fé und Buenos Aires bildet.

Entre Ríos ist mit einer Fläche von 78.781 km² eine der kleineren und mit einer Einwohnerzahl von etwa 1,15 Mio. Menschen eine der dichter besiedelten Provinzen Argentiniens. Zugleich ist sie auch eine der reicheren: Land- und Forstwirtschaft produzieren Überschüsse, und die Infrastruktur ist mittlerweile auch gut – 1978 wurde die Brücke bei Zárate über den nördlichen Arm des Paraná geschlagen und damit die Verkehrsverbindung nach Buenos Aires verbessert. Andere Brücken verbinden Entre Ríos mit dem Nachbarland Uruguay.

Im 19. Jahrhundert war Entre Ríos eine der Regionen, in denen der Widerstand gegen den Zentralismus von Buenos Aires am ausgeprägtesten war. 1820 wurde die Provinz kurzzeitig zur autonomen Republik erklärt, und als die Konföderation und Buenos Aires ab 1853 getrennte Wege gingen, wurde die heutige Provinzhauptstadt Paraná für acht Jahre, bis zum Anschluss von Buenos Aires, Regierungssitz der Konföderation. Präsident war damals General *Justo José de Urquiza,* ein Caudillo aus Entre Ríos, der sich bei der Vertreibung des Diktators *Rosas* hervorgetan hatte.

Touristisch interessant sind in Entre Ríos einige Städte, besonders aber der **Nationalpark El Palmar.**

Paraná

↗XII,B1

Die moderne und geschäftige **Provinzhauptstadt** (230.000 Einwohner) hat kein offizielles Gründungsdatum. Sie entstand um eine 1730 gebaute Kirche, und ihre größte Bedeutung hatte sie Mitte des 19. Jahrhunderts: Von 1853 bis 1861 war sie Hauptstadt Argentiniens. Aus dem 19. Jahrhundert sind auch einige sehenswerte Gebäude erhalten.

Paraná liegt am östlichen Ufer des gleichnamigen Flusses, der hier eine kleine Schleife macht, so dass sich das Stadtzentrum südlich des Flusslaufs erstreckt. Besonders entlang des Flusslaufes ist der Straßenverlauf recht unregelmäßig, auch wegen des dort liegenden 26 ha großen Parks Urquiza, im Zentrum um die Plaza 1 de Mayo kehrt aber weitgehend argentinische Stadtplanregelmäßigkeit mit Blocks und geraden Straßen ein.

Sehenswürdigkeiten

Kathedrale

Am Platz steht die kuppelgekrönte Kathedrale mit ihren beiden Fassa-

Badespaß am Río Uruguay

dentürmen, die auf den Mauern der Kirche von 1730 gebaut wurde. Sie wurde 1882 fertig gestellt, hinter ihr, an der Ecke 9 de Julio und 25 de Mayo, liegt das Gebäude, in dem der Senat zu Paranás Hauptstadtzeiten residierte. Ebenfalls am Platz findet sich der ehemalige Stadtpalast von Urquiza, heute ist hier die Hauptpost untergebracht.

Parks

Innerhalb der Stadt erholt man sich am besten im **Parque Urquiza** am Flussufer, zum Baden fährt man besser in die Außenbezirke, z.B. in den städtischen Park **„Recreación y Turismo“.**

Túnel Uranga-Sylvestre

Paraná ist durch einen 2400 m langen Tunnel unter dem Río Paraná hindurch mit Santa Fé, der Provinzhauptstadt am westlichen Ufer des Flusses, verbunden. Dieser Túnel Uranga-Sylvestre ist ein Musterbeispiel für Zentralismus in Argentinien: Bis 1969 waren die beiden Provinzhauptstädte lediglich durch Fährbootverkehr miteinander verbunden, denn die Nationalregierung in Buenos Aires untersagte den beiden Provinzen den Bau einer Brücke. Sie wollte, dass die Überquerung des Paraná weiter südlich zwischen den Provinzen Entre Ríos und Buenos Aires stattfinde, was den bei-

img190 Foto: ab

den Städten aber nichts genutzt hätte. Also baute man einen Tunnel, eine technisch wesentlich aufwendigere und auch teurere Lösung. 1969 wurde eingeweiht, ein kleines **Museum** am Tunneleingang informiert über die Baugeschichte. Will man durchfahren, muss man eine Maut entrichten.

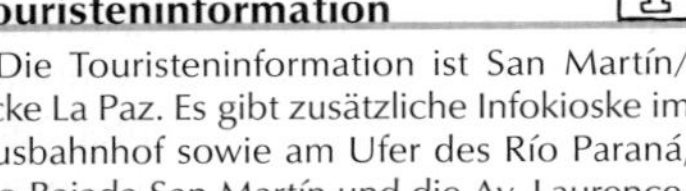

Touristeninformation

- Die Touristeninformation ist San Martín/ Ecke La Paz. Es gibt zusätzliche Infokioske im Busbahnhof sowie am Ufer des Río Paraná, wo Bajada San Martín und die Av. Laurencena aufeinandertreffen, sowie einen an der Tunnelausfahrt, wenn man von Santa Fé kommt.

Hotels

Einfach und billig

- **Residencial Las Vegas,** Av. Zanni 1040; Tel. 424-0204, 12 US-$
- **Residencial Roma,** Urquiza 1061, Tel. 431-2247; 10 US-$.
- **Residencial El Jardín,** Belgrano 386; 10 US-$.
- **City Hotel,** Bvd. Racedo 231; Tel. 431-0086. Direkt gegenüber dem Bahnhof, mit schönem Innenhof. DZ mit Bad 12 US-$.
- **Residencial Liniers,** Liniers 384, Tel. 431-4176, 10 US-$.

Hotels der Mittelklasse

- **Gran Hotel Alvear,** San Martín 637, Tel. 423-0036; 58–64 US-$.
- **Paraná Hotel,** 9 de Julio 60, Tel. 423-1700; 15–30 US-$.
- **Gran Hotel Paraná,** Urquiza 976, Tel. 422-3900; 15–30 US-$.

Luxushotels

- **Hotel Mayorazgo,** Av. Etchevehere/Ecke Miranda, Tel. 423-0333; ab 30 US-$.

Camping

- Außerhalb der Stadt gibt es drei Campingplätze. Der größte ist der städtische **Thompson** mit 150 Plätzen, kleiner sind die besser ausgestatteten Plätze **Balneario Los Arenales** und **Toma Vieja.**

Flugverbindungen

- Alle Flüge gehen **über Santa Fé.**

Überlandbusse

- Vom **Busbahnhof** an der Ecke Moreno und Ramírez fahren mehrmals täglich Busse zu folgenden Zielorten:
- **Santa Fé,** jede halbe Stunde, 1 US-$.
- **Buenos Aires,** 6 US-$, 8 Stunden.
- **Rosario,** 3 US-$, 3 Stunden.
- Weiterhin gibt es tägliche Verbindungen in die **anderen Provinzstädte** wie Concordia, Colón, Concepción del Uruguay und über Colón auch nach Montevideo.

Post

- Die **Hauptpost** ist an der Plaza 1 de Mayo.

Feste/Veranstaltungen

- Im **Januar** findet die **Fiesta Provincial Música y Artesanía Entrerriana** statt, ein Fest mit Volksmusik und Kunsthandwerksausstellungen.
- Im **Oktober** ist die **Fiesta Provincial del Immigrante,** eine Feier zu Ehren der Einwanderer.

Ausflug

Nationalpark Pre-Delta

Der erst 1992 geschaffene Parque Nacional Pre-Delta bei Paraná gehört mit 1,26 Mio. Hektar zu den größten Argentiniens – und gleichzeitig zu den am wenigsten besuchten. Die ursprüngliche Schönheit der von tausenden Armen des Río Paraná geformten Flusslandschaft hat sich noch nicht herumgesprochen – gut für jene, die Touristenmengen meiden. Im Park kann man von kleinen Booten oder Katamaranen aus die üppige Vegetation bewundern. Auf den Inseln Del Barro, Ceibo und Las Mangas finden sich seltene Ombú-Wälder, hier leben Wildkatzen, Carpinchos (Flussschweine) und mehrere Otterarten. Der Parkeingang liegt nur knapp 50 km südlich von Paraná im Ort Diamante.

Hierher verkehren regelmäßig Busse, wer will, kann bereits in Paraná eine organisierte Tour buchen.

Gualeguaychú ⇗XIII,C1

Die Stadt an der Mündung des gleichnamigen Flusses in den Río Uruguay ist hauptsächlich aus infrastrukturellen Gründen wichtig. Hier befindet sich nämlich die **südlichste Brücke über den Río Uruguay:** Die Straßenverbindung Buenos Aires – Montevideo führt an der 1783 gegründeten Kleinstadt (65.000 Einwohner) vorbei.

Sehenswürdigkeiten

Kolonialbauten und Museen

Fast alle sehenswerten Kolonialbauten im Stadtzentrum beherbergen heute Museen. Das älteste Gebäude der Stadt ist das **Museo Haedo** an der San José 105, direkt an der Ecke zum Hauptplatz, der Plaza San Martín heißt. Im Museo Haedo finden Ausstellungen zur Stadtgeschichte statt.

Interessanter für viele wird das **Eisenbahnmuseum** sein. Das Museo Ferroviario zeigt alte Dampfloks und die dazugehörigen Wagen, es liegt am Bahnhof, etwa 15 Block südwestlich der Plaza (ständig zugänglich).

Kirche

Die **Iglesia San Antonio** an der Plaza wurde 1807–36 erbaut, ihr gestufter Turm ist 53 m hoch.

Strände

Gualeguaychú ist ein sehr beliebtes Ziel für Kurzurlauber, wegen seiner schönen Strände am Río Uruguay und auch wegen des Karnevals, der hier für argentinische Verhältnisse sehr ausgelassen gefeiert wird.

Touristeninformation

- Die Information befindet sich an der Av. Costanera/Ecke San Martín.

Hotels

Einfach und billig

- **Alemán,** Bolívar 535, Tel. 42-6153; 10 US-$, freundlich, deutschsprachig.
- **Brutti,** Bolívar 571, Tel. 42-6048; hässlich, aber sauber, 10 US-$.
- **Costanera,** Alem 298, Tel. 43-3159; 10 US-$.
- **Hotel Paysandú,** Maipú/Ecke Paysandú, Tel. 421140. Direkt am Busbahnhof, 5 Minuten zum Strand, 20 in die Stadt. Ruhig. DZ mit Bad und Frühstück 10 US-$.

Hotels der Mittelkasse

- **Puerto Sol,** San Lorenzo 477, Tel. 43-4017, 13 US-$.
- **París,** Bolivar Ecke Pellegrini, Tel. 42-3850, 11 US-$.
- **Embajador,** San Martín/Ecke 3 de Febrero, Tel. 42-4414, 20 US-$.
- **Berlin,** Bolívar 733, Tel. 42-5111; deutschsprachig, 22 US-$.
- **Los Angeles,** 3 de Febrero 73, Tel. 42-6383; 22 US-$.

Camping

- Es gibt zahlreiche Campingplätze in und in der Umgebung der Stadt, die meisten liegen an den Flüssen Río Uruguay und Río Gualeguaychú.

Essen und Trinken

Die meisten **Restaurants** befinden sich an der 25 de Mayo.

Überlandbusse

- Vom **Busbahnhof** an der Ecke Bolívar/Mons. Chalup fahren mehrfach täglich Busse nach:
- **Buenos Aires,** 5 US-$, 3 Stunden.

- **Fray Bentos,** Uruguay, 1 US-$, 1 Stunde.
- **Mercedes (Uruguay),** 1 US-$, 1½ Std.

Geldwechsel

- Geld wechselt die **Casa de Cambio Daniel,** 3 de Febrero 128.

Colón

⇗XIII,C1

Das 1863 gegründete Städtchen (heute 20.000 Einwohner) am Río Uruguay ist eher als **Verkehrsknotenpunkt** bekannt. Hier führt die Brücke General Artigas über den Fluss ins uruguayische Paysandú. Touristisch bietet Colón nicht viel, sieht man von den schönen Stränden in der Umgebung der Stadt ab.

Etwa 5 km vom Stadtzentrum entfernt liegt **San José,** eine der ältesten Kolonialsiedlungen europäischer Einwanderer, 1857 von schweizerischen Emigranten gegründet. Heute steht hier u.a. ein Museum, das die Geschichte der frühen Kolonialzeit erzählt.

Touristeninformation

- Sie ist am Ende der Emilio Gouchón an der Costanera.

Hotels

- **Residencial Chacabuco,** Chacabuco 180; 8 US-$.
- **Río de los Pájaros,** 25 de Mayo Ecke Evit, Tel. 42-1867, 17 US-$.
- **Holimasu,** Belgrano 28, Tel. 42-1305, 14 US-$.
- **Residencial Ver-wei,** 25 de Mayo 10; 10 US-$.
- **Hotel Palmar,** Bd Ferrari 285, Tel. 42-1948; 20–30 US-$.
- **Hotel Internacional Quirinale,** Av. Quirós, Tel. 42-1978; 50 US-$.

img170 Foto: ab

Essen und Trinken

- Viele Restaurants befinden sich auf der Urquiza, empfehlenswert ist das **Marito** auf der Ecke zur Andrade.

Überlandbusse

- **Paysandú (Uruguay),** 1 US-$, 45 Minuten, mehrmals täglich, So nicht.
- **Buenos Aires,** 6 US-$, 5 Stunden, mehrmals täglich.

Parque Nac. El Palmar ⇗XIII,C1

Etwa 50 km nördlich von Colón liegt der Nationalpark El Palmar am Westufer des Río Uruguay, zwischen dem Fluss und der Ruta 14 von Colón nach Concordia. Der 8500 Hektar große Park, 1966 auf dem Gelände einer Estanzia eingerichtet, dient dem Schutz der **Yatay-Palmen,** die ursprünglich in allen Provinzen des Zweistromlamdes sehr verbreitet werden. Viehzucht und Ackerbau drängten sie zurück. Die Yatay-Palme kann mehrere hundert Jahre alt werden. Dabei wird sie bis zu 20 m hoch, und ihr Stamm erreicht einen max. Durchmesser von 40 cm.

Die auffälligsten **Tiere** im Park sind die Ñandus und die Carpinchos, bis zu 1 m große Nagetiere, einem vergrößerten Meerschweinchen ähnlich.

Der Park ist an den Wochenenden recht gut besucht, auch weil er nahe an Buenos Aires liegt. Es gibt dort einen **Campingplatz,** und am Centro de Interpretación einen Laden. Man erreicht den Park mit allen **Bussen,** die von Süden nach Concordia fahren, steigt dann am Parkeingang aus und muss allerdings von dort die etwa 12 km bis zum Park-Hauptquartier laufen, eventuell geht es auch per Autostopp. Der Eintritt für den Parque Nacional El Palmar beträgt 2 US-$, aktuelle Informationen bei der Parkverwaltung unter Tel. 03445/49-0586.

Yatay-Palmen im P.N. El Palmar

Concordia ⇗XIII,C1

Die dritte Brückenstadt am Río Uruguay ist Concordia, das gegenüber dem uruguayischen Salto liegt. Concordia wurde 1832 gegründet und hat heute etwa 130.000 Einwohner. Bis nach Concordia ist der Río Uruguay für größere Boote schiffbar, nördlich der Stadt versperren die Wasserfälle Salto chico und Salto grande der Schiffahrt den Weg. Concordia ist das Zentrum einer Region, die vorwiegend von der Viehzucht und dem Ackerbau, darunter Reis und Zitrusfrüchte, lebt.

Sehenswürdigkeiten

Plaza de Mayo

Das Stadtzentrum bildet die Plaza de Mayo, an der auch die wichtigsten Gebäude liegen: die Stadtverwaltung, das Museo de Artes visuales, die Kathedrale aus dem 19. Jahrhundert und die Tourismusinformation.

Parque Rivadavia

Hauptsehenswürdigkeit der Stadt ist der 70 ha große Parque Rivadavia, in dem die Ruinen des Castillo San Carlos liegen. Das Schlösschen ließ der französische Graf *Eduardo de Machy* erbauen. Er war 1880 in dem Ort aufgetaucht, hatte eine Salzfleischfabrik und eine Seifensiederei eröffnet, viel Geld gemacht und ebensoviel bei Festen wieder ausgegeben. 1889 verschwand er dann genauso geheimnisvoll, wie er gekommen war. Später wohnte auch kurzfristig *Antoine de Saint-Exupéry* (Autor von „Der kleine Prinz") in dem Schlösschen: Er war dort Gast, weil er Probleme mit seinem Flugzeug hatte und notlanden musste.

Staudamm und See

Nördlich der Stadt liegen Staudamm und See des uruguayisch-argentinischen Gemeinschaftsprojektes Salto Grande.

Touristeninformation

- Die städtische Touristenauskunft ist auf der Urquiza Nr. 638, Tel. 421-2137.

Hotels

- **Argentino,** Pellegrini 560, Tel. 4215-767. Das Argentino ist ein altmodisches Hotel mit Patio; 10 US-$.
- **Colonial,** Pellegrini 443, Tel. 421-0097. Das Hotel ist sauber und freundlich, ein Zimmer kostet 12 US-$.
- **Victoria,** Eva Perón 1320; 10 US-$.
- **Colón,** Pellegrini 611, Tel. 422-0373; 14 US-$.
- **Palmar,** Urquiza 517, Tel. 421-6050; 20–30 US-$.
- **Salto Grande,** Urquiza 575, Tel. 421-0034, 30 US-$.

Camping

- An der Costanera liegen mehrere Campingplätze.

Essen und Trinken

- Gute **Restaurants** finden sich an der Plaza und an der Costanera.

Flugverbindungen

- Täglich wird Buenos Aires angeflogen. Die Fluggesellschaft **Laer** hat ihr Büro Pellegrini 538, Tel. 421-1551.

Überlandbusse

- Der 2 km außerhalb liegende **Busbahnhof** ist mit dem Stadtbus Nr. 2 von der Plaza aus zu erreichen. Von dort fahren mehrfach täglich Busse nach:
- **Buenos Aires,** 6 US-$, 6½ Stunden.
- **Córdoba,** 8 US-$, 9 Stunden.
- **Iguazú,** 12 US-$, 14 Stunden.
- **Paraná,** 5 US-$, 5 Stunden.
- **Salto (Uruguay),** 1 US-$, 45 Minuten.

Nicht alle Überlandbusse fahren nach Concordia hinein. Manche passieren die Stadt auf der Ruta 14 und halten nur an deren Kreuzung mit den Zubringerstraßen ins Zentrum (5 km außerhalb). Erkundigen Sie sich vorher bei der Busgesellschaft, ob der Bus bis zum Terminal fährt.

Sonstiges

- Das **Postamt** ist auf der Ecke La Rioja/Buenos Aires.
- **Geldtausch** ist bei Casa Chaca an der Plaza möglich.

Corrientes

Ebenfalls im argentinischen Zweistromland liegt die Provinz Corrientes. Sie wird von Río Uruguay und Río Paraná begrenzt, ersterer bildet auch die Grenze zu den Nachbarstaaten Uruguay und Brasilien. Corrientes umfasst 88.199 km² und hat etwa 930.000 Einwohner, von denen die meisten in den Städten an den beiden Flüssen leben. Man lebt vorwiegend von der Landwirtschaft - angebaut werden Reis, Baumwolle, Zitrusfrüchte, Süßkartoffeln und Mate - und von der Weiterverarbeitung ihrer Produkte. Die Viehzucht ist nicht ganz so wichtig wie in der Nachbarprovinz Santa Fé.

Corrientes wurde von Asunción aus besiedelt. 1588 wurde bereits die gleichnamige Hauptstadt Corrientes gegründet. Zunächst waren die meisten Kolonisatoren Jesuiten, später kamen vorwiegend Einwanderer aus Frankreich.

Corrientes (Stadt) ↗VIII,B2

Der Provinzhauptstadt sieht man heute kaum noch an, dass sie eine der frühesten Stadtgründungen im Nordosten Argentiniens war. Ihr Bild wird vorwiegend von modernen Bauten geprägt, denn nur wenige Gebäude aus der Kolonialzeit blieben erhalten.

Sehenswürdigkeiten

Plaza 25 de Mayo

Zentrum der 260.000-Einwohner-Stadt, in der auch *Graham Greenes* Roman „Der Honorarkonsul" spielt, ist die Plaza 25 de Mayo, obwohl sich das Geschäftsleben vorwiegend drei Blocks südlich in der Fußgängerzone der Calle Junín abspielt. An der Plaza liegen die Casa de Gobierno (Regierungsgebäude der Provinz) und die Iglesia de la Merced, die Hauptkirche der Stadt.

Kirchen

Die **Iglesia de la Merced** wurde im Jahre 1628 erbaut, aber später mehrfach umgestaltet, so dass ihr heutiges Aussehen mehr vom Beginn des 20. Jahrhunderts stammt.

Beim Rundgang durch die Stadt stößt man noch auf andere Kirchen. Interessant ist der **Convento de San Francisco,** Mendoza 450. Die Kirche wurde bereits 1607 erbaut und später mehrfach rekonstruiert. Im Innern ist eine Orgel zu bewundern, die 1889 auf der Weltaustellung in Paris erworben wurde.

Die dritte Kirche ist die **Iglesia Cruz de Milagro,** die an der Plaza La Cruz einen ganzen Häuserblock einnimmt. Das heilige Kreuz in der Kirche besitzt angeblich Wunderkräfte: Als Indianer die Kirche überfielen und das Kreuz verbrennen wollten, schlugen Blitze aus dem wolkenlosen Himmel und töteten die Attentäter.

Wer gern spazieren geht, kann das an der Uferpromenade tun und dort den Anglern zusehen, die versuchen, einen Dorado, einen goldfarbenen, bis zu 20 Kilogramm schweren Fisch, herauszuziehen. Bessere Fischreviere fin-

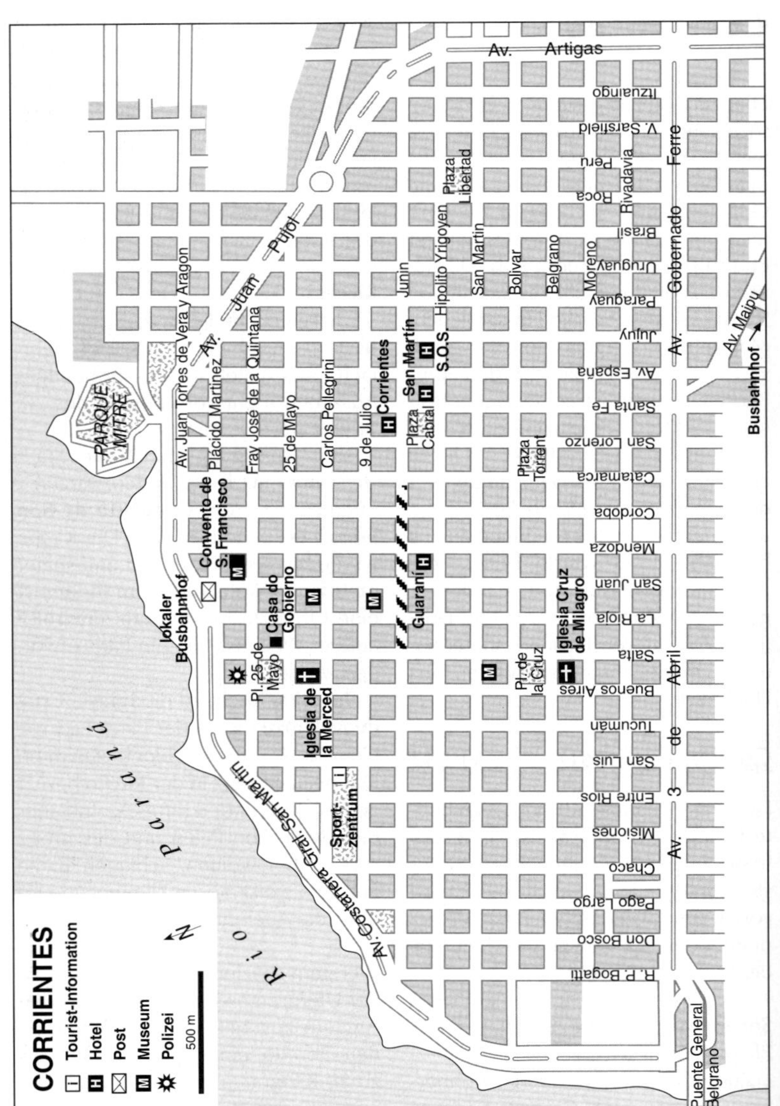
CORRIENTES
Tourist-Information
Hotel
Post
Museum
Polizei
500 m
N
Río Paraná
PARQUE MITRE
Av. Artigas
Ituzaingo
V. Sarsfield
Peru
Roca
Brasil
Uruguay
Paraguay
Jujuy
Av. España
Santa Fe
San Lorenzo
Catamarca
Cordoba
Mendoza
San Juan
La Rioja
Salta
Buenos Aires
Tucumán
San Luis
Entre Rios
Misiones
Chaco
Pago Largo
Don Bosco
R. P. Bogatti
Av. Gobernado Ferre
Av. 3 de Abril
Av. Maipu
Busbahnhof
Puente General Belgrano
Rivadavia
Moreno
Belgrano
Bolivar
San Martin
Hipolito Yrigoyen
Junin
9 de Julio
Carlos Pellegrini
25 de Mayo
Fray José de la Quintana
Placido Martinez
Av. Juan Torres de Vera y Aragon
Av. Juan Pujol
Plaza Libertad
S.O.S.
San Martín
Corrientes
Plaza Cabral
Plaza Torrent
Guaraní
Iglesia Cruz de Milagro
Pl. de la Cruz
Convento de S. Francisco
Casa do Gobierno
Pl. 25 de Mayo
Iglesia de la Merced
lokaler Busbahnhof
Sport-zentrum
Av. Costanera Gral. San Martín

den sich aber außerhalb von Corrientes (Stadt).

Touristeninformation

- Das Informationsbüro ist Ecke Carlos Pellegrini und San Luis. Das Informationsbüro der Provinz befindet sich auf der 25 de Mayo 1330, geöffnet Mo bis Fr 7–13 und 15–21 Uhr sowie Sa/So 9–12 Uhr, Tel. 42-3054.

Hotels

- **Hotel Pavón,** Maipú 2600, Tel. 442166, neues Haus direkt am Busbahnhof, DZ mit Bad 12 US-$.
- **Hotel/Residencial S.O.S.,** Hipólito Yrigoyen 1771, Tel. 460330. Sehr zentral, doch ruhig, da die Zimmer zum Innenhof gehen. DZ mit Bad 8 US-$.
- **San Martín,** Santa Fé 955, Tel. 46-0870; bequeme Zimmer für 15 US-$, sauber, Restaurant.
- **Corrientes Plaza,** Junín 1549, Tel. 46-6500; gutes Restaurant, 15 US-$.
- **Guaraní,** Mendoza 970, Tel. 423-090; gut, 30 US-$.

Camping

- Nahe dem Busbahnhof ist der Campingplatz **Teléfono;** weitere an der Zufahrtsstraße RN 12 Richtung Santa Ana.

Essen und Trinken

- **Billige Restaurants** für den Mittag liegen in der Umgebung des Mercado Central auf der Calle Junín zwischen den Straßen La Rioja und San Juan. Dort, in der Fußgängerzone, ist auch abends am meisten los, es gibt einige gute Cafés.
- Gut, beliebt und oft voll ist das Restaurant **El Recreo,** Pellegrini 578.

Flugverbindungen

- Vom **Flughafen Camba Punta,** der 10 km außerhalb der Stadt liegt und gut mit dem Bus Nr. 6 vom Zentrum aus zu erreichen ist, fliegen Maschinen nach
- **Buenos Aires,** täglich, 69 US-$.
- **Posadas,** Mo, Do, Sa und So.
- **Aerolíneas Argentinas** und **Austral** haben ein gemeinsames Büro auf der Calle Junín 1301, Tel. 42-7442.

Überlandbusse

- Der **Busbahnhof** liegt an der Uferstraße (Costanera) zwischen Salta und Rioja. Von hier fahren auch die Busse nach Resistencia (0,50 US-$, alle 15 Minuten).
- Die überregionalen **Verbindungen** sind besser von Resistencia als von Corrientes. Vom überregionalen Busbahnhof gibt es mehrfach täglich Verbindungen nach:
- **Posadas,** 5 US-$, 5½ Stunden.
- **Buenos Aires,** 12 US-$, 14–17 Stunden.

Autoverleih

- **Avis,** im Hotel Guaraní, Mendoza 970.
- **Localiza,** Mendoza 996, Tel. 43-4444.

Reiseveranstalter

Touren in die Sümpfe von Iberá (s.u.) bieten an:

In Buenos Aires:

- **Simplemente Viajemos,** San Martín 793 6° piso, Tel. 4313-8456. Touren im Vierrad-Pick-up, auch mit deutschsprachigem Reiseführer, für 43 US-$.
simplementeviajemos@arnet.com.ar

In Corrientes:

- **Guayrá Turismo,** San Lorenzo 2208, Tel. 43-3415. Umfangreiches 5-Tage-Paket mit Trekking, Reiten, Bootstouren und Vollverpflegung für 270 US-$. www.guayra.com.ar
- **Bruno Travel,** Plácido Martinez 946,
Tel. 46-4718, brunotravel@arnet.com.ar
- **Hope Tour,** Córdoba 1165, Tel. 42-8364, hopetr@arnet.com.ar
- **Van-Tur,** Hipólito Irigoyen 1127,
Tel. 43-1582, corrientes@van-tur.com.ar

Sonstiges

- Die **Post** ist Ecke San Martín und San Juan.
- **Geld** kann man u.a. bei Cambio Mazza, San Lorenzo 1600, wechseln.

Ausflug

Paso de la Patria

30 km nördlich von Corrientes liegt am Zusammenfluss vom Río Paraguay und Río Paraná die Kleinstadt Paso de la Patria, berühmt wegen ihrer guten Möglichkeiten zur **Fischerei.** Vor allem große Dorados werden hier gefangen.

Sümpfe von Iberá ⇗VIII,B2

Corrientes ist die wasserreichste Provinz Argentiniens, nicht nur wegen der beiden großen Flüsse, die die Provinz förmlich einrahmen, sondern auch wegen großer, ausgedehnter **Sumpfgebiete.** Das größte sind die **Esteros del Iberá,** eine nahezu 5000 km² große Region im Nordteil von Corrientes. Iberá ist ein Guaraní-Wort und bedeutet „glitzerndes Wasser".

Dieses Sumpfgebiet ist eine stellenweise unberührte Wildnis ohne Wege, ohne Pfade, sie kann zum Teil mit Booten erkundet werden. Die Sümpfe werden von einem Hauptfluss durchzogen: Der Miriñay fließt nach Osten in den Río Uruguay.

In den Sümpfen leben zahlreiche seltene Pflanzen- und Tierarten. Man sagt, die Gegend sei sogar noch artenreicher als der Pantanal in Brasilien. Viele **Tiere** sind aber vom Menschen bedroht: So gibt es das yacaré, ein kleines Krokodil, nur noch sehr vereinzelt, auch das carpincho kann man nur mit Glück sehen. Selten ist auch die bis zu 8 m lange Anakonda-Schlange geworden. Eine Besonderheit der Iberá-Sümpfe sind die **schwimmenden Inseln,** die sich auf nur lose mit dem Boden verankerten Vegetationsmatten bilden.

Es ist nicht einfach, die Sümpfe zu erkunden. Schon der **Weg dorthin** ist kompliziert: Hauptzugangsort für das Sumpfgebiet ist die Siedlung Carlos Pellegrini, die etwa 110 km nordöstlich von Mercedes liegt. Mercedes selbst ist ein kleiner Ort an der Ruta 123 zwischen Corrientes und Paso de los Libres, von dort fahren dreimal die Woche Busse nach Carlos Pellegrini. Am besten nimmt man alles, was man braucht, einschließlich der Verpflegung, direkt mit.

Wer es leichter haben will, kann in Corrientes oder schon in Buenos Aires eine **organisierte Tour** in die Sümpfe buchen; Anbieter s.o., Kosten 30–60 US-$ pro Person und Tag, Vorbuchung sinnvoll.

Paso de los Libres ⇗VIII,C2

Die Kleinstadt mit ihren 5000 Einwohner ist eigentlich nur wegen ihrer Lage interessant: Hier führt eine **Brücke über den Río Uruguay** in das ungleich größere Uruguaiana auf der brasilianischen Seite des Flusses. Von dort kann man gut nach Westen bis nach Porto Alegre weiterreisen. Naturwissenschaftler besuchen in Paso de los Libres das Grab des *Amado Bonpland,* eines Naturforschers und Reisebegleiters *Alexander von Humboldts.*

Hotels

- In Paso de los Libres kann man im **Hotel Alejandro** (Coronel López 502, 15 US-$)

oder im preiswerteren **Hotel Uruguay,** Uruguay 1252, übernachten.

Verkehrsverbindungen

- Täglich gehen von hier nach Buenos Aires und Concordia (in Entre Ríos) **Flüge,** das Büro von Laer ist auf Colón 1028, Tel. 422395.
- Paso de los Libres ist Station für den **Bus** von Posadas nach Buenos Aires, außerdem gibt es Verbindungen nach Paraná, Rosario, Córdoba, Iguazú und Santa Fé.

Alle Busse nach Norden passieren auch das 60 km entfernte Yapeyú.

Yapeyú

⇗VIII,B3

Der kleine Ort mit seinen 2000 Einwohnern ist aus zwei Gründen bekannt: Zum einen befand sich hier die südlichste Jesuitenmission, die 1767 wie alle anderen aufgelöst wurde, zum anderen wurde hier am 25. Februar 1778 der argentinische Nationalheld *José de San Martín* geboren.

Nicht im Geburtshaus, sondern direkt daneben ist heute ein Museum eingerichtet (Mo bis So 8–20 Uhr). Damals war der Ort größer als heute, denn zu Zeiten der Jesuiten lebten hier etwa 8000 Guaranís.

In Yapeyú gibt es nur wenige, dafür aber recht preiswerte **Hotels,** dazu einen städtischen **Campingplatz.**

Misiones

Die kleine Provinz – sie umfasst nur 29.801 km², und es leben nur etwa 960.000 Einwohner hier – ragt wie eine Halbinsel weit nach Brasilien und Paraguay hinein. Die Grenzen zu diesen Nachbarländern sind wesentlich länger als zur südlich anschließenden argentinischen Provinz Corrientes.

Die ersten Europäer, die in Misiones siedelten, waren Jesuitenmissionare. Sie kamen Anfang des 17. Jahrhunderts und gründeten Ansiedlungen, **„Reduktionen"** genannt. Nach ihrer Vertreibung verfielen die Missionssiedlungen und wurden wieder vom Urwald überwuchert.

Das leicht hügelige Misiones war lange ein unberührter **Urwald,** und mit diesen Bildern wirbt die Tourismusbehörde auch heute noch. Undurchdringlich ist der Urwald aber nur noch in wenigen Gebieten: Mit dem Abholzen lassen sich seit langem gute Geschäfte machen, und so ist der Wald heute nur noch knapp ein Drittel so groß, wie er noch vor einhundert Jahren war. Fliegt man an klaren Tagen von Puerto Iguazú nach Buenos Aires, kann man das ganze Ausmaß der Kahlschläge sehen. Gerodet wurde auch, um Anbaufläche für Tee oder Yerba Mate oder auch nur für die Rinderzucht zu gewinnen.

Trotz aller Umweltprobleme übt Misiones immer noch eine starke **Faszination** aus: tiefgrüner Urwald, rote Erde, tosende Wasserfälle in Iguazú, dazwischen geheimnisvoll wirkende alte

Kirchen – Misiones ist **eine der abwechslungsreichsten Provinzen Argentiniens.**

Posadas ⇗ IX,C2

Wann die **Hauptstadt der Provinz** gegründet wurde, ist unklar: Es wird behauptet, dass hier bereits in der zweiten Hälfte des 16. Jahrhunderts eine Siedlung gewesen sei, dann Anfang des 17. Jahrhunderts eine Jesuiten-Reduktion; offizielle Angaben über die Gründung der Stadt sprechen aber von 1870 und 1884. Sicher ist hingegen, wer der Namenspatron war: *Gervasio Antonio de Posadas,* vom 31. Januar 1814 bis zum 15. Januar 1815 Director Supremo der Vereinigten Provinzen Argentiniens.

Dass die Stadt am Ufer des Río Paraná etwa 250.000 Besucher hat, merkt man in dem kleinen und ruhigen Stadtzentrum nicht. Vielleicht liegt das auch an der Hitze, die im Sommer in der Mittagszeit fast nicht auszuhalten ist. Wer kein klimatisiertes Hotel hat, sollte sich dann zur Plaza oder ans Flussufer begeben.

Sehenswürdigkeiten

Plaza 9 de Julio

Der Platz ist der Mittelpunkt der sehr regelmäßig gebauten Stadt. Vier Avenidas begrenzen das Zentrum: im Norden die Guacurarí, im Osten die Roque Sáenz Peña, im Süden die Mitre und im Westen die Corrientes. Die Plaza ist ein schöner, schattiger Platz mit Cafés, wo auch die Kathedrale und das Regierungsgebäude stehen.

Museen

Nur wenige Blocks entfernt, allerdings in unterschiedlicher Richtung, sind zwei lohnenswerte Museen: Das **Museo Andrés Guacurarí** auf der General Paz 1865 (geöffnet Mo bis Fr 7–12 und 15–19 Uhr sowie Sa/So 9–12 Uhr) zeigt ebenso wie das **Museo de Ciencias Naturales e Históricas,** San Luis 384 (selbe Öffnungszeiten), Funde aus den Jesuitenreduktionen der Umgebung und informiert über deren Geschichte. Zum letzteren gehört auch ein kleiner Zoo.

Vom **Hafen** der Stadt fahren kleine Boote über den Río Paraná ins paraguayische Encarnación; wer es eilig hat, sollte aber besser die Brücke benutzen. Zu ihr gelangt man über die Av. Mitre.

Touristeninformation

- Die Touristeninformation befindet sich auf der Colón 1985 (393, Tel. 44-7539). Wichtig: Eine Besonderheit in Posadas sind die **Hausnummern.** Fast alle Straßen wurden irgendwann umnummeriert, allerdings konnte sich bislang das neue System nicht so recht durchsetzen. D.h. viele Häuser haben heute zwei Hausnummern, die alte und die neue. Verwechslungen sind dennoch ausgeschlossen, denn die Nummern wurden nicht doppelt vergeben.

Hotels

Einfach und billig

- **Grand Hotel Misiones,** Líbano/Ecke Barrufaldi, Tel. 422-777; 15 US-$, es gibt eine Ermäßigung mit Internationalem Studentenausweis; das Hotel ist etwas abgewohnt.
- **Residencial Majestic,** Santa Fé 485, Tel. 420-209; 10 US-$.
- **Residencial Marlis,** Corrientes 1670, Tel. 42-5764; 35 US-$, gut, der Name deutet

Das Yacyretá-Kraftwerk

Westlich von Posadas liegt die Isla Yacyretá. Hier entsteht zurzeit das nach Itaipú (Paraguay) zweitgrößte Wasserkraftwerk Südamerikas, als Gemeinschaftsunternehmen von Argentinien und Paraguay. Das Projekt ist genauso gigantisch wie die Skandale, die es umranken. Selbst der argentinische Ex-Präsident *Carlos Menem,* selbst nicht gerade als Saubermann berühmt, bezeichnete es als „Monument der Korruption".

Begonnen wurde mit dem Bau bereits 1983, geplant von den Militärregierungen der beiden Länder, die auch sich selbst ein Denkmal setzen wollten. Die Weltbank streckte eine Milliarde Dollar vor, zwei Drittel der Baukosten, die ursprünglich veranschlagt wurden. Inzwischen ist die 10-Milliarden-Grenze überschritten, viel Geld versickerte in den Taschen korrupter Beamter, ja, es geht sogar das Gerücht, die argentinischen Militärs hätten davon Waffen für den Falkland/Malwinen-Krieg gekauft.

Inzwischen ist das Projekt praktisch vollendet. Westlich von Posadas und Encarnación breitet sich nun ein gigantischer Stausee von 1600 km² Fläche aus, insgesamt mehr als dreimal so groß wie der Bodensee. Darin versanken Teile der Altstadt von Encarnación, insgesamt mussten 60.000 Menschen umziehen, die bei Baubeginn nicht gefragt wurden. Und Wälder gingen unter, der Lebensraum für einige Tierarten, die jetzt schon vom Aussterben bedroht sind. Zwar gibt es Umweltauflagen, diese sind aber bis heute nicht einmal zur Hälfte erfüllt, während alles andere fertig ist.

Einziges Zugeständnis an die Protestbewegung aus Umweltschützern und Anwohnern ist, dass die Talsperre bislang 7 m unter dem vorgesehenen Wasserstand von 83 m operiert. Damit können die zwanzig Turbinen die installierte Kapazität von 2700 Megawatt nicht voll ausschöpfen. Ohnehin kann diese enorme Strommenge nicht in Misiones verbraucht werden und muss unter hohen Verlusten über hunderte von Kilometern zu anderen urbanen Zentren geleitet werden. Eine grundlegende Untersuchung des realen Umweltimpakts der Talsperre steht ebenso aus wie die konkrete Planung von Schutzmaßnahmen – ein Thema, das mit der Wirtschaftskrise in den Hintergrund getreten ist.

Wer sich selbst ein Bild machen will, kann das tun. Der Staudamm, zu dem auch eine 270 m lange Schiffsschleuse mit Zugbrücke gehört, kann besichtigt werden. Einstündige Touren starten in der Kleinstadt Ituzaingó vom dortigen Centro Cultural Mo bis Sa um 9, 11, 15.30 und 16.30 Uhr sowie So um 9 und 11 Uhr. Preis: 1 US-$, nähere Infos unter Tel. 03786/42-0080. Ituzaingó liegt 40 km westlich von Posadas und ist bequem per Bus von dort oder von Corrientes zu erreichen.

schon darauf hin: Hier wird auch deutsch gesprochen.

- **Residencial Misiones,** Felix de Azara 1960, Tel. 42-2561; 8 US-$.
- **Residencial Anacapri,** Av. Uruguay 6057, Tel. 45-3974; 7 US-$.
- **Residencial Neumann,** Roque Sáenz Peña 665, Tel. 42-4675; 8 US-$.

Hotels der Mittelklasse

- **Libertador,** San Lorenzo 2208, Tel. 436-901; 20 US-$, einige preiswertere Zimmer.
- **Posadas,** Bolívar 1949, Tel. 44-0888; mit allem Komfort, 20–30 US-$.

Luxushotel

- **Julio César,** Entre Ríos 1951, Tel. 42-7930; ab 30 US-$.

Camping

- Außerhalb der Stadt Richtung San Ignacio liegt der Campingplatz, er ist mit den Bussen 4 und 21 zu erreichen.

Essen und Trinken

- Nahe dem Busbahnhof gibt es **billige Restaurants,** eine größere Auswahl bietet auch die Straße San Martín mit Restaurants wie **El**

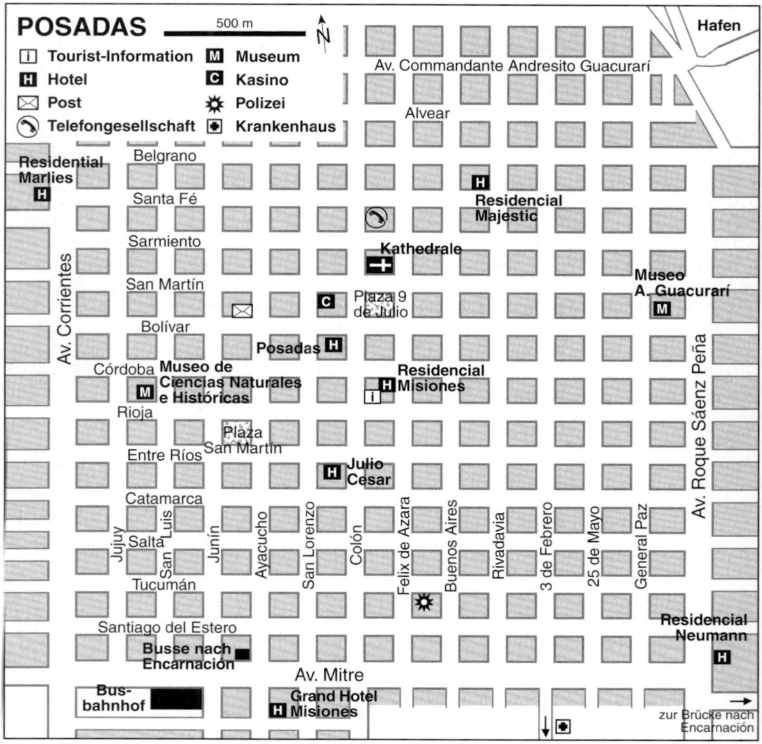

Tropezón, Hausnummer 185, oder **El Encuentro,** Nr. 361. Relativ teuer und gut ist das **La Querencia Bolívar** an der Ecke mit der Plaza 9 de Julio.

Flugverbindungen

- Der **Flughafen General San Martín** liegt etwa 12 km außerhalb der Stadt, er ist mit den Bussen 8 und 28 zu erreichen.
- Austral fliegt täglich nach Buenos Aires, das Büro von **Aerolíneas Argentinas/Austral** ist auf der Ayacucho 264, Tel. 43-3340.

Überlandbusse

- Der **Busbahnhof** befindet sich südwestlich der Innenstadt an der Av. Sta. Catalina/ Ruta Nac. No. 12. Er ist mit den Stadtbussen der Linien 8, 15, 21, 24 in etwa 15 Min. vom Zentrum aus zu erreichen. Von dort fahren Busse mehrfach täglich u.a. nach:
- **Buenos Aires,** 15 US-$, etwa 14 Stunden.
- **Puerto Iguazú,** 6–8 US-$, 5–6 Stunden.
- **Córdoba,** 15 US-$, 20 Stunden.
- **Corrientes,** 6 US-$, 4–5 Stunden.
- **Resistencia,** 5 US-$, 7 Stunden.
- **Rosario,** 14 US-$, ca. 16 Stunden.
- **Paraná,** 11 US-$, ca 14 Stunden.
- **San Ignacio Mini,** 1–2 US-$, jede Stunde.
- **Encarnación:** Die Busse nach Encarnación (Paraguay) fahren nicht am Busbahnhof, sondern an der Ecke Mitre/Ayacucho ab. Sie sind als „Servicio Internacional" gekennzeichnet, halten auch an anderen Punkten der Stadt. Die Fahrt nach Encarnación dauert mit Zoll- und Einreiseformalitäten etwa eine Stunde und kostet 1 US-$. An der Grenze muss man aussteigen und sich den Aus- bzw. Einreisestempel holen; der nächste Bus nimmt einen dann weiter nach Encarnación mit (Ticket weiterhin gültig).

Etwas billiger als von Posadas gelangt man vom paraguayischen Encarnación nach Puerto Iguazú. Allerdings ist die Reise wesentlich umständlicher und auch wesentlich anstrengender, da die paraguayischen Busse unbequemer sind.

Autoverleih

Alle Verleiher haben ein Büro am Flughafen. Die Büros in der Stadt:

- **Localiza,** Colón 1933, Tel. 430901.
- **Dollar,** Colón 1909, Tel. 435-484.
- **Al Rent a Car,** Junín 1696, Tel. 432-245.
- **Witt Rent a Car,** Buenos Aires 1888, Tel. 432-627.

Reiseveranstalter

- Reisebüros in Posadas bieten Trips zu verschiedenen Zielen in der Provinz an. Der beliebteste **Eintagesausflug** führt zu den Ruinen von San Ignacio Miní (s.u.), **Zweitagestouren** gehen weiter bis zu den Wasserfällen von Iguazú und besuchen noch das Wasserkraftwerk von Itaipú in Paraguay.

Eintagestouren kosten inklusive Eintritt, Mittagessen und Diaporama 25 US-$ pro Person, Zweitagestouren beinhalten auch noch die Übernachtung (für 40 US-$). Die Touren werden mit mindestens sechs und höchstens zwölf Personen durchgeführt. Hier zwei Adressen:

- **Abra Misiones,** Entre Ríos 309, Tel. 422221, abra@misiones.org.ar
- **Turismo Panambí,** Av. Rademacher 5663, Tel. 452414.

Sonstiges

- Die **Post** ist an der Ecke Bolívar/Ayacucho.
- Reiseschecks zu tauschen ist wie überall schwierig. **Cambio Mazza,** Bolívar 1480, ist eine gute Adresse.

Ausflüge

Jesuiten-Reduktionen Santa Ana und Loreto

Nahe der Stadt liegen die Ruinenfelder der Jesuiten-Reduktionen Santa Ana (gegründet 1637) und Loreto (1632). Diese beiden Reduktionen (Eintritt je 1 US-$) sind, anders als San Ignacio Miní, nicht restauriert, sondern vom Urwald überwuchert. Die Bäume lehnen sich an die zerbröckelnden Mauern der Gebäude, Wurzeln sprengen die Mauersteine. Man erreicht Santa Ana mit Bussen, die auch nach San Ignacio Miní fahren. Man steigt an der Hauptstraße, 16 km vor San Ignacio, aus, von dort ist es etwa 1 km bis zu den Ruinen. Loreto liegt ebenfalls an der Strecke, etwa 6 km vor San Ignacio Miní. Allerdings ist der Fußweg etwa 3–4 km weit.

In Loreto gibt es ein kleines **Informationszentrum,** in dem man auch in schlichten Räumen für 10 US-$ übernachten kann (mit Küchenbenutzung).

San Ignacio Miní

Die **besterhaltene und bestrestaurierte Jesuiten-Reduktion in Argentinien** ist San Ignacio Miní, 56 km östlich von Posadas an der Straße nach Iguazú gelegen.

Man kann die Ruinen gut in einem Tagesausflug besuchen, sollte aber früh morgens in Posadas aufbrechen, um genügend Zeit zu haben. In der Mittagszeit empfiehlt sich eine lange Siesta im Schatten der Ruinen oder in einem der zahlreichen Cafés vor dem Eingang zu den Ruinen.

Der **Ort San Ignacio,** den man auf dem Weg zu den Jesuiten-Ruinen passiert, bietet wenig Aufregendes. **Übernachten** kann man dort (preiswert) im **Hospedaje Alemán Los Salpeterer** auf der Ecke Sarmiento/Centenario (Wegweiser an der Busstation, eigener Garten, etwas abgewohnt, 6 US-$ pro Person, auch Camping), oder besser im Mittelklassehotel **San Ignacio** (30

img370 Foto: ab

US-$ im DZ). Zur **Besichtigung** lädt das ehemalige Wohnhaus des uruguayischen Dichters *Horacio Quiroga* (1878–1937) ein, der in San Ignacio von 1910–1917 und nach 1927 für einige Jahre lebte. Das Museum ist Mo bis Sa 7–19 Uhr geöffnet.

San Ignacio Miní ist eine der bedeutendsten historischen Sehenswürdigkeiten Argentiniens und von der UNESCO als **Weltkulturerbe** anerkannt worden. Anders als in Santa Ana und Loreto kann man heute noch gut die Struktur der Jesuitensiedlung erkennen; das sehr gute **Museum** vermittelt mit einer interessanten Ausstellungsanordnung viel Wissenswertes über die Geschichte der Jesuiten-Reduktionen in Misiones und auch in Paraguay. Zur Besichtigung geöffnet ist San Ignacio Miní täglich von 7–19 Uhr, Eintritt 2 US-$, das Museum kostet extra 1 US-$. Mi bis So findet in den Sommermonaten – falls es nicht regnet – um 20 Uhr eine Ton-Dia-Schau statt, die über die Ansiedlung der Jesuiten in San Ignacio Miní berichtet (Eintritt 3,50 US-$).

Diese beginnt im heute brasilianischen Guaiará, wo ab 1609 in einer Jesuiten-Reduktion etwa 2000 Tape, Angehörige eines Guaraní-Volkes, lebten. Ab 1627 kam es dort immer wieder zu Überfällen von Sklavenhändlern, und so wurde 1632 beschlossen, die dortigen Reduktionen aufzugeben. Etwa 12.000 Indios suchten ihren Weg durch den Urwald: Sie flößten den Río Paranapanema hinab bis zu dessen Mündung in den Paraná, dann weiter, alles durch den unberührten dichten Urwald, bis sie eine Stelle fanden, wo sie ihre neue Reduktion, San Ignacio Miní, gründeten. Bereits 1715 stand die hiesige Reduktion in hoher Blüte, 4000 Menschen lebten hier auf einer Fläche von 10 Hektar.

Wie sie lebten, kann man den Ruinen heute noch ansehen. Die Siedlung war gut organisiert: Sie gruppierte sich, regelmäßig angeordnet, um die zentrale, sehr große Plaza de Armas, wo auch die Kirche stand. Hinter der Kirche gab es die Sozialräume, wie Unterrichtsräume, Speisesaal, Küche und Werkstätten, auch das Gefängnis sowie den Friedhof.

Nachdem 1767 die Jesuiten aus den spanischen Hoheitsgebieten ausgewiesen worden waren, verfiel die Siedlung schnell. 1784 lebten hier nur noch 176 Indios, 1810 keiner mehr. 1817 wurde auf Befehl des paraguayischen Diktators *Francia* – die Region gehörte damals noch zu Paraguay – die Siedlung zerstört, danach dem Urwald überlassen. Der überwucherte alles, erst ab 1941 begann man mit der Freilegung und Restaurierung.

Das schönste Einzelgebäude war die Kirche. Selbst die **Ruine** lässt noch ihre Größe und Schönheit erahnen. Sie war ursprünglich 74 Meter lang und 24 Meter breit, ihre Mauern besaßen eine Dicke von 2 Metern. Am mächtigen Portal, das im Abendlicht rotgolden schimmert, lässt sich gut erken-

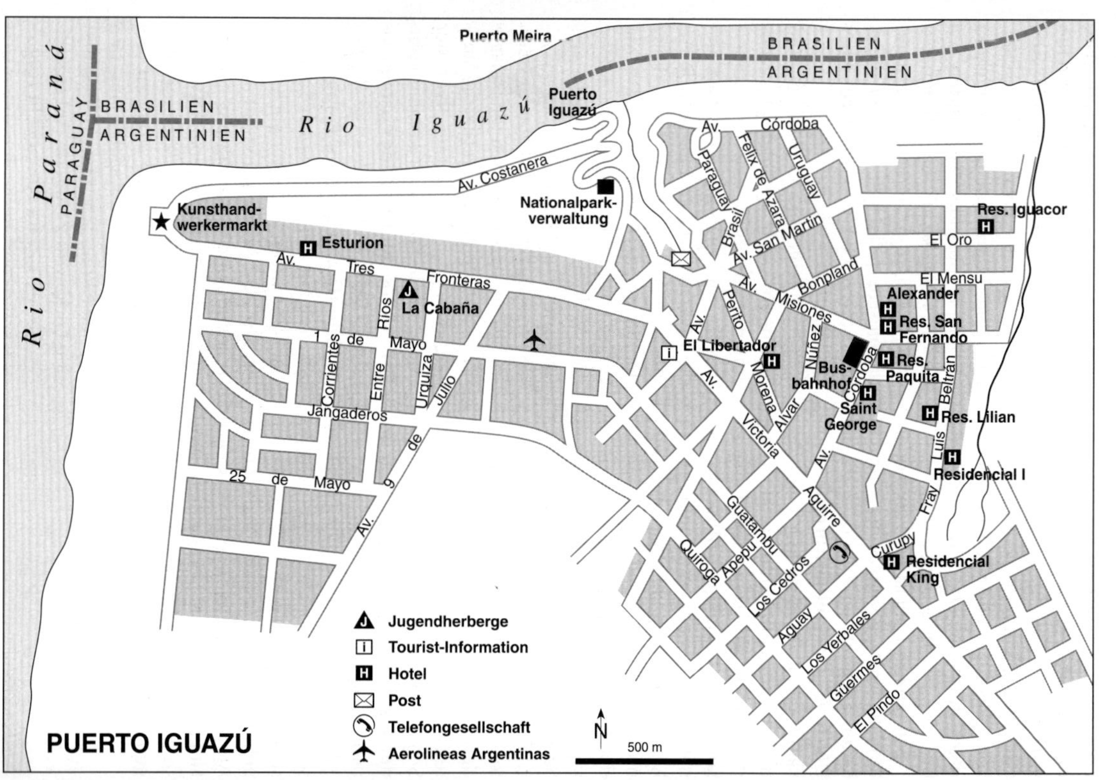
PUERTO IGUAZÚ
BRASILIEN
ARGENTINIEN
PARAGUAY
Rio Paraná
Rio Iguazú
Puerto Meira
Puerto Iguazú
Av. Costanera
Nationalpark-verwaltung
Kunsthand-werkermarkt
Esturion
Av. Tres Fronteras
La Cabaña
Rios
1 de Mayo
Corrientes
Entre
Urquiza
Jangaderos
25 de Mayo
Av. 9 de Julio
El Libertador
Av. Victoria Aguirre
Av. Perito Moreno
Alvar Nuñez
Av. Misiones
Bonpland
Av. San Martin
Brasil
Paraguay
Av. Córdoba
Uruguay
Felix de Azara
Córdoba
Bus-bahnhof
Saint George
Res. Paquita
Res. San Fernando
Alexander
El Mensu
El Oro
Res. Iguacor
Res. Lilian
Beltran
Luis
Fray
Residencial I
Curupy
Residencial King
El Pindo
Guermes
Los Yerbales
Aguay
Los Cedros
Guatambu
Apepu
Quiroga
500 m
N
Jugendherberge
Tourist-Information
Hotel
Post
Telefongesellschaft
Aerolineas Argentinas

nen, warum man den Baustil der Kirche auch als **„Guaraní-Barock"** bezeichnet: Die von europäischen Baumeistern vorgegebenen barocken Formen wurden von den indianischen Steinmetz-Künstlern aufgenommen und mit eigenen Themen verknüpft, man beachte besonders die Menschendarstellungen sowie Blumen- und Tiermotive.

Wer die Ruinen mit einem fachkundigen Führer besuchen möchte, kann sich in San Ignacio an die Asociación de Guías de Turismo wenden, die ihr Büro an der Ecke Alberdi/Bolívar hat.

Puerto Iguazú ⇗ IX,C1

Die Kleinstadt an der Mündung des Flusses Iguazú in den Paraná bietet außer ihrer Nähe zu den **Wasserfällen** (ca. 15 km) wenig Interessantes, und vermutlich würde es sie ohne die Wasserfälle gar nicht geben. Ein Spaziergang führt zur Flussmündung des Iguazú, dort gibt es einen kleinen **Kunsthandwerkermarkt.** Hier treffen drei Länder aufeinander: Am anderen Ufer des schmaleren Flusses, des Iguazú, liegt Brasilien, gegenüber der Mündung Paraguay.

Iguazú hat einen sehr verwinkelten, unregelmäßigen Stadtplan, eine zentrale Plaza fehlt. Verlaufen kann man sich allerdings kaum, der Ort ist zu klein dazu.

Touristeninformation

- Die Touristeninformation ist auf der Av. Aguirre 311, Tel. 42-0800. Sie ist täglich von 9–18 Uhr geöffnet.

Hotels

Iguazú ist eines der beliebtesten Touristenziele in Südamerika. Deshalb kann es dort in der Saison, besonders in den Monaten Januar und Februar oder auch zu Ostern, sehr voll werden. Eine **Vorbuchung** kann dann ratsam sein. Die Touristeninformation ist hilfsbereit und hat Listen mit allen Hotels der Stadt.

Einfach und billig

In der Preislage zwischen 10 und 20 US-$ für das Doppelzimmer mit Bad findet man in Puerto Iguazú leicht ein Zimmer:

- **Residencial I,** Fray Luis Beltrán 116, Tel. 420-529; besonders niedriger Preis mit Internationalem Studentenausweis, 6 US-$ pro Person.
- **Residencial Paquita,** Av. Córdoba 158, Tel. 420-434; gegenüber Busbahnhof, trotzdem ruhig, große Zimmer mit Klimaanlage und Terrasse.
- **Residencial Iguacor,** Av. San Lorenzo 133, Tel. 421-113.
- **Residencial Lilian,** Fray Luis Beltrán 183, Tel. 420-968; freundlich.
- **Residencial San Fernando,** Córdoba/Ecke Guarani, Tel. 421-249; EZ 12 US-$, DZ 20 US-$, drei Personen 20 US-$, vier Personen 25 US-$.
- **Residencial King,** Av. V. Aguirre 915, Tel. 420-360; etwas abgewohnt, aber recht nett, mit Garten und Pool.
- **Residencial Bonpland,** Bonpland 33, Tel. 420-965.
- **Alexander,** Córdoba 222, Tel. 420-249, etwas abgewohnt, Pool, DZ 20 US-$.

Hotels der Mittelklasse

- **Saint George,** Av. Córdoba 148, Tel. 420-631; gut, DZ ca. 30 US-$.
- **El Libertador,** Bonpland 475, Tel. 420-570, DZ ca. 30 US-$.

Luxushotels

- **Esturion,** Av. Tres Fronteras 650, Tel. 420-020; 50 US-$.
- **Cataratas,** Ruta 12, km 14, Tel. 421-100, hotel.cataratas@fnn.net; 60 US-$.
- **Internacional,** Parque Nacional Iguazú, Tel. 42-0296; direkt im Nationalpark gelegen, man hört das Rauschen der Fälle und sieht

sie vom Balkon, ideal für Mondscheinwanderungen entlang der Fälle – das hat seinen Preis: 100 US-$.

Jugendherberge

- **La Cabaña,** Av. 3, Fronteras 434, Tel. 42-0564. Begrenzte Küchenbenutzung, Cabañas mit Bad, deutschsprachig, freundlich. lacabana@hostels.org.ar

Camping

- **Complejo Turístico Americano,** bester Campingplatz 5 km außerhalb der Stadt an der Ruta 12, Tel. 42-0190. Dort werden auch **Cabañas** (kleine Apartments) für vier Personen für 45 US-$ je Tag vermietet.

Essen und Trinken

- Nichts Außergewöhnliches, die meisten Restaurants sind etwas zu teuer für das, was sie bieten. Viele liegen an der Av. V. Aguirre und an der Córdoba, nahe dem Busbahnhof.
- Herausheben kann man das **El Criollito** auf der Av. Tres Fronteras 62, die **Casa del Comercio,** Aguirre 327, und das **Chapa,** direkt hinter dem Busbahnhof, sowie das **La Rueda** mit guten Fisch- und Fleischgerichten.

Flugverbindungen

- Der **Flughafen** liegt etwa 18 km außerhalb der Stadt und ist per Bus zu erreichen. Verbindungen nach:
- **Buenos Aires,** Aerolíneas Argentinas und Austral fliegen täglich mehrmals (85 US-$).
- **Río de Janeiro** und **Sao Paulo,** Di, Mi, Sa.

Es gibt **günstige Wochenendtarife,** allerdings sind diese Flüge in der Saison schnell ausgebucht.

- **Aerolíneas Argentinas** und **Austral** haben ein gemeinsames Büro auf der Av. V. Aguirre 295, Tel. 420168. Beim Flug von Iguazú nach Buenos Aires sollte man auf der linken Seite des Flugzeugs sitzen.

Überlandbusse

Vom Busbahnhof an der Ecke Córdoba/ Misiones (Tel. 42-1916) gibt es mehrfach täglich Verbindungen nach:

- **Buenos Aires,** 20 US-$, 18 Stunden.
- **Córdoba,** 55 US-$, 21–24 Stunden.
- **Posadas,** 20 US-$, 5–6 Stunden.
- **Resistencia,** 40 US-$, 11 Stunden.
- **Foz do Iguaçu (Brasilien),** alle 15 Minuten, 1 US-$.
- **Ciudad del Este (Paraguay),** über Foz do Iguaçu.
- Seltener fahren Busse nach Salta, Santiago del Estero und in andere Städte. Spätestens in Posadas kann man Verbindungen in alle Landesteile Argentiniens bekommen.

- **Nationalpark Iguazú**

Busse in den Nationalpark (argentinische Seite) fahren ab 6.40 Uhr stündlich bis 19.40 Uhr. Zurück geht es ab 8 Uhr, ebenfalls stündlich bis 20 Uhr.

Auf die **brasilianische Seite des Nationalparks** gelangt man ebenfalls billig mit den lokalen Bussen. Man steigt in den Bus nach Foz do Iguaçu, überquert die Grenze und steigt an der nächsten Ecke, wo der Bus links Richtung Foz do Iguaçu abbiegt, aus. Etwa 100 m nach rechts ist die Bushaltestelle, wo etwa jede halbe Stunde ein Bus vorbeikommt, der einen in den Nationalpark Foz do Iguaçu bringt. Stündlich fährt ein Bus von Puerto Iguazú ins brasilianische Foz do Iguaçu, ein anderer Bus fährt weiter bis in das paraguayische Ciudad del Este.

Wichtig: Im Dreiländereck Argentinien, Brasilien und Paraguay kann man leicht mit öffentlichen Verkehrsmitteln von einem Land ins nächste reisen, ohne einen **Einreisestempel** zu bekommen. Er ist für Tagesausflüge nicht nötig. Man braucht auch keinen Transitstempel, kommt man von Paraguay durch Brasilien nach Argentinien.

Reisende, die jedoch von Paraguay oder Brasilien nach Puerto Iguazú kommen und dann in Argentinien weiterreisen wollen, sollten sich unbedingt einen paraguayischen Ausreisestempel und (noch wichtiger) einen argentinischen Einreisestempel an der Grenze holen. Wer mit dem Bus kommt, sollte aussteigen, der nächste Bus nimmt einen wieder mit (Ticket aufbewahren). Ohne den argentinischen Einreisestempel wird die nächste Ausreise aus Argentinien schwierig oder zumindestens sehr teuer (50 US-$).

Mitunter werden auch die Busse von Puerto Iguazú nach anderen argentinischen Zielen unterwegs kontrolliert. Wer als Ausländer dann keinen Einreisestempel nach Argentinien vorweisen kann, darf dort seine Reise unterbrechen.

Wer von Argentinien nach Paraguay geht, sollte ebenfalls auf den Einreisestempel achten, desgleichen Reisende nach Brasilien.

Autoverleih

Die meisten Autovermieter haben ihre Büros am Flughafen, im Ort selbst sind:

- **Localiza,** Av. V. Aguirre 279, Tel. 420-975.
- **Ai Rent a Car,** Hotel Esturión, Av. 3, Fronteras 650, Tel. 42-0020.

Sonstiges

- Die **Post** ist auf der San Martín 780.
- In Puerto Iguazú wird **Bargeld** benötigt, da nur Cambio Dick Reiseschecks tauscht (mit 10% Kommission!). Wechselstuben befinden sich gegenüber der Touristeninformation auf der Av. V. Aguirre. Im **Banco de Misiones,** Aguirre 330, steht ein Geldautomat.
- Natürlich gibt es in Puerto Iguazú inzwischen auch **Internetcafés,** z.B. **Las Vegas** auf der Av. Victor Aguirre; die Surfstunde kostet dort 6 US-$.
- In Puerto Iguazú bietet eine Fülle von **Reisebüros** Ausflüge in den Nationalpark an. Es sind meist Foto-Safaris mit oder ohne Jeep, teilweise auch zu Pferd. Die meisten Büros liegen an der Av. V. Aguirre.

Wasserfälle von Iguazú

Wer in Puerto Iguazú gesehen hat, wie der Río Iguazú träge in den Río Paraná mündet, kann sich nicht vorstellen, welche Urgewalten knapp 20 km flussaufwärts toben. Denn wenn das Wort vom Naturwunder wirklich irgendwo gilt, dann dort, wo der bis dahin 1300 km lange Fluss, gespeist von unzähligen Nebenflüssen, plötzlich in **mehreren hundert einzelnen Fällen** bis zu 70 m tief hinabstürzt. Es tobt,

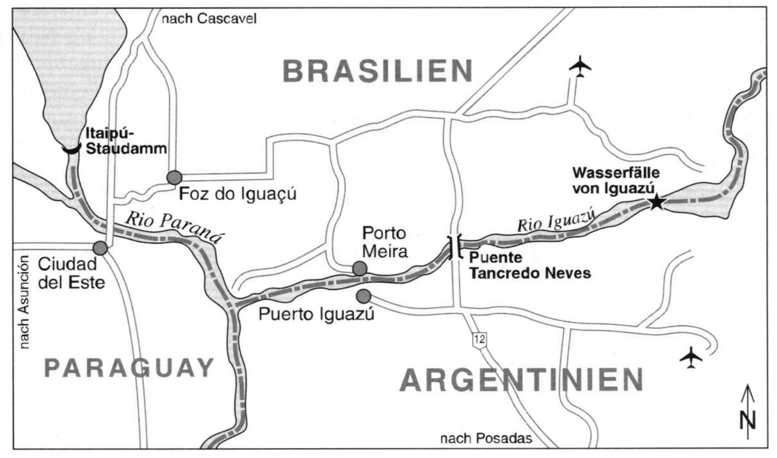

a55-291 Foto: gw

Aussichtsplattform bei den Wasserfällen

gischtet und brodelt, sprudelnd, brausend und rauschend stürzt der Fluss hinab, feine Nebel liegen über allem und verwandeln sich im Sonnenlicht in Regenbogen. Iguazú – „großes Wasser" in der Guaraní-Sprache: Wie sonst könnte der Fluss heißen!

Im Wald sieht man gelegentlich Affen, ein Tukan sitzt in einem Baumgipfel und Hunderte von farbenprächtigen Schmetterlingen flattern umher.

Ein Naturwunder, und wunderbar ist auch die **Erklärung,** die sich die Guaraní **für das Entstehen der Fälle** ausdachten und die heute in verschiedenen Varianten kursiert: Der Guaraní-Krieger *Caroba* floh mit seiner geliebten *Naipur* vor dem Schlangengott M'Boi, der ebenfalls Naipur liebte, in einem Kanu auf dem Iguazú. Aufgebracht schlug der Schlangengott mit seinem starken Schwanz in das Flussbett, die Erde tat sich auf, eine Schlucht entstand, das Wasser stürzte hinab und riss das Kanu mit den beiden Liebenden hinab. Naipur wurde in einen Stein am Fuße der Fälle verwandelt, Caroba in einen hoch aufragenden Baum.

Der **erste Europäer,** nämlich *Don Alvear Núñez Cabeza de Vaca,* der im Jahr 1541 erstmalig die Fälle sah, war

a54-280 Foto: gw

hingegen wenig beeindruckt. Für ihn, der sie gut christlich „Saltos de Santa María“ nannte, waren sie lediglich ein Verkehrshindernis: Ärgerlicherweise, so berichtet er, konnte man hier nicht mehr mit den Kanus weiterfahren.

Einige Fakten: In einer **Gesamtbreite** von etwa **2700 m** stürzen die Wassermassen des Iguazú-Flusses – durchschnittlich **1700 m³ Wasser in der Minute,** in Spitzenzeiten aber bis zu 7000 m³ – in etwa 275 Einzelfällen hinab. Dabei fallen sie zwischen **57 und 72 m,** allerdings in zwei Stufen. Der Grund liegt darin, dass der Iguazú in Südbrasilien über ein hoch gelegenes Basaltplateau fließt, das dort plötzlich abbricht.

Der Río Iguazú bildet die Grenze zwischen **Argentinien und Brasilien.** Die Fälle liegen somit in beiden Ländern, die Argentinier weisen aber gerne darauf hin, dass sie den Löwenanteil der Fälle besitzen. Empfehlenswert ist es, beide Seiten zu sehen. Am besten besucht man zuerst die brasilianische: Dort bietet sich das große Postkartenpanorama. Danach geht es in den argentinischen Nationalpark. Hier kann man näher an einzelne Fälle herangehen – „Wasserfall zum Anfassen“. Organisierte Touren zeigen bei-

Wasserfälle von Iguazú

de Seiten der Fälle an einem Tag, reist man mit lokalen Bussen, sollte man sich aber zwei Tage Zeit nehmen – das ist es wert (wobei für die argentinische Seite ein ganzer Tag zu veranschlagen ist– frühmorgens gleich zur Öffnung reingehen! –, für die brasilianische Seite hingegen reichen 2–3 Stunden).

Wichtig: Bei der **Isla San Martín** (argentinische Seite der Fälle) kann man beaufsichtigt im Río Iguazú baden. Also: **Badezeug einpacken!**

Die brasilianische Seite

Um den brasilianischen Park von Argentinien aus zu besuchen, benötigt man keinen brasilianischen **Ein-/Ausreisestempel,** umgekehrt schon.

Die **Anfahrt** ist unter Puerto Iguazú beschrieben. Der Park kostet für Ausländer **19 Reales Eintritt** (in brasilianischer Währung zu zahlen; Mo geschlossen!). Ein Büro wechselt direkt neben dem Eingang. Der Bus hält am Eingang und wartet auf die Passagiere. An seiner Endstation, nahe dem **Hotel dos Cataratas,** beginnt ein schmaler Pfad, der etwa 1½ km lang ist. Von hier erlebt man das überwältigende Panorama, sieht die großen Fälle auf der argentinischen Seite. Am Ende des Weges, am Floriano-Fall, führt ein Steg zu einer **Aussichtsplattform:** Hier steht man mitten in der Gischt. Am Floriano-Fall kann man mit einem Aufzug hochfahren, oder man gelangt über eine Treppe wieder zur Straße, von der der Bus nach Foz do Iguaçu zurückfährt. Vor dem Eingang zum Nationalpark starten auch **Hubschrauberflüge** über die Fälle, sie kosten 70 US-$ für sieben Minuten. Auf das Vergnügen sollte man aber verzichten, denn die lärmenden Maschinen stören die Tierwelt im Park empfindlich.

Am besten besucht man die brasilianische Seite am frühen Morgen, dann ist es leerer, und auch das Licht zum Fotografieren ist besser.

Die argentinische Seite

Zur **Anfahrt** siehe ebenfalls Puerto Iguazú. Der **Eintritt** in den Park kostet für Ausländer **30 Pesos;** am besten fährt man mit dem Bus zum Parkplatz, wo das Besucherzentrum mit kleinem Museum sowie mehrere Andenkenläden sind. Dort liegt auch das **Hotel Internacional Iguazú.**

Hier beginnen die **Rundwege,** sie sind gut ausgeschildert und deshalb nicht zu verfehlen. Es geht nah an den Fällen vorbei, ein Weg führt entlang der Fälle unterhalb des Besucherzentrums. Hierbei passiert man auch die Anlegestelle für die Boote, die einen auf die Isla San Martín bringen. Der andere Weg leitet die Besucher auf Stegen oberhalb von einigen der spektakulärsten Fälle entlang.

Im Jahr 2001 wurde eine Reihe neuer Stege eingeweiht. Sie führen unter anderem auch zur **Garganta del Diablo** („Teufelsschlund"), dem größten der einzelnen Fälle. Dieser Steg ist nur mit dem Zug erreichbar (s.u.). Von einer anderen Seite sieht man die Garganta auf einer kleinen Bootsfahrt: Man nimmt den Bus nach Ñandu oder Puerto Canoas, alternativ ist auch eine

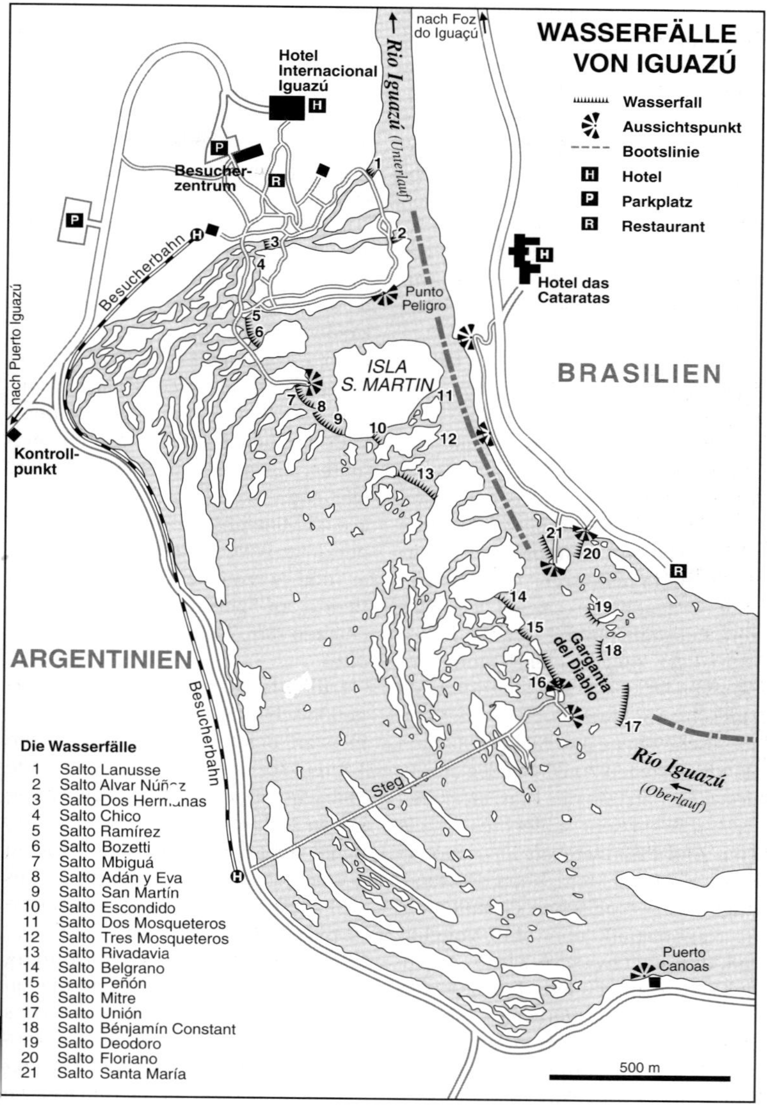

WASSERFÄLLE VON IGUAZÚ

Wasserfall
Aussichtspunkt
Bootslinie
Hotel
Parkplatz
Restaurant

Hotel Internacional Iguazú
Besucherzentrum
nach Foz do Iguaçú
Río Iguazú (Unterlauf)
Besucherbahn
nach Puerto Iguazú
Kontrollpunkt
Punto Peligro
Hotel das Cataratas
BRASILIEN
ISLA S. MARTIN
Garganta del Diablo
ARGENTINIEN
Steg
Río Iguazú (Oberlauf)
Puerto Canoas
500 m

Die Wasserfälle

1 Salto Lanusse
2 Salto Alvar Núñez
3 Salto Dos Hermanas
4 Salto Chico
5 Salto Ramírez
6 Salto Bozetti
7 Salto Mbiguá
8 Salto Adán y Eva
9 Salto San Martín
10 Salto Escondido
11 Salto Dos Mosqueteros
12 Salto Tres Mosqueteros
13 Salto Rivadavia
14 Salto Belgrano
15 Salto Peñón
16 Salto Mitre
17 Salto Unión
18 Salto Bénjamín Constant
19 Salto Deodoro
20 Salto Floriano
21 Salto Santa María

kleine Wanderung von etwa 45 Minuten (3,5 km) möglich. Von Puerto Canoas fahren kleine Boote zur Garganta del Diablo (5 US-$). Der Name ist passend gewählt: Plötzlich stürzt das eben noch ruhig dahinströmende, nicht sehr tiefe Wasser in einen tobenden, an drei Seiten geschlossenen Kessel. Das Wasser scheint alles mitreißen zu wollen, was sich in den Weg stellt, der Wind treibt die Gischt hoch, Sturmschwalben jagen vorbei, in Windeseile ist man durchnässt.

Von Ñandu/Puerto Canoas fahren Busse zum Besucherzentrum oder direkt nach Puerto Iguazú zurück.

Auch der argentinische Parque Nacional Iguazú besitzt alle touristische Infrastruktur, die man sich wünschen kann oder bereits überflüssig findet: Es gibt **Kioske und Restaurants,** es werden **Ganztagestouren** unterschiedlicher Art angeboten (ca. 50 US-$), **kürzere Rundfahrten** mit Auto und Boot (25 US-$), es gibt einen Mountain-Bike-Verleih (3 US-$ je Stunde), auch Hubschrauber-Rundflüge von der brasilianischen Seite aus. Sieben Minuten Rundflug kosten 70 US-$. Ein glänzendes Geschäft für die brasilianischen Firmen – ein sehr schlechtes für die **Tier- und Pflanzenwelt** im Nationalpark. Alle Parkhüter lehnen die Rundflüge aus ökologischen Gründen ab: Im Nationalpark leben **440 Vogelarten,** das sind etwa 45% aller in Argentinien vorkommenden, dazu 200 verschiedene Schmetterlinge und 200 Pflanzenarten. Manche Arten können sich nicht mehr fortpflanzen, weil die Vibrationen der Hubschrauber ihre Brut zerstören, andere Vogelarten reagieren panisch auf die „Luftangriffe", wie Geier, der Bergpfau oder auch die Mauersegler. Allein hundert Liter Benzin verbrennt ein solcher Hubschrauber bei einem nur einstündigen Flug, täglich summiert sich das zu 32.000 Litern.

In den letzten Jahren wurde die touristische Infrastruktur von der privaten Betreiber-Gesellschaft des Parks weiter ausgebaut. So fährt neuerdings ein kleiner **Zug** vom Besucherzentrum auf einer 7 km langen Strecke durch den Urwald und an einem Flussarm entlang zum Beginn der Stege, die oberhalb und unterhalb der Fälle entlangführen, sowie zur Garganta del Diablo. Der Zug verkehrt von 8.30–16.15 Uhr alle 45 Minuten. Nähere Infos im Internet unter www.iguazuargentina.com.ar und www.cataratasdeliguazu.net (beide auf Spanisch) sowie im Besucherzentrum, Tel. 03757/42-0722, 42-0382.

Frühaufsteher sind auch auf der argentinischen Seite im Vorteil: Da die meisten Besucher mit organisierten Touren ab ca. 10 Uhr kommen, die Hubschrauber ihre lärmenden Flüge gegen 11 Uhr starten, so hat man bis dahin viel Muße, in Ruhe die Fälle zu betrachten. Dort ein mitgebrachtes Frühstück zu genießen – ein unvergessliches Erlebnis.

Im Nationalpark ist auch **Camping** möglich. Bei der Touristeninformation erhält man gegen Vorlage des Passes eine kostenlose Erlaubnis. Sie wird zumeist für drei Tage ausgestellt (ist aber verlängerbar); mit ihr kann man auch den Nationalpark verlassen und später wieder neu betreten, ohne erneut Eintritt bezahlen zu müssen. Der Campingplatz ist mitten im Wald am Río Iguazú gelegen und mit Bänken, Tischen und Feuerstellen ausgestattet, allerdings ohne sanitäre Anlagen.

Foz do Iguaçu (Bras.) ⇗IX,C1

Die **Grenzstadt auf der brasilianischen Seite** ist wesentlich größer und hektischer als das argentinische Puerto Iguazú (knapp 220.000 Einwohner). Im Zuge der Ankopplung des brasilianischen Real an den Dollar und der Abwertung des argentinischen Peso ist Foz do Iguaçu mittlerweile erheblich teurer. Zudem hat die Stadt den Ruf, dass dort die Kriminalität in den letzten Jahren stark gestiegen sei.

Touristeninformation

- Es gibt **mehrere Büros:** eines am Anfang der Brücke über den Paraná zwischen Foz und Ciudad del Este (Paraguay); eines im Busbahnhof und einen Kiosk auf der Ecke Rua Rio Branco und Juscelino Kubitschek.

Hotels

Einfach und billig

- **Hospedaje Britos,** Santos Dumant/Ecke Xavier da Silva; nur Etagenbad, sauber, gutes Frühstück, 20 US-$.
- **Pousada da Laura,** R. Naipi 671; es gibt eine Koch- und Waschgelegenheit, das Personal ist freundlich und spricht auch Englisch, ein Zimmer kostet 15 US-$.
- **Hostal,** Rua Rui Barbosa zwischen Av. Brasil und Av. Juscelino Kubitschek; DZ mit Frühstück 15 US-$.

Hotels der Mittelklasse (etwa 40 US-$)

- **City,** Brasil 938, Tel. 574-2074; das City-Hotel ist sauber, Zimmer mit Ventilator.
- **Diplomata,** Av. Brasil 678, Tel. 523-1615.

Luxushotel

- **Hotel dos Cataratas,** Tel. 523-2266, Fax 574-1688; direkt an den Wasserfällen im Nationalpark gelegen, Kolonialarchitektur, mit Garten und Swimmingpool, das schönste und teuerste Hotel: Über 200 US-$ muss man berappen.

Jugendherberge

- **Paudimar,** Rodovia das Cataratas, km 11 (Straße zum Nationalpark), Tel. 5745503, pro Person 6 US-$ mit Küchenbenutzung, Pool und Restaurant, Transferservice.

Essen und Trinken

- Ein guter Platz ist das **Rafain Center** auf der Straße Rebouças: viele verschiedene kleine Restaurants in allen Preisklassen.

Busverbindungen

- Vom **Busbahnhof** der Stadt (Terminal Urbana) fährt etwa jede Stunde ein Bus mit Aufschrift „Cataratas“ zu den Wasserfällen. Von dort geht es auch nach Puerto Iguazú.
- Gegenüber dem Busbahnhof starten die Busse (110 und 120; 0,5 US-$, 40 Minuten) zum Wasserkraftwerk Itaipú.

Internet

- Einen Internet- und e-Mail-Service bietet das **Café Pizzanet,** Centro Rua Rebouças 948 A/Ecke A. Barros.

Cuyo

Cuyo – **„sandige Erde“** in der Sprache der Ureinwohner – heißt die Region, die heute die **Provinzen Mendoza und San Juan** umfasst. Kaum zu glauben, wenn man sich der Hauptstadt Mendoza nähert. Überall wächst und grünt es, die Region ist berühmt für ihren **Wein.** „Land der Sonne und des guten Weines“ – so rühmt sich die Provinz Mendoza denn auch in ihrer Werbung. Dennoch stimmt die Bezeichnung „Cuyo“. Denn in Mendoza und San Juan wächst zwar fast alles, aber alles auch nur mit **künstlicher Bewässerung.** Weit mehr als dreihundert Sonnentage lassen die Reben und Obstbäume sprießen.

Mendoza und San Juan

Die Cuyo-Provinzen grenzen im Westen an die Anden und zwar im Bereich der **Hochkordillere.** So liegt etwa 100 km Luftlinie westlich von Mendoza der **Aconcagua, mit 6959 m der höchste Berg Amerikas.**

Beide Provinzen standen ursprünglich, bis weit ins 19. Jahrhundert, mehr unter chilenischem Einfluss und wurden auch von dort besiedelt.

Die Unterschiede zwischen Mendoza und San Juan sind offensichtlich: Während Mendoza auch dank einer guten Infrastruktur zu den reicheren Provinzen des Landes gehört, ist San Juan besonders im unfruchtbaren Norden unterentwickelt. **Mendoza** hat eine Fläche von 148.827 km^2 und wird von ungefähr 1,6 Mio. Menschen bewohnt, in **San Juan** (89.651 km²) leben knapp 620.000 Menschen.

Mendoza (Stadt) ⇗X,B2

Die Hauptstadt der gleichnamigen Provinz wirkt auf den Besucher, der andere argentinische Großstädte erlebt hat, sehr **überraschend.** Die Straßen sind von Bäumen gesäumt, der Verkehr wirkt für argentinische Verhältnisse moderat, so sehr, dass sich sogar Fahrradfahrer in die Innenstadt trauen. Es gibt ein gutes Bussystem mit Oberleitungs(Trolley)-Bussen, überall stehen oder hängen Papierkörbe, und im offiziellen Stadtmagazin, in dem Mendoza als „la ciudad más linda del pais" („die schönste Stadt des Landes") bezeichnet wird, werden – sehr unargentinisch – Tipps zur Verkehrssicherheit gegeben: Zebrastreifen beachten, vor roten Ampeln und Stoppschildern halten, nicht unnötig den Motor laufen lassen und nicht unnötig hupen. Für eine Stadt von fast 900.000 Einwohnern wirkt Mendoza daher auch recht ruhig.

Mendoza ist **eine der ältesten Städte des Landes.** Sie wurde 1561 erstmalig durch *Pedro de Castillo,* ein Jahr später erneut durch *Juan Jufré* gegründet und nach dem Gouverneur von Chile, *Pedro de Mendoza,* benannt. Allerdings ist von der langen Stadtgeschichte heute im Bild der Stadt nicht mehr viel sichtbar. **1861** erschütterte ein **schweres Erdbeben** die Stadt und legte sie in Schutt und Asche. Beim Beben 1965 passierte glücklicherweise nicht viel, auch weil in Mendoza die Hochhäuser weitgehend fehlen.

Mendoza ist heute das absolute **Zentrum der Provinz.** Hier gibt es die meisten Industriebetriebe, die meisten Weinkellereien und eine wichtige staatliche Hochschule.

Wer einen Überblick über die gesamte Stadt haben will, sollte eine **Rundfahrt** mit dem öffentlichen Bus Nr. 110 machen. Es gibt auch einen speziellen Touristenbus, der die gesamte Innenstadt abfährt – und die für Besucher interessanten Außenbezirke – und dabei 13 Haltestellen anfährt. Das Tagesticket kostet 10 US-$, man kann beliebig oft ein- und aussteigen (Informationen und Ticket in der Touristeninformation).

Sehenswürdigkeiten 

Plaza Independencia

Zentrum der Stadt ist die Plaza Independencia. Zwei Blocks von ihren Eckpunkten entfernt finden sich vier weitere Plätze. Am Platz beginnt auch der Paseo Sarmiento (eine kurze Fußgängerzone), der in östlicher Richtung zur Av. San Martín führt. Diese ist die wichtigste Einkaufs- und Flanierstraße der Stadt. Nach links zweigt die Av. Las Heras ab, ebenfalls eine wichtige Einkaufsstraße – kaum ein Geschäft hat im Spätsommer sein Schaufenster nicht mit Weinflaschen dekoriert.

Palacio Municipal

Um einen guten Überblick über die Stadt zu bekommen, empfiehlt sich der Besuch des Palacio Municipal auf der 9 de Julio 500, etwa sechs Blocks

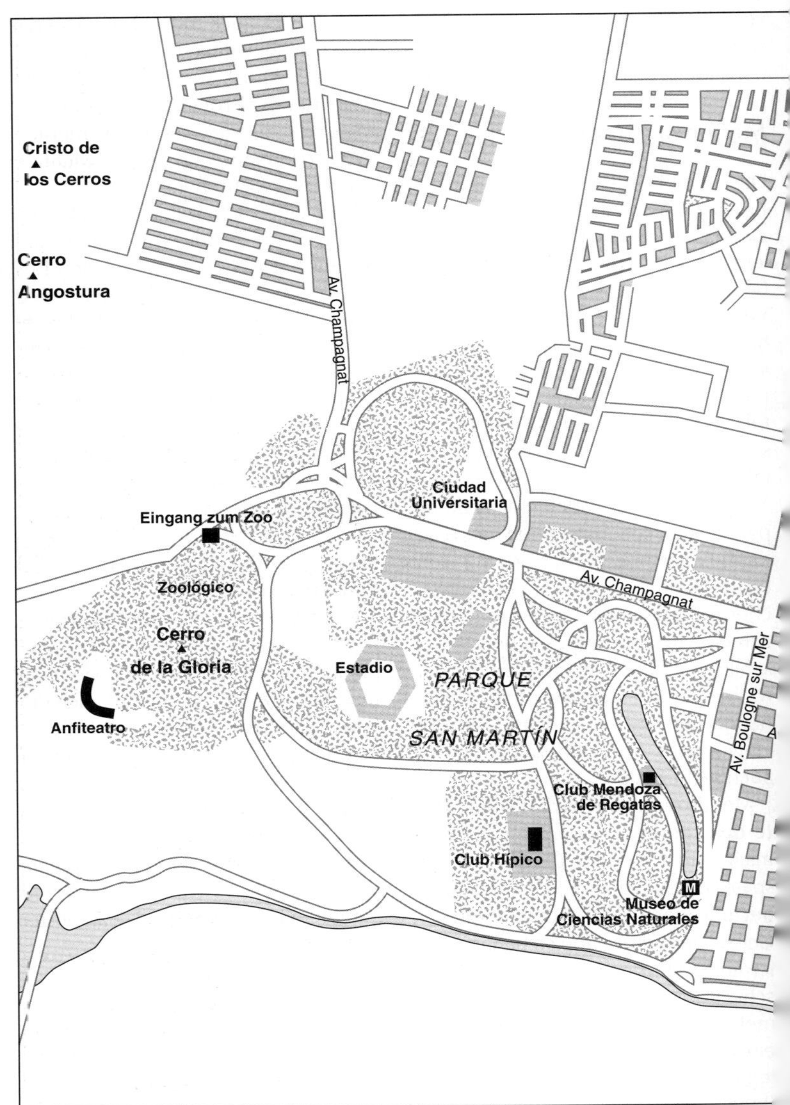
Cristo de los Cerros
Cerro Angostura
Av. Champagnat
Ciudad Universitaria
Eingang zum Zoo
Zoológico
Cerro de la Gloria
Anfiteatro
Estadio
PARQUE SAN MARTÍN
Av. Champagnat
Av. Boulogne sur Mer
Club Mendoza de Regatas
Club Hípico
M
Museo de Ciencias Naturales

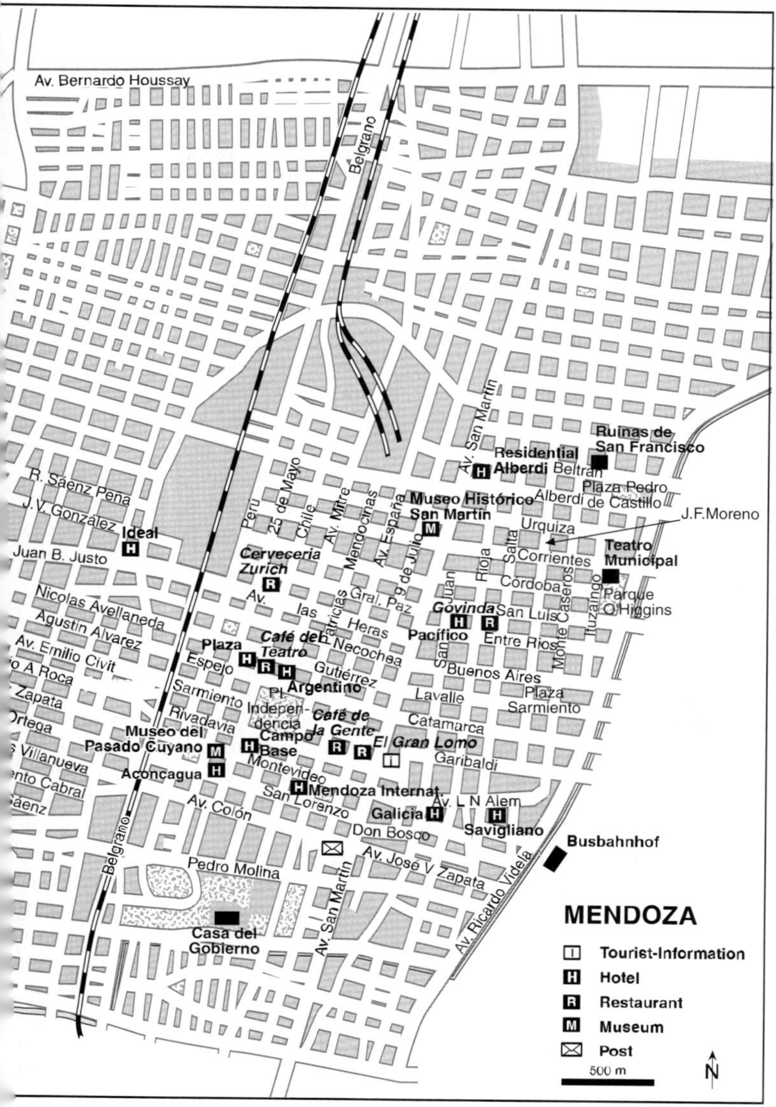

MENDOZA

Av. Bernardo Houssay
Belgrano
Residential Alberdi
Ruinas de San Francisco
Av. San Martín
Beltrán
Plaza Pedro de Castillo
Alberdi
J.F.Moreno
R. Sáenz Peña
J.V. González
Ideal
Juan B. Justo
Perú
25 de Mayo
Chile
Av. Mitre
Mendocinas
Av. España
9 de Julio
Museo Histórico San Martín
Urquiza
Salta
Rioja
San Juan
Corrientes
Teatro Municipal
Córdoba
Monte Caseros
Ituzaingó
Parque O'Higgins
Cervecería Zurich
Av. las Heras
Patricias
Gral. Paz
Govinda
San Luis
Pacífico
Entre Ríos
Nicolas Avellaneda
Agustín Alvarez
Av. Emilio Civit
Plaza
Café del Teatro
Necochea
Espejo
Argentino
Gutiérrez
Buenos Aires
Plaza Sarmiento
Sarmiento
Pl. Independencia
Lavalle
Rivadavia
Café de la Gente
Catamarca
Museo del Pasado Cuyano
Campo Base
El Gran Lomo
Garibaldi
Aconcagua
Montevideo
Mendoza Internat.
San Lorenzo
Av. Colón
Galicia
Av. L N Alem
Savigliano
Don Bosco
Busbahnhof
Av. José V Zapata
Pedro Molina
Av. Ricardo Videla
Casa del Gobierno
Zapata
Ortega
Villanueva
Cabral
Sáenz

Tourist-Information
Hotel
Restaurant
Museum
Post
500 m
N

abseits des Zentrums. Er besitzt eine **Dachterrasse,** die für jedermann geöffnet ist. Nahebei ist die Casa de Gobierno (Regierungsgebäude) mit der **Sala de la Bandera** (Flaggensaal) im Erdgeschoss. Hier wird die Flagge ausgestellt, die *San Martín* 1817 bei seiner Andenüberquerung nach Chile, die er in Mendoza startete, mit sich führte.

Museen

San Martín ist auch ein Museum gewidmet. Das **Museo Histórico San Martín** auf der Av. San Martín 1846, zwischen Corrientes und Urquiza, ist Mo bis Fr von 9–12.30 Uhr geöffnet. Es zeigt Dokumente und persönliche Gegenstände von *José de San Martín* und dessen Familie.

Ein weiteres gutes Museum ist das regionalgeschichtliche **Museo del Pasado Cuyano.** Es ist auf der Montevideo 544, zwischen Chile und 25 de Mayo, und ist Mo bis Sa von 9.30–12.30 geöffnet.

Kirche San Francisco

Mendoza ist arm an historischen Sehenswürdigkeiten. Eine viel gepriesene ist die Ruine der Kirche San Francisco, eine Jesuitenkirche, die 1638 erbaut wurde, an der Ecke Ituzaingó und Fray Luis Beltrán. Nachdem die Jesuiten vertrieben worden waren, übernahmen Franziskaner die Anlage, daher hat die Kirche auch heute ihren etwas irreführenden Namen. Viel ist nicht zu sehen, denn das Erdbeben von 1861 hat auch hier ganze Arbeit geleistet, und zudem ist der direkte Zutritt verboten.

Parque San Martín

Ein knappes Dutzend Blocks westlich vom Stadtzentrum liegt der Parque San Martín, ein rund 420 ha großes Gelände, in dem etwa 50.000 Bäume unterschiedlichster Arten stehen. Es gibt im Park diverse Freizeiteinrichtungen, wie einen Zoo, einen See zum Rudern, Tennisplätze, einen Reitverein, ein Amphitheater sowie das Fußballstadion der Stadt, das 45.000 Zuschauer fasst und zur Weltmeisterschaft 1978 erbaut wurde. Höhepunkt ist aber der Besuch des **Cerro de la Gloria,** des Ruhmeshügels, wo ein Denkmal – aber was für eines! – an die große Heldentat des Generals *José de San Martín* erinnert. Das Denkmal für die Überquerung der Anden nach Chile ist ebenso ein Monument des Pathos, mit dem das offizielle Argentinien seine Geschichte betrachtet.

Weine

Natürlich kann man Mendoza nicht verlassen, ohne den Wein der Provinz gesehen, probiert, bewundert und vielleicht gekauft zu haben. Schließlich kommen fast drei Viertel des argentinischen Weines aus der Provinz Mendoza, und Argentinien ist mittlerweile weltweit fünftgrößter Produzent des Rebensaftes. Wurden früher vorwiegend rote Tafelweine ohne Exportchancen produziert, so setzen die größeren Güter inzwischen auch auf Qualität und steigende Exporterlöse. Angebaut werden bei roten Qualitätssorten Cabernet, Pinot Noir und Malbec, bei den Weißweinen führt die Chardonnay-Traube die Rangliste an.

Von den 1500 **Bodegas** rund um Mendoza kann man achtzig besuchen. Die größten sind die Bodegas La Colina de Oro, Tel. 4976777 (früher Giol, Bus Nr. 150 oder 151 Maipú ab der Ecke Rioja/Garibaldi) und Peñaflor, Tel. 972-388, im Stadtteil Maipú (Bus Nr. 170 Maipú auch ab der Ecke Rioja/Garibaldi). Etliche Bodegas haben in den letzten Jahren viel Geld investiert, um Touristen anzulocken. So kann man bereits auf zwanzig Weingütern der Umgebung in mehr oder minder luxuriösen Unterkünften übernachten. Dabei reicht die Spanne von der traditionsstrotzenden Hazienda bis zum High-Tech-Weingut. Einige Tipps:

- **Finca Adalguisa,** in Chacras de Coria, 18 km von Mendoza, Tel. 496-0713. Kleines Gästehaus, DZ 50 US-$.
- **Inti Huaco,** in Maipú bei Mendoza, Tel. 155-652630. Alte Wein-Hazienda mit Gästezimmern, DZ 25 US-$.
- **Casona Baquero 1886,** ebenfalls in Maipú, Tel. 429-3915, www.baquero1886.com. Eine der ältesten Bodegas, mit noblem Gästehaus, 100 US-$ p.P. mit Vollpension.
- **Salentein,** im Valle de Uco, ca. 120 km südwestlich von Mendoza, Tel. 02622/423-550, www.bodegasalentein.com. Ultramoderne Anlage, Übernachtung für 35 US-$ p.P. mit Vollpension.
- **Los Alamos,** in Cuadro Bombal, ca. 25 km von San Rafael, Tel. 02627/442-350, www.fincalosalamos.com. Gepflegte, 1830 erbaute Hazienda, mit erlesenem Restaurant, Reit- und Raftingtouren. DZ 70 US-$.

Das **Museo Nacional del Vino** ist in Maipú auf der Av. Peltier 611, geöffnet Mo bis Fr 9–13 und 16–20 Uhr.

In Weinbaugebieten werden auch Weinfeste gefeiert. Das größte ist die **Fiesta Nacional de la Vendimia** (Nationales Fest der Weinlese), das Anfang März stattfindet.

Touristeninformation

- Es gibt **mehrere Büros** in Mendoza: Eines am Busbahnhof, dann an der Av. San Martín/Ecke Garibaldi, Tel. 420-1333. Die Provinz Mendoza unterhält ein weiteres Büro auf der Av. San Martín 1143, Tel. 420-2800.
- Infos auch unter www.mendoza.com.ar
- Das **Studentenreisebüro Asatej** ist auf San Martín 1360, Galeria Mendoza, Loc. 16, Tel. 4290029, Fax 4290030. mendoza@asatej.com.ar

Hotels

Einfach und billig

Viele billige Hotels (meist 7–10 US-$) liegen zwischen Busbahnhof und Zentrum und in der Nähe des Zugbahnhofs auf der Calle Juan B. Justo. Eine Auswahl:

- **Galicia,** Av. San Juan 881; empfehlenswert.
- **Ideal,** Juan B. Justo 270; mit Transportmöglichkeit zum Busbahnhof.
- **Residencial Alberdi,** Alberdi 51, Tel. 425-7022; sehr freundlich.
- **Embajador,** Juan B. Justo 365, Tel. 425-9129, 6–9 US-$.
- **Hospedaje Carmen,** Güemes 519. Freundlich.

Hotels der Mittelklasse

In folgenden Hotels ist mit 17–25 US-$ für die Übernachtung zu rechnen:

- **Argentino,** Espejo 455, Tel. 425-4000.
- **Pacífico,** San Juan 1407, Tel. 4235444.

Luxushotels

- **Aconcagua,** San Lorenzo 545, Tel. 420-4228; ca. 35 US-$.
- **Huentala,** Primitivo de la Reta 1007, Tel. 4200766; ca. 35 US-$.

Jugendherbergen/Hostels

- **Mendoza International,** España 343, Tel. 424-0018. Vierbettzimmer je mit eigenem Bad, Schließfächer, Küche, Restaurant, Internet, Parkplatz, Wäscheservice, Büchertausch, sehr hilfreich, gute Infos. Ab 8 US-$ pro Person. www.hostelmendoza.net mendoza@hostels.org.ar
- **Campo Base,** Av. Mitre 946 (zwischen Rivadavia und Montevideo), Tel. 429-0707. Küche, Wäscheservice, Fax, Internet, Infos, Tourangebote. 9 US-$ pro Person. www.hostelcampobase.com.ar info@campo-base.com.ar
- **Savigliano Hostel,** Pedro B. Palacios 944, Tel. 423-7746. Gut, sehr sauber, freundlich, Internet-Nutzung, Dachterrasse, mit Frühstück 8 US-$. savigliano@hotmail.com

Camping

- Im Parque San Martín ist die Übernachtung im Wohnmobil erlaubt, allerdings darf kein Zelt aufgestellt werden.
- Campingplätze gibt es in **El Challao,** 6 km außerhalb der Stadt (Richtung Westen).

Essen und Trinken

- **In der Fußgängerzone** Paseo Sarmiento liegt ein Restaurant neben dem anderen, alle nicht die billigsten, aber recht gut.
- Beliebt sind auch die Av. San Martín und die Av. Las Heras.

Wer ganz billig essen will, sollte sich zum Busbahnhof orientieren. Einige Adressen:

- **Govinda,** Salta 1538; gute vegetarische Küche.
- **Línea Verde,** San Lorenzo 550, überwiegend vegetarisch.
- **Cerveceria Zurich,** Las Heras 530; preiswert und gut.
- **Café de la Gente,** Rivadavia 135; Café mit Kleinigkeiten und angeschlossener Buchhandlung.
- **El Gran Lomo,** Rivadavia 56; 24-Stunden-Restaurant mit großen Sandwiches.
- **Café del Teatro,** Chile/Ecke Espejo; schönes, gemütliches Café.

Nachtleben

- Im **Salón Cultural Rivadavia,** José V. Zapata 349, finden häufiger Filmprogramme statt.
- Das **Kasino** auf der 25 de Mayo 123 hat täglich von 23–3 Uhr geöffnet.
- Es lohnt immer zu gucken, was im **Teatro Independiente** (Chile/Ecke Espejo) gespielt wird.
- **Kinos** befinden sich im Einkaufszentrum Mendoza-Shopping, zu erreichen per Bus (rotes T) von der Ecke Av. España und Peatonal Sarmiento.

Flugverbindungen

- Zum **Flugplatz Plumerillo,** der 8 km außerhalb der Stadt liegt, fahren Remise-Taxis für 9 US-$ oder der Bus Nr. 60 (1 Stunde Fahrtzeit).

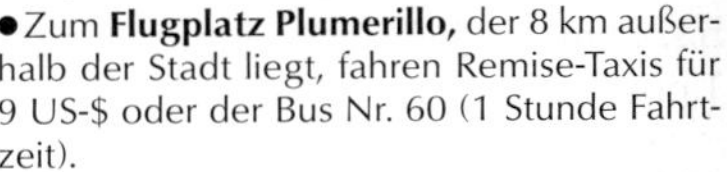

- Es bestehen mehrmals täglich **Flugverbindungen nach:** Buenos Aires (85 US-$), San Juan, Tucumán, Rosario, Salta und Santiago de Chile.

Die **Fluggesellschaften:**

- **Aerolíneas Argentinas/Austral,** Paseo Sarmiento 82, Tel. 420-4185.
- **Dinar,** Paseo Sarmiento 119, Tel. 420-4520.
- **Lan Chile,** Espejo 128, Tel. 420-4297.
- **Lapa,** España 1012, Tel. 429-1061.

Überlandbusse

- Vom **Busbahnhof Terminal del Sol** auf der Av. Videla (Busbahnhof mit Supermarkt im 1. Stock, günstiger Reiseproviant) fahren mehrfach täglich Busse u.a. nach:
- **Buenos Aires,** 12–15 US-$, 14 Stunden.
- **Córdoba,** 10–13 US-$, 9 Stunden.
- **Salta,** 15–20 US-$, 19 Stunden.
- **Tucumán,** 13 US-$, 19 Stunden.
- **San Juan,** 4 US-$, 2 Stunden.
- **Bariloche,** 20–25 US-$, 20 Stunden.
- **Montevideo,** 20–25 US-$, 20 Stunden.
- **Jujuy,** 20 US-$, 20 Stunden.
- Nach **Santiago de Chile** über Puente del Inca fahren PKWs, Minibusse und Busse. Die

Busse brauchen 8 Stunden, die Minibusse und PKWs etwa 6 Stunden, beide kosten ca. 10 US-$. Wer es nicht besonders eilig hat, sollte den Bus nehmen. Erstens sitzt es sich bequemer und zweitens ist die Aussicht besser – und die lohnt sich.

Besonders die langen Strecken sollte man besser einige Tage im Voraus buchen.

Autoverleih

- **Avis,** Primitivo de la Reta 914, Tel. 420-3178.
- **Localiza,** Mitre 1356 Ecke Necochea, Tel. 449-1491.
- **Hertz,** Buenos Aires 536, Tel. 4255666.
- **Business Argentina,** Primitivo de la Reta 915, Tel. 420-2668.
- **Thrifty,** Av Colón 241, Tel. 423-5640.

Reiseveranstalter

Die meisten Reiseveranstalter bieten dasselbe Programm zu denselben Preisen an. Beispielsweise **Stadtrundfahrten** für 12 US-$, die sich recht wenig lohnen, aber auch Ausflüge in die Berge, die für den Besucher ohne eigenes Fahrzeug und mit nur wenig Zeit eine gute Alternative sind. Der **Ausflug „Alta Montaña"**, den fast alle Büros anbieten, umfasst eine Tour über **Puente del Inca,** vorbei am Aconcagua, dann die alte Passstraße nach Chile hinauf bis zur Statue des Cristo Redentor auf 3854 m. Ein solcher Ausflug dauert etwa sieben bis acht Stunden – eigentlich zu kurz, aber dennoch lohnenswert – und kostet etwa 10 US-$.

Nicht immer fahren die Reiseveranstalter bei der Tour Alta Montaña hinauf bis zum Cristo Redentor – es hängt zu bestimmten Jahreszeiten von der Witterung ab (bitte vorher nachfragen, weil ansonsten eine Enttäuschung ins Haus steht).

Andere Angebote sind Rafting-Touren (10 US-$) auf den Flüssen, Ausflüge zu den Weingütern, mehrtägige Bergtouren oder Reitausflüge.

Einige **Reiseveranstalter:**

- **Turismo Sepeán,** San Juan 1070, Tel. 420-4162.
- **Turismo Maipú,** Espejo 207, Tel. 429-4996.
- **Huentata,** Las Heras 680, Tel. 425-3108, www.huentata.com. Umfangreiches Angebot.
- **Betancourt Rafting,** Lavalle 35, Tel. 429-9665, www.betancourt.com.ar. Auf Kajak und Rafting spezialisiert.
- **Ríos Andino Rafting,** in Potrerillos (60 km westlich von Mendoza), Tel. 431-6074, www.riosandinos.com, mit Hostería.
- **Argentina Mountain,** Flores 611, Godoy Cruz, Tel. 15-557-1156 oder 15-656-3619, www.lagunadeldiamante.com. Empfehlenswerte Reittouren zur Laguna del Diamante am Vulkan Maipo (6 Tage 180 US-$), auch Trekking und Bergsteigen.

Wer spezielle **Hochgebirgstouren** machen will (Trekking am Aconcagua, Besteigungen), sollte sich vorher beim **Club Andinista Mendoza,** Fray Luis Beltrán, Tel. 431-9870, erkundigen.

Einige gute **Agenturen** (s.a. im Abschnitt zum Aconcagua):

- **Aymara Turismo,** 9 de Julio 1023, Tel. 420-2064, www.aymara.com.ar. Auch Englisch sprechende Führer, spezialisiert auch auf Trekking am Aconcagua und Aconcagua-Besteigungen. Buchungen des Refugios an der Plaza de Mulas möglich.
- Einer der bestangesehenen Führer ist **Fernando Grajales.** Er ist zu erreichen über die Hosteria in Puente del Inca oder über das Büro in Mendoza, Calle José F. Moreno 898, Piso 6°, Tel./Fax 429-3830.
expediciones@grajales.net
wwww.grajales.net

- Empfehlenswert ist in jedem Fall ein Besuch beim **Tourismusbüro** der Provinz, Av. San Martín 1143. Dort erhält man auch Informationen über die Möglichkeiten, den Aconcagua zu besteigen.

Sonstiges

- Die **Hauptpost** ist auf der Av. San Martín/ Ecke Colón.
- Auf der San Martín finden sich auch zahlreiche **Wechselstuben.**
- **e-Mail-Service** bieten die Internetcafés auf Sarmiento 35 und Espejo 264 sowie auf José Vicente Zapata 189/Ecke San Juan.

- **Fahrräder verleiht** Piré – Ski & Montaña, Las Heras 615, Tel. 425-7699. Hier kann man auch Mulis für den Transport mieten und auch Equipment leihen und kaufen.
- Die **Bundesrepublik Deutschland** hat ein **Konsulat** in Mendoza, es ist auf der Calle Montevideo 127, 2° Piso, Tel. 429-6539.

Ausflug zum Aconcagua und zur Statue des Cristo Redentor (3854 m)

Zwei Möglichkeiten bieten sich von Mendoza an, den Aconcagua und die Figur des Erlösers auf dem Bermejo-Pass zu erreichen. Sie führen beide über Uspallata, den einzigen größeren Ort auf der Strecke von Mendoza zur argentinisch-chilenischen Grenze.

Die **Nordstrecke** ist kürzer, aber zeitaufwendiger. Sie führt über den Mineralwasserort **Villavicencio,** der auf 1700 m mitten in den Bergketten liegt, dann geht es weiter auf einer Schotterpiste steil bergauf. Schließlich muss, um nach Uspallata zu gelangen, der 3000 m hohe **Pass Cruz de Paramillo** überwunden werden. Von dort ist der Blick auf die höchsten Andengipfel möglich: der Aconcagua liegt im Westen, der Mercedario (6770 m) im Nordwesten, im Südwesten der Tupungato (6800 m).

Die **südliche Route** führt über das **Thermalbad Cacheuta.** Dort nutzt ein Hotel das warme Wasser u.a. in Ge-

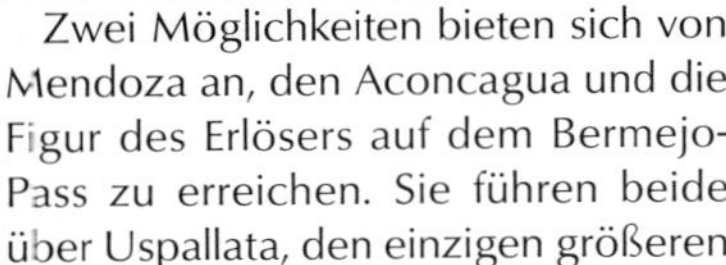

arg3-302 Foto: gw

Puente del Inca

stalt einer Natursauna (DZ 70 US-$, Benutzung auch für Tagesgäste; Tel. 02624/49-0159). An die besten Tage dieses Bades erinnert die eigene Eisenbahnstation. Vorbei am Wintersportort und Rafting-Zentrum **Potrerillos** geht es weiter bis **Uspallata,** das auf 1700 m inmitten eines wunderbaren Tals liegt. Dort treffen beide Routen zusammen. In Uspallata gibt es das **Hotel Viena** (Av. Las Heras 240, Tel. 02624/420046, für 8 US-$ p.P. sehr gut), die **Hostería Los Cóndores** (Tel. 420002) kostet 12 US-$ (DZ mit Bad) und hat ein Restaurant. Uspallata ist problemlos per Bus von Mendoza aus zu erreichen.

Richtung Chile passiert man zunächst ein weites Tal, dann geht es hinauf, und bald ist das moderne Skigebiet **Los Penitentes** auf 2580 m Höhe erreicht.

Puente del Inca liegt auf 2700 m. Die Brücke ist kein Bauwerk der Inkas, sie hat ihren Namen nur von der Vermutung, dass man glaubt, die Inkas seien bis hierhin vorgedrungen. In Wirklichkeit ist sie ein natürlicher Bogen, durch Erosion gebildet. Dieser Bogen spannt sich 47 m hoch und 28 m breit über den Río Mendoza. Dort entspringt auch eine stark schwefelhaltige, **heiße Quelle;** das Wasser hat den Stein rötlich-gelb gefärbt. Früher war hier ein Thermalbad, aber ein Erdrutsch hat das Badehaus einstürzen lassen. Beim Rundgang an der Quelle sollte man vorsichtig sein, es besteht Rutschgefahr.

Puente del Inca kann auch mit Bussen von Mendoza aus erreicht werden. Der Ort besitzt ein Hotel mit verschieden teuren Zimmern **(Hostería Puente del Inca,** Tel. 420-2064, 6–15 US-$, aymara@satlink.com) und ist Ausgangspunkt für eine Besteigung des Aconcagua. Den Blick auf den höchsten Berg Amerikas kann man schon von Puente del Inca genießen: Nur wenige Kilometer außerhalb des Ortes bietet sich von der Ruta 7 ein beeindruckender Blick auf den südlichen Gipfel.

Von Puente del Inca führt die Straße weiter Richtung Grenze. Man passiert die argentinische Zollstation, hat dann nach rechts den Blick auf den Aconcagua und erreicht **Las Cuevas** (13 km von Puente del Inca), ein winziges Nest, direkt vor der Einfahrt in den Tunnel, der durch das Gebirgsmassiv hindurch nach Chile führt. Das Busunternehmen Uspallata fährt von Mendoza hinauf nach Las Cuevas (zweimal am Tag, 10 US-$), aber auch alle anderen Gesellschaften, die hinüber nach Chile fahren, passieren den Ort. In Las Cuevas gibt es ein **Hostal,** das **Aconcagua – Campo Base** (mit Küche, geheizt, Tourorganisation, 8 US-$).

In Las Cuevas zweigt nach links die alte Straße zum **Cristo Redentor** auf der Höhe des Bermejo-Passes ab. Der Bermejo-Pass war früher der Übergang nach Chile. In unendlichen Serpentinen kriecht die Erdpiste hinauf (8 km, 600 Höhenmeter). Oben angekommen, merkt man direkt, wer hier der Feind allen Lebens ist: der ewige, eiskalte Sturmwind. Der Blick auf die eisigen Andengipfel und die Statue des triumphierenden Christus vor dem tiefblauen Himmel entschädigt aber. 1904 erbauten Chile und Argentinien gemeinsam diese Statue zur Feier der Beilegung von Grenzstreitigkeiten nach der Vermittlung durch den englischen König *Edward VII.*

Eine solche Tour muss entweder mit einem geliehenen Wagen oder als organisierter Ausflug gemacht werden. **Mit öffentlichen Verkehrsmitteln** ist sie so nicht möglich, man kann aber **problemlos bis nach Las Cuevas** und allen Stationen zuvor mit Bussen gelangen (allerdings sehr zeitaufwendig). Zum Bermejo-Pass und zur Statue des Cristo Redentor kommt man aber nur zu Fuß, mit einem Auto oder per gebuchter Exkursion, dorthin fahren keine öffentlichen Verkehrsmittel.

Aconcagua ⇗X,B2

Als was wird er nicht alles gerühmt: der **höchste Gipfel Argentiniens,** der höchste der Anden, der höchste Amerikas, der höchste der südlichen Hemisphäre, der höchste außerhalb von Asien.

Der **6959 m** hohe Aconcagua ist Jahr für Jahr Ziel von etwa 2000 Bergsteigern aus aller Welt. Sie versuchen sich an dem technisch nicht so schwierigen Berg, der am 18. Januar 1897 erstmals von dem Schweizer **Matthias Zurbriggen** bestiegen wurde. Aber nicht alle dieser 2000 Gipfelstürmer gelangen auch wirklich auf 6959 m.

Der Aconcagua liegt inmitten des **Parque Provincial Aconcagua,** der eine Fläche von 71.000 Hektar einnimmt. Woher sein Name kommt, ist umstritten, es existieren zwei Theorien: Die eine besagt, Aconcagua stamme vom Quetschua-Wort „Ackon-Cauak", was soviel wie „steinerner Wächter" bedeutet, die andere leitet den Namen vom Mapuche-Wort „Acon-Hue" ab, was übersetzt soviel wie „der von der anderen Seite kommt" heißt.

Besteigung

Drei unterschiedliche **Wege** führen **zum Gipfel:** Der einfachste führt über die Nordwest-Seite, er ist auch mit geringer Bergsteiger-Erfahrung zu machen. Eine sehr gute körperliche Verfassung wird aber vorausgesetzt.

Schwieriger sind die Aufstiege über den Gletscher Los Polacos oder über die Südwand. Wer nicht über ausgeprägtes Bergsteigerkönnen und -erfahrung verfügt, sollte sich auf keinen Fall an diesen Routen versuchen.

Der Aufstieg erfolgt normalerweise über Puente del Inca. Hier, auf etwa 3000 m Höhe, sollte man einige Tage verweilen, um eine erste **Akklimatisation** zu erreichen. Von dort geht es weiter zum Basislager **Plaza de Mulas** auf **4200 m.** Hier steht auch das **höchstgelegene Hotel der Welt,** das **Refugio Plaza de Mulas** (Tel. 02624/490-440/42, außerhalb der Saison 0261/421-4330, ab 17 US-$ p.P., www.refugioaconcagua.com.ar).

Blick auf den Aconcagua

Nach weiterer Akklimatisierung geht es von dort zum Gipfel. Unterwegs gibt es nur noch das Refugio Berlin auf 5850 m.

Die **Saison für die Besteigung** des Aconcagua beträgt vier Monate, sie dauert vom 15. November bis zum 15. März. Man muss angemeldet sein bei der Dirección de Recursos Naturales Renovables (Adresse s.u.). Dort erhält man ein dreitägiges **Trekking-Permit** für Trekking in der Umgebung des Basis-Lagers (20 US-$), ein 15-tägiges für längeres Trekking (40 US-$) oder ein 20-tägiges für die Besteigung des Gipfels (80–200 US-$). Wer **unter 21 Jahren** ist, benötigt noch die notariell oder polizeilich beglaubigten Unterschriften beider Elternteile unter folgendes **Schreiben:** *„Por la presente autorizamos a nuestro hijo/a ... a realizar actividades de andinismo dentro del Parque Provinzial Aconcagua y desligamos al Parque y al Gobierno de la Provincia de Mendoza de toda responsibilidad por lo que pudiera occurirle durante su estadia en el Parque."* (*„Wir versichern, dass unser Sohn/unsere Tochter ... die Erlaubnis hat, andine Aktivitäten im Parque Provincial Aconcagua auszuüben und entbinden die Parkverwaltung und die Regierung der Provinz Mendoza von aller Verantwortung für das, was ihm/ihr während seines/ihres Aufenthaltes im Park passieren könnte."*)

a59-305 Foto: gw

Die **Ausrüstung** für den Aufstieg muss perfekt sein: Ein Zelt, das Windgeschwindigkeiten von über 170 km pro Stunde aushalten kann, Kleidung und Schlafsack, die auch bei Temperaturen von -20°C noch gut wärmen, Bergstiefel (Kunststoff- oder Schalenschuhe) mit Steigeisen, perfekte Oberbekleidung, die Wasser abweisend, wind- und reißfest ist. Touren- oder Skistöcke helfen beim Laufen, ein bis zwei Eispickel werden auch benötigt. In Deutschland, Österreich und der Schweiz bekommt man wertvolle Informationen über die richtige Kleidung auch beim Alpenverein oder bei Fachgeschäften. Einige weitere **Ratschläge:**

- Nur akklimatisiert und mit hervorragender Ausrüstung den Aufstieg beginnen.
- Flüssigkeitszufuhr nicht vernachlässigen: Mindestens drei bis fünf Liter jeden Tag.
- Über 6000 m Höhe sollte man sich so kurz wie möglich aufhalten.
- Sofortige Rückkehr beim geringsten Unwohlsein.
- So viele Pausen wie möglich unterhalb von 5500 m.
- Auf keinen Fall bei schlechtem Wetter oder negativem Wetterbericht aufsteigen.
- Nur das Nötigste mitnehmen.
- Nach der Höhenakklimatisierung bedeutet ein schnelles Gehtempo erhöhte Sicherheit.

Am besten plant man seinen Aufstieg nicht individuell, sondern wendet sich an erfahrene **Führer.** Einer der bestangesehenen Führer ist **Fernando Grajales** (siehe bei Mendoza, „Reiseveranstalter").

Einen **Muli-Service** bietet beispielsweise Los Puquios an. Los Puquios liegt kurz vor Puente del Inca an der Ruta 7. Sie organisieren den Transport des Gepäcks von dort mit Mauleseln zur Plaza de Mulas (4200 m, 15 US-$ je Tag und Muli) und stellen für diejenigen, die den Gepäck-Service buchen, kostenlose Campingmöglichkeiten zur Verfügung.

All diese hier gegebenen Hinweise reichen nicht aus, um den Aconcagua zu besteigen. Informieren Sie sich unbedingt noch in Mendoza über die Gefahren, die notwendige Ausrüstung, das Wetter usw. Hier die wichtigsten **Adressen:**

- **Dirección de Recursos Naturales Renovables,** Parque San Martín (neben dem Parkeingang), Tel. 425-2090, Fax 425-7208, aconcagua@mendoza.gov.ar, geöffnet Mo bis Fr 8–18 Uhr, Sa/So 9–13 Uhr.
- **Tourismusbehörde der Provinz Mendoza,** Av. San Martín 1143, Tel. 420-2800.

Noch ein paar **Tipps:**

- Infos finden sich auch im Internet unter: **www.mt-aconcagua.com**
- Um sich länger – auch zum bloßen Trekking – im Nationalpark Aconcagua aufhalten zu können, brauchen Sie eine Erlaubnis **(permiso),** die Sie nur persönlich im Büro der **Dirección de Recursos Naturales Renovables** in Mendoza erhalten (s.o.).
- Die **besten Zugänge zum Park** sind bei Los Horcones (2 km westlich von Puente del Inca) oder bei Punta de Vacas (10 km östlich). Verpflegung sollte in Mendoza oder Uspallata gekauft werden. Tourveranstalter finden Sie auch im Kapitel zu Mendoza.

- Wer auf Nummer Sicher gehen will, kann die Expedition zum Aconcagua auch von zu Hause aus buchen. Mehrere Agenturen bieten die Besteigung an, z.B. BergSpechte in Linz im Doppelpack mit dem Cerro Marmolejo (6109 m): **BergSpechte,** Volksfeststraße 18, A-4020 Linz, Tel. 0732/779311-0, www.bergspechte.at.

San Rafael

↗X,B3

Mit knapp 80.000 Einwohnern ist San Rafael die **zweitgrößte Stadt der Provinz Mendoza.** Sie liegt in einem – dank ausreichender Bewässerung – sehr fruchtbaren Obst- und Weinbaugebiet. Die Stadt ist ruhig und modern, und sie besitzt viele ausgedehnte Alleen.

Museen

In der Stadt selbst gibt es außer zwei Museen wenig Sehenswertes. Das Kunsthistorische Museum liegt in der Stadt (Irigoyen 148), das interessantere Naturhistorische Museum ca. 6 km südöstlich der Stadt auf der Isla Río Diamante. Beide sind Di bis So von 8–13 und 15–20 Uhr geöffnet.

Touristeninformation

- Die sehr hilfsbereite Touristeninformation ist an der Ecke Av. H. Irigoyen und Ballofet.

Hotels

- **Hospedaje España,** San Martín 292, Tel. 42-1192. DZ mit Bad ca. 8 US-$.
- **Hospedaje La Esperanza,** Avellaneda 263, Tel. 42-2382. Mit Frühstück, Küche. DZ mit Bad 14 US-$, ohne 10 US-$.
- **Kalton,** H. Irigoyen 120, Tel. 43-0047; sauber, sicher, freundlich, etwa 15 US-$. kalton@satlink.com

Camping

- Es gibt zwei Campingplätze **auf der Isla Río Diamante,** 6 km außerhalb der Stadt.

Jugendherberge

- **Puesta del Sol,** Dean Funes 998 (3 km vom Zentrum entfernt), Tel. 43-4881. Pro Person 10 US-$. puestaso@hostels.org.ar

Busverbindungen

- San Rafael ist gut mit dem Bus zu erreichen. Der **Busbahnhof** liegt auf der Coronel Suarez zwischen Almafuerte und Avellaneda. Mehrmals täglich gibt es Busse **nach Mendoza** (2 US-$), von dort bestehen dann Verbindungen zu Zielen im ganzen Land.

Reiseveranstalter

- Gute Reiseveranstalter für Touren in die Umgebung (Rafting auf dem Río Atuel, Trekking, Mountain-Bike-Touren) sind **Aventur,** Chile 445, Tel. 42-3663, und **Eco-Terra,** Pte. Alvear 3663, Tel. 42-0216.

Ausflüge

Stauseen

In der Umgebung von San Rafael liegen einige schöne Stauseen. Agenturen (Informationen im Touristenbüro) bieten Rundtouren an, aber auch mit öffentlichen Verkehrsmitteln lassen sich diese Seen erreichen.

Der **Río Atuel** wird südlich der Stadt zweimal gestaut. Durch das Tal des Atuel, eher eine schmale Schlucht durch vielfarbige, teilweise bizarr geformte Berge, führt eine Straße. Gute Unterkunftsmöglichkeiten gibt es in **El Nihuil,** etwa 75 km südwestlich von San Rafael, an dem knapp 10.000 ha großen Stausee Embalse de Nihuil.

Nordwestlich von San Rafael wird der **Río Diamante** mehrfach gestaut. Schönstes Ziel ist der See am **Dique Galileo Vitale,** dort in der Nähe liegt auch 25 de Mayo, eine Befestigungsanlage aus dem 19. Jahrhundert.

Malargüe

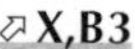

↗X,B3

Die Kleinstadt mit knapp 20.000 Einwohnern ist aus zwei Gründen interessant: Zum einen wegen der Nähe zum Skigebiet Las Leñas (s.u.), zum anderen wird hier **Uran** gewonnen. Die meisten nutzen den Ort nur als Durchgangsstation für die Ziele in der Umgebung. Malargüe ist per Bus mit San Rafael und dem 422 km weit entfernten Mendoza verbunden, im Winter auch direkt mit Buenos Aires.

Paso Pehuenche ⇗X,B3

Von Malargüe aus kann man über eine landschaftlich reizvolle Route über den Paso Pehuenche (2553 m) **nach Talca in Mittelchile** reisen. An der durchgehenden Asphaltierung der Strecke wird seit 2001 gearbeitet; erkundigen Sie sich bei der Polizei in Malargüe oder San Rafael nach dem Stand der Dinge. Höhepunkte auf der 317 km langen Tour sind die tiefblaue **Laguna del Maule** direkt hinter dem Pass und der 80-Meter-Wasserfall des **Río Maule,** ca. 20 km hinter der Grenze (von der Straße aus nicht einsehbar, kurzer Fußweg). Grenzkontrolle auf der argentinischen Seite in Las Loicas (119 km von Malargüe), in Chile in La Mina (50 km hinter der Grenze).

a60-309 Foto: gw

Kathedrale von San Juan

Las Leñas ⇗X,B3

Der **Wintersportort** ist inzwischen der vielleicht wichtigste in ganz Argentinien, da er durch die jährlich dort stattfindenden Weltcup-Rennen international bekannt geworden ist. Las Leñas besitzt 33 Abfahrtspisten zwischen 2200 und 3400 m Höhe. Alle Hotels am Ort sind **stark überteuert,** unter 100 US-$ pro Nacht lässt sich dort kein Zimmer finden.

Wer sich bereits vor seinem Besuch genauer informieren will, kann das im Büro des Ortes in Buenos Aires (Reconquista 616, 5° Piso), in Mendoza (Av. San Martín 1233) oder im Internet tun (www.laslenas.com).

San Juan (Stadt) ⇗X,B1

Die **Provinzhauptstadt,** deren richtiger Name eigentlich San Juan de la Frontera ist, wurde bereits am 13. Juni

1562 durch *Juan Jufré* auf Anordnung des spanischen Gouverneurs von Chile, *Pedro de Mendoza,* gegründet. Von der langen Geschichte der Stadt ist in ihrem Erscheinungsbild seit dem 15. Januar 1944 nicht mehr viel zu spüren: Damals erschütterte das **schwerste Erdbeben,** das jemals in Argentinien gemessen wurde, die Stadt. 80 Prozent aller Häuser waren hinterher zerstört, über 10.000 Menschen hatten ihr Leben verloren. Danach wurde die Stadt neu aufgebaut: breite, von Bäumen gesäumte Straßen, moderne Bauten, die aber maximal sieben Etagen hoch sind. So überstand San Juan ein weiteres Erdbeben am 23. November 1977, das sogar noch im über 1100 Kilometer entfernten Buenos Aires spürbar war, unbeschadet. Die Hilfsaktionen nach dem Beben von 1944 wurden von einem Mann geleitet, der damit einen wichtigen Schritt in seiner politischen Karriere machte: *Juan Domingo Perón.*

San Juan ist eine **sehr ruhige Stadt,** trotz der mehr als 300.000 Menschen, die in ihr bzw. ihrem Großraum leben. Das Leben spielt sich um die zentrale **Plaza 25 de Mayo** ab, in der Siestazeit zwischen 12 und 17 Uhr scheint die Stadt völlig ausgestorben zu sein. In San Juan ist es oft sehr heiß. Weht der Zonda, ein trockener und heißer Sturmwind, bleibt man besser den ganzen Tag im Haus.

Die Orientierung ist einfach, wenn man das **System der Hausnummern** verstanden hat. Die Hauptstraßen sind die in Ost-West-Richtung verlaufende Av. San Martín und die in Nord-Süd-Richtung verlaufende Mendoza. An San Martín und Mendoza beginnt die Zählung der Hausnummern. So hat jede Straße zweimal dieselbe Hausnummer, es gibt z.B. eine Rivadavia 35 (Este) und eine Rivadavia 35 (Oeste), je nachdem, ob das Haus östlich oder westlich der Calle Mendoza steht. Genauso geht es den Straßen, die in Nord-Süd-Richtung verlaufen: Sie haben Hausnummern, die mit Norte oder Sur gekennzeichnet sind, je nachdem, ob diese Häuser nördlich oder südlich der Av. San Martín stehen.

Sehenswürdigkeiten

Kathedrale

An der Plaza und nördlich von der Av. San Martín sind die meisten Sehenswürdigkeiten der Stadt. Die Kathedrale ist modern, mit frei stehendem Glockenturm (siehe Foto).

Fußgängerzone

Folgt man von der Plaza aus der Calle Rivadavia nach Osten, gelangt man in die kleine Fußgängerzone, die aus der Rivadavia und der sie kreuzenden Calle Tucúman besteht. Drei Blocks nordwestlich der Plaza befindet sich, gegenüber der Touristeninformation, die wichtigste historische Sehenswürdigkeit von San Juan, das

Geburtshaus von Domingo Faustino Sarmiento

Domingo Faustino Sarmiento **regierte Argentinien** von 1868–1874 und gehört wegen des von ihm betriebenen Bildungsprogramms auch heute noch zu den meisterinnerten Präsidenten des Landes. Im Übrigen war *Sarmiento* der erste Präsident, der nicht aus Buenos Aires stammte.

„Zivilisation oder Barbarei", so der Untertitel seines Werkes „Vida de Juan Facundo Quiroga" (1845, dt. „Facundo Quiroga oder Zivilisation oder Barbarei"), war der Slogan, unter dem er sein Amt antrat. Schon als Journalist hatte er gegen die Caudillos der Provinzen gekämpft: Ihnen warf er Kulturfeindlichkeit, Wildheit und Barbarei vor. Dagegen stellte er das Bild der verfeinerten Zivilisation der Städte. So wundert es nicht, dass er schließlich zum Begründer des modernen argentinischen Schulwesens wurde.

In seinem Haus wird seine produktive Persönlichkeit gut spürbar. Es ist eingerichtet mit Originalmobiliar; beeindruckend ist die Bibliothek, und noch beeindruckender ist die große Sammlung seiner eigenen Werke.

Die Wände des kleinen Hofes sind über und über mit Ehrentafeln, so genannten *Homenajes,* bedeckt. Es findet sich eine sehr große vom damaligen Präsidenten *Raul Ricardo Alfonsín* zum 100. Todestag *Sarmientos* 1988. Eine ebenso große zum 101. Todestag vom jetzigen Präsidenten *Carlos Saúl Menem* darf natürlich nicht fehlen. Nur aus der Zeit der Militärdiktatur sind keine zu sehen. Das Museum (Sarmiento 21) ist Mo und Sa 8–13 Uhr sowie Di, Fr, So 9–13 und 15–20 Uhr geöffnet, der Eintritt beträgt 1 US-$.

Museo de Ciencias Naturales

Die zweite wichtige Sehenswürdigkeit ist ebenfalls ein Museum, und zwar das Museo de Ciencias Naturales auf der Av. España/Ecke Maipú. Das sehr wissenschaftliche Museum besitzt eine nicht sehr attraktiv aufgearbeitete Sammlung von Fossilien aus dem Parque Provincial Ischigualasto (Valle de la Luna, siehe weiter unten), darunter Teile eines Rincosaurus-Skeletts (230 Millionen Jahre alt) und eines Stegomastodon (6–7 Millionen Jahre alt) aus der Provinz Santiago del Estero. Das Museum ist Mo bis Fr 8–12.30 und 16–20 Uhr sowie Sa von 9–12.30 Uhr geöffnet.

Im **Convento Santo Domingo** (Laprida 57 Oeste) ist eine Zelle, in der General *José de San Martín* 1815 übernachtet hat.

Bodega und Parque de Mayo

In San Juan sollte man ebenfalls eine Bodega besichtigen, am besten die außerhalb der Stadt gelegenen Bodegas Bragagnolo auf der Ruta 40/Ecke Av. Benavídez im Ortsteil Chimbas. Man erreicht die Bodega mit dem Bus Nr. 20 vom Busbahnhof, sie ist geöffnet von Mo bis Sa 8.30–13.30 und 15.30–19.30 Uhr, Tel. 421-1305.

Parque de Mayo

Westlich der Innenstadt liegt der attraktive Parque de Mayo mit künstlichem See und Wassersportanlagen.

Lohnend ist auch eine Besichtigung des Konzertsaales Auditorio Juan Victoria, in dem man für 1 US-$ den **Orchesterproben der Universität** von San Juan zuhören kann. Die Proben beginnen morgens um 10 Uhr, der

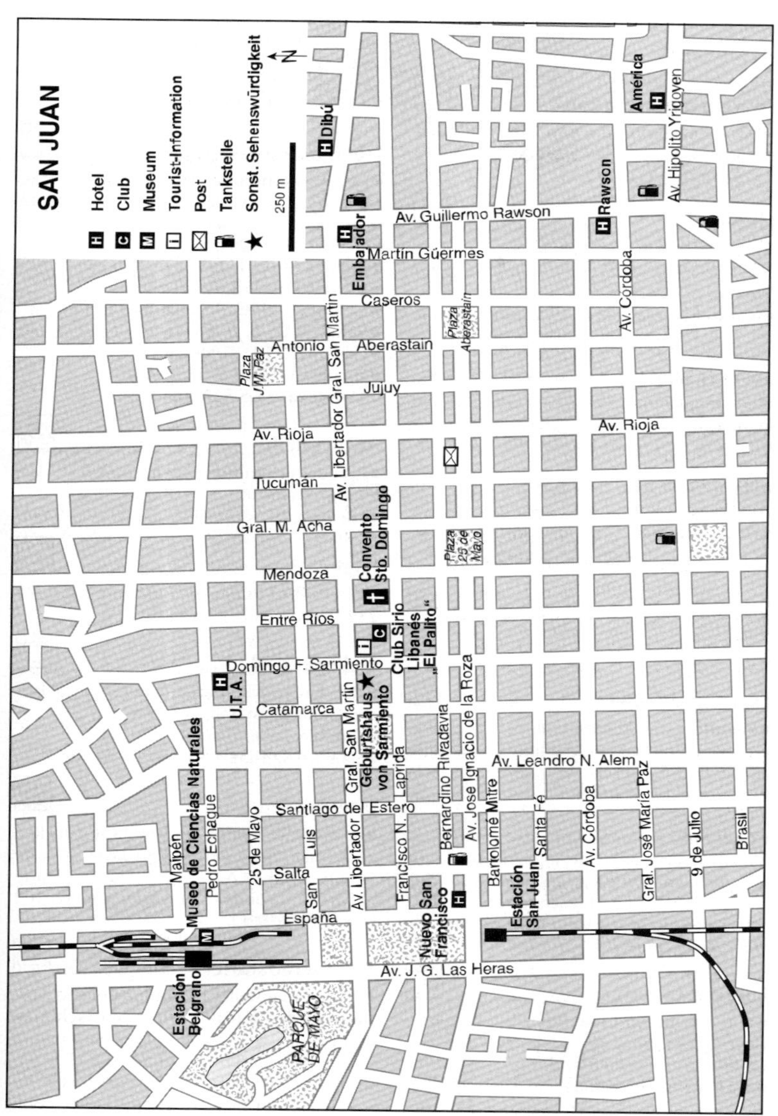
SAN JUAN
Hotel
Club
Museum
Tourist-Information
Post
Tankstelle
Sonst. Sehenswürdigkeit
250 m
N
Dibú
Embajador
América
Rawson
Av. Hipolito Yrigoyen
Av. Guillermo Rawson
Martín Güermes
Caseros
Av. Córdoba
Plaza Aberastain
Aberastain
Antonio
Plaza J.M. Paz
Av. Libertador Gral. San Martín
Jujuy
Av. Rioja
Tucumán
Gral. M. Acha
Convento Sto. Domingo
Plaza 25 de Mayo
Mendoza
Entre Ríos
Club Sirio Libanés „El Palito"
Domingo F. Sarmiento
U.T.A.
Geburtshaus von Sarmiento
Catamarca
Av. Jose Ignacio de la Roza
Bernardino Rivadavia
Laprida
Gral. San Martín
Av. Leandro N. Alem
Museo de Ciencias Naturales
Pedro Echague
Maipén
25 de Mayo
Santiago del Estero
Luis
San
Salta
España
Av. Libertador
Francisco N.
Nuevo San Francisco
Bartolomé Mitre
Estación San Juan
Santa Fe
Av. Córdoba
Gral. José María Paz
9 de Julio
Brasil
Estación Belgrano
Av. J. G. Las Heras
PARQUE DE MAYO

Cuyo – Mendoza und San Juan

Saal liegt an der Ecke 25 de Mayo und Félix Aguilar.

Touristeninformation

- Das Informationsbüro ist auf der Calle Sarmiento 24 Sur, Mo bis Fr 7–20 Uhr, Sa/So 9–19 Uhr, Tel. 421-0004.

Hotels

- **Residencial Embajador,** Rawson 25 Sur, Tel. 422-5520. Sauber, freundlich, DZ für 9 US-$.
- **Nuevo San Francisco,** Av. España 284 Sur, Tel. 422-3760. Sehr freundlich, englischsprachig, DZ 14 US-$.
- **Petit Hotel Dibú,** Av. San Martín/Ecke Patricia Sanjuaninas, Tel. 420-1034. Gut und freundlich, DZ mit Bad 12 US-$.
- **Brescia,** Av. España 336 Sur, Tel. 422-5708, 5 US-$.
- **Plaza,** Sarmiento 344 Sur, Tel. 422-5179, 7–9 US-$.
- **Hotel América,** 9 de Julio 1052 Este, Tel. 421-4514; ein Zimmer kostet etwa 12 US-$.

Camping

- Im Ortsteil Chimbas liegen mehrere Campingplätze.

Essen und Trinken

- Innerhalb des Zentrums finden sich viele preiswerte Restaurants, darunter das **Tequila** auf der Ecke Salta/Ecke Av. José Ignacio de la Roza, eine Parrillada mit tenedor libre für 6 US-$.
- **Club Sirio Libanés „El Palito",** Entre Ríos 33 Sur. In sehr schönem Ambiente wird sehr gute mittelasiatische Küche serviert, eine vielleicht willkommene Abwechslung.

In San Juan leben viele Einwanderer aus arabischen Ländern.

Flugverbindungen

- Vom **Flughafen Chacritas** gibt es tägliche Flüge (außer Sonntag) nach Buenos Aires (85 US-$), Córdoba und Mendoza.
- **Aerolíneas Argentinas** und **Austral** haben ihr Büro auf der Av. San Martín 215 Oeste, (Tel. 427-4444), **Lapa** seines auf der Av. José Ignacio de la Roza 160 Este (Tel. 421-6039) und **TAN** seines ebenfalls auf der Av. José Ignacio de la Roza, aber Hausnummer 278 Este (Tel. 420-0010).

Überlandbusse

- Der **Busbahnhof** ist Estados Unidos/Ecke Santa Fé. Er ist mit den Bussen 6, 33 und 42 vom Zentrum aus zu erreichen. Von dort fahren mehrfach täglich Busse nach:
- **Buenos Aires,** 15 US-$, 14 Stunden.
- **Córdoba,** 9 US-$, 8 Stunden.
- **La Rioja,** 7 US-$, 5,5 Stunden.
- **Salta,** 18 US-$, 20 Stunden.
- **Jujuy,** 18 US-$, 21 Stunden.
- **Tucumán,** 13 US-$, 13 Stunden.
- **Mendoza,** 4 US-$, 2 Stunden.

Autoverleih

- **Parque Automotor,** España/Ecke San Martín, Tel. 422-6018.
- **Localiza,** Av. Rioja 1187 Sur, Tel. 421-9494.

Post

- Die Post ist in der Av. Ignacio de la Roza 259 Este.

Geldwechsel

- Auf der Av. San Martín finden sich zahlreiche **Geldautomaten,** ansonsten:
- **Cambio Cash,** Tucumán 210 Sur.
- **Cambio Santiago,** Gral. Acha 52 Sur.

Internet

- Im Internet **surfen und e-Mails** checken kann man bei Cacino, Rivadavia 12 Este (10 US-$/Std.), I.A.C., Gral. Acha 142 Norte (5 US-$/Std.) und bei interredes, Laprida 362 Este (5 US-$/Std.)

Reiseveranstalter

Viele Veranstalter in San Juan bieten **Ausflüge in den Parque Provincial Ischigualasto** (Valle de la Luna, siehe weiter unten) an. Diese Touren beginnen um 4.30 Uhr, erreichen um 10 Uhr das sogenannte Valle de la Luna, haben dort einen dreistündigen Aufenthalt bzw. eine Rundfahrt. Die Rückfahrt erfolgt über San Agustín de Valle Fértil und Vallecito (Difunta Correa), gegen 20 Uhr erreicht man wieder San Juan. Die Fahrt kostet 50 US-$ pro Person plus 3 US-$ Eintritt in den Parque Provincial. Sie wird meist erst ab neun Personen durchgeführt. Einige **Reiseveranstalter:**

- **San Juan Turismo,** Gral. Acha 17 Norte, Tel. 422-0840.
- **Fascinatur,** Remedios de Escalada de San Martín 1085, Tel. 422-7709; gute Ausflüge in entlegene Gebiete mit allradbetriebenen Fahrzeugen.
- **Cóndor Expeditions,** San Martín/Ecke Calingasta, Tel. 44-1144; Besitzer *Pablo Schlögl* ist ein erfahrener Bergsteiger und guter Guide für Hochgebirgstouren.

Ausflüge

La Laja

Das Dorf, etwa 25 km nördlich von San Juan gelegen, ist wegen seines **Archäologischen Museums** interessant. Es zeigt Funde aus der Provinz von etwa 6500 v.Chr. bis zur Inkazeit und macht den Besucher mit den verschiedenen präkolumbischen Kulturen vertraut. Gezeigt werden u.a. Mumien, Haushaltsgegenstände, aber auch Spielzeug sowie Überreste von kultivierten Pflanzen. Man erreicht La Laja mit dem Bus Nr. 20, der recht früh morgens in San Juan abfährt (nur zwei Busse täglich). Das Museum ist Mo bis Fr 9.30–17 und Sa/So 10–17 Uhr geöffnet; der Eintritt beträgt 2 US-$.

Difunta Correa

Ebenfalls problemlos mit dem Bus ist der Schrein der Difunta Correa in Vallecito zu erreichen. Dieser Schrein ist **eines der populärsten Wallfahrtsziele in Argentinien.**

Ausgangspunkt ist die **Legende,** die sich – in leicht unterschiedlichen Versionen – um *María Antonia Deolinda Correa* und ihren Sohn rankt. María machte sich im Bürgerkrieg 1841 mit ihrem Säugling auf dem Rücken auf, um ihrem Mann zu folgen, der von den Truppen des Caudillos *Facundo Quiroga* gefangen gehalten wurde. Sie verlief sich in der Wüste und starb schließlich an Hunger und Durst. Aber als eine Gruppe von Maultiertreibern zufällig einige Tage später ihren Leichnam fand, lebte das Kind immer noch. Es lag säugend an der Brust seiner toten Mutter. Wo die Leiche gefunden wurde, liegt heute der Wallfahrtsort der Difunta Correa, der „Entschlafenen Correa".

Von der Katholischen Kirche ist die Difunta Correa **nicht offiziell heilig gesprochen,** das hält die Argentinier aber nicht davon ab, zu Tausenden, an bestimmten Tage sogar zu Hunderttausenden (z.B. Ostern) nach Vallecitos zu pilgern. Schließlich verbindet der Legendenstoff in idealer Weise zwei Stereotypen im Frauenbild: das Bild der treuen Frau, die ihrem geliebten Manne folgt, und das der sich aufopfernden Mutter.

Die Gläubigen bringen **Opfergaben,** und inzwischen sind mehr als ein Dutzend kleiner Kapellen bis obenhin angefüllt mit Familienfotos, Diplomen, Sporttrophäen, Zeugnissen, Automodellen, Sportlertrikots und, und, und. Eine Kapelle ist voll mit Hochzeitskleidern, draußen hängen unter einem Unterstand Tausende von Autokennzeichen, und kleine, selbst gezimmer-

a61-313 Foto: gw

Wallfahrtsziel Difunta Correa

te Schreine für Difunta Correa finden sich ebenfalls zu Hunderten.

Diese **selbst gezimmerten Schreine** finden sich auch häufig entlang der großen Überlandstraßen im gesamten Argentinien, aber auch in Nordchile. **LKW-Fahrer** verehren die Difunta Correa besonders, sie gilt als Beschützerin aller, die allein durch die großen Weiten reisen. In den Schreinen liegen häufig ein wenig Geld, einige Kerzen, auch ab und an ein Reifen oder ein Lenkrad als Opfer, viel häufiger aber **gefüllte Wasserflaschen.** Denn Wasser ist in vielen Regionen selten, und so ist es nicht nur ein besonderes Opfer, sondern eventuell auch wichtig für andere.

Parque Provincial Ischigualasto – Valle de la Luna X,B1

Eine der größten **Natursehenswürdigkeiten** der Provinz San Juan ist das so genannte „Tal des Mondes“. Die Bezeichnung ist durchaus treffend für die **bizarre Erosionslandschaft,** die im Norden der Provinz, etwa 320 km von der Hauptstadt San Juan entfernt, direkt an der Grenze zur Provinz La Rioja liegt. Diese Naturlandschaft ist allerdings grenzüberschreitend, denn der in der Provinz La Rioja liegende Parque Provincial Talampaya (siehe dort) schließt direkt an das Valle de la Luna an. Offiziell heißt der Park heute Ischigualasto, nach einer alten Indianerkultur.

Ein Besuch des Parks führt zurück in die absolute **Urgeschichte.** Forscher haben nachgewiesen, dass hier einst ein bis zu 800 km langer und 15 km breiter See war, in dem schon vor etwa 190 bis 230 Millionen Jahren, im Trias, tierisches und pflanzliches Leben existierte. Unter anderem wurden im Ischigualasto-Park die **ältesten Saurierskelette der Welt** gefunden. Ein **Museum** an Parkeingang informiert über die Naturgeschichte der Region.

Der Park selbst verblüfft durch ganz **ungewöhnliche, wunderbare Sandsteinformationen.** In Jahrmillionen hat die Erosion absonderliche und phantastische Steinskulpturen geschaffen. Es gibt das Valle Pintado, das seinen Namen („gemaltes Tal") vollständig zu recht trägt und in den unterschiedlichsten Farben leuchtet, es gibt Sandsteinfelsen wie „Aladins Wunderlampe" oder den „Papagei".

Im Valle de la Luna kann man nicht auf eigene Faust loswandern; es sind hier nur geführte Touren in Camionetas des Nationalparks möglich. Diese Touren kosten 80 US-$ für acht Personen. Finden sich acht Menschen zusammen, kostet es pro Nase 10 US-$, steht man allein oder zu zweit am Parkeingang, muss man eben entsprechend mehr berappen. Der Eintritt zum Park kostet 5 US-$.

Wer Geduld hat, kann warten, denn man kann auch am Parkeingang zelten. Es gibt dort eine kleine Confitería. Denken Sie daran: Der Park ist eine Wüste, bringen Sie ausreichend Trinkwasser mit!

Anfahrt

Die Anfahrt zum Park ist ein wenig aufwendig. Wer keine organisierte Tour in San Juan bucht oder dort kein Auto leiht, hat **zwei Möglichkeiten.** Er kann zunächst mit dem Bus von San Juan bis San Agustín de Valle Fértil (täglich ein- bis zweimal, ca. 15 US-$) fahren und dort eine Übernachtung einplanen (ACA-Campingplatz, ACA-Hotel für etwa 50 US-$ und einige billigere Pensionen). Die sehr hilfsbereite Touristeninformation ist direkt im Zentrum an der Plaza. Sie bietet auch Informationen über Tour- und Transportmöglichkeiten. Eine organisierte Tour von San Agustin aus kostet pro Person ab 20 US-$.

Die zweite Möglichkeit ist, direkt den Bus von San Juan nach La Rioja zu nehmen. Er passiert ebenfalls San Agustín de Valle Fértil. Etwa 60 km weiter nördlich bei der Polizeistation in Los Baldecitos muss man den Bus verlassen (denn der biegt dort nach Osten Richtung Patquía und La Rioja ab); von dort sind es noch 17 km bis zum Parkeingang. Mit Glück findet man hier eine Möglichkeit, weiterzutrampen, oder ein Taxi.

Córdoba und Mittelargentinien

Wie ein breiter Gürtel **zwischen den Höhen der Anden und den wasserreichen Provinzen am Paraná** ziehen sich von Norden nach Süden vier Provinzen hin: **Santiago del Estero, Córdoba, San Luis** und **La Pampa.** Dieser Großraum ist flach. Er grenzt im Norden an den Chaco, im Süden umfasst er die weiten Ebenen der Pampa.

Santiago del Estero und Córdoba

Santiago del Estero ist eine Flachlandprovinz mit subtropisch-heißem Klima. Auf 136.351 km² Fläche verteilen sich 800.000 Einwohner. Die Provinz lebt von der Landwirtschaft, hauptsächlich wird Baumwolle angebaut. Bereits im Norden der Provinz Córdoba beginnen die ersten Ausläufer der **Sierra von Córdoba,** einem 500 km langen, in Nord-Süd-Richtung verlaufenden Gebirge, das in seinem höchsten Gipfel, dem **Cerro Champaqui,** sogar 2884 m erreicht.

Östlich der Sierra de Córdoba erstrecken sich die weiten Ebenen der Pampa. Dort liegt auch die **Laguna Mar Chiquita,** einer der größeren Seen Argentiniens, der von drei Flüssen, dem Río Primero, dem Río Segundo und dem Río Dulce gespeist wird. Vier **Flüsse** durchfließen die Provinz in Ost-West-Richtung: Die beiden erstgenannten, dazu noch der Río Tercero und der Río Quarto. So nannten die Spanier die Flüsse, als sie von Norden das Gebiet eroberten. Heute gelten wieder die alten Namen, die von den Indios benutzt wurden: Río Suquía, Río Xanaes, Río Ctalamochita und Río Chocanchavara.

Córdoba ist recht dicht besiedelt. Die Provinz hat fast 3,1 Mio. Einwohner, sie umfasst 165.321 km² und wird gern wegen ihrer Lage als das **Zentrum des Landes** bezeichnet. Die Provinz lebt nicht allein von Viehwirtschaft und Ackerbau, die in der Pampa betrieben werden. Besonders um die Hauptstadt herum hat sich eines der größten argentinischen **Industriezentren** entwickelt.

Die Provinz ist beliebt bei argentinischen Besuchern. Neben der Hauptstadt ist die Sierra de Córdoba das attraktivste Reiseziel.

Santiago del Estero (Stadt) ↗VII,C2

Die Hauptstadt der gleichnamigen Provinz hat etwa 230.000 Einwohner und ist die **älteste, heute noch erhaltene Stadt Argentiniens.** Sie wurde im Jahr 1553 von spanischen Eroberern unter *Francisco de Aguirre* am Ufer des Río Dulce gegründet. Bereits zehn Jahre vorher war *Don Diego Rojas* dem Río Tercero bis zu dessen Mündung in den Paraná gefolgt und dort auf die Spuren anderer Spanier – die vom Rió de la Plata nach Asunción gezogen waren – getroffen. Später wurde die Stadt, wie viele Orte im Nordwesten Argentiniens, zu einem wichtigen Haltepunkt auf der Straße von den bolivianischen Silberminen zum Río de la Plata.

Sehenswürdigkeiten

Plaza Libertad

Obwohl die Stadt einen etwas unregelmäßigen Grundriss hat, ist die Orientierung dennoch einfach: Hauptplatz ist die Plaza Libertad, die an der Av. Libertad liegt. Tucumán und Independencia, die an der Plaza vorbeiführen, sind Fußgängerzonen. Einige der Regierungsgebäude in Santiago del Estero wurden 1993 durch Brände zerstört – aufgebrachte Provinzbewohner hatten bei Aufständen gegen die Wirtschaftspolitik Feuer gelegt.

Kirchen

Die beiden wichtigsten Sehenswürdigkeiten von Santiago del Estero sind Kirchen: die **Iglesia de Santo Domingo** und der **Convento de San Francisco** (s.u.). Santo Domingo (Urquiza/ Ecke 25 de Mayo) beherbergt eine Kopie des berühmten Turiner Schweißtuchs, das angeblich Jesu Christi Gesichtsabdruck zeigt. Die Kopie war ein Geschenk *Philipps II.* (1527–1598) „an seine geliebten Kolonien in Amerika".

Der Konvent des Heiligen Franziskus liegt auf der Calle Avellaneda zwischen Av. General Roca und Calle Olaecha. Er wurde Mitte des 16. Jahrhunderts durch Franziskaner erbaut.

Eine Besonderheit ist die Kapelle des heiligen Francisco Solano, die 1590 hier von Indios errichtet wurde und in der der Provinzheilige von Tucumán damals lebte.

Parque Aguirre

Hinter dem Konvent beginnt der Parque Aguirre, wo man sich Erholung von der meist großen Hitze verschaffen kann.

Touristeninformation

- Die Information ist auf der Plaza Libertad.

Hotels

Einfach und billig

- **Residencial Santa Rita,** Santa Fé 273, Tel. 422-0625. Okay für 8 US-$ fürs DZ mit Bad, ohne etwas billiger.
- **Residencial Emaus,** Moreno Sur 673, Tel. 421-5893. Sauber, freundlich; DZ mit Bad für 9 US-$.

Hotels der Mittelklasse

- **Libertador,** Catamarca 47, Tel. 421-5766; 25 US-$.
- **Hotel Carlos V.,** Avellaneda/Ecke Independencia, Tel. 422-5100; 20 US-$.

Camping

- Im Parque Aguirre befindet sich ein städtischer Campingplatz.

Essen und Trinken

Billige **Restaurants** finden sich nahe des Busbahnhofs. Etwas teurer und besser sind die Restaurants an der Plaza Libertad.

Flugverbindungen

- **Buenos Aires,** Mo bis Fr einmal täglich.
- **Jujuy,** Mo bis Fr einmal täglich.
- **Tucumán,** Mo.
- **Córdoba,** Mo und Fr.

- **Aerolíneas Argentinas** und **Austral** haben ihr Büro in der Urquiza 235, Tel. 4224335.

Überlandbusse

- Vom **Busbahnhof** Pedro Gallo/Ecke Saavedra fahren mehrfach täglich Busse nach
- **Buenos Aires,** 10–12 US-$, 12 Stunden.
- **Córdoba,** 9 US-$, 12 Stunden.
- **Resistencia,** 8 US-$, 9 Stunden.
- **Tucumán,** 2 US-$, 1–2 Stunden.
- **Salta,** 8 US-$, 6 Stunden.
- **Jujuy,** 9 US-$, 7 Stunden.

Termas de Río Hondo ⇗VII,C2

71 km nördlich der Hauptstadt, auf halber Strecke nach Tucumán, liegt Río Hondo, die **bekannteste Touristenattraktion der Provinz.** Río Hondo ist bekannt wegen seiner **Thermalbäder,** sie sind gut für Rheumakranke und bei Blutdruckproblemen. Die Stadt lebt vom Kurtourismus, besonders im August kann es sein, dass die mehr als 150 Hotels ausgebucht sind.

Hotels/Touristenbüro

- Im Sommer (Januar bis März) sind viele Hotels geschlossen. Das Touristenbüro auf der Caseros zwischen Rivadavia und Sarmiento kann bei der Unterkunftssuche behilflich sein (Tel. 03858/42-2143). Um den Besucheranstrom zu fördern, hat die Regierung 1997 beschlossen, Festpreise für Übernachtungen in den Hotels einzuführen: Das Zimmer im Vier-Sterne-Hotel kostet seither nur noch 20 US-$, im Drei-Sterne-Hotel 10 US-$, in allen anderen 8 US-$.

Córdoba (Stadt) ⇗XI, D1

Kommt man mit dem Bus in Córdoba an, merkt man schnell, dass die Provinzhauptstadt eine der größten Städte Argentiniens ist. Kilometerlang werden die Straßen von **Hochhäusern** gesäumt, der Verkehr ist dicht, hektisch und lärmend. Ist man dann aber im Zentrum der 1,3-Millionen-Einwohner-Stadt, verliert sich das Gefühl von Unübersichtlichkeit schnell: Das Stadt-

Córdoba – die Kathedrale an der Plaza San Martín

a62-318 Foto: gw

zentrum ist sehr kompakt, es gruppiert sich um die Plaza San Martín und reicht von dort eigentlich nicht viel weiter als fünf Blocks in jede Richtung.

Córdoba ist **eine der ältesten Städte Argentiniens.** Auch sie wurde von Spaniern, die aus Peru/Bolivien kamen, gegründet, 1573 von *Luis de Cabrera* und zwar unter dem Namen Córdoba de la Nueva Andalucía.

In der neuen, schnell wachsenden Stadt war der Einfluss der Kirche groß: Dominikaner, Franziskaner und Jesuiten lebten hier, von ihnen ging auch die Initiative zur Gründung einer Universität (1614 durch die Jesuiten), der **ersten Universiät Argentiniens,** aus. Heute sorgen etwa 80.000 Studenten dafür, dass man Córdoba immer noch „La Docta", „die Gebildete", nennt.

Genauso wichtig für die Stadt war lange die Industrie, besonders die **Automobilindustrie,** auch wenn sich Córdoba inzwischen mehr und mehr zu einer Dienstleistungsmetropole wandelt. Auto-Arbeiter und Studenten waren auch am herausragenden Ereignis der jüngeren Sadtgeschichte beteiligt. Sie initiierten im Mai 1969 den so genannten **Cordobazo-Aufstand.** Zuvor war das Militär gegen Gewerkschaften und Universitäten vorgegangen, in Córdoba gingen Arbeiter und Studenten auf die Barrikaden, und ganze Stadtviertel wurden besetzt. Die Armee schlug den Aufstand blutig nieder, es gab mehr als dreißig Todesopfer, über vierhundert Verletzte und 2000 Verhaftungen.

Stadtbesichtigung

Die Sehenswürdigkeiten der Stadt befinden sich alle in Zentrumsnähe. Die Touristeninformation (Adresse s.u.) hat drei sehr ausführliche Wege durch das Zentrum ausgearbeitet. Diese Wege sind mit Farben auf dem Straßenpflaster und den Häusern (grün, rot, blau) markiert, sie beginnen alle am Cabildo an der zentralen Plaza. Der hier vorgeschlagene Rundgang durchs Stadtzentrum berührt nicht alle Punkte der drei Wege, er ist kürzer. Aber unabhängig von den Vorschlägen sollte man durch die Stadt schlendern; besonders wenn man aus einsameren Regionen kommt, ist das Leben in den Straßen mitunter faszinierend.

Plaza San Martín

Zentrum der Stadt ist die Plaza San Martín, dort beginnen auch die Fußgängerzonen. Für den Autoverkehr sind u.a. die Straßen Obispo Trejo, Rivera Indarte, 25 de Mayo, 9 de Julio und Ayacucho gesperrt. Diese Fußgängerzonen laden zum Bummeln ein, sie sind allerdings an den Wochenenden, genauso wie die gesamte Innenstadt, ziemlich ausgestorben.

Das Denkmal auf der Plaza San Martín, dessen Sockel aus Granit der Provinz besteht, zeigt natürlich den Feldherrn. Er blickt auf Cabildo und Kathedrale, zwei der schönsten Kolonialbauten Córdobas, vielleicht ganz Argentiniens:

Cabildo

Der Cabildo stammt ursprünglich von 1588, aber das heutige Gebäude mit seinem Arkadengang im Erdgeschoss wurde Ende des 18. Jahrhunderts errichtet. Im Cabildo ist heute u.a. das **Städtische Historische Museum** untergebracht, es ist Di bis So von 9–21 Uhr geöffnet.

Kathedrale

Mit dem Bau der daneben liegenden Kathedrale begann man 1574 und brauchte von da an etwa zweihundert Jahre, bis sie 1782 mit den beiden Türmen endlich vollendet wurde. Konsequenterweise ist sie ein Stilgemisch: Die Kuppel folgt romanischen Vorbildern, die Türme sind barock mit indianischen Verzierungen, der Portikus ist neoklassizistisch. Trotz ihrer reichen Innenaustattung wirkt die Kirche nicht überladen. Der silberne Altar stammt aus dem 19. Jahrhundert.

Kirche/Konvent Santa Teresa

Überquert man die 27 de Abril, steht man direkt vor der nächsten kolonialen Kirche: Kirche und Konvent Santa Teresa stammen aus dem frühen 17. Jahrhundert. Daneben steht das **Museo de Arte Religioso „Juan de Tejeda“.** Es zeigt religiöse Kunst, zum größten Teil kommen die Kostbarkeiten aus der Schatzkammer der Kathedrale. Es ist allerdings nur Mi bis Sa von 9.30– 12.30 Uhr geöffnet.

Durch die 27 de Abril gelangt man zur Fußgängerzone Obispo Trejo, die nach links – gesäumt von Cafés – zur Jesuitenkirche, dann zur Universidad

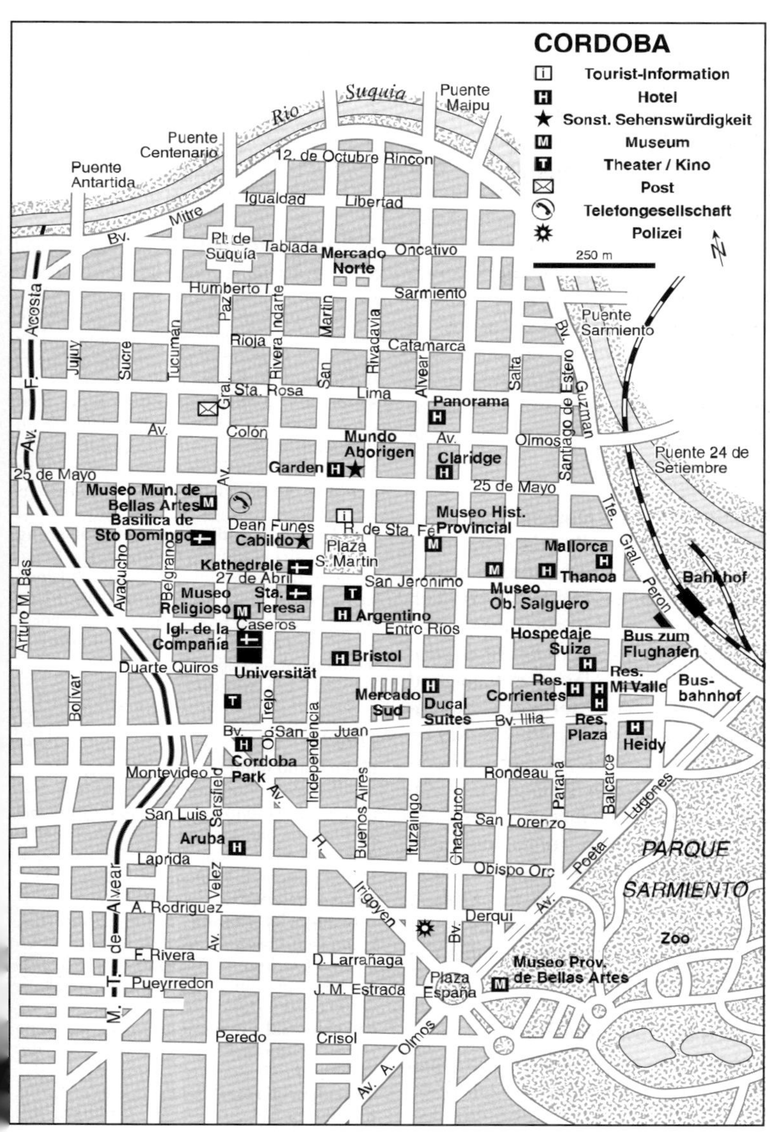
CORDOBA
Tourist-Information
Hotel
Sonst. Sehenswürdigkeit
Museum
Theater / Kino
Post
Telefongesellschaft
Polizei
250 m
Rio Suquia
Puente Maipu
Puente Centenario
Puente Antartida
12. de Octubre Rincon
Igualdad
Libertad
Bv. Mitre
Pl. de Suquía
Tablada
Mercado Norte
Oncativo
Humberto I
Sarmiento
Puente Sarmiento
Av. F. Acosta
Jujuy
Sucre
Tucuman
Gral. Paz
Rivera Indarte
San Martin
Rivadavia
Alvear
Salta
Bv. Santiago de Estero
Guzman
Rioja
Catamarca
Sta. Rosa
Lima
Panorama
Av. Colón
Mundo Aborigen
Av. Olmos
Claridge
Garden
Puente 24 de Setiembre
25 de Mayo
Museo Mun. de Bellas Artes
Basilica de Sto Domingo
Dean Funes
R. de Sta. Fe
Museo Hist. Provincial
Cabildo
Plaza S. Martin
Mallorca
Tte. Gral. Peron
Kathedrale
27 de Abril
San Jerónimo
Thanoa
Bahnhof
Museo Religioso
Sta. Teresa
Museo Ob. Salguero
Argentino
Caseros
Entre Rios
Arturo M. Bas
Avacucho
Belgrano
Igl. de la Compañia
Hospedaje Suiza
Bus zum Flughafen
Bristol
Duarte Quiros
Universität
Res. Mi Valle
Bus-bahnhof
Bolivar
Trejo
Mercado Sud
Ducal Suites
Res. Corrientes
Bv. Ob. San Juan
Bv. Illia
Res. Plaza
Heidy
Cordoba Park
Montevideo
Independencia
Rondeau
Paraná
Balcarce
Sarsfield
San Luis
Av. H. Irigoyen
Buenos Aires
Ituzaingo
Chacabuco
San Lorenzo
Av. Poeta Lugones
Aruba
PARQUE SARMIENTO
Laprida
Obispo Oro
Av. M. T. de Alvear
Av. Velez
A. Rodriguez
Bv. Derqui
Zoo
F. Rivera
D. Larrañaga
Museo Prov. de Bellas Artes
Pueyrredon
J. M. Estrada
Plaza España
Peredo
Crisol
Av. A. Olmos

Nacional de Córdoba und zum Colegio Nacional de Montserrat führt.

Iglesia de la Compañía

Die Jesuitenkirche Iglesia de la Compañía wurde 1640 begonnen und 1671 beendet. Sie bietet einen eigenartigen Kontrast mit ihrer schlichten, strengen Fassade und dem stark geschmückten, aber nicht überladenen Innenraum. Das Dach hat die Form eines umgekehrten Schiffsbauches, es wurde aus Holz, das eigens aus Misiones herbeigeholt werden musste, gebaut. Im Vorübergehen sollte man einen Blick in den Patio des Colegio de Montserrat werfen.

Basílica de Santo Domingo, Iglesia Santa Catalina de Sena

Bis zum Bv. San Juan folgt man der Obispo Trejo, wendet sich dort nach rechts und gelangt zur Plaza Velas Sarsfield, wo das Teatro del Libertador San Martín steht. Nach rechts folgend erreicht man nach vier Blocks die Basílica de Santo Domingo. Die Kirche stammt weitgehend aus dem 19. Jahrhundert, sie besitzt schöne blaue Kacheln *(azulejos)* an ihren Türmen.

Durch die Deán Funes, der man nach rechts folgt, nähert man sich wieder der Plaza; rechts in der Obispo Trejo steht – sozusagen direkt hinter der Kathedrale – die Iglesia Santa Catalina de Sena.

Museo Histórico Provincial

Nicht nur an Schlechtwettertagen empfiehlt sich das Museo Histórico Provincial Marqués de Sobremonte, Calle Rosario de Santa Fé 218. Es besitzt eine interessante und riesige Sammlung von religiösen Bildern, Gaucho- und indianische Waffen, Möbeln u.a. aus der Kolonialzeit. Das Museum ist Di bis Fr 8.30–13.30 und 16–20 Uhr geöffnet, Sa/So 10– 13 Uhr.

Touristeninformation

- Eine erste Informationsstelle ist im Busbahnhof, zwei weitere finden sich an der Plaza San Martín, einmal auf der Straße Rosario de Santa Fé, das andere Mal im Cabildo, Eingang von der Deán Funes, geöffnet Mo bis Fr 8–20, Sa/So 9–20 Uhr.
- Wer mehr über **Wanderrouten** in den Sierras de Córdoba erfahren will, sollte sich an den **Club Andino** wenden, in der Duarte Quiros 1591 oder Obispo Trejo 658. Er ist nur Mittwochabend und samstags vormittags geöffnet.
- Mehr über die **indianische Urbevölkerung** erfährt man bei **Mundo Aborigen.** Die Organisation, die auch Kunstgewerbe und Literatur vertreibt, unterhält auf der Calle 25 de Mayo 73 im Büro 6 und 7 eine kleine Bibliothek. Sie ist nur Sa 10–12 Uhr geöffnet.
- **Asatej** hat sein Büro Belgrano 194, Tel. 426-5225. cordoba@asatej.com.ar

Hotels

Einfach und billig

Die meisten billigen Hotels liegen zwischen Busbahnhof und Stadtzentrum. Sie kosten alle ungefähr 8 US-$. Eine Auswahl:

- **Bristol,** Pje. Tomás Oliver 64, Tel. 423-9950; gutes Preis-Leistungsverhältnis.
- **Hospedaje Suiza,** Corrientes 569.
- **Residencial Thanoa,** San Jerónimo 479. Freundlich, aber sehr schlicht.
- **Hotel Claridge,** 25 de Mayo 218, Tel. 421-5741. Im Zentrum, einige Zimmer mit Balkon. DZ mit Bad 9 US-$.
- **Residencial Corrientes,** Corrientes (keine Hausnummer, aber direkt in der Nähe der anderen).
- **Residencial Plaza,** Balcarce 336.
- **Mallorca,** Balcarce 73, Tel. 423-9234.

Hotels der Mittelklasse

- **Garden,** 25 de Mayo 35, Tel. 421-4729; sehr zentral, aber nicht nur deswegen sehr empfehlenswert, 15 US-$.
- **Aruba,** Laprida 136, Tel. 424-1172; 18 US-$.
- **Argentino,** Entre Ríos 60, Tel. 421-4609; 20 US-$.
- **Heidy,** Bv. Illia 619, Tel. 421-8906; mit Frühstück, Kochmöglichkeit und Fernsehen, 25 US-$.
- **Gran Hotel Dorá,** Entre Ríos 70, Tel. 421-2031, 22 US-$.

Luxushotels

- **Panorama,** Marcel T. de Alvear 251, Tel. 420-4000; 45 US-$.
- **Córdoba Park,** Bv. San Juan 165, Tel. 420-7000; 50 US-$.
- **Ducal Suites Hotel,** Corrientes 201, Tel. 426-8888; 40 US-$.

Camping

- Hinter dem Messegelände befindet sich der städtische Campingplatz. Er ist mit Bus Nr. 31 zu erreichen.

Essen und Trinken

Preiswerte und gute **Cafés** finden sich in der Nähe der Universität auf der Obispo Trejo. An der Plaza liegen einige Confiterías, preiswertere **Restaurants** finden sich in der Nähe des Busbahnhofs. Preiswert und gut kann man auch im **Mercado Norte** Rivadavia/Ecke Oncativo essen. In vielen Restaurants wird eine Art kalten und warmen Büffets serviert. Man nimmt sich sein Essen und bezahlt an der Kasse nach Gewicht.

Nachtleben

- Einige teure **Diskotheken** finden sich auf der Av. H. Irigoyen.
- Vor dem Cabildo, an der Plaza San Martín, finden in den Sommermonaten abends kostenlose **Kulturveranstaltungen,** Filmvorführungen etc. statt.

Flugverbindungen

- Der **Flughafen Pajas Blancas** liegt 11 km außerhalb der Stadt, der Bus 55 fährt vom Flughafen ins Stadtzentrum (40 Minuten, ca. 1 US-$).
- Von dort fliegen **täglich** mehrere Maschinen **nach Buenos Aires** (zu beiden Flughäfen dort; 66 US-$), und mehrmals wöchentlich nach: Comodoro Rivadavia, Jujuy, Mendoza, Neuquén, Río Gallegos, Rosario, Salta, San Juan, Santiago del Estero, Trelew, Tucumán, Ushuaia, Santiago de Chile, Florianopolis, Rio de Janeiro und Sao Paulo.
- **Varig,** 9 de Julio 40, 2° piso, Tel. 426-3315.
- **LAPA,** Av. Figueroa Alcorta 181, Tel. 426-3336.
- **TAN,** Av. Colón 113, 3° piso, Tel. 421-6458.
- **Southern Winds,** Av. Colón 540, Tel. 425-8398.
- **Aerolíneas Argentinas/Austral,** Av. Colón 520, Tel. 426-7600.
- **Dinar,** Av. Colón 533, Tel. 433-1700.
- **LanChile,** 9 de julio 53, Tel. 424-4233.

Überlandbusse

- Der moderne **Busbahnhof,** der mit allem Erdenklichen wie Restaurants, Geschäften, einer Bank, Postamt, Telefonservice, öffentliche Duschen, Touristeninformation und sogar einer Wäscherei ausgestattet ist, liegt Bv. Perón 300, Tel. 423-0162.

Vom Busbahnhof fahren Busse zu fast allen Orten Argentiniens; einmal oder mehrfach täglich angefahren werden u.a.

- **Buenos Aires,** 12 US-$, 10 Stunden.
- **Bariloche,** 25–30 US-$, 22 Stunden.
- **Mendoza,** 10 US-$, 10 Stunden.
- **Salta,** 13 US-$, 12 Stunden.
- **Jujuy,** 15 US-$, 13 Stunden.
- **La Rioja,** 5 US-$, 7 Stunden.
- **Tucumán,** 9 US-$, 8 Stunden.
- **Posadas,** 15 US-$, 20 Stunden.
- **Santiago del Estero,** 6 US-$, 5 Stunden.
- **Neuquén,** 15 US-$, mind. 20 Stunden.
- **Asunción,** 17 US-$, 17 Stunden.
- **Montevideo,** 20 US-$, 15 Stunden.
- **Santiago de Chile,** 20 US-$.
- **Villa Gral. Belgrano,** 2 US-$, 2 Stunden.

Autoverleih

Viele Autoverleiher haben ein Büro **am Flughafen.** In der Stadt befinden sich folgende Büros:

- **Al Rent a Car,** Entre Ríos 70, Hotel Dorá, Tel. 422-4867.
- **Avis,** Corrientes 452, Tel. 426-1110.
- **Budget,** Av. Figueroa Alcorta 50, Tel. 424-5083.
- **Dollar,** Av. Chacabuco 163/185, Tel. 421-0426.
- **Hertz,** Marcel T. de Alvear 251, Hotel Panorama, Tel. 425-1313.
- **Localiza,** Humberto Primo 531, Tel. 432-6505.

Post

- Die Hauptpost ist an der Ecke Colón/Paz, Poste Restante bei Colón 260.

Geldwechsel

- Viele **Casas de Cambio** sind auf der Rivacavia in der Nähe der Plaza San Martín.
- **Geldautomaten** finden sich am Busbahnhof oder auch in den Fußgängerzonen der Innenstadt.

Reiseveranstalter

Reisebüros veranstalten Touren durch die Stadt und in die nahegelegenen Ziele der Sierra de Córdoba.

- **Carolina,** San Jerónimo 270, Local 13/14.
- **Aero Ruta,** 25 de Mayo 49, Tel. 425-3918; auch deutschsprachige Führungen sind möglich.

Konsulate

- **Deutschland,** Eliseo Canton 1870, Tel. 489-0900.
- **Österreich,** J. Cortés 636, Tel. 472-0450.
- **Schweiz,** Entre Ríos 185, Tel. 422-6848.

Sonstiges

- Ein **Goethe-Institut** ist in Rondeau 260, Tel. 424-0194. Das Infozentrum ist Mo bis Fr 17–20.45 Uhr sowie Fr/Sa 9.30–13 Uhr geöffnet.
- **Internet-Zugang** gibt es bei Cybercafé in der Av. Maipu/Ecke Colón und im Cabildo (1 US-$ pro Stunde, vorher anmelden).

Mar Chiquita ⇗XI,D1

„Kleines Meer" heißt der **Binnensee** etwa 200 km nordöstlich von Córdoba zu Recht: Das Wasser des etwa 1900 km² großen Sees ist stark salzhaltig, die Konzentration schwankt je nach Zuflussmenge zwischen etwa 15 und 35 Prozent. Das Mar Chiquita liegt in einer abflusslosen Senke, es war wohl ehemals – im Spätquartär, also vor ca. 1 Mio. Jahren – ein viel größerer Süßwassersee, der auch einen Abfluss zum Paraná hatte. Durch tektonische Veränderungen ging dieser Abfluss verloren, die gleichzeitige Verminderung der Niederschläge verursachte den Schrumpfungs- und Versalzungsprozeß. Im Jahr 1822 veränderte dann noch der Río Dulce, der wichtigste, von Norden kommende Zufluss des Sees, sein Flussbett. Ein Arm fließt seitdem durch die großen **Salinas de Ambargasta** und schwemmt von dort große Salzmengen mit ins Mar Chiquita. Da gleichzeitig der Río Suquía (Río Primero) und der Río Xanaes (Río Segundo) nur in Flutzeiten das Mar Chiquita erreichen – ansonsten wird ihr Wasser durch künstliche Bewässerung der Felder aufgebraucht – wird der Versalzungsprozess immer stärker.

Mar Chiquita ist ein **beliebtes Urlaubsziel im Sommer.** Das Wasser ist warm, und es hilft dank des hohen Salzgehaltes gegen rheumatische Erkrankungen und Hautkrankheiten. Der wichtigste Ort am See ist **Miramar,** er besitzt Hotels und Campingplatz und ist mit dem Bus von Córdoba aus zu erreichen.

Sierras de Córdoba

Westlich von Córdoba erstrecken sich über eine Länge von etwa 500 km die Sierras de Córdoba. Sie sind Teil der so genannten **Pampinen Sierren,** die sich wie lang gestreckte Inseln aus dem Flachland erheben. Die Sierra de Córdoba ist das am weitesten nach Südosten vorgeschobene dieser Gebirge. Typisch für sie ist auch der recht sanfte Anstieg von der Ostseite (von Córdoba aus) und der jähe Abfall nach Westen.

Die Sierras de Córdoba, die in ihrem höchsten Punkt, dem Cerro Champaquí, 2884 m erreichen, sind ein **beliebtes Urlaubsziel für Naturliebhaber,** allerdings gibt es nur wenig markierte Wanderwege. Wer dort wandern will, sollte sich genaue Informationen beim Club Andino in Córdoba besorgen.

Von Córdoba fährt man etwa 40 km nach Westen, vorbei an La Calera, dann teilt sich bei Villa Carlos Paz die Straße. Eine führt nach Norden ins Punilla-Tal, eine andere nach Südwesten Richtung Minas Clavero und weiter hinauf ins Tal Traslasierra. Kurz vorher war bereits nach Süden eine weitere Richtung Alta Gracia und Villa General Belgrano (s.u.) abgebogen. So werden hier auch zunächst die Orte La Calera und Carlos Paz beschrieben, danach eine Route nach Norden und eine nach Süden und Südwesten.

Alle Orte an diesen Routen haben mehrmals täglich eine **Busverbindung nach Córdoba,** teilweise sogar direkt nach Buenos Aires. So fahren beispielsweise täglich 15 Busse nach Villa General Belgrano, der erste schon um 5.40 Uhr, der letzte um 21 Uhr. Nach Norden besteht sogar zusätzlich eine **Zugverbindung**, die bereits 1892 angelegt, aber 1977 stillgelegt wurde. Seit Dezember 1993 fährt der Zug wieder einmal täglich von Córdoba, zur Zeit über Cosquin (2 Stunden, 8 US-$) bis nach Cruz del Eje (16 US-$).

La Calera

Nur knapp 20 km westlich von Córdoba liegt dieses typisch argentinische Ausflugsziel. Es besteht im Wesentlichen aus einigen Restaurants und Parrilladas sowie Kunsthandwerk- und Lebensmittelgeschäften, die um eine Jesuiten-Kapelle aus dem 17. Jahrhundert gebaut sind.

Villa Carlos Paz

36 km westlich von Córdoba liegt Villa Carlos Paz, ein Ort, der von dem Großgrundbesitzer *Carlos Nicandro Paz* 1914 gegründet wurde. Die Lage an dem **Stausee,** dessen Damm damals der größte der Welt war, erschien *Paz* attraktiv genug für einen Urlaubsort, und die weitere Entwicklung gab ihm recht. Heute ist Carlos Paz mitunter, besonders im Januar, arg überlaufen, die guten Wassersportmöglichkeiten wollen halt von vielen genutzt werden.

- Die **Touristeninformation** ist im Busbahnhof, sie hilft bei der Zimmersuche (Tel. 42-1624).
- Gut und preiswert ist das **Hotel Villa Carlos Paz Parque**, Santa Fé 50, ein schönes **Restaurant** ist das – wie sonst – **Carlos Paz,** Av. Uruguay 700. Es stehen mehrere **Campingplätze** zur Verfügung.

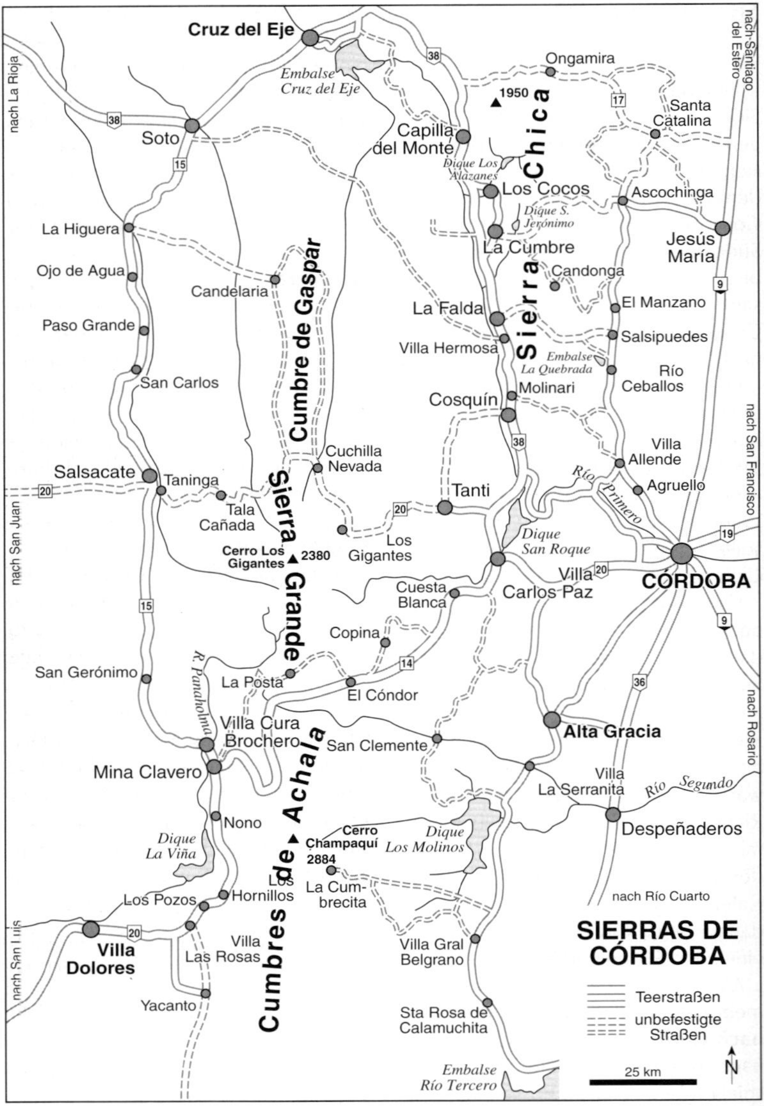

SIERRAS DE CÓRDOBA

Teerstraßen
unbefestigte Straßen
25 km
N

Cruz del Eje
Embalse Cruz del Eje
38
Ongamira
nach Santiago del Estero
nach La Rioja
1950
17
Santa Catalina
Soto
Capilla del Monte
Sierra Chica
15
Dique Los Alazanes
Los Cocos
Ascochinga
Dique S. Jerónimo
La Higuera
La Cumbre
Jesús María
Ojo de Agua
Candonga
Candelaria
Cumbre de Gaspar
9
El Manzano
La Falda
Paso Grande
Salsipuedes
Villa Hermosa
Embalse La Quebrada
San Carlos
Río Ceballos
Molinari
Cosquín
nach San Francisco
Villa Allende
Cuchilla Nevada
Salsacate
Taninga
Río Primero
Tanti
20
Agruello
Tala Cañada
Sierra Grande
Dique San Roque
19
nach San Juan
Cerro Los Gigantes 2380
Los Gigantes
Villa Carlos Paz
CÓRDOBA
Cuesta Blanca
Copina
San Gerónimo
R. Panaholma
La Posta
14
El Cóndor
36
nach Rosario
Villa Cura Brochero
Alta Gracia
San Clemente
Mina Clavero
Cumbres de Achala
Villa La Serranita
Río Segundo
Despeñaderos
Nono
Cerro Champaquí 2884
Dique Los Molinos
Dique La Viña
Los Hornillos
La Cumbrecita
nach Río Cuarto
Los Pozos
nach San Luis
Villa Dolores
Villa Las Rosas
Villa Gral Belgrano
Yacanto
Sta Rosa de Calamuchita
Embalse Río Tercero

Von Carlos Paz nach Norden

Cosquín

Die Kleinstadt im Punilla-Tal, 63 km von Córdoba entfernt, platzt jedes Jahr in den letzten beiden Januarwochen aus allen Nähten. Dann findet hier das **Internationale Folklore-Festival** statt, das größte seiner Art in Argentinien, begleitet von Kunsthandwerkverkauf, aber auch von Ausstellungen und Diskussionsforen. Hier treten Künstler aus dem gesamten Land, aber auch aus andern Ländern Lateinamerikas auf. Die Tickets sind für das Gebotene recht preisgünstig; sie kosten zwischen 5 und 25 US-$. So wundert es auch nicht, dass der Ort ein gutes Folklore-Museum besitzt.

Vom **Stadtberg**, dem 1200 Meter hohen **Pan de Azúcar,** hat man eine guten Überblick über die Stadt, bei klarer Sicht sogar bis nach Córdoba. Man gelangt mit einer etwa 5 km langen Wanderung oder aber mit dem Sessellift *(aerosilla)* hinauf. Oben befindet sich eine Bar, die einem Bewunderer von *Carlos Gardel* gehört. Der macht keinen Hehl aus seiner Verehrung, sogar eine riesenhafte Statue des Tango-Königs besitzt er.

● Die **Touristeninformation** in Cosquín ist in der San Martín 560; preiswerte **Hotels** finden sich nahe der Busstation und auch die **Jugendherberge Acapulco,** La Paz 75, Tel. 03541/421929. acapulco@hostels.org.ar

La Falda

Auf knapp 1000 m Höhe liegt der kleine Urlaubsort La Falda, 78 km von Córdoba entfernt. Der Ort wurde erst 1943 gegründet, er ist heute als Luftkurort anerkannt, da er ein ausgezeichnetes **Mikroklima** besitzt. Neben zwei Museen, dem Museum für Miniatureisenbahnen und dem Archäologischen Museum, lockt vor allem die Umgebung des Ortes zu ausgedehnten Spaziergängen. Beliebtestes Ausflugsziel ist der **Wasserfall von Olaén,** zu erreichen, indem man der Ruta 38 von La Falda nach Süden folgt, dann einem Nebenweg (ausgeschildert) 15 km lang bis zu den Cascadas de Olaén. Die letzten 5 km müssen gewandert werden, da der Weg hier nicht befahrbar ist.

● Im Busbahnhof ist das **Tourismusbüro,** der Ort besitzt etwa **30 Hotels** aller Preiskategorien. 2 km außerhalb der Stadt, in Vaquerías, liegt das Ferienzentrum der Universität von Córdoba, in dem jeder Student unterkommen kann. La Falda besitzt auch einige **Campingplätze.**

Von Carlos Paz nach Südwesten und Süden

Mina Clavero

Schon die Fahrt zum auf 915 m Höhe gelegenen, 170 km von Córdoba entfernten Urlaubsort Mina Clavero ist ein Erlebnis. Der Bus quält sich die Straßen hinauf, vorbei an **Stauseen und Wäldern,** vereinzelt stehen auch Palmen.

Mina Clavero ist heute der beste Urlaubsort, um den **höheren Teil der Sierra** zu erkunden. Er ist sehr beliebt, auch dank der beiden Flüsse, die mit ihren Stränden schon in der Stadt zum Baden einladen.

Obwohl die Stadt infolge der beiden Flussläufe kaum dem argentinischen

Idealbild einer Stadt mit Schachbrettgrundriss entspricht, ist sie dank ihrer Größe doch sehr übersichtlich.

Der **Busbahnhof** liegt zentral, das **Tourismusbüro** auf der Av. San Martín 1464 nur vier Blocks südöstlich.

● Es gibt mehrere **Campingplätze** und **Hotels** aller Preiskategorien, allerdings haben viele billigere Unterkunftsmöglichkeiten außerhalb der Saison geschlossen. Das Tourismusbüro verfügt über aktuelle Listen. Eins der besten am Ort ist die Hotel- und Bungalow-Anlage **Colina del Valle,** Olmos Sud s/n, Tel. 471-177, www.colinadelvalle.com, mit Schwimmbad, DZ 40 US-$.

Ins Traslasierra-Tal

Südlich von Mina Clavero geht es hinauf ins Valle Traslasierra („hinter den Bergen"), ein ruhiges Tal, das die ländliche Idylle pflegt – und praktiziert: Hier haben sich zahlreiche Freunde der **Esoterik** und der **Naturheilkunde** niedergelassen und bieten Kurse, Workshops und Relax-Wochenenden in allen denkbaren Disziplinen an: Massagen, Reiki, Yoga, Shiatsu, Akupunktur usw. Selbst eine schamanische Sekte mit Aussteigern aus Buenos Aires fehlt nicht (Inti Waka, intiwa-

a63-327 Foto: kd

ka@hotmail.com). Ein breites Spektrum bietet beispielsweise das Zentrum **Atalaya de los Arcángeles** in La Población, Tel. 03544/482-111, www.atalaya-spa.com.ar, DZ für 30 US-$ mit Frühstück.

Wem der Sinn eher nach **Trekking** steht, der kann von Villa Las Rosas oder San Javier aus auf den Cerro Champaquí steigen, mit 2884 m der höchste der Sierra Grande. Nähere Informationen im Touristenbüro von Mina Clavero oder Villa Las Rosas oder beim Club de Trekking Andar, wo Bergführer *Roberto López* zahlreiche Touren in der Gegend anbietet, so den Aufstieg auf den Champaquí als Tagestour für 15 US-$, Tel. 03544/471-426, www.usuarios.arnet.com.ar/andar/.

Alta Gracia

Der kleine Ort, 29 km südwestlich von Córdoba, entstand um eine Estanzia, die bereits 1588 gegründet wurde. 1643 übernahmen die Jesuiten diese Estanzia und nutzten sie bis zu ihrer Vertreibung 1767. Sie errichteten einige zusätzliche Gebäude, darunter die Kirche Nuestra Señora de la Merced. Der vorletzte Besitzer dieser Estanzia war **Santiago de Liniers,** der als Vizekönig 1806 die englische Invasion in Buenos Aires zurückschlagen half. Später wurde er, da er sich gegen die argentinischen Unabhängigkeitsbestrebungen stellte, exekutiert. Sein Wohnhaus, in dem er aber nur fünf Monate lebte, ist heute **Museum.** Es ist Di bis Fr von 9–13 und 16–19.45 Uhr, Sa und So von 9.30–12.30 sowie 17–20 Uhr geöffnet.

- Alta Gracia bietet eine Fülle von **Unterkunftsmöglichkeiten,** das **Tourismusbüro** ist auf der Av. Delotajama/Ecke Calle de Molino.

Villa General Belgrano

Vollständig auf Tourismus ausgerichtet ist auch Villa General Belgrano, 90 km südwestlich von Córdoba. Die Kleinstadt ist berühmt in Argentinien: Hier findet jedes Jahr im Oktober das **größte Bierfest des Landes** statt. Kein Wunder, denn Villa General Belgrano ist fest in der Hand deutscher Einwanderern oder deren Nachfahren. Und so kommen viele Argentinier hierher, um einmal genau zu sehen, wie sich **„deutsche Gemütlichkeit"** mit Wiener Schnitzel, Würstchen mit Kraut, Kirschkuchen und viel, viel Bier darstellt. Allerlei Kitsch wird verkauft, Bierseidel mit den Wappen von Köln, München, Berlin oder Städtchen wie Bad Nauheim oder gar „Maintz" (so die Originalschreibweise).

Andere sehr typische **Feste** sind das „Fest der Wiener Torten" (das ausgerechnet in der Karwoche stattfindet) und das „Fest der Alpenmilchschokolade" (im Juli).

Villa General Belgrano wurde auch **von Deutschen begründet.** *Georg Kaphuhn* und *Paul Heintze* kauften 1932 ein ausgedehntes Gebiet, parzellierten es und boten es in den deutschsprachigen Ländern an. Später kamen

Das „Oktoberfest-Gebäude" in Villa General Belgrano

auch italienische und spanische Familien, die Mehrheit blieben jedoch Deutschsprachige, so beispielsweise auch zahlreiche Überlebende des deutschen Kriegsschiffes Graf Spee, das sich 1940 im Río de la Plata vor Montevideo selbst versenkt hatte.

Villa General Belgrano ist gut als Ausgangspunkt für **Wanderungen in die Umgebung,** zum Beispiel auf den Pico Alemán.

● Das **Tourismusbüro** ist auf der Plaza José Hernández, es hilft bei der Wahl eines Hotels. Teurer sind die **Hotels Bavaria, Berna, Bremen, Edelweiss** und **Prater,** billiger die Pensione und Residenciales wie **Alpino** und **Düsseldorf.** Es gibt auch zwei **Campingplätze** und eine **Jugendherberge,** Valle de Calamucita, Tel. 03546/461323. cordoba1@hostels.org.ar.

San Luis und La Pampa

Die im Südwesten an die Provinz Córdoba angrenzende Provinz **San Luis** ist mit einer Fläche von 76.748 km² und einer Einwohnerzahl von ungefähr 370.000 Menschen eine der kleineren Provinzen in Argentinien. Sie ist flach und wird im Westen von salzigen und sandigen Weiden geprägt, im Süden von ausgedehnten grünen Ebenen, die schon langsam die Vegetation der südlich sich anschließenden Pampa-Provinz aufweist. Die Provinz ist im Norden stärker besiedelt, durch den Süden führen nur wenige Straßen, an denen sehr kleine Ortschaften liegen.

Die Provinz **La Pampa** ist mit 143.440 km² fast doppelt so groß wie San Luis, hat allerdings nur knapp 300.000 Einwohner. Hier gibt es die weiten **Weideflächen,** auf denen ab und an eine Rinderherde zu sehen ist, fast nie jedoch ein Mensch. Lediglich am Ostrand, nördlich der Hauptstadt Santa Rosa, ist ein dichter bewohntes Gebiet, große Flächen im Westen sind dagegen fast menschenleer.

San Luis (Stadt) ⇗ XI,C2

Die **beschauliche Provinzhauptstadt** hat etwa 130.000 Einwohner. Das Leben ist ruhig, besonders während der Siestazeit. Abends flaniert man über die Plaza Pringles im Stadtzentrum, dann über die San Martín zur Plaza Independencia und über die Rivadavia wieder zur Plaza Pringles zurück. An den beiden Plätzen liegen auch die wichtigsten Sehenswürdigkeiten der 1594 von General *Luis Jofre* unter dem ellenlangen Namen San Luis de Loyola de Nueva Medina de Río Seco de la Punta de los Venados gegründeten Stadt.

Sehenswürdigkeiten

Es gibt **zwei Kirchen:** an der Plaza Pringles die neoklassizistische, dreischiffige Kathedrale, erbaut im 19. Jahrhundert, an der Plaza Independencia die Iglesia de Santo Domingo. Sie wurde 1930 errichtet und ersetzte damals eine Kirche aus dem 17. Jahrhundert. Ihr Portal ist erstaunlicherweise mit maurischen Arabesken verziert. Nebenan befindet sich ein lohnenswerter Kunsthandwerkermarkt.

Touristeninformation

- Die Touristeninformation liegt auf der Junín, nahe der Plaza, gegenüber dem Postamt. Einen **e-Mail-Service** bietet die Tankstelle Junín/Ecke Bolívar.

Hotels

Einfach und billig

- **Residencial San Antonio,** Av. Lafinur/Ecke España; 8 US-$ mit Frühstück.
- **Rivadavia,** Estado de Israel 1470, Tel. 42-2437; 8 US-$, sehr empfehlenswert.
- **Residencial María Eugenia,** 25 de Mayo 741, Tel. 43-0361. Große saubere Zimmer, DZ mit Bad 9 US-$.

Hotels der Mittelklasse

- **Hotel Dos Venados,** Pte. Perón/Ecke República de Líbano, Tel. 422-312; 20 US-$.

Camping

- Etwa 4 km außerhalb der Stadt liegt **am Río Volcán** ein Campingplatz.

Flugverbindungen

- Täglich geht ein Flug nach Buenos Aires. **Aerolíneas Argentinas** und **Austral** haben ihr gemeinsames Büro in der Colón 733, Tel. 432111.

Überlandbusse

- Vom **Busbahnhof** auf der España zwischen San Martín und Rivadavia fahren täglich Busse nach:
- **Buenos Aires,** 15 US-$, 12 Stunden.
- **Córdoba,** 6 US-$.
- **Mendoza,** 5 US-$, 3 Stunden.

Parque Nacional Sierra de las Quijadas ⇗XI, C2

Wie Talampaya und Valle de la Luna bietet auch dieser, 120 km nordöstlich von San Luis bei Hualtarán gelegene Nationalpark **bedeutende geologische und paläontologische Kostbarkeiten.** In dem semiariden Gebiet, geprägt durch rötliche Sandsteinfelsen, die von Wind und Wetter zu bizarren Formationen ausgewaschen wurden, in steilen Canyons, fanden Wissenschaftler Fossilien aus der Jura- und Creta-Zeit, darunter ein einzigartiges fliegendes Reptil.

Der 150.000 ha große Park ist **leicht zu erreichen:** An der Ruta 147 von San Luis nach San Juan liegt das Dörfchen Hualtarán (Busfahrer lassen einen dort raus), von dort führt eine 6 km lange Schotterpiste nach Westen mitten in den Park hinein zu einem Aussichtspunkt. Mitunter kann man von der Kreuzung in Hualtarán bis dorthin per Autostopp gelangen. Der Park kostet keinen Eintritt, man kann an dem Aussichtspunkt auch campen (kleiner Laden vorhanden).

Trekking im Park ist ohne Führer schwierig, da die Wege sehr schlecht markiert sind. Organisierte Touren sind von San Luis aus möglich, beispielsweise mit dem Grupo de Investigaciones Geológicas Aplicadas, *David Rivarola,* Universidad San Luis, Tel. 42-3789, oder mit *Juan Alberto Alfonzo,* Francia 2226, Tel. 43-4956, oder im Park selbst mit einem Parkranger für 20 US-$.

a19-95 Foto: gw

Vicuñas

Merlo ⇗XI,C2

Etwa 180 km nordöstlich von San Luis, direkt an der Provinzgrenze zu Córdoba, liegt in der Sierra de Comechigones die Kleinstadt Merlo. Sie ist berühmt für ihr spezielles **Mikroklima,** eines, wie es ansonsten nur noch in der Gemeinde Lenk in der Schweiz und in Kalifornien auftritt.

So ist der Ort bestens als **Kurort** geeignet, besonders bei Atemwegserkrankungen, bei Rheumatismus und auch bei allgemeinen, durch Stress bedingten Erschöpfungserscheinungen.

Praktische Informationen 

- Man erreicht Merlo per **Bus** von San Luis oder Córdoba, es gibt **Unterkünfte** aller Klassen und Preislagen. Das **Touristenbüro** liegt an der Plaza.

Santa Rosa ⇗XVI,A1/2

Die **Provinzhauptstadt der Pampa** hat etwa 80.000 Einwohner, und damit ist auch schon fast alles über sie gesagt. 1892 wurde Santa Rosa durch *Tomás Masón* offiziell gegründet, und nachdem La Pampa 1951 eigenständige Provinz wurde, erhielt Santa Rosa die Hauptstadtwürde. Verlaufen kann man sich in der Kleinstadt nicht, direkt gegenüber dem Busbahnhof liegt die **Touristeninformation,** und dort beginnt auch die Av. San Martín, die wichtigste Straße der Stadt. Wer in Santa Rosa bleibt, sollte das **Museo**

Provincial, Pellegrini 190/Ecke Quintana, aufsuchen, es zeigt Natur- und Kulturgeschichte der Pampa-Provinz.

Praktische Informationen

- Gute, recht preiswerte Hotels sind die **Hostería Río Atuel,** Luro 256, vis-à-vis vom Busbahnhof (etwa 15 US-$), und das **San Martín,** Alsina 101, ca. 8 US-$.
- Vom **Busbahnhof** fahren täglich mehrere Busse nach Buenos Aires (8 US-$, 6 Stunden) und Bariloche (17 US-$, über 20 Stunden) und zu Punkten auf den jeweiligen Routen.

Parque Luro

⇗XVI,A2

Nur 35 km südlich der Stadt erstreckt sich der Parque Luro, ehemals ein privates Jagdgelände, das dann zu einer Art **Tierpark** umgestaltet wurde. Der 7500 ha große Park gehörte damals *Dr. Pedro Luro,* der schon vor dem Ersten Weltkrieg dort einen Wildpark, auch mit hier fremden, z.B. europäischen Wildtieren einrichtete. Heute ist der Park eine Art Tiergarten, wo einheimische Wildtiere in relativer Ruhe und Freiheit leben, es gibt auch einen kleinen Zoo, dazu Picknick- und Campingmöglichkeiten.

Parque Nacional Lihué Calel

⇗XVI,A2

Der Nationalpark, 226 km südwestlich von Santa Rosa gelegen, umfasst eine Fläche von etwa 10.000 ha in einer Region, die sehr flach ist und nur von wenigen, kleinen, isolierten, aus Granit bestehenden Hügeln (bis zu 600 m) unterbrochen wird. Das Gebiet gehörte ehemals zu einer Estanzia, bevor es zum Nationalpark erklärt wurde.

Die Region ist eine **Wüstengegend,** in der es im Jahr durchschnittlich nur 400 mm regnet. Dennoch reicht das Wasser, um eine erstaunlich **artenreiche Vegetation** wachsen zu lassen. Auch die **Tierwelt** ist groß. Meistens sieht man Ñandus, mit mehr Glück patagonische Hasen *(mara)* oder ein kleineres Guanaco. Es soll aber auch Wildtiere wie Pumas im Park geben.

Die Infrastruktur im Park ist schlecht: Man kann dort campen, es gibt allerdings **keine Einkaufsmöglichkeit.** Der nächste Laden ist in Puelches, 35 km südlich auf der Ruta 152.

Praktische Informationen

- Man erreicht den Park über die Ruta 152, bei Km 226, von Santa Rosa kommend mit dem **Bus** nach Neuquén. Dort ist eine ACA-Station mit **Motel,** der einzigen Übernachtungsmöglichkeit in der Gegend.

Patagonien

Patagonien – ein düsteres und wildes Land. Der **ewige eiskalte Wind** wütet durch die Ebene, die Magellanstraße war jahrhundertelang der Alptraum aller Seefahrer. Die Ebenen von Patagonien *„können nur negativ beschrieben werden"*, notierte **Charles Darwin** im Bericht über seine Weltreise, *„ohne Wohnstätten, ohne Wasser, ohne Bäume, ohne Berge tragen sie nur einige wenige zwerghafte Pflanzen."* Aber *Darwin* weiter: *„Warum haben denn nun, und das ist nicht bei mir allein der Fall, diese dürren Wüsten sich so einen festen Platz in meinem Gedächtnis errungen?"*

Wie Darwin waren auch andere von der Landschaft beeindruckt, Forscher und Schrifsteller, auch viele, die Patagonien gar nicht aus eigener Anschauung kannten. *Edgar Allen Poe, Jules Verne, Hermann Melville* und *Stefan Zweig* nutzen den Landstrich als Kulisse für ihre Romane und Abenteuergeschichten, sehr empfehlenswert ist auch *Bruce Chatwins* Reportageband „In Patagonien".

„Nirgendwo ist auch ein Ort" – treffend charakterisiert der Satz von *Paul Theroux* die unendlich weiten Ebenen, die den zentralen Teil Patagoniens ausmachen. Diese **weiten Ebenen** sind aber nur ein Teil Patagoniens. Zur Region gehören auch die **Andenkette** sowie die **Atlantikküste.** Denn geografisch gesehen umschließt die Region das gesamte Gebiet vom Río Colorado im Norden bis zur Magellan-Straße im Süden, und auch die Chilenen zählen die Landschaften südlich von Puerto Montt zu Patagonien. Die

vier argentinischen Provinzen, Neuquén, Río Negro, Chubut und Santa Cruz umfassen mit insgesamt 765.720 km^2 ein Gebiet, das mehr als doppelt so groß wie Deutschland ist, in dem aber mit etwa 1,6 Mio. Einwohnern weniger Menschen als in Hamburg leben. So wundert nicht, dass die **Bevölkerungsdichte** selbst in der dichtestbesiedelten Provinz, nämlich in Río Negro, noch unter drei Menschen je km^2 liegt; in Santa Cruz hat jeder Einwohner sogar – statistisch gesehen – mehr als einen km^2 Platz.

Patagonien – diesen Namen trägt das Land seit der **Magellan-Expedition,** die **1520** hier vorbeisegelte. Warum man es so nannte, ist umstritten; die meisten Historiker vermuten, dass man die Einwohner **Patagones = Großfüße** nannte. Der ersten Überlieferung nach sollen es Riesen gewesen sein, als spätere Forscher dann aber genau Maß nahmen, stellte sich heraus, dass sie nicht größer als die forschenden Europäer waren. So schrieb Darwin: *„Ihre Größe erscheint uns wegen ihrer großen Guanako-Mäntel, ihres langen wallenden Haars und ihrer ganzen Erscheinung bedeutender, als sie wirklich ist: Im Mittel beträgt ihre Größe ungefähr sechs Fuß (1,80 m), einige Männer sind kleiner und nur wenige größer."* Andere Möglichkeiten, warum Patagonien so heißt, referiert *Bruce Chatwin* in seiner Reisebeschreibung.

Nach der Umsegelung durch *Magellan* passierte erst einmal jahrhundertelang wenig. Andere folgten ihm, sie durchquerten die Magellan-Straße oder scheiteren in den zahllosen Kanälen. *Sir Francis Drake* und *Thomas Cavendish* hießen die heldenhaften Seefahrer, deren Abenteuer man in unzähligen Filmen verfolgen konnte.

Interessant war für alle nur die Wasserstraße, nicht das Binnenland, es blieb bis Mitte des 19. Jahrhunderts ein weißer Fleck auf der Landkarte. *Charles Darwin* versuchte 1834 auf seiner Forschungsreise gemeinsam mit einer kleinen Gruppe unter der Leitung des Kapitäns *Robert Fitzroy,* die Quelle des Río Santa Cruz zu finden. Zwei Wochen kämpfte man sich stromaufwärts und musste dann, nach 260 km, aufgeben, 20 km vor dessen Ursprung im Lago Argentino.

Ab 1865 kamen dann die **ersten Siedler.** Es waren **Waliser,** die meisten ließen sich am Unterlauf des Río Chubut nieder. Lebten die ersten Waliser noch in relativer Eintracht mit den Ureinwohnern – zahlreiche alte Fotos zeigen sie und Indios miteinander lebend und arbeitend –, so besiegelte die weitere Besiedelung Patagoniens das Schicksal der **Ureinwohner.** Die Haush, die Ona, die Alacaluf, die Tehuelche und die Yahgan starben an eingeschleppten Krankheiten oder wurden von den Viehzüchtern des Südens schlicht als Viehdiebe umgebracht.

Am längsten wehrten sich die **Mapuche** gegen die fremden Siedler, denen plötzlich das Land und die Tiere, die dort weideten, gehören sollten. 1879 schickte schließlich die argentinische Regierung die Armee los. Unter General *Julio Roca* wurde der **Wüs-**

tenfeldzug (Campaña del Desierto) gestartet, der **1883** mit der fast vollständigen **Ausrottung der Indianer** endete.

Patagonien lebt heute immer noch zum größten Teil von der **Schafzucht.** Allerdings ist sie wegen der verfallenden Weltmarktpreise und der Bodenerosion rückläufig. Im Norden der Region wird Obstanbau betrieben, an der Atlantikküste ist die Fischerei nicht unwichtig. Um Comodoro Rivadavia befinden sich große Ölfelder.

Die beliebtesten **Touristenziele** liegen entlang der Andenkette in den Provinzen Neuquén und Río Negro, dazu kommen die Península Valdés in der Provinz Chubut sowie der Nationalpark Los Glaciares mit dem Fitzroy-Massiv und dem Perito-Moreno-Gletscher in Santa Cruz.

Neuquén

Neuquén ist mit 94.078 km² Fläche die **kleinste Provinz Patagoniens** und die einzige, die keinen Anteil an der Atlantikküste hat. Sie erstreckt sich am Andenrand, grenzt im Norden an Mendoza, im Osten und Süden an Río Negro. Neuquén ist eine verhältnismäßig florierende Provinz, hier gibt es Bodenschätze wie Erdöl und Erdgas, Kupfer, Blei, Zink, Gold und Silber. Der Tourismus wird immer wichtiger – kein Wunder, besitzt Neuquén doch einige der **schönsten Nationalparks in Argentinien.**

Neuquén (Stadt) ⇗XV,C2

Die Hauptstadt im östlichen Zipfel der Provinz liegt am Zusammenfluss von Río Limay und Río Neuquén, die ab hier den Río Negro bilden. Neuquén hat etwa 300.000 Einwohner und ist wegen der Industriebetriebe eine rasch wachsende Stadt. Gleichzeitig fungiert sie als **Handels- und Versorgungszentrum** für die zahlreichen Städte, die östlich im Tal des Río Negro liegen und von der Landwirtschaft leben, sowie für die Ölfelder im Westen. Schließlich ist die Stadt ein recht wichtiger Verkehrsknotenpunkt auf den langen Strecken zwischen Küste und Anden. Dem verdankt Neuquén

Patagonische Weite

auch die Existenz, es wurde nämlich als Bahnstation der Eisenbahn 1904 gegründet.

Neuquén hat einen für argentinische Städte ungewöhnlichen Stadtgrundriss: Es fehlt die zentrale Plaza. Zentrum der Stadt ist die Avenida Argentina nördlich des Bahnhofs.

Einen guten Überblick über die Stadt und die Flussmündung bekommt man vom Parque Centenario.

Touristeninformation

- Die Touristeninformation ist Félix San Martín/Ecke Río Negro, Tel. 442-4089.

Hotels

Einfach und billig

- **Hotel Alcorta,** Alcorta 84, Tel. 442-2652. Sauber, okay. DZ mit Gemeinschaftsbad 8 US-$.
- **Residencial Muster,** Tierra del Fuego 255, Tel. 443-0237. DZ für 10 US-$.

Hotels der Mittelklasse

Die meisten Mittelklassehotels (alle 13–20 US-$) liegen auf der Av. Olascoaga.

- **Hotel Apolo,** Nr. 361, Tel. 442-2334; gut.
- **Crystal,** 268, Tel. 442-2414.
- **Iberia,** 294, Tel. 442-2372.
- **Hotel Ideal,** 243, Tel. 442-2431.
- **Residencial Neuquén,** Roca 109, Tel. 442-2403.

Luxushotel

- **Del Comahue,** Av. Argentina 387, Tel. 442-2439; etwa 40 US-$.

Camping

- Ein städtischer Campingplatz befindet sich am Flussufer. Er kostet 2 US-$ fürs Zelt.

Essen und Trinken

- Viele **Cafés und Restaurants** sind auf der Av. Argentina und ihren Nebenstraßen wie

a65-333 Foto: gw

der Calle Alberdi. Dort ist das **Las Tres Marias** (Nr. 126) empfehlenswert. Billige Restaurants findet man nahe des Busbahnhofs.

Flugverbindungen

- Der **Flughafen** (Tel. 446-6444) liegt 7 km außerhalb der Stadt. Von dort werden jeden Tag **angeflogen:** Bariloche, Buenos Aires (85 US-$), Comodoro Rivadavia, Esquel, Mendoza, Trelew, Córdoba und Salta.
- Mehrmals wöchentlich nach: Bahía Blanca, Zapala, San Martín de los Andes, Calafate, Rio Grande, Ushuaia und Temuco (Chile).

Fluggesellschaften:

- **Aerolíneas Argentinas/Austral,** Santa Fé 52, Tel. 442-2409.
- **LAPA,** Av. Argentina 30, Tel. 448-8335.
- **TAN,** 25 de Mayo 180, Tel. 442-3076.
- **LADE,** Brown 163, Tel. 443-1153.
- **Southern Winds,** Yrigoyen 312, Tel. 448-5505

Überlandbusse

- Vom **Busbahnhof** Av. Olascoaga/Ecke Mitre fahren mehrfach täglich Busse nach:
- **Buenos Aires,** 25 US-$, etwa 16 Stunden.
- **San Martín de los Andes,** 20 US-$, 5½ Stunden.
- **Mar del Plata,** 20 US-$, 12 Stunden.
- **Bariloche,** 10 US-$, 5 Stunden.
- **Zapala,** 5 US-$, 3 Stunden.
- **Mendoza,** 25 US-$, 12 Stunden.
- **Temuco (Chile),** mehrmals wöchentlich, 25 US-$, 14 Stunden.

Sonstiges

- Das **Postamt** liegt an der Straßenecke Rivadavia/Santa Fé.
- Cambio Pullman, Alcorta 163, wechselt **Bargeld und Schecks.** Die Banken auf der Av. Argentina haben **Geldautomaten.**

Zapala

⇗XIV,B2

Die etwa 35.000 Einwohner zählende Kleinstadt war der Endpunkt der Eisenbahnlinie, die von Bahía Blanca über Neuquén hierhin führte. So gibt es die Stadt auch erst seit 1913, als die Eisenbahnlinie vollendet wurde, obwohl bereits vorher einige Siedler hier lebten.

Zapala ist eine typische patagonische **Wüstenstadt,** in der es außer dem **Museo Profesor Olsacher** wenig zu sehen gibt. Im Museum ist eine Fülle von Mineralien und Fossilien, nicht nur aus Patagonien, sondern – da reger internationaler Austausch besteht – aus achtzig Ländern der Erde ausgestellt. Die ältesten Funde sind 150 Millionen Jahre alt, darunter ein komplettes Krokodil, das auf etwa 80 Millionen Jahre geschätzt wird. Das Museum ist im gleichen Gebäude wie der Busbahnhof – man muss nur den Ausgang links nehmen.

Touristeninformation

- Die Touristeninformation befindet sich auf der Av. San Martín 215, etwa zur Ecke Triunvirato auf dem Mittelstreifen zwischen den beiden Fahrbahnen, Tel. 42-1132.

Hotels

Einfach und billig

- **Huincul,** Roca 313, Tel. 43-1422; mit Restaurant, Zimmer etwa 8 US-$.
- **Residencial Odetto,** Ejército Argentino 45; nahe dem Busbahnhof, 8 US-$.
- **Hotel Coliqueo,** Etcheluz 159, Tel. 442-1308 (gegenüber dem Hotel Nuevo Pehuen). Sehr sauber, DZ mit Bad/TV für 10 US-$.

Hotels der Mittelklasse

- **Nuevo Pehuén,** De la Vega/Ecke Etcheluz, Tel. 42-3135, direkt am Busbahnhof; 13 US-$.
- **Hue Melén,** Almte. Brown 927, Tel. 422-407, das erste Haus am Platz; etwa 30 US-$.

Überlandbusse

Vom **Busbahnhof** bestehen mehrmals täglich Verbindungen nach:

- **Neuquén,** 5 US-$, 3 Stunden.
- **Buenos Aires,** 25 US-$, 20 Stunden, evtl. umsteigen in Neuquén.
- **Bahía Blanca,** 12 US-$, 15 Stunden.
- **Bariloche,** 7 US-$, 4 Stunden.
- **San Martín de los Andes,** 8 US-$, 2½ Std.

Sonstiges

- Die **Post** ist Avenida San Martín/Ecke Cháneton.
- Auf Cháneton 460 ist auch der Banco de la Provincia de Neuquén (mit **Geldautomat**).

Ausflug

Parque Nacional Laguna Blanca

Der Nationalpark liegt etwa 35 km westlich von Zapala und nimmt eine Fläche von etwa 11.000 ha ein. Er ist sehr unbekannt und wird wenig besucht, auch weil der Zugang nicht einfach ist. **Busse,** die von Zapala nach Aluminé (s.u.) fahren, können Besucher am Eingang herauslassen, ansonsten besteht nur die Möglichkeit, mit einem geliehenen Auto oder per Autostop zum Park zu gelangen. Es gibt im Park **keine touristische Infrastruktur,** Zelten ist allerdings erlaubt.

Das sehr saure und kalziumkarbonathaltige Wasser der Lagune ist schlecht für Fische, allerdings bietet der Park einer **Fülle von Wasservögeln** Lebensraum. Eine Besonderheit ist der Schwarzhalsschwan (für Zoologen: *Cygnus melancoryphus),* der hier in großer Zahl brütet.

Copahue ⇗XIV,B1

Etwa 120 km nordwestlich von Zapala liegt das **Thermalbad** Copahue auf etwa 2000 m Höhe, am Fuße des gleichnamigen Vulkans (2980 m), wie ein **natürliches Amphitheater** von steilen Bergwänden umgeben. Copahue ist leicht per Bus von Zapala zu erreichen, allerdings lohnt der **Besuch nur im Sommer,** im Winter haben fast alle Hotels und Restaurants geschlossen. Nähere Auskünfte, auch über Unterkünfte vor Ort, erteilt die lokale Informationsstelle unter Tel. 02948/49-5050.

Aluminé ⇗XIV,B2

Die Kleinstadt mit ihren 2000 Einwohnern ist nach dem Mapuche-Wort für „glänzend" benannt. Sie ist der **nördliche Zugang zum Nationalpark Lanín,** Informationen dazu sollte man im Touristenbüro am kleinen Platz am Stadteingang erfragen (Tel. 02942/49-6001).

Aber auch die Umgebung um den gleichnamigen **See** lohnt einen Ausflug. Besonders **Angler** kommen auf ihre Kosten, die Seen sind wie der Río Aluminé fischreich, besonders Forellen werden hier gefangen.

Mehrere schöne **Campingplätze** am See laden zum Verweilen ein, ebenso einige einfache **Herbergen** im Ort.

Paso Icalma ⇗XIV,B2

Von Aluminé führt eine gute Schotterpiste über den Icalma-Pass **nach Chile** und ins Quellgebiet des **Río Bío Bío,** allerdings verkehren hier keine öffentlichen Busse. Bereits der Lago Aluminé ist von Araukarien umstanden, auf der chilenischen Seite rings um den **Lago**

Icalma bestimmen die stattlichen Bäume dann endgültig das Bild. Von dort gelangt man entweder über Melipeuco oder auf der landschaftlich weitaus reizvolleren Strecke über Lonquimay und Curacautín zum Nationalpark Conguillío oder weiter nach Temuco.

Junín de los Andes ⇗XIV,B2

Das lebendige Städtchen mit heute etwa 10.000 Einwohnern wurde 1882 als militärischer Vorposten im Krieg gegen die Indianer gegründet. Aber erst nach Vertreibung und Vernichtung der Mapuche kamen um 1887 die ersten Siedler. Sie reizte wahrscheinlich genau wie die Besucher heute die **Lage inmitten der bewaldeten Berge,** umgeben von fischreichen Flüssen. Das staubige Junín selbst ist dabei weniger die Attraktion für die Touristen. Sie benutzen die Stadt stattdessen als Ausgangspunkt für Besuche des Nationalparks Lanín (s.u.).

Touristeninformation

- Die Touristeninformation ist an der Plaza, an der Ecke Milanesio und Suárez.
- Wer in der Umgebung fischen will, bekommt Informationen beim **Club de Caza y Pesca Chimehuín,** Av. San Martín 555.

Hotels

- **Residencial Marisa,** J. M. de Rosas 360, Tel. 49-1175; DZ mit Bad 7 US-$.
- **Posada Pehuén,** Cne. Suárez 560, Tel. 49-1589; das beste unter den preiswerten, DZ mit Bad 12 US-$.
- **Hotel Chimehuín,** Cnl. de Suárez/Ecke 25 de Mayo, Tel. 49-1132; 9 US-$ pro Person mit Frühstück.
- **San Jorge,** Lamadrid s/n, Tel. 49-1147; das beste Hotel im Ort, 20 US-$.
- **Estancia Huechahue,** 30 km östlich der Stadt an der Straße nach Bariloche, Tel. 428-276; guter Estanzia-Aufenthalt mit Fischen, Reitausflügen, Trekking, allerdings liegt der Preis bei über 50 US-$ pro Person.

Busverbindungen

- Junín hat dieselben Busverbindungen wie San Martín de los Andes (s.u.), da die Hauptstraße von dort über Junín führt.

San Martín de los Andes ⇗XIV,B2

Das Gebirgsstädtchen in den Anden lebt vom Tourismus, mit allen Vor- und Nachteilen, die das mit sich bringt: Die Vorteile sind das recht gepflegte Stadtbild, die herausragend schöne Umgebung, der gute Service; von Nachteil sind vor allem die Besuchermengen.

Der Ort am Ostufer des **Lago Lacar** auf 642 m Höhe, 1898 als Stützpunkt nach der Eroberung Patagoniens angelegt, hat 30.000 Einwohner. Das Zentrum der Stadt, die auch ein wichtiger Ort für den argentinischen **Wintersport** ist, erstreckt sich zwischen Plaza Sarmiento und Seeufer. Ein Spaziergang durch das Zentrum, das mit seiner schmucken Architektur an Alpendörfer erinnert, lohnt sich, auch wenn es kaum eigentliche Sehenswürdigkeiten gibt. Wer sich für Indianerkulturen interessiert, kann das **Museo Regional Municipal** aufsuchen, es liegt neben dem Tourismusbüro. Es zeigt außerdem mineralische und fossile Funde aus der Region.

Touristeninformation

- Die Touristeninformation ist in der Rosas 790, direkt am Hauptplatz/Ecke Av. San Martín, geöffnet im Sommer Mo bis So 7–22 Uhr, Tel. 42-7347. Gegenüber, auf der Calle Emilio Frey 790, befindet sich die **Verwaltung des Nationalparks Lanín,** geöffnet Mo bis Fr 7–14 Uhr, Tel. 42-7233.

Hotels

Einfach und billig

- Die preiswertesten Übernachtungsmöglichkeiten stellen **Privatzimmer** dar. Eine Liste erhält man bei der Touristeninformation, allerdings nur in der Hochsaison.
- **Posta del Caminante,** Caballería 1164, Tel. 42-8672; auch nur im Sommer geöffnet, gemütlicher Treffpunkt, manchmal zu voll, 8 US-$.
- **Puma Youth Hostel,** Fosbery 535, Tel. 42-2443, puma@smandes.com.ar, 5 US-$ p.P.
- **Albergue Rukalhue,** Juez del Valle 682, Tel. 44-7431, 5 US-$ p.P.
- **Albergue Universitario Técnico Forestal,** Pasaje de la Paz (keine Hausnummer); wie eine Jugendherberge eingerichtet, ca. 10 US-$; Rabatt für Besitzer von Internationalem Jugendherbergs- oder Studentenausweis.
- **Hospedaje Turístico Cáritas,** Capitán Drury 774; Mehrbettzimmer, freundlich, sauber, unter kirchlicher Leitung, etwa 10 US-$, Rabatt für Besitzer von Internationalem Jugendherbergs- oder Studentenausweis.

Die beiden letztgenannten Herbergen sind nur während der Semesterferien bzw. in der Zeit der Sommerferien im Januar und Februar für jedermann geöffnet.

Hotels der Mittelklasse

- **Hostería Bärenhaus,** Los Alamos 156, Barrio Chapelco, Tel./Fax 42-2775, baerenhaus1 @gmx.net, www.baerenhaus.com. Neues Gästehaus außerhalb des Zentrums mit Panoramablick, von dem freundlichen und hilfsbereiten deutsch-argentinischen Ehepaar *Martin* und *Verónica* geleitet, schöne Zimmer ab 12 US-$ p.P.
- **Anay,** Cap. Drury 841, Tel. 427-514; zentrale Lage, ca. 25 US-$.

Luxushotels

- **Le Chatelet,** Villegas 650, Tel. 42-8294, lechatelet@smandes.com.ar, ca. 120 US-$.
- **Apart Rincón de los Andes,** Juez del Valle 611, Tel. 42-8583, Cabaña für zwei Personen 59 US-$.
- **El Viejo Esquiador,** San Martín 1242, Tel. 42-7690; 100 US-$.

Camping

- **Camping Los Andes,** Juez del Valle 611, auch mit einigen Cabañas.

Essen und Trinken

- Viele Restaurants bieten **sehr gute Fisch-, speziell Forellengerichte** an. Spezialitäten sind ferner Wildschwein- und Hirschgerichte.
- Die meisten Restaurants befinden sich auf der Avenida San Martín und auf der zu ihr parallel verlaufenden Villegas.
- **La Tasca,** Moreno 86; sehr gute Fischspezialitäten.
- **Paprika,** Villegas 568; ungarische Küche, sehr zu empfehlen.
- **Mendieta,** San Martín; sehr beliebte, häufig volle Parrillada.

Flugverbindungen

- Der **Chapelco-Flughafen** liegt 20 km außerhalb der Stadt. Von dort fliegen täglich Maschinen nach Buenos Aires (117 US-$), Bariloche, Esquel und Neuquén.
- **Austral,** Capitán Drury 876, Tel. 427003.
- **LADE,** Av. San Martín 915, Tel. 427672.
- **TAN,** Belgrano 760, Tel. 427872.
- **Southern Winds,** San Martín 881, Tel. 42-5275.

Überlandbusse

- Vom **Busbahnhof** Gral. Villegas 251 fahren täglich mehrere Busse nach:
- **Zapala,** 7 US-$, 2½ Stunden.
- **Neuquén,** 10 US-$, 6 Stunden.
- **San Carlos de Bariloche,** 8 US-$, 5 Stunden, nach der Fahrstrecke fragen, denn die „Ruta de los Siete Lagos“ ist die wesentlich schönere Strecke.
- **Buenos Aires,** 30–40 US-$, 22 Stunden.
- **Aluminé,** 7 US-$, 4 Stunden.
- **Córdoba,** 40 US-$, 21 Stunden.
- **Temuco (Chile),** mehrmals die Woche über Pucón und Villarrica, 12 US-$, 8 Std.

Autoverleih

- **Avis,** San Martín 998, Tel. 42-7704.
- **Ai-Ansa,** San Martín 532, Tel. 42-7997.
- **Localiza,** Villegas 977, Tel. 42-8876.
- **Patagonia,** Villegas 305 (Miete auch über Hostería Bärenhaus).

Post

- Roca/Ecke Pérez.

Geldwechsel

- **Banco de la Nación,** San Martín 687, auch Geldautomat.
- **Cambio Andino Internacional,** auch Wechsel von Schecks, Cap. Drury 876.

Reiseveranstalter

Die meisten bieten zu denselben Preisen dieselben Rundtouren an, so z.B. die Ruta de los Siete Lagos. Zwei Adressen:

- **Tiempo Patagónico,** Av. San Martín 950, Tel. 427-113.
- **Pucará Viajes,** Av. San Martín 943, Tel. 42-7218.

Ausflüge

Rund um San Martín

Die gesamte Andenlandschaft westlich von San Martín gehört zu dem ausgedehnten Nationalpark Lanín, mit zahlreichen Seen und Flüssen, eingebettet in bewaldete Täler zwischen mehreren 2000er Gipfeln und dem 3776 m hohen Vulkan Lanín (s.u.). Hier gibt es unzählige Möglichkeiten, die Anden per pedes, per Mountain-Bike oder Pferd, per Boot oder Auto zu erkunden. Eine kleine Auswahl:

Zwei leichte **Wanderungen** führen direkt vom Zentrum des Städtchens auf die Aussichtspunkte Bandurrias und Arrayán/Centenario. **Kurzausflüge** bieten sich an zur Halbinsel Quila Quina (mit herrlichem Strand am Lago Lacar), zum Hausberg Chapelco – im Winter ein beliebtes Skizentrum – und zu den idyllisch gelegenen Seen Lolog, Curruhue, Meliquina und Queni. Schließlich kann man über den Lago Lacar Bootstouren bis zur chilenischen Grenze bei Puerto Hua Hum unternehmen und von dort in den Nationalpark Lanín hineinwandern (s.u.). Und wer das Ganze von oben betrachten möchte, kann einen Rundflug bis zum Vulkan Lanín buchen. Nähere Auskünfte zu diesen und weiteren Touren erteilen die Touristeninformation in San Martín und die Betreiber der Hostería Bärenhaus.

Parque Nacional Lanín

Als **schönster Berg der Welt** wird der 3776 m hohe **Vulkan Lanín** gern bezeichnet. Wenn man sieht, wie sich die schneebeckte Pyramide im glitzernden Wasser des Lago Huechulafquén spiegelt, kann man dem nur zustimmen.

Der Vulkan Lanín ist der zentrale Punkt des Nationalparks, der 379.000 ha groß ist. Er wurde 1937 zum Schutz des patagonischen Waldes eingerichtet, besonders um die Baumarten **Raulí** (für Botaniker: *Nothofagus nervosa)* und **Pehuén** *(Araucaria araucana)* zu schützen. Im Park liegen **24 kleine und größere gletschergespeiste Seen,** in denen zwar nur sehr Abgehärtete baden können, an denen sich aber meistens wunderbar zelten lässt.

Die besten **Zugänge zum Park** sind von Aluminé, Junín de los Andes und San Martín de los Andes. Von den bei-

img930 Foto: ab

den letztgenannten Orten lässt sich mit den Bussen, die über den Hua-Hum- und den Tromén-Pass nach Chile fahren, in den Park gelangen. Eine gute Möglichkeit ist auch, von San Martín de los Andes mit dem Boot über den Lago Lacar bis nach Puerto Hua Hum zu schippern: Dort nehmen ausgedehnte Wanderwege ihren Anfang.

Der **größte See** im Park ist der **Lago Huechulafquén.** Er ist per Autostopp von Junín aus zu erreichen. Dort liegt auch Puerto Canoas, der Stützpunkt der Parkaufseher. Von hier aus startet ein Katamaran zu Rundfahrten mit herrlichen Aussichten auf See und Vulkan. In Puerto Canoas beginnt auch ein etwa vier bis fünf Stunden langer Weg hinauf auf den Sattel des Vulkan Lanín zu einem Refugio auf 2400 m Höhe. Der Weg ist allerdings nur sehr schlecht markiert und ohne Führer stellenweise nur schwer zu finden, zumal das Nationalparkbüro in San Martín keine brauchbaren Karten bereithält. Stellenweise führt er auch über Geröll und Felsen. Vom Refugio können geübte Bergsteiger auch den **Gipfel des Lanín** besteigen, man braucht

Volcán Lanín

aber wegen der dicken ganzjährigen Schneekappe Steigeisen und Eispickel.

Leichter ist der Aufstieg über die Nordroute vom Tromén-Pass aus, dort kann man sich einfach von einem der Busse nach Chile absetzen lassen.

Wer den Vulkan Lanín besteigen will, sollte sich mit dem Club Andino in Junín in Verbindung setzen; den Kontakt kann die Tourismusinformation in Junín herstellen.

Informationen über den Nationalpark erhält man im Nationalparkbüro in San Martín de los Andes (siehe dort).

Über den Hua-Hum-Pass nach Chile

Eine überaus reizvolle Alternative zur klassischen Grenzüberquerung über den Tromén-Pass nach Pucón (den die Linienbusse benutzen) ist die kombinierte **Bus-Schiff-Fahrt** von San Martín nach Panguipulli/Chile. Eine Schotterstraße passiert die Grenzstation Hua Hum am westlichen Ende des Lago Lacar und überquert den niedrigen Grenzpass Hua Hum (659 m) nach Puerto Pirihueico am gleichnamigen See (50 km von San Martín). Über den langen, schmalen, von dichtem Urwald umstandenen Lago Pirihueico verkehrt eine Autofähre nach Puerto Fuy auf der anderen Seite. Dort gibt es einen einfachen Zeltplatz direkt am See, simple Unterkünfte und Wanderwege durch den Naturwald.

Diese Tour ist weitaus preiswerter als etwa die Andenquerung auf den Seen Lago Nahuelhuapi/Frías/Todos Los Santos (siehe Bariloche) und kaum weniger attraktiv. Wer nicht mit eigenem Fahrzeug unterwegs ist, kann versuchen, bis zur Fähre zu trampen. Buses El Petrolero fährt Mo bis Sa um 12.30 Uhr von San Martín nach Pirihueico (dann ist die Mittagsfähre schon weg) und um 18.30 Uhr zurück. Von Puerto Fuy nach Panguipulli (63 km) verkehren mehrmals täglich Busse (2 Stunden, 3 US-$).

Die neue Fähre „Hua Hum" hat Platz für 22 Autos und braucht 1½ Stunden über den See. In der Hauptsaison (15.12.–14.03.) verkehrt sie täglich um 12 und 20 Uhr ab Pirihueico sowie um 8 und 15 Uhr ab Puerto Fuy. In der Nebensaison (15.03.–14.12.) fährt sie von Mo bis Sa um 16 Uhr ab Pirihueico und 12.30 Uhr ab Puerto Fuy, So um 17 Uhr ab Pirihueico und 14 Uhr von Puerto Fuy. Preis: Pick-ups 21 US-$, Autos 14 US-$, Motorräder 4 US-$, Fahrräder 3 US-$, Personen ohne Fahrzeug 1,5 US-$. Autofahrer sollten sich im Hochsommer mehrere Stunden vor Abfahrt einfinden, da die Fähre oft voll ist; Reservierungen sind nicht möglich.

Über die Straße der Sieben Seen

Diese Tour wird von verschiedenen Fremdenverkehrsbüros (mit Rückfahrt nach San Martín de los Andes) angeboten. Auch Büros in San Carlos de Bariloche haben sie in umgekehrter Reihenfolge im Angebot. Die größtenteils asphaltierte Route führt durch zwei Nationalparks, Lanín und Nahuel Huapi, sie lässt sich für Reisende mit Leihwagen oder eigenem Auto auch gut als Verbindungstrecke zwischen San Martín de los Andes und Bariloche benutzen. Die meisten Busse fahren leider eine andere Strecke nach San Carlos de Bariloche. Man sollte sich vor dem Ticketkauf über die Busfahrstrecke erkundigen. Als Rundfahrt ist die Strecke etwa 400 km lang, als Tour von San Martín de los Andes bis zum Nationalpark Los Arrayanes etwa 220 km. In Wirklichkeit berührt man auf der Route **mehr als sieben Seen,** viele von ihnen sind durch Flüsse miteinander verbunden. An den Ufern finden sich immer wieder Zeltplätze verschiedener Komfortklassen, was die Strecke insbesondere für Fahrradfahrer attraktiv macht.

Die **Straße der Sieben Seen** („Ruta de los Siete Lagos") ist weitgehend identisch mit der Ruta Nacional 234, die südlich beim **Lago Lacar** San Martín de los Andes verlässt. Rechter Hand folgt bald der **Lago Machónico.** Nur wenig weiter zweigt ebenfalls rechts eine Straße ab, sie führt zur **Laguna Pudú Pudú** und zum **Lago Hermoso,** romantisch im Wald gelegen. Hier gehen die Nationalparks Lanín und Nahuel Huapi unmerklich ineinander über.

Wieder zurück auf der Ruta 234 trifft man 43 km hinter San Martín de los Andes auf die **Wasserfälle von Vullignano,** die etwa 20 m tief hinabstürzen. Nach weiteren 3 km folgt links der **Lago Falkner,** rechts der **Lago Villarino** – die Straße führt zwischen ihnen hindurch über den Río Falkner. Nur wenige Kilometer weiter sieht man durch den dichten Wald den **Lago Escondido** blitzen. Die Ruta 65 kreuzt den Weg; folgt man ihr nach links (ostwärts), trifft man bald auf die Ufer des **Lago Traful** (s.u.).

Auf der Ruta 234 folgen schnell hintereinander mehrere Seen: der **Espejo Chico,** der **Lago Espejo** und der **Lago Correntoso.** Nach Osten zweigt die Ruta 231 ab, sie führt über den Paso Puyehue durch den gleichnamigen Nationalpark in Chile (öffentliche Busse) und endet dort in Osorno. Man folgt ihr nach Süden, am Ufer des **Lago Nahuel Huapi** entlang.

Paso del Córdoba und Valle del Traful

Eine ebenso schöne Alternativstrecke führt von San Martín über den Paso del Córdoba ins Traful-Tal. Sie wird teilweise von einigen Bussen nach Bariloche befahren. 18 km südlich von San Martín zweigt von der Ruta 234 nach Südosten die Schotterstraße Nr. 63 ab und führt vorbei am **Lago Meliquina** ins Tal des **Río Caleufú,** wo der Naturwald leider größtenteils Kiefernplantagen weichen musste. Vom Paso del Córdoba (km 72) auf 1300 m Höhe hat man einen schönen Blick über die Anden. Bei Confluencia (km 96) biegt Richtung Westen die Ruta 64 ab und folgt dem **Río Traful,** einem wildromantischen Tal mit bizarren Felsformationen. Bei km 125 führt ein Holzsteg zum **Mirador de Traful,** einem Aussichtsfelsen, der steil zum dunkelblauen Lago Traful abbricht. An dessen Südufer liegt das kleine Bergdorf **Villa Traful** (km 133) mit Zeltplätzen, einfachen Unterkünften und Bootstouren zu versunkenen Wäldern und einer Salzhöhle. Bei km 157 stößt die

Straße wieder auf die Ruta 234 (s.o.), was eine Rundtour von San Martín aus ermöglicht.

Nationalpark Los Arrayanes

Über beide oben beschriebenen Strecken erreicht man schließlich den gepflegten Ferienort **Villa Angostura** am Nordufer des Lago Nahuel Huapi. „Die Enge", so der Ortsname in der Übersetzung, heißt der Ort wegen der Península Quetrihue, die als schmale, lang gezogene Landzunge in den **Lago Nahuel Huapi** hineinreicht. Auf ihr liegt der Nationalpark Los Arrayanes, ein Extra-Schutzgebiet innerhalb des Nationalparks Nahuel Huapi. Der Park ist eine Besonderheit, wächst hier doch ein dichter **Wald aus Myrtenbäumen.**

Vom Busbahnhof in Villa Angostura bis zum Puerto sind es 3 km; von dort gibt es drei Möglichkeiten, zum Nationalpark Los Arrayanes zu gelangen: zu Fuß (einfache Strecke 12 km, ca. 3 Std.), mit dem Fahrrad (10 US-$ für einen halben Tag, etwa 1½ Stunden Fahrtzeit) oder per Boot (22 US-$). Wer Zeit hat, sollte wandern oder Fahrrad fahren. Man kann auch nur eine Strecke wandern, die andere mit dem Boot fahren. Wer Fahrrad fahren will, sollte sich das Rad schon im Ort in der Nähe des Busbahnhofs leihen.

img940 Foto: ab

Weiter der Ruta 231 und dann rechts (nach Süden) der Ruta 237 folgend, erreicht man bald Bariloche. Wer zurück nach San Martín de los Andes will, kann die jeweils andere der oben beschriebenen Alternativen benutzen oder über die RN 237 Richtung Norden und die RP 63 Richtung Nordwesten (siehe Paso del Córdoba) fahren.

Río Negro

Schaut man auf die Landkarte, ist Río Negro die **Provinz der unendlichen Einöde.** Zwischen der Hauptstadt Viedma an der Küste und dem wichtigsten Touristenziel, San Carlos de Bariloche, liegen etwa 750 Straßenkilometer, die vorwiegend auf nicht-asphaltierter Straße durch die patagonische Halbwüstenlandschaft führen. Ein endloses Land.

Heute hat Río Negro etwa 550.000 Einwohner, die sich auf 203.013 km² verteilen. Die Provinz ist aber sehr **ungleich besiedelt:** am dichtesten um Viedma und Bariloche, dann entlang der beiden Flussläufe, des Río Colorado und besonders des Río Negro. An seinem Oberlauf werden Obst und Gemüse angebaut, um General Roca ist ein kleines Industriegebiet entstanden. Ansonsten ist das Land weitgehend menschenleer, hier lebt nicht einmal mehr ein Mensch auf jedem Quadratkilometer.

Im Parque Nacional Los Arrayanes

Nach Norden und Nordwesten folgen die Grenzen zu den Nachbarprovinzen natürlichen Barrieren: dem Río Colorado, Nordgrenze Patagoniens überhaupt, und dem Río Limay zur patagonischen Nachbarprovinz Neuquén. Die südliche Grenze wurde einfach auf der Landkarte gezogen, sie richtet sich nicht nach natürlichen Gegebenheiten. Nachdem man die Wüste im Indianerkrieg erobert hatte, konnte man das Land nach Belieben per Federstrich aufteilen.

Erschlossen wurde der südliche Teil des Landes um die Jahrhundertwende mit dem Bau der Eisenbahn. Zwar wurde diese nicht wie ursprünglich geplant vom Atlantik bis zur Pazifikküste durchgezogen, aber immerhin von Viedma bis San Carlos de Bariloche.

Viedma/Carmen de Patagones XVI,A/B3

Etwa 30 km vor der Mündung des **Río Negro** in den Atlantik liegen zwei Städte: Carmen de Patagones auf dem Nordufer und Viedma auf dem Südufer. Es trennt sie nicht nur der Fluss, sondern auch die Politik bzw. Verwaltung: Während Viedma die Hauptstadt der Provinz Río Negro ist, müssen die Bürger von Carmen de Patagones, wollen sie bei den Behörden in ihrer Hauptstadt etwas erreichen, bis ins fast 900 km entfernte La Plata reisen. Denn der Fluss ist Provinzgrenze zwischen Río Negro und der Provinz Buenos Aires. Verbunden sind die beiden Kleinstädte – Carmen de Patagones hat 18.000, Viedma etwa 50.000 Einwohner – durch **zwei Brücken,** in den Innenstädten zusätzlich durch eine **Fähre** für Fußgänger.

In Carmen de Patagones ließen sich 1779 die ersten Siedler nieder. Sie stammten vorwiegend aus Nordspanien und zwar aus den Provinzen Galizien, Asturias und León. Im gleichen Jahr begründete dann von Carmen de Patagones aus *Francisco de Viedma y Narváez* die Siedlung auf dem Südufer des Flusses, die später seinen Namen bekam.

Beide Städte entwickelten sich parallel weiter. 1827 mussten sie die Invasion einer brasilianischen Flotte zurückschlagen. 1900 wurde Viedma, das 1899 durch eine Flut stark zerstört worden war, Hauptstadt der neu geschaffenen Provinz Río Negro. Im Jahr 1986 beschloss die Alfonsín-Regierung, Viedma zur neuen Hauptstadt Argentiniens zu machen. Doch außer grauer Theorie entwickelte sich nichts, und so ist das Städtchen heute wieder in seinen Provinzschlaf gefallen.

Carmen de Patagones besitzt mehr sehenswerte Bauten als Viedma. An der Plaza 7 de Marzo stehen fast alle wichtigen Gebäude: die Tourismusinformation, die Hauptkirche der Stadt, und, einen Block entfernt, der letzte **Rest eines Forts von 1780.** Dort vorbei gelangt man zum Ufer, von wo eine Fähre nach Viedma übersetzt.

In Viedma gibt es wenig Sehenswertes, nur einige Strände am Ufer des Río Negro. 30 km südlich, am Meer, zwischen La Lobería und dem Balneario El Cóndor, sind sehr **schöne Badestrände** zu finden, die einfach mit Bussen zu erreichen sind. La Lobería trägt seinen Namen übrigens zu Recht: Hier leben in einer großen Kolonie etwa 2000 Seelöwen.

Touristeninformation

- Die Touristeninformation ist in Viedma auf Saavedra 456, eine weitere auf Gallardo zwischen Colón und Barros. In Carmen de Patagones ist die Information an der Plaza 7 de Marzo.

Hotels

- **Hotel Nuevo Roma,** 25 de Mayo 174, Viedma; einfach, 8 US-$.
- **Peumayen,** Buenos Aires 334, Viedma, Tel. 42-5222; 18 US-$.
- **Austral,** Costanera Avenida Villarino 292, Viedma, Tel. 42-2615; 20 US-$.

Camping

- Viedma besitzt einen städtischen Campingplatz (Vorsicht: Moskitos!); Campingmöglichkeiten gibt es auch an der Lobería.

Flugverbindungen

- Täglich außer Di gibt es von Viedma **Flüge nach** Buenos Aires und Bariloche.
- **Aerolíneas Argentinas** und **Austral** haben ein gemeinsames Büro in Viedma und zwar auf der Mitre 402, Tel. 422-018.

Überlandbusse

- Vom **Busbahnhof** in Viedma sind die Verbindungen erheblich besser als von Carmen de Patagones. Er liegt auf der Guido und Av. Perón.
- **Bahía Blanca – Buenos Aires:** Es fahren mehrfach täglich Busse über Bahía Blanca nach Buenos Aires (20 US-$, 13 Stunden).

Viedma ist Stopp auf der Ruta 3 nach Süden, so dass täglich mehrere Busse von Buenos Aires in folgende Richtungen fahren:

- **Puerto Madryn,** 15 US-$, 5 Stunden.
- **Trelew,** 10 US-$, 5–6 Stunden.
- **Comodoro Rivadavia,** 20 US-$, 10 Std.

Las Grutas ⇗VI,B2

Für einen **Badeaufenthalt** bietet sich auch das 180 km südlich von Viedma gelegene Las Grutas an. Der Strand ist breit, abhängig von den Gezeiten, und es gibt **große Sanddünen.** Las Grutas ist nicht so überlaufen wie die Badeorte der Provinz Buenos Aires (siehe dort), aber zumindest in der Saison sollte man auch hier keine Einsamkeit erwarten.

Praktische Informationen

- Der Ort ist gut zu erreichen, er liegt 15 km von San Antonio Oeste entfernt und ist per **Bus** angebunden. San Antonio Oeste passieren alle Langstreckenbusse der Ruta 3.
- In Las Grutas findet sich eine Fülle von **Hotels** fast aller Preisklassen; die billigste ist eher dünn vertreten, daher ein Tipp: Tour de Golfe, etwa 20 US-$. Die Touristeninformation hat ein Unterkunftsverzeichnis. Im Ort gibt es auch mehrere **Campingplätze** (5 US-$ pro Person).

San Carlos de Bariloche ⇗XIV,B3

Von seiner Schokoladenseite präsentiert sich Argentinien in Bariloche, der mit knapp 100.000 Einwohnern größten Stadt am Rand der patagonischen Anden. Die Stadt liegt wunderbar **am Ostufer des großen Nahuel-Huapi-Sees** und am Ostrand des Nationalparks Nahuel Huapi, sie ist daher auch der beste Ausgangspunkt für ausgedehnte Touren in den Nationalpark. Es existiert eine exzellente touristische Infrastruktur, die große Besucherströme verkraften kann, aber dennoch muss der Individualreisende nicht verschreckt den Ort meiden. Im Nationalpark locken auch unberührte Natur, Einsamkeit und Ruhe.

Schokoladenseite aber auch im Wortsinn: In der Stadt riecht es nach **Schokolade,** man sieht sie in allen Auslagen, in dicken Tafeln, in Bruchstücken, in vielerlei Varianten und Geschmacksrichtungen wird sie präsentiert. Schließlich gilt es einen Ruf zu verteidigen: Stadt und Umgebung nennen sich die **„Schweiz Argentiniens“,** und manche Postkartenansichten der Umgebung, vom Seeufer mit den darüber aufragenden, teilweise schneebedeckten Bergen, könnten auch in den Alpen aufgenommen worden sein. Und so gibt es denn auch folgerichtig das Hotel „Edelweiß“ oder „Tirol“, auf allen Speisekarten steht das Käse- oder Schokoladenfondue, und auf dem Hauptplatz kann man sich vor dem in einem Pseudo-Schweizer-Chalet-Stil erbauten Centro Civico mit einem Bernhardiner, dem nicht einmal das kleine Fässchen um den Hals fehlt, fotografieren lassen ...

Der Tourismus und die Schokoladenherstellung sind inzwischen die wichtigsten Einnahmequellen der Bewohner. Besucher kommen das ganze Jahr über: in den Sommermonaten zum Wandern, im Winter ist Bariloche **eines der wichtigsten Skizentren der Anden.** Diesen Boom erlebt die Stadt noch nicht lange: Nachdem die hier lebenden Mapuche, Pehuelche und Vuriloche beim so genannten „Wüstenfeldzug" ausgerottet worden waren – ein Denkmal auf der Ecke Mitre/Independencia nahe des Centro Cívico erinnert nicht an die Indianer, sondern an General *Roca,* den so „erfolgreichen" Anführer dieses Unternehmens! –, ließen sich die ersten deutschsprachigen Siedler hier nieder. Als Stadtgründer gilt der Deutsche *Karl Wiederhold.* Nach dem Bau der Eisenbahnlinie von Buenos Aires kamen auch die ersten Besucher.

Sehenswürdigkeiten

Centro Cívico, Museo de la Patagonia

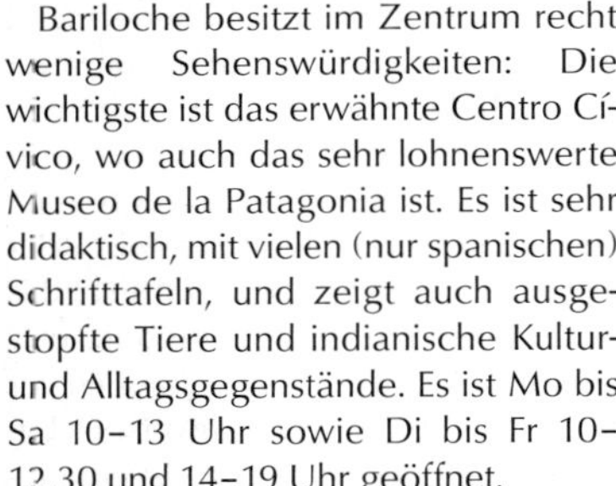

Bariloche besitzt im Zentrum recht wenige Sehenswürdigkeiten: Die wichtigste ist das erwähnte Centro Cívico, wo auch das sehr lohnenswerte Museo de la Patagonia ist. Es ist sehr didaktisch, mit vielen (nur spanischen) Schrifttafeln, und zeigt auch ausgestopfte Tiere und indianische Kultur- und Alltagsgegenstände. Es ist Mo bis Sa 10–13 Uhr sowie Di bis Fr 10–12.30 und 14–19 Uhr geöffnet.

Kathedrale

Etwas außerhalb des direkten Zentrums steht die neogotische Kathedrale, die 1946 nach Plänen von *Alejandro Bustillo* erbaut wurde.

Touristeninformation

- Die sehr hilfreiche **Touristeninformation** befindet sich im Centro Cívico und ist Mo bis So 8–20 Uhr geöffnet, Tel. 42-3022.
- Informativ ist auch das Auskunftszentrum des **Club Andino** auf der 20 de Febrero 30, Tel. 42-2266, der auf seiner Website www.clubandino.com.ar exzellente Informationen (auf Spanisch) bereitstellt. Hier erhält man auch das Trekking-Permit für den Nationalpark Nahuel Huapi.
- Die **Nationalpark-Verwaltung** liegt auf der San Martín 24.
- Infos auch unter **www.bariloche.org.**

Casas familiares

Die preiswertesten Möglichkeiten sind die so genannten „Casas familiares", kleine Pensionen, wo auch Mehrbettzimmer angeboten werden. Sie kosten in der Regel um 8 US-$ pro Person. Einige Möglichkeiten:

- **Elouisa Lamuniere,** 24 de septiembre 71, Tel. 42-2514; freundlich und sauber, ein wenig eng.
- **El Mirador,** Moreno 652, Tel. 42-2221; freundlich, deutschsprachig.
- **Residencial Matterhorn,** Adrian und Grethe Meier, Pasaje Gutiérrez 1122, Tel. 42-2768; pro Person 8 US-$ für die Übernachtung, mit Frühstück 10 US-$. Privatpension, sehr sauber, schöner Garten.

Hotels

Einfach und billig

- **Hostería Güemes,** Güemes 115, Tel. 42-4785; freundlich, deutschsprachig, 15 US-$.
- **Monte Grande,** 25 de Mayo 1544, Tel. 42-2159; kleines Haus mit nur sechs Zimmern, 15 US-$.
- **Hospedaje Olimpia,** Bustillo bei km 1,3, Tel. 42-5194; 30 US-$.
- **Hostería Las Moiras,** Reconquista 72, Tel. 42-7884. Sehr zentral, doch ruhig gelegen, am besten sind die Zimmer im 3. Stock mit Blick über den Lago Nahuel Huapi, Einzelzimmer mit Bad und Frühstück 12 US-$.
- **Piccolo Paradiso,** Calquín Norte/Panque 12521, Tel. 46-2009. Außerhalb gelegen (Bus Nr. 20 Richtung Llao-Llao bis km 12,5 auf der Av. Bustillo), dafür mit eigenem Strand am Lago Nahuel Huapi. Wäscheservice, Büchertausch, Mahlzeiten und Exkursionen, Schweizer Leitung; 2 DZ mit Privatbad und eine Wohnung (Küche mit Essraum, 2 Schlafräumen und geräumiges Badezimmer), sehr gemütlich und traumhafte Sicht auf Garten und See. DZ mit Bad und Frühstück 40 US-$, 4 Pers. 70 US-$; info@piccoloparadiso.ch.

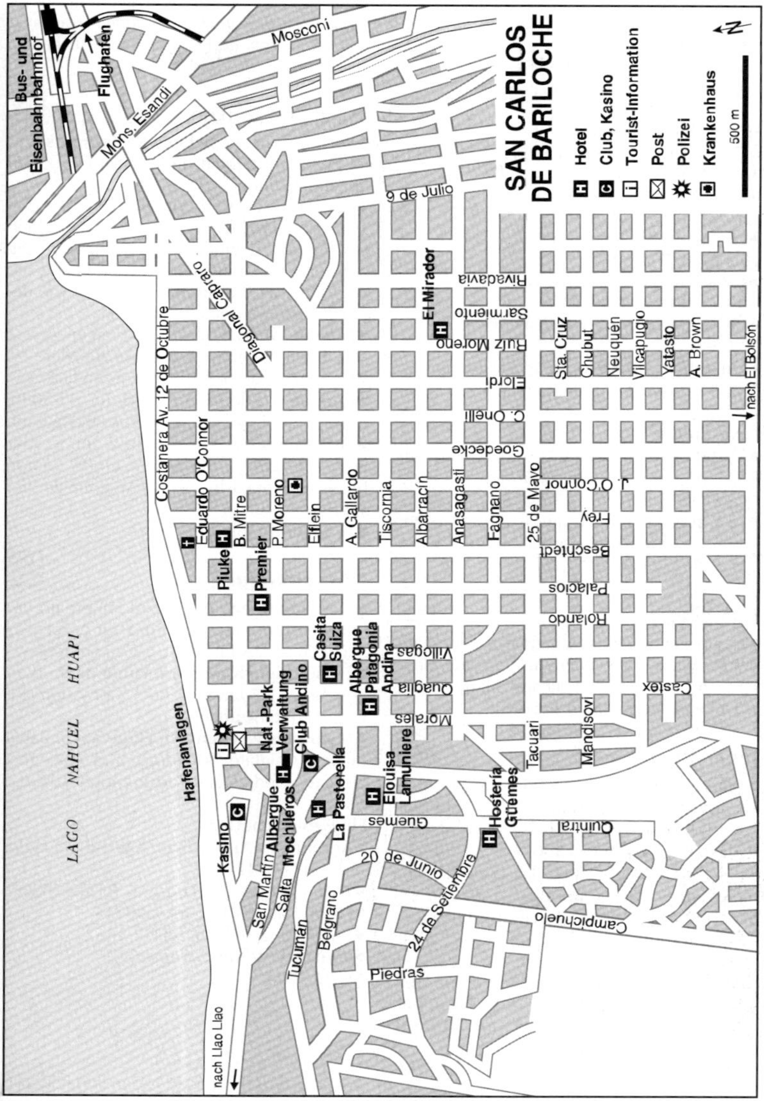

SAN CARLOS DE BARILOCHE

- H Hotel
- C Club, Kasino
- i Tourist-Information
- Post
- Polizei
- Krankenhaus

500 m

LAGO NAHUEL HUAPI

Bus- und Eisenbahnbahnhof
Flughafen
Mons. Esandi
Mosconi
9 de Julio
Costanera Av. 12 de Octubre
Diagonal Capraro
Eduardo O'Connor
B. Mitre
P. Moreno
Elflein
A. Gallardo
Tiscornia
Albarracín
Anasagasti
Fagnano
25 de Mayo
Rivadavia
Sarmiento
Ruiz Moreno
Elordi
C. Onelli
Goedecke
J. O'Connor
Frey
Beschtedt
Palacios
Rolando
Villegas
Quaglia
Morales
Tacuari
Mandisovi
Castex
Quintral
Campichuelo
Guemes
20 de Junio
24 de Setiembre
Belgrano
Tucumán
Salta
San Martín
Piedras
Sta. Cruz
Chubut
Neuquen
Vilcapugio
Yatasto
A. Brown
nach El Bolsón
nach Llao Llao
Hafenanlagen
Kasino
Nat.-Park Verwaltung
Club Andino
El Mirador
Piuke
Premier
Casita Suiza
Albergue Patagonia Andina
Elouisa Lamuniere
La Pastorella
Albergue Mochileros
Hostería Güemes

Unterwegs in Argentinien

- **Premier Hotel,** Sgto. Rolando 263, Tel. 42-6168. Empfehlenswert. DZ mit Bad 15 US-$.
- **Quime-Quipán,** Av. de los Pioneros km 1, Tel. 42-5423, 10 US-$. www.hosteriaquimequipan.com.ar

Hotels der Mittelklasse

- **Casita Suiza,** Quaglia 342, Tel. 42-6111; 30 US-$.
- **De la Luna,** Av. Bustillo km 7,5, Tel. 46-2424; 30 US-$.
- **La Pastorella,** Belgrano 127, Tel. 42-4656; gute Lage, 70 US-$.
- **Las Vertientes,** Pioneros km 2,3, Tel. 44-1041; 30 US-$.
- **Piuke,** Beschtedt 136, Tel. 42-3044; 30 US-$.
- **Hostería Santa Rita,** Av. Bustillo km 7,2, Tel. 46-1028, www.santarita.com.ar, 25 US-$.

Luxushotels

- **LLao-LLao,** Península Llao-Llao, Tel. 44-8525; das vielleicht am schönsten gelegene Hotel in Argentinien, ab 150 US-$.
- **La Cascada,** Bustillo, km 6, Tel. 44-1023; kleines Luxushotel mit nur 25 Zimmern, eines kostet ab 150 US-$.

Camping

- Es gibt mehrere Campingplätze außerhalb der Stadt, allein drei auf dem Weg nach Llao-Llao. Der nächste ist der knapp 3 km entfernte **La Selva Negra** (Schwarzwald).

Jugendherbergen

- **Albergue Patagonia Andina,** Morales 546, Tel. 42-2783; kleine Zimmer, Küchenbenutzung,Treffpunkt, etwa 10 US-$ pro Person.
- **Alaska,** Av. Bustido 7500, Tel. 02944/46-1564. Auf der Straße nach Llao-LLao bei Kilometer 7,5. Erreichbar per Bus 10, 20 und 21. Sehr empfehlenswert, Kochmöglichkeiten, guter Treffpunkt. 10 US-$ pro Person. alaska@hostels.org.ar
- **Albergue Mochileros,** San Martín 82, Tel. 43-1627. Küchenbenutzung, Gepäckaufbewahrung, Exkursionen, Restaurant, 10 US-$ pro Person.
- **La Bolsa de Deporte,** Palacios 405/Ecke Elflein, Tel./Fax 42-3529. Gemütlich eingerichtetes Haus mit Küche, Waschmöglichkeit, TV, Garten, Ski- und Fahrradverleih, Camping und ggf. Verpflegung. Pro Person 10 US-$. viaene@bariloche.com.ar

Essen und Trinken

- Recht preiswerte **Schnell-Restaurants** sind im Puerto unterhalb des Centro Cívico am Seeufer zu finden.
- **Spezialitäten** sind Fondue, Forellen- und Wildschweingerichte, meistens nach mitteleuropäisch beeinflussten Rezepten. Die meisten Restaurants finden sich entlang der Av. Mitre, der Parallelstraße Elflein sowie deren Stichstraßen. Einige Adressen:
- **Familia Weiss,** Palacios 167; eigenes Spezialitäten-Geschäft auf der Ecke zur Mitre.
- **Canguro,** Palacios 181; gut, freundlich.
- **Quínoa,** 20 de Febrero 730, Tel. 43-3090; gutes und stilvolles vegetarisches Restaurant.
- **El Patacón,** Av. Bustillo km 7; teuer, aber auch sehr gut. 1998 durfte auch *Bill Clinton* bei seinem Staatsbesuch in Argentinien hier speisen.
- **Le Chalet,** Moreno 23.

Flugverbindungen

- Der **Flughafen** liegt 15 km außerhalb der Stadt, er ist per Bus vom Büro der Aerolíneas Argentinas/Austral für 3 US-$ zu erreichen.
- Es gibt **täglich mehrere Flüge nach:** Buenos Aires (117 US-$), Esquel, Comodoro Rivadavia und Neuquén.
- **Mehrmals wöchentlich Flüge nach:** Bahía Blanca, Calafate, Mendoza, Río Gallegos, Ushuaia, Viedma und Puerto Montt (Chile).

Fluggesellschaften:

- **Aerolíneas Argentinas/Austral,** Quaglia 238, Tel. 42-2425.
- **TAN,** Quaglia 262, Local 11, Tel. 42-7889.
- **LAPA,** Villegas 121, Tel. 42-3714.
- **LADE,** Quaglia 238, Tel. 42-3562.
- **Southern Winds,** Villegas 147, Tel. 42-3704.

Verführerisch: Schoko-Laden in Bariloche

Überlandbusse

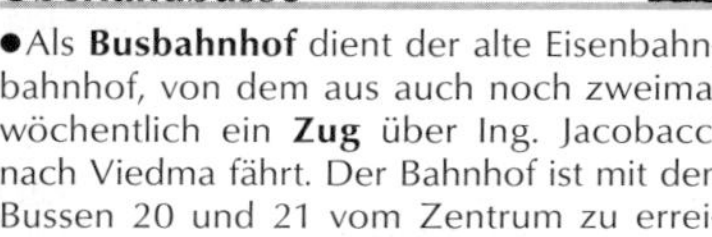

- Als **Busbahnhof** dient der alte Eisenbahnbahnhof, von dem aus auch noch zweimal wöchentlich ein **Zug** über Ing. Jacobacci nach Viedma fährt. Der Bahnhof ist mit den Bussen 20 und 21 vom Zentrum zu erreichen. Es fahren täglich mehrere Busse nach:
- **Buenos Aires,** 22 US-$, inklusive Mahlzeiten, 23 Stunden.
- **Río Gallegos,** 20–30 US-$, knapp 28 Std.
- **San Martín de los Andes,** 8 US-$, 4½ Std.
- **Trelew,** 25 US-$, 13 Stunden.
- **Comodoro Rivadavia,** 30 US-$, 14 Std.
- **Córdoba,** 35 US-$, 22 Stunden.
- **Mendoza,** 30 US-$, 20 Stunden.
- **Neuquén,** 10 US-$, 7 Stunden.
- **Puerto Madryn,** 30 US-$, 24 Stunden, dabei aber langer Aufenthalt in Esquel.
- **Esquel,** 10 US-$, 5 Stunden.
- **El Bolsón,** 3 US-$, 2 Stunden.
- **Osorno** (Chile), 10 US-$, 6 Stunden.

Autoverleih

- **Hertz, All** und **Avis** haben ein Büro **am Flughafen.**

Einige Büros in der Stadt:

- **All,** San Martín 235, Tel. 42-6420.
- **Avis,** San Martín 130, Tel. 43-1648.
- **Budget,** Mitre 106, Tel. 42-2482.
- Weitere Verleiher auf der Av. San Martín und Mitre.

Fahrradverleih

Ein Fahrrad eignet sich gut, um die Umgebung von Bariloche kennen zu lernen. Für einzelne Rundtouren, wie z.B. den Circuito Chico (s.u.), ist es ideal. Beim Verleih sollte man nach einem Fahrradschloss *(Cerradura)* fragen. Fahrräder kosten etwa 20 US-$ am Tag.

- **Bariloche Mountain Bike,** Gallardo 375, Tel. 46-2397.

a67-348 Foto: gw

●**Bikeaway,** Eduardo O'Connor 867, Tel. 42-4202.
●**La Bolsa de Deporte** bietet Räder für Gäste für 15 US-$ am Tag, Palacios 405/Ecke Elflein, Tel. 42-3529.

Post

●Die Post befindet sich im Centro Cívico.

Geldwechsel

●Bargeld und Reiseschecks tauscht z.B. **Cambio Olano,** Quaglia 238. **Geldautomaten** haben fast alle Banken in der Innenstadt.

Internet

●Die Möglichkeit, **e-Mails** zu verschicken, bieten u.a. Cyberpuerto, Costanera und CyberCafé in der Av. Mitre 437, 1. Piso.

Konsulat

●Das deutsche Honorarkonsulat ist auf der Ruiz Moreno 65, Tel. 425-695.

Reiseveranstalter

●Die meisten Reiseveranstalter bieten dasselbe Programm zu weitgehend denselben Preisen an. Die **beliebtesten** halbtägigen **Rundfahrten** von Bariloche sind der Circuito Chico (8 US-$), der Ausflug zum Cerro Catedral (8 US-$) und zum Cerro López (15 US-$), die populärsten Ganztagesfahrten sind der Circuito Grande (20 US-$), die Fahrt zum Tronador und der Cascada Alerces (20 US-$) sowie die Touren Siete Lagos (25 US-$), Puerto Blest/Selva Valdiviana (12 US-$) und die Tour nach El Bolsón (20 US-$). Meistens sind die Extras wie beispielsweise Fahrten mit der Seilbahn oder dem Sessellift nicht inbegriffen. Eine Liste der Tourangebote und der Preise bekommt man in der Touristeninformation.
●Eine gute Möglichkeit, **weiter nach Chile** zu reisen, bietet die zweitägige Schiffs-Bus-Tour von Bariloche nach Puerto Montt. Von Bariloche geht es nach Llao-Llao per Bus, von dort per Schiff bis Puerto Blest, weiter bis zum Lago Frías per Bus, dann über den See, später im Bus nach Peulla. Eine zweieinhalbstündige Bootsfahrt über den Lago Todos Los Santos zu Füßen des Vulkans Osorno nach Petrohue folgt am nächsten Tag, von dort fährt ein Bus nach Puerto Montt.
●Viele Reiseveranstalter, die diese Touren anbieten, haben ihr Büro auf der Av. Mitre. Sie bieten aber auch speziellere Touren wie **Rafting** auf dem Río Manso, Mountain-Bike-Touren sowie Wander- und Kletter-Ausflüge an.
●Wer ausgedehnte **Trekking-Touren** in unberührteren Gebieten machen will, sollte sich an besondere Agenturen wenden. Informativ und Pflicht ist ein Besuch des **Club Andino,** 20 de Febrero 30. Der Club Andino hat auch einen Führer mit Karte zum Nationalpark herausgegeben. Die Karte ist mittelmäßig, die Beschreibung der Wege recht gut.

Eine ausgedehnte **Trekking-Tour mit Führer** ist durchaus preiswert. Der Führer kostet ca. 80 US-$ am Tag, er leitet eine Gruppe von fünf bis sechs Personen. Insgesamt muss jeder Teilnehmer der Gruppe etwa mit einem Tagessatz von etwa 30 US-$ rechnen (inklusive Transport, Führer, Übernachtung, Essen etc.). Am besten wendet man sich an die **Asociación de Guías de Montañas,** Neumayer 60, Tel. 42-2567.

Nationalpark Nahuel Huapi

↗XIV,B2/3

Der Nationalpark Nahuel Huapi (Mapuche-Wort für Pumainsel) umfasst etwa 760.000 ha Gebirgs- und Seenlandschaft, er ist **einer der größten und beliebtesten Nationalparks in ganz Argentinien.** Sein Herzstück ist der Lago Nahuel Huapi, ein **Gletschersee,** der insgesamt fast 500 km² misst, fast 100 km lang ist, aber nirgendwo breiter als 12 km. Seine Arme erstrecken sich wie Fjorde in das Bergland. Daneben gibt es zahlreiche weitere Seen im Park, es bietet sich so fast überall eine eindrucksvolle Kulisse von **schneebedeckten Andengipfeln,** die sich im **blauen Gletscherwasser** spie-

Unterwegs in Argentinien

geln. Der höchste Gipfel ist der **Cerro Tronador** mit 3478 m.

Der Nationalpark wurde 1903 eingerichtet, um Flora und Fauna der patagonischen Andenregion zu schützen. Allerdings sind die meisten Tiere der Region sehr scheu, und der Nationalpark ist durch seine touristische Erschließung auch streckenweise weniger ein echtes Schutzgebiet als eher ein Freizeitpark, in dem Rücksicht auf die Natur genommen wird.

Den Besucher erwartet eine **Bilderbuchlandschaft,** die er sich erfahren, erreiten oder erwandern kann. Auskünfte bieten die Touristeninformation und der Club Andino in Bariloche, von dort aus werden auch die meisten Rundfahrten oder Wanderungen organisiert.

Beim Club Andino gibt es **Wanderkarten** im Maßstab 1:100.000 und 1:50.000 zu kaufen. Leider ist die Darstellung der Wege nicht überall sehr gut. Die Karten bieten in der Regel nur einen Überblick über mögliche Touren, daher empfiehlt es sich vor einer ausgedehnten Wandertour, noch Infos beim Club Andino in Bariloche einzuholen. Besonders bei der Wegführung von Pampa Linda zum Refugio Viejo gibt es Fehler – die Parkwächter von Pampa Linda verteilen eine Skizze mit verbesserter Wegführung. Im Park sind einige **Refugios** und zahlreiche **Campingplätze** vorhanden.

a68-353 Foto: gw

arg3-355 Foto: gw

Unterwegs in Argentinien

Vorschläge zur Erkundung

Circuito Chico

Der Circuito Chico ist eine kleine, etwa **60 km lange Rundfahrt.** Sie beginnt in Bariloche, führt dann am See entlang nach Westen, bis bei km 18 auf der Straße nach Llao-Llao die Talstation des **Cerro Campanario** erreicht ist. Mit dem Lift sollte man hochfahren (10 US-$, beide Fahrten), denn der Blick von oben über den See ist einfach wunderbar. Weiter geht es nach **Llao-Llao** und zum Hafen Puerto Pañuelo, wo das schicke Hotel Llao-Llao steht. Auch gewöhnliche Sterbliche dürfen einen Blick hineinwerfen.

Landschaft im Nationalpark Nahuel Huapi

Blick auf den Lago Moreno

Die Fahrt geht weiter über eine schmale, aber hohe Landbrücke zwischen der **Bahía López,** die zum Lago Nahuel Huapi gehört, und dem **Lago Moreno** nach Colonia Suiza unterhalb des Cerro López (2075 m). Dort führt an der schmalsten Stelle eine Brücke über den Lago Moreno. Sie leitet zu der Straße, über die man wieder Bariloche erreicht.

Diese Tour dauert mit einem **Reiseunternehmen** einen halben Tag, sie kann aber auch mit **öffentlichen Bussen** gemacht werden. Mit dem **Fahrrad** ist sie am schönsten, dauert dann allerdings einen Tag.

Eine **Ergänzung des Circuito Chico** wäre es, mit dem Bus bis Llao-Llao zu fahren und dann den Weg zur **Bahía López** zu erwandern. Der Wanderweg führt die meiste Zeit abseits der Straße (nur die letzten 2 km führen die Straße entlang, werden aber dafür mit schönen Aussichten belohnt) durch Südbuchen- und Bambuswälder und vorbei am Lago Moreno und dem kleineren, sehr malerischen Lago Escondido (insgesamt ca. 8 km).

Vom Hafen Pto. Pañuelo aus folgt man vorbei am Golfplatz der Straße. Nach ungefähr 800 m zweigt an einer kleinen Lichtung der Wanderweg nach links ab. Nach 4 km gelangt man erneut auf die Straße und folgt ihr ca. 400 m nach links bis zur Försterei. Dort biegt der Wanderweg nach rechts ab. Bei der nächsten Abzweigung hält man sich links und gelangt so zum Lago Escondido. Von dort folgt die Straße mit herrlichen Ausblicken über die Landenge bis zum Hotel Bahía López.

Per Bus kann man von dort nach Bariloche zurückkommen (2,5 US-$). Man kann aber auch weiterwandern (nicht mehr ganz so schön) bis zur Colonia Suiza und zum Fuß des Cerro Campanario (insgesamt dann 18 km). Von dort fahren alle 20 Minuten Busse nach Bariloche.

Von **Arroyo López** (3 km hinter der Bahía López) führt ein mit einer Eidechse markierter Wanderweg zum **Refugio Cerro López** (1602 m). Der Aufstieg durch die Wälder ist sehr abwechslungsreich und in zwei bis drei Stunden zu schaffen (800 Höhenmeter). Dem Wanderer bieten sich herausragende Ausblicke über die Seen und Berge. Im Refugio López kann man ab 6 US-$ **übernachten** (Schlafsaal, Privatzimmer mit Dusche ab 15 US-$), auch Mahlzeiten und Getränke sind dort zu haben.

Die Strecke führt in **drei Varianten** zum Refugio hinauf. Die linke Strecke, die einfachste, führt weitgehend über die Schotterpiste zum Refugio. Die rechte, die schwierigste, erfordert ein bisschen Bergerfahrung. Von ihr zweigt nach links ein mittelschwerer Pfad ab. Vom Refugio aus sind weitere alpine Wanderungen und Gipfelbesteigungen möglich.

Cerro Otto

Entweder geht man die Av. de los Pioneros stadtauswärts bis zur Tankstelle und von dort weiter über die nach links abzweigende Naturstraße bis zum Gipfel, oder man nimmt den **Teleférico** (Kabinenseilbahn) weiter stadtauswärts auf der Av. de los Pioneros bis zum Gipfel. Von oben hat man einen sehr guten Ausblick über Stadt und See. Wegdauer etwa 2½ Stunden. Wer allerdings zu Fuß auf den Cerro Otto geht, kann oben nicht das Restaurant besuchen. Das ist nur über die Seilbahn zugänglich. Dafür gibt es etwa 600 Meter vor dem Gipfel das Restaurant **Waldhof,** wo man essen und trinken kann.

Über den Paso de las Nubes nach Pampa Linda

Eine sehr schöne Tour führt von Bariloche über den Paso de las Nubes nach Pampa Linda. Vom Hafen in Bariloche nimmt man das **Schiff nach Puerto Blest.** Lohnend ist auch eine Nacht im **Hotel Puerto Blest** (Tel. 42-5443, Halbpension 80 US-$, deutschsprachiger Besitzer), abends hat man einen tollen Blick über die Lagune. Zelten an der Lagune ist verboten.

In Puerto Blest schifft man sich nach Puerto Frías ein. Bei der dortigen Polizeistation sollte man anmelden, dass man zum Paso de las Nubes geht. Der Weg führt zunächst durch **dichten Wald,** er ist recht gut sichtbar, hat aber keine Kennzeichnung. Nach etwa 30 Minuten erreicht man den **Río Frías,** der milchweißes Gletscherwasser führt. Er muss auf einem Baumstamm überquert werden, obwohl der eigentliche Weg zunächst weiterzuführen scheint. Das tut er auch, allerdings nur noch bis zu einer Brücke, die zerstört ist. Man überquert also den Fluss, der neue Pfad ist inzwischen auch gut zu erkennen. Er führt in der Richtung immer flussaufwärts, obwohl man des dichten Waldes wegen den Fluss nicht sieht. Nach etwa sechs Stunden gelangt man zum **Gletscher Frías,** wo man übernachten sollte. Dann überquert man einen kleinen Bach und geht links hinauf, zunächst vorbei an Felsen, später in den Wald, bis man schließlich den **Pass** erreicht. Von hier hat man eine sehr guten Blick auf das Tal des Río Frías, das man hinaufgestiegen ist, auf den Gletscher Frías und auf das Tal des Río Alerce, in das man nun hinabsteigt. Die Passhöhe selbst wäre ein weiterer schöner Platz zum Übernachten, allerdings ist im Sommer hier fast kein Wasser zu finden. Der Weg bergab ist leicht zu finden. Man überquert später ein größeres **Sumpfgebiet,** dann gelangt man an den **Río Alerce,** den man immer links neben sich hat. Später trifft man dann auf den Río Castaño Overo, dem man flussabwärts bis nach Pampa Linda folgt. Der **Höhenunterschied** auf der Strecke beträgt etwa 450 m, die reine **Wegzeit etwa 13 Stunden.** Der Weg ist leicht und verlangt keine Bergsteigererfahrung.

Von Pampa Linda fahren **Busse** zurück nach Bariloche. Wer mehr Zeit hat, kann diese Tour gut mit einer weiteren kombinieren.

Von Pampa Linda zum Refugio Otto Meiling am Cerro Tronador

In Pampa Linda beginnt der Aufstieg zum Cerro Tronador (ausgeschildert). Nach etwa 3 km erreicht man den **Río Castaño Overo,** der eiskaltes Wasser führt. Man überquert ihn und folgt den weißen Pfeilen in den Wald nach links, der rechte Weg ist falsch und führt Richtung Paso de las Nubes. Im Verlauf des Weges berührt man manches Mal die Straße, die ebenfalls zur Hütte hinaufführt, aber nur von Jeeps zu befahren ist. Der Weg schlängelt sich durch den Wald bis zum Kamm, dort endet der Wald, es wächst nur noch Gebüsch. Der Pfad ist weiterhin gut sichtbar, dort wo das Gestrüpp endet, ist er mit Farbe auf dem Fels markiert. Er führt **zwischen zwei Gletschern hindurch** zur **Berghütte,** die auf ungefähr 2000 m liegt. Sie bietet Platz für sechzig Personen, eine Küche und einen kleinen Kiosk. Man hat einen herrlichen Ausblick auf die Gletscher Castaño Overo und Los Alerces. Von hier bieten sich weitere Touren an, die einfachste in 2 Stunden zum Kamm De La Mott. Für alle anderen (z.B. auf einen der Gipfel des 3478 m hohen Cerro Tronador) braucht man eine Gletscherausrüstung und besser einen Führer.

Bis zur Berghütte läuft man von Pampa Linda etwa **5 Stunden,** der **Höhenunterschied** beträgt ungefähr 1000 m.

Informationen zur Hütte und zu weiteren Wandermöglichkeiten von dort erhält man beim Club Andino in Bariloche.

Cruce de Lagos

Eine originelle Art, den Nationalpark Nahuel Huapi zu erkunden und dabei nach Chile zu gelangen, bietet die **kombinierte Schiffs- und Bustour** Cruce de Lagos. Dabei kreuzt man drei landschaftlich reizvolle Andenseen mit Passagierschiffen. In der Sommersaison (16.09.–15.04.) kann man die gesamte Strecke an einem langen Tag absolvieren; es empfiehlt sich aber, in Puerto Blest oder in Peulla zu übernachten und von dort aus kleinere Ausflüge oder Wanderungen zu unternehmen. Im Winterhalbjahr (16.04.–15.09.) wird die Tour auf zwei Tage aufgeteilt.

Abfahrt ist im Januar/Februar täglich, ansonsten Mo bis Fr frühmorgens in Bariloche. Per Bus geht es zunächst ins 25 km entfernte **Puerto Pañuelo.** Von dort verkehrt der Katamaran „Cóndor" über den Lago Nahuel Huapi nach Puerto Blest (1 Std.). In Puerto Blest gibt es ein kleines Hotel, wer will, kann hier absteigen und z.B. am Nachmittag mit der „Cóndor" die **Wasserfälle Los Cántaros** besuchen – mit einem Spaziergang durch den Naturwald. Von Puerto Blest fährt ein Bus zum 3 km entfernten Lago Frías, welcher mit einem weiteren Schiff gekreuzt wird (20 Min.). Auf der anderen Seite wartet ein Bus, der die Passagiere in 2 Stunden über einen knapp 1000 m hohen Andenpass auf die chilenische Seite bringt.

Die Urwaldsiedlung **Peulla,** am Ostufer des Lago Todos Los Santos („Allerheiligen") mitten im Nationalpark Vicente Pérez Rosales gelegen, bietet sich an für einen Zwischenstopp von ein oder zwei Tagen, die man für ausführliche Wanderungen oder Reittouren durch den südchilenischen Regenwald nutzen kann. Wer nicht im gediegenen **Hotel Peulla** (DZ ab 105 US-$, Buchung zusammen mit der Tour) übernachten möchte, kann das auch im **Residencial La Palomita** (eng, aber okay, 15 US-$ p.P.) tun, auf einem Conaf-Campingplatz oder eventuell in einer Privatunterkunft (auf Schilder achten).

Das nächste Teilstück der Anden-Kreuzfahrt ist zweifellos das beeindruckendste, führt es doch mit dem Katamaran „Lagos Andinos" über den lang gezogenen, vielarmigen Allerheiligen-See, von dessen Ufern der imposante Dreiergipfel des Cerro Tronador, der markante Zacken des Vulkans Puntiagudo und der perfekte Schneekegel des Vulkans Osorno grüßen – gutes Wetter vorausgesetzt. Von Petrohué am Westende des Sees (kleines, aber feines Hotel oder Camping) geht es schließlich per Bus über Puerto Varas nach Puerto Montt.

Als Tagestour ohne Aufenthalt kostet die Tour 140 US-$, mit Übernachtungen entsprechend mehr. Nähere Informationen unter www.lakecrossing.cl, Buchungen sind über die meisten Reiseagenturen möglich.

El Bolsón ⇗XIV,B3

Warum die meisten der fast ausschließlich jüngeren Urlauber nach El Bolsón kommen, ist nicht ganz klar: Wegen des wundervollen **Bergpanoramas** mit dem Piltriquitrón-Massiv auf der einen und den Andengipfeln auf der anderen Seite, wegen der **dichten Wälder,** wegen des angenehmen Klimas, in dem sogar ganz prächtige Erdbeeren reifen, oder wegen des legendären Rufes, den El Bolsón in Argentinien genießt? Der kleine Ort ist nämlich die **„Hippie"- und „Aussteiger"-Hauptstadt Argentiniens.** Seit Mitte der 1960er Jahre, verstärkt dann auch wieder in den 70ern, zogen Jugendliche und Intellektuelle weit weg von Buenos Aires, weil sie so dem politischen und gesellschaftlichen Druck entfliehen wollten und schufen sich hier ihr alternatives Zuhause. Man lebte weitgehend autark von dem, was man anbaute, inzwischen aber mehr und mehr vom Tourismus, auch und besonders von den Tagesausflüglern von Bariloche, die sich hier auf dem Markt (jeden Di, Do und Sa) mit **Kunsthandwerk** und Andenken für die Lieben daheim versorgen. Rings um El Bolsón wimmelt es nur so von Öko-Bauernhöfen, größtenteils mit Übernachtung und Tourangeboten.

El Bolsón selbst jedoch ist eher trostlos. Sollte der Ort jemals ein besonderes Flair gehabt haben – heute ist in seinen staubigen Straßen davon nichts mehr zu spüren. Er kann höchstens als Station auf dem Weg zum Nationalpark Lago Puelo dienen (s.u.).

Einer der wichtigsten Wirtschaftsfaktoren im Tal ist der **Hopfenanbau,** das lokale Bier hat einen sehr guten Ruf.

Eine Warnung: Ende 1996 erkrankten in El Bolsón zahlreiche Personen am **Hanta-Virus.** Er wird von einer langschwänzigen Mäuseart übertragen. Die Tiere erkranken nicht selbst, sondern übertragen lediglich den Virus. Menschen können sich infizieren, wenn sie mit angesteckten Mäusen bzw. ihrem Kot in Berührung kommen. Da der Virus außerhalb des Wirtes im Freien nicht lange überlebt, besteht die größte Gefahr in lange nicht gelüfteteten und gesäuberten Räumen (z.B. Bungalows oder Schutzhütten). Die potenziell tödliche Krankheit beginnt mit denselben Symptomen wie eine Grippe: Fieber, Müdigkeit, Muskelschmerzen, Husten und Erbrechen. Ohne eine Panik auslösen zu wollen: Suchen Sie beim ersten Unwohlsein sofort einen Arzt auf.

Ein spektakuläres, aber nicht billiges Vergnügen bietet der lokale **Flugverein** an. Für etwa 100 US-US-$ je Stunde können sich bis zu drei Passagiere die Andengipfel von oben betrachten. Informationen über das Hotel Cordillera oder unter Tel. 49-2412.

Touristeninformation

- Das Büro ist auf dem Hauptplatz, der Plaza Pagano, Tel. 49-2604. Hier werden auch die Tickets für den Schmalspurzug La Trochita (5 US-$ inklusive des Bustransfers nach El Maitén) verkauft (siehe auch bei Esquel).

Hotels

Einfach und billig

- **Hotel Salinas,** Roca 641, Tel. 49-2396; DZ 8 US-$.
- **Hostería Steiner,** San Martín 670; freundlich, sauber, schöner Garten, 10 US-$.
- **Henríquez,** Rivadavia 2950, Tel. 49-2881; 8 US-$.
- **Valle Nuevo,** 25 de Mayo 2329, Tel. 49-2087; 26 US-$.
- **Hospedaje Unelen,** Azcuénaga 134, Tel. 49-2729; 26 US-$.

Hotels der Mittelklasse

- **Cordillera,** San Martín 3210, Tel. 49-2235; 20 US-$.
- **Amancay,** San Martín 3217, Tel. 49-2374; 18 US-$.

Camping

- Mehrere Campingplätze finden sich in der Umgebung der Stadt, darunter das **Campamento Ecológico,** Pagano y Río Quenquentren, gleichzeitig eine Herberge für 8 US-$ pro Person; freundlich, Kochmöglichkeiten.
- **El Pueblo,** ökologischer Bauernhof von *Winfried* und *Gabriele Brückner*. Verkauf ab Hof, auch Camping möglich. elpuente@red42.com.ar

Jugendherberge

- **Albergue El Pueblito,** Barrio Luján, km 1 auf der Ruta 258 Richtung Bariloche, 4 km außerhalb des Zentrums, Tel. 49-3560. Es gibt eine Koch- und Waschgelegenheit und es werden Ausflüge (auch zu Pferd) angeboten. Rabatt bei Internationalem Studenten- oder Jugendherbergsausweis, die Übernachtung kostet 8 US-$. pueblito@hostels.org.ar
- **Refugio del Lago,** 40 km südlich von El Bolsón, am Lago Epuyén, liegt das kleine Hotel; neben Übernachtungen mit Frühstück oder auch Vollpension bieten die Eigentümer auch Tourangebote, entweder per pedes oder Pferd. Die Übernachtung kostet pro Person etwa 10 US-$. *Sophie* und *Jaques Dupont,* Correo Epuyén, 9211 Chubut, Tel. 02944/49-2753.

Verkehrsverbindungen

- El Bolsón hat **keinen zentralen Busbahnhof.** Der Ort liegt auf der Strecke zwischen Bariloche und Comodoro Rivadavia, die wichtigsten Verbindungen sind die nach
- **Bariloche,** mehrfach täglich, 10 US-$, 2 Std.
- **Esquel,** mehrfach täglich, 16 US-$, 3 Std.

Reitausflüge

Wer sich auf Pferderücken wohl fühlt, sollte sich an *Horacio Fernández* wenden. Er bietet **ein- oder mehrtägige Ausflüge per Pferd in die Berge** an; Kostenpunkt pro Person etwa 20 US-$ und 15 US-$ für ihn und sein Pferd. Die Postanschrift:

- **Horacio Fernández,** Loma del Medio, Apdo Postal 33, El Bolsón, CP 8430.

Sonstiges

- Die **Post** ist San Martín 2608, nahe der Calle Dorrego.
- An der Plaza befindet sich die **Bank** Banco de la Provincia de Río Negro.

Ausflug

Parque Nacional Lago Puelo

Zwar liegt der etwa 23.000 Hektar große Nationalpark schon jenseits der Grenze der Provinz Chubut, er ist aber am besten von El Bolsón aus mit Bussen zu erreichen. 4 km vor dem See liegt der kleine Ort Lago Puelo, am See selbst ist ein Campingplatz. Hier bieten sich ausgezeichnete Möglichkeiten zum Schwimmen und Fischen, aber auch zu ausgedehnten Wanderungen.

Turismo Translago (Perito Moreno 360, El Bolsón) organisiert **Rundfahrten auf dem See** sowie längere **Trekkingtouren.** Im Park gibt es eine Art **Jugendherberge,** die **Albergue El Turbio,** wo ebenfalls Pferde und Boote geliehen werden können.

Am Río Puelo entlang nach Chile

Trekkingfreunde können vom Lago Puelo aus nach Chile und zum **Pazifikfjord Reloncaví** wandern. Direkt am Nordwestufer des Sees ist die Grenzstation, von dort geht es am Lago Interior entlang in die chilenische Wildwest-Siedlung Segundo Corral (Grenzkontrolle) und – teils durch Naturwälder, teils über Weiden – immer am Río Puelo entlang zum **Lago Tagua Tagua.** Diesen kann man per Boot überqueren und gelangt schließlich in die Ortschaft Puelo am Estuario de Reloncaví. Auf chilenischer Seite werden derzeit die einstigen Reitpfade zur Straße ausgebaut, daher sollte man sich in El Bolsón nach dem Stand der Dinge erkundigen. Zu Fuß muss man für die Tour etwa drei Tage einplanen.

Chubut

An den Provinzgrenzen von Chubut kann man genau sehen, wie das Land aufgeteilt wurde: Mit dem Lineal wurden Striche auf der Landkarte gezogen. Aber in Chubut gibt es auch keine auffallenden natürlichen Landmarken: keine besonders tiefen und breiten Flüsse, keine hohen Berge, die ganze Provinz ist eine große weite Fläche, mit Stoppelgras bewachsen, über die der ewige patagonische Wind weht. Nur im Westen findet sich eine auffällige Landmarke, die Höhen der Anden, die Grenze zu Chile.

Langweilig für den Besucher ist die Provinz dennoch nicht: Im Westen liegt der **Nationalpark Los Alerces,** im Osten die **Península Valdés** mit ihrem faszinierenden Tierleben, dort wurden auch die ersten walisischen Orte Trelew, Gaiman und Puerto Madryn gegründet. Denn **Waliser** waren die ersten Siedler in Patagonien. Sie zogen ab 1865 hierher, aus Armut und wegen politischer Verfolgung. Doch als sie landeten, angezogen vom Versprechen auf fruchtbares Land, muss die Enttäuschung groß gewesen sein: Der braune, fast graue Steppenboden war alles andere als viel versprechend. Die ersten Siedler gingen ins Tal des Río Chubut, später durchquerten einige die gesamte Provinz, um sich am Andenrand in den fruchtbareren Regionen niederzulassen.

Das hat bis heute so angehalten. Die mit 224.686 km² drittgrößte Provinz des Landes ist sehr unterschiedlich besiedelt. Insgesamt leben gerade mal 400.000 Menschen hier, auf einer Fläche weit mehr als halb so groß wie Deutschland. An der Atlantikküste finden sich einzelne Orte, darunter die **Hauptstadt Rawson** und die größte Stadt der Provinz, Comodoro Rivadavia, am Andenrand ist eigentlich nur Esquel erwähnenswert. Dazwischen gibt es nichts: nur die ewige graubraune Steppe, sehr selten durchbrochen von einer staubigen Schotterpiste.

Esquel

⇗ XVIII,B1

Die etwa 25.000 Einwohner große Stadt liegt am Ostrand der patagonischen Ebene auf etwa 530 m, fernab von jeder anderen großen Siedlung: Bis nach Bariloche im Norden sind es mehr als 250 km, entlang dem Andenrand nach Süden folgt überhaupt keine größere Stadt mehr, und im Osten erstreckt sich über Hunderte von Kilometern die patagonische Steppe. Dennoch ist Esquel ein **beliebtes Touristenziel.** Der Ort ist der beste **Ausgangspunkt für eine Erkundung des Nationalparks Los Alerces** und End- bzw. Startpunkt für die beliebte Route, die von San Martín de los Andes über Bariloche bis hierhin immer entlang des patagonischen Seengebietes und der Anden verläuft. Im Winter ist das nahe gelegene **La Hoya** ein beliebtes **Wintersportgebiet.**

Esquel wurde Anfang des 20. Jahrhunderts als walisische Siedlung ge-

arg3-362 Foto: gw

gründet. Die Stadt hat nur wenige Sehenswürdigkeiten aufzuweisen, sie besitzt den normalen Schachbrettgrundriss, dessen Zentrum von den Straßen Fontana, Alvear, Moreno und Ameghino begrenzt wird. Eine zentrale Plaza gibt es nicht.

Touristeninformation

- Die sehr hilfreiche Touristeninformation ist Alvear/Ecke Sarmiento, Tel. 45-1927.

Privatunterkünfte

Die preiswerteste Möglichkeit sind Übernachtungen in Privathäusern, die auch von der Touristeninformation vermittelt werden.

Einige Adressen von Privatunterkünften, die Preise verstehen sich jeweils pro Person:

- **Juana Gingins,** Rivadavia 1243, Tel. 45-2452; freundlich, 8 US-$.
- **Amilcar,** Sáenz Peña 557, Tel. 45-4069, hospeamilcar@ciudad.com.ar; 3,5 US-$ pro Person.
- **Rowlands Elvey,** Rivadavia 330, Tel. 48-2578, 3 US-$ p.P.

Hotels

Preiswert

- **Argentino,** 25 de Mayo 862, Tel. 45-2237; okay, DZ mit Bad 12 US-$.
- **Zacharias,** Gral Roca 634; DZ für 13 US-$.
- **Huentru Niyeu,** Chacabuco 606, Tel. 45-2576; kein Türschild, freundlich, ruhig, modern, DZ 14 US-$.

Hotels der Mittelklasse

- **Angelina,** Av. Alvear 758, Tel. 45-2763; sehr freundlich, gutes Essen, 18 US-$.
- **Sol del Sur,** 9 de Julio/Ecke Sarmiento, Tel. 45-2189; 20 US-$.
- **Tehuelche,** 9 de Julio 825, Tel. 45-2420; 30 US-$.

Camping

- **La Colina,** Darwin 1400. 4 US-$ pro Person, heiße Duschen, auch einige Betten im Schlafsaal.

Jugendherberge

- **Lago Verde,** Volta 1081, Tel. 45-2251. Küche etc. 5 US-$ pro Person. DZ mit Bad für 9 US-$. lagoverd@hostels.org.ar

Flugverbindungen

- Der **Flughafen** liegt 20 km östlich der Stadt. Er ist mit Bussen zu erreichen.
- **Tägliche Verbindungen** nach Bariloche und Comodoro Rivadavia.
- **Mehrmals wöchentlich** gehen Flüge nach Buenos Aires, Mendoza, Neuquén, Trelew, Ushuaia und Calafate.

Fluggesellschaften

- **Aerolíneas Argentinas/Austral,** Fontana 408, Tel. 45-3614.
- **Lade,** Alvear 1085, Tel. 45-2124.

Überlandbusse

- Vom **Busbahnhof** Alvear/Ecke Fontana bestehen gute Verbindungen nach:
- **Bariloche,** 7 US-$, 5 Stunden.
- **Trelew,** 10 US-$, 9 Stunden.
- **Comodoro Rivadavia,** 11 US-$, täglich, vorbuchen!!
- **Buenos Aires,** 30 US-$, 30 Stunden.
- **Osorno (Chile),** 11 US-$.
- **Santiago (Chile),** 20 US-$.

Die beiden letzten Busse fahren über Bariloche und überqueren dort die Grenze nach Chile. Eine andere Möglichkeit, **über die Anden nach Chile** zu gelangen, führt über **Trevelin** und von dort aus per Bus nach **Futaleufú** (Chile; dreimal wöchentlich von Trevelin). Von Futaleufú fahren Busse weiter bis **Chaitén** oder **Coyhaique** an der **Carretera Austral.**

Eisenbahn

Esquel war der Endpunkt der Bahnlinie von Buenos Aires über Bahía Blanca und Ingeniero Jacobacci. Zwischen Ingeniero Jacobacci und Esquel fuhr **„La Trochita“,** eine Schmalspureisenbahn (75 cm Spurbreite, gezogen von Dampfloks). Der „Patagonien-Express“ verband die wichtigsten Estanzias in der Region, und so wundert es nicht, dass die Strecke insgesamt mehr als 400 km lang war,

Wildwest in Patagonien

Wer auf den Spuren des Wilden Westens in Patagonien wandern will, sollte nach Cholila, etwa 50 km nördlich von Esquel, fahren. Denn dort lebten von 1901 bis 1905 *Robert Leroy Parker* und *Harry Longabaugh,* besser bekannt als **Butch Cassidy und Sundance Kid,** gemeinsam mit ihrer Freundin *Etta Place.* Sie waren, verfolgt von allen gesetzestreuen Menschen in den Vereinigten Staaten, besonders aber von der Agentur Pinkerton, 1901 von New York nach Buenos Aires gekommen und hatten dort Land in Chubut gekauft. Bei Cholila besaßen sie ihre Farm und gleichzeitig auch einen Kolonialwarenladen. Die Tür dieses Farmhauses steht heute übrigens in Chile – sie lehnt angeblich an einer Wand im Büro der Agentur Outsider in Puerto Varas (outsider@telsur.cl), die auf den Spuren von *Butch Cassidy* und *Sundance Kid* Reittouren durch Patagonien veranstaltet.

Pinkerton blieb ihnen aber auf der Spur, und lange hielten die Banditen auch das ungewohnte Farmerleben nicht aus. Inzwischen war auch *Harvey Lorgan,* ein viertes Mitglied ihrer alten Bande, in Patagonien eingetroffen, und so machte man das, was man am besten konnte: Banken überfallen.

1905 in Río Gallegos: Gringos betreten die Banco Anglo Sudamericano, um mit deren Leiter über einen Kredit zum Landkauf zu verhandeln. Am Ende zeigen sie sich am Kredit aber wenig interessiert. Sie erfahren, dass viel Geld in den Kassen ist, und überfallen die Bank. 1907 folgt die Banco de la Nación in Villa Mercedes (Provinz San Luis). Danach verliert sich ihre Spur. Sie verkaufen im Dezember 1907 ihr Gut in Cholila und verlassen das Land.

Alles weitere sind Vermutungen. 1930 veröffentlichte der US-amerikanische Schriftsteller *Arthur Chapman* seine Darstellung des Todes der drei Banditen. Angeblich wurden sie im Dezember 1909 beim Versuch eines Überfalls auf das Lohnbüro einer Goldmine in Bolivien erschossen. Der Wahrheitsgehalt der Geschichte ist umstritten, Pinkerton vermutete nämlich, dass das erst die uruguayische Polizei 1911 erledigte. Möglich ist aber, dass beides nicht stimmt: Schließlich hatte sich *Butch Cassidy* schon früh vorgenommen, in Südamerika „erschossen" zu werden, um danach unbehelligt wieder in den USA zu leben. Gerüchteweise wurde das immer wieder bestätigt, so wurde *Etta Place* angeblich 1924 in Denver gesehen.

um die beiden nur 260 km voneinander entfernten Orte zu verbinden.

Anfang 2003 verkehrte der Patagonien-Express nur zwischen Esquel und El Maitén, auf etwa einem Drittel der Strecke. Die Reise dauert etwa 4 Stunden, eine Fahrkarte kostet 4,20 US-$, im Speisewagen sind belegte Brote und Getränke zu bekommen. Unterwegs hält der Zug in Nahuel Pan (Pumaschnauze). Abfahrt ist ab Esquel in der Saison Mo, Di, Mi, Fr und Sa um 10 und 14 Uhr, den Rest des Jahres nur Sa um 10 Uhr. Die Tickets kann man in der Touristeninformation oder der Bahnstation Esquel, Tel. 45-1403, kaufen.

In **El Maitén** sollte man unbedingt den **Eisenbahn-Friedhof** besuchen. Hier liegen die ausrangierten Motoren und Triebwagenteile der „Trochita".

Die gesamte Fahrt mit dem Patagonien-Express wird übrigens in einem Kapitel (dem letzten) des Buches „Der alte Patagonien-Express" von *Paul Theroux* beschrieben. *Theroux* mochte die Reise nicht besonders, er beklagt sich fortwährend vehement über seine Mitreisenden und die „Hässlichkeit der Landschaft".

Auch wer nicht mit dem Zug fahren möchte: Ein Besuch des Bahnhofs in Esquel lohnt allemal. Die Dienststube des Stationsvorstehers würde jedes Eisenbahnmuseum zieren.

Autoverleih

- **Fiorasi,** 9 de Julio 740, Tel. 45-2299.
- **Localiza,** Rivadavia 1168, Tel. 45-3276.

Sonstiges

- Die **Post** ist gegenüber der Touristeninformation (Alvear/Ecke Sarmiento).
- Die Bank Banco del Chubut hat einen **Geldautomaten** auf Alvear 1131.

Ausflüge

Trevelín

Stadt *(tre)* und Mühle *(velin)* sind die beiden walisischen Worte, aus denen sich der Namen des Ortes, 23 km südwestlich von Esquel, zusammensetzt. Mehr als Esquel hat sich Trevelin seine **walisische Vergangenheit** bewahrt. An sie erinnert auch ein Museum in der alten Mühle, die der Stadt den Namen gab (im Sommer Mo bis So 9–19 Uhr geöffnet).

Trevelín ist ein gutes Ziel für einen Tagesausflug, es ist leicht mit dem Bus von Esquel zu erreichen. Die dortige Touristeninformation befindet sich auf der Hauptplaza.

Von Trevelín gibt es **Busverbindungen** nach Futaleufú (Chile, dreimal wöchentlich). Von dort geht es weiter am grün schäumenden Río Futaleufú zum Lago Yelcho und zur Carretera Austral (Chaitén im Norden oder Coyhaique im Süden).

Parque Nacional Los Alerces

Etwa 60 km westlich von Esquel beginnt der Nationalpark Los Alerces, der 263.000 ha umfasst. Er erstreckt sich entlang der chilenischen Grenze. In ihm liegen bis zu **2300 m hohe Berge, zahlreiche fischreiche Seen** und relativ große Bestände des Baumes, der ihm den Namen gab: **Alerce,** der bei den Mapuche „lahuen" heißt, woanders als patagonische Zypresse bekannt ist und von Botanikern *Fitzroya cupressoides* genannt wird. Alercen werden bis zu 70 m hoch und besitzen dann einen Durchmesser von bis zu 4 m. Solche Bäume sind uralt, denn im Umfang wächst der Alerce pro Jahr etwa nur einen Millimeter. Im Park stehen einzelne Bäume, deren Alter auf etwa 3500 Jahre geschätzt wird. Der Alerce besitzt sehr hartes und wertvolles Holz, deshalb sind seine Bestände in den letzten Jahrzehnten stark zurückgegangen. Um Alercen zu sehen, muss man denn auch tiefer in den Nationalpark eindringen – im östlichen, mit Straßen und Wegen erschlossenen Teil bekommt man keine einzige zu Gesicht. Einzige Chance ist eine relativ teure Schiffstour über drei Seen bis zu einem Alerce-Reservat am **Lago Cisnes** (als Paket von Esquel aus zu buchen; Näheres bei der Touristeninformation in Esquel oder bei der Nationalparkverwaltung, Tel. 02945/47-1015). Ansonsten sind die Wälder des Nationalparks **immergrüner, aber nicht tropischer Regenwald.**

Der Park verfügt zwar über eine touristische Infrastruktur, ist aber bei weitem nicht so gut ausgebaut wie der nördlich liegende und vergleichbare Nationalpark Nahuel Huapi. Es gibt einige **Hotels, Hosterías und Campingplätze,** eine Liste erhält man beim Touristenbüro in Esquel.

Wer mit dem Auto unterwegs ist, kann sich den Umweg über Esquel sparen und von El Bolsón auf der **Ruta 71** direkt in den Park fahren. Die gute Schotterstraße führt von Nord nach Süd hindurch, vorbei an den Seen Rivadavia, Menéndez und Futalaufquén mit mehreren schönen Zeltplätzen. Mit dem Bus kommt man nur von Esquel aus in den Park. Man fährt nach **Villa Futalaufquén** am gleichnamigen See, dort sind verschiedene Läden sowie die Parkverwaltung zu finden. In Villa Futalaufquén beginnen auch verschiedene kurze und längere **Tageswanderungen** in den Park, darunter der lohnenswerte Aufstieg auf den Cerro Alto El Dedal mit tollem Rundblick. Wer längere Touren machen will, sollte sich an die Nationalparkverwaltung wegen Informationen wenden oder an die Touristeninformation in Esquel.

Puerto Madryn ⇗ XV,D3

Wenn man mit dem Flugzeug nach Puerto Madryn anreist, sieht man deutlich, warum sich die ersten Siedler hier 1865 nur mit langen Gesichtern niederließen. Puerto Madryns Lage, zwar am Meer, aber auch in der graubraunen patagonischen Wüste, ist erst einmal wirklich wenig attraktiv.

Heute lebt die 60.000-Einwohner-Stadt, die nach ihrem Gründer *Parry Madryn* benannt ist, von ihrer Meeresnähe, das heißt vom Tourismus, von der Fischerei und seit 1974 auch von dem ersten **Aluminiumwerk** Argentiniens, das auf Voranmeldung zu besichtigen ist.

Die Besucher kommen vorwiegend der **Strände** wegen – außerhalb der Hauptsaison ist es auch schön ruhig. Allerlei Wassersportmöglichkeiten, vom Surfen über die Bootstour bis zum Tauchen, werden angeboten. Man spaziert am breiten Sandstrand entlang und beobachtet abends auf der Mole die Fischer, wie sie ihre Fänge anlanden und ab und zu den schnorrenden Seelöwen-Bullen einige Brocken hinwerfen.

Vor allem eignet sich der Ort aber gut, um von hier die Península Valdés und das **faszinierende Tierleben** dort und im Golfo Nuevo zu erkunden. Denn dafür ist der Atlantik hier welt-

a70-326 Foto: gw

berühmt: für die **Wale,** die sich im Frühling (im europäischen Herbst) paaren, für die **Seelöwen** und die **Seeelefanten.**

Wer sich vorher auf die patagonische Tierwelt einstimmen will, sollte das **Museo Oceanográfico y Ciencias Naturales,** Domec García/Ecke Menéndez, aufsuchen (Di bis Fr 9–12, Di bis So 15–19 Uhr). Es zeigt eine Fülle von ausgestopften Meeres- und Landtieren Patagoniens.

Touristeninformation

- Die sehr hilfreiche Touristeninformation, die auch Hotellisten bereithält, ist auf der Strandpromenade Juan A. Roca 223 und zwar zwischen 28 de Julio und Belgrano, Tel. 45-3504. Abends werden hier manchmal kostenlos Filme gezeigt, z.B. über das Tierleben vor der Küste.

Hotels

- **Hotel del Centro,** 28 de Julio 149, gegenüber dem Tia Supermarkt, Tel. 47-3742. Empfehlenswert: einfach, sauber, freundlich. DZ mit Bad 9 US-$.
- **Jo's,** Bolívar 75, Tel. 47-1433; DZ 10 US-$.
- **Petit,** Alvear 845, Tel. 45-1460; gut, ruhig, sauber, DZ für 11 US-$.
- **Vaskonia,** 25 de Mayo 43, Tel. 47-2581; unterschiedliche Erfahrungen von freundlich bis miserabel und schmuddelig, 9 US-$.
- **Playa,** Roca 187, Tel. 45-0732; 10 US-$. www.playahotel.com.ar
- **Costanera,** B. Brown 759, Tel. 45-2800; 24 US-$.
- **Tolosa,** R. S. Peña 253, Tel. 47-1850; 24 US-$.

Der Pier in Puerto Madryn

●**Bahía Nueva,** Roca 67, Tel./Fax 45-0145, www.bahianueva.com.ar. Mit Blick auf die „Wal-Bucht", 30 US-$.
●**Península Valdés,** Roca 155, Tel. 47-1292, www.hotel-peninsula-valdes.com; Vier-Sterne-Hotel mit See-Blick, 35 US-$.

Camping

●Außerhalb der Stadt befinden sich einige Campingplätze, so der städtische im Süden, etwa 3 km vom Zentrum.

Jugendherberge

●**Puerto Madryn,** 25 de Mayo 1136, Tel. 47-4426, madrynhi@hostels.org.ar; besser vorbestellen. Drei- und Vierbettzimmer pro Person 10 US-$, DZ 15 US-$, im Zentrum des Ortes, nahe zum Strand, Exkursionen und Mountain-Bike-Verleih. Küchenbenutzung, guter Treffpunkt.

Flugverbindungen

●Der **Flughafen** liegt etwa 7 km außerhalb der Stadt. Er ist nicht per Bus zu erreichen. Bessere Flugverbindungen bietet allerdings der Flughafen von Trelew (siehe dort).
●**Buenos Aires,** nicht täglich.
●**Comodoro Rivadavia,** täglich.
●**Río Gallegos,** mehrmals wöchentlich.
●**Río Grande,** mehrmals wöchentlich.
●**Ushuaia,** mehrmals wöchentlich.

Fluggesellschaften

●**Aerolíneas Argentinas/Austral,** in Trelew, siehe dort.
●**Lapa,** Belgrano 12, Tel. 45-1048.
●**LADE,** Roca 117, Tel. 45-1256.

Überlandbusse

●Der neue **Busbahnhof** liegt auf der Irigoyen zwischen Maíz und San Martín, hinter dem schönen alten Bahnhof. Von hier fahren mehrfach täglich Busse nach:
●**Buenos Aires,** 20 US-$, 19 Stunden.
●**Neuquén,** 11 US-$, 12 Stunden.
●**Comodoro Rivadavia,** 8 US-$, 5–6 Stunden.
●**Córdoba,** 20 US-$, 17 Stunden.
●**Río Gallegos,** 23 US-$, 18 Stunden.

Autoverleih

●**Puerto Madryn Turismo,** Av. Roca 624, Tel. 45-2355.
●**Localiza,** Av. Roca 536, Tel. 45-6300.
●**Cuyunco,** Av. Roca 165, Tel. 45-1845.

Reiseveranstalter

●Es gibt ein **Fülle von Reiseveranstaltern** in Puerto Madryn, die alle dieselben Touren zu denselben Preisen anbieten. Die Standardrundfahrten sind **Besuche der Península Valdés** sowie eine Rundfahrt, die über Trelew, Rawson, Gaiman und **Punta Tombo** führt.
●Alle diese Ausflüge haben auch dieselben **Nachteile:** Oft sind die Gruppen zu groß – man erkundige sich vorher, ob die Gruppe mit einem Kleinbus oder einem Reisebus unterwegs ist –, und bei allen Touren geht zu viel Zeit für Mittagspausen, Fahrerei und ein sehr vollgestopftes Programm verloren.

Besser ist es, sich mit mehreren ein Auto zu mieten, das kostet etwa 70 US-$ am Tag (inkl. Versicherung, Kilometergeld und Benzin). Bei vier bis fünf Personen hat man den Tourpreis schnell raus und kann sein Zeitbudget besser planen, beispielsweise morgens früher losfahren oder am Nachmittag erst zur Pinguinkolonie Punta Tombo rausfahren.
●Die **Standardausflüge** von Puerto Madryn: **Península Valdés:** Isla de los Pájaros – Punta Norte – Caleta Valdés – Punta Delgada – Puerto Pirámide – Puerto Madryn; Kosten 25 US-$. Es gibt ein Restaurant, wo eine Mittagspause gemacht wird, besser ist es, sich einen Picknick-Korb zu packen. Der Preis beinhaltet übrigens nicht die anderthalbstündige, sehr lohnende Bootsfahrt, bei der man die Wale fast hautnah zu sehen bekommt (10–15 US-$).

Punta Tombo: Puerto Madryn – Punta Tombo (1–1½ Stunden) – Trelew – Gaiman – Rawson – Puerto Madryn. Kosten 18 US-$, auch hier empfiehlt sich die Mitnahme von Speisen und Getränken.

Einige **Reiseveranstalter:**
●**Safari Submarino,** Mitre 80, Tel. 47-4110. Einer der beiden empfehlenswerten Anbieter von Tauchausflügen (auch für Anfänger). Ein weiterer:

- **Nievemar Tours,** Av. Roca 549, Local 3, Tel. 45-5544. Empfehlenswert.
- **Costa Blanca,** D. García 365, Tel. 45-4504.
- **Cuyunco,** Roca 171, Tel. 45-1845.
- **Yamil Turismo,** Sarmiento 427, Tel. 47-3093.
- **Turismo Puma,** Av. 28 de Julio 46, Tel. 45-1063. Touren mit dem Kleinbus mit maximal 10 Personen. Gleiches Programm und dieselben Preise wie die anderen Veranstalter, aber durch die Kleingruppe höhere Flexibilität.

Sonstiges

- **Post:** Ecke Belgrano und A. Maiz.
- **Geld und Schecks** wechseln der Banco de la Nación, 25 de Mayo/Ecke 9 de Julio, und der Banco del Sur auf R. S. Peña/Ecke 25 de Mayo. Die meisten Banken haben auch **Geldautomaten.**
- Ein schönes **Internetcafé** ist das **Café Lizard,** Av. Julio A. Roca/Ecke Av. Gales.
- Laverap (25 de Mayo zwischen Sarmiento und Av. Gales) wäscht und trocknet für 9 US-$ ein Maschine **Wäsche.**
- **Fahrräder** verleihen XT Mountain Bike, Av. Roca 742, Tel. 47-2232, und Future Bike, 25 de Mayo 302, Tel. 46-5108.

Reserva Faunística Punta Loma

⇗XV,D3

17 km südwestlich von Puerto Madryn liegt diese **Seelöwenkolonie,** an der sich auch Robben und Seevögel beobachten lassen. Man folgt der Uferstraße in Puerto Madryn Richtung Süden. Nach 11 km erreicht man den Eingang zur Reserva (3 US-$), von dort sind es noch weitere 6 km bis zu einem Aussichtspunkt. Diese Tour kann man mit dem Auto machen oder als organisierten Trip buchen, am schönsten ist sie aber – trotz des oft heftigen Windes, der über die Schotterpiste bläst –, wenn man mit dem Fahrrad unterwegs ist.

Península Valdés

⇗XV,D3

Valdés ist eine 3625 km² große **Halbinsel,** die durch den schmalen Istmo Ameghino mit dem Festland verbunden ist. Sie ist weitgehend eine Wüstenregion, in deren Zentrum **drei kleinere Salzseen** liegen. Die Salinas Grandes markieren mit einer Lage von 35 m unter dem Meeresspiegel einen der tiefsten Punkte in Argentinien und Südamerika.

Die Halbinsel ist bekannt für ihr **reiches Tierleben,** vor allem von Meeres- und Küstenbewohnern. Hier leben Seelöwen, Seeelefanten und Pinguine, vor der Küste verschiedene Walarten. Im Landesinnern sind bei Fahrten nicht selten Guanakos, Füchse und Ñandus zu sehen.

Die Halbinsel ist ein **Naturreservat,** 5 US-$ Eintritt sind zu zahlen, das Geld wird kurz vor der Landenge kassiert. Die wichtigsten Punkte sind die **Isla de los Pájaros,** die aber nur per Fernglas „besichtigt" werden kann – man sieht nicht sehr viel –, die **Punta Norte,** wo Seelöwen und Seeelefanten leben und vor der Küste die schwarzweißen Orca-Wale, **Caleta Valdés** (Seeelefanten) und die **Punta Delgada** (Seelöwen) sowie **Puerto Pirámide,** der beste Punkt, um den Golfo Nuevo zu erkunden – hier treffen sich die Bartenwale *(Eubalaena australis).* Zu beobachten sind die bis zu 16 Meter langen und 54 Tonnen schweren Meeressäuger mit den beeindruckenden Schwanzflossen im Prinzip zwischen Mitte Juni und Mitte Dezember, vor allem aber im Frühjahr zur Paa-

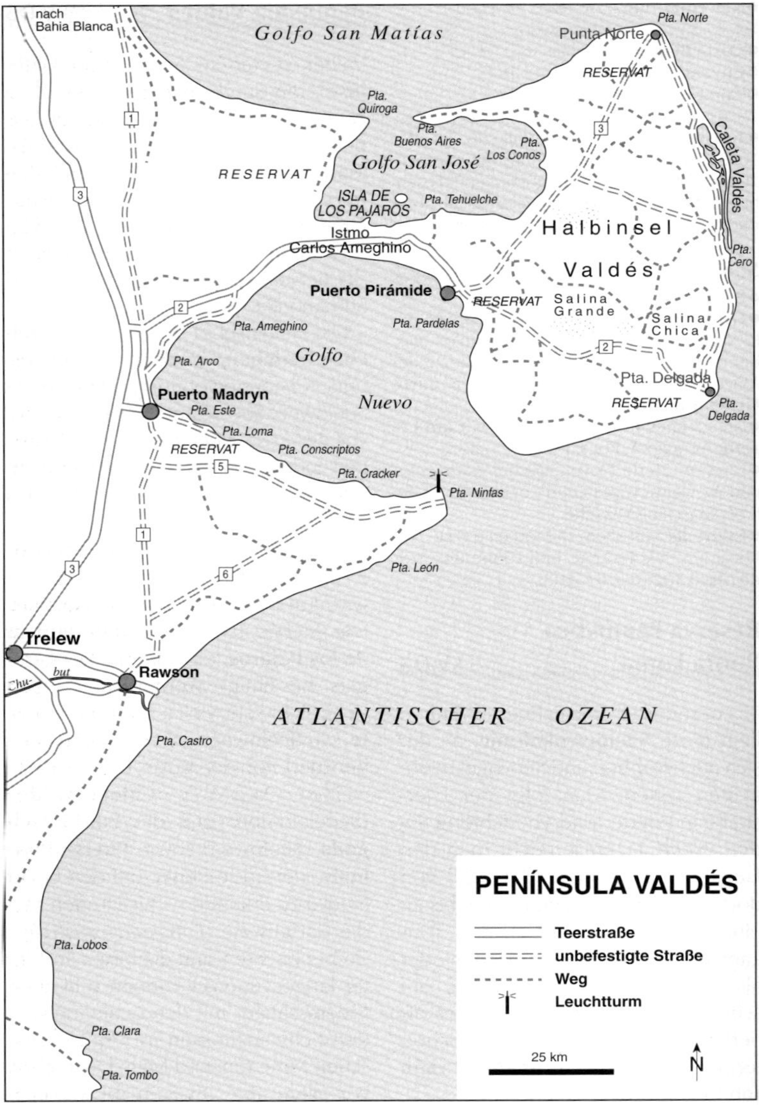

PENÍNSULA VALDÉS

Teerstraße
unbefestigte Straße
Weg
Leuchtturm

25 km

N

nach Bahia Blanca
Golfo San Matías
Pta. Norte
Punta Norte
RESERVAT
Pta. Quiroga
Pta. Buenos Aires
Pta. Los Conos
Golfo San José
RESERVAT
Caleta Valdés
ISLA DE LOS PAJAROS
Pta. Tehuelche
Halbinsel Valdés
Istmo Carlos Ameghino
Pta. Cero
Puerto Pirámide
RESERVAT
Salina Grande
Salina Chica
Pta. Ameghino
Pta. Pardelas
Golfo Nuevo
Pta. Arco
Pta. Delgada
Puerto Madryn
Pta. Este
RESERVAT
Pta. Delgada
Pta. Loma
RESERVAT
Pta. Conscriptos
Pta. Cracker
Pta. Ninfas
Pta. León
Trelew
Rawson
Chubut
ATLANTISCHER OZEAN
Pta. Castro
Pta. Lobos
Pta. Clara
Pta. Tombo

rungszeit (September/Oktober). Dagegen ist der Schwertwal *(Orcinus orca)*, der den ganzen Sommer über bis April an der Küste entlangstreift, ein Leichtgewicht: Er wiegt nur maximal 10 Tonnen bei bis zu 10 m Länge. Er verschmäht auch einen Seelöwen nicht; diese sind im Januar/Februar am aktivsten, beste Beobachtungszeit für die Seeelefanten *(Mirounga leonina)* ist im Oktober. Die Pinguine nisten hier zwischen Anfang November und Ende März.

Praktische Informationen

- In **Puerto Pirámide** gibt es einen **Zeltplatz** sowie folgende Unterkünfte:
- **Aca-Motel,** Tel. 49-5004, 20 US-$ mit Frühstück.
- **Residencial El Libanés,** Tel. 49-5007, 12 US-$ pro Person.
- **Residencial Posada del Mar,** 8 US-$ pro Person, freundlich.
- In Punta Delgada liegt das sehr schöne **Hotel Faro Punta Delgada** (Leuchtturm). Das Doppelzimmer, von den Seelöwen nur über ein paar Treppenstufen getrennt, kostet ca. 90 US-$ (2 Personen mit Frühstück), mit Vollpension 150 US-$; Tel. 02965/154-06-304, www.puntadelgada.com.
- Von Puerto Pirámide starten in der Saison auch die **Bootstouren zur Walbeobachtung** (20 US-$ pro Person).
- Die Halbinsel Valdés kann am leichtesten im Rahmen einer **organisierten Tour** besucht werden. Ansonsten ist man auf die Miete eines Autos angewiesen, da es keinen öffentlichen Verkehr dort gibt (siehe Reiseveranstalter bei Puerto Madryn).

Trelew

IXX,D1

Die 90.000-Einwohner-Stadt ist das wirtschaftliche Zentrum der Region. Es ist eine **moderne Industriestadt,** der man in einigen Ecken aber noch ansieht, dass sie 1886 als Eisenbahnstation von walisischen Siedlern gegründet wurde. Daher stammt auch der Namen: „trelew" bedeutet Stadt *(tre)* des Lewis *(lew)*, schließlich war *Lewis Jones* einer der ersten und bekanntesten Einwohner.

Sehenswürdigkeiten

Die beiden wichtigsten Sehenswürdigkeiten sind zwei Museen:

Museo Regional

Das Museum beschäftigt sich mit Geschichte und Natur der Region. Es ist im alten Bahnhof (Av. Fontana/Ecke 9 de Julio) untergebracht. Geöffnet: Mo bis Fr von 8–20 Uhr sowie Sa von 17–20 Uhr.

Museo Paleontológico Egidio Feruglio

Das zweite Museum zeigt **Fossilien aus prähistorischen Zeiten** von vor 300 Mio. Jahren – unbedingt empfehlenswert! Es ist weltweit eines der besten paläontologischen Museen, denn schließlich ist Patagonien das El Dorado der Fossiliensammler. Vor etwa 10 Millionen Jahren lebten hier unzählige Dinosaurier, und mehrmals im Jahr melden heute noch Estanzieros große Funde von Knochen prähistorischer Tiere. Zu den Prunkstücken des Museums gehören das weltweit einzige Exemplar des gehörnten Sauriers, des *Carnotaurus sastrei*, ein wunderbar erhaltenes Saurier-Ei und eine mit 30 Zentimetern Größe (Körper ohne die Beine) beunruhigend beeindruckende prähistorische Spinne. Das Museum

Wale, Pinguine, Seelöwen und Seeelefanten

Überall vor und an der Küste Patagoniens leben Wale, Pinguine, Seelöwen und die riesigen Seeelefanten. Die Küste vor Puerto Madryn, speziell die Halbinsel Valdés und Punta Tombo, ist aber der beste Platz, um die Tiere in Ruhe zu beobachten.

Die **Wale** halten sich jedes Jahr von Juli bis Mitte Dezember vor der Halbinsel Valdés auf, die besten Monate zur Beobachtung sind September, Oktober und November. Man unterscheidet im Allgemeinen zwei Arten von Walen, und zwar die Zahnwale, zu denen auch der Delphin und der schwarz-weiße „Killerwal" Orca gehören, und die Bartenwale. Die Zahnwale ernähren sich vorwiegend von Fischen, die Bartenwale hingegen – obwohl viel größer – lediglich von Plankton, das sie aus dem Meerwasser mit ihren Barten herausfiltern, und von Krill. Gemeinsam ist diesen größten Säugetieren jedoch, dass sie stets eine waagerecht gestellte Schwanzflosse haben (und sich dadurch auch äußerlich von den Fischen unterscheiden), dass eine dicke Fettschicht (Blubber) sie gegen die Wasserkälte schützt und dass sie ihre Nasenlöcher (Spritzlöcher) weit hinten auf der Oberseite des Kopfes haben. Dadurch atmen sie aus, sie blasen die Luft von sich, und an der Art des Blasens kann der Fachmann schon erkennen, um was für einen Wal es sich handelt. Gemeinsam ist fast allen Walarten auch, dass sie stark bejagt werden und deshalb viele Arten vom Aussterben bedroht sind.

Sowohl Zahn- als auch Bartenwale sind vor der Península Valdés vertreten: die Bartenwale durch den hier „Ballena Franca Austral" genannten *Eubalaena australis* (zu deutsch: Südkaper), die Zahnwale durch den Orca oder Schwertwal, wissenschaftlich *Orcinus orca* bezeichnet. Der Orca lebt in „Schulen" von bis zu vierzig Artgenossen und bleibt meistens im relativ offenen Meer; er hält sich vor der Punta Norte auf. Er kann bis zu fast 10 m groß werden und dabei ein Gewicht von annähernd einer Tonne erreichen. Er ernährt sich von anderen Tieren, von Fischen und Pinguinen. Sogar kleinere Seelöwen fallen ihm hin und wieder zum Opfer.

Die Ballena Franca kommt vorwiegend im Golfo Nuevo vor. Sie ist noch größer als der Orca, die größeren Weibchen erreichen eine Länge von etwa 13 m, es wurden aber auch

img580 Foto: ab

schon welche von 16 m Länge gemessen. Die Männchen sind meistens etwa einen Meter kleiner. Das Gewicht einer ausgewachsenen Ballena Franca beträgt etwa 30–40 Tonnen. Auffällig sind bei ihnen der große Kopf – er nimmt etwa ein Viertel bis die Hälfte des gesamten Körpers ein – und die fehlende Rückenfinne. Die Ballenas Francas kommen in den Golfo Nuevo zur Paarung und um ihre Jungen zu werfen, von Puerto Pirámide kann man sich ihnen gefahrlos mit dem Boot nähern. Weltweit gibt es nur noch 3000 dieser Wale.

Pinguine trifft man überall vor der patagonischen Küste, die meisten aber an der Punta Tombo. Es sind Magellan-Pinguine *(Spheniscus magellanicus)*. Sie kommen an der Atlantikküste Südamerikas von etwa der Península Valdés bis nach Feuerland vor und im wegen des Humboldt-Stromes kälteren Wasser des Pazifiks bis etwa zur Insel Chiloé.

Diese Magellan-Pinguine sind leicht zu erkennen: Sie sind recht klein, maximal 50–60 cm, wiegen ca. 5 kg und haben als besondere Charakteristika den schwarz-weißen Kopf sowie zwei horizontale schwarze Streifen am oberen Rand ihrer Brust. Pinguine sind flugunfähige Vögel, sie legen ein bis mehrere Eier, brüten in Kolonien und ernähren sich von Meerestieren. Die Jungtiere tragen zunächst Flaumfedern.

Auch wenn Pinguine viele natürliche Feinde haben, etwa Seelöwen, auch manche Walarten und große Raubfische, und an Land oftmals ihre Nester geplündert werden, so ist ihre Population dennoch groß, vielleicht auch deshalb, weil sie nicht vom Menschen gejagt werden.

Ihren Namen erhielten die Meeresvögel, so die Überlieferung, von walisischen Matrosen, die auf dem Schiff von *Thomas Cavendish* 1586 nach Puerto Deseado kamen: Sie nannten die Tiere „pengwyn", ein Wort, das auf gälisch „weißer Kopf" bedeutet.

Eine der größten Pinguinkolonien Patagoniens ist Punta Tombo, etwa 110 km südlich von Trelew. Hier leben während des ganzen Jahres etwa 500.000 Tiere in ihren Höhlen.

Seelöwen und Seeelefanten (hier vertreten mit den Arten *Otaria flavescens* und *Mirounga leonina)* sind, zumindest was die Männchen angeht, leicht zu erkennen. Die männlichen Seelöwen tragen wirkliche eine Art Mähne, die männlichen Seeelefanten einen Rüssel. Den weiblichen Tieren fehlen diese ausgeprägten Charakteristika, sie sind, auch da sie wesentlich kleiner als die Männchen sind, leicht mit anderen Robbenarten zu verwechseln.

Männliche Seelöwen werden bis zu 2½ m groß und erreichen dabei ein Gewicht von 300 kg, die Weibchen sind zwar mit 1,8 m oftmals fast genauso groß, aber mit bloß 100 kg wesentlich leichter. Ein männlicher Seelöwe kann sehr bedrohlich wirken, wenn er sich aufrichtet und seinen vermeintlichen Gegner anschreit. Die Männchen leben auch in großer Konkurrenz untereinander. Sie haben einen Harem, den sie gegen andere Männchen in oft blutigen Revierkämpfen verteidigen müssen.

Auch die männlichen Seeelefanten leben mit mehreren Weibchen (bis zu achtzig) zusammen. Die männlichen Tiere werden riesengroß: Im Durchschnitt 5 m lang und 2500 kg schwer, gibt es aber auch 7 m große Tiere, die dann sogar 4500 kg wiegen. Die Weibchen werden bis zu 5 m groß und erreichen ein Maximalgewicht von etwa 500 kg.

Für ihre Größe sind Seelöwen und Seeelefanten auch auf dem Land erstaunlich behände. Während Seelöwen auf die vorderen Flossen gestützt „gehen", robben Seeelefanten. Beide Tierarten können aggressiv werden, man sollte sich nicht zu sehr nähern und ihnen nie den Fluchtweg zum Wasser verstellen.

Seelöwen und Seeelefanten kommen vorwiegend auf der Península Valdés vor, die Seeelefanten habe dort an der Punta Norte ihre einzige Kolonie in Südamerika. Seelöwen finden sich rund um den Golfo Nuevo sowie an der Punta Delgada.

bietet Führungen in unterschiedlichen Sprachen, auch Exkursionen zu vorgeschichtlichen Stätten und Fundorten von Saurierskeletten in der Provinz Chubut.

Das Museum ist in einem Gebäude ganz in der Nähe des Busbahnhofs untergebracht (Fontana 140/Ecke 9 de Julio, Mo bis Fr 10–18 Uhr, Sa, So 11–16 Uhr) - auch eine wundervolle Möglichkeit, eine Wartezeit zu überbrücken.

Touristeninformation

- Die Touristeninformation befindet sich auf der San Martín 171 im Palacio Municipal. Weitere Büros gibt es im Flughafen und im Busbahnhof.

Hotels

Einfach und billig

- **Urquiza,** Urquiza 341, Tel. 42-0949; 10 US-$.
- **Avenida,** Lewis Jones 49, Tel. 43-4172; freundlich, einfach, ruhig, nahe des Busbahnhofs, 12 US-$.
- **Argentino,** A. Mathews 186, Tel. 43-6134; gut, sauber, 13 US-$.
- **San Carlos,** Sarmiento 758, Tel. 42-1538; gut, 12 US-$.
- **Trelew,** Don Bosco 467, Tel. 43-7592; 10 US-$.

Hotels der Mittelklasse

- **Libertador,** Rivadavia 31, Tel. 42-0220, libertador@infovia.com.ar; 60 US-$.
- **Centenario,** San Martín 150, Tel. 42-0542; 25 US-$.
- **Rayentray,** San Martín/Ecke Belgrano, Tel. 43-4706; 40 US-$.

a71-269 Foto: gw

Essen und Trinken

- Eine gute **Pizzeria** ist **Sadeo's,** Pje. La Rioja 372, gegenüber dem Hotel Centenario; schöne Plätze im Freien.

Flugverbindungen

- Der **Flughafen** liegt 5 km außerhalb der Stadt, Taxis fahren nach Trelew, nach Puerto Madryn gibt es einen Minibus-Service im Auftrag der Fluggesellschaften (wartet bei der Ankunft). Er kostet 4 US-$ pro Person.
- Es gibt **täglich mehrere Flüge nach** Buenos Aires (79 US-$), Comodoro Rivadavia, Río Gallegos und Ushuaia.
- **Mehrmals in der Woche** gehen Flüge nach Córdoba und Río Grande.

Die Büros der **Fluggesellschaften:**

- **Aerolíneas Argentinas/Austral,** 25 de Mayo 33, Tel. 42-0210.
- **TAN,** Belgrano 326, Tel. 43-4550.
- **LADE,** Av. Fontana 227, Tel. 43-5740.

Überlandbusse

- Vom **Busbahnhof** Urquiza/Lewis Jones, Tel. 42-0121, fahren mehrfach täglich Busse nach:
- **Buenos Aires,** 25 US-$, 22 Stunden.
- **Esquel,** 15 US-$, 11 Stunden.
- **Comodorao Rivadavia,** 22 US-$, 5 Std.
- **Río Gallegos,** 20 US-$, 17 Stunden.
- **Rawson,** 0,5 US-$, alle 15 Min.
- **Gaiman,** 1 US-$, alle 1½ Stunden.
- **Puerto Madryn,** 3 US-$, stündlich

Autoverleih

Alle großen Autoverleiher haben ein Büro **am Flughafen,** in der Stadt sind:

- **Rent A Car,** San Martín 125, Tel. 42-0898.
- **Avis,** Paraguay 105, Tel. 43-4634.
- **Localiza,** Urquiza 310, Tel. 43-5344.

Walisisches Haus in Gaiman

Reiseveranstalter

Es gibt eine Fülle von Reiseveranstaltern, die alle dieselben Touren zu denselben Preisen anbieten. Die Standardrundfahrt führt nach Rawson, Gaiman und Punta Tombo (20 US-$). Alle diese Ausflüge haben auch dieselben Nachteile wie die von Puerto Madryn: zu große Gruppen und zu viel Zeit, die für Mittagspausen und Fahrerei verloren geht. Auch hier ist es besser, sich mit mehreren ein Auto zu mieten.

Zwei **Reiseveranstalter** sind:

- **Sur Turismo,** Belgrano 326, Tel. 43-4081.
- **Estrella del Sur Turismo,** San Martín 129, Tel. 42-1282.
- Viele andere finden sich auf der San Martín und auf Belgrano.

Sonstiges

- Die **Post** ist 25 de Mayo/Ecke Mitre.
- Die meisten **Banken** (Geldautomaten) sind auf der 25 de Mayo.

Ausflüge

Gaiman

Das kleine herausgeputzte Dorf, problemlos von Trelew per Bus zu erreichen, präsentiert **walisische Gemütlichkeit,** wie sie die ersten Siedler gerne gehabt hätten: Man kann nachmittags stundenlang Tee trinken und dazu Fruchtkuchen und belegte Brote essen (alles in Riesenportionen) und sich beim Spaziergang an den gepflegten Gärten, Rosenstöcken und niedlichen Häuschen erfreuen. Jeder scheint in dieser **walisischen Musterkolonie** vom Tourismus zu leben.

Das Originellste im Ort ist das **Museo Desafío,** ein köstliches Sammelsurium hergestellt aus Müll: Wo lässt sich schon sonst auf der Welt ein griechischer Tempel aus alten Flaschen und Dosen bewundern ...?

Punta Tombo

Punta Tombo ist ein **Naturreservat für Magellan-Pinguine** (vgl. entsprechenden Exkurs weiter oben). Die Angaben über die Zahl der hier lebenden Tiere schwanken zwischen 500.000 und 2 Mio. Jedenfalls ist Punta Tombo die größte Ansiedlung der putzigen Vögel auf dem argentinischen Festland.

Etwa 120 km südlich von Trelew gelegen, ist die Pinguinkolonie **nicht ganz** so **leicht zu erreichen.** Hierhin gibt es keinen öffentlichen Verkehr, man muss deshalb entweder eine organisierte Tour mitmachen, wobei zu wenig Zeit bei den Pinguinen bleibt und viele Tourbusse gleichzeitig ankommen, so dass das Gelände etwas überfüllt ist, oder man mietet sich ein Auto. Das hat den Vorteil, dass man dann früh genug (die Tourbusse kommen ab ca. 11 Uhr) oder spät genug (nach 15 Uhr) dort ankommen kann.

Für die Fahrt muss man etwa 2½ Stunden kalkulieren; der Eintritt zur Pinguinkolonie kostet 5 US-$. Die Besucher laufen auf angelegten Wegen, teilweise über Stege durch die Pinguinkolonie – man kann die Tiere hier wunderbar ohne trennende Zäune beobachten.

Comodoro Rivadavia ↗ IXX,C2

Alles andere als ein Touristenziel ist diese mit über 100.000 Einwohnern **größte Stadt im südlichen Patagonien.** Sie ist ein wichtiger Verkehrsknotenpunkt und deshalb für viele Besucher ein notwendiger Zwischenstopp. Andere fahren von hier zu den **Bosques Petrificados,** den versteinerten Wäldern bei Sarmiento, oder zu den versteinerten Wäldern in der Provinz Santa Cruz. Reisebüros bieten von hier Ausflüge an.

Alles war anders geplant. Ursprünglich sollte hier nur ein Hafen entstehen, um die landwirtschaftlichen Produkte der Region zu verladen. 1901 wurde also eine Stadt gegründet, und bei der Suche nach trinkbarem Grundwasser wurde man schnell fündig. Aber nicht Wasser sprudelte aus den Bohrlöchern, **Öl** hatte man stattdessen gefunden. Heute kommen etwa 30 Prozent des argentinischen Öls aus Comodoro, und schon weit vor der Stadt sind überall die Erdöl-Pumpen zu sehen.

Sehenswürdigkeiten

Wer länger als zum Umsteigen nötig in Comodoro Rivadavia bleiben muss/will, der sollte die Stadt verlassen und mit dem Bus Nr. 6 von der Ecke San Martín/Abasolo zum etwa 3 km entfernten Ort **General Mosconi** fahren. Dort steht das **Öl-Museum** der Erdölfirma YPF: Es bietet einen hervorragenden Einblick in die Geschichte der Ölindustrie, mit alten und neuen Fotos, mit Modellen, Werkzeug und Maschinen.

Touristeninformation

- Die Touristeninformation befindet sich an der Rivadavia/Ecke Pellegrini.

Hotels

- **Residencial Atlántico,** Alem/Ecke Necochea, Tel. 446-3145; 7 US-$.

●**Comercio,** Rivadavia 231; 12 US-$.
●**Austral,** Moreno 725, Tel. 447-2444; 30 US-$
●**Comodoro,** 9 de Julio 770, Tel. 447-2300; 32 US-$.

Camping

●Mehrere Campingplätze liegen in der Umgebung der Stadt, der schönste ist der von ACA, 12 km südöstlich **in Rada Tilly** an der Küste (per Bus erreichbar).

Essen und Trinken

Die meisten **Restaurants** finden sich auf der Av. Rivadavia. Dort gibt es auch in der Nähe des Marktes zahlreiche preiswerte Essmöglichkeiten.

Flugverbindungen

●Der 9 km außerhalb der Stadt liegende **Flughafen** ist mit dem Bus vom Büro der Aerolíneas Argentinas aus zu erreichen.
●Von Comodoro Rivadavia gibt es **täglich mehrere Flüge nach** Buenos Aires, Esquel, Río Gallegos, Río Grande und Trelew.
●**Mehrmals wöchentlich Flüge** nach Puerto Madryn, Neuquén, Bariloche und Ushuaia.

Fluggesellschaften
●**Aerolíneas Argentinas/Austral,** 9 de Julio 870, Tel. 446-2191.
●**TAN,** España 928, Tel. 447-7268.

Überlandbusse

●Der **Busbahnhof** liegt sehr zentral Ameghino/Ecke 25 de Mayo, Busse fahren mehrmals täglich nach:
●**Buenos Aires,** 20 US-$, 24 Stunden.
●**Río Gallegos,** 15 US-$, 11 Stunden.
●**Trelew,** 7 US-$, 6 Stunden.
●**Esquel,** 13 US-$, 8 Stunden, vorbuchen!
●**Sarmiento,** 3 US-$, 2½ Stunden.
●**Coyhaique** (Chile), zweimal wöchentlich, 14 US-$, 12 Stunden, vorbuchen!

Autoverleih

●**Localiza,** 9 de Julio 770, Tel. 446-0334, im Hotel Comodoro.

Post

●San Martín/Ecke Moreno.

Banken

●Die meisten Banken und Cambios sind auf der San Martín.

Sarmiento

Colonia Sarmiento, wie der kleine Ort eigentlich heißt, liegt 156 km westlich von Comodoro Rivadavia entfernt im Landesinnern. Der Ort selbst ist nichts Besonderes, aber in seiner Umgebung liegen zwei große schilfbewachsene Seen: der **Lago Musters** westlich der Stadt und der **Lago Colhué Huapi** östlich der Stadt. Der Lago Musters ist wesentlich kleiner, dafür bis zu 40 m tief, während der Lago Colhué Huapi nur eine Tiefe von 2 m erreicht.

Hotels

●Übernachten kann man in Sarmiento entweder im **Hotel Colón,** Moreno 645, gut, etwa 12 US-$, oder etwas schicker in der **Hostería Los Lagos,** Roca/Ecke Alberdi, etwa 15 US-$.

Busverbindungen

●Sarmiento wird mehrmals täglich von Bussen aus Comodoro Rivadavia angefahren; es liegt an der Bustrecke von dort nach Esquel und ins chilenische Coyhaique.

Ausflug zu den Bosques Petrificados José Ormalchea

Die versteinerten Wälder liegen etwa 30 km südlich der Stadt. Man darf sie nicht mit den versteinerten Wäldern etwa 200 km südlich in der Provinz Santa Cruz verwechseln. Ohne eigenen Wagen dorthin zu gelangen, ist schwierig, da es keinerlei Busverbindung gibt. Es bieten sich zwei Möglichkeiten an: Entweder fragt man den Parkwächter, ob er einen mitnehmen kann *(Sr. Juan José Valdera,* Uruguay 43), oder man nimmt ein Taxi für die Fahrt. Das kostet etwa 20 US-$, jede Stunde Wartezeit etwa 5 US-$ mehr. Der Eintritt beträgt 5 US-$.

Die Gegend ist bizarr. Es ist eine **kahle Hügellandschaft,** in der verstreut **bis zu 65 Mio. Jahre alte versteinerte Baumstämme** herumliegen. Überall finden sich Stein-Holz-Splitter, die Erosion und die Verschiebung der Erdoberfläche bringt immer wieder Neues ans Tageslicht.

Monumento Natural Bosques Petrificados ⇗IXX,C3

Ähnlich wie die bei Sarmiento sind auch die etwa 250 Kilometer südlich von Comodoro Rivadavia in der Provinz Santa Cruz liegenden versteinerten Wälder recht schwierig zu erreichen. Man macht entweder eine **organisierte Exkursion** von Comodoro Rivadavia aus oder fährt die Ruta 3 zum Wegweiser (km 242), der auf den versteinerten Wald hinweist, und biegt dort nach Westen (nach rechts) und erreicht nach weiteren 50 km das Monumento Natural Bosques Petrificados. Öffentliche Verkehrsmittel fahren nicht dorthin. Das Monumento Natural Bosques Petrificados kostet keinen Eintritt.

Santa Cruz

Die zweitgrößte Provinz Argentiniens ist die **am dünnsten besiedelte.** Auf 243.943 km², in etwa die Fläche der alten Bundesrepublik Deutschland, leben gerade einmal 200.000 Menschen, also knapp weniger als beispielsweise in Leverkusen, Osnabrück oder Ludwigshafen. Das **Landesinnere der Provinz ist nahezu menschenleer,** im Westrand an den Anden finden sich einige wenige Siedlungen: Wo Touristen vorbeikommen, haben sich auch andere niedergelassen.

Im Osten, an der Atlantikküste, liegen die wichtigsten Städte, Río Gallegos und Puerto San Julián. Man lebt dort von der Weiterverarbeitung der auf den **riesigen Schaf-Estanzias** erwirtschafteten Wolle sowie von der Energie-Industrie, im Landesinnern von der Viehwirtschaft und zunehmend auch vom Tourismus, dem einzigen Bereich mit kräftigen Zuwachsraten. Kein Wunder, hat Santa Cruz doch mit dem Moreno-Gletscher und dem Fitzroy-Massiv spektakuläre Naturschönheiten zu bieten.

Die besten Routen: Kommt man auf der Andenseite von Norden, empfiehlt es sich, zunächst den Ort Perito Moreno in der Nähe des Lago Buenos Aires und anschließend den **Nationalpark Perito Moreno** (sehr schwierige Anreise) aufzusuchen.

Ist man an der Atlantikküste unterwegs, sollte man von Comodoro Rivadavia zunächst das Monumento Natural Bosques Petrificados (s.o.) aufsuchen und dann weiter die Küste über Puerto San Julián bis nach Río Gallegos hinunterfahren. Von dort gelangt man am besten nach El Calafate und zum **Nationalpark Los Glaciares.**

Perito Moreno ⇗XVIII,B2

Die Kleinstadt, **Zentrum der Viehzüchter** der Region, die sich hier mit allen Produkten der Zivilisation versorgen, liegt an der Laguna de los Cisnes, der „Schwanenlagune", und nur etwa 20 km östlich des Lago Buenos Aires, wo der Río Deseado entspringt. Der mündet nach knapp 500 km bei Puerto Deseado in den Atlantik.

Perito Moreno darf nicht verwechselt werden mit dem Nationalpark Perito Moreno oder dem Gletscher Perito Moreno im Nationalpark Los Glaciares oder mit einem der vielen anderen Orte, die alle nach *Francisco Pascasio Moreno* benannt wurden. Perito ist kein Name, es ist ein Ehrentitel, der ihm beigegeben wurde: Das spanische Wort bedeutet einfach „Fachmann" oder „Sachverständiger". *F. P. Moreno* (1852–1919) war auch ein Fachmann: Er erforschte in zahlreichen Expeditionen die Tier- und Pflanzenwelt sowie Geografie Patagoniens.

Der Ort Perito Moreno bietet nicht viel Sehenswertes, er ist nur der beste Punkt, um zum Lago Buenos Aires, zur Cueva de las Manos und zum Nationalpark Perito Moreno zu fahren.

Touristeninformation

- Die Touristeninformation ist auf der San Martín/Ecke Mariano Moreno.

Hotels

- **Austral,** Av. San Martín 1381, Tel. 43-2042; DZ mit Bad 12 US-$.
- **Belgrano,** Av. San Martín 1001, Tel. 43-2019; DZ mit Bad 12 US-$.

Camping

- San Martín/Ecke Mariano Moreno befindet sich der städtische Campingplatz. Dort stehen auch einige Cabañas zur Verfügung, in denen man zu dritt 15 US-$ bezahlt.

Flugverbindungen

- Ein- bis zweimal wöchentlich gibt es Flüge mit Lade (Av. San Martín 1207, Tel. 43-2055) nach Río Gallegos.

Busse

- **Täglich** fährt ein Bus zur Ostküste nach Comodoro Rivadavia, Caleta Olivia und zu anderen Zielen.
- **In der Sommersaison** fährt an den geraden Tagen von Los Antiguos über Perito Moreno ein Minibus nach El Chaitén und Calafate (beide liegen am Nationalpark Los Glaciares). Die Fahrt kostet 37 bzw. 45 US-$, sie kann in Los Antiguos bei Transporte Padilla, Calle San Martín 44 Sur, Tel. 02963/491140, gebucht werden. An den ungeraden Tagen fährt der Bus von El Chaltén zurück nach Los Antiguos.

Ausflüge

Los Antiguos/Lago Buenos Aires

Der kleine Ort direkt am Lago Buenos Aires, 67 km westlich von Perito Moreno, eignet sich hervorragend, um ein paar ruhige Tage am See zu verbringen. Im Sommer ist das Gletscherwasser sogar warm genug, um dort zu baden. Es gibt einen sehr guten **Campingplatz** und das **Argentino Hotel** (Tel. 49-1132, 20 US-$), dreimal wöchentlich fahren Busse von hier über Perito Moreno nach Caleta Olivia.

Der **Lago Buenos Aires** ist grenzübergreifend. Er heißt auf seiner Westseite, die zu Chile gehört, Lago General Carrera. Mit mehr als 180.000 Hektar Größe ist er nach dem Titicacasee (Bolivien/Peru) der **zweitgrößte See in Südamerika.** Die argentinische Seite liegt inmitten der patagonischen Ebene, auf der chilenischen Seite erheben sich schneebedeckte Gipfel bis zu fast 4000 m. Am Südufer des Sees führt eine Straße entlang, sie verbindet Perito Moreno über Los Antiguos mit dem chilenischen Ort Chile Chico (mehrmals täglich Busse). Von dort bestehen Fährverbindungen über den Lago General Carrera, wie er hier heißt, nach Puerto Ibáñez, wo Anschluss an die chilenische Carretera Austral Richtung Coyhaique besteht (täglich Minibusse). Auch am Südufer des Sees entlang führt eine spektakuläre Schotterpiste. Sie trifft bei El Maitén auf die Carretera Austral. Wer von Argentinien nach Chile reisen will, findet hier eine tolle Möglichkeit, die Anden zu überqueren.

Cueva de las Manos

165 km südlich von Perito Moreno liegt die Cueva de las Manos („Höhle der Hände"). In einer etwa 25 mal 15 m großen **Höhle** in der Schlucht des Río Pinturas, die ca. zwischen 9500 v.Chr. und 1000 n.Chr. bewohnt war, hinterließen die **indianischen Ureinwohner** zahlreiche **Malereien,** die zu den ältesten menschlichen Zeugnissen in Südamerika gehören. Vorherrschend sind Tierdarstellungen, zumeist Guanacos, sowie Negativ-Drucke von Handflächen in unterschiedlichen Farben.

Unterschieden werden **vier Epochen:** die erste von etwa 9500 bis 7000 v.Chr., in der vorwiegend Jagdszenen entstanden. Zu erkennen ist beispielsweise eine Gruppe von zwölf Jägern, die Dutzende von Guanakos jagt. Vorherrschende Farben sind Ocker, Rot, Violett und Schwarz. Auch in der zweiten Phase (bis 5000 v.Chr.) dominieren die Jagdszenen. Man sieht aber auch schon Tiere mit ihren Jungen. Die dritte Phase datiert bis etwa 1500 v.Chr. In dieser Zeit entstanden die meisten der farbigen Hand-Negativ-Drucke, und die Tierdarstellungen werden statischer und mehr stilisiert. Danach, in der vierten Phase, schuf man vorwiegend geometrische Motive, Zick-Zack-Linien, Dreiecke und konzentrische Kreise, aber auch weitere Handnegative.

Zu den Höhlen fahren keinerlei öffentliche Verkehrsmittel. Eine Tour mit privatem PKW kostet 40 US-$ für insgesamt drei oder vier Mitfahrer. Das Tourismusbüro in Perito Moreno kann auf Nachfrage mitunter etwas vermitteln. Man fährt die Ruta 40 Richtung Süden, bei km 120 führt nach links (nach Osten) ein Weg in Richtung der Cueva ab.

Parque Nacional Perito Moreno ⇗XVIII,B3

Der 115.000 ha große Nationalpark an der chilenischen Grenze ist der **ursprünglichste und am wenigsten besuchte Nationalpark Argentiniens.**

arg3-378 Foto: gw

In der Cueva de las Manos

Landschaft im P.N. Perito Moreno

a72-375 Foto: ab

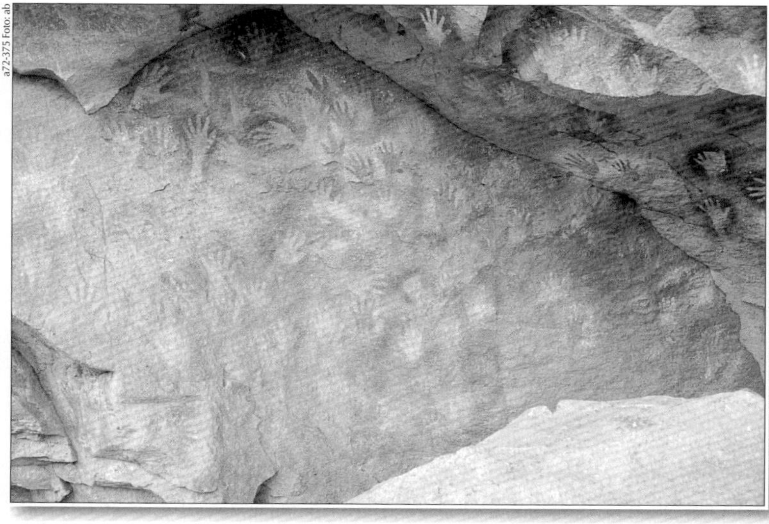

Kein Wunder, er liegt weitab von jeder öffentlichen Verkehrsanbindung, weitab von jeder Siedlung, etwa 310 km südwestlich der Ortschaft Perito Moreno. Er bietet Einsamkeit, Gletscher und Gletscherseen, bis zu 3700 m hohe Berge, wilde Tiere wie Pumas, Füchse und Wildkatzen, Ñandus und Flamingos, dazu Überreste frühester Besiedelung durch Tehuelche-Indianer. Bergsteiger können sich am zweithöchsten Gipfel Patagoniens, dem 3706 m hohen **Monte San Lorenzo** auf der Grenze zu Chile, versuchen. Die drei Probleme: Wie kommt man dorthin, wo bleibt man dort und wovon ernährt man sich?

Die **Anreise** ist nur mit dem eigenen oder geliehenen Auto einfach, öffentliche Verkehrsmittel gibt es nicht. Mit dem PKW fährt man über die Ruta 40 von Perito Moreno bis nach Las Horquetas, dort biegt man auf die Ruta 37 Richtung Estancia La Oriental und Lago Belgrano nach Westen ab. In der Hazienda Oriental kann man auch übernachten, sich eventuell verpflegen und Pferde mieten. Von dort ist es nicht mehr weit bis zum Parkzugang (5 US-$), vom Wächter erhält man auch – mit Glück – eine Kartenskizze. Im Park kann man campen, der gesamte Proviant muss allerdings mitgebracht werden.

Puerto San Julián ⇗IXX,C3

Die Kleinstadt mit 5000 Einwohnern bietet all denjenigen Reisenden eine **willkommene Aufenthaltsmöglichkeit,** denen die 834 km von Comodoro Rivadavia nach Río Gallegos zu weit sind. Hier lässt sich auf etwa der Hälfte der Strecke eine kurze Pause einlegen.

Eine Pause machte auch **Magellans Expedition** im Winter 1520 hier. Am 31. März ging man von Bord, am 2. April begann eine Meuterei unter den Matrosen, die Rädelsführer wurden verhaftet. Einer wurde fünf Tage später hingerichtet, die beiden anderen einfach an der Küste, in der Wüste, ausgesetzt. Nur 57 Jahre später wiederholte sich die Geschichte. **Francis Drake,** der englische Pirat, der später geadelt wurde, ließ genau an dieser Stelle einen seiner Kapitäne exekutieren. Danach passierte in Puerto San Julián erst einmal nichts mehr. 1780 gründet *Antonio de Viedma* hier eine Kolonie, allerdings etwas außerhalb der heutigen Stadt, die von 1901 stammt.

Auch heute passiert in Puerto San Julián nicht viel. Zwar ist der Ort Zentrum der Region, aber was will das heißen, angesichts der unbesiedelten Weiten. Westlich der Stadt liegt der Gran Bajo de San Julián, eine Depression, deren tiefster Punkt 105 m unter dem Meeresspiegel liegt.

Touristeninformation

- Die Touristeninformation befindet sich in der San Martín 1125.

Hotels

- **Hostería Munícipal,** 25 de Mayo 917, Tel. 45-2301; 18 US-$.
- **Residencial Sada,** Av. Piedrabuena/Ecke San Martín, Tel. 45-2013; 20 US-$.

Camping

- Der städtische Campingplatz ist in der Av. Hernando de Magallanes/Ecke Mariano Moreno.

Verkehrsverbindungen

- **Flüge:** Lade (San Martín 1380) fliegt wöchentlich nach Río Gallegos und Comodoro Rivadavia.
- Puerto San Julián liegt an der Ruta 3, alle **Busse** von Río Gallegos nach Comodoro Rivadavia legen hier eine Pause ein.

Río Gallegos ⇗ XXI,C1

Mit rund 70.000 Einwohnern ist die **Hauptstadt der Provinz Santa Cruz** auch gleichzeitig die größte Stadt der Provinz. Sie wurde 1885 am Südufer des Río Gallegos, kurz vor dessen Mündung in den Atlantik gegründet. Sie war und ist wichtig als Versorgungszentrum der Schaf-Estanzias der Provinz sowie der Minen bei Río Turbio; über den Hafen von Río Gallegos wurden und wird Wolle exportiert oder nach Norden verschifft. Während des Falkland/Malwinen-Krieges war der Ort der wichtigste argentinische Marinestützpunkt.

Für Besucher hat die Stadt wenig zu bieten. Wer nicht bleiben muss, fährt sofort weiter nach Süden ins chilenische Patagonien, nach Feuerland oder weiter Richtung Calafate, zum Nationalpark Los Glaciares.

Sehenswürdigkeiten

Strandpromenade, Kirche

Wessen Anschluss nicht direkt funktioniert, der kann ein wenig an der schönen Strandpromenade am Fluss entlang spazieren, die Holzkirche der Salesianer am Hauptplatz besichtigen oder sich die Zeit in einem der beiden Museen vertreiben:

Museo de los Pioneros

Das romantischere ist das Museo de los Pioneros, ein Sammelsurium alter Fotos, Möbel und Musikinstrumente aus der frühen Kolonialzeit, untergebracht in einem der wenigen erhaltenen Kolonialgebäude. Es ist in der Elcano/Ecke Alberdi und hat täglich von 13–20 Uhr geöffnet.

Museo Regional Provincial

Das Museum (Perito Moreno/etwa Ecke Roca, Mo bis Fr 8–19, Sa, So 15–20 Uhr) präsentiert, allerdings recht ungeordnet, Natur- und Kulturgeschichte der Provinz, angefangen von ausgestopften Tieren über Stücke von versteinerten Bäumen bis hin zum Fahrrad, mit dem *Charlotte Fairchild* 1964 von Río Gallegos über Punta Arenas nach Puerto Natales fuhr und 1965 auf ihre größte Reise ging: Sie bewältigte mit dem schweren schwarzen Herrenrad ohne Gangschaltung die Strecke Río Gallegos – Luján – Mendoza und zurück nach Río Gallegos.

Touristeninformation

- Die Touristeninformation befindet sich auf der Julio Roca/Ecke San Martin. Eine kleinere Information ist auch im Busbahnhof.

Hotels

Einfach und billig

- **Cabo Vírgenes,** Comodoro Rivadavia 252, Tel. 42-2134; 12 US-$.

- **Río Turbio,** Zapiola 486, Tel. 42-2155; freundlich, okay, 12 US-$.
- **Liporace,** Lisandro de la Torre 255, Tel. 42-1937; 12 US-$.
- **Colonial,** Urquiza/Ecke Rivadavia, Tel. 42-2329; manchmal etwas laut, trotzdem gut, pro Person 8 US-$.
- **Los Navegantes,** Lavalle 945, Tel. 43-0174, 6 US-$ p.P.
- **Covadonga,** Roca 1244, Tel. 42-1237, 5–6 US-$ p.P.
- **Hotel Oviedo,** Libertad/Ecke Ameghino, Tel. 42-0118. Freundlich, sauber, empfehlenswert. DZ mit Bad 18 US-$.

Hotels der Mittelklasse

- **Comercio,** Av. Roca 1302, Tel. 422-458; 22 US-$.
- **Croacia,** Urquiza 431, Tel. 42-2997; 20 US-$.
- **Costa Río,** Av. San Martín 673, Tel. 42-3412; 35 US-$.

Essen und Trinken

- Die meisten Restaurants liegen auf der zentralen Av. Roca, empfehlenswert sind das **Restaurant Díaz** (Hausnummer 1143), **Bifería La Vasca** (1084) sowie der **Club Británico** (935).

Flugverbindungen

- Zum 7 km außerhalb der Stadt gelegenen **Flughafen** fahren nur Taxis, sie kosten etwa 7 US-$ (vorher Preis klären). Busse von auswärts (z.B. von Calafate) halten fast alle am Flughafen, bevor sie zum Busbahnhof fahren.
- Es gibt **täglich mehrere Flüge nach** Buenos Aires (85 US-$), Comodoro Rivadavia, Calafate, Río Grande, Trelew und Ushuaia.
- **Mehrmals wöchentlich Flüge nach** Mendoza, Neuquén, Bariloche und Puerto Madryn.

Fluggesellschaften

- **Aerolíneas Argentinas/Austral,** San Martín 545, Tel. 42-2020.
- **Lade,** Fagnano 53, Tel. 42-2316.
- **Lapa,** Estrada 71, Tel. 42-8382.
- **Southern Winds,** San Martín 661, Tel. 43-7171.

Überlandbusse

- Der **Busbahnhof** ist etwa 3 km außerhalb des Zentrums an der Ecke der Ruta 3 mit Av. Eva Perón. Von dort fahren Busse in die Stadt. Es gibt täglich mehrere Busse nach:
- **Buenos Aires,** 43 US-$, 36 Stunden.
- **Río Turbio,** 4 US-$, 6 Stunden.
- **Calafate,** 10 US-$, 5 Stunden, früh buchen.
- **Trelew,** 20 US-$, 18 Stunden.
- **Comodoro Rivadavia,** 13 US-$, 11 Std.
- **San Julian,** 7 US-$, 5–6 Stunden.
- **Los Antiguos,** 18 US-$.
- **Puerto Natales,** 7 US-$, 7 Stunden.
- **Punta Arenas,** 8 US-$, 7 Stunden.

Autoverleih

- **Rent a Car,** San Martín 1054, Tel. 42-1321.
- **Localiza,** Sarmiento 237, Tel. 42-0169.

Sonstiges

- Die **Post** ist in der Roca 893.
- Die meisten **Banken** sind ebenfalls auf der Av. Roca.

Ausflug zum Cabo Vírgenes

Etwa 120 km südlich von Río Gallegos liegt an der Einfahrt in die Magellan-Straße das Cabo Vírgenes, von *Magellan* so getauft, weil er am Ursulatag, dem 21. Oktober 1520, in die Meerenge hineinsegelte, und er sich der Heiligenlegende mit den 11.000 Jungfrauen erinnerte. Hier lebt eine etwa 30.000 Tiere große Kolonie von **Magellan-Pinguinen.** Der Eintritt zur Pinguinkolonie kostet 5 US-$, die Tiere sind hier vergleichsweise scheu.

Es gibt dorthin **keine öffentlichen Verkehrsmittel,** man muss entweder ein Auto leihen oder eine der organisierten Touren mit Turismo El Pingüino (20 US-$) mitmachen.

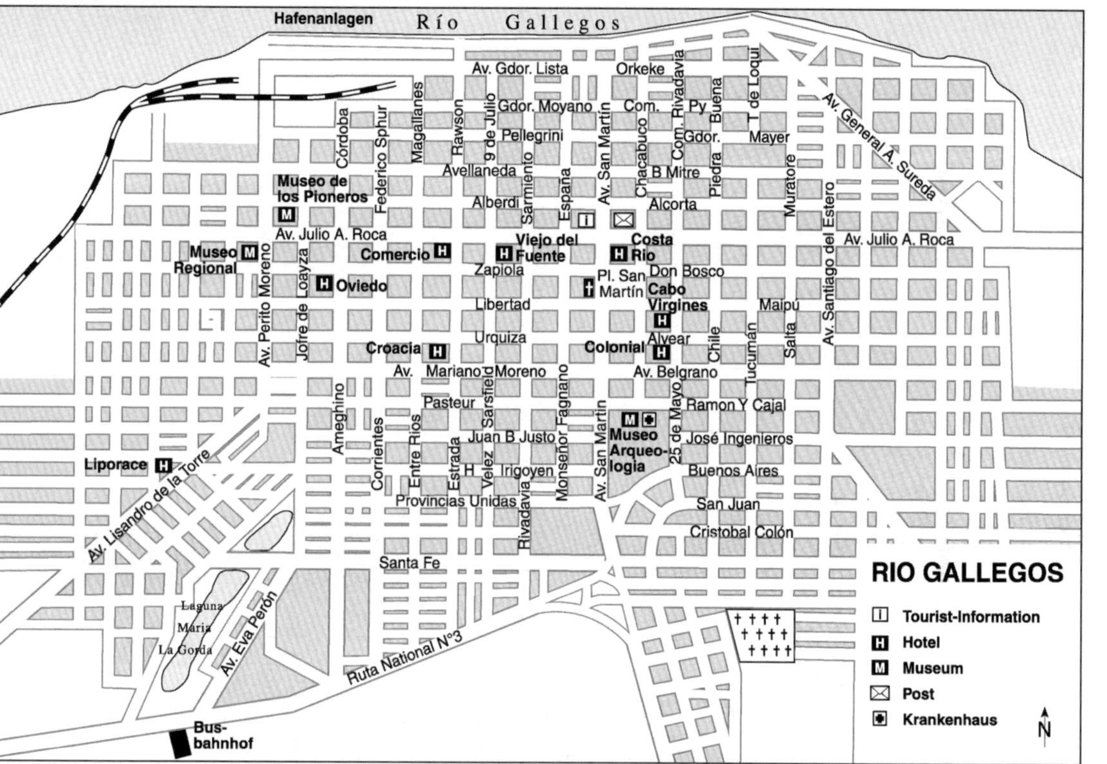
Hafenanlagen
Río Gallegos
Av. Gdor. Lista
Orkeke
Com. Rivadavia
T de Loqui
Av. General A. Sureda
Córdoba
Federico Sphur
Magallanes
Rawson
9 de Julio
Gdor. Moyano
Pellegrini
Com.
Py
Buena
Gdor.
Mayer
Avellaneda
Sarmiento
España
Av. San Martín
Chacabuco
B Mitre
Piedra
Muratore
Av. Santiago del Estero
Museo de los Pioneros
Alberdi
Alcorta
Av. Julio A. Roca
Av. Julio A. Roca
Museo Regional
Comercio
Viejo del Fuente
Costa Rio
Zapiola
Pl. San Martín
Don Bosco
Cabo Virgines
Av. Perito Moreno
Jofre de Loayza
Oviedo
Libertad
Maipú
Urquiza
Alvear
Croacia
Colonial
Chile
Tucumán
Salta
Av. Mariano Moreno
Av. Belgrano
Ameghino
Pasteur
Sarsfield
Monseñor Fagnano
Av. San Martín
25 de Mayo
Ramon Y Cajal
Corrientes
Entre Rios
Estrada
Velez
Juan B Justo
Irigoyen
Museo Arqueologia
José Ingenieros
Buenos Aires
Liporace
Av. Lisandro de la Torre
Provincias Unidas
Rivadavia
San Juan
Cristobal Colón
Santa Fe
RIO GALLEGOS
Laguna María La Gorda
Av. Eva Perón
Ruta National N°3
Bus-bahnhof
Tourist-Information
Hotel
Museum
Post
Krankenhaus
N

Calafate

XX,B1

Der kleine Ort wäre noch kleiner und auch gänzlich unbekannt, läge er nicht am Rande des Nationalparks Los Glaciares und würde über ihn nicht der beste Zugang zum Park führen. Nahezu alle 3000 Einwohner leben direkt oder indirekt vom Tourismus. Der Ort selbst hat keinerlei Sehenswürdigkeiten, er ist lediglich das infrastrukturelle Zentrum.

Calafate liegt am Südufer des **Lago Argentino,** eines typischen Gletschersees der patagonischen Anden. Er bedeckt mit seinem milchig-trüben Gletscherwasser etwa eine Fläche von 1600 km² und ist damit **der größte See Argentiniens** und der **drittgrößte Südamerikas.**

Der Name der Siedlung, eigentlich El Calafate, stammt von einer kleinen **Blaubeerpflanze** *(Berberis buxifolia),* die bis zu 30 cm hoch wird und recht hartschalige Blaubeeren trägt, die nicht ganz so süß wie die europäischen werden. Ihr Genuss hat – so sagt man – zwei Folgen: Zum einen sind sie verdauungsfördernd, zum anderen kehrt, wer sie isst, wieder nach Patagonien zurück ...

Calafate (Berberis buxifolia)

Touristeninformation

- Die sehr hilfreiche Touristeninformation befindet sich im Busbahnhof.
- Ausführliche und aktuelle Infos über Calafate und den Nationalpark Los Glaciares hält die exzellente Website www.losglaciares.com bereit (auch auf Englisch).

Hotels

Einfach und billig

- **Buenos Aires,** Ciudad de Buenos Aires 296, Tel. 49-1399; 10 US-$ p.P., freundlich, familiär; hospbuenosaires@cotecal.com.ar.
- **Belén,** Los Gauchos/Ecke Perito Moreno; 15 US-$, sehr empfehlenswert.
- **Los Lagos,** 25 de Mayo 220, Tel. 49-1347; gemütlich, freundlich, 15 US-$.

Hotels der Mittelklasse

- **Los Dos Pinos,** 9 de Julio 358, Tel. 49-1271; einfach, aber nett, DZ mit Bad ca. 18 US-$.
- **Amado,** Av. Libertador 1072, Tel. 49-1134; 22 US-$.
- **Schilling,** Gobernador Paradelo 141, Tel. 49-1453; sehr empfehlenswert. DZ mit Bad 25 US-$.

Luxushotels

- **Los Alamos,** Moyano 1355, Tel. 49-1186, posadalosalamos@cotecal.com.ar; 60 US-$.
- **Kau Yatun,** Est. 25 de Mayo, Tel. 49-1260, kauyatun@cotecal.com.ar; 80 US-$. Estancia-Aufenthalt der Extraklasse.

Camping

- Im Ort selbst gibt es nahe der Tankstelle an der Brücke über den Arroyo Calafate einen Campingplatz (4 US-$/Person, gute Duschen). Andere liegen außerhalb, an der Straße zum Nationalpark.

Jugendherberge

- **Albergue del Glaciar,** Los Pioneros 251, Tel. 49-1243. Gut, freundlich, Mehrbettzimmer, aber auch DZ mit Bad, Küchenbenutzung, Waschmöglichkeiten, eigene, sehr gute Touren in den Nationalpark, Abhol- und Bringservice zum Flughafen und Busbahnhof.

CALAFATE

- H Hotel
- Jugendherberge
- Zeltplatz
- M Museum
- $ Bank
- I Tourist-Information
- Post
- Polizei
- Tankstelle
- Krankenhaus
- Telefongesellschaft

250 m

N

Flughafen

Belen
Los Gauchos
Los Lagos
Upsala
Amado
Los Alamos
Bustillo
allago
9 de Mayo
Av. del Libertador
Schilling
Busbahnhof (mit Tourist-information)
Buenos Aires
Pantin
Nationalpark-verwaltung
G. Moyano
A.C.A.
N° 6
A Lago Roca
Arroyo Calafate
Av. del Libertador
Los Pioneros
BAHIA REDONDA
Glaciar P. Moreno

8 US-$ mit Internationalem Jugendherbergsausweis, 10 US-$ pro Person ohne.

Flugverbindungen

- Vom kleinen **Flughafen** außerhalb der Stadt fliegen mehrmals wöchentlich Maschinen nach Río Gallegos, Puerto Madryn, Río Grande und Ushuaia.
- **Lade,** Av. Libertador 1080, Tel. 49-1262.

Überlandbusse

- Der **Busbahnhof** liegt oberhalb der Av. Libertador San Martín an der Av. Roca 1004 und ist über die Treppe gegenüber der Calle Espora zu erreichen. Tickets kann man auch in den Büros der **Busgesellschaften Interlagos** und **El Pingüino** (beide auf der Av. Libertador) kaufen. Dies sollte man frühzeitig tun, da in der Hochsaison viele Busse, besonders nach den Wochenenden, ausgebucht sind.

Vom Busbahnhof fahren (mehrfach) täglich Busse nach:

- **Río Gallegos,** 8 US-$, 4–5 Stunden.
- **Río Turbio,** 9 US-$, 7 Stunden.
- **Puerto Natales (Chile),** 12 US-$, 5 Std.
- **El Chaltén,** 8 US-$, „Los Glaciares" hat einen Anhänger für Fahrradtransport.
- **Ciudad Perito Moreno,** 30 US-$, 10 Std.

Geldwechsel

- Die **Bank** Banco de la Provincia de Santa Cruz auf der Av. Libertador 1285 wechselt Bargeld (Geldautomat); **Schecks** werden **in der Jugendherberge** getauscht.

Reiseveranstalter

Die meisten Reiseveranstalter bieten **dasselbe Programm** an. Am besten informiert man sich in der sehr freundlichen Touristeninformation über die aktuellen Angebote. Die Touren führen alle in den Nationalpark. Alle Preise verstehen sich pro Person. Angeboten werden u.a.:

- **Minitrekking** über den Perito-Moreno-Gletscher: 50 US-$.
- **Safari Náutico,** d.h. Bootsfahrt über den Lago Argentino bis etwa 150 Meter vor die Gletscherwand: 7 US-$ (nicht unbedingt empfehlenswert).
- **Tagesfahrt zum Perito-Moreno-Gletscher** (Fahrt dorthin, etwa drei Stunden Aufenthalt, Rückfahrt): 14 US-$.
- **Fahrt zum Upsala-Gletscher:** 46 US-$.
- **Mehrtagestouren zum Fitzroy** (erkundigen Sie sich in der Touristeninformation nach günstigen Angeboten).

Einige **Reiseveranstalter:**

- **Interlagos Turismo,** Av. Libertador 1175, Tel. 49-1175.
- **Transpatagonia Expeditions,** 9 de Julio 68, Tel. 49-1349. Sehr freundlich und hilfsbereit, gute Ausflüge, großes Leserlob.
- **Los Glaciares,** Av. Libertador 902, Tel. 49-1159.
- **Cal Tur,** Av. Libertador 1080, Tel. 49-1368. Organisation von Fahrten mit Kleinbussen von Chaltén nach Ciudad Perito Moreno (30 US-$, von Calafate 90 US-$) und bis Los Antiguos (32 US-$, von Calafate 50 US-$). Abfahrt ist Mo und Fr um 18 Uhr am Albergue Patagonia in El Chaltén (siehe beim Fitzroy-Massiv). Die Mitnahme eines Fahrrads auf dem Dach des Minibusses ist möglich und kostenlos. Buchen kann man diese Fahrt in Calafate beim Albergue del Glaciar (s.o.) und in El Chaltén beim erwähnten Albergue Patagonia.
- Die **Jugendherberge** in Calafate bietet **sehr empfehlenswerte Touren** zum Perito-Moreno-Gletscher an. Man fährt dabei nicht einfach mit dem Bus zum Gletscher, sondern nähert sich zu Fuß der Eismasse, am Seeufer entlang. Es besteht Gelegenheit zu Tierbeobachtungen, die Erläuterungen sind sehr gut, und am Gletscher selbst hat man schließlich über zwei Stunden zur eigenen Verfügung. Wer im Nationalpark übernachten möchte, kann ebenfalls mitfahren und dann einige Tage später wieder mit zurückkehren. Adresse s.o.

Sonstiges

- Die **Post** ist auf der Av. Libertador zwischen 9 de Julio und Espora.
- Eine **Telefonzentrale** gibt es Espora/Ecke Gregores (Vorwahl Calafate 02902).
- Ein **Internetservice** steht u.a. auf der Av. Libertador San Martín (Lago Digital) bereit.

Parque Nacional Los Glaciares

XX,B1

Nicht umsonst ist der 600.000 Hektar große Nationalpark Los Glaciares einer der meistbesuchten **in Argentinien.** Hier liegen spektakuläre Naturschönheiten, **60–100 m hohe Gletscher,** von denen unter ohrenbetäubendem Dröhnen riesige Stücke abbrechen und wie kleine Eisberge im milchig-trüben Wasser der **Gletscherseen** schwimmen, **steil aufragende Berge,** deren wolkenverhangene Spitzen unbezwingbar erscheinen. Die bekanntesten Punkte im Park sind der **Perito-Moreno-Gletscher im Süden** sowie das **Fitzroy-Massiv im Norden.**

Auf dem Weg zum Nationalpark passiert man die **Estancia Alta Vista.** Sie gehörte früher zur Estancia La Anita. Als 1920/21 die Landarbeiter in Patagonien gegen die Großgrundbesitzer streikten und einige Estanzias selbst übernommen hatten, schickte Präsident *Irigoyen* das Militär unter der Führung von Coronel *Héctor Benigno Varela* nach Patagonien, um das Land zu „befrieden". Die Armee machte kurzen Prozess mit den Streikenden: Etwa 1500 Menschen wurden im Laufe eines Jahres erschossen, auf der Estancia La Anita kam es zum größten Massaker an den meist chilenischen Arbeitern. Ungefähr 120 unbewaffnete Männer wurden einfach niedergemacht. Der argentinische Schriftsteller *Osvaldo Bayer* hat über den Landarbeiteraufstand in Patagonien ein dreibändiges Werk geschrieben („La Patagonia Rebelde", leider nicht auf Deutsch erschienen); es wurde auch von *Héctor Olivera* verfilmt.

Die Gletscher

Die Gletscher im Nationalpark Los Glaciares sind Ausläufer des **Inlandeises** der südlichen Halbkugel. Auf der Grenze zwischen Argentinien und Chile erstreckt sich in Patagonien die – abgesehen von den Polregionen – **größte zusammenhängende Eismasse der Erde:** 22.000 km² groß ist die Fläche, sie entspricht etwa der Größe Hessens. Der größte Einzelgletscher ist der **Upsala-Gletscher.** Mit einer Fläche von 595 km² gehört er auch zu den größten der Welt.

Tipp: Wer noch Geld in der Reisekasse übrig hat, sollte einen **Bootsausflug zum Upsala-Gletscher** machen. Der Transfer dorthin kostet 20 US-$, die Bootsfahrt selbst 95 US-$. Das auf dem Schiff angebotene Mittagessen kann man sich sparen – lieber selbst Proviant einpacken.

Mehr bestaunt wird aber der **Perito-Moreno-Gletscher,** dessen Eiswand, die sogenannte Gletscherzunge, sich 60 Meter hoch aus dem Lago Argentino erhebt. Er ist eine Besonderheit, denn er ist einer der wenigen wachsenden Gletscher weltweit. Während die meisten anderen Gletscher langsam abzutauen scheinen, wird der Perito-Moreno-Gletscher jährlich langsam, aber sicher größer.

Gletscher sind nämlich **Eisströme,** die sich oberhalb der Schneegrenze bilden. Aus Schnee entwickelt sich das gepresste Gletschereis, das durch den andauernden Prozess von Frieren und

a74-382 Foto: gw

Tauen beweglich wird und langsam, mit einer Geschwindigkeit von höchstens 1–2 Zentimetern pro Stunde, auf einer Wasserschicht ins Tal fließt. Am Ende bildet sich dann eine hohe, beim Perito-Moreno-Gletscher eben 60 Meter hohe und 4 Kilometer breite Gletscherzunge. Dort taut das Eis langsam oder schneller ab, es bilden sich Risse, ab und an stürzt ein mächtiger Eisquader in den See.

Beim Perito-Moreno-Gletscher war es nun in den letzten Jahrzehnten so, dass der Gletscher schneller nachfloss, als er unten am Ende abtaute. Dadurch schob er sich langsam immer weiter vorwärts. Was passierte? Alle paar Jahre hatte sich der Gletscher so weit vorgeschoben, dass er einen Teil des Lago Argentino, den Brazo Rico, vom Hauptsee abschnürte. Der Wasserstand im Brazo Rico stieg und stieg, insgesamt um eine Höhe von etwa 18 Meter. Damit stieg dann natürlich auch der Wasserdruck auf die vom Gletscher aus Eis gebildete Staumauer. Irgendwann konnte die nicht mehr standhalten, und sie wurde mit einer mächtigen Explosion weggesprengt. Von 1937 bis 1988 passierte das Schauspiel alle paar Jahre, seitdem ist der Gletscher überfällig. Sein Wachstum hat sich verlangsamt; woran das liegt, kann man mit Gewissheit noch nicht sagen.

Der Perito-Moreno-Gletscher im Parque Nacional Los Glaciares

Reisebüros in Calafate bieten organisierte Touren zum Perito-Moreno und zu den anderen Gletschern an. Wer im Nationalpark bleiben will, kann dort campen. Die Eintrittsgebühr für den Park beträgt 5 US-US-$.

Am Fitzroy-Massiv

Der Fitzroy, benannt nach dem Kapitän von Darwins Forschungsschiff, ist mit seinen **3405 m** zwar einer der niedrigeren Berge Argentiniens, dennoch aber ein **Traumziel für Bergsteiger** aus aller Welt. Schon zig Kilometer, bevor man El Chaltén, das kleine Dorf an seinem Fuß, erreicht, sieht man, wie seine spitzen Zacken, auf denen sich nicht einmal der Schnee zu halten scheint, aus der Ebene aufragen. Schade, dass der Bus weiterfährt und man das Bild nicht festhalten kann: ein Guanaco in der Steppe, dahinter der Lago Viedma, wo man in der Ferne schon den gleichnamigen Gletscher blitzen sieht, und dahinter die Spitzen des Fitzroy-Massivs.

Das Dorf **El Chaltén,** so hieß ursprünglich der Fitzroy in der Sprache der Tehuelche, ist eine Ansammlung von ein paar Häusern am Zusammenfluss von Río de las Vueltas und Río Fitzroy. Es besteht aus Verwaltungsgebäuden und Herbergen.

Unterkunft

- Die teuerste der Herbergen ist die **Estancia La Quinta,** auf die man 4 km vor dem Ort trifft und in der man 30 US-$ für ein Doppelzimmer bezahlt, die billigsten Übernachtungsmöglichkeiten verlangen 10 US-US-$ pro Person, beispielsweise der **Albergue Los Ñires** (Tel. 49-3009) oder der gemütliche **Albergue Patagonia** (Tel. 49-3019, patagoni@hostels.org.ar), von vielen Besuchern empfohlen, oder der **Albergue Rancho Grande** (Tel. 49-3005, bigranch@hostels.org.ar). Der Besitzer gibt gute Tipps, auch für Tagestouren am Fitzroy-Massiv. Das **Fitzroy Inn** (Tel. 49-3062) verlangt 15 US-$ pro Person im Vierbettzimmer.
- Dann gibt es noch einige kostenfreie **Campingplätze** (ohne Duschen, aber öffentliche Dusche im Ort, 1 US-$). Wichtig und obligatorisch ist ein Besuch des Nationalparkbüros am Ortseingang (hier ist die 5-US-$-Gebühr für den Nationalpark zu entrichten). Viele Besucher buchen ihr Zimmer schon in Calafate, in der Saison kann es durchaus zu Engpässen, auch beim Transport (nur ein Bus nach Calafate täglich), kommen.

Auch wer kein Bergsteiger ist – und um den Fitzroy zu besteigen, muss man mehr als nur ein bisschen Erfahrung haben – kommt im Park auf seine Kosten. Es gibt ausgedehnte **Wanderwege,** man kann im Norden bis zur Laguna del Desierto (der Bus fährt ebenfalls bis dorthin) wandern. Mit Verpflegung muss man sich in El Chaltén eindecken, auch feste Unterkünfte gibt es nur dort. Der Vorteil des Fitzroy-Gebietes: Hier sind hervorragende Ein- oder Mehrtagestouren möglich, auch ohne einen teuren Wanderführer zu verpflichten. Pflicht sind allerdings eine gute Ausrüstung und eine aktuelle Wanderkarte, die man vor Ort erwerben kann. Auch sollte man sich unbedingt an die markierten und beschriebenen Wege halten.

Wer wenig Zeit hat, sollte sich auf zwei **Touren** beschränken: eine zum Campamento Poincenot und evtl. weiter zum Basislager des Fitzroy, die andere zum Campamento Maestri am Fuß des Gletschers Torre.

Der chilenische Teil Patagoniens

Die beliebtesten Touristenziele im chilenischen Teil Patagoniens liegen entlang der Carretera Austral bei Punta Arenas und Puerto Natales. Ein absoluter Höhepunkt ist der Besuch des Nationalparks Torres del Paine.

Punta Arenas

↗XX,B2

Auf genau 70 Grad, 54 Minuten westlicher Länge sowie 53 Grad, 10 Minuten südlicher Breite, direkt an der Magellan-Straße und Feuerland gegenüber, liegt Punta Arenas, die **Hauptstadt der XII. Region** Magallanes y Antárctica. Die **südlichste Kontinentalstadt der Welt** hat 110.000 Einwohner und ist die **schönste Stadt in Patagonien.** Am vermeintlichen Ende der Welt gelegen, verblüfft sie mit einer schönen Plaza, einem gepflegten Stadtzentrum, sehenswerten alten Gebäuden, einem hervorragenden Museum und einem Friedhof, der nur in Buenos Aires seinesgleichen findet.

Geschichte

Punta Arenas (Sandige Spitze) wurde Mitte des 19. Jahrhunderts als Strafgefangenenkolonie und Militärstützpunkt gegründet, entwickelte sich aber schnell zu einer wichtigen Hafenstadt. Denn bis zum Bau des Panama-Kanals (Eröffnung 1914) nahmen alle Schiffe die Route durch die 1520 von *Fernando Magellan* erstmalig entdeckte Ost-West-Passage. Nicht nur die Handelsschiffe, deren Güter für chilenische oder peruanische Häfen bestimmt waren, machten hier einen Zwischenstopp, auch Auswandererschiffe, deren Passagiere eigentlich ihr Glück bei der Goldsuche in Kalifornien finden wollten, von denen aber ein Teil im chilenischen Süden blieb.

Denn hier gab es auch Gold – „weißes Gold": 1876 hatten die Einwanderer die Erlaubnis zur **Schafzucht** erhalten. Land war billig und reichlich vorhanden, das Klima bekam den Schafen, und so begann mit der Wolle der Aufschwung der Region: „Alles war Schaf", so lapidar beschreibt der Historiker *Mateo Martinic,* Leiter des Patagonien-Institutes der Universidad de Magallanes und Verfasser von zwanzig historischen Fachbüchern, die goldenen Jahre von Punta Arenas. Die Besitzer der riesigen Schaf-Estanzias der Umgebung ließen sich repräsentative Häuser im Stadtzentrum erbauen, vom Boom angezogen, kamen **Auswanderer** nahezu sämtlicher **europäischer Länder** als Handwerker und Geschäftsleute in die Stadt; man sieht das heute noch: Italienische, kroatische, schottische und deutsche Namen finden sich überall auf Tür- und Reklameschildern – die Vorfahren etwa des Elektrohändlers *Enrique Schadenberg-Heine* oder des Optikers *Rudolfo Römer-Kuch* sind nicht zu verleugnen.

Sehenswürdigkeiten

Das **Zentrum** von Punta Arenas ist **übersichtlich.** Es erstreckt sich etwa vier oder fünf Blocks um die zentrale Plaza de Armas, auf der ein bronzener Magellan stolz über zwei unterworfenen, ebenfalls bronzenen Indianern thront und in die Ferne (oder eine glänzende Zukunft) schaut. Direkt an der Plaza stehen auch die Kathedrale und das **Stadtpalais von Sara Braun,** in dem der Club der Viehzüchter (Club de la Unión) seinen Sitz hat. Die Familie Braun gehörte zu den reichsten Viehzüchterfamilien der Stadt, ebenso wie die Familie *Menéndez,* und so braucht es nicht zu wundern, dass sich **Mauricio Braun** und **Josefina Menéndez** nach ihrer Hochzeit ebenfalls ein höchst repräsentatives Haus im Zentrum von Punta Arenas erbauen ließen: Ihr **Stadthaus,** Magallanes 949, einen halben Block von der Plaza entfernt, beherbergt heute ein **Museum** und zeigt, dass die Oberschicht damals alles andere als schlecht lebte: Tapeten aus Frankreich schmücken die Wände, der Waschtisch ist mit Marmor aus Italien gedeckt, die lederbezogenen Sessel kommen aus England, die vergoldeten Kamingitter aus Flandern, und *Picassos* Vater *Ruiz Blasco* malte das Bild mit dem Gänsepaar im Salon. Nichts ist aus Patagonien, nicht einmal das Holz des Parkettfußbodens, alles wurde eigens über den At-

465 Foto: gw

lantik herbeigeschifft; eine Weltreise etwa für den Billardtisch: In England hergestellt, wurde er durch den Kanal und über den Atlantik geschippert, vorbei an den Küsten Brasiliens, Uruguays und Argentiniens. Auf dem Rückweg nahmen die Schiffe dann tonnenweise Schafwolle mit (geöffnet Mo bis Fr 11–17, Sa, So 11–14 Uhr).

Die anderen Sehenswürdigkeiten der Stadt sind weiter von der Plaza entfernt. Eine ist das **Haus von Charles Milburn** an der Avenida España 959 (nicht zu besichtigen), das *Bruce Chatwin* in seinem Reportageband „In Patagonien" beschreibt: *„Das Haus hatte spitze Giebel und gotische Fenster. Zur Straße hin befand sich ein viereckiger Turm und auf der hinteren Seite ein achteckiger."* Eine andere ist der **Hafen,** in dem vielleicht gerade ein Kreuzfahrtschiff beladen wird oder ein Fischkutter mit Tonnen von gefrorenem Thunfisch. Auf der Calle Pedro Montt/Ecke O'Higgins steht das **Museo Naval y Marítimo** mit einer guten Sammlung zur Seefahrtsgeschichte (Schiffsmodelle, Fotos etc.), darunter auch ein kompletter Nachbau eines kleinen Kriegsschiffes.

Museo Regional Salesiano

Dieses hervorragende Museum in der Av. Bulnes 374 (nahe Sarmiento; im Sommer: Di bis So 10–12 und 15–18 Uhr, im Winter Di bis Fr 15–18, Sa, So 10–12 und 15–18 Uhr) zeigt **Kultur, Geschichte und Natur Südpatagoniens** – ein Sammelsurium ersten Ranges, teilweise hervorragend aufgearbeitet, teils mit Charme durcheinandergeworfen: Da werden die Touren der namensgebenden Brüder dokumentiert, die Wanderschuhe von *Padre Agostini* stehen neben dem Denkmal für den Ordensgründer, daneben ein ausgestopfter Pinguin. Schauend und schaudernd geht man von Raum zu Raum, überall starren ausgestopfte Kondore, Albatrosse im Sturzflug, Seelöwen und Nandus auf den Besucher herab, dazu gibt es eine große Sammlung fein säuberlich in Formalin eingelegter Abnormitäten aus dem Tierreich: Schweineföten im Glas, zwei Kälber mit nur einem Kopf, am Bauch zusammengewachsen, Enten mit drei oder vier Beinen und Füßen. Gleichzeitig dokumentiert das Museum auch ungeschönt die Eroberung der Region durch die Weißen. Fotos zeigen, wie in weiße Hemden gehüllte Kanu-Nomadinnen unter den strengen Blicken einer Nonne Spitzendeckchen sticken oder sich ein Weißer stolz der Kamera präsentiert: im Arm die erhobene Waffe, den Fuß auf einem toten Indianer.

Friedhof

Zwei Blocks weiter stadtauswärts liegt der Friedhof der Stadt, der inzwischen zum **Nationaldenkmal** erklärt wurde. Hier lässt sich noch besser als in der Innenstadt der verflossene Reichtum bewundern. Nahe des Eingangs steht das haushohe Mausoleum der Familie *Braun-Menéndez,* ein fester Block aus schwarzem Marmor. Das Mausoleum für *José Menéndez* ist verspielter, es mischt barocke und Jugendstilformen. Schlicht sind die Gräber zahlreicher deutscher Einwande-

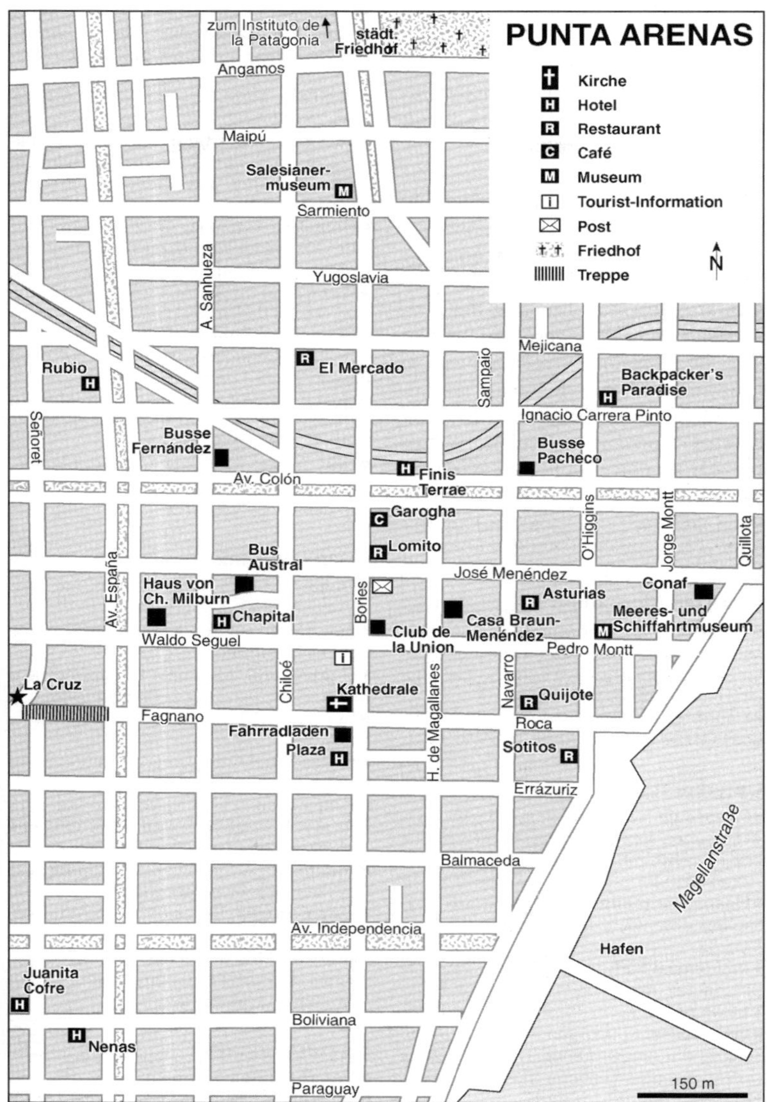
PUNTA ARENAS
Kirche
Hotel
Restaurant
Café
Museum
Tourist-Information
Post
Friedhof
Treppe
N
zum Instituto de la Patagonia
städt. Friedhof
Angamos
Maipú
Salesianer-museum
Sarmiento
Yugoslavia
A. Sanhueza
Mejicana
Sampaio
Rubio
El Mercado
Backpacker's Paradise
Ignacio Carrera Pinto
Señoret
Busse Fernández
Busse Pacheco
Finis Terrae
Av. Colón
Garogha
Lomito
O'Higgins
Jorge Montt
Quillota
Bus Austral
Av. España
José Menéndez
Conaf
Haus von Ch. Milburn
Asturias
Meeres- und Schiffahrtmuseum
Chapital
Bories
Casa Braun-Menéndez
Club de la Union
Waldo Seguel
Pedro Montt
La Cruz
Chiloé
Kathedrale
Navarro
Quijote
H. de Magallanes
Fagnano
Roca
Fahrradladen
Plaza
Sotitos
Errázuriz
Magellanstraße
Balmaceda
Av. Independencia
Hafen
Juanita Cofre
Boliviana
Nenas
Paraguay
150 m

rer. Dass sie nicht zu den ganz Reichen gehörten, beweist die gemeinsame Grabstelle unter einem Kreuz der „Deutschen Kranken Kasse". An die indianischen Ureinwohner erinnert ein schlichtes Denkmal.

Noch weiter stadtauswärts liegen die **Zona franca** (Zollfreihandelszone, gut für Einkäufe vor allem elektronischer Waren) und das **Instituto de la Patagonia,** eine Unterabteilung der Universidad de Magallanes. Hier werden in einem kleinen Freilichtmuseum Landwirtschaftsmaschinen aus der Kolonialzeit präsentiert, dazu in einer Bibliothek Dutzende schöner alter Karten der Region (am besten per Taxi-Colectivo zur Zona franca zu erreichen, Mo bis Fr 9–12.30 und 14.30–18.30 Uhr).

Touristeninformation

- **Sernatur:** Das wohlsortierte und freundliche Informationsbüro (gute Hotellisten) befindet sich auf der Calle Waldo Seguel 689, direkt an der Plaza, Tel. 241-330.
- **Conaf:** Die Nationalparkbehörde hat ihr Büro auf der José Menéndez 1147.

Unterkunft

- **Hospedaje Nena,** Boliviana 366, Tel. 242-411. Sauber, sehr freundlich, zum Frühstück gibt es selbst gebackenen Kuchen. Pro Person ab 6 US-$.
- **Hospedaje Juanita Cofré,** Boliviana 533. Sauber, ordentlich, freundlich. Pro Person 8 US-$.
- **Residencial Sally,** Boliviana 302, Tel. 221-275. Sauber, mit TV und Frühstück, ab 6 US-S pro Person.
- **Pink House,** Caupolicán 99, Tel. 222-436. Sehr schön, sauber, freundlich, leider etwas vom Stadtzentrum entfernt (Bus). Pro Person 11 US-$.
- **Magallanes,** Magallanes 570, Tel. 228-616, magallanes@aonikenk.com. Zentral, familiär, nur drei Zimmer, deutschsprachig, pro Person 7–11 US-$.
- **Mejicana,** Mejicana 1174, Tel. 227-678. Familiär, ab 8 US-$ p.P.
- **Backpacker's Paradise,** Carrera Pinto 1022, Tel. 222-554. Unterkunft in Mehrbettzimmern, sauber, guter Treffpunkt. Pro Person ca. 10 US-$.
- **Hostal La Estancia,** O'Higgins 765, Tel. 249-130. Empfohlen, DZ mit Gemeinschaftsbad 20 US-$; estancia@ctcinternet.cl.
- **Plaza,** José Nogueira 1116, Tel. 241-300. Gut. DZ mit Bad ab 40 US-$.
- **Residencial Rubio,** España 640, Tel. 226-458. Sehr freundlich, hilfsbereit. DZ ohne Bad ca. 20 US-$, mit Bad 35 US-$.
- **Hostal Carpa Manzano,** Lautaro Navarro 336, Tel. 242-296. Gut und freundlich, DZ mit Bad ab 45 US-$.
- **Finis Terrae,** Av. Colón 766, Tel. 228-200. Modernes Luxushotel, mit Dachrestaurant/Bar. Zimmer ab 120 US-$.

Essen und Trinken

- **Quijote,** Lautaro Navarro 1087. Gutes Mittagsmenü, Sandwiches.
- **Asturias,** Lautaro Navarro 967. Gute Fleischgerichte, teuer.
- **El Mercado,** Mejicana 617. Über dem Markt, einfach und gut, aber nicht billig.
- **La Luna,** O'Higgins 974. Fleisch und Fisch, empfohlen.
- **El Mesón del Calvo,** Jorge Montt 687. Erstklassige regionale Spezialitäten, teuer.
- **El Remezón,** 21 de Mayo/Ecke Independencia. Lamm in allen Varianten. Originell und gut, angemessene Preise.
- **Lomitos,** José Menéndez 722. Imbiss und Café, sehr beliebt, empfehlenswert.
- **Café Garogha,** Bories 817. Guter Kuchen, große Portionen.
- **Sotito's,** O'Higgins 1138. Exquisite Meeresfrüchte, Spezialität sind Königskrabben *(centolla),* sehr gut, aber teuer.

Flugverbindungen

- Der **Flughafen** mit dem langen Namen **Carlos Ibáñez de Campo** liegt 15 km nordwestlich der Stadt und ist per Bus von den Büros der Fluggesellschaften aus zu erreichen; außerdem fährt Bus Transfer, P. Montt 966, Tel. 229-613, dorthin. Buses Fernández, Av. Sanhueza 745, Tel. 242-313, fährt auf dem Weg von und nach Puerto Natales am Flughafen in Punta Arenas vorbei und lässt Passagiere dort ein- und aussteigen.

● **LanChile,** Lautaro Navarro 999, Tel. 241-232; täglich mehrmals nach Santiago und Puerto Montt, zweimal die Woche nach Concepción.

● **Aerovías DAP,** O'Higgins 891/Ecke J. Menéndez, Tel. 223-340. Zweimal täglich (außer So) mit einer neunsitzigen Cessna über die Magellan-Straße nach Porvenir (23 US-$); täglich außer So mit einer Twin Otter (20 Passagiere) nach Puerto Williams (64 US-$), zweimal in der Woche nach Ushuaia (100 US-$), den Sommer über einmal täglich von Puerto Natales nach Calafate in Argentinien (55 US-$); sowie Überflüge Kap Hoorn, Torres del Paine und zur Isla Rey Jorge in der Antarktis; www.aeroviasdap.com.

Überlandbusse

Punta Arenas hat **keinen zentralen Busbahnhof.** Die Unternehmen nach Fahrtzielen sortiert:

● **nach Puerto Natales** (alle ca. 4 US-$, 3 Stunden): Buses Fernández, Av. Sanhueza 745, Tel. 242-313, sechsmal täglich; Bus Sur, Av. Colon/Ecke Magallanes, Tel. 244-464, viermal täglich; Bus Transfer, P. Montt 966, Tel. 229-613, zweimal täglich. Die Busse nach Puerto Natales halten alle unterwegs am Flughafen von Punta Arenas; wer mit dem Flugzeug ankommt und gleich nach Natales weiterfahren will, braucht also nicht in die Stadt.

● **nach Porvenir** (Feuerland), **Río Grande** und **Ushuaia** (beides Feuerland/Argentinien: 28–30 US-$, 12 Stunden, rechtzeitig vorbuchen!): Ghizoni/Tecni Austral, L. Navarro 975, Tel. 222-078, Di, Do, Sa über Punta Delgada; Buses Pacheco/Tolkeyén, Colón 900, Tel. 242-174, Mo, Mi, Fr über Punta Delgada, So über Porvenir; zentrale Buchungsstelle für beide Busse: Central de Pasajeros, Colón/Magallanes, Tel. 245-811.

● **Andere Gesellschaften und Fahrtziele**: Bus Ghisoni, L. Navarro 975, Tel. 222-078 nach Río Gallegos (5 Stunden, ca. 12 US-$); Bus Pinguino, Av. Sanhueza, Tel. 221-812, nach Río Gallegos (5 Stunden, ca. 11 US-$); Bus Sur, José Menéndez 565, Tel. 244-464, nach Río Gallegos (5 Stunden, ca. 12 US-$) und Coyhaique; Bus TMT und Bus Pacheco, Av. Colón 900, Tel. 242-174, nach Río Gallegos (5 Stunden, ca. 11 US-$), Osorno, Puerto Montt und Chiloé.

Schiff/Fähre

● **Barcaza Melinka,** Av. Bulnes 05075, Tel. 218-100, Fax 212-126. Fährschiff von Tres Puentes (dem Hafen nördlich des Zentrums) zur Bahía Chilota (Hafen von Porvenir) für Autos und Personen. Die Überfahrt dauert 2 Stunden 10 Minuten, die Fähre fährt je nach Saison täglich oder nur fünfmal die Woche, normalerweise um 9 Uhr. Auto mit Fahrer kostet 34 US-$, eine einzelne Person 6 US-$.

● **Ferry Patagonia,** Av. Bulnes 05075, Tel. 218-100, Fax 212-126. Fracht- und Personenschiff, das von Tres Puentes nach Puerto Williams (Isla Navarino) fährt. Das Boot fährt normalerweise einmal die Woche, Mi um 19 Uhr, die Fahrt dauert 36 Stunden und kostet 120–150 US-$ (normaler Sitzplatz oder Viererkabine, Mahlzeiten inbegriffen). Besser ein bis zwei Wochen im Voraus buchen.

● **Mare Australis,** Independencia 840, Tel. 224-256, in Punta Arenas, oder Av. El Bosque Norte 0440, Tel. 442-3110, in Santiago. Luxusschiff für 129 Personen. Route: Punta Arenas – Magellan-Straße – Canal Beagle – vorbei an den Gletschern Marinelli, D'Agostini und Serrano – Estancia Yendegaia – Puerto Williams – Ushuaia – Kap Hoorn – Garibaldi-Gletscher – Isla Magdalena (Pinguine) – Punta Arenas. Die komplette Tour dauert eine Woche, man kann aber auch nur bis Ushuaia fahren (vier Nächte, Sa ab Punta Arenas) bzw. von Ushuaia Mi nach Punta Arenas (drei Nächte). Preis pro Person Punta Arenas – Ushuaia je nach Saison und Klasse 785–2225 US-$.

● **Navimag,** Magallanes 990, Tel. 200-200. Von Puerto Natales einmal wöchentlich mit der „Puerto Edén" nach Puerto Montt (drei Tage, 250– 1500 US-$).

Mietwagen

- **Adel Rent a Car,** Pedro Montt 968, 1. Stock, Tel. 235-471. Freundlich, hilfsbereit, Rabatt für ADAC-Mitglieder. gerson@adelrentacar.cl
- **Australmag,** Av. Colón 900, Tel. 242-174.
- **Budget,** O'Higgins 964, Tel. 241-696.
- **Hertz,** O'Higgins 987, Tel. 248-742.
- **International,** Waldo Seguel 443, Tel. 228-323.
- **Lubac,** Magallanes 970, Tel. 242-023.

Reiseveranstalter

Die meisten Reiseveranstalter bieten dasselbe oder ein ähnliches Programm zu denselben oder sehr ähnlichen Preisen an. „Klassiker" sind **Ausflüge zu den Pinguinkolonien** am Seno Otway (7–10 US-$) und auf der Isla Magdalena, zum **Puerto Hambre** und dem **Fuerte Bulnes,** dazu kommen hochpreisige **Kreuzfahrten** oder **Besuche des Nationalparks Torres del Paine** (besser von Puerto Natales aus). Reiseveranstalter (u.a.):

- **Arka Patagonia,** Roca 886, Tel. 226-370.
- **Turismo Aonikenk,** Magallanes 619, Tel. 228-332. Organisiert neben den Standardtouren auch Trekking im Torres del Paine und auf der Isla Navarino, Segeltörns in der Magellan-Straße u.a.; deutsche Leitung, sehr hilfsbereit; www.aonikenk.com, turismo@aonikenk.com.
- **Turismo Comapa,** Av. Independencia 826, Tel. 224-256.
- **Turismo Pali Aike,** Lautiaro Navarro 1129, Tel. 223-301.
- **Turismo Viento Sur,** Fagnano 565, Tel. 225-167.

Internet

- **Austro Internet,** Croacia 690, Tel. 229-297.
- **Pialcomp,** Av. Colón/Ecke Magallanes, Tel. 220-056
- Jede Menge mehr; alle um die 1,40 US-$ pro Stunde.

Sonstiges

- **Geld und Schecks** lassen sich problemlos in den **Wechselstuben** auf der Lautaro Navarro wechseln.
- Die **Hauptpost** befindet sich auf der Bories 911, nahe der José Menéndez. Die **Vorwahl** von Punta Arenas ist **61; Telefonzentralen** finden sich z.B. Nogueira 1117, Lautaro Navarro 957 und Errázuriz 856.
- **Wäscherei:** Gut und schnell ist Lavasol auf der O'Higgins 969.

Die Umgebung von Punta Arenas

Pinguinkolonien am Seno Otway und auf der Isla Magdalena

Zwei große Pinguinkolonien können in der Nähe von Punta Arenas besucht werden: Auf der Isla Magdalena leben schätzungsweise 100.000 Magellan-Pinguine, am Seno Otway nisten etwa 2500 Tiere in einer weiten Wiesenlandschaft. Die Pinguine leben nur in den Sommermonaten hier, in den Wintermonaten ziehen sie sich in andere Regionen, zum Teil auf die Malvinas (Falkland-Inseln), zurück.

Pinguine trifft man überall vor der patagonischen Küste, egal ob am Pazifik oder am Atlantik. Es sind **Magellan-Pinguine** *(Spheniscus magellanicus),* und sie sind leicht zu erkennen: Sie sind recht klein, etwa 50–60 Zentimeter, wiegen etwa 5 kg und haben als besondere Charakteristika den schwarz-weißen Kopf sowie einen schwarzen Streifen, der am oberen Rand ihrer Brust verläuft. Pinguine sind flugunfähige Vögel, sie legen ein

Pinguinkolonie Seno Otway

bis mehrere Eier, brüten in Kolonien und ernähren sich von Meerestieren. Die Jungtiere tragen zunächst Flaumfedern.

Pinguine haben viele natürliche **Feinde,** darunter Seelöwen, manche Walarten oder große Raubfische. An Land werden oftmals die Nester geplündert. Ihre Population ist dennoch groß, wahrscheinlich auch, weil sie nicht vom Menschen gejagt werden. Ihren Namen erhielten die Meeresvögel, so die Überlieferung, von walisischen Matrosen, die auf dem Schiff von *Thomas Cavendish* 1586 nach Puerto Deseado kamen: Sie nannten die Tiere „pengwyn", ein Wort, das auf Gälisch „weißer Kopf" bedeutet.

Die **Pinguinkolonie am Seno Otway** ist im Rahmen einer organisierten Tour, mit einem geliehenen PKW oder per Bus (z.B. Bus Fernández, Sanhueza 745, 4 US-$) zu erreichen. Man verlässt Punta Arenas auf der Ruta 9 nach Norden und biegt nach 134 km nach Westen (links) Richtung Kon Aiken ab. 13 km weiter erreicht man die Otway-Bucht, und am Ende der Straße liegt die **Pingüinera.** Der Eintritt kostet 3 US-$. Man kann dort nicht übernachten, es gibt aber einen kleinen Imbiss. Die organisierten Touren finden größtenteils nachmittags (16–20 Uhr) statt, da zu dieser Zeit die meisten Pinguine zu sehen sind – sie kommen vom Fischen zurück.

471 Foto: gw

Die **Isla Magdalena liegt in der Magellan-Straße,** etwas nördlich von Punta Arenas. Die Fahrt auf die Insel dauert 2½ Stunden, Turismo Comapa fährt drei- bis viermal die Woche (Mitte Dezember bis Mitte Februar) mit der „Antárctica" dorthin. Die Touren dauern fünf Stunden, so dass man nur maximal zwei Stunden auf der Insel bleibt. Sie kosten pro Person 30 US-$, zu buchen über die meisten Agenturen. Ob sich das lohnt, muss jeder für sich entscheiden.

Puerto Hambre und Fuerte Bulnes

Fährt man von Punta Arenas immer entlang der Magellan-Straße nach Süden, zweigt nach 26 km eine schmale Seitenstraße westwärts zur **Reserva Forestal Laguna Parrillar** ab. Mitten im südpatagonischen Wald liegt die Lagune, die das Süßwasserreservoir von Punta Arenas ist (gute Fischmöglichkeiten).

Zurück an der Magellan-Straße passiert man zunächst einen alten Pionierfriedhof, dann einen Monolithen, der darauf hinweist, dass hier die geografische Mitte Chiles ist: die Hälfte der Strecke vom Südpol bis nach Arica.

Nach links zweigt dann eine Erdstraße zum **Puerto Hambre,** dem Hungerhafen, ab. 1579 segelte *Sarmiento de Gamboa* mit 23 Schiffen von Spanien los, etwa 3000 Personen waren an Bord. Vier Schiffe mit 800 Personen kenterten bereits unterwegs, eine Epidemie forderte weitere 600 Todesopfer, und mit acht Schiffen erreichte er schließlich die westliche Einfahrt in die Magellan-Straße. Dort gründete er am Cabo Vírgenes eine Kolonie, und 1584 eine zweite hier, am Puerto Hambre, die er Rey Felipe nannte. Aus Rey Felipe wurde schnell der Hungerhafen, denn die Kolonisten verhungerten kläglich – Ruinenreste und ein Gedenkstein erinnern an die Spanier. Übernachtungsmöglichkeiten bietet ein Campingplatz.

Wenige Kilometer weiter liegt **Fuerte Bulnes,** eine rekonstruierte Festung von 1843, die die Chilenen an strategisch günstiger Stelle erbauten, um die Meerenge zu überwachen.

Zur Estancia San Gregorio und zum NP Pali-Aike

Die Ruta 9 führt von Punta Arenas nach Norden. Bei Gobernador Philippi biegt rechts (nach Osten) die Ruta 255 ab, über die man nach 147 km die chilenisch-argentinische Grenze erreicht. Von dort aus sind es noch 54 km bis nach Río Gallegos. Unterwegs passiert man die **Estancia San Gregorio** (etwa 90 km hinter der Abzweigung), die 1862 gegründet wurde und in Blütezeiten 90.000 Hektar Land umfasste. Sie wird heute von einer Kooperative bewirtschaftet, wirkt aber mit den verlassenen Gebäuden der früheren Estancia (Kapelle, Läden, Unterkünfte) wie eine Geisterstadt. Etwa 35 km weiter zweigt bei Punta Delgada nach links (Nordwesten) eine Erdstraße zum **Parque Nacional Pali-Aike** ab, der weniger wegen der 5000 Hektar Steppenlandschaft interessant ist, sondern vielmehr wegen der archäologischen Ausgrabungen, die man hier machte. In „Fells Höhle" wurden fast 11.000 Jahre alte Höhlenzeichnungen gefunden, auch Überreste des Riesenfaultiers *(milodon)* und des südamerikanischen Pferdes *(onohippidium)*. Wer den Park besuchen will, muss von Punta Arenas aus eine Tour mit einem Reiseveranstalter buchen oder sich ein Auto leihen; es gibt keinen öffentlichen Transport dorthin. Busse nach Río Gallegos können einen bei Punta Delgada (18 km vom Park entfernt) rauslassen.

Puerto Natales ⇗XX,B1/2

Puerto Natales ist eine **kleine Hafenstadt** mit knapp 20.000 Einwohnern. Sie ist Ziel von Besuchern aus aller Welt, aber nicht, weil sie selbst soviel zu bieten hätte, sondern weil sie der beste **Ausgangspunkt für einen Besuch des** großartigen **Nationalparks Torres del Paine** ist.

Der Ort liegt lang gestreckt am Ufer des Fjords Último Esperanza, und der schönste Platz ist genau dort, an der Einmündung der Calle Phillipi in die Uferstraße, wo die beiden alten Molen vor sich hin verrotten: Sie dienen Tausenden von **Kormoranen** als Sitzplatz, im Wasser paddeln **Schwarzhalsschwäne,** und im Hintergrund erhebt sich die großartige Kulisse der schneebedeckten Sarmiento-Kordillere. An den langen patagonischen Abenden gibt es hier die schönsten Sonnenuntergänge.

Im Ort selbst sollte man das **Museo Histórico** aufsuchen (Bulnes 285, Di bis Sa 15–18.15 Uhr). Hier erfährt man alles Wissenswerte über die Stadt – über die Yámana und Tehuelches, die hier ursprünglich lebten, über die Tierwelt und über Kapitän *Hermann Eberhard,* der 1892 durch das Gewirr der Kanäle dampfte. Angeblich heißt der **Seno Ultima Esperanza** deswegen „letzte Hoffnung", weil es *Eberhards* letzte Hoffnung war, hier innerhalb der Kanäle irgendwo Festland statt neuer Inseln zu finden. Einer anderen Deutung zufolge waren es Spanier im 17. Jahrhundert, die den Namen prägten. Sie hatten sich im Gewirr der Wasserstraßen und Kanäle auf der Suche nach der Durchfahrt durch die Magellan-Straße hoffnungslos verirrt.

Touristeninformation

- **Sernatur** hat sein Büro auf der Av. Costanera Pedro Montt/Ecke Phillipi.
- Die **Nationalparkbehörde Conaf** hat ihr Büro Ignacio Carrera Pinto 566.

Unterkunft

- **Hospedaje Laury,** Bulnes 222. Sauber, freundlich und das für 6 US-$ p.P. Auch Vermittlung der Schiffstour auf dem Seno Ultima Esperanza und zum Balmaceda-Gletscher.
- **Residencial Oasis,** Señoret 322, Tel. 411-675. Sehr gemütlich, freundlicher und persönlicher Service. Zimmer mit und ohne Privatbad. Ab 11 US-$ p.P. mit Frühstück.
- **Hospedaje Dos Lagunas,** Barros Arana 104, Tel. 415-733. 3 DZ, ein Sechsbettzimmer, 10 US-$ mit Frühstück. Sauber, freundlich, hilfsbereit, Küche und Wäscheservice.
- **Casa Cecilia,** Tomás Rogers 60, Tel. 411-797. Deutschsprachig, freundlich, sauber, hilfsbereit, Küchenbenutzung, organisiert Touren, Verleih von Equipment, gutes Frühstück, Internet. 9–16 US-$ p.P. (ohne/mit Bad); redcecilia@entelchile.net.
- **Patagonia Adventure,** Tomás Rogers 179, Tel. 411-028. Freundlich, Schlafsaal und Ein-

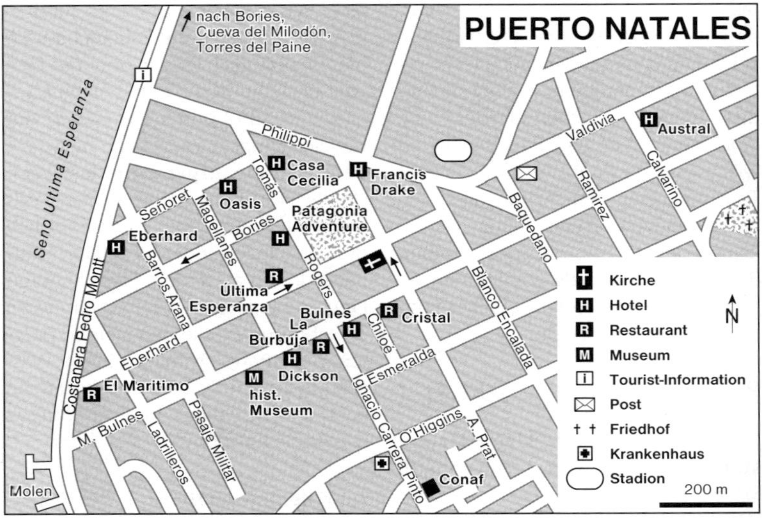

zelzimmer, sauber, Küchenbenutzung, Equipment-Verleih, hilfsbereit. Etwa 8 US-$ p.P.

- **Casa de Famila Dickson,** Bulnes 307. Sauber und freundlich, hilfsbereit, mit gutem Frühstück, Kochgelegenheit und Wäscheservice. Pro Person ungefähr 8 US-$.
- **Bulnes,** Bulnes 407, Tel. 411-307. Gut, freundlich. DZ mit Bad 25 US-$.
- **Hostal Melissa,** Blanco Encalada 258, Tel. 411-944. Privatbad, Zentralheizung, Telefon. EZ ca. 15 US-$, DZ ca. 25 US-$.
- **Hostal Sir Francis Drake,** Philippi 383, Tel. 411-553. Neu, sehr gut, gutes Frühstück. DZ mit Bad ca. 30–40 US-$.
- **Casa Anita,** Esmeralda 735. Einfach, freundlich, sauber. Wäscheservice, Gemeinschaftsbad, Küchenbenutzung, ab 6 US-$.
- **Concepto Indigo,** Ladrilleros 105, Tel. 413-609. Gemütliches Hostal mit Blick auf den Sund, Diavorträge, Touren, Wäscheservice, Internet, gutes Restaurant-Café. DZ mit Bad 35 US-$, ohne Bad 30 US-$. indigo@entelchile.net
- **Hotel Lady Florence Dixie,** Bulnes 655, Tel. 411-158, www.chileanpatagonia.com/florence; gute Mittelklasse, renoviert, die „Superior"-Zimmer sind eindeutig besser. DZ ab 60/75 US-$ je nach Saison.
- **Eberhard,** Pedro Montt 58, Tel. 411-208. Älteres Hotel, z.T. kleine Zimmer (erst angucken!), schöner Speisesaal. DZ ab 35 US-$.
- **Martín Gusinde,** Bories 278, Tel. 412-770. Wohl das beste Hotel in Natales. DZ je nach Saison 75–170 US-$.

Essen und Trinken

- **Cristal,** Bulnes 439. Gemütlicher Treffpunkt, preiswerte, gute Küche.
- **La Frontera,** Bulnes 819. Sehr leckere Fischgerichte zu absolut konsumentenfreundlichen Preisen.
- **La Ultima Esperanza,** Eberhard 354. Guter Fisch, v.a. große Portionen Lachs, teuer.
- **El Marítimo,** Pedro Montt 214. Schöner Blick auf das Meer, guter Fisch.

- **La Burbuja,** Bulnes 371. Große Portionen, natürlich Fisch und Lachs, preiswert.
- **El Rincon del Tata,** Arturo Prat 236. Treffpunkt, gemütliche Pubatmosphäre. Pizzas, Salate, Fisch. Faire Preise. Auch Internet, Touren und Verleih von Equipment.
- **Andrés,** Ladrilleros 381, Tel. 412-380. Sehr guter Fisch, faire Preise, große Portionen.
- **La Frontera,** Bulnes 819. Café und Restaurant, flink, familiär. Preiswerte Fisch- und Fleischgerichte, Salate.
- **Edén,** Blanco Encalada/Bulnes. Große Fleischportionen *(Parrilla),* sehr gut.

Flugverbindungen

- **LanChile** hat ein eigenes Büro, und zwar Tomás Rogers 78, Tel. 411-236.
- **Aerovías DAP** (Bulnes 100, Tel. 415-100) fliegt in den Sommermonaten täglich nach Calafate/Argentinien, ca. 55 US-$.

Überlandbusse

- Puerto Natales hat **keinen zentralen Busbahnhof.** Wer direkt ein Rückfahrticket Puerto Natales – El Calafate – Puerto Natales kauft, sollte das Ticket unbedingt in Calafate rückbestätigen. Überbuchungen kommen vor. Außerdem: Von Calafate fährt montags kein Bus nach Puerto Natales.

Einige **Busunternehmen** und ihre Fahrtziele sowie Preise:

- **Bus Fernández,** Eberhard 555. Punta Arenas (4 US-$).
- **Bus Sur,** Baquedano 534. Punta Arenas (4 US-$), Río Gallegos und El Calafate (beide Argentinien, jeweils 20 US-$).
- **Buses Cootra,** Baquedano. El Calafate/Argentinien (20 US-$).
- **Buses Pacheco/Transfer,** beide nach Punta Arenas (4 US-$).
- **Urbia Tours,** El Calafate/Argentinien (20 US-$), Coyhaique (100 US-$).
- **Turismo Zaahj,** Bulnes 459. El Calafate/Argentinien, 5½ Stunden, 20 US-$.
- **Buses Gómez,** Arturo Prat gegenüber der Kirche. Torres del Paine (14 US-$ hin und zurück).
- **Buses JB,** Arturo Prat gegenüber der Kirche. Torres del Paine (14 US-$ hin und zurück).
- Einzelne **Reiseagenturen** bieten in der Saison **täglich Fahrten nach El Calafate** (Argentinien) an, fast alle Touren in den Torres del Paine; am besten vorbuchen.

Schiff

- Navimag (Bulnes Ecke Pedro Montt, Tel. 414-300) fährt von Puerto Natales einmal wöchentlich mit der **„Puerto Edén"** nach Puerto Montt (3 Tage, 250–1500 US-$). Frühzeitige Buchung wird empfohlen.

Mietwagen

- **Avis,** Bulnes 632, Tel. 410-775.
- **Motorcar,** Blanco Encalada 330, Tel. 413-593.

Weiterfahrt nach Argentinien

Die Weiterfahrt **nach El Calafate und zum Nationalpark Los Glaciares** erfolgt von Puerto Natales über Río Turbio nach **Esperanza.** Der Ort ist auf allen Karten eingezeichnet, aber nicht mehr als eine Straßenkreuzung in der patagonischen Ebene: Zwei staubige Schotterstraßen treffen aufeinander, um die Kreuzung gruppieren sich eine Tankstelle, drei Häuser, zwei Restaurants und eine Busstation.

Über Schotterstraßen geht es weiter, bis nach mindestens fünf Stunden El Calafate am südlichen Ufer des **Lago Argentino** erreicht ist. Der Gletschersee bedeckt eine Fläche von 1600 km² und ist damit der größte See Argentiniens.

Reiseveranstalter

- Puerto Natales ist voll von Reiseveranstaltern. Die meisten bieten dieselben Touren an. Es sind **Ausflüge in den Nationalpark Torres del Paine** (Tagestour 30 US-$), **zur Cueva del Milodón oder Schiffausflüge auf dem Seno Ultima Esperanza.** Einige verleihen auch Trekking-Equipment und vermieten Pferde oder Fahrräder.

Eine **Auswahl von Veranstaltern** mit guter Reputation:

- **Onas,** Eberhard 599, Tel. 412-707. Sehr gute Guides, hilfsbereit.

- **Tours „Mily“,** Blanco Encalada 266, Tel. 411-262.
- **Fortaleza Aventura,** Arturo Prat 234, Tel. 410-595. Gute Infos, auch auf Englisch, vermietet Trekking-Utensilien, Reservierung der Refugios im Nationalpark Torres del Paine. monofortaleza@hotmail.com
- **Cutter 21 de Mayo,** Eberhard 554 (zwischen Plaza und B. Encalada), Tel. 411-978, 21demayo@chileaustral.com

Sonstiges

- Einige **Wechselstuben** finden sich auf der Calle Baquedano im 500er Block, drei **Geldautomaten** stehen in den Banken an der Calle Bulnes zur Verfügung.
- Die **Hauptpost** befindet sich an der Plaza de Armas (Eberhard 4253). Die **Vorwahl** von Puerto Natales ist **61;** eine **Telefonzentrale** findet sich Blanco Encalada 298.
- **Wäschereien:** Gut sind Bulnes 513, Bories/Barros Arana und Eberhard in der Nähe der Plaza.
- Drei größere **Supermärkte** finden sich auf der Calle Bulnes, oberhalb von Prat.

Die Umgebung von Puerto Natales

Puerto Bories

Wenige Kilometer nördlich von Puerto Natales liegt Puerto Bories, ein großer Komplex, den die Sociedad Explotadora de Tierra del Fuego 1913 errichten ließ. Heute sind lediglich noch der **Schlachthof** und die **Kühlhäuser** in Betrieb, zu Beginn des 20. Jahrhunderts wurden von hier die drei großen Schaf-Estanzias der Region versorgt. Es gab Schafschuranlagen, Wollwäschereien, und von hier aus wurden auch Wolle und gefrorenes Fleisch nach Europa verschifft. Interessant ist die Besichtigungstour durch die alten Industrieanlagen.

Cueva del Milodón

Im Jahr 1896 machte Kapitän *Hermann Eberhard* 25 km nordwestlich von Puerto Natales eine Entdeckung: In einer Höhle fand er gut erhaltene Fell- und Knochenreste eines großen Tieres. Es war ein **Mylodon,** wie sich später herausstellte, ein etwa 3,5–4 Meter großes so genanntes **Riesenfaultier,** eine Pflanzen fressende Tierart, die Ende des Pleistozäns ausgestorben ist. Vor der 30 Meter hohen, 80 Meter breiten und etwa 200 Meter tiefen Höhle steht die Plastiknachbildung eines solchen Tieres; die Reste des echten Mylodon liegen im British Museum in London. Die Höhle diente nicht nur dem Riesenfaultier als Unterschlupf, man fand hier auch Spuren prähistorischer Menschen.

Die Höhle ist zu erreichen entweder per organisierter Ausflugsfahrt von Puerto Natales aus, mit geliehenem Pkw oder per Fahrrad. Oder aber man lässt sich nahe der Höhle von einem der Busse, die in den Nationalpark Torres del Paine fahren, absetzen und geht die letzten Kilometer zu Fuß.

Seno Ultima Esperanza und Balmaceda-Gletscher

Eine bei gutem Wetter wunderschöne, bei schlechtem leicht aufregende Fahrt führt mit dem Boot über den Seno Ultima Esperanza zu den Gletschern Balmaceda und Serrano. Etwa 60 Kilometer geht es nach Nordwesten durch den **Seno Ultima Esperanza.** Die lang gezogene, tief eingeschnittene Meerenge, an deren Seiten die Berge teilweise lotrecht aufsteigen, teilweise flach auslaufen, endet im **Nationalpark Bernardo O'Higgins.** Dieser Nationalpark ist mit mehr als 3,5 Millionen Hektar der größte Chiles, allerdings auch einer der unzugänglichsten. Lediglich am Ende des Seno Ultima Esperanza liegt die kleine Bootsanlegestelle **Puerto Toro** unterhalb des steil aus dem Meer bis auf 2035 Meter Höhe aufragenden Cerro Balmaceda. Sie ist gleichzeitig der Endpunkt der Bootsfahrt, hier verlässt man das Boot zu einer kleinen Wanderung hin zu einem Gletschersee, der durch einen schmalen Erddamm vom Seno abgetrennt ist und in den der **Serrano-Gletscher** kalbt. Dessen Eisdecke ist stellenweise 15–20 Meter dick, und immer wieder brechen größere Stücke ab und treiben dann als blauweiße Eisberge auf dem See. Vom Seno Ultima Esperanza aus hat man bei klarem Wetter einen wundervollen Blick auf die Granittürme des Torres del Paine. Theoretisch kann man von Puerto Toro auch zu Fuß in den Nationalpark Torres del Paine gelangen. Man lässt sich an der Mündung des Río Serrano in den Seno Ultima Esperanza vom Boot absetzen und läuft dann flussaufwärts bis zum Lago de Toro im Nationalpark. Dafür braucht man aber eine Erlaubnis des Nationalparkbüros (Conaf) in Puerto Natales. Während der Bootsfahrt sieht man Kormorane und Schwarzhalsschwäne, Robben und mit Glück auch Delphine.

Turismo Cutter 21 de Mayo fährt entweder mit dem gleichnamigen Boot oder mit der „Alberto de Agostini" im Sommer täglich, ansonsten unregelmäßig **von Puerto Natales in den Seno Ultima Esperanza.** Die Fahrt kostet pro Person 50–60 US-$; Speisen und Getränke sind auch an Bord erhältlich. Andere Boote fahren zum gleichen Preis. Die Agentur bietet auch die Weiterfahrt vom Serrano-Gletscher mit Schlauchbooten **den Río Serrano hinauf** bis zum gleichnamigen Campingplatz im Nationalpark an (ab Natales ca. 90 US-$).

Diese Tour kann auch mit der **Fahrt in den Nationalpark Torres del Paine** kombiniert werden. Vom Serrano-Gletscher aus geht es in Schlauchbooten weiter, den Río Serrano hinauf bis zum Camping Río Serrano, von dort gibt es einen Transfer zur Parkverwaltung. Die sehr empfehlenswerte Route kann auch in umgekehrter Richtung dienen, um den Park auf einem anderen Weg zu verlassen. Die Tour startet in der Saison von Puerto Natales täglich um 8 Uhr, Ankunft gegen 16.30 Uhr im Nationalpark, umgekehrt geht es um 8 Uhr an der Parkverwaltung *(administración)* los, Ankunft um 17 Uhr in Natales. Preis: 85 US-$ pro Person, die Vorabbuchung bei einem Reisebüro (z.B. Aonikenk in Punta Arenas oder 21 de Mayo in Natales) wird empfohlen, da die Schlauchboote im Sommer oft ausgebucht sind.

Parque Nacional Torres del Paine ⇗XX,B1

Der Nationalpark – ein Höhepunkt jeder Chile-Reise – umfasst ein 242.000 Hektar großes Gebiet in den südchilenischen Anden mit **atemberaubender**

Landschaft: Die windzerzauste patagonische Ebene trifft hier unvermittelt auf die Gipfel der Südkordillere, auf die steil aufragenden Berge, die sich wie eine uneinnehmbare Felsenburg mit granitenen Nadelspitzen emportürmen. Sie ragen mehr als 2000 Meter aus der Ebene auf. Der höchste Gipfel ist der 3050 Meter hohe Cerro Torre Grande, umgeben von den Spitzen des Paine Chico (bis 1720 m), der Torres del Paine (bis 2850 m) und der Cuernos del Paine (bis 2600 m). Im Park liegen zahlreiche blaugrüne **Gletscherseen.** In einem von ihnen, dem Lago Grey, treiben auch zur Sommerzeit dicke weiß-blaue Eisblöcke – schließlich brechen immer wieder unter großem Getöse meterhohe Eisblöcke aus der Eiswand des **Gletscher Grey.** Mehr als vierzig Vogelarten, darunter Kondore und Ñandus, sind hier zu Hause, Guanacos, Füchse und Pumas leben in den entlegeneren Regionen. Die Pflanzenwelt ist noch artenreicher, auch wenn man das den windzerzausten Bäumen, die sich zusammengekrümmt gegen den Wind stemmen, nicht unbedingt ansieht: Mehr als zweihundert verschiedene Arten sind im Park zu finden. Konsequenterweise wurde das Naturschutzgebiet bereits 1959 eingerichtet, und seit 1979 ist es als Welt-Biosphären-Reservat von der Unesco anerkannt. Vorher gehörte das Gelände zu einer Schaf-Estanzia, und die Landbesitzer brannten auch hier großflächig den Urwald nieder, um Weidefläche zu schaffen. An den Randzonen des Parks wird auch heute noch Wald verbrannt.

Heute droht der Natur der größte **Schaden durch den Tourismus.** „Sie lieben ihn zu Tode", sagen Naturschützer über die Besucher des Parks. Straßen wurden verbessert und Hotels gebaut, doch auch der Massenansturm von Rucksacktouristen, die mit Zelt auf Trekkingtour gehen, tut dem Park nicht gut. Vorweg also ein paar **Mahnungen:**

- **Übernachten Sie nur an den dafür vorgesehenen Plätzen!**
- **Nehmen Sie all Ihren Müll wieder mit!**
- **Verlassen Sie nicht die markierten Wege!**

Der Nationalpark Torres del Paine liegt etwa 110 km nördlich von Puerto Natales und ist über eine gut ausgebaute Schotterstraße zu erreichen. Man passiert **Cerro Castillo** (Übergang nach Argentinien) und folgt weiter der Straße nach Norden, auch über die Abzweigung zum Südufer des **Lago Sarmiento** (Hinweis „Laguna Verde") hinweg. Am Nordufer des Sees ist der **Haupteingang zum Park,** die **Portería Sarmiento,** an der man sich registrieren lässt und das Eintrittsgeld (ca. 12 US-$) bezahlt.

Auch wenn manch einer den Kauf der **Mapa oficial Parque Nacional Torres del Paine,** die den Park im Maßstab 1:100.000 zeigt, für Geldverschwendung (ca. 5 US-$) und die Karte in diesem Buch (siehe Kartenatlas) für ausreichend hält und die Wanderwege inzwischen recht gut markiert sind – ich halte den Kauf der Karte trotz all ihrer Schwächen für sinnvoll.

479 Foto: gw

Der chilenische Teil Patagoniens

Sie ist sehr übersichtlich, eingezeichnet sind die Straßen und Wanderwege, letztere mit ungefähren Gehzeiten, die durchaus realistisch sind. Auch Campingplätze, Refugios und Hotels sind verzeichnet. Die Karte ist in Puerto Natales in nahezu jedem Laden und Hotel erhältlich.

Das beste Karten- und Infomaterial zum Wandern im Park stellt die Broschüre **Patagonia Trail Guides & Route Maps** aus dem Verlag Latitud 90 zur Verfügung. Sie enthält genaue Beschreibungen der wichtigsten Wanderrouten (mit GPS-Daten) auf Englisch und Spanisch und ist in den meisten Buchläden des Landes zu kaufen (ca. 13 US-$).

Trekking und Bergsteigen

Wer ganz hoch hinauf will, also auf die Spitzen der Torres, braucht eine besondere Genehmigung. Conaf kassiert eine Gebühr, sie betrug 2002 über 800 US-$ (für Gruppen bis zu sieben Personen); man braucht darüber

Im Nationalpark Torres del Paine

Parque Nacional Torres del Paine

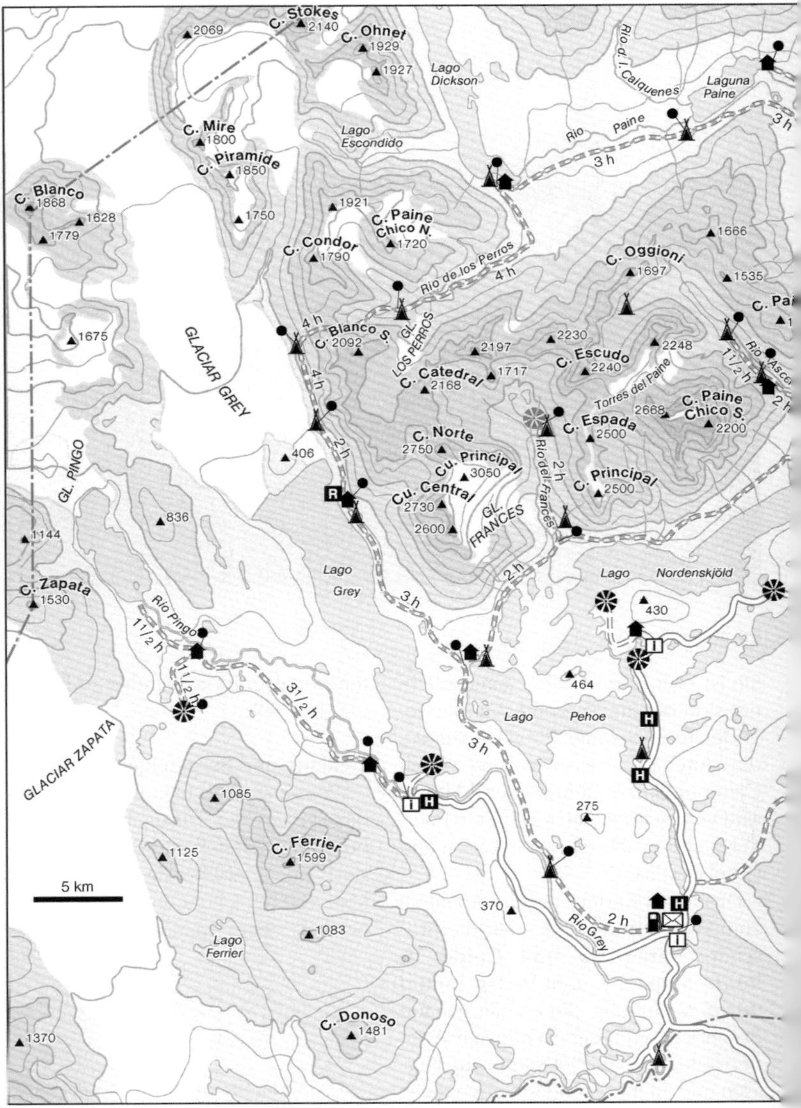

C. Stokes 2140
2069
C. Ohnet 1929
1927
Lago Dickson
Río d. l. Calquenes
Laguna Paine
Río Paine
3 h
C. Mire 1800
C. Piramide 1850
Lago Escondido
C. Blanco 1868
1628
1779
1750
1921
C. Paine Chico N. 1720
C. Condor 1790
Río de los Perros
4 h
1666
C. Oggioni 1697
1535
C. Pai
GLACIAR GREY
GL. LOS PERROS
C. Blanco S. 2092
1675
2230
2197
C. Escudo 2240
2248
C. Catedral 2168
1717
Torres del Paine
Río Ascen
1 1/2 h
2 h
C. Paine Chico S. 2200
2668
C. Espada 2500
C. Norte 2750
Cu. Principal 3050
Río del Francés
GL. PINGO
406
C. Principal 2500
Cu. Central 2730
2600
GL. FRANCÉS
836
1144
Lago Grey
Lago Nordenskjöld
C. Zapata 1530
Río Pingo
430
1 1/2 h
3 1/2 h
464
Lago Pehoe
GLACIAR ZAPATA
1085
275
C. Ferrier 1599
1125
5 km
370
Río Grey
1083
Lago Ferrier
C. Donoso 1481
1370

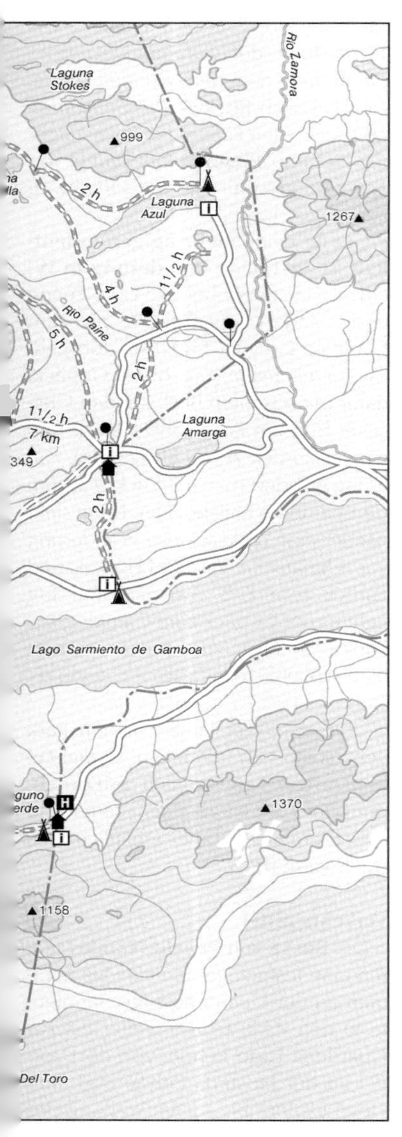

TORRES DEL PAINE

- H Hotel
- R Restaurant
- C Café
- i Parkaufsicht, Information
- Post, Telefon
- Tankstelle
- Hütte, Refugio
- Aussichtspunkt
- Campingplatz
- 3/4 h Trekkingroute mit Marschdauer

Höhenstufen

- 2500 - 3000 m
- 2000 - 2500 m
- 1500 -2000 m
- 1000 - 1500 m
- 500 - 1000 m
- unter 500 m

hinaus noch ein Gesundheitszeugnis, Nottelefonnummern und eine Bescheinigung des Konsulates.

Für Trekking-Freunde ist der Torres del Paine ein Paradies – allerdings kein ganz ungefährliches. Man braucht eine **gute Ausrüstung** und sollte nie allein unterwegs sein. Das Wetter kann in Minutenschnelle umschlagen, von Sonnenschein direkt in Hagelschauer, und unvermittelte Kälteeinbrüche gibt es häufig. Zelte sollten sturmerprobt und absolut wasserdicht sein, die Kleidung selbstverständlich auch und natürlich auch warm (Handschuhe sind keine schlechte Idee), und der Schlafsack sollte auch bei Minustemperaturen noch wärmen. Dass man als Camper ein gutes Kochgeschirr etc. mit sich führt, ist selbstverständlich.

Es gibt zahlreiche kürzere und längere **Tages-** oder **Mehrtagestrekks** in den Park, und es existiert der so genannte **Paine-Rundweg,** eine Wanderung, die in mindestens fünf Tagen einmal um das gesamte Massiv herumführt. **Kürzere Routen** finden sich reichlich. Ein sehr guter Ausgangspunkt ist beispielsweise das Refugio Lago Pehoé. Von dort führt eine achtstündige Wanderung (hin und zurück) zum Gletscher Grey oder eine ebenfalls achtstündige Wanderung (hin und zurück) durch das Tal des Río Francés hin zum Campamento Británico. Fünf Stunden sind es durch die sturmgepeitschte Ebene vom Refugio Lago Pehoé zur Verwaltung des Nationalparks am Lago Toro (Busstation), in dem der Río Serrano entspringt. Andere gute Ausgangspunkte für Tages- oder Mehrtagestrips sind die Hostería Las Torres bzw. der Campingplatz oder das Refugio daneben (wunderschöne, einschließlich Rückweg siebenstündige Tour zu den Füßen der Torres) oder das Refugio Pingo (Wanderung von zehn Stunden für Hin- und Rückweg zum Lago Pingo).

Gut für einen **mehrtägigen Aufenthalt** ist auch eine **Wanderung in W-Form.** Man fährt über den Lago Pehoé und wandert mit Gepäck bis zum Camping Grey (1. Tag). Von dort geht es am nächsten Tag ohne Gepäck, dafür mit schönem Blick auf den Gletscher bis zum Paso John Garner und wieder zurück zum Zelt (2. Tag). Am 3. Tag wandert man mit Rucksack zum Campamento Italiano. Der 4. Tag sieht wieder eine rucksacklose Wanderung vor – hinaus ins Valle del Francés und zurück zum Zelt. Am nächsten Tag geht es mit Gepäck zum Camping Las Torres (5. Tag). Von dort erwandert man schließlich das Valle Ascencio (6. Tag).

Übrigens: Wer länger in den Park geht, sollte sich überlegen, so viel **Lebensmittel** wie möglich **mitzunehmen.** Im Park ist alles sehr teuer und außerdem nicht immer erhältlich (beispielsweise Brot).

Verkehrsmittel

Die **Busse von Puerto Natales** fahren eine festgelegte Strecke: Sie kommen an der Guardería Lago Sarmiento in den Park, fahren weiter bis zur Guardería Lago Pehoé, von dort vorbei an der Hostería Pehoé und dem Hotel Explora bis zur Verwaltung des

Parks *(Sede Administrativa)*. Man kann an den genannten Punkten ein- oder aussteigen, die Busse halten auch auf Zuruf irgendwo an der Strecke. Erkundigen Sie sich genau nach den Abfahrtszeiten für die Rückfahrt.

Über den Lago Pehoé fährt im Sommer zweimal täglich ein **Boot** in jede Richtung. Um das um 10.30 Uhr zum Refugio Pehoé zu erreichen (das andere fährt um 14.30 Uhr) muss man um ca. 7 Uhr in Puerto Natales losfahren (nicht mit Buses JB fahren, denn deren 7-Uhr-Bus wartet am Parkeingang auf den 8-Uhr-Bus). Die sehr schöne Überfahrt kostet 15 US-$ (mit einem Rucksack, jeder weitere kostet 8 US-$ extra).

Von der Hosteria Grey am Südende des Lago Grey fährt zweimal täglich (9 und 15 Uhr) ein **Schiff zum Gletscher Grey,** die Rundtour von drei Stunden kostet 60 US-$. Man kann auch nur die Hinfahrt buchen und sich am Refugio Grey absetzen lassen (30 US-$). Achtung: Die Nachmittagstour fährt zuerst zum Refugio Grey und dann erst zur Gletscherfront!

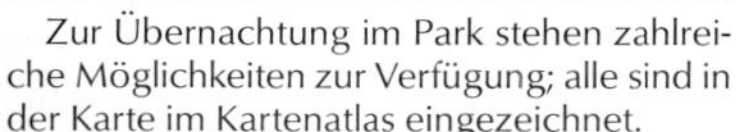

Unterkunft

Zur Übernachtung im Park stehen zahlreiche Möglichkeiten zur Verfügung; alle sind in der Karte im Kartenatlas eingezeichnet.

- Es gibt einige **Campingplätze** (und bitte nur diese benutzen), die wenigsten sind kostenfrei, die meisten verlangen zwischen 4 und 14 US-$ je nach Service.
- Dann gibt es einzelne **Refugios,** in denen die Übernachtung nichts kostet, die aber wirklich nur Schutzhütten sind, so das Refugio Pudeto und die Refugios Zapata, Pingo, Laguna Verde und Laguna Amarga. Andere verlangen etwas, das einfache Refugio Lago Toro etwa 5 US-$ pro Person. Gut sind die Refugios am Lago Pehoé, am Lago Grey, am Lago Dickson und am Fuß der Torres (Refugio Torres), die etwa 12 US-$ pro Person kosten, Mahlzeiten und Kochgelegenheit bieten und die auch Equipment vermieten. Hier empfiehlt sich eine **Reservierung bei Andescape,** Eberhard 599, Puerto Natales, Tel. 61/412-592, www.chileaustral.com/andescape, andescape@terra.cl.

Alle anderen Übernachtungsmöglichkeiten sind **deutlich teurer:**

- **Hostería Las Torres,** Tel. 710-020, 710-050 (Büro Punta Arenas), westlich der Laguna Amarga, rustikal, ganzjährig, Restaurant/Bar, Massagen, Internet. DZ 107 (April bis Sept.) bzw. 197 US-$ (Okt. bis März).
- **Hostería Pehóe,** Tel. 411-390, 244-506 (Büro Punta Arenas). Auf einer kleinen Insel im Lago Pehoé, per Brücke erreichbar, toller Blick auf die Cuernos, nur im Sommer geöffnet, 15 neue Zimmer („superior"), DZ ab 160 US-$.
- **Hostería Mirador del Paine,** Tel. 226-930, 225-167. Ehemals „Estancia Lazo", an der Laguna Verde mit Panorama-Blick auf den Park, ganzjährig, Restaurant. DZ 90–140 US-$, je nach Saison.
- **Hostería Lago Grey,** Tel. 410-172, 225-986 (Büro Punta Arenas), hgrey@terra.cl. Am Südufer des Lago Grey, in der Nähe des „Eisberg-Friedhofs", ganzjährig, Restaurant. DZ 95 (April bis Sept.) bzw. 199 US-$ (Okt. bis März). Bootstour zum Grey-Gletscher 30/60 US-$ (hin bzw. hin und zurück).
- **Hostería Baquedano Zamora,** Tel. 412-911, Fax 413-953. Ehemals „Refugio Río Serrano", neben der Parkverwaltung am Lago Toro, DZ ohne/mit Bad 66 bzw. 90 US-$, in der Nebensaison etwas billiger.
- **Cabañas del Paine,** Tel./Fax 243-354. Am Río Serrano. Der Name trügt: keine Cabañas, sondern eine runderneuerte Hostería mit Restaurant und Tourprogrammen. Nur vom 15.10.–15.04., DZ mit Bad ca. 100 US-$.
- **Hostería Lago Tyndall,** Tel. 221-303. Neue Herberge am Río Serrano, ganzjährig geöffnet, mit Restaurant. DZ 100–150 US-$ je nach Saison. Auch Cabañas: 4 Personen 200 US-$, 6 Personen 300 US-$.

Feuerland – Tierra del Fuego

Feuerland – Tierra del Fuego

„Tierra del Fuego", „Feuerland" – der Name allein löst Assoziationen aus: von sturmumtosten Inseln, von Kälte und ewiger Finsternis, seltsam erhellt von flackernden Feuern, die *Magellan* 1520 bei seiner Durchsegelung der Meerenge am Ufer sah und ihn zur Namensgebung veranlassten.

Der **Archipel,** bestehend aus der Hauptinsel Feuerland und einigen südlich vorgelagerten Inselchen, ist der **südlichste Punkt der Erde,** der nicht vom ewigen Eis überlagert ist. Hier liegen die südlichste Stadt der Erde, Ushuaia – das chilenische Puerto Williams ist eigentlich nur ein Militärstützpunkt –, hier gibt es im Nationalpark Feuerland eine Confitería (Restaurant), die sich selbst die südlichste nennt, und hier ist das Traumziel für alle Segler erreicht: **Kap Hoorn** (Chile), der südliche Abschluss der Inselgruppe, wo Atlantik und Pazifik aufeinandertreffen.

Feuerland umfasst die 47.000 km² große Insel, die von den ersten Europäern zunächst für Festland gehalten wurde, sowie zahlreiche kleinere Nebeninseln. Insgesamt ist der **Feuerlandarchipel 73.500 km² groß.** Zu Argentinien gehören 21.363 km², was etwa der Größe Hessens entspricht. Das Gebiet wird heute von etwa 110.000 Menschen bewohnt, 1975 waren es erst 16.000.

Feuerland boomte in den letzten Jahrzehnten. Die argentinische Regierung lockte mit Steuerfreiheit bei Investitionen einige internationale Unternehmen an, darunter zahlreiche der Elektroindustrie, die hier Teile fertig

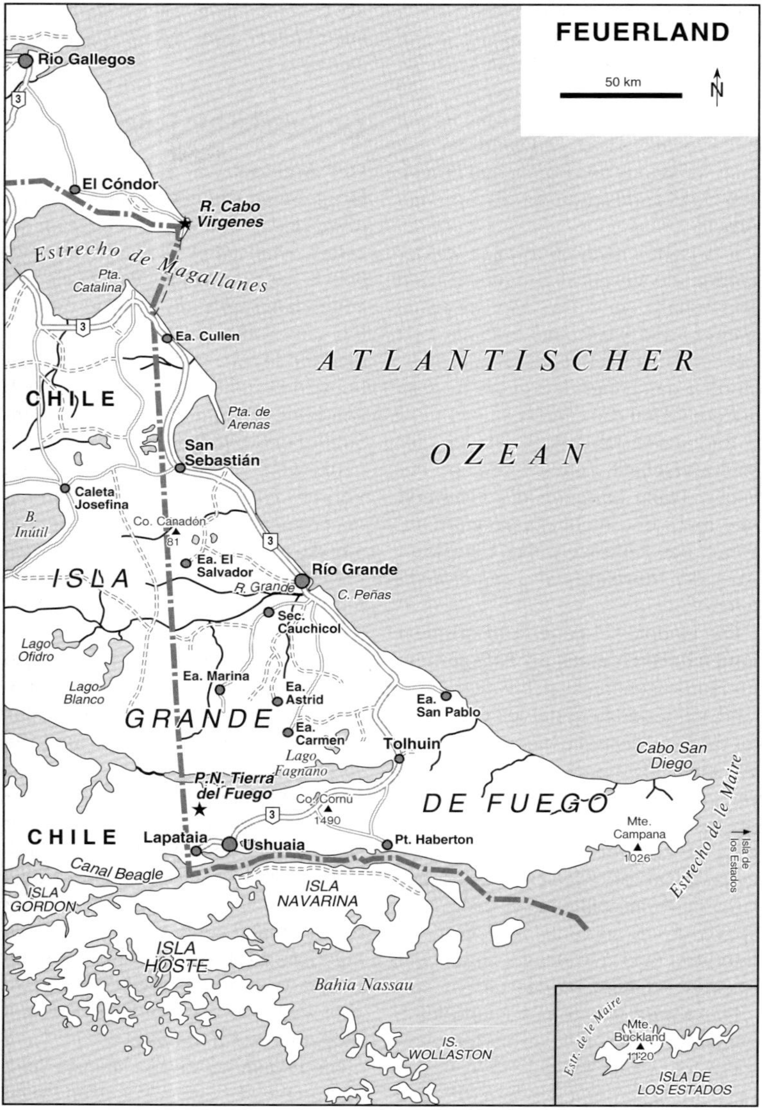

FEUERLAND

50 km
N

Rio Gallegos
3
El Cóndor
R. Cabo Virgenes
Estrecho de Magallanes
Pta. Catalina
3
Ea. Cullen
ATLANTISCHER
OZEAN
CHILE
Pta. de Arenas
San Sebastián
Caleta Josefina
B. Inútil
Co. Canadón
81
3
Ea. El Salvador
Río Grande
R. Grande
C. Peñas
ISLA
Sec. Cauchicol
Lago Ofidro
Lago Blanco
Ea. Marina
Ea. Astrid
Ea. San Pablo
GRANDE
Ea. Carmen
Tolhuin
Lago Fagnano
Cabo San Diego
P.N. Tierra del Fuego
Co. Cornú
1490
3
DE FUEGO
Estrecho de le Maire
Mte. Campana
1026
Isla de los Estados
CHILE
Lapataia
Ushuaia
Pt. Haberton
Canal Beagle
ISLA GORDON
ISLA NAVARINA
ISLA HOSTE
Bahia Nassau
IS. WOLLASTON
Estr. de le Maire
Mte. Buckland
1120
ISLA DE LOS ESTADOS

montieren lassen. Dadurch prosperierte das ehemalige Nationalterritorium, das seit 1991 gemeinsam mit dem argentinischen Teil der Antarktis und den so genannten Islas del Mar Sur die 23. Provinz bildet. Zuwanderer kamen, selbst aus den nördlichen Provinzen des Landes, auf der Suche nach Arbeit.

Inzwischen ist die Boomzeit wieder vorbei, die Vergünstigungen wurden abgeschafft, und die Menschen in Ushuaia und Río Grande müssen jetzt mit den Folgen leben, denn auf Feuerland ist das Leben teurer als in allen andern Orten des Landes.

Traditionell lebt die Insel von der **Viehwirtschaft,** den Schafen und der Wolle. Dazu kommen die **Fischerei** und mehr und mehr die Verwertung, sprich das **Abholzen, der Urwälder.** Auch der **Tourismus** wird immer wichtiger.

Die Hauptinsel **Feuerland erinnert landschaftlich stark an Patagonien:** Im Norden erstreckt sich weites Tafelland, im Süden folgt der letzte Ausläufer der Kordillere, die hier noch Höhen von etwa 2500 m erreicht. Diese Fortsetzung ist natürlich, schließlich liegt die Insel nicht isoliert. Man vermutet, dass sie erst vor etwa 10.000 Jahren entstand, als die Gletscher die Magellan-Straße einschliffen und so die Südspitze des Kontinents vom Festland trennten. Auch die Beagle-Straße war ursprünglich ein Gletschertal.

Das **Klima** ist ozeanisch und kühlgemäßigt, was heißt, das die Temperaturen im Winter oft bei -15°C liegen und im Sommer zwischen 8° und 20°C schwanken, allerdings können auch Spitzenwerte von 30°C erreicht werden.

Zur Geschichte Feuerlands

Der Archipel war schon besiedelt, lange bevor die ersten Europäer kamen. Um 30.000 v.Chr. wanderten die ersten Menschen über die Bering-Straße nach Amerika (Alaska) ein. Sie zogen langsam südwärts und erreichten um 12.600 v.Chr. die Südspitze des Kontinents, wie man aus Ausgrabungen bei Pali Aike (Chile, nördlich von Punta Delgada an der Magellan-Straße) und Los Toldos (Provinz Santa Cruz) weiß. Sie lebten dort als Jäger. Von etwa 10.400 v.Chr. stammen die ersten menschlichen Besiedlungsspuren, die man auf Feuerland fand. Diese Menschen überschritten wohl während der letzten Eiszeit die Magellan-Straße.

Als die ersten Europäer kamen, gab es **verschiedene Gruppen von Ureinwohnern,** die größten waren die Selk'nam, die Haush, die Alakuf und die Yamana.

Die **Selk'nam,** die auch *Ona* genannt wurden, lebten im Norden der Hauptinsel. Im Süden reichte ihr Siedlungsgebiet bis zur Linie, die durch die Meerenge Kanal Whiteside und den Lago Fagnano gebildet wird. Sie waren Jäger, die zu Fuß unterwegs waren, sie lebten vorwiegend von Guanacos, aber auch von Wasservögeln, Meeressäugetieren und Muscheln.

Die **Haush** hatten das kleinste Siedlungsgebiet. Es lag im äußersten Osten der Insel, in dem Dreieck, das gegenüber den Islas de los Estados liegt. Sie waren ebenfalls Jäger zu Fuß und unterschieden sich in ihren Lebensformen recht wenig von den Selk'nam. Die Haush bezeichneten sich selbst als *Manekenk*.

Die **Alakaluf** lebten auf beiden Seiten der Magellan-Straße, in Gebieten, die heute zu Chile gehören. Auf Feuerland war das die westlich von Ushuaia gelegene Halbinsel Brecknock sowie einige weiter westliche Inseln. Sie waren Kanunomaden und Kanujäger, zogen mit ihren Booten umher und ernährten sich vorwiegend von Fischen.

Am weitesten südlich lebten die **Yámana,** ebenfalls Kanunomaden. Sie hatten ihr Gebiet auf beiden Seiten entlang des Beagle-Kanals, absolutes Zentrum war der Murray-Kanal. Sie jagten in erster Linie Seelöwen, deren hohen Fettgehaltes wegen, welches eine wichtige Nahrungsquelle für die Yamana war. Auffällig war bei ihnen der weite Brustkorb im Verhältnis zu eher kurzen Gliedmaßen.

Im 17. Jahrhundert gab es etwa 10.000 Ureinwohner auf den Inseln, 1910 wurden nur noch ungefähr 350 Menschen gezählt. **In nur 50 Jahren** – erst um 1860 hatte die Besiedlung durch die Weißen begonnen – **waren die Ureinwohner faktisch ausgerottet worden.** Die Gründe waren neben der brutalen Landnahme – für einen toten Indianer wurde teilweise ein Pfund Sterling bezahlt – auch eingeschleppte Krankheiten, das Einsperren der Indianer in Reservate sowie das grenzenlose Überjagen der Meeressäuger durch die Weißen, wodurch den Eingeborenen die Lebensgrundlage genommen wurde.

Die **ersten Europäer** waren nicht an den Inseln interessiert. *Magellan* wollte seine Meerenge finden, der nächste war 1578 *Francis Drake,* den ebenfalls nur die Durchfahrt lockte. *Juan Ladrillero* hatte als einziger bereits um 1560 begonnen, sich auch mit der Lebensweise der Eingeborenen und der Pflanzen- und Tierwelt zu beschäftigen. 1615 entdeckten zwei holländische Kapitäne, dass Feuerland eine Inselgruppe und kein, wie bis dahin angenommen, mit dem Südpol verbundenes Festland ist. *Willem Schouten* und *Jakob (Santiago) Le Maire* nannten den absolut südlichsten Punkt nach ihrem holländischen Heimathafen Kap Hoorn. Auf *Darwins* zweiter Reise um die Welt mit der „Beagle" unter dem Kommando des Kapitäns *Fitzroy* wurde 1834 der „Beagle-Kanal" entdeckt.

Nach der Unabhängigkeit Chiles und Argentiniens begann der Streit der beiden Länder um Feuerland. Schließlich wurde vor etwa 120 Jahren die Isla Grande per Strich auf der Landkarte geteilt, **Grenzkonflikte** gab es aber immer wieder, zuletzt um einige Inseln an der Einfahrt zum Beagle-Kanal (1979–84).

Reisezeit und Anreise

Die **beste Reisezeit** für einen Besuch Feuerlands ist natürlich der kurze **Sommer,** aber auch im Herbst, z.B. im März, kann man noch sehr schöne Tage haben.

a78-396 Foto: gw

In Ushuaia

Wer nicht direkt **per Flugzeug** nach Ushuaia einschwebt – ein phantastisches Erlebnis und nichts für Menschen mit Flugangst –, muss über Chile einreisen. Sämtlicher **Busverkehr** geht über die südlichste chilenische Festlandstadt Punta Arenas, dort setzt man entweder nach Porvenir (chilenisches Feuerland) über und fährt dort weiter nach Río Grande (Argentinien), oder man fährt zunächst an der Magellan-Straße entlang bis Punta Delgada/Bahía Azul und nimmt dort die kürzere Fähre nach Feuerland.

Wer **mit dem eigenen Fahrzeug** unterwegs ist, kann ebenfalls bei Punta Delgada (Chile, 98 km südlich von Río Gallegos) zur Magellan-Straße abbiegen, dort fährt stündlich (8–21 Uhr) eine **Fähre** nach Puerto Espora, der Fährstation auf dem chilenischen Feuerland. Der nächste Ort ist Sombrero (27 km), wo es auch eine Tankstelle gibt. Von hier fehlen noch 167 km bis Río Grande.

Ushuaia

⇗XXI,C3

Zwischen „bunt, lebhaft und putzig" sowie „trist und heruntergekommen" schwanken die Urteile über die **südlichste Stadt der Welt.** Die Provinzhauptstadt mit heute fast 50.000 Einwohnern ist eine prosperierende Siedlung mit bunten Holzhäuschen, aber auch eine Stadt, in der gnadenlos schnell hässliche Provisorien hochgezogen wurden und wo Baustellen und Bretterbuden das Bild bestimmen.

Vor allem ist Ushuaia der **Haupttouristenort der Insel.** Hier gibt es die meisten Hotels, und von hier aus kann man die besten Ausflüge unternehmen. Die Lage der „Bucht, die nach Osten sieht", so die wörtliche Übersetzung des Indianerwortes Ushuaia, ist herausragend: Vor der Stadt das eisblaue Meer, dann mehrere Reihen bunt gestrichener Häuser, die im Sonnenlicht dekorativ herausgeputzt blinken, dahinter steigen steil die zwar nur etwa 1500 Meter hohen, aber auch im Sommer von einer dicken Schneeschicht bedeckten Berggipfel an. Am Hafen riecht es nach Fisch und Teer, mitunter wird ein deutsches Kreuzfahrtschiff mit frischem Bier beladen. Die Möwen kreischen, eine Katze schleicht um die Container, die Sonne strahlt, und der Wind bläst eiskalt durch die Reißverschlüsse.

Verlaufen kann man sich in der Stadt nicht. Die Hauptstraße Av. San Martín verläuft einen Block parallel zum Ufer, insgesamt umfasst das kleine Zentrum etwa sechs Blocks vom Ufer landeinwärts und ungefähr 13 Blocks senkrecht zum Uferverlauf. Eine zentrale Plaza gibt es nicht.

Sehenswertes

Viele Sehenswürdigkeiten hat die Stadt selbst nicht, zwei Dinge aber sollte auch der eilige Besucher nicht versäumen: das Museo del Fin del Mundo und das Presidio.

Museo del Fin del Mundo

Das Museo del Fin del Mundo ist in einem der ältesten Häuser der Stadt untergebracht. Es hat sehr beengte Räumlichkeiten, aber einen recht großen Fundus; deshalb, und weil der Direktor auch den Einheimischen öfter etwas Neues bieten will, wechseln die Ausstellungen. Gezeigt wird die **Natur- und Kulturgeschichte des Archipels.** Unter den Exponaten sind ausgestopfte Tiere, frühe Fotografien, Kleidung aus der Sträflingskolonie, indianische Kultgegenstände und Teile von Schiffswracks. Im Museum gibt es eine kleine, öffentlich zugängliche Präsenzbibliothek und einen gut sortierten Laden mit einer guten Literaturabteilung über Feuerland. Das Museum ist in der Maipú 173, direkt am Ufer; Öffnungszeiten: täglich 10–13 und 15 –19.30 Uhr, Führungen um 11 und 17 Uhr, Eintritt: 1,30 US-$.

Presidio

Das Presidio verweist auf ein düsteres Kapitel in der Geschichte Feuerlands: **Sträflinge** waren unter den ersten Bewohnern der Insel, neben den reichen Estanzieros und deren Untergebenen. Im Dezember 1902 waren die Häftlinge nach Ushuaia verlegt worden, „aus humanitären Gründen", wie es hieß – und ein gewisser Fortschritt war der „Wohnsitzwechsel" ja tatsächlich, waren die Sträflinge im 19. Jahrhundert doch noch weiter entfernt von jeder Zivilisation gefangengehalten worden: auf den Islas de los Estados. Wenn man heute in das teilweise renovierte Gefängnisgebäude geht, kann man sich gut ein Bild von den damaligen Haftbedingungen machen. Die engen düsteren Zellen, denen auch der frische Anstrich keine Helligkeit verleiht, haben die wenigsten Häftlinge lebendig wieder verlassen. Zumal sie harte Arbeit leisten mussten: Schließlich bauten sie die Zugtrasse, die von Ushuaia Richtung Nationalpark führt und auf der heute ein Tou-

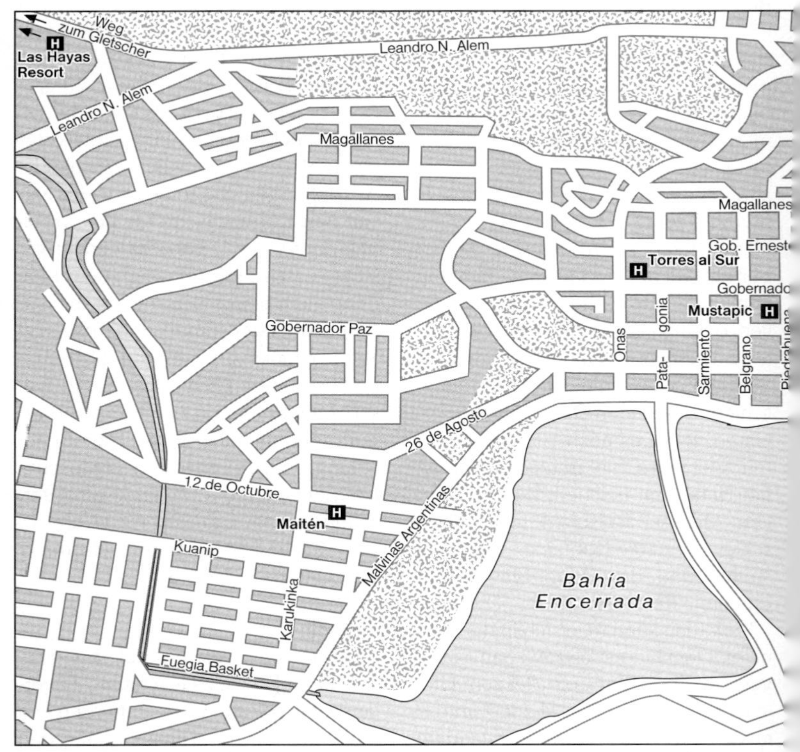

ristenzug verkehrt. 1947 wurde das Presidio als Gefängnis aufgelöst, seitdem gehört das Gelände zum **Militärstützpunkt.** Teilweise in den Zellen selbst, teilweise in anderen Räumen erinnern thematische Ausstellungen an die Geschichte der Seefahrt in Feuerland und an Pioniere der geografischen Erkundung wie *Alberto Agostini, Otto Nordenskjöld* oder den „Feuerland-Flieger" *Gunther Plüschow.* Der Zugang zum Presidio ist am östlichen Ende der Straße Gobernador Paz; täglich ist geöffnet von 9–20 Uhr, Führungen um 11, 16.30 und 17.45 Uhr, Eintritt: 3,60 US-$.

Touristeninformation

●Die sehr hilfreiche Touristeninformation (mitunter wird auch Deutsch gesprochen) ist in der San Martín 674, geöffnet Mo bis Fr 8–21, Sa/So 9–20 Uhr, Tel. 43-2000. Ein kleines

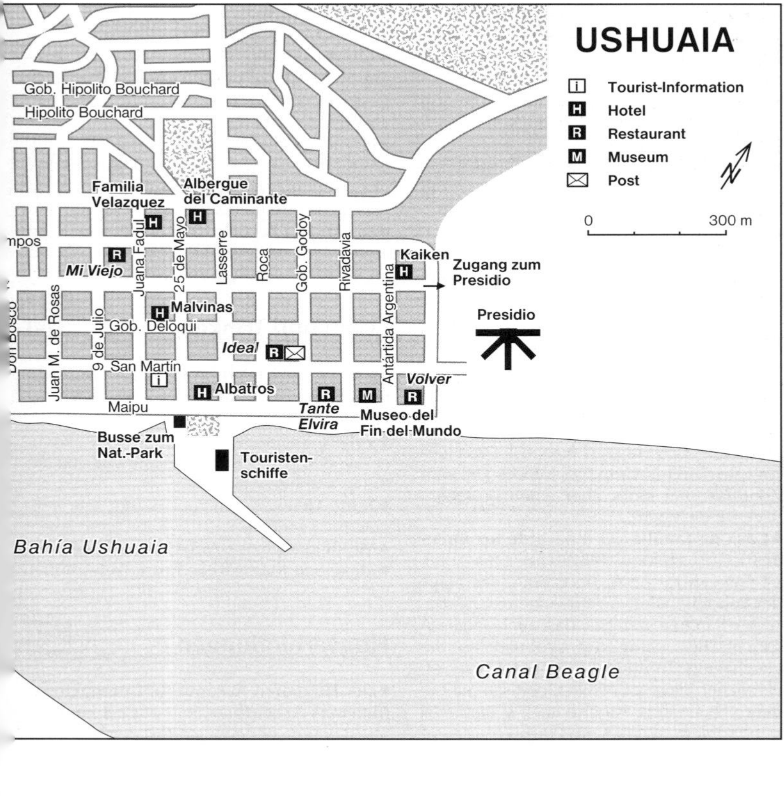

Büro gibt es auch am Flughafen. Beide haben aktuelle Listen mit Unterkunftsmöglichkeiten. Diese stehen, ebenso wie sämtliche Bus-, Flug- und Schiffahrtspläne, auch im Internet unter **www.ushuaia.com.ar.**

Unterkunft

Preiswerte Hotels finden sich **reichlich;** inzwischen haben die Ushuaier gemerkt, dass man auch gut mit Rucksacktouristen Geld verdienen kann. Wer mit dem Bus aus Punta Arenas ankommt, kann sicher sein, angesprochen zu werden. Im Folgenden einige Empfehlungen:

● **Hostal Kaikén,** Gobernador Paz 7, Tel. 43-6756. Sauber, sehr gepflegtes Haus, gemütlich eingerichtet, Kochgelegenheit. Übernachtung ohne Frühstück ab 11 US-$, mit 13 US-$.

● **Albergue Yaktemi,** San Martín 626, Tel. 43-7437. Mitten im Zentrum, ab 4 US-$. yaktemi@speedy.com.ar

● **Familia Velásquez,** Juana Fadul 353, Tel. 42-4224. Recht neu, sauber und okay. Mit Kochgelegenheit. Übernachtung ab 9 US-$.

● **Albergue del Caminante,** Magallanes 594, Tel. 43-5890. Gemütlich und sauber, Küchenbenutzung, Gepäckaufbewahrung, Wäscheservice, Tourorganisation. Übernachtung ab 10 US-$.

● **Family House Sonia,** Teshne 718, Tel. 431598, robolso@usa.net (Haus hat Internetzugang). 10 US-$ pro Person mit gutem Frühstück. Vollständig eingerichtetes Haus (Küche, Waschmaschine alles inklusive), Besitzerin spricht auch Englisch. Nachteil: Das Haus liegt am Stadtrand (etwa 15 Min. zu Fuß vom Zentrum), hat dafür aber einen perfekten Blick auf die Bucht.

● **Casa de familia „El reparo de los duendes“,** Gob. Deloqui 1482 (Ecke Onas), Tel. 43-6695, bizarron@yahoo.com; „das Haus der Kobolde“ wird von einem netten, hilfsbereiten Pärchen geführt, das auch Englisch spricht. Benutzung der Wohnküche, die gleichzeitig Treffpunkt und Infobörse ist. Herrlicher Blick vom Frühstückstisch auf die Berge Feuerlands. Anreise auch spätabends kein Problem. 10 US-$ pro Person.

● **La Casa,** Gobernador Paz 1380, Tel. 42-3202. Sehr sauber, freundlicher Service, schöne Holzarchitektur und herrlicher Panoramablick über Beagle-Kanal, die Stadt und die Berge.

● **Torre al Sur,** Gob. Paz 1437, Tel. 43-0745, torresur@hostels.org.ar; Kochgelegenheit, Zwei- und Mehrbettzimmer, sauber, guter Treffpunkt. 12 US-$ p.P.

● **Hotel Mustapic,** Piedrabuena 230, Tel. 42-1718. Etwas abgewohnt, mitunter unfreundlich, von anderen empfohlen, recht gutes Restaurant. 18 US-$.

● **Maitén,** 12 de Octubre 140, Tel. 42-2745. 20 US-$.

● **Hostal de la Laguna,** Las Lajas 1247, Tel. 44-3424. 20 US-$.

● **Hostal Malvinas,** Gob. Deloqui 615, Tel. 42-2626. 27 US-$.

● **Albatros,** Maipú 505, Tel. 42-3206. Zimmer mit Blick auf den Beagle-Kanal, modernes Haus, ab 30 US-$. albatros@tierradelfuego.org.ar

● **Hotel del Glaciar,** Luis Martial 2355, Tel. 43-0640. Viersterne-Hotel mit schönem Blick über Stadt und Bucht, ab 50 US-$. glaciar@infovia.com.ar

● **Las Hayas Resort,** km 3,5 auf dem Weg zum Marcial-Gletscher, Tel. 43-0710; ab 65 US-$; lashayas@overnet.com.ar.

Essen und Trinken

Man kann gut essen in Ushuaia, allerdings nicht so preiswert wie in anderen Teilen Argentiniens. Gute Restaurants sind:

● **Volver,** Maipú 37. Sehr schön, guter Fisch, exzellent wie in fast allen Restaurants sind die Königskrabben *(centolla).*

● **Tante Elvira,** Av. Maipú. Häufig sehr voll, gute Fischgerichte.

● **Mi Viejo,** Campos 758. Gute Grillgerichte.

● **Ideal,** San Martín/Ecke Roca. Freies Büffet für 14 US-$.

Flugverbindungen

● Der **Flughafen Aeropuerto Internacional Malvinas Argentinas** liegt etwa 4 km vom Stadtzentrum entfernt, ein Taxi dorthin kostet

etwa 3 US-$. Die Flughafensteuer macht einen arm: Bei Inlandsflügen werden 7 US-$, bei Flügen ins Ausland gar 10 US-$ kassiert.
- **Flüge** gehen mehrmals täglich nach Buenos Aires (180 US-$ hin und zurück), Comodoro Rivadavia, Calafate, Trelew, Río Gallegos und Río Grande. Mehrmals wöchentlich werden Bariloche, Córdoba, Esquel, Mendoza, Neuquén, Puerto Madryn und Punta Arenas (Chile) angeflogen. Die Preise differieren je nach Fluggesellschaft erheblich. Die Flüge sollte man möglichst frühzeitig buchen!

Fluggesellschaften:
- **Aerolíneas Argentinas,** Roca 116, Tel. 42-1218.
- **Southern Winds,** 25 de Mayo 50, Tel. 43-2382.
- **Lade,** San Martín 542, Tel. 42-1123.

Überlandbusse

- Ushuaia hat **keinen Busbahnhof,** die Busse halten an den Büros der Gesellschaften.
- Durchgehende Busse nach Porvenir und Punta Arenas (beides Chile) gibt es nicht, einige **Gesellschaften** bieten Tickets an, mit denen man in Río Grande in einen chilenischen Bus umsteigen kann. Mehr Möglichkeiten gibt es in Río Grande, wohin sämtliche Busse verkehren. Von dort gelangt man auch nach Río Gallegos.
- **Tecni Austral,** Roca 157, Tel. 43-1407; Mo, Mi, Fr nach Punta Arenas über Punta Delgada, 12 Std. 15 US-$, zweimal täglich nach Río Grande, 4 US-$.
- **Tolkeyen,** Maipú 237, Tel. 43-7073; Di, Do, Sa nach Punta Arenas über Punta Delgada, Mo über Porvenir, selbe Preise. Viermal täglich nach Río Grande.
- **Líder,** Gob. Paz 921, Tel. 43-6421; fünf- bis sechsmal täglich nach Río Grande, 4 US-$.
- **Montiel,** Magallanes 2433, Tel. 43-7134; drei- bis viermal täglich nach Río Grande, 4 US-$.

Autoverleih

Für einen Kleinwagen sind etwa 50 US-$ (Kilometer frei) pro Tag zu veranschlagen.

Vermieter sind:
- **Avis,** San Martín/Ecke Belgrano, Tel. 42-2744.
- **Cardos,** San Martín 845, Tel. 43-6388.
- **Dollar,** Maipú/Ecke Sarmiento, Tel. 43-2134.
- **Localiza,** San Martín 1222, Tel. 43-0739.
- **Seven,** San Martín 802, Tel. 43-7604.
- **Rastro,** San Martín 1547, Tel. 42-2021.

Nachtleben

- Das **Kino** in der Marinebasis – selber Eingang wie zum Presidio, am Ostende der Gobernador Paz – zeigt täglich drei Filme, meist relativ neues Mainstream-Kino (ausländische Filme mit Untertiteln), Eintritt je nach Uhrzeit 4–6 US-$.
- **„Ozono“,** San Martín zwischen Yaganes und Antártida Argentina. Größte **Diskothek** der Stadt. Vor 0.30 oder 1 Uhr lohnt der Besuch nicht.

Reiseveranstalter

Die meisten Veranstalter bieten dieselben Touren zu denselben Preisen an. Es sind **Schiffsausflüge auf dem Beagle-Kanal, Besuche der Estancia Harberton, Besuche im Nationalpark** und **Ausflüge zu den Seen.** Die aktuellen Ziele und Preise erhält man in der Touristeninformation. Lohnenswert sind die Schiffstouren auf dem Kanal, besonders mit dem kleinen Boot „Tres Marías“ (Abfahrt 9.30 und 15 Uhr ab Hafenmole, 4½ Stunden, 20 US-$), oder anstrengendere Ausflüge wie z.B. zu den Islas de los Estados sowie mehrtägige Trekking-Touren und Ausritte. Auch Kanu- und Kajakfahrten auf dem Beagle-Kanal kann man nur über Reiseveranstalter buchen.

Von Ushuaia starten auch die mehrtägigen, sehr teuren **Reisen Richtung Antarktis;** eine zwölftägige Tour kostet mindestens 4000 US-$ pro Person und sollte am besten im Voraus über eine Reiseagentur gebucht werden. In Ushuaia bieten im Sommer mehrere Yachten Segeltörns um das Kap Hoorn oder sogar bis zur Antarktis an; nähere Informationen bei den Veranstaltern oder direkt am Hafen.

Die meisten anderen Touren, insbesondere kurze Ausflüge in den Nationalpark, kann man selbst genauso gut organisieren. Die notwendigen Infos bekommt man beim Fremdenverkehrsamt.

Einige **Reiseveranstalter:**

- **Antartur,** Gob. Paz 1569, Tel. 42-3240. Auch Trekkingtouren.
- **Rumbo Sur,** San Martín 342, Tel. 42-1139; www.rumbsour.com.ar, informes@rumbosur.com.ar.
- **Tiempo Libre,** 25 de Mayo 260, Tel. 42-1017; tiempolibre@infovia.com.ar.
- **Canal Fun & Nature,** C. Rivadavia 82, Tel. 43-7610. Exkursionen und Trekking im Nationalpark, Kajaktouren, Reitausflüge, Rundfahrten zum Lago Fagnano – sehr empfehlenswert; www.canalfun.com, info@canalfun.com.
- **All Patagonia,** Juana Fadul 26, Tel. 43-0725. Trekking- und Fahrradtouren; allpat@satlink.com.
- **Turismo del Campo,** 25 de Mayo 70, Tel. 43-7351. Reit-, Trekking- und Angeltouren, Segeltörn nach Puerto Williams/Chile; marisil@speedy.com.ar

Sonstiges

- Die Adresse der **Post** ist San Martín/Ecke Gody.
- Der Banco del Tierra del Fuego tauscht **Bargeld und Schecks. Geldautomaten** finden sich im Innenstadtbereich auf der Av. San Martín.
- Das **deutsche Konsulat** befindet sich in der Alem 966, Tel. 43-0763.
- Mehrere Telefonzentralen auf der San Martín bieten auch einen **Internetservice** (pro Stunde 6 US-$).

Ausflüge

Gletscher Marcial

Der Gletscher selbst ist relativ unspektakulär. Da er aber an dem Berg liegt, der sich unmittelbar hinter Ushuaia erhebt, hat man von dort einen wunderbaren Blick über die Stadt und den Beagle-Kanal. Mit dem Bus vom Zentrum oder zu Fuß (7 km) ist die Talstation des **Sesselliftes** zu erreichen (täglich von 10–18.30 Uhr in Betrieb, 2 US-$). Von der oberen Station des Liftes sind es zwei weitere Stunden Fußweg bis zum Gletscher.

Die Seen

Mit dem Bus kann man eine **Rundreise** zu den beiden Seen, dem **Lago Escondido** und dem 100 km langen und 10 km breiten **Lago Fagnano,** beide nördlich von Ushuaia, unternehmen. Die Strecke folgt der Straße nach Río Grande. Der Weg führt durch eine wald- und moorreiche Gegend, es ist eine Berglandschaft, die immer wieder von kleineren Hochtälern unterbrochen wird. An beiden Seen besteht die Möglichkeit, die Fahrt für eine Nacht zu unterbrechen: am Lago Escondido in der **Hostería Petrel** (sehr altes Haus mit renovierten Zimmern, pro Person 40 US-$, hpetrel@infovia.com.ar, Tel. 43-3569), am Lago Fagnano im **Hotel Kaikén,** Tel. 02901/49-2208, 25–35 US-$. Die Rundtour kostet 22 US-$.

Estancia Harberton

Die **älteste Estanzia auf Feuerland** kann besucht werden. Der britische Missionar *Thomas Bridges* und später sein Sohn *Lucas* versuchten hier, die bedrohten Yahgan-Indianer Südfeuer-

Biberschäden im Nationalpark Tierra del Fuego

a79-398 Foto: gw

lands zu schützen. *Bridges* verdanken wir das intensive Studium dieser Ureinwohner, die mit Kanus die Kanäle befuhren. In der Estanzia kann man interessante Fotos und Dokumente bewundern, darunter auch *Bridges'* Lebenswerk: ein Wörterbuch Yahgan (Yámana) – Englisch. Der heutige Eigentümer bietet geführte Rundgänge durch die Anlagen und in die Umgebung (Waldlandschaft) an. Der Estanzia-Besuch kann durch die meisten **Reisebüros** in Ushuaia arrangiert werden (ca. 20 US-$ und 2 US-$ Eintritt); individuell geht es nur **mit Auto.** Man verlässt Ushuaia auf der Ruta 3 Richtung Río Grande und biegt nach etwa 40 km rechts ab auf die Ruta J. Vorbei am Lago Victoria geht es etwa 25 km durch dichten Wald, bis man die Estanzia am Beagle-Kanal erreicht. Viele Bootstouren auf dem Beagle-Kanal passieren ebenfalls die Estanzia.

Parque Nacional Tierra del Fuego

Nur 18 km westlich von Ushuaia liegt der **Nationalpark Feuerland,** der 1960 direkt an der Grenze zu Chile gegründet wurde. Er umfasst etwa 63.000 Hektar und ist für Besucher zumindest in seinem südlichen Teil gut erschlossen. Die Ruta 3 führt mitten in ihn hinein, bis an die **Bahía Lapataia,** wo ein großes Schild auf ihr Ende hinweist und verrät, dass es von hier 3063 km nach Buenos Aires sind.

Von Ushuaia ist der Park **problemlos mit Bussen** zu erreichen; sie fahren an der Ecke der Straßen Maipú und 25 de Mayo los. Die Fahrt in den Park kostet 5 US-$, sie endet an der Confitería/Restaurant im Park.

Insgesamt gibt es im Nationalpark **sechs Campingplätze,** die meisten allerdings im Südteil, im Norden existieren keine offiziellen Campingmöglichkeiten. Der Park zieht sich die chilenisch-argentinische Grenze bis weit nördlich des Lago Fagnano entlang.

Es gibt zahlreiche, meist markierte Pfade. Die **Karten,** die man beim Eingang (Eintritt 3,5 US-$), bei der Parkverwaltung oder im Tourismusbüro in Ushuaia erhält, sind schlecht, reichen aber für kürzere Wanderungen völlig aus. In Ushuaia selbst gibt es bessere Karten zu kaufen. Längere Touren im Park sind nur mit Führer oder nach größerer Vorbereitung möglich.

Für einige Tage oder auch nur einen Tagesbesuch lohnt der Aufenthalt immer. Die **Landschaft ist** einfach **faszinierend.** Schroffe Klippen und bedrohlich wirkende Gletscher wechseln sich ab mit tiefem, undurchdringlich erscheinendem kalten Regenwald, es gibt idyllische Ecken wie die Bahía Lapataia, andererseits aber auch überschwemmte Waldgebiete, wo die Bäume verfaulen, langsam umfallen, abgenagt sind und tot in den Himmel ragen: das Werk von Bibern, die – irgendwann ausgesetzt – sich rasch vermehrten, da sie hier keine natürlichen Feinde haben. Mit Glück bekommt man Guanacos und Seelöwen zu Gesicht, nur ein wenig Geduld braucht man, um an der Küste Seevögel zu entdecken.

Am besten informiert man sich bei der Touristeninformation in Ushuaia sowie bei der Verwaltung des Nationalparks, ebenfalls dort (auf der Av. San Martín zwischen Patagonia und Sarmiento). Von Ushuaia aus werden auch Touren in den Park angeboten (vgl. dort die Ausführungen unter dem Stichwort „Reiseveranstalter").

In den Nationalpark fährt auch die **südlichste Eisenbahn der Welt,** eine Dampfeisenbahn, die **„Tren del Fin del Mundo"** genannt wird. Die Strecke der Schmalspurbahn, ursprünglich Anfang des 20. Jahrhunderts von Sträflingen gebaut, ist 6 km lang. Die Fahrt kostet 15 US-$ und ist eher ein Freizeitspaß als eine echte Attraktion. Die Strecke wird viermal täglich bedient, der Spielzeug-Zug startet an der Fin-del-Mundo-Station in Ushuaia (Ruta 3, km 8), die Fahrscheine erhält man im Büro des Ferrocarril Austral Fueguino am Hafen, wo auch die Touristenboote ablegen.

Río Grande

↗ XXI,C2

Die etwa 60.000 Einwohner große Stadt an der Mündung des Río Grande in den Atlantik ist das **ökonomische Zentrum Feuerlands.** Die Stadt ist ein **Ölhafen** und besitzt eine kleine Raffinerie. Gleichzeitig ist sie das **Zentrum der Schafzuchtregion** in Nordfeuerland. Als solches wurde sie auch offiziell am 11. Juli 1927 vom Estanciero *José Menéndez* gegründet, obgleich hier schon seit Mitte der 90er Jahre des 19. Jahrhunderts eine Salesianermission bestand (s.u.). Touristisch ist der Ort nur als Durchgangsstation interessant.

Touristeninformation

- Fremdenverkehrsbüro **Instituto Fueguino de Turismo,** Tel. 422887, in der Lobby des Hotels Yaganes, Belgrano 319.
- Die **städtische Touristenauskunft** ist in der Elcano 159.

Unterkunft

- **Hospedaje Alaska,** Alberdi 841, Tel. 42-5618. Nichts besonderes, aber mit 8 US-$ pro Person preiswert.
- **Hotel Rawson,** J. M. Estrada 750, Tel. 43-0352. Kleine, aber saubere DZ mit Bad für 20 US-$.
- **Hospedaje Noal,** Rafael Obligado 557, Tel. 42-7516. Freundlich, sauber, gutes Frühstück. 12 US-$.
- **Hotel Los Yaganes,** Belgrano 319, Tel. 43-0822. Hotel des argentinischen Automobilclubs ACA. DZ mit Bad 30 US-$.
- **Atlántida,** Belgrano 582, Tel. 43-1914. Das erste Haus am Platz, vorbestellen! 35 US-$.

Flugverbindungen

- Vom Flughafen – 4 km außerhalb der Stadt und per Bus zu erreichen – gibt es mehrfach täglich Flüge nach Buenos Aires, Comodoro Rivadavia, Río Gallegos, Trelew und Ushuaia, mehrmals wöchentlich werden Bahía Blanca, Córdoba, Calafate, Neuquén, Puerto Madryn und Puerto Deseado angeflogen. Täglich außer So gehen auch Flüge nach Punta Arenas (Chile).

Fluggesellschaften

- **Aerolíneas Argentinas/Austral** Av. San Martín 607, Tel. 42-4467.
- **Lapa,** San Martín 641, Tel. 43-2620.
- **Lade,** Lasarre 425, Tel. 42-2968.
- **Aerovías DAP** 9 de Julio 597, Tel. 43-0249.

Überlandbusse

Die Busse fahren ab Belgrano/Ecke Sebastian El Cano täglich nach:

- **Porvenir,** 7 Stunden, 12 US-$.
- **Ushuaia,** täglich zweimal, 10 US-$.

Autoverleih

- **Avis,** El Cano 799, Tel. 42-2571, und am Flughafen

Reiseveranstalter

- **Onaisin,** Don Bosco 767, Tel. 42-7487.
- **Yaganes Turismo,** San Martín 641, Tel. 42-1185.

Sonstiges

- Die **Post** liegt in der Piedrabuena/Ecke Ameghino.
- **Geld** wechselt der Banco de la Nación Argentina, San Martín 200.

Ausflüge

Salesianer-Museum

Etwa 11 km nördlich der Stadt liegt die Salesianermission, die 1893 von *Monseñor Fagnano* gegründet wurde. Heute beherbergt sie eine agrotechnische Schule. Zu besichtigen ist ein Gebäude, das 1897 von den Indígenas erbaut wurde, ein Museum, das nicht besonders gut organisiert, aber sehr reichhaltig ist. Es zeigt historische Fotografien, Landmaschinen, archäologische Funde und indianische Kulturgegenstände.

Estancia María Behety

Die 22 km westlich der Stadt gelegene Estancia besitzt die **größte Schafschuranlage der Welt.** Ein Besuch kann hin und wieder über die Tourismusinformation vermittelt werden.

Der chilenische Teil Feuerlands

Porvenir ⇗XXI,C2

„Punta Arenas gegenüber, an der Küste des Feuerlandes, liegt das kleine Porvenir (Zukunft) als Wintersitz von Goldwäschern und Schafzüchtern. Dort ist beinah jedes Haus eine Kneipe." So urteilte *Otto Bürger* 1926 über die damals südlichste Stadt Chiles. Seitdem hat sich vieles verändert – die Zeit des **kurzen Goldrausches** ist längst vorbei, weiter südlich gibt es inzwischen auf der Isla Navarino den Ort Puerto Williams, und die Zahl der Kneipen hat auch stark abgenommen, nur groß ist Porvenir immer noch nicht geworden. Immerhin: Mit wenig mehr als **5000 Einwohnern** ist es die größte chilenische Stadt auf Feuerland. Die meisten sind **Nachfahren kroatischer Siedler,** die im Zuge des erwähnten Goldrausches nach 1880 auf die Insel kamen. Vielleicht wird Porvenir in den nächsten Jahren eine erneute Blüte erleben: Die Holzausbeutung der feuerländischen Wälder durch große internationale Unternehmen verlangt nach einem neuen Hafen.

Porvenir ist eine **hübsche, verschlafene Kleinstadt.** Sie liegt am Ostende der tief eingeschnittenen, gleichnamigen Bucht, gut geschützt vor den Winden der Magellanstraße. Die meisten Besucher halten sich nur kurz hier auf, sie sind auf der Durchreise von/nach Punta Arenas von/nach Ushuaia im argentinischen Teil Feuerlands.

Sehenswert ist das örtliche Museum mit dem langen Namen **Museo de Tierra del Fuego Fernando Cordero Rusque,** das im selben Gebäude wie die Touristeninformation untergebracht ist. Es zeigt archäologische Funde aus der Region, Materialien zur Kultur der Feuerland-Indianer sowie Ausstellungsstücke, die an die ersten Pioniere erinnern; eine große Abteilung widmet sich dem frühen chilenischen Kino (Valdivieso 402, direkt an der Plaza, Mo bis Fr 9–13, 14.30–18 Uhr, im Jan. und Feb. auch Sa, So 11–13 und 14.30–16 Uhr).

Touristeninformation

- Ein städtisches **Informationsbüro** liegt direkt an der Plaza (Valdivieso 402).
- Ein **Informationskiosk** steht an der Uferstraße zwischen Santos Mardones und Muñoz Gamero.

Unterkunft/ Essen und Trinken

- **Residencial,** Santos Mardones 366. Sauber und freundlich. Ca. 10 US-$ p.P., mit Vollpension etwa das Doppelte.
- **Hotel España,** Croacia 698. Einfach, recht gutes Restaurant. 12–15 US-$ p.P.
- **Hotel Rosas,** Bernardo Philippi 496, Tel. 58-8888. Gutes Restaurant. DZ mit Heizung und Bad ca. 40 US-$.
- **Hostería Los Flamencos,** Teniente Merion, Tel. 50-0049. Bestes Hotel im Ort, Blick über den Hafen. DZ mit Bad ca. 40 US-$.

Am Hafen in Porvenir

Flugverbindungen

- **Aerovías DAP,** Av. Señoret 542, Tel. 58-0089; fliegt zweimal täglich nach Punta Arenas.

Überlandbusse

- In Porvenir kommt nur einmal pro Woche ein **Bus von Punta Arenas nach Río Grande** mit Kombination nach Ushuaia vorbei, Anfang 2003 war es So um 12.30 Uhr (Buses Pacheco, s.u. Punta Arenas).

Schiff/Fähre

- Je nach Saison täglich oder nur fünfmal die Woche fahren Fähren **nach Punta Arenas** von der Bahía Chilota, dem südlich des Ortes gelegenen Hafen der Stadt (Minibusservice dorthin, 1–2 US-$). Die Fähre braucht 2½ Stunden für die Überfahrt, die Tickets kosten 6 US-$ p.P., für den PKW knappe 35 US-$. Tickets erhält man im Kiosk an der Uferstraße zwischen Santos Mardones und Muñoz Gamero, Tel. 58-0089.

Geldwechsel

- Denken Sie daran, genügend **Bargeld** mitzubringen. Dollars tauscht der Laden Estrella del Sur auf der Santos Mardones, eventuell geht es auch in Hotels.

Post und Telefon

- Die **Post** befindet sich auf der Ecke Philippi und Briceño, an der Plaza.
- Die **Vorwahl** von Porvenir ist **61;** eine **Telefonzentrale** findet sich auf der Damián Riobó zwischen Valdivieso und Briceño.

Reiseveranstalter

- Touren veranstaltet **Turismo Porvenir,** Señoret s/n, Tel. 58-0089.

492 Foto: gw

Die Umgebung von Porvenir

Der chilenische Teil Feuerlands lässt sich gut in einer **mehrtägigen Rundfahrt** erkunden. Dabei gibt es ein Problem: **Öffentliche Verkehrsmittel fehlen,** man benötigt also ein eigenes Fahrzeug (in Porvenir gibt es keine Autovermietung). Die Straßen sind recht gut. **Tanken** kann man nur in Porvenir, Cerro Sombrero und Cullen, Reservekanister sind also Pflicht, da alle Tankstellen nur im Nordteil der Insel zu finden sind. Auch eine **Campingausrüstung** sollte man dabei haben, denn Restaurants und Hotels sind Mangelware.

In Porvenir wendet man sich nach Süden und erreicht bald die **Bahía Inútil.** Die „Nutzlose Bucht" erhielt ihren Namen von den Seefahrern, die auf der Suche nach der Ost-West-Passage jede Bucht weit hineinfahren mussten, da sich hier der Durchgang nach Westen befinden konnte. Die Fahrt führt durch eine lichte Steppenlandschaft, nach 99 km ist **Onaisin** erreicht. Hier liegt der **Cementerio Inglés,** ein Friedhof für vorwiegend schottische (!) Aufseher auf den großen Schaf-Estancias. *Otto Bürger* schrieb 1926: *„Die Grassteppen des Feuerlandes dienen der Schafszucht, welcher sich vornehmlich Engländer widmen. Die Schafe weiden aufsichtslos gleich wilden Geschöpfen."*

Bei km 150 ist **Cameron** erreicht. Der Ort entstand um die Wirtschaftsgebäude einer früheren Schaf-Estanzia, und viel hat sich seit den Tagen der Sociedad Explotadora de Tierra de Fuego, die hier ab 1904 agierte, nicht verändert – nur die Schafe werden jährlich im Dezember inzwischen mit elektrisch betriebenen Maschinen (im Akkord) geschoren. Benannt ist der Ort übrigens nach dem schottischen Verwalter der Estanzia. Folgt man weiter der Küstenstraße, gelangt man nach 76 km an ihr Ende: Das ist bei **Puerto Arturo,** einer winzigen Siedlung. Kurz vorher passiert man den Río Cóndor. Wer sein Zelt dabei hat, kann hier in sehr schöner Umgebung campen.

Die Hauptstraße führt von Cameron nach Südosten ins Land hinein. Nach 37 km (von Cameron) leitet ein kleiner Abzweig nach links zu einem heute unter Denkmalschutz stehenden **Goldschürfbagger,** der 1904 aus England importiert worden war. Unterwegs sieht man häufig Guanacos, mitunter auch Ñandus in der offenen Steppe, es folgen vereinzelte Waldgebiete, dann ist nach 59 km (von Cameron) der Abzweig nach Süden erreicht. Weitere 35 km südlich teilt sich die Straße erneut, der linke (östliche Arm) führt zur **Estancia Vicuña** und zur 20 km weiter südlich gelegenen **Hostería Tierra del Fuego** (am besten Voranmeldung in Punta Arenas, da oft belegt; Tel. 61/24-1197, nur mäßige Qualität, total überteuert: DZ ca. 150 US-$; Angelexkursionen, auch eine Hütte auf der Insel im Lago Blanco). Folgt man dem westlichen (rechten Arm), gelangt man in die ersten Wälder, zum **Lago Blanco,** einem der schönsten Seen auf Feuerland, mit tollen Aussichten über den See hinweg auf die Darwin-Kordillere (einfacher Zeltplatz), und zum **Valle de los Castores,** dem Tal der Biber, das wie viele Täler in Südfeuerland von der Nagewut der eingeführten Art arg gezeichnet ist.

Zurück auf der „Hauptstraße" von Cameron, wendet man sich nach Osten (rechts), dann biegt die Straße nach Norden ab und verläuft parallel zur chilenisch-argentinischen Grenze, vorbei an Wiesen, Mooren, vereinzelten Wäldern und einigen alten Estanzias, bis man schließlich auf die Ruta 257 trifft, die gen Westen nach Porvenir und nach Osten zum Grenzübergang ins argentinische Feuerland bei **San Sebastián** führt. Beide Grenzorte, sowohl der chilenische als auch der argentinische, heißen San Sebastián, obwohl 14 km zwischen ihnen liegen.

55 km sind es von San Sebastián nach Norden bis **Cullen** (Tankstelle), weitere 50 km bis **Cerro Sombrero,** einer Siedlung von 500 Menschen, die 1958 von der Ölgesellschaft, größer als je gebraucht, gebaut wurde. Von hier sind es 43 km bis **Puerto Espora,** wo mehrmals täglich eine **Fähre** nach Punta Delgada an der schmalsten Stelle (Primera Angostura) **über die Magellan-Straße** übersetzt (alle 1½ Std., 2 US-$ pro Person, PKW 15 US-$, Fahrrad 1 US-$). Wer nicht hier über-

arg3-423 Foto: gw

setzt, gelangt auf einer recht guten Schotterstraße immer die Magellan-Straße entlang zurück nach Porvenir (141 km).

Puerto Williams und die Isla Navarino ⇗XXI,C2

Nicht viel mehr als ein Militärstützpunkt ist der kleine Ort mit etwa **1500 Einwohnern,** der sich stolz „die südlichste Stadt der Welt" nennt. Viel mehr lässt sich über den Ort auch nicht erzählen, er hieß früher Puerto Luisa und wurde im Jahr 1956 in Puerto Williams, nach *Juan Williams,* dem Begründer des Fuerte Bulnes (bei Punta Arenas), umbenannt.

Im Städtchen selbst ist außer dem **Museo Martín Gusinde** nicht viel zu sehen. Dieses Museum ist nach dem deutschen Missionar und Ethnologen benannt, der von 1918 bis 1924 unter Feuerland-Indianern (Selk'nam und Yamana) lebte. Es widmet sich der Naturgeschichte Feuerlands sowie der Ethnografie – *Martin Gusinde* selbst machte in den 1920er Jahren zahlreiche Fotos vom Alltagsleben der letzten Indianer. Einige der letzten Indianer leben in der winzigen Siedlung Ukika östlich von Puerto Williams.

Die meisten Inselbesucher kommen aber zum **Trekking** auf die Insel. Die bewaldeten Berge und Gletschertäler laden zu ausgedehnten Touren ein – allerdings sollte die Ausrüstung stimmen. Schneefall ist auch im Hochsommer (Januar) nicht ungewöhnlich. Sehr gute Infos zu den Trekkingtouren (inklusive Kartenmaterial) enthält die Broschüre **Patagonia Trail Guides & Route Maps** aus dem Verlag Latitud 90 (in den meisten Buchläden des Landes zu kaufen, ca. 13 US-$).

Touristeninformation

- Ein **städtisches Informationsbüro** nahe dem Museum erteilt Auskunft, auch Karten der Insel sind hier zu haben.

Unterkunft/ Essen und Trinken

- **Alle Hotels servieren auch Mahlzeiten.**
- **Residencial Onashaga,** in der Uspashun/ Ecke Nueva, Tel. 62-1081. Okay. Etwa 8 US-$ pro Person.
- **Pensión Temuco,** Piloto Pardo 224, Tel. 62-1113. Freundlich, gutes Essen, Treffpunkt. DZ mit Bad 40 US-$, ohne knappe 30 US-$.
- **Hostería Camblor,** Via 2 s/n, Tel. 62-1033. DZ ohne Bad kosten 20 US-$, mit Bad das Doppelte.
- **Hostería Wala,** Ruta Aeropuerto s/n, Tel. 62-1114. Gutes Restaurant. DZ mit Bad ab 40 US-$.

Flugzeug

- **Aerovías DAP** fliegt vom 1. November bis 15. März täglich außer So von und nach Punta Arenas, den Rest des Jahres dreimal wöchentlich. Das Ticket kostet 64 US-$, der Flug ist wundervoll und sollte so früh wie möglich gebucht werden; www.aeroviasdap.com.

Schiff/Fähre

- Es bestehen nur **wenig Schiffsverbindungen.** Die Route von Punta Arenas nach Puerto Williams führt durch die Magellanstraße südwärts, dann durch die Kanäle Magdalena und Cockburn und zuletzt durch den Beagle-Kanal bis Puerto Williams, vorbei an unzähligen Inseln und den Gipfeln der Darwin-Kordillere.
- **Ferry Patagonia,** Av. Bulnes 05075, Tel. 21-8100, Fax 21-2126. Fracht- und Personenschiff, das von Punta Arenas nach Puerto Williams (Isla Navarino) fährt. Das Boot fährt normalerweise einmal die Woche, Mi um 19

Uhr, die Fahrt dauert 36 Stunden und kostet 120–150 US-$ (normaler Sitzplatz oder Viererkabine, Mahlzeiten inbegriffen). Besser eine bis zwei Wochen im Voraus buchen.

- **Mare Australis,** Independencia 840, Tel. 22-4256, in Punta Arenas, oder Av. El Bosque Norte 0440, Tel. 442-3110, in Santiago. Luxusschiff für 129 Personen. Route: Punta Arenas - Magellan-Straße - Beagle-Kanal - vorbei an den Gletschern Marinelli, D'Agostini und Serrano - Estancia Yendegaia - Puerto Williams - Ushuaia - Kap Hoorn - Garibaldi-Gletscher - Isla Magdalena (Pinguine) - Punta Arenas. Die komplette Tour dauert eine Woche, man kann aber auch nur bis Ushuaia fahren (vier Nächte, Sa ab Punta Arenas) bzw. von Ushuaia Mi nach Punta Arenas (drei Nächte). Preis p.P. Punta Arenas - Ushuaia je nach Saison und Klasse 785–2225 US-$.
- Die dritte Möglichkeit ist die **Mitfahrt mit einem Versorgungsschiff** der chilenischen Marine. Man erkundige sich bei der **Tercera Zona Naval,** Lautaro Navarro 1150, Punta Arenas, oder direkt beim zweiten Offizier der Versorgungsschiffe.
- Nach sporadisch verkehrenden Booten zwischen dem argentinischen **Ushuaia** und Puerto Williams kann man sich in den jeweiligen Touristeninformationen erkundigen.

Sonstiges

- **Touren veranstaltet** Turismo Navarino, Tel. 62-1005, dort wird auch **Bargeld gewechselt.**
- **Telefon, Supermarkt und Post** finden sich an der Straße Presidente Ibáñez.

u-418 Foto: gw

Uruguay

u101-475 Foto: gw

u92-445 Foto: gw

In der Pampa

Blick in die Quebrada de los Cuervos

Lagunen an der Atlantikküste

Land und Leute

Geografie

Lage und Größe

Uruguay ist nach Surinam das **zweitkleinste Land Südamerikas.** Das Land am Río de la Plata hat eine Fläche von 176.215 km². Geografisch exakt liegt Uruguay zwischen 30° und 35° südlicher Breite und 53° und 58° westlicher Länge. Der Staatsname „República Oriental del Uruguay" verweist ebenfalls auf die geografische Lage: Republik östlich des Río Uruguay. So bildet der Río Uruguay im Westen eine natürliche Grenze nach Argentinien, im Norden und Nordosten verläuft die Grenze zu Brasilien. Im Südosten und Süden erstrecken sich Atlantik und Río de la Plata.

Der Name **Uruguay** stammt ursprünglich aus der Sprache der Guaraní, einer indigenen Volksgruppe, die heute noch in Paraguay lebt. „Guá" bedeutet in ihrer Sprache Ort, „y" Wasser, „urú" kann dagegen zwei Bedeutungen haben: Schnecke oder bunter Vogel. So ist Uruguay dann entweder der „Ort der Wasserschnecken" oder „Ort des Wassers des Bunten Vogels", das heißt **Fluss der bunten Vögel.** Die zweite Deutung des Namens erscheint den meisten Geografen wahrscheinlicher.

Geografische Gliederung

Uruguay ist ein **Hügel- und Stufenland.** Es ist geologisch und morphologisch eng mit dem Süden Brasiliens verwandt. Entlang des Unterlaufs von

Uruguay in Kürze

Staatsname
República Oriental del Uruguay

Staatsform
Präsidiale Republik

Staatsoberhaupt
Jorge Luis Battlle Ibáñez von der Colorado-Partei

Staatsflagge
Blau-weiß gestreift mit fünf weißen und vier blauen Streifen, in der linken oberen Ecke eine Sonne mit Gesicht.

Staatssprache
Spanisch (castellano)

Grenzen
Im Norden und Nordosten an Brasilien, im Westen an Argentinien, im Süden an den Río de la Plata und im Südosten an den Atlantik.

Fläche
176.215 km², damit ist Uruguay das zweitkleinste Land in Südamerika; das Land ist etwa halb so groß wie Deutschland.

Lage
Uruguay liegt zwischen 30 und 35 Grad südlicher Breite und 53 und 58 Grad westlicher Länge.

Höchster Berg
Cerro Catedral, 513 m

Längster Fluss
Der Río Uruguay, die Landesgrenze zu Argentinien, ist etwa 1650 km lang, davon auf uruguayischem Gebiet etwa 480 km.

Gesamtbevölkerung
3,36 Mio. Einwohner

Mittlere Bevölkerungsdichte
Durchschnittlich 19 Einwohner je km²
(in Deutschland 228 Einwohner je km²)

Hauptstadt
Montevideo (1,5 Mio. Einwohner)

Wichtigste Städte
Salto (81.000 Einwohner), Paysandú (76.000), Las Piedras (58.000), Rivera (57.000), Melo (43.000), Tacuarembó (41.000)

Lebenserwartung
Männer 73 Jahre, Frauen 79 Jahre

Analphabetenrate: 3,1% (geschätzt)

Religionen
59% Katholiken, 3% Protestanten, 1,7% Juden, 0,3% sonstige, 36% Konfessionslose

Währung: 1 Peso Uruguayo

Bruttoinlandsprodukt
5500 US-$ pro Kopf (2001)

Durchschnittseinkommen
420 US-$ monatlich (2002)

Arbeitslosenquote
19,2% (2002), dazu kommt verbreitete Unterbeschäftigung

Inflationsrate: ca. 25% (2002)

Internationale Mitgliedschaften
UN und UN-Sonderorganisationen, OAS (Organisation der Amerikanischen Staaten), SELA (Lateinamerikanisches Wirtschaftssystem), Mercosur („Mercado Común del Cono Sur“, gemeinsame Handelszone mit Argentinien, Brasilien und Paraguay)

Uhrzeit
MEZ minus 4 Stunden

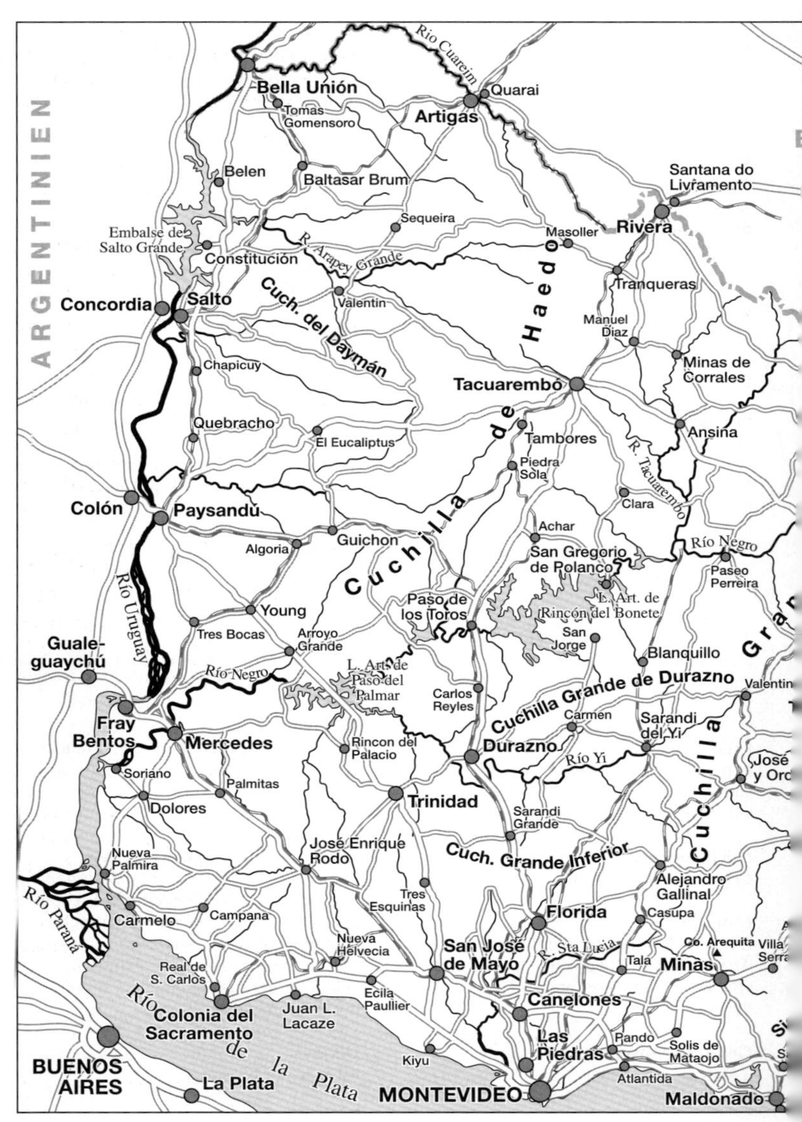

ARGENTINIEN
Río Cuareim
Bella Unión
Quarai
Artigas
Tomas Gomensoro
Belen
Baltasar Brum
Santana do Livramento
Rivera
Sequeira
Masoller
Embalse de Salto Grande
Constitución
R. Arapey Grande
Tranqueras
Concordia
Salto
Cuch. del Daymán
Valentin
Cuchilla de Haedo
Manuel Diaz
Minas de Corrales
Chapicuy
Tacuarembó
Quebracho
El Eucaliptus
Tambores
Ansina
Piedra Sola
R. Tacuarembó
Colón
Paysandú
Clara
Achar
Algoria
Guichon
Río Negro
San Gregorio de Polanco
Paseo Perreira
L. Art. de Rincón del Bonete
Young
Paso de los Toros
Río Uruguay
Tres Bocas
Arroyo Grande
San Jorge
Gualeguaychú
Blanquillo
L. Art. de Paso del Palmar
Río Negro
Carlos Reyles
Cuchilla Grande de Durazno
Valentin
Fray Bentos
Carmen
Sarandi del Yi
Mercedes
Rincon del Palacio
Durazno
Río Yi
José y Orc
Soriano
Palmitas
Trinidad
Dolores
Sarandi Grande
José Enrique Rodo
Cuch. Grande Inferior
Cuchilla Gran
Nueva Palmira
Alejandro Gallinal
Tres Esquinas
Río Paraná
Carmelo
Campana
Florida
Casupa
Nueva Helvecia
San José de Mayo
R. Sta Lucia
Co. Arequita
Villa Serra
Real de S. Carlos
Tala
Minas
Ecila Paullier
Canelones
Río de la Plata
Colonia del Sacramento
Juan L. Lacaze
Las Piedras
Pando
Solis de Mataojo
BUENOS AIRES
Kiyu
Atlantida
La Plata
MONTEVIDEO
Maldonado

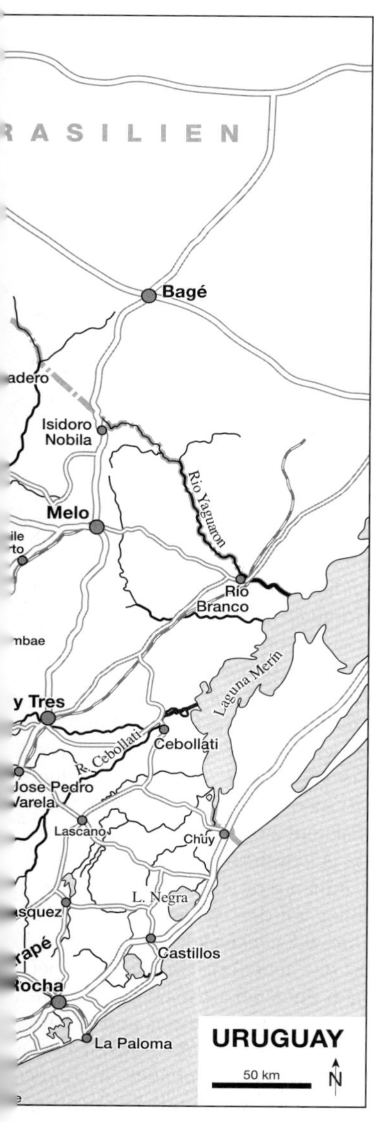

Río Uruguay (etwa ab Paysandú) und entlang des Río de la Plata findet sich ein bis zu 120 km breiter **Pampastreifen,** mit dem für die Pampa typischen steinfreien Lößboden. Die dünne Lößbodenschicht wird an einigen Stellen von so genanntem **kristallinen Untergrund** durchbrochen, so beispielsweise bei Montevideo vom 142 m hohen Cerro oder auch beim höchsten Berg Uruguays (Cerro Catedral, 513 m) oder beim Zuckerhut (Pan de Azúcar, 389 m) in der Nähe von Piriapolis.

Uruguay wird durch verschiedene **Höhenrücken** *(cuchillas)* geteilt, die etwa in Nord-Süd-Richtung verlaufen und als Wasserscheiden wirken. Die größte ist die Cuchilla Grande, die in einer geschwungenen Linie etwa von Melo bis Montevideo verläuft.

Im Norden des Landes finden sich Landschaften mit steil abfallenden Hängen und flachen **Tafelbergen** *(mesas)*. Der Landstreifen östlich von Maldonado und Punta del Este am Atlantik wird von Schwemmland gebildet.

Flüsse und Seen

Anders als in Argentinien ist die Hügellandschaft Uruguays von vielen **Wasserläufen** durchzogen. Die meisten Flüsse weisen nur ein geringes Gefälle auf.

Der **Río Negro** ist der größte Fluss im Landesinnern, er entwässert mit zahlreichen Neben- und Parallelflüssen etwa zwei Drittel Uruguays in den Río Uruguay. Östlich der Wasserscheide der Cuchilla Grande wird das Land zum Río de la Plata und in die **Laguna**

Merin entwässert (zum Río Uruguay und Río de la Plata siehe im Kapitel „Land und Leute" zu Argentinien).

Klima

Uruguay hat ein **subtropisches-vollhumides Klima** mit Niederschlägen in allen Jahreszeiten. Die Winter sind mild und die Sommer warm.

Im kältesten Monat (Juli) beträgt die mittlere Minimaltemperatur in Montevideo immer noch knapp 7°C, die mittlere Maximaltemperatur im heißesten Monat (Januar) liegt dort bei 28°C. Im Landesinnern und vor allem weiter nördlich sind die **Temperaturen** etwas extremer, dort werden in den heißen Sommermonaten schon mal über 40°C gemessen. In der Grenzregion zu Brasilien kann es im Sommer auch zu lang anhaltenden Hitzeperioden mit großer Trockenheit kommen. Schnee ist Uruguay unbekannt, Frost ist selten. Wie in Argentinien bläst auch in Uruguay der Pampero (siehe unter „Die Winde" im Kapitel „Klima" zu Argentinien).

Die **Niederschläge** sind recht gleichmäßig über das Jahr und Land verteilt, sie betragen (in Montevideo) ungefähr 1000 mm jährlich; die feuchtesten Monate sind März und April (etwa 100 mm), der trockenste ist der Juli (knapp 70 mm).

Pflanzen- und Tierwelt

Flora

Uruguay war ursprünglich eine lichte **Waldsteppe.** Hartgräser, dazu Büschel von bis zu 2 m hohem Pampagras und kleinere Bäume prägten die Landschaft. Während der Kolonialzeit wurde aus dieser Natur- eine **Kulturlandschaft.** Die Bäume und Hartgräser wurden weitgehend vernichtet, stattdessen fremde Grassorten für die Viehzucht importiert.

Heute ist Uruguay keine Waldlandschaft mehr, sondern eher eine Gras- oder **Parklandschaft** mit vereinzelt stehenden Bauminseln, die überdies noch künstlich angepflanzt wurden. Natürliche Wälder *(Montes)* kommen in Uruguay meist nur noch entlang der Flussläufe vor.

Natürlich sind die **Palmwälder** *(Palmares)* im Departemento Rocha: Große Flächen sind mit **Butia-Palmen** bewachsen, die hier ganze Palmenhaine – die südlichsten weltweit – bilden. Nach alten Überlieferungen sollen diese Palmenhaine in früheren Zeiten so dicht gewesen sein, dass sich in ihnen die indianische Urbevölkerung problemlos vor den spanischen Conquistadores verstecken konnte. Stellenweise ist das heute noch vorstellbar, aber wegen der Viehzucht sind große Flächen gefährdet – Rinder und Schafe zerstören die jungen Palmsprößlinge.

Der typische Kulturbaum Uruguays ist der schnell wachsende **Eukalyptus,** dessen Nutzholz geschätzt wird. Überall stehen kleinere Bauminseln, die auch dem Vieh Schutz vor Kälte und Hitze bieten sollen.

Selten ist heute der **Ombú.** Der Ombú besitzt eine ausladende Krone, er ist ideal als Schattenspender. Sein Holz ist aber unbrauchbar; es besteht lediglich aus einer Ansammlung von verhärteten Rindeschichten.

Der **Seibo-Baum** *(Bukare, arbol del ceibo)* besitzt eine rote Blüte, sie ist die „Nationalblume" Uruguays.

Fauna

Die uruguayische Tierwelt ist ebenso wie die Pflanzenwelt durch die Viehzucht verringert worden. Große Raubkatzen gibt es heute nicht mehr, nur kleinere Raubtiere wie Marder und Fuchs. Dazu kommen Gürtel- und Stinktiere.

In den Sümpfen leben Biber und auch **Carpinchos.** Die Carpinchos, auch Wasser- oder Flussschweine genannt, sind die größten Nagetiere der Welt, sie können durchaus einen Meter hoch werden. Um die natürlichen Wildtiere der Pampa, wie **Venados** oder **Ciervos** (Pampahirsch) zu treffen, muss man schon sehr viel Glück haben. Vor der Atlantikküste leben Robben.

Der auffälligste Vertreter der artenreichen Vogelwelt ist der **Ñandu,** er ist besonders im Norden und Nordosten häufig zu sehen. Auf den Lagunen leben Flamingos, Störche und zahlreiche Arten von Enten, Reihern, Schwänen und Gänsen, im Land Uhus, Wachteln und kleine grüne Papageien. Auffällig sind die Raben, Geier und Falken, sie begleiten häufig die Rinderherden. Kolibris sind leider nur selten zu sehen.

Natur- und Umweltschutz

Uruguay hat im dünn besiedelten Landesinnern **kaum auffallende Umweltprobleme.** Wegen der extensiven Viehzucht existiert z.B. kaum ein Problem der Überdüngung der Böden mit natürlichen und künstlichen Nährstoffen. In den Gebieten allerdings, in denen Ackerbau betrieben wird, wird der Boden meistens zu stark genutzt. Überdüngung und später auch Erosion sind die Folge.

Schädlich sind auch die großen **Eukalyptusplantagen,** die sich vorwiegend entlang des Río Uruguay finden: Der Baum laugt durch sein schnelles Wachstum den Boden stark aus; nach zwei oder drei Generationen ist der Boden erschöpft und für andere Landwirtschaft kaum noch zu gebrauchen. In Uruguay wird der Eukalyptusanbau auch von internationalen Holzkonzernen betrieben, die in ihrem Stammland keine Genehmigung dafür erhalten haben.

Ebenso die Regionen im Osten des Landes, die zum großflächigen Reisanbau genutzt werden, sind bedroht. Hier wird das vorhandene Wasser dräniert, dadurch trocknen die vorhandenen **Sumpfgebiete** aus, und Tier- und Pflanzenarten wird so der Lebensraum entzogen. Zwar sind weite Teile dort zum **Naturschutzgebiet** erklärt worden, aber bisher ist außer der Erklärung kaum etwas geschehen.

Die größten Probleme jedoch ergeben sich in der Hauptstadt **Montevideo** und ihrer Umgebung. Lärm und Luftverschmutzung fallen sofort auf, der Verkehr wird von Jahr zu Jahr schlimmer. Auch fließen große Mengen der Abwässer Montevideos ungeklärt in den Río de la Plata. Einige Strände der Stadt bleiben jedes Jahr für Badende geschlossen.

In den anderen Touristengebieten entlang der Küste ist das Abwasserproblem ähnlich drängend.

Östlich von Punta del Este, in den **Dünengebieten** von Cabo Polonio, hat die Regierung mittlerweile verboten, mit Allrad-Fahrzeugen durch die Dünen zu fahren.

Oldtimer in Uruguay – nicht gerade umweltfreundlich

u81-407 Foto: gw

Geschichte

Uruguay wird unabhängig

Nachdem in Argentinien die nationale Junta die Macht übernommen hatte (vgl. Geschichte Argentiniens), versuchten die spanischen Royalisten ihre Herrschaft über die La-Plata-Länder von Uruguay aus wiederherzustellen. Aber auch dort wurde die **Unabhängigkeitsbewegung** stärker. Führer des Volksheeres war **José Gervasio Artigas** (siehe Exkurs rechts). Er besiegte am 18. Mai 1811 die Spanier bei Las Piedras, belagerte dann Montevideo, musste aber zunächst zurückweichen. 1814 waren die Spanier schließlich geschlagen, *Artigas* herrschte über Uruguay. Die Unabhängigkeit aber war damit noch nicht erreicht, denn die argentinischen Verbündeten, auch die Spanier und Brasilianer, versuchten nun, die Banda Oriental einzunehmen. 1817 besetzte Brasilien schließlich Montevideo. Artigas musste 1820 nach Paraguay flüchten, und Brasilien annektierte 1821 Uruguay als Provincia Cisplatina.

Am 19. April 1825 überquerten die **Treinta y Tres Orientales** (die „33 Orientalen") von Argentinien kommend den Río Uruguay. Sie wurden angeführt von *Juan Antonio Lavalleja* und vereinigten sich mit dem Heer von *Fructuoso Rivera*. Gemeinsam erklärten sie am **25. August 1825** in Florida, einer Kleinstadt etwa 100 km nördlich von Montevideo, die **Unabhängigkeit Uruguays.**

José Gervasio Artigas

Egal in welchem Ort Uruguays man ist: Er hat garantiert eine Artigas-Straße oder einen Artigas-Platz, meist mit Denkmal, das den Nationalhelden hoch zu Ross zeigt. Wer war der Nationalheld, der zu seinen Lebzeiten meist geschmäht wurde, den ein französischer Reisender 1830 „den grausamen und wilden Artigas" nannte, und dessen Heer die „Gaceta de Montevideo" als eine „Armee von Dieben, Mördern, verächtlichen Verbrechern, ein Faschingstrupp von Gauchos, als Feldmarschälle maskiert", bezeichnete?

Artigas wurde am 19. Juni 1764 in Montevideo geboren. Er war zunächst spanischer Offizier, dann Unabhängigkeitskämpfer. Er schlug mit seinem Volksheer am 18. Mai 1811 die Spanier, musste später aber nach Norden ausweichen und gründete im heutigen Departemento Paysandú die „Autonome Regierung der östlichen Provinz". Dort führte er eine Agrarreform durch, die erste Lateinamerikas, wahrscheinlich der Grund, warum die „Gaceta de Montevideo" ihn so beschimpfte. 1819 wurde Artigas von den Truppen Brasiliens und Argentiniens geschlagen und musste sich ins Exil nach Paraguay zurückziehen. Seine Landreform wurde aufgehoben, die Großgrundbesitzer erhielten ihre Latifundien zurück.

Artigas starb am 23. September 1850 nach 30-jährigem Exil in Asunción.

Mit argentinischer Hilfe gelang es, die Brasilianer zu vertreiben, mit englischer wiederum, die Argentinier dauerhaft aus dem Land zu halten. Die wollten aus Handelsgründen zwischen den beiden Giganten Brasilien und Argentinien einen kleinen **Pufferstaat** haben. Am 18. Juli **1830** gab sich die República Oriental del Uruguay ihre **erste Verfassung.**

Bürgerkriege

Trotz der Unabhängigkeit trat keine Ruhe ein. Es bildeten sich die gleichen Fraktionen wie in Argentinien heraus: Die einen waren **Vertreter der Landoligarchie,** die anderen des **städtischen Handelsbürgertums** in Montevideo. Der Konflikt mündete **1843** im Bürgerkrieg, der **„Guerra Grande“,** die mit dem Sieg der Handelsbürger in Montevideo endete. Im Landesinnern setzten sich die Kämpfe zwischen den Caudillos fort. 1865 bis 1870 kämpfte Uruguay gemeinsam mit Brasilien und Argentinien gegen Paraguay.

Stabil, aber nicht demokratisch wurden die politischen Verhältnisse erst während der **Diktatur** des Obersten *Lorenzo Latorre* (1875–1879). Der Großgrundbesitz wurde eingezäunt, die Viehzucht in großen Estanzias durchgesetzt. Mit **englischem Kapital** wurden die Eisenbahnen gebaut und bewirtschaftet, ebenso das Telegrafennetz und die Fleischverarbeitung.

Erster ziviler Präsident nach einer längeren Phase der Militärherrschaft wurde *Julio Herrera y Obes.* 1903 begann die erste Präsidentschaft von **José Battlle y Ordóñez,** des wichtigsten uruguayischen Reformators.

Die Reformpolitik von José Battlle y Ordóñez

Battlle war zweimal Präsident, von 1903 bis 1907 und von 1911 bis 1915. Seine Reformpolitik passte zu dem Wandel, den Uruguay in den letzten Jahrzehnten mitgemacht hatte. Er stützte sich auf die neue städtische Mittelschicht, verstaatlichte die großen Banken der Republik, die Elektrizitätsgesellschaft, die Post, die Straßen und die Eisenbahnen. Durch eine aktive Arbeitsmarktpolitik wurde die Inlandsnachfrage gestärkt, gleichzeitig wurden Schutzzölle für einheimische Produkte durchgesetzt. Wichtigster Teil seiner Reformen war aber die **Sozialgesetzgebung:** Vor Deutschland hatte Uruguay den 8-Stunden-Arbeitstag und einen Ruhetag nach fünf Arbeitstagen, es gab eine Arbeitslosenunterstützung, eine Haftpflichtversicherung bei Arbeitsunfällen zu Lasten des Arbeitgebers, Altersrenten sowie kostenlosen Schul- und Universitätsbesuch. *Battlle* setzte die Trennung von Staat und Kirche durch, das Recht der Ehescheidung auch auf Wunsch der Frau und die Abschaffung der Todesstrafe. Seine Reformen wurden durch Exportzölle für Agrarprodukte finanziert; die Großgrundbesitzer nahmen diese hin, eine Steuer auf Landbesitz

Montevideo in den 1920er Jahren

u83-411 Foto: gwa

oder gar eine Agrarreform wäre sie noch teurer gekommen. Schließlich rüttelte *Battlle* nie an den großen Latifundien.

Wirtschaftskrisen und Unruhen

Solange die Nachfrage nach den uruguayischen Agrarprodukten groß war, funktionierte diese Politik. Die **Wirtschaftskrise** von 1929 zeigte aber erstmals deutlich die uruguayische Abhängigkeit vom Weltmarkt. Im Frühjahr 1933 löste dann der Präsident *Gabriel Terra,* ein **Colorado-Politiker,** Parlament sowie Nationalrat auf und installierte eine zivile Diktatur, die allerdings nur bis zu den Wahlen von 1938 Bestand hatte.

Nach dem Zweiten Weltkrieg boomte die Wirtschaft erneut, und das Geld wurde auch zur Verbesserung der Sozialleistungen eingesetzt. Als dann weltweit die Agrarpreise verfielen, war die Krise mit all ihren Begleiterscheinungen wie defizitäre Handelsbilanz, Aufzehrung der Devisenreserven, Abwertung des Peso, Inflation und Lohnverfall da. Die **Abhängigkeit von Fleisch, Wolle und Leder** hatte ebenso wie die hohen Schutzzölle fatale Folgen für die einheimische Industrie, denn weder im Agrarsektor noch in der Industrie war ausreichend investiert worden.

Bei den Wahlen von 1958 erhielten erstmalig im 20. Jahrhundert die **Blancos** die Mehrheit der Stimmen. Ihre Regierung öffnete den Markt für ausländische Importe. Das hatte Folgen: Die uruguayische Industrie war der Konkurrenz nicht gewachsen. Die Produktion im Land ging zurück, damit wuchs die Arbeitslosigkeit, Streiks und Unruhen waren die Folge.

Nach einem Streik von Zuckerrohrarbeitern Anfang 1962 im Norden Uruguays gründete sich die Guerilla-Bewegung der **Tupamaros** („Movimiento de Liberación Nacional", MLN, „Nationale Befreiungsfront"). Ihr Name leitete sich ab von dem legendären *Túpac Amaru,* 1715 Anführer der ersten Indio-Rebellion in den Hochanden gegen die spanische Fremdherrschaft. Lange hatten die Tupamaros die Sympathien der Bevölkerung, da sie nicht nur Korruption und Willkür bloßstellten, sondern auch Aktionen im Stil von *Robin Hood* durchführten: So überfielen sie Banken oder Supermärkte, um danach die Beute in den Armenvierteln von Montevideo zu verteilen.

Auf dem Weg zur Diktatur

1967 wurde der Colorado **Jorge Pacheco Areco** Präsident. Während seiner Regierungszeit begann der Weg in die Militärdiktatur. Nach Lohnkürzungen kam es zu Streiks und Unruhen, die Regierung reagierte mit so genannten **schnellen Sicherheitsmaßnahmen** („Medidas Prontas de Seguridad"), mit denen Verfassungsrechte aufgehoben wurden. 1969 wurden weitere Grundrechte außer Kraft gesetzt, gleichzeitig stieg das Militärbudget. Dazu kamen Attentate auf Linke, auch in Uruguay wurden so genannte Todesschwadronen aktiv. Die Linke radikalisierte sich ebenfalls, die Anschläge der Tupamaros häuften sich.

1971 kandidierte erstmals eine dritte Partei bei den Wahlen: der **Frente Amplio,** ein Bündnis der verschiedenen Linksparteien. Gewählt wurde aber der rechtsgerichtete Kandidat der Colorados, *Juan María Bordaberry.* Nach den Wahlen verstärkten sich die Unruhen, ebenso die staatliche Repression. Am 27. Juni **1973** wurde dann das Parlament aufgelöst – **Uruguay wurde zur Diktatur.** Die Militärs hoben die Pressefreiheit auf, schlossen die Universitäten, erteilten Berufsverbote und verboten Gewerkschaften und Parteien. Die Bilanz der Diktatur: Zwischen 50.000 und 60.000 Menschen wurden festgenommen, 2800 von ihnen blieben zwischen zwei und zehn Jahren inhaftiert. Zehntausende wurden gefoltert, 32 Menschen (nachweislich) bis zum Tode, Menschenrechtsorganisationen registrierten 164 Fälle von „verschwundenen" Personen. Nach Schätzungen verließen knapp 600.000 Uruguayer zwischen 1970 und 1982 das Land.

Geschichte in Zahlen

18.05.**1811**	*Artigas* besiegt bei Las Piedras die Spanier und belagert danach Montevideo.
1817	Brasilianische Truppen marschieren nach Montevideo ein.
1820	*Artigas* muss nach Paraguay ins Exil flüchten.
1821	Brasilien annektiert Uruguay als „Provincia Cisplantina".
19.04.**1825**	*Juan Antonio Lavalleja* überquert an der Spitze der „33 Orientalen" den Río Uruguay.
25.08.**1825**	*Lavalleja* und *Rivera* erklären Uruguays Unabhängigkeit.
27.08.**1828**	Im Frieden von Río de Janeiro erkennen Brasilien und Argentinien die Unabhängigkeit Uruguays an.
18.07.**1830**	Die Verfassung der Republik Uruguay tritt in Kraft.
1838	Die Konflikte zwischen den Großgrundbesitzern und dem städtischen Handelsbürgertum eskalieren. Beginn der Bürgerkriege zwischen den „Blancos" und den „Colorados".
1875	Oberst *Latorre* unterwirft das Land seiner Militärherrschaft.
1903–1907	Erste Präsidentschaft von *José Battlle y Ordóñez*.
1911–1915	Zweite Präsidentschaft von *José Battlle y Ordóñez*.
30.03.**1933**	Staatsstreich von *Gabriel Terra*.
1938	General *Baldomir* übernimmt die Regierung. Er leitet die Rückkehr zur Demokratie ein.
1942	Unter dem Colorado *José Amézaga* tritt Uruguay an der Seite der Alliierten in den Zweiten Weltkrieg ein.
1958	Wahlsieg der Blancos nach 93 Jahren Colorado-Herrschaft.
1962	Der Rechtsanwalt *Raúl Sendic* gründet die sozialrevolutionäre Bewegung Movimiento de Liberación Nacional, aus der später die Stadtguerrilla der Tupamaros hervorgeht.
26.11.**1966**	Die Colorados gewinnen die Präsidentschaftswahl. Präsident wird der General a.D. *Oscar Daniel Gestido*.
01.03.**1967**	*Jorge Pacheco Areco* wird Nachfolger des verstorbenen Präsidenten *Oscar Daniel Gestido*.
13.06.**1968**	*Pacheco Areco* verhängt den Ausnahmezustand.
26.03.**1971**	Gründung des „Frente Amplio", Bündnis von Linksparteien.
Nov. **1971**	*Juan María Bordaberry* wird Präsident.
27.06.**1973**	Parlamentsauflösung; Uruguay wird zur Militärdiktatur.
30.11.**1980**	Der Verfassungsentwurf, mit dem die Militärs ihre Herrschaft absichern wollen, wird von der Bevölkerung abgelehnt.
25.11.**1984**	Erste freie Wahlen nach elf Jahren Militärdiktatur. Der Kandidat der Colorados, *Julio María Sanguinetti*, wird Präsident.
26.11.**1989**	Der Blanco-Kandidat *Luis Alberto Lacalle* wird zum Präsidenten gewählt.
27.11.**1994**	*Julio Maria Sanguinetti* (Colorados) wird erneut Präsident.
28.11.**1999**	*Jorge Battlle Ibáñez* wird zum Präsidenten gewählt.
01.03.**2000**	*Jorge Battlle Ibáñez* tritt sein Amt an.
2002	Das Land im vierten Jahr der Rezession – Inflation 26%, knapp 20% Arbeitslosigkeit, ca. 11% Rückgang des Wirtschaftswachstums, fast 5% Haushaltsdefizit.

Der **Wirtschaftskrise** wollten die Militärs mit neoliberalen Methoden Herr werden: Schutzzölle wurden weiter abgebaut, Staatsbetriebe privatisiert, Sozialleistungen gekürzt. Doch nicht die Wirtschaft wuchs, sondern Auslandsschulden, Inflation (jährlich ca. 66%) und Arbeitslosigkeit. Als die Militärs 1980 versuchten, ihre Herrschaft per Verfassungsänderung zu legitimieren, scheiterten sie: In einem Plebiszit stimmten 57,2% der Uruguayer gegen den vorgelegten Verfassungsentwurf.

Danach nahm der Widerstand gegen die Militärs in der Bevölkerung zu. Am 25. November **1984** wurden erstmals wieder **Wahlen** zugelassen. Sieger war der liberal-konservative Colorado-Mann *Julio María Sanguinetti.*

Uruguay heute

Sanguinetti bildete mit den Blancos eine Koalitions-Regierung und versuchte, weiterhin mit neoliberalen Rezepten die Wirtschaftskrise zu bekämpfen. Innenpolitisch hatte die neue Regierung nicht viel Macht: Deutlich zeigten die Militärs, dass sie eine juristische Verfolgung der Menschenrechtsverletzungen nicht zulassen würden. Deshalb beschloss das Parlament gegen die Stimmen des Frente Amplio und kleinerer Teile der Blancos eine **Amnestie** für alle unter der Diktatur von Uniformierten (Militär und Polizei) begannenen Verbrechen gegen die Menschenrechte. Selbst ein hart erkämpftes Referendum konnte dieses Gesetz nicht mehr kippen.

Im November 1989 wurde der Blanco-Vertreter **Luis Alberto Lacalle** zum neuen Präsidenten gewählt. Der Frente Amplio war ebenfalls Wahlsieger: Sie erhielt erstmals die Mehrheit in Montevideo und stellt seitdem den Bürgermeister *(Intendente)* der Stadt.

Lacalle versuchte nicht nur die Koalition, sondern auch die Wirtschaftspolitik seines Vorgängers fortzusetzen, steckte aber im Dezember 1992 einen schweren Rückschlag ein: In einem Referendum über weitere **Privatisierungen von Staatsbetrieben** sprach sich die Mehrheit der Bevölkerung dagegen aus.

Die Wahlen vom November 1994 gewannen mit knappem Vorsprung die Colorados, und **Julio María Sanguinetti** wurde 1995 erneut Präsident Uruguays. Gestützt auf die Mitte-Rechts-Koalition mit dem Partido Nacional gelang es ihm, die Sozialgesetzgebung zu modernisieren und 1996 eine Verfassungsänderung per Plebiszit durchzusetzen.

Die letzten Parlamentswahlen im November 1999 waren spannend. Erstmals konnte ein Vertreter des linken Parteienbündnisses „Frente Amplio“ einen Sieg erringen. Im ersten Wahlgang setzte sich *Tabaré Vázquez,* früherer Bürgermeister Montevideos, durch, allerdings ohne die notwendige absolute Mehrheit zu erhalten. Im zweiten Wahlgang siegte dann der Vertreter der Colorado-Partei **Jorge Battlle Ibáñez.** Er ist bis 2005 Präsident des Landes. Auch *Battlle* regierte zunächst unter Beteiligung der Blancos. Im Zuge der von der Argentinien-

Krise ausgelösten sozialen Unruhen zerbrach diese Koalition jedoch Ende 2002, der Partido Nacional zog sich aus der Regierung zurück, und *Battlle* geriet wegen seines Krisenmanagments in die Kritik.

Politik

Verfassung, Regierungsform und Verwaltung

Uruguay ist laut Verfassung vom 1. März 1967 eine **präsidiale Republik.** Der Präsident wird für fünf Jahre gewählt – es herrscht Wahlpflicht –, er ist Staatsoberhaupt der Republik und übt mit einem Ministerrat die **Exekutive** aus. Die **Legislative** liegt beim Zweikammerparlament, dessen dreißig Senatoren und 99 Abgeordnete ebenfalls für fünf Jahre gewählt werden.

Die Verfassung garantiert die **Unabhängigkeit der Justiz.** Sie enthält wichtige Persönlichkeitsrechte für das Individuum wie z.B. die Freiheit des gesprochenen und geschriebenen Wortes. Die oberste Gerichtsbarkeit wird vom Obersten Gerichtshof *(Corte Suprema de Justicia),* dessen Sitz in Montevideo ist, ausgeübt.

Uruguay wird stark **zentralistisch** regiert. Fast alle Entscheidungen werden in der Hauptstadt Montevideo getroffen, hier sitzen auch alle wichtigen Behörden. Das Land ist administrativ in 18 ländliche Provinzen und die Provinz der Hauptstadt Montevideo untergliedert (vgl. auch Karte auf der nächsten Seite). Diese **Departamentos** besitzen eine teilweise Autonomie sowie eigene Gesetzgebungs- und Verwaltungsorgane. Die Exekutive in den Provinzen übt ein Provinzrat aus.

Parteien und Gewerkschaften

Obwohl es in Uruguay nur drei größere **Parteien** gibt, ist die Parteienlandschaft recht unübersichtlich. Denn alle Parteien besitzen zahlreiche Untergruppen und decken deshalb ein recht breites Spektrum der politischen Meinungen ab. Die drei großen Parteien sind Partido Nacional (Blancos), die Colorados sowie der Frente Amplio.

Die **Blancos,** 1838 gegründet, waren die Partei der Grundbesitzer und sind auch heute konservativ-agrarische Interessenvertretung. Ihr gehörte *Luis Alberto Lacalle,* Staatspräsident von 1989 bis 1994, an.

Der **Partido Colorado** wurde ebenfalls 1838 gegründet und ist traditionell mit dem städtischen Großbürgertum und dem liberalen Handelskapital verbunden. Den Colorados gehörte *José Battle y Ordoñez* an, heute ist der wichtigste politische Führer Staatspräsident *Jorge Battle Ibáñez.*

Der **Frente Amplio,** die „Breite Front“, existiert seit 1971 und hat das alte Zwei-Parteien-System gründlich gesprengt. Während der Diktatur verboten, ist der Frente über Stadtteil- und Basiskomitees vor allem in Montevideo verankert und stellt dort auch seit 1989 den Bürgermeister. Die derzeit führende Figur des Frente Amplio, *Dr. Tabaré Vázquez,* kann sich Umfragen zufolge große Chancen für die

PROVINZEN
ARGENTINIEN
BRASILIEN
Artigas
Salto
Rivera
Paysandú
Tacuarembó
Río Negro
Cerro Largo
Durazno
Treinta y Tres
Soriano
Flores
Florida
Lavalleja
Colonia
Rocha
San José
Canelones
Maldonado
Montevideo
ARGENTINIEN
ATLANTISCHER OZEAN

nächsten Präsidentschaftswahlen ausrechnen.

Der heutige **Gewerkschaftsdachverband PIT-CNT** („Plenario Intersindical de Trabajadores-Confederación Nacional de Trabajadores“) existiert seit 1983. Er hatte maßgeblichen Anteil an der Rückkehr zur Demokratie. 1983 organisierte der Verband den ersten großen Generalstreik, an dem 500.000 Arbeiter teilnahmen. Insgesamt ist die uruguayische Arbeiterschaft recht gut organisiert: Etwa 30 Prozent der Lohnabhängigen sind Mitglied eines Gewerkschaftsverbandes. Der PIT-CNT ist weitgehend vom Staat unabhängig, obwohl die meisten seiner Mitglieder Angestellte der Staatsbetriebe sind.

Wirtschaft

Nicht nur wegen des stark entwickelten Bankensektors, auch generell aufgrund seiner Stärke galt Uruguay lange als die **„Schweiz Lateinamerikas“.** Selbst heute scheint der Lebensstandard höher als in vielen anderen Ländern: Uruguay nimmt im „Human Development Report“ der Vereinten Nationen unter 173 Staaten den 40. Platz ein (2002) und gehört damit zu den hoch entwickelten Ländern der Welt. Freilich berücksichtigt der Report noch nicht die Auswirkungen der argentinischen „Tango-Krise“ auf das Land, ebenso wenig wie die letzte offizielle Zahl der Menschen, die unter der Armutsgrenze leben: 18,8 Prozent (2001), was innerhalb Lateinamerikas durchaus moderat ist.

Im Verhältnis zur ersten Hälfte des 20. Jahrhunderts ist Uruguay auf jeden Fall arm. Damals brachten Fleisch und Wolle hohe Exportgewinne, heute hingegen sind nur die Auslandsschulden und die Inflation hoch (2002: ca. 25 Prozent), die Wirtschaft leidet seit 1999 unter einer schweren Rezession: 2001 schrumpfte sie um 3,1 Prozent, für 2002 waren sogar 11 Prozent prognostiziert. Die Argentinien-Krise hat das Land schwer mitgenommen, schließlich gehen allein über 15 Prozent der Exporte in das Nachbarland.

Neoliberale Politik scheint auch in Uruguay als Lösungsmittel angesehen zu werden. Der Inlandsmarkt wurde geöffnet, Zölle abgebaut, Privatisierung gepredigt. Seine wirtschaftliche Zukunft sieht Uruguay im Mercosur (siehe „Wirtschaft“ bei Argentinien).

Zu den Säulen der Wirtschaft gehört neben der Landwirtschaft (s.u.) vor allem der **Finanzsektor.** Die Banken profitierten bis zum Crash von der Krise in Argentinien: Viele brachten ihr Geld auf die andere Seite des Río de la Plata. 2002 wurden freilich auch die Banken in Uruguay Opfer der Kapitalflucht. Als dritte Kraft im Gefüge hat sich der **Tourismus** profiliert: 2001 erwirtschaftete er bereits 14 Prozent des Bruttoinlandsprodukts.

Land- und Forstwirtschaft, Fischerei

Immer noch ist die Landwirtschaft das Rückgrat der Wirtschaft, obwohl ihr

Anteil an der Entstehung des Bruttoinlandsproduktes (BIP) seit den 1970er Jahren stark rückläufig ist. Allerdings werden die größten Exportgewinne immer noch mit **Fleisch und Schafwolle** oder verarbeiteten Produkten wie Textilien oder Leder gemacht. Kein Wunder, weiden doch auf uruguayischen Wiesen etwa 8,9 Millionen Rinder, 26 Millionen Schafe und ungefähr 500.000 Pferde. Zur Geschichte der Rinderzucht siehe im Argentinien-Teil im Abschnitt „Wirtschaft" - die Entwicklung in Uruguay verlief parallel zu der in Argentinien.

Gering ist der Anteil des **Ackerbaus.** Lediglich um Montevideo und in der Umgebung der Landstädte wird er betrieben, nur 8 Prozent des Landes wird als Ackerland genutzt. Die wichtigsten Anbaukulturen sind Weizen und Reis. Die **Forstwirtschaft** ist ebenfalls gering entwickelt, wird aber mit staatlichen Mitteln gefördert. Vor allem an der Atlantikküste wird vorwiegend für den Export gefischt. Hauptfischereihafen ist La Paloma.

Industrie, Bergbau und Energie

Im industriellen Sektor arbeiten ca. 30 Prozent aller Beschäftigten. Er trägt heute zu etwa einem Viertel zum Bruttoinlandsprodukt bei. Die **Industrie** produzierte lange Zeit lediglich für den Binnenmarkt. Hohe Importzölle schützten sie vor der Konkurrenz aus dem Ausland. Wichtigster Industriezweig ist die Verarbeitung der Landwirtschaftserzeugnisse, vor allem des Rindfleisches. Die größten Standorte sind Montevideo, Paysandú und Fray Bentos. Ein großes Wachstum erlebt seit einigen Jahren die Bauwirtschaft.

Uruguay besitzt nur wenige **Bodenschätze,** lediglich im Nordwesten des Landes sind große Lagerstätten von Halbedelsteinen, wie Achate und Amethyste. Da Uruguay keine fossilen Energieträger besitzt, wird vorwiegend auf **Wasserkraft** gesetzt.

Außenhandel

Jahrzehntelang wurde in Uruguay ein Außenhandelsüberschuss erzielt, inzwischen ist aber wegen der Öffnung des Inlandsmarktes für ausländische Produkte die **Handelsbilanz chronisch negativ.** Haupteinfuhrgüter waren und sind Kraftfahrzeuge, Maschinen und Geräte, mineralische Produkte sowie chemische Erzeugnisse und Kunststoffprodukte. Die wichtigsten Abnehmerländer Uruguays sind Brasilien, Argentinien und die USA, Hauptlieferländer sind Argentinien, Brasilien und die USA. Deutschland ist bei den uruguayischen Exporten auf Platz 5 und bei den Importen auf Platz 9 zurückgefallen (2001).

Plaza Independencia in Montevideo

u85-421 Foto: gw

Bevölkerung

Uruguay hat bei einer Einwohnerzahl von 3,4 Millionen Menschen eine **Bevölkerungsdichte** von 19 Menschen je km². Allerdings nur durchschnittlich, denn 90 Prozent aller Uruguayer leben in den Städten, knapp die Hälfte in bzw. um Montevideo.

Uruguay ist lange ein Einwandererland gewesen. Zwischen 1836 und 1926 kamen über 650.000 Menschen nach Uruguay, 1852 waren z.B. von den 34.000 Einwohnern Montevideos 15.000 Ausländer.

Religion

Die offiziellen Zahlen sind deutlich: 59 Prozent Katholiken, 3 Prozent Protestanten, 1,7 Prozent Juden, 0,3 Prozent sonstige, 36 Prozent Konfessionslose leben in Uruguay. Anders als im Nachbarland Argentinien ist der Einfluss der katholischen Kirche gering. Staat und Kirche sind getrennt. In den letzten Jahren wurde Uruguay verstärkt Missionsgebiet nordamerikanischer Sekten. Viele Anhänger gewinnen auch die afrobrasilianischen Religionen.

Familie, Mann und Frau

Wie in Argentinien ist die Bedeutung der Familie groß. Bis zur Gründung einer eigenen Familie lebt man meist im Elternhaus, auch wenn inzwischen in Montevideo, wie in allen Großstädten, der Trend zur Kleinfamilie wächst. Frauen genießen rechtliche Gleichberechtigung, seit 1917 als Verfassungs-

u82-409 Foto: gwa

grundsatz. Dennoch sind sie - eine weitere Parallele zu Argentinien - von wirklicher Gleichberechtigung in der vom Machismo geprägten Gesellschaft weit entfernt. Die Frau hat sich unterzuordnen und sittsam zu sein. Im Arbeitsleben werden die Frauen in der Regel schlechter bezahlt und haben die geringeren Aufstiegsmöglichkeiten. Frauenpolitik wird eher als unwichtig betrachtet, auch im linken Frente Amplio ist etwa eine Quotenregelung noch kein Thema.

Kunst und Kultur

Bildende Kunst

Aus der Zeit vor der Ankunft der Spanier und der frühen Kolonialzeit sind kaum Kunstwerke erhalten. Ab der Unabhängigkeit entstand eigenständige Kunst, die sich aber an europäischen Vorbildern orientierte. Der erste wichtige **Maler** war *Juan Manuel Blanes* (1830–1901), der vorwiegend historische Szenen malte. *Pedro Figari* (1861–1938) emanzipierte sich bereits von den europäischen Vorbildern. Er schuf farbige, ausdrucksvolle Bilder, sein Thema war das Leben der Schwarzen in Montevideo oder auf dem Land.

Verwundete Freiheitskämpfer (19. Jh.)

Ende des 19. Jahrhunderts begann die Blütezeit der uruguayischen **Bildhauerei** mit Künstlern wie **Zorrilla de San Martín** und **José Belloni.** Heute leben viele Künstler im Ausland, Montevideo ist eben doch weit von den Kunstzentren der Welt entfernt.

Medien

Bis auf einige unbedeutende Blätter erscheinen alle **Zeitungen** Uruguays in Montevideo. Das sind ein halbes Dutzend Tageszeitungen und ebensoviele Wochenblätter. Zusammen erreichen alle tagesaktuellen Blätter eine Auflage von etwa 100.000 Exemplaren täglich. Das größte Blatt ist „El País", die Zeitung der Nacional (Blanco)-Partei, es folgt „La República".

Radiosender gibt es in Hülle und Fülle. Sie gehören Parteien oder Geschäftsleuten, senden vorwiegend Musik, ein wenig Nachrichten und viel Werbung. In jeder noch so unbedeutenden Kleinstadt gibt es mehrere Sender, in Montevideo Dutzende. Das **Fernsehprogramm** wird ebenfalls von privaten Sendeanstalten kontrolliert.

Literatur und Theater

Bartolomé Hidalgo (1788–1822) war der erste wichtige Autor Uruguays. Er verarbeitete **Gauchoweisen** in seiner Literatur und beeinflusste damit auch die Arbeit des Argentiniers *José Hernández,* dessen „Martín Fierro" das große Gauchoepos wurde. Später folgten die Autoren *Eduardo Acevedo Díaz* (1851–1921) und der so genannte „Poet des Vaterlandes“ *Juan Zorilla de San Martín* (1855–1931). Zorillas Werk lehnt sich sprachlich eng an die spanische Romantik an. Um 1900 erlebt die uruguayische Literatur eine Blütezeit. *Julio Herrera y Reissig* (1875–1910), *Florencio Sánchez* (1875–1910), *Carlos Reyes* (1868–1938) und *Javier de Viana* (1869–1926), die „Generation von 1900“, sind sowohl dem Naturalismus als auch dem Modernismus verpflichtet.

Wichtig für die **kulturphilosophische Diskussion** in Lateinamerika wurde das Hauptwerk von *José Enrique Rodó* (1871–1917), der Essay „Ariel“. Ariel stammt wie sein Gegenspieler Kaliban aus Shakespeares Drama „Der Sturm“. Parallelen werden aufgezeigt: Ariel ist der Luftgeist, das universalistische Bildungsideal und gleichbedeutend mit Südamerika, Kaliban dagegen das bloße Nützlichkeitsprinzip, der US-amerikanische Utilitarismus.

Das lebendige literarische Leben in Montevideo, gefördert durch zahlreiche kulturelle Blätter, wurde mit Beginn der Militärdiktatur gestört. Viele SchriftstellerInnen wurden verhaftet oder mussten ins Ausland. Die meisten kehrten nach Beendigung der Diktatur zurück.

Die **drei bekanntesten Schriftsteller Uruguays** sind heute *Juan Carlos Onetti, Mario Benedetti* und *Eduardo Caleano.*

Juan Carlos Onetti wurde am 1. Juli 1909 als Sohn eines Zollbeamten in Montevideo geboren. Er pendelte die meiste Zeit zwischen der uruguayischen Hauptstadt und Buenos Aires, ging 1975 ins Exil nach Madrid, wo er auch am 30. Mai 1994 starb. In allen Romanen *Onettis* ist die Umgebung unwirtlich und abweisend, in ihr lebt jeder erfolglos, einsam und isoliert. Die meisten seiner Romane spielen in Santa María, einer Stadt, die Züge von Montevideo und Buenos Aires sowie den Landstädten im Río-de-la-Plata-Gebiet vereinigt. Santa María ist verfallen, nichts funktioniert. Sich aber dagegen aufzulehnen, ist sinnlos. Die Welt ist in Auflösung, sie zerfällt, als einzige Sicherheit bleibt der Tod. Die Werke *Juan Carlos Onettis* (u.a. „Die Werft“, „Lassen wir den Wind sprechen“) sind auf Deutsch im Suhrkamp Verlag erschienen.

Mario Benedetti wurde am 14. September 1920 in Paso de los Toros geboren. Er lebt heute in Montevideo und Madrid. Nach dem Putsch 1973 musste er das Land verlassen. Er nahm zunächst Exil in Buenos Aires und zuletzt in Madrid. *Benedetti* ist mit seinen Gedichten, Erzählungen und Romanen einer der meistgelesenen Autoren Uruguays. Die Welt der Mittelschicht ist eines seiner wichtigsten Themen. Er zeigt die Frustration und die Mittelmäßigkeit der Angestelltenwelt, die einengenden Konventionen, die fehlende Energie, die sexuellen Komplexe und die politische Anpassung, aber auch Momente von ungeahnter Größe. Die meisten seiner Werke („Die Sterne und du“, „Frühling im Schatten“) sind im Wuppertaler Peter Hammer Verlag erschienen.

Über lateinamerikanische Geschichte, Ausbeutung und Unterdrückung schreibt **Eduardo Galeano.** Der am 3. September 1940 in Montevideo geborene Autor schrieb mit 31 Jahren sein bekanntestes Buch: „Las venas abiertas de América Latina" erschien 1971 in Montevideo (dt. 1973, „Die offenen Adern Lateinamerikas"). Das Standardwerk zur Geschichte des Kontinents ist mit politischem Engagement, voll wissenschaftlicher Gründlichkeit, aber auch Polemik geschrieben. Sein dreibändiges Opus „Memoria del fuego" (1982–86, „Erinnerungen an das Feuer"), eine Sammlung von literarischen Kleinszenen, Anekdoten und Aphorismen sowie literarischen Zeugnissen vergangener Jahrhunderte, setzt das, was „Die offenen Adern" theoretisch beschreiben, literarisch um. *Eduardo Galeanos* Werke sind im Wuppertaler Peter Hammer Verlag erschienen.

Bis Ende des Zweiten Weltkriegs war Montevideo vorwiegend Spielort von Tourneetheatern. Diese spielten ihr Programm, eine eigene **Theaterkultur** konnte deshalb nicht entstehen. Bekannt wurde vorher nur *Florencio Sánchez* (1875–1910). Seine Stücke sind weitgehend naturalistisch-sozialkritisch. Nach Gründung des Nationaltheaters 1947 wurden Autoren auch mehr gefördert. *Carlos Maggi* (*1922), *Antonio Larreta* (*1922) und *Mauricio Rosencof* (*1933) sind drei **wichtige Dramatiker.** *Maggi* schreibt Grotesken, *Larreta* hingegen ist sozialkritisch. *Mauricio Rosencof* ist ebenfalls ein politischer Autor. Das Tupamaro-Mitglied wurde 1972 verhaftet, 13 Jahre inhaftiert und immer wieder schwer gefoltert. Wichtige Werke sind z.B. „Las ranas" (1961) und das Drama „El saco de Antonio" (1985), in dem er seine Haftzeit verarbeitet.

Sport

Sport ist in Uruguay vor allem **Fußball.** Nachgeordnet folgen weit abgeschlagen Basketball, der Pferde- und Radsport sowie Tennis. Nur Fußball kann die Massen begeistern und nahezu in Hysterie versetzen. Die Allerkleinsten kicken in den Baby-Fußball-Ligen, wo sie von stolzen Eltern betreut werden. Alle Klubs der ersten nationalen Liga kommen aus Montevideo, die beiden größten sind Peñarol und Nacional, die jährlichen Hauptkonkurrenten um die uruguayische Meisterschaft. Die größten Triumphe des uruguayischen Fußballs liegen weit zurück: die Olympiasiege 1924 und 1928, der Gewinn der Weltmeisterschaft 1930 im eigenen Land und der Sieg bei der Weltmeisterschaft 1950 in Brasilien. Damals gelang den Uruguayern ihr Meisterstück. Im ausverkauften Stadion von Rio, im Maracaná, führte Brasilien zur Halbzeit des Endspiels vor über 180.000 Zuschauern mit 1:0. Am Ende aber trumphierten die Uruguayer, mit 2:1 hatten sie die scheinbar unschlagbaren Brasilianer besiegt. 1995 gewann Uruguay den Südamerika-Cup mit einem Sieg über Brasilien im Endspiel. Bei der Weltmeisterschaft 2002 schied die Vertretung in der Vorrunde sieglos aus.

Unterwegs in Uruguay

Montevideo ⇗XIII,C2

So könnte es gewesen sein: Januar 1520 – **Fernando de Magallanes** segelt mit seiner Flotte durch den Río de la Plata. Er glaubt, die Durchfahrt zum Pazifik gefunden zu haben. Das Wetter ist gut, das Wasser ruhig, weit reicht der Blick vom Ausguck über das flache Land in Küstennähe. Plötzlich ein Ausruf: „Monte vide eu!" – „Ich sehe einen Berg". Selbst wenn es so war, die Stadt Montevideo hat ihren Namen nicht von diesem Ausruf. Denn *Magallanes* nannte den Hügel Monte (de San) Ovidio. Warum, ist nicht sicher. Es könnte der Namenstag dieses Heiligen gewesen sein, es könnte aber auch sein, dass das Heimatdorf des Weltenseglers in Portugal so hieß. Jedenfalls verkürzte sich der Name Monte (de San) Ovidio immer mehr – übrig blieb Montevideo.

Geschichte

Und so nannte auch der spanische Gouverneur von Buenos Aires, **Mauricio de Zabala,** der 1724 die einzige geschützte Bucht an dem Buenos Aires gegenüberliegenden Ufer des Río de la Plata besetzen ließ, die zwei Jahre später gegründete Stadt San Filipe y Santiago de Montevideo.

Sieht man von Brasilia (Brasilien) ab, ist Montevideo die **jüngste Hauptstadt Lateinamerikas.** Zunächst lebten in ihr nur einige Soldaten, die das Dorf vor den Charrúa-Indianern und den Portugiesen bewachten. Das

Städtchen dümpelte vor sich hin, erst Mitte des 19. Jahrhunderts wurde das Wachstum schneller: 58.000 Einwohner 1860, bereits 164.000 Menschen 1884, dann 1889 schon 215.000 und 1908 gar 312.000. 1954 wurde die Millionengrenze überschritten. Heute **lebt etwa jeder zweite Uruguayer im Großraum der Hauptstadt,** 2001 waren es geschätzte 1,4 Mio. Menschen.

Montevideo war während seiner Geschichte genauso umkämpft wie das ganze Land. Erst Ende des 19. Jahrhunderts kehrte Ruhe ein, und die Hafenstadt am Rande wurde zum absoluten Zentrum des Landes. Denn alles war auf den **Rindfleisch-Export** ausgerichtet, und so wurde die ganze Infrastruktur zum Río de la Plata hin erbaut. Über Montevideo lief der gesamte Export des Landes, teilweise auch derjenige großer Gebiete Brasiliens und Argentiniens.

Montevideo heute

Montevideo ist das **unbestrittene Zentrum Uruguays.** Alle wichtigen Entscheidungen fallen hier, kein Wunder, sind doch in der Hauptstadt nicht nur die Behörden und politischen Entscheidungsgremien konzentriert, sondern auch alle wichtigen Industriebetriebe. In der Altstadt befinden sich zahlreiche, auch internationale Banken – Uruguays Hauptstadt mausert sich, dank eines sehr weit gefassten Bankgeheimnisses, immer mehr zum **Finanzzentrum des südliche Südamerika.** Kritiker sagen, dass Montevideo auch zum ersten Geldwäscheplatz in Südamerika wird.

Montevideo ist dazu das **kulturelle Zentrum** des Landes mit den größten Universitäten, wissenschaftlichen Bibliotheken und Museen. Natürlich ist die Hauptstadt mit internationalem Hafen und Flughafen ebenfalls das **Verkehrszentrum** des Landes.

Orientierung

Montevideo hat den üblichen **Schachbrettgrundriss** lateinamerikanischer Städte. Allerdings ergeben sich durch Größe und geografische Bedingungen einige Unregelmäßigkeiten. Die **Altstadt** liegt auf einer in die Bucht von Montevideo vorgeschobenen Halbinsel. Sie endet an der Plaza Independencia, dort schließt sich die **neuere Stadt** an, deren zentrale Schlagader die **Avenida 18 de Julio,** die Haupteinkaufsstraße Montevideos, ist. Die 18 de Julio zweigt nach ihrem zunächst regelmäßigen West-Ost-Verlauf nach Nordosten ab und durchbricht genauso wie z.B. die Avenida Libertador General Lavalleja, die auf das Parlamentsgebäude zuführt, den regelmäßigen rechtwinkligen Stadtaufbau.

Stadtbesichtigung

Reiterstandbild und Mausoleum von José Gervasio Artigas

Der Rundgang beginnt am größten Platz Montevideos, der **Plaza Independencia,** wo das Reiterstandbild für den uruguayischen Nationalhelden *José Gervasio Artigas* steht. Es wurde von *Agnes Zanelli* geschaffen und zeigt neben dem hoch zu Ross sitzenden *Artigas* bronzene Flachreliefs am Denkmalsockel, auf denen der Auszug des uruguayischen Volkes mit *Artigas* dargestellt ist. Unter dem Denkmal befindet sich das militärisch-pompöse **Mausoleum** für den Nationalhelden, 1977 zurzeit der Diktatur erbaut.

Palacio Salvo, Palacio Estévez

Das auffälligste Gebäude an der Plaza Independencia ist der Palacio Salvo. Kritiker bezeichnen es oft als das hässlichste Gebäude Südamerikas; zu Unrecht, denn der 26 Stockwerke hohe Bau mag zwar überladen sein, er ist aber keineswegs so schäbig wie die nüchternen Türme des Viktoria-Plaza-Hotels gegenüber. Schöner ist der Palacio Estévez, der einstige Präsidentenpalast, der wenig unauffällig ebenfalls an der Plaza steht. Er dient heute für Staatsempfänge.

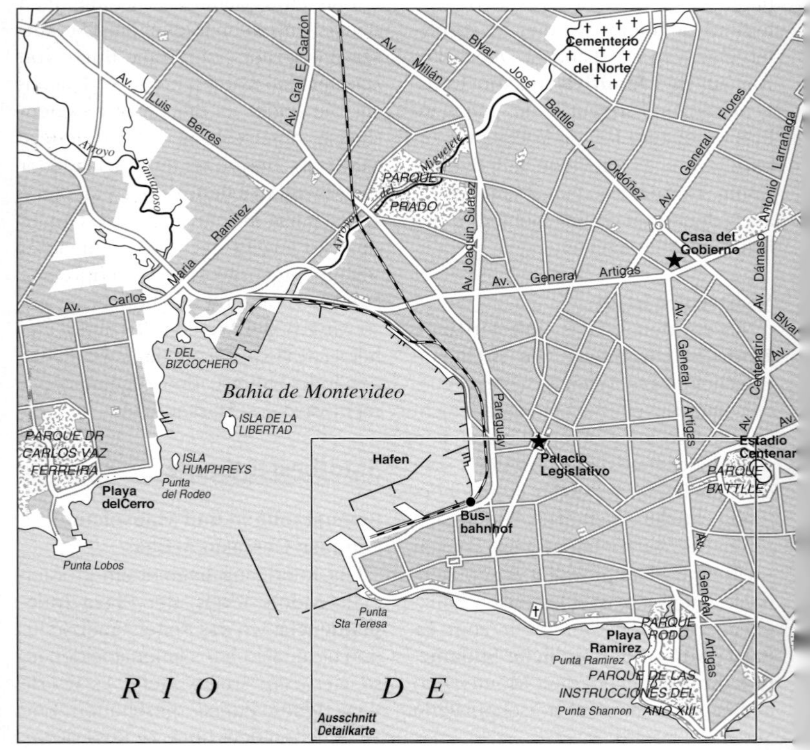

Teatro Solis

Das **größte und wichtigste Theater der Stadt,** das Teatro Solis, ist nur wenige Schritte von der Plaza entfernt. Es handelt sich um einen neoklassizistischen Bau von 1856, dessen Zuschauersaal ein verkleinerter Nachbau des Saals der Scala in Mailand ist, eine genauso gute Akustik besitzt und 1600 Menschen fasst. Zu Zeiten des reichen Uruguay traten hier Weltstars wie *Enrico Caruso, Eleonora Duse, Sarah Bernhardt* und *Arturo Toscanini* auf. Das Theater ist wegen Sanierungsarbeiten bis 2004 geschlossen.

Calle Sarandí, Plaza Constitución

Durch die **Puerta de Ciudadela,** den Rest der Stadtmauer aus dem 18. Jahrhundert, gelangt man auf die Calle Sarandí, eine kurze Fußgängerzone mit Cafés, Galerien, edlen Schmucklä-

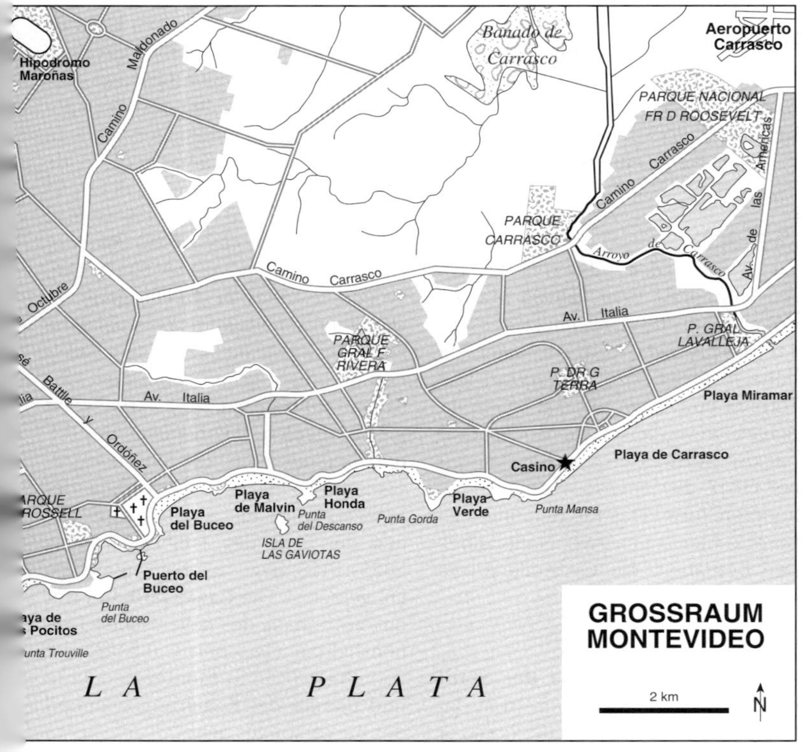

den und Edelsteingeschäften. Einen Blick sollte man in das frühere Fotogeschäft Pablo Ferrando werfen, ein Schmuckstück der Belle Epoque. Die Calle Sarandí führt auf die Plaza Constitución. Im Zentrum des schattigen Platzes – ein Mittagspausentreffpunkt der Bankangestellten – steht ein Brunnen mit der Figur der Freiheit, auf dem Freimaurerzeichen sichtbar sind.

Cabildo

Umgeben ist die Plaza Constitución von einigen wichtigen historischen Bauten. Im Osten der Cabildo, der heute als **Museo y Archivo Histórico Municipal** genutzt wird. Spanischer Neoklassizismus nennt sich der Stil, in dem *Tomás Toribio* das Gebäude 1803 plante. Das Museum ist Mo bis Fr von 14.30–19 Uhr geöffnet.

Kathedrale

Gegenüber des Cabildo findet sich die Kathedrale oder **Iglesia Matriz,** erbaut 1790–1804. Architekt war *José Custodio de Saa y Faria,* die Bauleitung hatte *José del Pozo y Márquez.* Der Turm ohne Uhr wurde erst später errichtet, ihn verdanken die Montevideaner der portugiesischen Besatzungszeit (1817–24), ebenso wie die Uhr im anderen Turm. Das Kircheninnere ist barock, hier liegen zwei Nationalhelden begraben, die Generäle *Rivera* und *Lavalleja.*

Haus von Tomás Toribio

Das ** älteste Steinhaus der Stadt** steht nicht weit von hier. Es ist in der Calle Piedras 528, fast an der Ecke zur Straße Ituzaingó. 1804 ließ der erste Stadtarchitekt *Tomás Toribio* hier sein Wohnhaus erbauen. Durch eine Passage erreicht man die erste öffentliche Quelle der Stadt im Hinterhof des Gebäudes. *Toribio* plante zahlreiche spanische Kolonialbauten in Montevideo. Sein Wohnhaus ist heute ein baugeschichtliches **Museum.** Die Öffnungszeiten sind Di bis Fr von 14–18 Uhr.

Museen

Mehr im Zentrum der Altstadt liegen **vier historische Museen:** Es sind das gelb getünchte Museum **Casa de Rivera** (Rincón 437/Ecke Misiones), das vorwiegend Gegenstände aus der vor-uruguayischen Zeit und der Epoche der uruguayischen Bürgerkriege zeigt, das Museo Romántico (25 de Mayo 428), die Casa Garibaldi (25 de Mayo 314) und die Casa General Juan A. Lavalleja (Zabala 1469). Alle vier Häuser sind Di bis Fr von 13–19 Uhr, So und Feiertags 14–18 Uhr geöffnet, sie bieten sehenswerte Kolonialarchitektur, teilweise mit Innenhöfen, Balkonen und marmornen Fußböden. Das **Museo Romántico** zeigt vorwiegend großbürgerliche Wohnkultur des 19. und beginnenden 20. Jahrhunderts, während in der **Casa Lavalleja** der Schwerpunkt auf Ausstellungstücke aus der Zeit des Freiheitsstrebens 1825–1828, dazu auf Archivmaterialien, gelegt ist. Die **Casa Garibaldi** war das Wohnhaus des italienischen Freiheitshelden *Giuseppe Garibaldi,* der von 1841–1848 in Montevideo lebte und damals die Regierung während des Bürgerkrieges beriet.

Ein weiteres Museum in der Altstadt ist das **Museo de Artes Decorativas** im Palacio Taranco, Plaza de Zabala. Der Eintritt ist frei.

Plaza de Zabala

Nach dem Gouverneur von Buenos Aires *Bruno Mauricio de Zabala,* dem Begründer von Montevideo, ist die baumbestandene Plaza de Zabala benannt. Im Zentrum des Platzes thront der Gouverneur hoch auf einem bronzenen Ross; eine Inschrift erinnert an ihn, zwei kleinere Figurengruppen an die Besiedlung Uruguays.

Mercado del Puerto

Nach Norden führt die Calle Colón auf das riesige Gebäude der **Aduana** und den **Mercado del Puerto** zu. Die Markthalle ist einer der schönsten Orte der Altstadt, besonders am Samstagmittag. Drumherum findet meist ein kleiner Floh- und Kunstgewerbemarkt statt. Ein Besuch der Halle ist obligatorisch, und Hunger muss man mitbringen. Denn dort wird in großen Portionen gegrillt und gegessen. Auf meterlangen Grills schmoren über der Glut große Rinderstücke, Würste, Braten, Hühnchen, zwischendrin auch mal eine Paprika, davor sitzen an meterlangen Tresen und Tischen die Gäste und verzehren die Köstlichkeiten. Die Halle erinnert mit ihrer Stahlkons-

Montevideo –
von der Hafeneinfahrt aus gesehen

truktion etwas an einen Bahnhof, und so gibt es deshalb auch eine schöne Geschichte, die nur einen gravierenden Nachteil hat: Sie stimmt nicht. Die Metallkonstruktion war, so erzählt man, ursprünglich wirklich als Bahnhofsgebäude gedacht, allerdings für Buenos Aires. Sie kam per Schiff aus Frankreich, wurde irrtümlich im Hafen von Montevideo ausgeladen und genauso irrtümlich aufgebaut.

Skulptur El Entrevero

Die neuere Stadt lässt sich am besten entlang der **18 de Julio** besichtigen. Als Prachtstraße kann man diese nicht bezeichnen, der Putz blättert an manchen Stellen doch zu arg, aber eine lebendige Einkaufsstraße ist sie allemal.

Folgt man ihr von der Plaza Independencia aus, gelangt man rasch zur Plaza Fabini, wo die Skulptur **El Entrevero** („Der Wirrwarr") von *José Bellini* steht. Man kann das unübersichtliche Knäuel von Menschen- und Pferdeleibern als Sinnbild der Geschichte am Río de la Plata im 19. Jahrhundert lesen: Jeder kämpfte gegen jeden.

Museo del Gaucho y la Moneda

Gegenüber der Plaza ist in einem der schönsten Häuser der Stadt, im **Palacio Heber** (1896/97), das Museo

u88-429 Foto: gw

del Gaucho y la Moneda untergebracht; eine Luxuswohnung des frühen 20. Jahrhunderts: ein riesiges Treppenhaus aus Marmor und Edelhölzern, Jugendstil-verziert mit Balkonen, Stuckarbeiten und einem farbigen Glasdach. In der ersten Etage ist das **Geldmuseum** (Museo de la Moneda), in dem neben Austellungsstücken zur Geschichte des Geldes und des Tauschwesens in Wechselausstellungen auch Malerei gezeigt wird, in der zweiten Etage befindet sich das **Museo del Gaucho.** So ließ sich das Gaucho-Leben aushalten: Silber überall - die *Bombillas* und Mategefäße, die Gürtelschnallen, das Zaumzeug, die Steigbügel und Sporen, selbst die Pistolen; dann müssen die *Bolas* (Wurfkugeln) natürlich aus Elfenbein sein. Bilder, Plastiken, Modelle und Dioramen zeigen ebenfalls nur die romantische Seite des Gaucholebens. Das Museum ist Di bis Fr von 9.30–12 und 13.30–18 Uhr sowie Sa/So von 16–19 Uhr geöffnet.

Palacio Legislativo

Ein Abstecher führt von der Plaza Fabini zum nahe gelegenen Parlamentsgebäude. Man folgt der Av. Libertador General Lavalleja, der Palacio Legislativo ist schon weit vorher zu sehen. So prunkvoll wie er ist, so kompliziert ist seine Baugeschichte: 21 Jahre baute man an dem Palast, änderte zwischendurch immer wieder die Pläne und wechselte die Architekten aus. Dennoch wurde am 25. August 1925 ein einheitlich wirkendes Gebäude eröffnet. Besonders auffällig ist der Dachturm, der mit allegorischen Darstellungen der Musik, der Medizin, der Malerei, der Dichtkunst, der Bildhauerei, der Architektur, des Handels, der Landwirtschaft und der Industrie geschmückt ist. Wer kann, sollte auch das Innere des Gebäudes besichtigen, was nur zu unregelmäßigen Zeiten möglich ist. Der Parlamentssaal ist mit Gemälden und Wandmalereien geschmückt, das größte ist das 5 x 7 m große Gemälde des Franzosen *Fernando Laroche*. Es zeigt das Treffen von *José Artigas* mit General *José Rondeau* während der zweiten Belagerung Montevideos am 26. Februar 1813.

Im Palacio Legislativo finden Mo bis Fr von 10–12 und von 14–17 Uhr kostenlose Führungen statt.

An der Plaza Cagancha (Libertad)

Plaza Cagancha

Ebenfalls an der 18 de Julio liegt die Plaza Cagancha, die auch **Plaza Libertad** genannt wird. Dieser Name stammt von der Freiheitsstatue - ursprünglich Friedensstatue - auf dem Mittelstreifen der 18 de Julio, die ein Werk des italienischen Bildhauers *José Livi* ist.

Palacio Municipal

Für den **Überblick über die Stadt** bietet sich das Dach der Stadtverwaltung, der Palacio Municipal, an. Der Zugang zur oberen Plattform und zum Aussichts-Restaurant (Anfang 2003

Bahía de Montevideo

Hafen

Terminal Buquebus (nach Buenos Aires)

RIO DE LA

Rbla. Franklin Roosevelt

25 de Ag. de 1825

Whs. von T. Toribio

Casa Gral Lavalleja

Mus. Romantico

Mercado del Puerto

Casa Garibaldi

Mus. Casa de Rivera

N. Savoy

Palacio

Pl. Independencia

Pl. Constitución

Pl. de Zabala

Pensión Roy

Columbia Palace

Solís

SOLIS

Mercado Central

Rest. Morini

Crillon

Español

Victoria Plaza

Club Alemán

Oro de Rhin

Pl. Fabini

Aramaya

M.G.M.

La Suiza

Hospedaje del Centro

Alvear

Balfer

Vida

Rest. del Ferrocarril

Rbla. Gran Bretaña

Rbla. Sur

Rbla. Francia

Panamá, Guatemala, Venezuela, Nicaragua, Lima, Asunción, Nueva York, Paraguay, Av. Gral. Rondeau, Cuareim, Arturo Lezama, Av. Lib. Brig. Gral. Juan A., Galica, Cerro Largo, Paysandú, Av. Uruguay, Mercedes, Colonia, Av. 18, Pl. Cagancha, San José, Soriano, Canelones, Florida, Ciudadela, Juncal, Bartolomé Mitre, Piedras, Cerrito, Rincón, 25 de Mayo, Washington, Sarandí, Buenos Aires, Reconquista, Juan Lindolfo Cuestas, Guaraní, Pérez Castellano, Colón, Maciel, Alzaibar, Zabala, Misiones, Treinta y Tres, Ituzaingó, JC Gomez, Andes, Convención, Río Branco, Julio Herrera y Obes, Río Negro, Héctor Gutiérrez Ruiz

MONTEVIDEO

- i Tourist-Information
- H Hotel
- J Jugendherberge
- R Restaurant
- C Club
- M Museum
- T Theater
- ★ Sonst. Sehenswürdigkeit
- Tankstelle

500 m

N

Palacio Legislativo
Nicaragua
Arenal Grande
República
Justicia
Democracia
Constitución
Defensa
Dr. Martín C. Martínez
Dr. Joaquín Requena
Juan Paullier
Miguelete
Goes
Cufré
La Paz
Acevedo Díaz
PARQUE BERNARDINA
Venezuela
Lima
Inca
Yaguarón
Asunción
Nueva York
Miguelete
Busbahnhof Tres Cruces
Boulevard
Daniel Muñoz
Dante
Obelisk
República
La Paz
Galicia
Av. Daniel F. Crespo
Arenal Grande
Cerro Largo
Colonia
General
Paysandú
Gaboto
Magallanes
Minas
Av. Uruguay
Julio
Mercedes
de
Palmar
Dr. Javier B. Amorín
Tacuarembó
Carlos Roxlo
Vázquez
Colonia
18
Artigas
Av. Gral. Rivera
Av.
Universität
José Enrique Rodó
Vegetariana
Chana
Dr. Pablo de María
Dr. Joaquín de Salterain
Dr. Joaquín Requena
Juan Paullier
Acevedo Díaz
Dr. Dumvrinioso Terra
C. Español
Julio
Guaná
Juan M. Blanes
Charrúa
Klee Int.
Palacio Municipal
Constituyente
Canelones
M. V. Sancho
Maldonado
Lafayette
Boulevard
otel alifornia
aldonado
Yí
Yaguarón
Ejido
Santiago de Chile
Dr. Javier B. Amorín
Andrés M. Trueba
Salto
Dr. Lorenzo Carnelli
Minas
Magallanes
Gaboto
Yaro
Dr. Emilio Frugoni
Eduardo Acevedo
Juan D. Jackson
Durazno
España
urazno
San Salvador
arlos Gardel
Av. Gonzalo Ramírez
Cebollatí
erio ntral
PARQUE RODÓ
La Cumparsita
Rbla. República Argentina
Playa Ramírez
Av. Julio Herrera y Reissig
PLATA
Julio M. Sosa
PARQUE DE LAS INSTRUCCIONES DEL AÑO XIII

geschlossen) erfolgt über einen Panorama-Aufzug von der Rückseite des Gebäudes.

Im gleichen Gebäude sind ein Postamt und zwei Museen untergebracht (beide an der Calle Ejido): das **Centro de Exposiciones** mit Wechselaustellungen uruguayischer Kunst sowie das **Museum für Präkolumbische Kunst,** das Werke dieser Epoche aus allen Ländern und Kulturräumen Lateinamerikas – teilweise Kopien – sammelt. Vor der Intendencia steht ein Bronzeabguss des David von *Michelangelo,* nicht weit entfernt ein Denkmal für den Gaucho.

Straße Dr. Tristán Narvaja

Gegenüber der Universität und der Staatsbibliothek zweigt die Straße Dr. Tristán Narvaja ab; in der Woche unscheinbar und leer, verwandelt sie sich am **Sonntagvormittag** in ein **Händler- und Käuferparadies,** eine Mischung aus Floh-, Gemüse-, Haushaltswaren-, Wurst- und Käsemarkt.

Obelisk Zorilla de SanMartín, Parque Battlle y Ordóñez

Das Ende der 18 de Julio markiert der Obelisk von *Zorilla de San Martín,* der 1938 zur Erinnerung an die Verfassung von 1830 aufgestellt wurde. Dahinter beginnt der 60 ha große Parque Battlle y Ordóñez, in dem auch das 1930 zur ersten Fußballweltmeisterschaft gebaute **Estadio Centenario** steht. 60.000 Zuschauer fasst es, allerdings war es in den letzten Jahren nur selten ausverkauft. Zuletzt 1995 zum Endspiel des Südamerika-Cups, als Uruguay im Elfmeterschießen Brasilien besiegte. Die Tribünen heißen Olimpia, Amsterdam und Paris, und so erinnert man sich bei jedem Besuch an die großen Zeiten des uruguayischen Fußballs, als bei den Olympischen Spielen 1924 und 1928 die Goldmedaille im Fußball gewonnen wurde. Im Stadion befindet sich auch das **Fußball-Museum,** eine teilweise absurde Mischung aus Trikots, Plakaten und Zeitungsausschnitten – darunter auch viel über die deutsche Fußball-Bundesliga aus der Mitte der 1970er Jahre.

Der Cerro, der Parque Prado und die Strände

Am besten gelangt man mit dem Bus Nr. 125 zum Cerro, dem Hügel, der Montevideo den Namen gab und von dem man den besten **Überblick über die Stadt** hat. Man fährt bis zu dem kleinen Friedhof unterhalb des Forts, von dort sind es zur Spitze noch etwa zehn Minuten zu Fuß, vorbei am Aussichtsrestaurant „Parador El Cerro". Die Aussicht ist wunderbar: Endlos dehnt sich der Río de la Plata wie ein Meer aus, ebenso endlos das weite Land, man überblickt den Hafen, die Raffinerieanlagen, Alt- und Neustadt, die Strände, die sich langsam im Dunst verlieren. Die Festung, die **Fortaleza,** die 1809/11 erbaut wurde, ist heute das **Museo Militar José Artigas:** Hier werden Waffen vorwiegend aus dem 19. Jahrhundert gezeigt. Gut ist die Aussicht aus der Festung, auch weil man von dort durch ein Teleskop auf die Stadt sehen kann. Sie ist im Sommer Mo bis Fr 14–19 und Sa/So

10–17 Uhr geöffnet, im Winter Mi bis So 13–18 Uhr.

Nördlich des Zentrums erstreckt sich der **Parque Prado,** ebenfalls mit dem Bus Nr. 125 zu erreichen. Die Montevideaner, die an den Sommerwochenenden nicht am Strand sind, halten sich hier auf. Im Park stehen zwei interessante Denkmäler: **La Diligencia,** die Postkutsche, von *José Belloni,* die lebensecht über Stock und Stein zu rasen scheint, und das Denkmal für die letzten **Charrúa-Indianer.** Dann gibt es noch einen botanischen Garten mit Rosarium, das Gelände für die lokalen Viehauktionen, Schauplatz der Semana Criolla, und das **Museo Municipal de Bellas Artes „Juan Manuel Blanes"** (Millán 4015 y Cno. Castro). Hier werden vorwiegend Werke des Namensgebers gezeigt, aber auch von anderen bekannten uruguayischen Malern wie *Pedro Figari.* Es ist Di bis So von 14–19 Uhr geöffnet.

Die Badesaison in Montevideo beginnt jedes Jahr offiziell am 8. Dezember. Über **20 km Badestrände** verfügt die Stadt, aber nicht an allen darf gebadet werden, an manchen ist das Wasser zu sehr verschmutzt. Der beliebteste Strand ist die **Playa Pocitos** im gleichnamigen Stadtteil. Pocitos wird von den Montevideanern gern als die „Copacabana Montevideos" bezeichnet. Es ist ein Wohnviertel der gehobenen Mittelschicht. Hier finden sich gute Restaurants und gepflegte Bars, der Strand selbst ist Tummelplatz vor allem der gutbürgerlichen Jugend. Ungestörte Ruhe darf man nicht erwarten, stattdessen Spiel und Sport, Strandvolleyball- und Fußballturniere oder Aerobic zum Mitmachen.

An Pocitos schließen sich der **Yachthafen** und das **Museo Oceanográfico-Zoológico Damaso Antonio Larrañaga** (Rambla República de Chile 4215) an, mit einer der wichtigsten meeresbiologischen Sammlungen Lateinamerikas, geöffnet im Sommer Di bis So 10–19, im Winter 10–17 Uhr.

Weitere Sandstrände, immer wieder durch kleine Felsengruppen voneinander abgetrennt, folgen: Playa del Buceo, Playa de Malvin, Playa Honda, Playa de los Ingleses, Playa Verde und Playa Carlos Gardel. Der letzte unter Montevideos Stränden ist die Playa de Carrasco. Carrasco ist der teuerste Stadtteil Montevideos und seit langem der Wohnsitz der Reichen.

Touristeninformation

- Eine Informationsstelle ist im **Foyer des Tourismusministeriums,** Avenida del Brig. General Lavalleja 1409. Die Tourismusinformation unterhält weitere Stände im **Busbahnhof** und im internationalen **Flughafen Carrasco** an der Plaza Fabini.
- Eine gute Informationsquelle über kulturelle Ereignisse, Bars und Restaurants ist der allwöchentlich am Freitag erscheinende **„Guía del Ocio".**
- Der uruguayische **Automobilklub** (Automóvil Club del Uruguay) hat seine Zentrale auf der Colonia 1251, Tel. 921691. Mitglieder eines internationalen Automobilklubs können hier ebenfalls Informationsmaterial (Karten) erhalten.
- Die besten **Stadtpläne** findet man in den örtlichen Telefonbüchern.
- Bei Flugbuchungen etc. hilft das **Asatej Student Flight Center,** Rio Negro 1354, 2. Piso, Of. 1+2, Tel. 9080509. uruguay@asatej.com.ar

Hotels

Einfach und billig

●**Hotel Palacio,** Bartolomé Mitre 1364, Tel. 9163612; freundlich, gut, sauber, kein Frühstück, Balkon über der Altstadt, Zimmer 15 US-$.

●**Hospedaje del Centro,** Soriano 1126, Tel. 9001419; mit Kochgelegenheit, freundlich, DZ mit Bad 12 US-$.

●**Nueva Pensión Ideal,** Soriano 1073; sehr freundlich, aber ohne Frühstück, 15 US-$.

●**Hospedaje Nuevo Savoy,** Bartolomé Mitre 1371; sauber, DZ mit Bad 10 US-$.

●**Pensión Roy,** Sarandí 437. In der Pensión Roy besteht Koch- und Waschgelegenheit, sie ist sehr zentral gelegen und empfehlenswert, ein Zimmer kostet ungefähr 10 US-$.

●**Hospedaje Solis,** Bartolomé Mitre 1314, gegenüber dem Teatro Solis. Gute zentrale Lage. Pro Person 10 US-$.

●**Hotel Aramaya,** Av. 18 de Julio 1103, Tel. 9021058, Fax 9029039. Direkt an der Plaza Libertad. DZ mit Bad 20 US-$.

Hotels der Mittelklasse

●**Alvear,** Yí 1372, Tel. 9020244; 40 US-$.

●**Balfer,** Zelmar Michelini 1329,
Tel. 9020135, Fax 9024228; 40 US-$.

●**California,** San José 1237/39,
Tel. 9020408, Fax 9020408; ab 35 US-$.

●**Columbia Palace,** Reconquista 470,
Tel. 9060001, Fax 9060192; ab 40 US-$.

●**Crillon,** Andes 1318, Tel. 9020195,
Fax 9020849; ab 35 US-$.

●**Español,** Convención 1317, Tel. 9003816,
Fax 9004772; 24 US-$.

●**Parque Hotel,** Rambla Wilson,
Tel. 4088372, Fax 4088380; 35 US-$.

●**Apart Hotel Bremen,** Maldonado 1308, Tel. 9009641, Fax 9009642, 45–75 US-$; im Zentrum Montevideos, geleitet von einem Deutschen und einer Schweizerin. Drei Apartment-Kategorien für bis zu sechs Personen. Die Apartments sind voll ausgestattet von der Waschmaschine über den Fön bis zum Videorecorder, Fax und Internetanschluss. Dazu ein Pub mit Bier vom Fass und deutschem Essen.
www.bremenmontevideo.com

Luxushotels

●**Victoria Plaza Hotel,** Plaza Independencia 759, Tel. 9020111, Fax 9026128. Das Victoria Plaza Hotel ist das größte (Zimmer ab 120 US-$) Hotel Montevideos.

●**Plaza Fuerte,** Bartolomé Mitre 1361, Tel. 9059563, Fax 9059569; sehr schön restauriert, in einem alten Gebäude untergebracht, jeder Raum hat eine andere Einrichtung, sehr stilvoll, ab 90 US-$.

●**Lafayette,** Soriano 1170, Tel. 9024646, Fax 9021301, lafayette@montevideo.com.uy; ab 97 US-$.

●**Klee Internacional,** San José 1303, Tel. 9020606, klee@multi.com.uy; ab 30 US-$.

Camping

●Der Campingplatz befindet sich **im Parque Roosevelt,** etwa 15 km außerhalb der Stadt, nahe dem Flughafen gelegen.

Jugendherberge

●Die Adresse der Jugendherberge ist **Canelones 935,** Tel. 9081324; sie kostet 6 US-$ pro Person und steht nur Mitgliedern eines Internationalen Jugendherbergsverbandes offen. Sie ist sauber und freundlich, schließt allerdings um 24 Uhr.

●Einen **Jugendherbergsausweis** bekommt man im Büro auf der Straße Pablo de María 1583/008, Tel. 4004245 und 4000581, Fax 4001326, Mo bis Fr 11.30–19 Uhr.
montevideo@hosteluruguay.org,
www.hosteluruguay.org

Essen und Trinken

●Viele Restaurants in Montevideo, wie die der Kette La Pasiva, erinnern ein wenig an hell erleuchtete **Schnellimbisse,** auch wenn das Essen meist besser schmeckt. Der italienische Einfluss ist in den zahlreichen **Pizzerien** auf der 18 de Julio gut spürbar. Restaurants mit internationaler Küche finden sich auch im Stadtteil Pocitos. Preiswert, besonders Fischgerichte, kann man mittags auch im **Mercado Central,** Ciudadela 1229, essen.

● **Restaurant del Ferrocarril,** im alten Hauptbahnhof; sehr stilvoll und gut, edle Einrichtung, allerdings nicht billig.
● **Restaurant Morini,** Ciudadela 1229; einfach, aber nicht billig, sehr gutes Fleisch.
● **Mesón Viejo Sancho,** San José 1229; sehr gut.
● **Mercado del Puerto,** gegenüber der Aduana; nur mittags, große Fleischportionen – ein Muss!
● **La Vegetariana,** Calle Yí 1334; vegetarisches Restaurant.
● **Vida Natural,** San José 1184; vegetarisches Restaurant.
● **Club Español,** 18 de Julio 1332; gute spanische Küche in sehr schöner Atmosphäre.
● **Club Alemán,** Paysandú 935; deutsche Spezialitäten, nicht billig.
● **La Suiza,** Soriano 939; schweizer Küche.
● **Oro de Rhin,** Convención 1403; das „Rheingold" ist bekannt für deutsche Kuchenspezialitäten.

Nachtleben

Hier hilft ein Blick in den wöchentlich erscheinenden **„Guía del Ocio".**

Diskos

● **Zum Zum,** Rambla Armenia 1647.
● **Hard Rock,** Bulevar España 2621.
● **Palacio Sudamérica,** Calle Yatai; Disko auf drei Etagen für verschiedene Altersklassen und Musikstile, viel lateinamerikanisch-karibische Musik.
● **Metro.com.,** Juan D. Jackson/Ecke A. Gonzalo Ramírez nahe dem Parque Rodo. Gute Disko mit nettem einheimischem Publikum.

Kulturzentren

● Das **Goethe Institut** auf der Canelones 1524 besitzt eine gut sortierte Bibliothek und bietet ein monatliches Kulturprogramm; Tel. 410-5813, Jan./Febr. geschlossen.

● Die US-Botschaft unterhält das **Information Resource Center,** eine öffentliche Bibliothek in Lauro Muller 1776, Tel. 413-0513, geöffnet Mo bis Fr 9–17.30 Uhr.
● In der Soriano 1180 befindet sich die **Alliance Française,** Tel. 9030805.

Kinos

● Die meisten Kinos in Montevideo liegen auf der Avenida 18 de Julio, nahe der Plaza Cagancha. Sie zeigen das normale internationale Programm, meist unsynchronisiert mit spanischen Untertiteln. Interessanter sind das **Cine Universitario** (Canelones 1280) und die **Cinemateca Uruguaya**. Deren wechselndes Programm wird in der Tagespresse annonciert. Die Spielstätten der Cinemateca Uruguaya:
● **Saal I** und **II,** Lorenzo Carnelli 1311.
● **La Linterna Mágica,** Soriano 1227.
● **Pocitos,** Chucarro 1036.

u89-432 Foto: gw

Szene beim Fest der Iemanya

Theater

- **Teatro Solis,** Buenos Aires 678.
- **El Galpón,** 18 de Julio 1618.
- **Teatro Circular,** Rondeau 1388, freie Theater- und Musikgruppen.
- **La Máscara,** Río Negro 1180.
- **Teatro del Anglo,** San José 1426.

Tango

In den meisten Tango-Bars beginnt das Leben am Samstag erst ab 24 oder 1 Uhr.

- **La Vieja Cumparsita,** Carlos Gardel 1181, Tanzlokal mit viel rotem Plüsch.
- **Fun-Fun,** Ciudadela 1229, im Mercado Central.
- **1000 Años,** Zelmar Michelini 1054.
- **Tanguería del 40,** Rambla República de Francia 473.

Flugverbindungen

- Der internationale **Flughafen Carrasco** liegt etwa 15 km außerhalb der Innenstadt, er ist mit einem Zubringerbus ab dem Pluna/Varig-Büro (s.u.) oder mit dem Taxi zu erreichen. Die Busfahrt kostet etwa 2 US-$, die mit dem Taxi ca. 10 US-$. Bei internationalen Abflügen beträgt die **Flughafengebühr** zur Zeit **12 US-$.** Auch wenn nicht alle großen Unternehmen Montevideo direkt anfliegen, so haben doch fast alle Fluggesellschaften ein Büro in der Stadt.

Die wichtigsten **Linien** sind:

- **Aerolíneas Argentinas,** Convención 1343, Tel. 9019466.
- **Iberia,** Colonia 973, Tel. 9081032.
- **LAN-Chile,** Plaza Cagancha 1335, Tel. 9023883.
- **PLUNA/Varig,** Miraflores 1445 (Carrasco), Tel. 9021414, www.pluna.com.uy.

Überlandbusse

- Der **Busbahnhof Tres Cruces** an der Ecke Bulevar Artigas und Av. Italia bietet mit Restaurants, Supermarkt, Bank und Informationsschalter allen Komfort.

Vom Busbahnhof gibt es mehrfach täglich **Verbindungen** in alle Städte im Landesinnern, dazu kommen internationale wie nach

- **Asunción,** täglich (bis auf Do), 70 US-$, 18 Stunden.
- **Porto Alegre,** 25 US-$, 11 Stunden.
- **Sao Paulo,** 50 US-$, 30 Stunden.
- **Santiago de Chile,** über Mendoza, 60 US-$, ca. 30 Stunden.
- **Buenos Aires,** z.B. das **Schnellboot** der Firma Buquebus, das die Strecke vom Hafen in Montevideo zum Puerto Madero in Buenos Aires in 2½ Stunden schafft (45–68 US-$; Abfahrt im Terminal Buquebus gegenüber dem Mercado del Puerto, viermal täglich, Tel. 4088120) oder eine **Bus-Boot-Kombination** über Colonia del Sacramento (mit Buquebus je nach Boot 20–30 US-$, oder mit Ferrytur; Abfahrt Terminal Tres Cruces, etwa 4½ Stunden, 25 US-$, viermal täglich, Tel. 4004807) oder die acht- bis neunstündige Fahrt mit Cacciola per Bus und Boot über Carmelo und Tigre in die argentinische Hauptstadt (zweimal täglich, 30 US-$, Tel. 4025721).
- Alle Unternehmen, die nach Buenos Aires fahren, haben ein **Büro im Busbahnhof Tres Cruces,** so ist der Preis- und Zeitvergleich einfach. Wer nur einige Tage nach Buenos Aires will, sollte auf Sonderangebote achten. Mitunter bieten diese Firmen auch „Pauschalreisen" nach Buenos Aires an – dann sind zwei Übernachtungen im Mittelklassehotel plus Fahrt je nach Boot schon für 45 US-$ zu haben (Verlängerungstage im Hotel möglich).
- Nach Zielen sortierte Fahrpläne finden sich unter **www.trescruces.com.uy.**

Stadtbusse

- Stinkend und qualmend, schnell und ruppig – und billig: das sind Montevideos Stadtbusse. Für weniger als einen halben Dollar kommt man durch die Stadt. Der Schaffner kassiert, den Fahrschein sollte man aufbewahren, da ab und an auch noch zusätzlich kontrolliert wird.
- **Fahrpläne** für die Busse **gibt es nicht**, jedenfalls hängen keine öffentlich aus, die Haltestellen sind meist schlecht bis gar nicht ge-

kennzeichnet, den besten, aber nicht vollständigen Streckenplan findet man im Telefonbuch. Da hilft nur eines: Fragen!

Taxis

●Taxis halten auf Zuruf und haben **Taxameter,** die statt des Fahrpreises eine Ziffer anzeigen. Jeder Ziffer entspricht einer Geldsumme, die der Fahrer in einer Liste (sie muss dem Kunden sichtbar sein, unterschiedliche Tarife für Tag und Nacht) nachschlägt.

Autoverleih

●**Die meisten Autovermietungen** sind im Viereck zwischen den Straßen Avenida 18 de Julio und Uruguay sowie den Plätzen Independencia und Eduardo Fabini (auch El Entrevero genannt) angesiedelt. Dort gibt es viele kleinere Verleihfirmen, die nicht den internationalen Ketten angehören, manche mit erheblich preiswerteren Angeboten. Hier kann man besser verhandeln. Achten Sie aber bei der Wagenübergabe genau darauf, dass alles in Ordnung ist: Überprüfen Sie Handbremse, Beleuchtung und auch die Reifen (Ersatzreifen nicht vergessen!). Und bedenken Sie: Oft werden die Preise zunächst als Nettopreise genannt. Das hört sich dann recht billig an – aber Vorsicht: Versicherung und Mehrwertsteuer (22 Prozent) kommen noch dazu ... Alles in allem ist ein normaler PKW je nach Leihzeit und Saison ab 20–25 US-$ pro Tag zu haben.

●**Am Flughafen** sind alle internationalen Anbieter vertreten; deren Schalter befinden sich in der Ankunftshalle.

●Der **Internationale Führerschein** ist in Uruguay nicht nötig.

Hier einige **Verleiher in der Stadt:**

●**Dollar,** Av. de las Américas/
Ing. Luis Giannattasio, Tel. 6014617,
www.urured.com/dollar/

●**Localiza,** Colonia 813, Tel. 9023920.

●**Multicar,** Colonia 1227, Tel. 9022555,
www.redmulticar.com

●**Budget,** Mercedes 935, Tel. 9025353.

Post und Telefon

●Die **Hauptpost** ist in der Altstadt auf der Straße Buenos Aires 451, sie ist Mo bis Fr von 8–18 Uhr geöffnet. Ein anderes großes Postamt mit längeren Öffnungszeiten (Mo bis Fr 7–19 Uhr) befindet sich im Gebäude der Intendencia auf der Calle Ejido 1322.

●Die **Telefongesellschaft** ANTEL hat mehrere Büros, eines auf der Fernández Crespo 1534, auf der San José 1108 (24-Stunden-Service) und Rincón 501. Telegramme kann man im Büro auf der Treinta y Tres 1418 aufgeben. Antel bietet auch einen **Internet-Service.**

Geldwechsel

Bessere Kurse als die Banken geben die Wechselstuben. Sie tauschen bar fast alle Währungen: So ist es in Montevideo nicht schwierig, Euro gewechselt zu bekommen.

Beim Tausch von **Reiseschecks,** wie American Express oder Thomas Cook, wird meist eine einprozentige Kommission fällig.

●Die meisten **Wechselstuben** liegen in der Umgebung der Plaza Cagancha (auch Plaza Libertad genannt) entlang der Avendia 18 de Julio oder im Bankenviertel der Altstadt. An Sonntagen haben ebenfalls einige Wechselstuben an der Plaza Cagancha geöffnet, dann ist dort allerdings der Wechselkurs etwas schlechter.

●In Uruguay wird die **EC-Karte** mit Maestro-Logo ausschließlich von **Geldautomaten der redbrou** (Banco de la República Oriental del Uruguay) akzeptiert.

Reiseveranstalter

●Die meisten Reisebüros befinden sich im Geviert zwischen den Plätzen Independencia und Fabini sowie den Straßen 18 de Julio und Mercedes. Die meisten bieten Touren in die Nachbarländer an, einige aber auch geführte Reisen ins Inland, zur Vogelbeobachtung, auf Estanzias oder kombinierte Touren durch das Land. Einige **Anbieter:**

●**Transhotel – Traslados y Paseos**
Acevedo Díaz 1671, Tel. 4029935/36, Ansprechpartner ist *Sr. Oscar Fuentes;* Transho-

tel, ein Familienbetrieb, organisiert touristische City Tours, Aufenthalte auf Estanzias, Kulturevents bis hin zu größeren Reisen, individuell oder in Gruppen, in und um Uruguay. So ist z.B. die City Tour für Kurzaufenthalte in Montevideo sehr empfehlenswert, da man innerhalb von ca. 4 Stunden einen guten Überblick über die Stadt und ihre Geschichte bekommt; transtyp@adinet.com.uy, www.e-transhotel.com.

- **Viajes Bueme's,** Colonia 979, Tel. 9021050, www.netgate.com.uy/buemes.
- **Ecological Tours, Viajes Continental,** 25 de Mayo 732, Tel. 9020930, Fax 9020996; spezialisiert auf Vogelbeobachtung.
- **Cecilia Regules Viajes,** Bacacay 1313, Tel. 9063011, Fax 9063012; Besuche und Aufenthalte auf Estanzias.

Sonstiges

Antiquitäten/Bücher

- Wie in Buenos Aires gibt es in Montevideo eine Fülle von Antiquitätenläden. Zwar ist in der argentinischen Hauptstadt die Auswahl etwas größer, dafür sind in Montevideo die Preise niedriger.
- Zum Pflichtprogramm jeden Besuchers gehört der sonntägliche **Flohmarkt** auf der **Straße Dr. Tristán Narvaja,** auf dem neben Obst und Gemüse, Nippes und Kitsch auch wirkliche Antiquitäten zu finden sind. In der Tristán Narvaja finden sich auch die meisten Antiquitätengeschäfte.
- Auch am Beginn der Altstadt, nördlich der Plaza Constitución, gibt es einige gute **Antiquitätenläden** (in den Straßen Rincón, 25 de Mayo, Ituzaingo und Gómez).
- In der Juan Carlos Gómez 1435 ist die schönste **Buchhandlung** der Stadt, die **Librería Linardi y Rissi,** die vor allem Antiquarisches anbietet.

Fest

- Jedes Jahr **Anfang Februar** findet das **Fest der Iemanya** statt. Tausende von Menschen versammeln sich dann am Strand und bringen der Göttin des Wassers und dem Sinnbild für Fruchtbarkeit Iemanya Opfergaben. Es werden Kerzen aufgestellt, die Gaben ins Meer geworfen und Zeremonien abgehalten, um ihr zu huldigen.

Sport

- **Fußball** ist das Spiel der Spiele. Im **Estadio Centenario** findet während der Saison mindestens einmal pro Woche ein Spiel statt. Höhepunkt ist der Klassiker zwischen Peñarol und Nacional, den beiden wichtigsten Klubs der Stadt. Eine Tribünenkarte kostet zwischen 10 und 25 US-US-$.

Von Montevideo nach Osten – die Küste entlang bis zur brasilianischen Grenze

Von Montevideo bis nach Brasilien erstreckt sich ein breiter, meist recht weißer Sandstrand, zunächst an den Fluten des Río de la Plata, dann an denen des Atlantik. Kaum hat man Montevideo verlassen, steckt man mitten drin im **Urlaubsparadies der** meisten **Uruguayer.** Ein Badeort reiht sich an den anderen, in den meisten gibt es allerdings fast keine Hotels oder Pensionen. Stattdessen werden Sommerhäuschen und Apartments vermietet, zum Teil auch schon viele Monate im voraus. Andere Uruguayer haben hier auch kleine Ferienhäuschen.

Typisch ist beispielsweise **El Pinar,** ein Ort, der etwa 30 km östlich von Montevideo liegt und gut per Bus zu erreichen ist (Cutsca und Copsa heißen die Buslinien). El Pinar hat außerhalb der Saison 3500, in der Saison etwa 10.000 Bewohner.

Es folgen andere Badeorte, alle ähnlich, mit flachem Strand und wenig Wellen, ideal für Familien: Neptunia, Pinamar, Salinas, Marindia, El Fortín und Villa Argentina.

Atlántida ⇗XIII,D2

Je nach Jahreszeit leben 3000 oder 20.000 Menschen in der Kleinstadt, die inzwischen der drittwichtigste Badeort in Uruguay geworden ist. Der Grund sind die kilometerlangen Sandstrände; die zwei wichtigsten sind die **Playa Mansa** mit ruhigem Wellengang und die stürmischere **Playa Brava.**

Auch Atlántida ist in erster Linie ein Familienbadeort, vorwiegend für ältere Uruguayer und Argentinier, die hier ihr Sommerhäuschen haben. Neben den Stränden wirbt Atlántida mit zwei Attraktionen: dem Betonbau der **Casa del Aguila,** die sich wie ein Adlerkopf über dem Strand erhebt, und der etwas außerhalb der Stadt, an der nach Norden führenden Ruta 11 stehenden Kirche **Nuestra Señora de Lourdes,** erbaut nach Plänen von *Eladio Dieste.* Interessant ist die gewellte Konstruktion des Daches und der Seitenwände, sie verleihen dem Gebäude einen eigenartigen Schwung. Einen Besuch des ungepflegten Zoos kann man sich getrost sparen, man bekommt nur Mitleid mit den Tieren.

Touristeninformation 

- Ein gut sortiertes Informationsbüro befindet sich an der Ecke von Calle 14 und 18, Tel. 23104; aktuelle Infos auch unter www.atlantida.com.uy.

Hotels 

Einfach und billig

Da herrscht Mangelware, vor allem in der Saison. Das billigste ist das

- **Hotel Munday,** Calle 24/Ecke Calle 1, Tel. 22300; ab 15 US-$.

Hotels der Mittelklasse

- **Argentina,** Calle 11/Ecke Calle 24, Tel. 22414; 30 US-$.
- **Hotel Colonial,** Av. Artigas zwischen Circunvalación und Calle 26, Tel./Fax 23300, ab 30 US-$.

Luxushotels

- **Centenario,** Calle 11/Ecke Calle 24, Tel. 22637, ab 40 US-$.
- **Gardini,** Calle1/Ecke Calle 8, Tel. 30847, ab 40 US-$.

Camping 

- Ein guter Campingplatz ist **El Ensueño,** etwas außerhalb der Stadt auf der Interbalneario bei km 46.

Essen und Trinken 

An guten Restaurants herrscht kein Mangel in Atlantida, höchstens an preiswerten.

- Viele Restaurants liegen an der Calle 1, an der Ecke zur Montevideo beispielsweise das italienische Restaurant **La Caracola** und die **Pizzeria La Bahía.** Wenig weiter auf der Roger Ballet, aber fast an der Ecke zur 1, findet sich das **Restaurant Paola.** Das empfehlenswerte Fischrestaurant **La Casona** ist auf der Calle 3, fast an der Ecke zur Roger Ballet.

Busverbindungen 

- Cot auf der Ecke Avenida Artigas/Ecke Calle 18 hat regelmäßige Busverbindungen nach Montevideo und zu den anderen Orten an der Küstenstraße.

Autoverleih 

- **Ciudad Jardín,** República de Chile, zwischen Calle 22 und 24, Tel. 22052.

- **Turismo del Este,** Calle 11/Ecke Montevideo, Tel. 22132.
- **Theotur,** Calle 11, fast Ecke Montevideo, Tel. 24351.

Post 

- Auf der Calle 18/Ecke Calle 1.

Telefon 

- Die Telefonzentrale von Antel ist auf der Ecke der Straßen 14 und 1.

Geldwechsel 

- **Banco Pan de Azúcar,** Calle 22/Ecke 11.
- **Banco de la República,** Roger Ballet, Ecke 11.

Piriápolis  XIII,D2

Die „Stadt des Piria" verdankt ihre Existenz dem Montevideaner **Francisco Piria,** dessen Büste vor dem Argentino-Hotel steht. Denn der erkannte Ende des 19. Jahrhunderts als erster das touristische Potenzial der weiten, geschwungenen Badebucht. Er kaufte Land dort, baute 1897 seinen Palast, den man heute noch besichtigen kann, 1905 ließ er das Gran Hotel errichten und 1916 den Hafen – schließlich schielte bereits er auf die Besucherströme aus Buenos Aires. Erfolgreich, denn bereits ab 1920 baute man am neuen Argentino-Hotel, das 1930 fertig wurde. 1933 starb der Erfinder des Tourismus in Piriapolis.

Piriápolis ist der **zweitwichtigste Urlaubsort** an der Küste, er ist nicht ganz so ruhig wie Atlántida, aber auch nicht so hektisch wie Punta del Este. Bis zu 30.000 Besucher tummeln sich in der Saison an den Stränden, besser ist es vor oder nach dem Urlaubsmonat Januar. Allerdings haben viele Hotels dann geschlossen, dafür locken die übrigen mit niedrigeren Preisen.

Sehenswürdigkeiten 

Strandpromenade

Verlaufen kann man sich in dem Ort nicht. Die Strandpromenade **Rambla de los Argentinos** ist die wichtigste Straße, sie ist wie alle anderen Nebenstraßen übersät mit Hotels und Restaurants – kein Bewohner der Stadt, der nicht vom Tourismus leben würde.

Das Argentino-Hotel

Was tun außer baden? Das Argentino-Hotel besichtigen. Auch wer nicht drin wohnt, sollte einen Blick in den Prachtbau mit seiner prunkvollen Eingangshalle, dem Swimmingpool im Garten und dem Spielcasino werfen. Der Rosenpavillon neben dem Argentino-Hotel ist übrigens ein Werk des französischen Architekten *Gustave Eiffel* – richtig, der mit dem Turm.

Parque Municipal

Im Parque Municipal La Cascada y Museo de la Fauna kann man spazieren gehen. Es gibt einen kleinen künstlichen Wasserfall und ein kleines Museum, in dem zahlreiche ausgestopfte Tiere zu betrachten sind. Ebenfalls Museum ist das **Castillo de Piria,** das Wohnhaus des Stadtgründers.

Cerro del Inglés

Zu Fuß oder mit dem Sessellift geht es auf den Cerro del Inglés (Cerro San Antonio) hinauf. Weg und Lift enden an der Kapelle für den Heiligen Antonius. Der Blick über die Bucht von Piriápolis ist wunderbar. Wer **romantische Sonnenuntergänge** liebt, sollte sich kurz vor Sonnenuntergang bei der Statue der Virgen de los Pescadores („Jungfrau der Fischer") einfinden.

Touristeninformation

- Rambla de los Argentinos 1348, neben dem Argentino-Hotel, Tel. 22560.

Hotels

Wie in fast allen Orten an der uruguayischen Riviera gibt es in Piriápolis eine Fülle von Unterkünften. Allerdings sind die Saisonpreise häufig hoch, vor allem ab Weihnachten und im Januar wird häufig das Doppelte des Normalpreises verlangt.

Einfach und billig

Einfache Hotels sind fast nicht zu finden. Die billigsten verlangen in der Saison etwa 20 US-$ fürs DZ mit Bad. Zwei Adressen:

- **El Paso,** Piria/Ecke Chacabuco, Tel. 22632.
- **Residencial Uruguay,** Uruguay 1026, Tel. 22424.

Hotels der Mittelklasse

In der Preislage zwischen 30 und 50 US-$ ist leicht eine Unterkunft zu finden; drei Vorschläge:

- **Alcázar,** Av. Fco. Piria 901, Tel. 22507.
- **Danae,** Rambla de los Argentinos 1270, Tel. 22594.
- **Colón,** Rambla de los Argentinos/Ecke Piria, Tel. 22508.

Luxushotel

- **Argentino-Hotel,** Rambla de los Argentinos, Tel. 22791; ab 120 US-$.

Camping

- Der von Dezember bis März geöffnete Campingplatz ist Niza/Ecke Misiones.

Jugendherberge

- Die preiswerteste Möglichkeit zur Übernachtung (mit Kochgelegenheit – eigene Töpfe mitbringen!) bietet die Jugendherberge in der Simón del Pino 1136 (besser vorher anmelden, Tel. 043/20394, 6 US-$). Der Internationale Jugendherbergs- oder Studentenausweis ist aber erforderlich.
piriapolis@hosteluruguay.org

Busverbindungen

- Alle Busunternehmen (Cot, Onda, Díaz) haben ihre Büros direkt an der Rambla. Cot (Tel. 22259) bietet während der Saison die besten Verbindungen nach Montevideo und die anderen Orte an der Interbalneario.

Autoverleih

- **Multicar,** Immobiliaria Noel, Rambla/Ecke Sanabria, Tel. 3792.

Sonstiges

- Das **Postamt** befindet sich auf der Ecke Rambla de los Argentinos und Manuel Freire.
- Das Büro der staatlichen **Telefongesellschaft** Antel liegt auf der Calle Tucumán, nahe der Ecke zur Calle Manuel Freire.
- **Geld wechselt** der Banco del Uruguay, Tucumán/Ecke Sanabria.

Ausflug zum Cerro Pan de Azúcar

Am Fuße des „Zuckerbrots", so der Name des Bergs in deutscher Übersetzung, nur wenige Kilometer landeinwärts gelegen und leicht an seinem hohen, weißen Gipfelkreuz zu erkennen, liegt der **schönste Zoo Uruguays.** Er dient der Nachzucht bedrohter Tierarten des Landes; deshalb werden nur am Río de la Plata heimische Tiere in teilweise sehr großzügigen Freigehegen gezeigt. Es gibt unzählige Vogelarten, daneben Großkatzen, Biber, Stink- und Gürteltiere, Füchse oder auch Carpinchos, die in den uruguayischen Sumpfgebieten lebenden, größten Nagetiere der Welt.

u91-442 Foto: gw

Der Berg selbst ist mit stolzen 493 m der dritthöchste des Landes.

Punta Ballena

Den besten Blick auf die Skyline des größten Touristenortes am Río de la Plata, auf Punta del Este, hat man von der Punta Ballena, die nur wenige Kilometer westlich vor Punta del Este liegt. Punta Ballena – „ballena" bedeutet Wal – ist eine kleine **Landzunge mit grottenbesetzter Steilküste.** Hier hat der Maler *Jorge Páez Vilaró* ein schneeweißes, eigenwillig surrealistisches Haus mit Anklängen an spanisch-maurische Architektur erbaut. Mit seinen fließenden Linien erinnert es eher an eine bizarre Gipsskulptur als an ein Apartmenthotel. In dieser so genannten **Casa Pueblo** ist auch ein Ateliermuseum des Künstlers untergebracht.

Punta del Este ⇗XIII,D2

Was Nizza und Cannes für Frankreich, Marbella für Spanien, Sylt für Deutschland – das ist Punta del Este für ganz Lateinamerika: der **teuerste und exklusivste Urlaubsort des Kontinents,** der Platz für große Kongresse und Veranstaltungen, der Treff der Schönen, Reichen und Wichtigen, der Ort, wo Mercedes-Händler im Januar ihren Jahresumsatz machen, wo die billigsten Gerichte auf der Speisekarte natürlich nie bestellt werden, der Ort, wo Fernseh- und Radiosender Uruguays und Argentiniens im Sommer Extra-Studios eröffnen und Zeitungen eigene Redaktionen einrichten. Hier muss man hin – wer nicht kommt, ist entweder out oder pleite. Dazu gehört allerdings nicht viel: Für Sommerhäuser sind Monatsmieten um die 10.000 Dollar nichts Ungewöhnliches.

Der Platz ist gut gewählt, denn Punta del Este, kurz Punta, liegt wirklich einmalig. Eine **Halbinsel** ragt genau an der Mündung des Río de la Plata in den Atlantik vor. So hat der Ort zwei total unterschiedliche Küsten: im Westen eine ruhige zum Río de la Plata, im Osten eine am wesentlich stürmischeren Atlantik.

So bietet Punta wunderbare Wassersportmöglichkeiten, aber den meisten Urlaubern ist das eigentlich egal. Sie sitzen tagsüber am Strand, schäkern herum, bevor man sich zurückzieht, um sich auf das anstrengende und ausufernde **Nachtleben** vorzubereiten. Vor 23 Uhr geht keiner aus, und vor 5 Uhr keiner zu Bett. Der Vormittag wird verschlafen, am Nachmittag füllen sich nach und nach die Strände mit Urlaubern.

Die Orientierung in der Stadt ist eigentlich einfach, wird aber dadurch erschwert, dass die Straßen mal mit Namen genannt werden, mitunter bloß Nummern tragen.

Touristeninformation

- Ein Büro liegt an der Kreuzung der Rambla mit der Straße Inzauraggo. Hier erhält man neben Karten von Punta auch verschiedene nützliche Broschüren.
- **Im Busbahnhof** gibt es im Sommer ein weiteres Infobüro.

Moderne Plastik am Strand in Punta del Este

- Nützlich ist ein Besuch des **Centro de Hotels y Restoranes** auf der Plaza Artigas. Dort bekommt man eine Liste aller Unterkünfte mit den aktuellen Preisen.

Hotels

Einfach und billig

Gibt es in Punta del Este fast nicht. Wer dort bleiben will, muss einfach mehr ausgeben. Zwei Unterkünfte, die echte Preisbrecher in der Stadt sind:

- **Hostal El Castillo,** Inzaurraga zwischen Remanso und Baupres. Pro Person 6 US-$.
- **Hotel Ocean,** La Salina 636. Tel. 444947. Doppelzimmer für 20 US-$.

Hotels der Mittelklasse

- **Ancla,** Salto Grande/Ecke Estelar, Tel. 484311; 50 US-$.
- **Auberge du Cap,** Naciones Unidas/Ecke Selva Negra, Tel. 480609; 50 US-$.
- **Dollar,** Vaz Ferreira/Ecke Arazatí (Parada 2), Tel. 482233; 40 US-$.

Luxushotels

- **Hotel L'Auberge,** im Barrio Parque del Golf, Tel. 482601; ab 140 US-$.
- **Hotel Solana del Mar,** bei Punta Ballena, Tel. 478888; ab 80 US-$.
- **Posta del Cangrejo,** in La Barra, Tel. 470021; ca. 100 US-$.

Jugendherberge

- **Sea Princess,** Av. España Ecke Rambla, Parada 24 1/2, Tel. 099/246533, DZ 28–42 US-$. Ganzjährig geöffnet, kann bei Hostelling International in Montevideo gebucht werden, Tel. 400-4245, www.hosteluruguay.org.

Essen und Trinken

- **Blue Cheese,** Tel. 440354, Rambla de Circunvalción/Ecke 23; schöne Terrasse zum Hafen.
- **Bungalow Suizo,** Avenida Roosevelt/Ecke Parada 8, Tel. 482358; schweizer Küche.
- **Doña Flor,** Plaza Paris/Ecke San Rafael, Tel. 484720; französisch.
- **Floreal,** Tel. 83241, Pedragosa Sierra/Parada 5; Essen im Garten bei Kerzenschein.

● **Las Tucumamitas,** Pedragosa Sierra/Ecke San Francisco. Sehr leckere Empanadas.

Nachtleben

● Zahlreiche Diskotheken, Clubs, Kinos und Veranstaltungen wetteifern in Punta del Este täglich um die Gunst der Gäste. Es empfiehlt sich ein Blick in die Veranstaltungsseiten der Zeitungen, auch weil die Adressen der „In-Diskos" häufig wechseln.

Diskotheken

● **Space,** Parada 31, über La Brava im Rincón del Indio; in den letzten Jahren die Top-Disko in Punta, ab 24 Uhr.

● **Kal,** im Balneario Buenos Aires, direkt am Strand.

● **La Plage,** Rambla Lorenzo Battle/Ecke Parada 11, ab 24 Uhr.

● **Toronto,** Parada 19/Ecke Brava; fürs jüngere Publikum, ab 1 Uhr.

● **BA,** Parador la Olla, Parada 3 de la Brava; Überraschungsfeste, ab 24 Uhr.

● **Swan,** Parador Zorba en Parada de la Brava: klassische Hits, ab 24 Uhr.

Flugverbindungen

● Vom Flughafen bestehen in der Saison Verbindungen **nach Montevideo, Buenos Aires und nach Brasilien.**

Fluggesellschaften

● **Pluna,** Parada 8½ auf der Rambla Battle Pacheco nahe Roosevelt, Tel. 490101.

● **Aerolíneas Argentinas,** Gorlero zwischen Inzaurraga und Las Focas, im Edificio Santos Dumont, Tel. 444343.

Überlandbusse

● Der **Busbahnhof** befindet sich auf der Rambla General Artigas/Ecke Riso. Hier fahren alle Busse nach Montevideo ab. Cot, Onda und Nuñez fahren jeweils mehrfach täglich nach Montevideo.

Autoverleih

● **Hertz,** Inzaurraga zwischen Gorlero und Remanso, Tel. 489778.

● **Budget,** Los Muergos, Tel. 446363.

● **Multicar,** Avenida Gorlero 860, Tel. 443143.

Post und Telefon

● Die **Post** ist auf der Gorlero 633.

● Das **Antel-Büro** befindet sich auf der Ecke der Straßen Arrecifes und Mesana.

Geldwechsel

● Fast alle Banken und Geldwechsel-Büros haben ihre Lokale entlang der Calle Gorlero.

Reiseveranstalter

Alle Reiseveranstalter bieten mehr oder weniger **dieselben Touren** an. Es sind Ausflüge zur Isla Gorriti und zur Isla de los Lobos, zu den Stränden der Umgebung wie Punta Ballena oder nach Cabo Polonio sowie Tag- und Nachtführungen durch Punta del Este.

● **Green Tours,** im Busbahnhof, Tel. 490570.

Ausflüge

Isla Gorriti und Isla de los Lobos

Nur mit organisierten Touren kann man die beiden der Küste vorgelagerten Inseln besuchen. Die Isla Gorriti ist eine alte **Festung** der Portugiesen, die Isla de los Lobos ein Naturreservat, in dem fast **200.000 Seelöwen** leben. Eine Fahrt sollte man möglichst am Vortag im Hafen buchen, sie kostet etwa 15 US-$.

Maldonado

Schon mit Punta zusammengewachsen ist die Hauptstadt der gleichnamigen Provinz. Sie ist billiger und ruhiger als das hektische Seebad, zudem hat sie sich – anders als Punta – einige historische Sehenswürdigkeiten bewahren können.

Am Hauptplatz befindet sich die **Kathedrale,** ein zweitürmiger, neoklassizistischer Bau und eine mit Azulejos-

Die Lagunen in Maldonado und Rocha

Entlang der uruguayischen Atlantikküste finden sich in den Provinzen Maldonado und Rocha zahlreiche Lagunen. Es sind von Westen nach Osten die Laguna del Sauce, die Laguna José Ignacio, die Laguna Garzón, die Laguna de Rocha, die Laguna de Castillos, die Laguna Negra und zuletzt die riesige Laguna Merín auf der Grenze nach Brasilien.

Besonders interessant sind die ersten vier. Sie sind **flache Süß- und Brackwasserreservoirs,** die meist einen kleinen Zufluss haben und nicht immer mit dem Meer verbunden sind. Der Atlantik schwemmt Sand an, baut so einen Damm, in der Lagune steigt der Wasserstand, und endlich überwindet das Wasser diese Sanddämme und die Lagunen können in den Atlantik entwässern.

Die Lagunen sind wertvolle, nicht leicht zu schützende **Biotope** mit einem sehr fragilen ökologischen Gleichgewicht. Sie sind fischreich und ein Paradies für Wasservögel. In der Wasser- und Sumpflandschaft finden sich Flamingos, unzählige Enten- und Gänsearten, eine Artenfülle von Wasservögeln, wie sie in Europa nirgendwo zu finden ist. Dazu kommen seltene Nagetiere wie Biber oder der fast nur in Uruguay lebende Carpincho, der größte Nager der Welt.

Die schönsten Lagunen sind die Laguna Garzón und die Laguna de Rocha. Denn glücklicherweise wurde darauf verzichtet, die Küstenstraße per Brückenschlag über die Lagunen weiterzubauen. So führt der Hauptverkehrsweg im Binnenland an den Lagunen vorbei, und diese liegen v.a. außerhalb der Saison in fast paradiesischer Einsamkeit.

Die Palmenhaine von Rocha

Die uruguayische Provinz Rocha – „donde nace el Sol de la Patria", „wo die Sonne des Vaterlandes geboren wird" – ist nicht nur das Gebiet der Lagunen, Sümpfe und Wiesenmoore, in denen Kühe durch das Wasser waten, sondern auch das der riesigen Palmenwälder, der **südlichsten Palmenhaine der Welt.** Die größten liegen nördlich der Stadt Castillos entlang der Ruta 16, die von dort westlich der Laguna Negra verläuft.

Es sind ausschließlich **Butia-Palmen** *(Butia capitata),* eine Palmenart, die etwas dickere Stämme hat, dafür aber i.d.R. nicht höher als etwa 10 m wird. Woher diese Palmenhaine ursprünglich stammen, ist unklar. Eher scherzhaft wird vermutet, dass Jesuiten von Brasilien kommend die Früchte der Palmen als Proviant mitgebracht hätten und die weggeworfenen Kerne auf besonders fruchtbaren Boden gefallen seien. Wissenschaftlicher ist die Annahme, dass die Palmen die „Fortsetzung" der brasilianischen Vegetation seien.

Die Palmen müssen einst sehr dicht gestanden haben. Alte Chroniken berichten, dass sich die Indianer auf der Flucht vor den Europäern in die Palmenhaine zurückgezogen hätten. Sie seien einfach im Wald „verschwunden" – kaum vorstellbar, wenn man bedenkt, dass Palmenhaine kein Unterholz haben.

Heute sind sie im Bestand gefährdet, obwohl sich im Hinterland der Ruta 16 noch riesige Wälder erstrecken. Schuld ist die Viehzucht: Die Rinder fressen die jungen Palmsetzlinge, teilweise auch die Früchte, und so ist die Vermehrung der Palmen geringer als ihr natürliches Absterben.

Für Genießer: Butiá-Palmen haben essbare **Früchte,** gelblich, etwa so groß wie Erdbeeren, mit einem süßen, fasrigen Fruchtfleisch. Im Spätsommer und Herbst sind sie reif, sie werden dann überall in der Gegend von Castillos auch an Straßenständen verkauft. Sogar verarbeitet, denn mit Zuckerrohrschnaps aufgesetzt ergeben sie einen wohlschmeckenden Likör.

Kacheln geschmückte Kuppel. Der nur wenige Blocks entfernte alte Uhrturm **Torre del Vigia** wurde ab 1800 erbaut und diente den Spaniern als Wachturm zur Kontrolle der Einfahrt in den Río de la Plata.

- Die **Touristeninformation** ist im Edificio Comunal auf der Calle Sarandí zwischen den Straßen Juan A. Ledesma und Enrique Burnet. Ein Kiosk befindet sich am Busbahnhof.
- Gut und sehr preiswert (3,5 US-$ pro Person) übernachten kann man im **Hotel Celta** (Ituzaingó 839, Tel. 230139) oder in der **Jugendherberge Puebla Nueva** (Terrazas de Manatiales, Tel. 042-774427); Oktober bis Mitte April geöffnet, Küche, Waschmöglichkeit, Reservierung in Montevideo (Tel. 4004245) nötig. manantiales@hosteluruguay.org

San Carlos

Die Kleinstadt, etwa 20 km nördlich von Punta, ist eine der ältesten Städte in Uruguay. Sie wurde 1763 auf Veranlassung des Gouverneurs von Buenos Aires, *Don Pedro de Ceballos,* gegründet, um die spanische Herrschaft am anderen Ufer des Río de la Plata abzusichern. Heute hat San Carlos 20.000 Einwohner. Das schönste Gebäude ist die ab 1778 erbaute und 1804 geweihte **Iglesia de San Carlos** an der Plaza Artigas.

Rocha

⇗ XIII,D2

Man muss durch Rocha hindurchfahren, um wieder an die Küste zu gelangen. Das ist wohl der einzige Grund, warum die Stadt Besucher verzeichnet. Rocha ist ein typischer Verwaltungsort, mit Schachbrettgrundriss um die Plaza gruppiert. Dort liegen die Kirche, zwei, drei Bars und das Denk-

u93-448 Foto: gw

mal für *José Artigas.* 1793 wurde die Stadt gegründet, aber aus der über zweihundertjährigen Vergangenheit ist außer einigen Kolonialbauten in der Nähe der Plaza wenig erhalten. Interessant ist das **Museo Regional Munícipal,** ein historisches und archäologisches Museum (geöffnet Di bis Sa von 16–18.45 Uhr).

Praktische Informationen

- Es gibt **gute Verbindungen** nach Montevideo und Chuy sowie zur Küste nach La Paloma.
- **Hotel Trocadero,** 25 de Augusto/Ecke 18 de Julio, Tel. 2267, 25 US-$.
- **Hotel Municipal,** 19 de Abril, 8 US-$.

Cerro Catedral

Der **höchste Berg Uruguays** ist zwar nur **513 m** hoch, ein Ausflug dorthin lohnt dennoch. Trotz der geringen Höhe wirkt die Gegend nördlich von Rocha sehr gebirgig, es gibt immer wieder Felsdurchbrüche, es ist karg und mitunter schroff.

Der Berg ist nur mit eigenem Fahrzeug zu erreichen. Man fährt von Rocha aus Richtung Aigua über die Ruta 109, die langsam den Berg ansteigt und immer wieder schöne Ausblicke über die angrenzenden Täler bietet. Dann passiert man eine private Autorennstrecke, und nach etwa 25 km zweigt links ein Weg zum Cerro Catedral ab.

Palmenhain bei Rocha

Der Berg selbst kann problemlos bestiegen werden, der Blick von oben reicht weit über die Hügellandschaft.

La Paloma

⇗XIII,D2

Ein **Urlaubsort** am Meer **wie aus dem Bilderbuch:** weißer, feiner Sand, klares kühles Wasser im Atlantik, fischreich zur Freude der Angler, eine kleine Avenida, auf der man abends flanieren kann, ein preiswerter und sehr schöner Campingplatz, einige Straßen mit Hotels, ein paar Restaurants und als schönstes Gebäude ein alter Leuchturm, der bereits 1874 gebaut wurde und – zwar nur sehr kurz, aber immerhin – besichtigt werden kann: im Sommer täglich von 19–20 Uhr und im Winter von 18–18.15 Uhr.

Die **Avenida Solari** ist die Hauptstraße der Stadt. La Paloma besitzt keine zentrale Plaza, am südlichen Ende der Avenida liegen das Casino, das Postamt und die Busstation von Onda (gute Verbindungen nach Montevideo). Der Urlaubsort ist sehr beliebt bei jüngeren Leuten, wahrscheinlich auch der Preise wegen, die doch viel niedriger als in Punta del Este sind.

Hinzu kommt eine Attraktion ganz besonderer Art: An der Küste vor La Paloma und anderen Orten der Provinzen Rocha und Maldonado kann man **Wale beobachten.** Von Juli bis November treffen sich hier Bartenwale (Ballena Franca, s.u. Península Valdés/ Argentinien). An einigen Stellen wurden spezielle Beobachtungsplattformen errichtet, und überall bieten Agenturen Foto-Safaris per Boot an.

Touristeninformation

- Die Touristeninformation ist Avenida Nicolás Solari/Ecke Paloma. Dort erhält man auch ein aktuelles Unterkunftsverzeichnis.

Hotels

Es gibt fast ausschließlich Mittelklassehotels. Einige Empfehlungen:

- **La Pedrera,** La Pedrera, Tel. 6028; 40 US-$.
- **Trocadera,** Calle Juno, Tel. 6007; 30 US-$.
- **Hotel Viola,** A. Solari, Tel. 6020; 30 US-$.
- **La Tuna,** Calle Neptuno/Ecke Juno, Tel. 6083; 35 US-$.

Camping

- Im **Parque Andresito** befindet sich ein schöner Campingplatz. Hier vermietet die Stadt auch kleine, sehr schöne und preiswerte **Bungalows.**

Jugendherberge

- Im Parque Andresito befindet sich auch die Jugendherberge **La Paloma,** die ganzjährig geöffnet hat (Tel. 0479/6396, 3,5 US-$). Sie bietet eine Küche und eine Kantine, eine Reservierung in Montevideo (Tel. 4004245) ist nötig; lapaloma@hosteluruguay.org.

Cabo Polonio ⇗XIII,D2

Der Fischerort in den Dünen ist ein kleines Dorf mit Leuchtturm, **langen, einsamen** und breiten **Sandstränden** und wenig bis fast keiner touristischer Infrastruktur. Der Grund ist seine Abgeschiedenheit: Er ist nicht über eine Straße zu erreichen, es gibt weder Telefon noch fließendes Wasser, kaum ein richtiges Restaurant, nur ein kleines Geschäft. Viele junge „Aussteiger" aus Uruguay, Argentinien und Brasilien lieben den Ort gerade wegen dieser Abgeschiedenheit, sie leben dort in selbst gezimmerten Hütten am Strand. Die ursprünglichen Bewohner sind Fischer, überall im Ort sieht man, wie der Fisch auf Gestellen getrocknet wird.

Die Dünen sind **Landschaftsschutzgebiet.** Es sind Wanderdünen, der stetige Wind treibt an der einen Seite den Sand hoch, weht ihn über die Düne hinweg und legt ihn an der windgeschützten Seite wieder ab. Langsam, fast unmerklich wandert die Düne vorwärts.

Der **Zugang** nach Cabo Polonio ist etwas kompliziert. Man fährt am besten bis **Barra de Valizas.** Der kleine Ort wenige Kilometer nördlich von Cabo Polonio ist über eine schlechte Schotterstraße, die bei **km 271,5** von der Ruta 10 abgeht, mit dem normalen PKW zu erreichen. Von dort kann man Cabo Polonio mit einer langen Wanderung am Strand entlang, per Kutschfahrt mit Pferd durch die Dünen oder auf dem Rücken eines gemieteten Pferdes erreichen.

Bei **km 265,5** auf der Ruta 10 haben einige Firmen ihren Standort, die eine Lizenz besitzen, die es ihnen gestattet, Touristen mit Allradfahrzeug nach Cabo Polonio zu bringen.

Unterkunft

- Cabo Polonio eignet sich für Tagesausflüge. Wer länger in der Region bleiben will, sollte nach **Barra de Valizas,** wo es eine Jugendherberge gibt (**Jugendherberge Artigas,** Tel. 094/414561, valizas@hosteluruguay.org, Okt. bis Mitte April geöffnet, Küche, Waschmöglichkeiten, Reservierung in Montevideo, Tel. 4004245, nötig), oder nach **Agua Dulces** fahren. Dieser kleine Bade- und Fischerort aus zwei oder drei Straßen bietet ebenfalls weite, außerhalb der Saison menschenleere Strände. Unterkünfte gibt es im **Hotel Gain-**

ford (im Ortszentrum, nicht zu verfehlen, 20 US-$) und auf einem **Campingplatz,** am besten nimmt man aber eine **Cabaña** (beispielsweise bei *Cosme Emilio Sena,* Sector D 946, Tel. 0475-9006).

Laguna de Castillos und Monte de Ombues

⇗XIII,D2

Bei km 267,170 überquert die Ruta 10, die entlang der Küste führt, einen kleinen Fluss, den **Arroyo Valizas.** Dieser Fluss verbindet die Laguna de Castillos und den Atlantik. Dort stehen einige Fischerhütten; ca. 10 US-$ kostet die Charter für das Boot, in dem maximal fünf Personen zur Laguna de Castillos und zum Monte de Ombues fahren können.

Dieser **Ombú-Wald** ist eine Besonderheit, denn normalerweise stehen die Bäume mit ihren mächtigen Stämmen, den weit ausladenden Kronen und verwinkelt wachsenden Ästen alleine. In diesem Wald sind die ältesten Bäume 500 Jahre alt.

Die mehr als 10.000 ha große Laguna de Castillos ist **Naturschutzgebiet.** Ihr Wasserspiegel ist unterschiedlich hoch, je nachdem, ob die Verbindung zum Meer gegeben ist. Im Frühjahr, nachdem im Winter mehr Regen gefallen ist, überschwemmt der Arroyo Valizas den Sanddamm, den das Meer vor seinen Ausfluss geschwemmt hat.

Punta del Diablo

⇗XIII,D2

Das kleine Fischerdorf bietet ebenfalls erholsame Ruhe, wenig Tourismus (nur im Januar wird es auch hier voll) und breite Strände. Seine Besonderheit sind die **Felsen,** die hier wie von Teufelshand geworfen – wahrscheinlich stammt daher der Name – aus dem Meer ragen. Die glatt gespülten großen Felsflächen am Ufer sind untypisch, andernorts steht der Fels eher schroff im Wasser, durchspült und in Kanten geschliffen vom Meer. Keine Verschönerung ist das Artigas-Monument, die Hommage an *José Artigas* und *Simón Bolívar,* die beiden Kämpfer für eine freies Lateinamerika. Es steht eckig, von fern einer Duschkabine nicht unähnlich, auf dem fein geschliffenen Gestein. Abends trifft man sich an den Felsen zum Angeln.

Punta del Diablo ist auch heute eher ein **Fischerdorf** als ein Touristenort. Nur einige Stände mit Kunstgewerbe, angefertigt aus Fischknochen und Muscheln, spekulieren auf das Geschäft mit den Besuchern. Die Fischknochen stammen meistens vom „Tiburón", dem Haifisch.

Praktische Informationen

- In der Saison können in Punta del Diablo **Apartments** gemietet werden, direkt am Meer liegt das gute **Restaurant Punta Ballena.** In der **Bar El Bucan** wird preiswertes Essen serviert, abends gibt es Live-Musik.
- Punta del Diablo hat im Zentrum eine **Busstation,** es gehen Busse direkt nach Montevideo. Ansonsten halten viele Langstreckenbusse auch auf Winken hin an der Schnellstraße Ruta 9, die wenige Kilometer westlich des Ortes vorbeiführt.

Parque Nacional und Fortaleza Santa Teresa

Unberührte Natur darf man im 3000 Hektar großen Nationalpark Santa Teresa nicht erwarten. Er ist vielmehr eine **Mischung aus Landschaftspark und botanischem Garten,** angelegt mit regionalen Pflanzen und „Importen", eine Leistungsschau der Botanik. Gleichzeitig ein Ferienparadies, denn es gibt alles, was man zum Urlaubmachen braucht: weiße Sandstrände, Zeltplatz, Sport- und Grillplätze, Restaurant, Postamt, Telefonzentrale, Supermarkt und einen kleinen Zoo.

Die **Fortaleza Santa Teresa** entstand ab 1762, ursprünglich von Portugiesen zum Schutz vor den Spaniern gebaut, später aber von diesen gegen Portugal genutzt. Gelblich schimmern die zinnenbewehrten Granitmauern, uneinnehmbar thront die Festung auf einer kleinen Erhöhung über der Ebene. Heute ist das Fort mit dem fünfeckigen Grundriss und den kleinen Wachtürmen ein Museum. Eingerichtet sind unter anderem die Küche und die Schlafzimmer mit Möbeln und Hausrat aus dem 18. Jahrhundert.

Nationalpark und Fort liegen direkt an der Ruta 9, etwa 10 km von Punta del Diablo entfernt. Busse von dort Richtung Chuy lassen Besucher am Eingang hinaus.

Chuy ⇗XIII,D2

Ein trostloses Einkaufsparadies – das ist kein Widerspruch, wie der Grenzort Chuy, 340 km von Montevideo entfernt und 9000 Einwohner groß, beweist. Chuy ist **Freihandelszone,** daher attraktiv, wenn man eine neue Kamera oder einen Discman braucht. Und so kommen Kauflustige aus Montevideo, decken sich in uruguayischen

u94-450 Foto: gw

Duty-Free-Shops mit Luxusartikeln ein oder in brasilianischen Supermärkten mit Nahrungs- und Arzneimitteln. Die Grenze ist eine breite Straße mit Mittelstreifen, auf dem natürlich auch verkauft wird: Sie heißt auf der uruguayischen Seite Avenida Brasil, auf der brasilianischen Avenida Uruguay.

Praktische Informationen

- Übernachten kann man im **Hotel Plaza,** Av. General Artigas/Ecke Arachanes, Tel. 4742309, hotelplaza@chuynet.com, ab 10 US-$ p.P. mit gutem Frühstücksbuffet, oder billiger im **Hotel Vitoria,** Numantia 143, 5 US-$ p.P., freundlich, alle Zimmer mit eigenem Bad. 20 km vor Chuy gibt es im Küstenort La Coronilla die **Jugendherberge Los Delfines,** Calle Los Delfines/Ecke Las Margaritas, gleich neben dem Busbahnhof, Tel. 0476/2798, DZ 13 US-$. Ganzjährig geöffnet; kann bei Hostelling International in Montevideo gebucht werden, Tel. 400-4245, www.hosteluruguay.org.
- Die **uruguayische Pass- und Zollkontrolle** ist **2,5 km vor der Stadt.** Wer weiter nach Brasilien will, sollte sich dort den Ausreisestempel holen, wer von Brasilien kommt, den Einreisestempel (wichtig, sonst gibt es Ärger bei der Ausreise).
- Gute **Busverbindungen** bestehen nach Montevideo (mit Rutas del Sol, Numancia 217, 8 US-$, 7 Std., viele Zwischenstopps) und Porto Alegre (Brasilien, 16 US-$, 7–8 Stunden); die brasilianische Botschaft ist auf der Ecke der Straßen Tito Fernández und Samuel Priliac.

Rinder sind in Uruguay überall anzutreffen

Barra del Chuy ⇗XIII,D2

Der letzte Badeort vor der brasilianischen Grenze liegt etwa 10 km östlich der Grenzstadt und ist problemlos mit lokalen Bussen zu erreichen. Er lockt wie alle anderen mit weißen Stränden, klarem Wasser, einem guten Campingplatz und recht preiswerten Unterkünften (Cabañas 10–15 US-$).

Fuerte de San Miguel

Zur Sicherung vor den Spaniern bauten die Portugiesen ab 1753 hier ein Fort, ähnlich wie die Fortaleza Santa Teresa. Es liegt auch auf einem kleinen Hügel und wurde aus dem gleichen, inzwischen gelblich schimmernden Granit erbaut. Heute ist hier ein kleines **Militärmuseum** untergebracht. Angeschlossen sind ein **Luxushotel** und ein **Gaucho-Museum** (Mo zu, sonst 9–18 Uhr), in dem einige Kutschen, ein wenig Mobiliar aus dem 19. Jahrhundert und einige Waffen und Gerätschaften ausgestellt sind. Wenn das Schild am Eingang „geschlossen" zeigt, sollte man sich nicht entmutigen lassen. Es dreht sich mitunter langsam im Wind ...

Man gelangt mit lokalen Bussen zur 5 km westlich von Chuy gelegenen Festung.

Von Montevideo nach Westen und den Río Uruguay hoch nach Norden

Verlässt man Montevideo über die Ruta 1, erreicht man bald den **Río Santa Lucía,** die Grenze zwischen Montevideo und dem Departemento San José. Der Fluss wird seit 1925 von einer schönen Eisenbrücke überspannt. Bis zur Brücke fahren auch die Stadtbusse aus Montevideo, daher ist der Río Santa Lucía auch ein beliebtes Wochenendziel der Montevideaner.

Schwieriger ist es hingegen mit öffentlichen Verkehrsmitteln zu den Badeorten an der Küste des Río de la Plata zu gelangen. Denn die Hauptverkehrsstraße, über die alle Busse fahren, liegt etwa 10 km von der Küste entfernt, und nur kleine Stichstraßen führen von ihr zu den Badeorten, wie **Kiyu** einer ist. Der Río de la Plata besitzt hier eine Steilküste, wo die Sandklippen bis zu 40 m tief abbrechen. Unten liegt ein schmaler Badestrand, bei Ebbe breiter, bei Flut fast vollständig verschwunden.

Colonia Suiza

125 km von Montevideo entfernt liegt der **Hauptsiedlungsort der schweizerischen Kolonisten** in Uruguay, der auch „Nueva Helvecia" heißt. Am 25. April 1862 gründeten Familien aus der Schweiz, begleitet von einigen Österreichern, Deutschen und Franzosen, auf Initiative eines Basler Bankhauses ihre Kolonie. Sie lebten von **Milchwirtschaft,** und das hat sich bis heute so erhalten. Schließlich kommt der überwiegende Teil des uruguayischen Käses von hier. Viel Sehenswertes gibt es nicht, einige alte Kolonialgebäude und ein etwas zu groß geratenes Denkmal zu Ehren der schweizerischen Einwanderer auf der zentralen Plaza.

Praktische Informationen

- Mehrere **Busse** fahren täglich nach Montevideo (3 US-$, 2½ Std.) und nach Colonia del Sacramento (1 US-$, 1 Std.).
- Wer bleiben will, kann im **Hotel Nirvana** (40 US-$) oder der **Jugendherberge Hotel Prado** (Tel. 0554/4169, 9 US-$ p.P.) übernachten.

Colonia del Sacramento ⇗XIII,C2

Kurz Colonia genannt, ist die Stadt, die viel koloniale Atmosphäre bewahren konnte, der Stolz vieler Uruguayer. Sie wurde bereits 1680 gegründet und ist damit **46 Jahre älter als Montevideo.** Strategische Gründe waren dafür ausschlaggebend: Spanien hatte das Südufer des Río de la Plata besiedelt, also mussten sich die Portugiesen am Nordufer niederlassen, wollte man den Nachbarn nicht den Río de la Plata vollständig überlassen. Es lag allerdings etwas ungünstig: zu nah bei Buenos Aires und zu weit entfernt von der letzten großen portugiesischen Stadt, nämlich Rio de Janeiro. So muss die weitere Geschichte nicht wundern. Hin und her ging der Besitz der Stadt zwischen Portugiesen und Spaniern, erst nachdem Uruguay ein eigener, von den Nachbarn anerkannter Staat war, wurde auch das Leben in Colonia del Sacramento ruhiger.

Daran hat sich bis heute nicht viel geändert. Obwohl die 30.000-Einwohner-Stadt **eines der beliebtesten Touristenziele Uruguays** ist, herrscht nur wenig Rummel. Die meisten Besucher kommen nur zu einer kurzen Altstadtbesichtigung.

Colonia liegt am Ostufer einer Bucht am Río de la Plata. Die Altstadt mit ihren engen, kreuz und quer verlaufenden Gassen liegt auf einer kleinen Halbinsel. Die einzige gerade Straße ist die Av. General Flores, die auch die Hauptstraße der östlich gelegenen, regelmäßig angelegten Neustadt ist.

Sehenswürdigkeiten

Altstadt

Zugang zum **Barrio Histórico,** zur Altstadt, ist die Puerta de Campo an der Calle Manuel Lobo. Das alte Stadttor von 1745 steht seit 1811 an diesem Platz, links von ihm befindet sich die Bastion de San Miguel, ein Teilstück der großen Befestigungsanlagen von Colonia. Nahebei liegt die **Calle de los Suspiros** (Seufzergasse), eine der engsten gepflasterten Altstadtgassen. Sie führt auf die **Plaza Mayor,** den begrünten Hauptplatz der Altstadt. Er ist von kleinen Läden und Kolonialbauten umgeben, auch der Leuchtturm und der alte Franziskanerkonvent finden sich dort. Direkt am Platz, in Kolonialbauten aus dem 18. Jahrhundert, sind zwei Museen untergebracht: Im **Museo Portugués** erinnern Landkarten, Stiche, Kleidungsstücke, Einrichtungsgegenstände und Kacheln an die portugiesischen Stadtgründer, das **Museo Municipal** zeigt Dokumente zur Stadtgeschichte. Beide Museen sind täglich von 11.30–18 Uhr geöffnet.

Casa Portugués

Die Casa Portugués, am westlichen Ende der Straße Misiones de los Tapes, ist eines der ältesten Häuser der Stadt. Es wurde vor mehr als dreihundert Jahren erbaut und beherbergt heute das **Museo de los Azulejos.** Hier werden Keramikarbeiten aus den letzten beiden Jahrhunderten gezeigt, darunter auch europäische Keramik, die in der Oberschicht von Buenos Aires und Montevideo sehr beliebt war. Das Museum ist täglich von 11.30–18 Uhr geöffnet.

Museo Español, Bastión del Carmen

Der palmenbewachsene **Paseo de San Gabriel** führt an der Uferfront vorbei. Das Museo Español, San José/ Ecke España, ist in einem alten portugiesischen Gebäude von 1720 untergebracht. Es zeigt täglich von 11.30–18 Uhr Möbel, Landkarten und Gemälde aus der spanischen Zeit. Nur wenig entfernt liegt die Bastión del Carmen, ein Teil der alten Stadtbefestigung, in der das Teatro del Carmen untergebracht ist.

Iglesia Matriz

Folgt man der Calle Virrey Ceballos nach Süden, erreicht man die Iglesia Matriz, die **älteste Kirche Uruguays.**

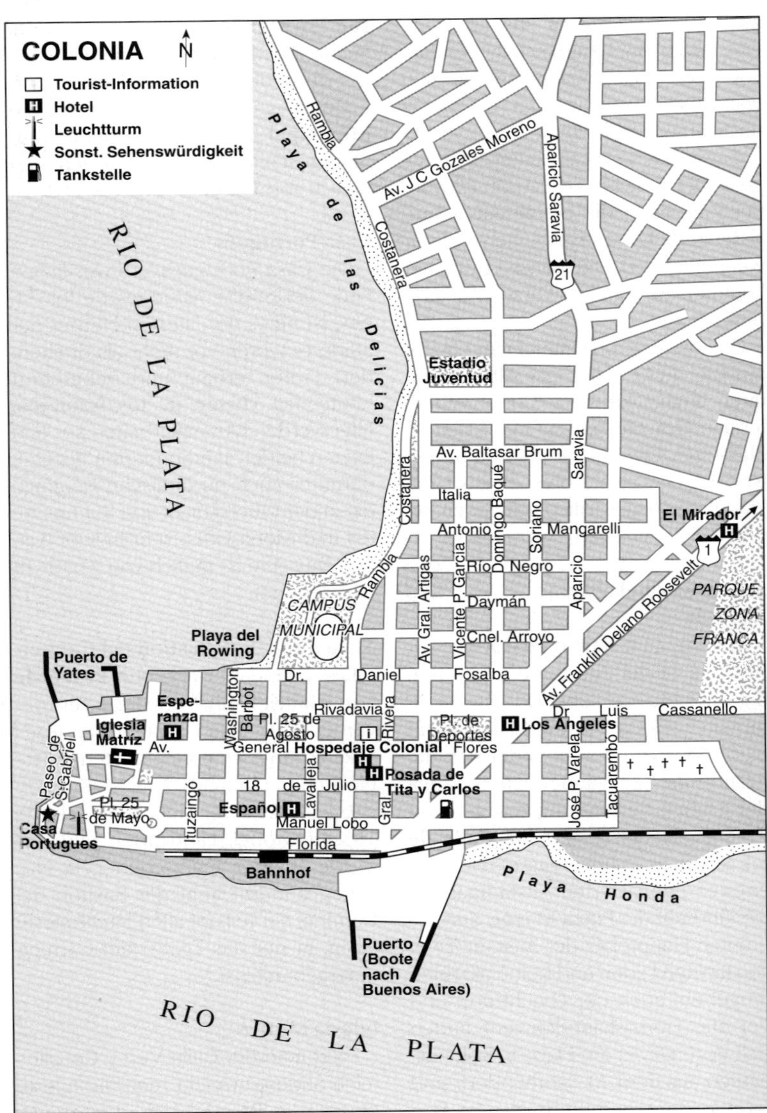
COLONIA
N
Tourist-Information
Hotel
Leuchtturm
Sonst. Sehenswürdigkeit
Tankstelle
RIO DE LA PLATA
Playa de las Delicias
Rambla
Costanera
Av. J C Gozales Moreno
Aparicio Saravia
21
Estadio Juventud
Av. Baltasar Brum
Saravia
Italia
Domingo Baqué
Antonio
Soriano
Mangarelli
El Mirador
1
Río Negro
Aparicio
Av. Gral. Artigas
Vicente P. García
Daymán
Cnel. Arroyo
Av. Franklin Delano Roosevelt
PARQUE ZONA FRANCA
CAMPUS MUNICIPAL
Playa del Rowing
Puerto de Yates
Dr.
Daniel
Fosalba
Esperanza
Washington Barbot
Rivadavia
Pl. 25 de Agosto
Rivera
Pl. de Deportes
Los Angeles
Dr
Luis
Cassanello
Iglesia Matríz
Av.
General
Hospedaje Colonial
Flores
Paseo de S. Gabriel
Posada de Tita y Carlos
José P. Varela
Tacuarembó
18
de
Julio
Lavalleja
Pl. 25 de Mayo
Ituzaingó
Español
Manuel Lobo
Gral
Casa Portugues
Florida
Bahnhof
Playa Honda
Puerto (Boote nach Buenos Aires)
RIO DE LA PLATA

Ihr Bau wurde 1680 begonnen, später wurde die Kirche mehrfach zerstört und erst 1810 unter *Tomás Toribio* vollendet. Aber auch danach ging es ihr nicht besser: Während der brasilianischen Besetzung Colonias 1823 beschädigte eine Explosion die Wände und zerstörte die Innenausstattung fast vollständig.

Neustadt

In der Neustadt lockt nur wenig. Sehenswert ist allenfalls die **Casa de la Cultura** auf der Av. Artigas 327 mit dem kleinen **Museo Indígena,** in dem Wurfkugeln und Keramikarbeiten der Indianer ausgestellt werden. Die Öffnungszeiten sind Mo bis So von 14–20 Uhr.

Touristeninformation 

- Die Touristeninformation ist an der Av. General Flores 499, fast auf der Ecke zur Calle Rivera, Tel. 26141.

Hotels 

Einfach und billig

- **Español,** Lobo 377, Tel. 22314; große Zimmer, freundlich, 8 US-$ pro Person.
- **Hospedaje Colonial,** Flores 436; freundlich, sauber, 12 US-$.
- **Posada de Tita y Carlos,** 18 de Julio 491, Tel. 24438. Saubere Zimmer mit TV. Deutschsprachig. DZ 18 US-$.

Hotels der Mittelklasse

- **Hotel Esperanza,** Av. General Flores 237, Tel. 22922; 30 US-$.
- **Hotel Los Angeles,** Av. F.D. Roosevelt 213, Tel. 22335; 30 US-$.

Luxushotel

- **El Mirador,** Avenida F.D. Roosevelt 381, Tel. 22004, www.hotelmirador.com; mit Casino, 60 US-$.

Jugendherberge 

- **Hotel Royal,** Gral. Flores 440, Tel. 30347, hostelling_colonial@hotmail.com, 8 US-$ pro Person.

Camping 

- In **Real de San Carlos** (5 km westlich der Innenstadt) befindet sich ein städtischer Campingplatz. Er ist mit dem Bus von der Av. Flores/Ecke Méndez zu erreichen.

Essen und Trinken 

- Viele **Restaurants** finden sich entlang der Avenida General Flores, darunter **El Portón** und **El Suizo,** und in der Altstadt sowie am Hafen (Yachtclub).

Überlandbusse 

- Colonia hat keinen zentralen **Busbahnhof.** Die Büros der Busgesellschaften liegen aber alle auf der Av. General Flores. Von dort fahren mehrfach täglich Busse nach:
- **Montevideo,** 3 US-$, 2½ Stunden.
- **Salto,** 10 US-$, 8 Stunden.

Schiff 

Von Colonias Hafen südlich der Neustadt fahren mehrfach täglich Boote nach

- **Buenos Aires,** 2½ Stunden (15 US-$) oder für Eilige in 45 Minuten (30 US-$).

Autoverleih 

- **Puntacar,** Puerto, Tel. 22614.

Sonstiges 

- Das **Postamt** ist in der Calle Lavalleja 226.
- Das Telefonbüro von **Antel** liegt in der Calle Rivadavia 420.
- Auf der Ecke der Straßen Flores und Suárez befindet sich das **Cambio Viaggio.**
- Die Bank Banco Acac, Flores/Ecke Barbot, hat einen **Geldautomaten.**

Ausflüge 

Real de San Carlos

Den kleinen Ort 5 km westlich wollte der argentinische Unternehmer *Ni-*

colás Milhanovich um die vorletzte Jahrhundertwende zu einem Touristenziel für Argentinier machen. So investierte er über 1,5 Mio. Dollar, ließ ein **Spielcasino,** eine **Stierkampfarena** für zehntausend Zuschauer und eine Pferderennbahn bauen. Heute sind die Anlagen etwas verfallen, aber noch zu besichtigen.

Posada del Campo Gondwana

- Casilla Correo 39439, 70 000 Colonia del Sacramento, Tel./Fax 0520/2155; gondwana@colonianet.com, www.colonianet.com/gondwana

Das **Weingut** der Auslandsschweizer *Alicia* und *Andreas Hirt* liegt auf einem Hügel mit Aussicht über den Río de la Plata 10 km westlich von Colonia del Sacramento (Ruta 21 bis km 184, dort – von Colonia kommend – nach links bis zur Bodega Caluva, dort rechts, dann wieder links). Schöne Gebäude im Kolonialstil, drei Zimmer mit Blick auf den Fluss. Reittouren, Fahrräder, Ausflüge mit dem Oldtimer, Transfer etc. – alles sehr luxuriös; der Preis beträgt 45–60 US-$.

El Terruño

Etwa 40 km östlich von Colonia liegt diese **Besucher-Estanzia.** Hierhin werden von Montevideo aus Ausflüge vermittelt. Doch Estanzia-Tourismus kann man das nicht nennen, es ist vielmehr ein Disneyland-Programm für ganze Busladungen von Besuchern. Es fehlen die Einsamkeit und die Weite, stattdessen gibt es ein rigides Programm mit Asado, Reiterspielchen und Kutschfahrten.

Calera de las Huérfanas

Die stimmungsvollen Ruinen der Gebäude einer ehemaligen **Jesuitenestanzia** erreicht man nur mit dem eigenen Fahrzeug. Man verlässt Colonia über die Ruta 21 nach Norden und gelangt nach 31 km an die Kreuzung der Ruta 21 mit der Ruta 22. Dort biegt man nach Westen ab, folgt der Ruta 22 etwa 20 km und biegt dort bei km 256 nach rechts in einen so genannten Camino Vecinal (Nachbarschaftsweg) Richtung Calera de las Huérfanas ab (ausgeschildert, 4 km).

Ab 1738 siedelten hier bis zu ihrer Vertreibung 1767 Jesuiten. Zweihundert Menschen versorgten 30.000 Rinder, sie betrieben Werkstätten, Bäckereien und Milchwirtschaft. Später gehörte die Estanzia *Juan de San Martín,* dem Vater des argentinischen Nationalhelden *José de San Martín.* Von der Kirche sind nur die Außenmauern erhalten, das Dach ist eingestürzt, aber selbst die Ruine vermittelt einen anschaulichen Eindruck von der Größe der Anlage.

Carmelo

⇗ XIII,C2

Die Kleinstadt an der Mündung des Río Uruguay und des **Arroyo de las Vacas** (Kuhbach) in den Río de la Plata wurde 1816 von *José Artigas* gegründet. Sie lebt vom Weinbau, der Landwirtschaft und ein wenig auch vom Tourismus.

Wochenendausflügler bei Carmelo

An der Mündung des Arroyo de las Vacas liegt der Hafen, dort beginnt die Hauptstraße 19 de Abril, die sich an der zentralen Plaza Artigas mit der 18 de Julio kreuzt. Die Plaza ist das Zentrum der Kleinstadt mit heute 15.000 Einwohnern.

Das touristische Zentrum ist auf der anderen Seite des Arroyo de las Vacas zu finden. Auf einer kleinen Landzunge südlich der Innenstadt liegen Park, Spielcasino und Campingplatz. Für ein paar ruhige Badetage am Río de la Plata-Strand ist Carmelo ideal.

Praktische Informationen 

- Die **Touristeninformation** ist auf der 19 de Abril/Ecke Solís.
- **Busverbindungen** gibt es mehrmals täglich nach Montevideo oder weiter Richtung Norden nach Fray Bentos und Salto.
- Wer nicht campen will, kann preiswert und sehr gut im **Hotel San Fernando,** 19 de Abril 161, oder im **Hotel La Unión,** Uruguay 368, unterkommen.

Nur 22 km von Cármelo entfernt liegt **Nueva Palmira.** Auch hier schwappt der gut 3 km breite Río Uruguay ruhig an die Ufer. Der Badestrand ist flach und sandig.

Dolores ⇗XIII,C2

Ursprünglich als Nuestra Señora de los Dolores del Espinillo Ende des 18. Jahrhunderts gegründet, ist die Kleinstadt (13.000 Einwohner) heute eine **typische uruguayische Landstadt:** im Zentrum ein rechteckiger Platz mit den wichtigsten Gebäuden, ein oder zwei Bars, Busgesellschaft, Kirche und

u95-457 Foto: gw

Stadtverwaltung. Mitte des vorletzten Jahrhunderts war Dolores Schauplatz eines kuriosen Unabhängigkeitsstrebens: Teile der Provinz Soriano wollten sich abspalten und mit Dolores als neuer Hauptstadt eine eigene Provinz innerhalb Uruguays bilden.

Hotel

- Das **Petit Hotel** (Varela/Ecke Sotura, Tel. 2508) ist das beste Hotel im Ort.

Soriano ⇗XIII,C2

Westlich von Dolores liegt der **älteste Ort Uruguays.** An der Mündung des Río Negro in den Río Uruguay gründeten 1624 Franziskaner unter *Juan de Vergara* die Siedlung San Francisco de Olovares, die heute Soriano heißt. Die Stadt liegt sehr verkehrsungünstig, deshalb wurde später Mercedes Hauptstadt der Provinz Soriano und deshalb scheint sich seit der Kolonialzeit in Soriano auch nicht viel verändert zu haben.

Mercedes ⇗XIII,C1/2

Die **Hauptstadt der Provinz Soriano** hat heute etwa 40.000 Einwohner, sie ist das regionale Zentrum der Provinz und dank der Brücke über den Río Negro ein wichtiger **Verkehrsknotenpunkt.** Die Stadt hat den üblichen Schachbrettgrundriss, hier heißt das Zentrum Plaza Independencia. Die beiden wichtigsten Geschäftstraßen führen an ihr vorbei. Folgt man ihnen nach Norden, so gelangt man zu den **Badestränden** am Ufer des Río Negro. Neben diesen Stränden besitzt Mercedes einige interessante Gebäude, die einen Stadtrundgang lohnen:

Sehenswürdigkeiten

Kathedrale

Der Rundgang beginnt an der Plaza, an der Kathedrale Nuestra Señora de las Mercedes. Der dreischiffige Kuppelbau, dessen vorherrschender Farbton im Innern blau ist, besitzt zahlreiche schöne Seitenaltäre.

Biblioteca Museo Giménez

Zweitwichtigste Sehenswürdigkeit ist die Biblioteca Museo Giménez, in der regelmäßig Kunstausstellungen stattfinden.

Touristeninformation

- Die Touristeninformation befindet sich in der Artigas 215, nahe der Plaza Independencia.

Hotels

Einfach und billig

- **Hotel Martín,** Roosevelt 627, Tel. 2987; 10 US-$.

Luxushotel

- **Brisas del Hum,** Artigas 201, Tel. 2740; ein Zimmer kostet 30 US-$.

Jugendherberge

- **Club de Remeros,** De la Rivera/Ecke Gomensoro, direkt am Ufer, Tel. 3678; 3,5 US-$ p.P. Keine Küche, dafür aber eine Kantine. remeros@adinet.com.uy

Busse

Mercedes besitzt **keinen zentralen Busbahnhof,** die wichtigen Unternehmen unterhalten ihre Büros aber alle nahe der Plaza Independencia:

- **Buses Klüver,** Calle Giménez/Ecke Colón, fährt nach Palmar und Durazno.
- **Cut** und **Eta** haben ein gemeinsames Büro in der Artigas 233; beide fahren nach Argentinien, Montevideo, Trinidad, Durazno, Tacuarembó und Riviera.

Post und Telefon

- Das **Postamt** ist auf Rodó 650/Ecke 18 de Julio.
- Die **Telefongesellschaft Antel** ist auf der 18 de Julio zwischen Roosevelt und Castro y Careaga.

Fray Bentos XIII,C1

Die **Hauptstadt der Provinz Río Negro** war lange die wichtigste Stadt am Ufer des Río Uruguay. Heute ist ihre Bedeutung gesunken, der Grund ist der Rückgang der Gewinne aus den Rindfleischexporten.

Im 19. und bis in die 30er Jahre des 20. Jahrhunderts war Fray Bentos ein Zentrum der **Fleischindustrie.** Hier gründete 1861 der deutsche Ingenieur *Georg Giebert* die erste Firma, die nach dem Verfahren des deutschen Chemikers *Justus von Liebig* Fleisch extrahierte. Ende des 19. Jahrhunderts waren in der dann englischen Firma mehr als 800 Arbeiter beschäftigt. Ab 1920 wurde das Werk erweitert, und ab 1924 produzierte die „Liebig's" als Gefrierfleischfabrik „Anglo del Uruguay" neben Gefrierfleisch auch Seife, Glycerin und Süßigkeiten. Der ganze Ort lebte faktisch von der Fleischindustrie, der Hafen wurde größer, die Zufahrtsstraßen besser, eine Eisenbahnlinie gebaut. Doch mit sinkenden Transportkosten sank auch die Bedeutung von Fray Bentos. Denn solange die Rinder noch in Kraft und Gewicht verzehrenden Trecks entlang der Straßen zum Schlachthaus getrieben wurden, mussten die Schlachthäuser nahe bei den guten Weiden liegen. Heute werden aber die meisten Rinder in Montevideo geschlachtet.

Fray Bentos hat heute etwa 25.000 Einwohner und ist ein regionales Zentrum. Wichtig für die Stadt war der Bau der 1983 eröffneten **Brücke über den Río Uruguay,** der südlichsten der drei Brücken, die den Grenzfluss nach Argentinien überspannen. Von hier ist es nach Buenos Aires und Montevideo gleich weit. Das Casino der Stadt ist für die Porteños ein beliebtes Ziel.

Sehenswürdigkeiten

Parque Roosevelt

Vom Zentrum der Stadt, der Plaza Constitución, führt die Hauptstraße 18 de Julio nach Osten zum Roosevelt-Park, in dem das Casino liegt und von dem man einen schönen Blick über den Río Uruguay hat. Dort liegt auch das Sommertheater, eine Art Amphitheater mit 4000 Plätzen und guter Akustik.

Teatro Young

Das Theater an der Ecke 25 de Mayo y Zorrilla wurde 1909–1912 erbaut. Finanziert wurde es von einem reichen Estanziero, demselben, nach dem auch das 75 km nordöstlich liegende Landstädtchen benannt ist.

Museum

Die alte Fleischfabrik ist heute stillgelegt. Sie erstreckt sich südwestlich der

Innenstadt und wird zurzeit zu einem **Museo de la Revolución Industrial** umgebaut. Ein Besuch (Mo bis So Führungen 9.30, 11 und 18 Uhr) ist interessant; man sieht, wie die Fabrik ein eigenes Stadtviertel umfasste: Es gibt niedrige, enge Wohn- und Arbeitsgebäude, aber auch luxuriösere wie das Haus des Managers und das des früheren britischen Konsulats.

Touristeninformation

- Das Büro ist in der Calle Treinta y Tres, gegenüber der Plaza Constitución, Tel. 2233.

Hotels

- **Casino Gran Hotel Fray Bentos,** Paraguay/Ecke 18 de Julio, Tel. 2358; erstes Haus am Platz, Blick über den Río Uruguay, ab 33 US-$.
- **Plaza,** Plaza Constitución, Tel. 2363; einfach, 15 US-$.

Jugendherberge

- **Hotel Nuevo Colonial,** 25 de Mayo 3293, Tel. 22260, hotelcol@adinet.com.uy; pro Person ab 6 US-$.

Verkehrsverbindungen

- Fray Bentos hat **keinen zentralen Busbahnhof**, die Büros von Onda (Rincón/Ecke 25 de Mayo) und Chadre (Plaza Constitución), die über die meisten Busverbindungen verfügen, liegen aber dicht beieinander.

Autoverleih

- **Buzo y Cía,** 18 de Julio/Ecke Brasil, Tel. 2413.
- **Postiglioni Propiedades,** 18 de Julio/Ecke 25 de Mayo, Tel. 3296.

Post und Telefon

- Das **Postamt** ist in der Calle Treinta y Tres 3271, **Antel** in der Calle Zorilla de San Martín 1127.

Ausflug zum Puente Internacional Libertador San Martín

Die 5,3 km lange **Spannbetonbrücke** über den Río Uruguay, wenige Kilometer nördlich der Stadt, wurde 1980–1983 für 36 Mio. US-$ erbaut. Der zentrale Bogen misst 220 Meter und ist damit einer der größten aus Spannbeton in ganz Lateinamerika.

Paysandú

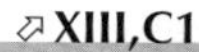

XIII,C1

Die Stadt am Río Uruguay ist mit 100.000 Einwohnern die drittgrößte Stadt des Landes und nach Montevideo die zweitwichtigste **Industriestadt.** Hier sind Betriebe der Zucker-, Textil-, Leder- und Nahrungsmittelindustrie angesiedelt, ein Schild der Norteña-Brauerei am Stadteingang verkündet, das die Hauptstadt der gleichnamigen Provinz die „Stadt der Biere" sei. Außerdem besitzt Paysandú mit einer Landwirtschaftlichen Fakultät die einzige Hochschuleinrichtung außerhalb von Montevideo. Durch den nördlich der Stadt liegenden Puente Internacional General José Artigas ist die Stadt mit Argentinien verbunden.

Die Stadt trägt den Namen ihres Gründers: 1772 siedelte sich Pater *P. Sandú* mit einigen christlichen Indianerfamilien aus einer Jesuitenmission hier an.

Sehenswürdigkeiten

Kirche

Die Plaza Constitución ist das Zentrum der Stadt. Hier steht die Kirche Basílica de Nuestra Señora del Rosario y San Benito del Palermo, die ab 1850 erbaut wurde, da die alte Kirche bei Kämpfen mit Brasilianern, die sich 1846/47 in ihr verschanzt hatten, zerstört worden war.

Museum und Friedhof

Neben der Kirche liegt das Salesianermuseum mit einer naturhistorischen Sammlung. Lohnend ist auch ein Besuch des alten Friedhofs El Monumento a la Perpetuidad im Osten der Stadt, der heute ein nationalhistorisches Denkmal ist.

Inseln

Der Hafen von Paysandú ist Ausgangspunkt für Ausflüge auf die Inseln im Río Uruguay (Informationen über Abfahrtszeiten im Touristenbüro). Diese unbewohnten Inseln haben schöne Sandstrände.

Touristeninformation

- Die Touristeninformation befindet sich nahe der Plaza Constitución in der Avenida 18 de Julio (Tel. 26221).

Hotels

- **Victoria,** 18 de Julio 979, Tel. 24320; das Beste unter den billigen, freundlich, 7 US-$.
- **San Luis,** Leandro Gómez 1221, Tel. 27645; 10 US-$.
- **Sarandí,** Sarandí 931, Tel. 23456; 8 US-$.
- **Hotel Bulevar,** Bulevar Artigas 960, Tel. 22682; 18 US-$.
- **Gran Hotel Paysandú,** Tel. 23400, 19 de Abril/Ecke 18 de Julio; bestes und teuerstes Hotel, etwas vom Zentrum entfernt, 40 US-$.
- **Hotel Rafaela,** 18 de Julio 1181, Tel. 24216; große, moderne Zimmer, sehr zentral gelegen, 20 US-$.
- **Hotel Lobato,** Leandro Gómez 1415, Tel. 22241; 30 US-$.

Camping

- Der Platz ist eher schlecht; im Balneario Municipal 2 km nördlich des Zentrums ist Zelten erlaubt, es gibt allerdings keinerlei Service-Einrichtungen.

Jugendherberge

- Im **Hotel La Posada,** Varela 566, Tel. 072/27879, Kantine.

Essen und Trinken

- Das beste Restaurant ist das **Artemisio** an der Plaza Constitución.

Verkehrsverbindungen

- Der **Busbahnhof** liegt 25 de Mayo und Zorilla. Von hier fahren mehrfach täglich Busse nach:
- **Montevideo,** 4 US-$, 6 Stunden.
- **Colonia,** 4 US-$, 6 Stunden.
- **Colón (Argentinien),** 1,5 US-$, 45 Min.

Autoverleih

- **National Car Rent,** Florida 1249, Tel. 23071.

Sonstiges

- Das **Postamt** ist auf der 18 de Julio 1052.
- **Antel** auf der Montevideo 875.
- Die Bank Banco Acac hat einen **Geldautomaten** an der Ecke 18 de Julio und Montevideo.

Bierwoche

- In der Karwoche, die in Uruguay „Semana de Turismo" genannt wird, findet in Paysandú die Bierwoche **(„Semana de Cerveza")** statt, eine Art uruguayisches Oktoberfest mit Wahl der Bierkönigin und deutscher Küche.

Ausflüge

Thermalbäder von Guaviyú

57 km nördlich von Paysandú liegen die Thermen von Guaviyú, die südlichsten in Uruguay. Das Wasser hat eine Temperatur von 38°C. Es gibt alles,

was man zum Ferienmachen braucht, Hotels und Motels, ausgezeichnete Campingplätze und ein kleines Kino.

Die Thermen sind per Bus von Paysandú aus zu erreichen (1 US-$, 1½ Stunden).

Meseta de Artigas

Ein wenig schwieriger ist der Weg zur Meseta de Artigas, einer **Hochebene,** die etwa 45 m über dem Río Uruguay liegt. Man nimmt den Bus Richtung Salto und steigt bei km 462 aus (90 km nördlich von Paysandú). Dort zweigt eine schmalere Straße nach links, Richtung Flussufer, von der Hauptstraße Ruta 3 ab. 13 km geht es durch kleinere Wälder und Weiden – es gibt keinen Bus –, dann ist das Plateau erreicht. Hier hatte General *José Artigas* während der Unabhängigkeitskämpfe sein Lager. Von der Hochebene hat man einen wundervollen Blick über den Fluss, an den General erinnert eine 5 m hohe Figur auf einer 37 m hohen Steinsäule.

Salto ⇗XIII,C1

Auch Salto macht keine Ausnahme: Der Name der Hauptstadt ist, wie fast immer, der der Provinz. Salto ist mit etwa 110.000 Einwohnern die **zweitgrößte Stadt des Landes.** Sie liegt ebenfalls am Ufer des Río Uruguay und ist dort der nördlichste Übergang nach Argentinien.

Die Provinzhauptstadt lebt vom Handel, der Industrie und der Elektrizitätserzeugung. Sie ist Zentrum einer Viehzuchtregion, gleichzeitig werden in der extrem dünn besiedelten Provinz Zitrusfrüchte angebaut. Am wichtigsten ist inzwischen aber das nördlich der Stadt liegende **Wasserkraftwerk Salto Grande** im Río Uruguay. Hier wird in einem uruguayisch-argentinischen Gemeinschaftsprojekt der Großteil der Energie produziert, die in den Orten entlang des Río Uruguay verbraucht wird. 1.890.000 Megawattstunden können maximal erzeugt werden. 39 m hoch ist der Damm, der den Río Uruguay zu einem See von 78.300 ha aufstaut. Das 18 km nördlich der Stadt gelegene Kraftwerk kann auch besichtigt werden, man erkundige sich wegen der wechselnden Zeiten beim Fremdenverkehrsamt.

Nicht nur wegen des Kraftwerks ist Salto Endpunkt der Schiffahrt auf dem Río Uruguay. Die Stadt hat ihren Namen von den **Stromschnellen,** die den Fluss weitgehend abriegeln. Nur kleinere Boote können über den Stausee Salto Grande und danach den Río Uruguay bis nach Bella Unión fahren.

Gegründet wurde Salto bereits im Jahr 1756, in der Mehrzahl von Siedlern, die aus Brasilien, Argentinien und Montevideo kamen.

Sehenswürdigkeiten

Plaza Artigas

Die Stadt besitzt nicht viele Sehenswürdigkeiten, dennoch kann ein Bummel durch die lebhaften Straßen ganz schön sein. Zentrum ist die Plaza Artigas, nördlich von ihr verläuft die Calle Artigas, südlich die Uruguay, die beiden Hauptgeschäftsstraßen. Sie enden im Westen am Flussufer.

Museo Bellas Artes, Teatro del Palacio Córdoba

An der Ecke der Straßen Uruguay und 18 de Julio, direkt an der Plaza, trifft man auf das Museo Bellas Artes (geöffnet Di bis So 14–19 Uhr), und Richtung Flussufer auf das Teatro del Palacio Córdoba, das heute als Casino dient. Am Fluss laden schöne Strände dazu ein, den Tag in Ruhe verstreichen zu lassen.

Parque Harriague

Südlich der Innenstadt erstreckt sich dieser Park, in dem eine kleine Freilichtbühne und ein kleiner Zoo zu finden sind.

Touristeninformation

- Die Touristeninformation befindet sich in der Uruguay 1052, Tel. 34096.

Hotels

- **Hotel Plaza,** Urugay 365, Tel. 33744. Sauber, gepflegt, 12 US-$ pro Person.
- **Hotel Guimar,** Osimani 69, Tel. 32223. Ähnlicher Preis, ähnlich gut.
- **Gran Hotel Uruguay,** Calle Brasil 891, Tel. 33051; 50 US-$.

Jugendherberge

- **Club de Remeros,** Costanera Norte/Ecke Belén, Tel. 34607, cremeros@adinet.com.uy; 3 US-$, Kantine.

Essen und Trinken

- Viele gute Restaurants, teilweise mit Terrasse, befinden sich an der Uferpromenade, ansonsten auch auf den Hauptgeschäftsstraßen Uruguay (eine Empfehlung: **Restaurant Acabache**) und Artigas.

Überlandbusse

- Der **Busbahnhof** befindet sich auf der Ecke der Straßen Latorre und Larrañaga (Tel. 32909). Von dort fahren mehrfach täglich Busse nach:
- **Montevideo,** 10 US-$, 6½ Stunden.
- **Paysandú,** 3 US-$, 2 Stunden.
- **Rivera,** 7 US-$, 6 Stunden.
- **Termas de Arapey,** 3 US-$, 2 Stunden.
- **Concordia (Argentinien),** 5 US-$, 1½ Std.

Sonstiges

- Das **Postamt** ist auf der Ecke Treinta y Tres und Artigas.
- **Telefonieren** kann man bei Antel auf Grito de Asencio/Ecke Uruguay.
- Die Bank Banco del Crédito, Uruguay/Ecke Joaquín Suárez, verfügt über einen **Geldautomaten.**

Ausflug zu den Thermen von Dayman

Etwa 10 km südlich von Salto, direkt am Río Dayman, der die südliche Provinzgrenze bildet, liegen die Thermen von Dayman. Ihr Wasser ist 46°C warm, es dient außer zum Baden auch gesundheitlichen Anwendungen, wie z.B. bei Rheumaerkrankungen.

Acht Schwimmbäder mit Thermalwasser stehen zur Verfügung (Eintritt 2 US-$), dazu kommen Einrichtungen für Lasertherapie, Massage und Sauna, Sportplätze für Tennis und Fußball. Es gibt Hotels und andere Unterkünfte, aber der Besuch ist auch leicht als Tagesbesuch mit einem lokalen Bus von Salto aus möglich.

- **Jugendherberge Hostal Canela,** Ruta 3, km 488,3, Tel. 073/69121; 10 US-$ p.P. Keine Küche; canela@internet.com.uy.

Thermen von Arapey

Die **schönsten Thermalbäder Uruguays** sind die am Río Arapey. Sie liegen etwa 90 km nordwestlich von Sal-

u97-463 Foto: gw

to. Man fährt über die Ruta 3, überquert nach etwa 60 km den Río Arapey, der hier wie ein See wirkt, da auch er durch den Damm bei Salto zurückgestaut wird. Wenige Kilometer später zweigt nach rechts die schmale Straße zu den Thermen von Arapey ab. Der Weg führt durch unendlich scheinende Weideflächen, da und dort ein Rind, manchmal eine kleine Herde, und vereinzelt sind auch Ñandus zu sehen.

Schön gestaltet – die Thermen von Arapey

Die Thermen von Arapey sind **sehr schön, gut ausgebaut** und oft während der Hauptsaison überfüllt. Außerhalb des Ferienmonats Januar ist es deshalb am schönsten. Ansonsten hilft eine Voranmeldung beim Fremdenverkehrsamt von Salto (Salto, Uruguay 1052, Tel. 0732/25194) oder auch bei verschiedenen Reisebüros in Montevideo oder anderen Städten Uruguays. Selbst in Buenos Aires und in Asunción kann man Plätze buchen.

Das Thermalbad liegt oberhalb des Río Arapey in einem gepflegten **Landschaftspark.** Mit dem Wasser der 41 °C heißen Quelle, das in einer Menge von 86.000 Litern pro Stunde aus 725 bzw. 1300 m Tiefe sprudelt, werden verschiedene Freiluft- und überdachte Schwimmbäder gefüllt. Es ist leicht radioaktiv und kann sowohl für Trink- als auch für Badekuren angewandt werden.

Praktische Informationen

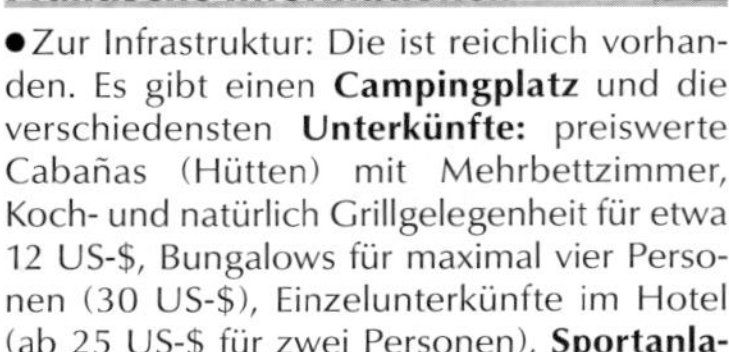

- Zur Infrastruktur: Die ist reichlich vorhanden. Es gibt einen **Campingplatz** und die verschiedensten **Unterkünfte:** preiswerte Cabañas (Hütten) mit Mehrbettzimmer, Koch- und natürlich Grillgelegenheit für etwa 12 US-$, Bungalows für maximal vier Personen (30 US-$), Einzelunterkünfte im Hotel (ab 25 US-$ für zwei Personen), **Sportanlagen** für Fußball, Tennis und Paddle, recht teure **Geschäfte,** ein **Kino** und eine **Glücksspielhalle.**

Bella Unión ⇗VIII,B3

Die **Grenzstadt nach Brasilien** mit ihren 10.000 Einwohnern lohnt nicht den Besuch. Sie liegt fern von allen Verkehrswegen im äußersten Nordwestzipfel des Landes, 601 km von Montevideo entfernt, und wer nach Brasilien weiterreisen will, kann das besser über Rivera (vgl. weiter unten). Es gibt **Busse** nach Salto, übernachten kann man in dem **Mittelklassehotel Oriente**, General Rivera 1291.

Artigas ⇗VIII,B3

Die **Provinzhauptstadt** ist wie Bella Unión eine **Grenzstadt nach Brasilien,** mit dem brasilianischen Gegenüber Quaraí durch eine Brücke über den Río Cuareim verbunden. Die 25.000-Einwohner-Stadt lebt vom Handel mit Brasilien, gleichzeitig ist sie Versorgungszentrum für das Viehzucht- und Landwirtschaftsgebiet, in dem Reis und Zuckerrohr angebaut werden.

Wichtig ist auch der **Export von Halbedelsteinen:** Die meisten der etwa 1000 Kilo Achate und Amethyste, die jährlich von Uruguay nach Idar-Oberstein exportiert werden, kommen aus dieser Region. Das Edelsteingeschäft in der Av. Lecueder 349 (Tel. 33798) kann Besuche eines Halbedelsteinbruches vermitteln.

Die Hauptstraße der Stadt ist die **Av. Lecueder,** die an der zentralen **Plaza Artigas** vorbei zum Puente Internacional de la Concordia über den Río Cuareim führt. Am Flussufer gibt es einen schönen Badestrand sowie Plätze für Picknick und die obligatorische Parrillada.

Der Besuch der Städte an der Grenze zu Brasilien lohnt sich besonders während des **Karnevals** und des **Lemanya-Festes.** Wie alle Grenzstädte besitzt Artigas ein **Spielcasino** auf der Straße Río Branco 257, denn beim großen Nachbarn Brasilien gibt es für solche Vergnügen keine Lizenz.

Praktische Informationen

- Von Artigas fahren mehrfach täglich **Busse** nach Montevideo, Bella Unión und Rivera, vom brasilianischen Quaraí einer täglich nach Porto Alegre.
- Die drei Hotels der Stadt liegen im Zentrum: **Hotel del Norte,** Lecueder 507; **Hotel Municipal,** Luis Alberto de Herrera 292; **Hotel Ramón Correa,** in der Lavalleja 466, sauber, freundlich, 12 US-$.
- Die Adresse der **Jugendherberge Club Deportivo Artigas** ist Bereta/Ecke Herrera, Tel. 077/22532, cda@artigasweb.com; 3 US-$, Kantine, Schwimmbad, Sportanlagen.

Von Montevideo nach Norden

Verlässt man die uruguayische Hauptstadt nach Norden, gelangt man zunächst in die **Provinz Canelones,** die nach Montevideo dichtest besiedelte Provinz des Landes. Hier finden sich Weingärten sowie Obst- und Gemüseanbau zur Versorgung der Hauptstadt. Später ändert sich das Landschaftsbild: unendlich weite Weiden, verstreute Rinder- und Schafsherden, kleine Gruppen von Ñandus, ab und an ein Stinktier, die klassische leicht gewellte Weidenlandschaft, immer wieder von einzelnen Bauminseln durchbrochen. Entlang der Straße zieht sich auf beiden Seiten eine 10–15 m breite Wiesenfläche hin, auf der früher das Vieh zu den Schlachthöfen getrieben wurde. Auch heute passiert man hin und wieder Vieh treibende Gauchos, die grüßend ihre Rinderpeitsche schwingen.

u97a-466 Foto: gw

Die Fahrt nach Norden führt durch die **Provinzen Canelones, Florida, Flores, Durazno** und **Tacuarembo,** bevor man in der Provinz **Rivera** auf die uruguayisch-brasilianische Grenze trifft. Die Region ist keine touristische, nur in wenigen Orten gibt es eine Infrastruktur für Besucher, ansonsten dominiert die weite Landschaft. **Unterkünfte sind rar, Verkehrsmittel ebenfalls.** Am besten mietet man sich für die Fahrt in den Norden einen Wagen.

Canelones ⇗ XIII,C2

Canelones ist zwar die Hauptstadt der gleichnamigen Provinz, mit seinen 17.000 Einwohnern aber beileibe nicht die größte der Provinz: Las Piedras, direkt an der Grenze zu Montevideo, hat 58.000 Einwohner und das weiter östlich gelegene Pando 20.000. Die Kleinstadt wurde nach dem üblichen Schachbrettgrundriss, zentriert um die Plaza, gebaut. Dort steht auch die wichtigste Sehenswürdigkeit der Sadt, die **Kathedrale Nuestra Señora de Guadalupe,** die 1834 er- und später mehrfach umgebaut wurde. Die Orgel im Innern ist mit einem Marienbild geschmückt, das älter als die Kirche ist: Es stammt von 1759 aus der Schule von Cuzco (Peru). Ebenfalls an der Plaza steht die **Jefatura de Policia,** in deren Gebäude 1813 die erste nationale Regierung von Uruguay unter José Artigas tagte.

Busverbindung

- Canelones liegt 46 km von Montevideo entfernt und ist problemlos mit dem Bus zu erreichen.

Florida

XIII,C2

Auf geschichtsträchtigem Boden bewegt man sich auch in Florida, der 28.000 Einwohner großen Hauptstadt der gleichnamigen Provinz: Hier wurde am 25. August 1825 die Unabhängigkeit des Landes verkündet.

Sehenswürdigkeiten

Prado Piedra Alto

Östlich der Innenstadt, im Prado Piedra Alto, erinnert ein glatt polierter Granit an das historische Ereignis im August 1825. Dort befindet sich auch das **Teatro de Verano,** eine Freilichtbühne für mehr als 1000 Besucher.

Parque Robaina

Östlich wird der Prado Piedra Alto vom Río Santa Lucia Chico begrenzt. Überquert man ihn, gelangt man in den Parque Robaina, wo sich Tennis- und Volleyballplätze, Grillstellen, Restaurants und Strände am Fluss finden.

Basílica Nuestra Señora del Lujan

Die wichtigste Sehenswürdigkeit der Stadt ist die Basílica Nuestra Señora del Lujan, die größte und eine der schönsten Kirchen Uruguays. Sie wurde 1894 von *Don Andrés Martinucci* erbaut und mit Malereien von *Don Arquimedes Vitales* ausgeschmückt.

Feste

Zwei Feste sind in Florida bedeutsam: zum einen das **Folklore-Festival** jährlich am 25. August, dem Unabhängigkeitstag, zum anderen der 2. und 3. Juni, wenn das **Fest des San Cono** gefeiert wird. Dieser Heilige wurde Ende des 19. Jahrhunderts in Salerno (Italien) geboren. 18-jährig hatte er in der Nacht vor dem 2. Juni eine Himmelserscheinung, die ihm seinen Tod ankündigte. Er starb einen Tag später am 3. Juni. Jedes Jahr am 2. und 3. Juni ruht das öffentliche Leben in Florida. Tausende von Menschen pilgern zu der kleinen Kapelle, die an der Ecke der Straßen Rodo und Lacosta steht. Dort sind auch große Mengen Devotionalien für den Heiligen ausgestellt.

Touristeninformation

- Im Gebäude der Stadtverwaltung auf der Straße Independencia 586.

Hotels

- **Español,** José E. Rodo 360, Tel. 22262; DZ 8–14 US-$.
- **Giant,** A. Fernández/Ecke Rivera; 12 US-$.

Überlandbusse

- Der **Busbahnhof** befindet sich an der Ecke Battlle y Ordoñez und Luis A. de Herrera.
- Gute **Verbindungen** bestehen nach Montevideo (6 US-$) und Durazno.

Sonstiges

- Die **Post** befindet sich in der Independencia 736.
- Die **Telefongesellschaft Antel** ist in der Fernández 564 zu finden.

Durazno

↗XIII,C2

Wie sollte es anders sein – natürlich heißt auch im Departemento Durazno die Hauptstadt genauso wie die Provinz. Die nette Kleinstadt mit ihren heute 30.000 Einwohnern wurde am 12. Oktober 1821 auf Befehl des Generals *Fructuoso Rivera* gegründet. Strategische Gründe waren ausschlaggebend, Uruguay musste die wichtige Stelle südlich des Übergangs über den Río Yí besetzen. Heute findet an dem Gründungstag jedes Jahr ein großes internationales Folklore-Festival statt, bei dem sich die Einwohnerzahl des Ortes lässig verdoppelt.

Sehenswürdigkeiten

Kolonialbauten

Im Zentrum besitzt Durazno einige schöne Kolonialbauten, die an platanengesäumten Straßen liegen. Die Hauptstraßen heißen Artigas und 18 de Julio, sie führen direkt an der Plaza Sarandí vorbei.

Viehauktion

Lohnend ist der Besuch einer Viehauktion auf dem Gelände vor der Stadt. Die Zufahrt erfolgt über die schöne platanenbestandene Av. Winston Churchill. Angekündigt werden solche Auktionen auf den Rural-Seiten der Zeitungen (am besten in „La Nacion“). Eine große Auktion findet jedes Jahr Ende Januar statt.

Strandbad El Sauzal

Zum Baden lädt dieses Strandbad **am Río Yi** ein.

Zoo

Außerhalb der Stadt liegt an der Ruta 5 bei km 182,5 der kleine Zoo, aus dessen kleinen Gehegen traurig einige exotische Raubkatzen starren, der aber einen guten Überblick über die einheimische Vogelwelt bietet.

Touristeninformation

- Die Touristeninformation ist in der L.A. de Herrera 908.

Hotels

- **Central,** Manuel Oribe 699, Tel. 22367; 20 US-$.
- **Durazno,** Herrera 947, Tel. 22040; 20 US-$.

Camping

- Ein gut ausgestatteter Campingplatz findet sich im **Parque 33 Orientales,** nahe dem Río Yi am Strandbad El Sauzal.

Jugendherberge

- Die **Jugendherberge** im Campus Municipal Saravia/Ecke Dr. Penza hat das ganze Jahr über geöffnet. Am besten mit Voranmeldung unter Tel. (0362) 2835.
- Auch das **Hostal El Nazareno** auf der Ruta 5, km 180, Tel. 036/20338, arbeitet als Jugendherberge. Es gibt eine Küche, eine Kantine und die Möglichkeit, seine Wäsche zu waschen; 5 US-$ p.P. menday@internet.com.uy

Überlandbusse

- Nahezu stündlich fährt ein Bus **nach Montevideo,** und fast ebenso häufig fahren Busse **weiter Richtung Norden.** Es gibt keinen zentralen Busbahnhof.

Die beiden wichtigsten **Busunternehmen:**

- **Núñez,** Zorrilla/Ecke 18 de Julio.
- **Chadre,** 18 de Julio 593.

Sonstiges

- Die **Post** ist 19 de Abril 834.

- Die **Telefongesellschaft** Antel befindet sich auf der Rivera/Ecke Zorilla.
- Die meisten **Banken** sind auf der 18 de Julio, Cambio Durazno auf der Artigas 499.

Trinidad ⇗XIII,C2

Etwa 20.000 Menschen leben in der ruhigen Hauptstadt der Provinz Flores. Touristische Attraktionen sind rar: Es gibt einige schöne Kolonialbauten und die mächtige zweitürmige Kathedrale am Hauptplatz, vor der das obligatorische Denkmal für *José Artigas* steht.

Der **Parque Centenario** lockt mit guten Freizeitmöglichkeiten, u.a. Tennis-, Fußball- und Paddleplätze, Grillhütten und – eine Schlittschuhbahn!

Wovon die Provinz lebt, wird jeden ersten Montag des Monats klar: Dann findet in der „Sociedad Rural", in den **Viehauktionsanlagen,** ein großer Markt statt, bei dem bis zu 10.000 Tiere (Kühe, Rinder, Pferde und Schafe) versteigert werden.

Praktische Informationen

- Trinidad liegt an der Strecke Montevideo – Paysandú, von daher sind die **Busverbindungen** gut.
- Schlechter sind die Übernachtungsmöglichkeiten: Es gibt nur zwei **Hotels,** das **Gran Flores,** Luis A. de Herrera 612, Tel. 2654, und das **Trinidad,** Stma. Trinidad 663, Tel. 2307.

Gruta del Palacio und Stausee im Río Negro

Von Trinidad führt die Ruta 3 Richtung Paysandú. Auf ihr passiert man nach etwa 40 km eine kleine Straße, die zur **Gruta del Palacio** abzweigt. Diese Gesteinsformation ist vermutlich etwa 70 Millionen Jahre alt. Es sind senkrecht stehende **Granitsäulen,** deren Zwischenräume mit weicherem Gestein (wahrscheinlich Sandstein) gefüllt waren. Das Wasser spülte den Sandstein hinaus, und so blieben nur die Granitsäulen stehen. Im Innern der Höhle soll sich ein größerer See befinden, allerdings reicht das Tageslicht nur wenige Meter hinein. In dem eigentümlichen Ökosystem haben seltene Tierarten Zuflucht gefunden, darunter der Carpincho. Der Zugang zur Gruta del Palacio ist zurzeit beschränkt, Näheres bei der Touristeninformation in Trinidad.

Eine Brücke führt über den **Lago Artificial de Paso de Palmar,** wie der westliche große Stausee im Río Negro offiziell heißt.

Vorher passiert man das Dörfchen **Andresito,** eine Neugründung, da das ursprüngliche Dorf im Stausee verschwand. Der See selbst eignet sich dank seiner flachen Ufer hervorragend zum Baden, ein Motel bietet die Gelegenheit zur Übernachtung.

Paso de los Toros ⇗XIII,C1

„Centro Ovejero del Pais" – das „Zentrum der **Schafzucht** des Landes" nennt sich die verschlafene Kleinstadt am Übergang über den Río Negro, ca. 250 km nördlich von Montevideo. Paso de los Toros liegt **verkehrsgünstig** an der Hauptstraße und der Eisenbahnlinie nach Norden, und einige Male im Jahr werden hier Zehntausende von Schafen auf die Eisenbahn verladen und nach Montevideo gebracht.

Praktische Informationen

- Viele Touristen kommen nicht in die Stadt, die leicht mit **Bussen** von Montevideo (alle ein bis zwei Stunden) erreicht werden kann.
- Es gibt zwei Hotels, empfehlenswert sind beide, das **Hotel Italiano** (Patio, DZ mit Bad 10 US-$) und das **Hotel Sayonara** auf der Sarandí/Ecke Rivera (15 US-$), dazu einen schönen **Campingplatz.**
- Die **Touristeninformation** ist am Parador Municipal auf der Straße Durazno (keine Hausnummer).

u98-468 Foto: gw

Badestrand am Stausee bei Paso de los Toros

Lago Artificial de Rincón del Bonete

Die meisten Besucher kommen nach Paso de los Toros, um am nahe gelegenen Stausee im Río Negro ein paar erholsame Tage zu verbringen. Etwa 10 km östlich der Stadt liegt der **Staudamm,** dort gibt es einen kleinen Park am Seeufer mit Kinderspielplatz, Liegewiese, Grill- und Picknickplätzen. Bademöglichkeiten gibt es direkt dort, man kann aber auch den Staudamm überqueren. Dort erstreckt sich ein kleiner Mischwald bis ans Wasser. Der See ist klar, das Wasser im Somer recht warm, die Uferlinie ist flach, und kein Bootsverkehr stört die Ruhe.

Ein anderer schöner Badeplatz liegt in **San Gregorio de Polanco,** am Westufer des Sees, mit dem Bus etwa 1–2 Stunden von Paso de los Toros entfernt. Dort gibt es auch direkt am See einen Campingplatz.

Tacuarembó ⇗XIII,C/D1

Die Hauptstadt der gleichnamigen Provinz hat etwa 30.000 Einwohner. Die Stadt ist ein regionales Zentrum, auch ein wichtiger Viehumschlagsplatz. Tacuarembó hat den üblichen regelmäßigen Grundriss. Allerdings besitzt die Stadt zwei Plätze, der zentrale ist die **Plaza 19 de Abril,** an der sich auch die Touristeninformation befindet. Hauptstraßen sind die 25 de Mayo und 18 de Julio.

Sehenswürdigkeit 

Museo del Indio y Gaucho

Die größte Sehenswürdigkeit ist das Museo del Indio y Gaucho (Flores/ Ecke Artigas), das Mo bis Fr 14–18 Uhr und Sa, So 10–13 Uhr geöffnet hat und einen guten Einblick in das Landleben des 19. Jahrhunderts bietet.

Gauchos live kann man beim alljährlich Ende März stattfindenden **Gaucho-Festival** erleben. Dann sieht man überall verwegene Gestalten hoch zu Pferd.

Unterkunft 

- **Pensión Paysandú,** 18 de Julio 154, Tel. 22453. Freundlich, saubere und gute Zimmer für 8 US-$ pro Person.
- **Central,** General Flores 300, Tel. 22341; 20 US-$.
- **Tacuarembó,** 18 de Julio 133, Tel. 22104; 20 US-$.

Überlandbusse 

- Der **Busbahnhof** ist etwas außerhalb der Stadt, dort, wo die Ruta 5 und die Av. Victorino Perera aufeinander treffen. Busse fahren von hier aus mehrfach täglich nach:
- **Montevideo** (14 US-$, 5–6 Stunden), **Riviera, Salto** und **Paysandú.**

Ausflug zum Valle del Edén

Das Valle del Edén liegt etwa 35 km westlich von Tacuarembó an der Ruta 26 nach Paysandú. Busse nach Paysandú passieren den Ort, auch Reisebüros bieten Ausflüge dorthin an. Das Tal wird vom **Arroyo Jabonería** gebildet. Hier findet sich dank eines günstigen Mikroklimas ein **subtropischer Wald.** Ein schöner Spazierweg führt über die leicht schwankende Hängebrücke ins Tal, vorbei an zahlreichen Grotten und einigen kleinen Bergen, in denen die Indianer in früheren Zeiten ihre Toten in Nischen beerdigten, die in den Stein gehauen wurden.

Rivera ⇗IX,C3

Die Provinzhauptstadt ist mit knapp 60.000 Einwohnern die größte und **wichtigste der drei nördlichen Grenzstädte zu Brasilien.** Anders als in Artigas oder Bella Unión trennt kein Flusslauf die beiden Länder, stattdessen wird die Grenze von einer breiten Straße mit Mittelstreifen markiert. Diese verbindet aber eher das uruguayische Rivera und das brasilianische Santana do Livramento, als es sie trennen würde. Die eine Straßenseite ist portugiesisch, die andere spanisch beschriftet. Auf der uruguayischen Seite lockt das Casino – Glücksspiele sind in Brasilien verboten –, auf der brasilianischen Seite die großen Supermärkte.

Rivera ist ein einziger Duty-Free-Shop. Luxuswaren sind hier wesentlich billiger als in Montevideo, da die hohen Importzölle entfallen. Eine Zollkontrolle findet bei der Ein- bzw. Ausreise nach Rivera statt.

Um innerhalb der Stadt die Grenze zu überschreiten, braucht man keinen Ausweis, wer allerdings nach Brasilien weiter will, sollte sich alle nötigen Ein- und Ausreisestempel besorgen. Das **brasilianische Konsulat** ist Ceballos 1159.

Touristeninformation

- Die „Dirección de Turismo, Cultura y Deporte" ist in der Anolles 328.

Hotels

- **Uruguay-Brasil,** Sarandí 440, Tel. 23068; 15 US-$.
- **Casablanca,** Sarandí 484, Tel. 23221; 12 US-$.
- **Sarandí,** Sarandí 777, Tel. 23521; gut, sauber, freundlich, 14 US-$.
- **Comercio,** Artigas 1115; freundlich, 10 US-$.

Camping

- Einen Campingplatz gibt es 7 km südlich der Stadt **im Parque Gran Bretaña.**

Jugendherberge

- Die Jugendherberge ist im **Hotel Nuevo,** Ituzaingó 411, Tel. 23039. Sie hat keine Küche, verfügt aber über eine Kantine und bietet Möglichkeiten, Wäsche zu waschen; DZ ab 12 US-$

Essen und Trinken

- Viele **Restaurants** sind auf der uruguayischen Calle Artigas zwischen der Grenze und der Plaza, ansonsten lohnt auch die brasilianische Küche.

Überlandbusse

- Der **Busbahnhof** befindet sich auf der Straße Uruguay, zwischen M. Vera und Artigas; Busse fahren mehrfach täglich nach:
- **Montevideo,** 10 US-$.
- **Paysandú,** Bus in Tacuarembó wechseln.
- Wer nach **Artigas** möchte, sollte vom brasilianischen Santana (Busbahnhof Salgado Filhoe/Ecke Vasco Alves) den Bus nach Quarai nehmen und dort über die Grenze zurück nach Uruguay gehen. Von Santana gibt es auch täglich einen Bus nach Porto Alegre.

Sonstiges

- Das **Postamt** befindet sich auf der Sarandí.
- **Antel** (telefonieren) hat das Büro auf der Agraciada 606.

Von Montevideo nach Nordosten

Die Route in den Nordosten passiert drei **Provinzen: Lavalleja, Treinta y Tres** und **Carro Largo.** Auch diese Provinzen sind von der Viehzucht geprägt, und überall finden sich riesige Weideflächen – die typische uruguayische Einsamkeit. Das Land ist aber nicht nur flach, die Route passiert die **Cuchilla Grande,** den höchsten Bergrücken Uruguays. Diese Mittelgebirgslandschaft ist unbewaldet, nur ab und an kommt man an einzelnen Baumgruppen vorbei, ansonsten sieht man teilweise den Fels aus der Weide hervorbrechen, und es ergeben sich immer wieder zahlreiche schöne Ausblicke über das weite Land.

Minas

↗ XIII,D2

Die Hauptstadt der Provinz Lavalleja hat etwa 40.000 Einwohner. Sie ist die Geburtsstadt von General *Juan Antonio Lavalleja,* einem der Führer der „33 Orientales" (siehe „Geschichte"). Sein Geburtshaus ist die heutige **Casa de Cultura,** die unter anderem als Museum genutzt wird.

Minas ist eine gemütliche Stadt mit einer schönen Plaza Independencia, an der Cafés, Restaurants und die Kathedrale liegen.

Touristeninformation

- Die Touristeninformation ist Lavalleja 572. Gute Infos gibt es auch in der Casa de Cultura auf der Lavalleja/Ecke Rodó.

Hotels

- **Residencial 25,** 25 de Mayo 525, Tel. 22007; 14 US-$.
- **Las Sierras,** 18 de Julio 486, Tel. 23631; freundliche und schöne Unterkunft, DZ für 10 US-$ inkl. Frühstück.
- **Ramos,** 18 de Julio 837, Tel. 22147; 13 US-$.
- **Verdun,** 25 de Mayo 444, Tel. 23110; 25 US-$.

Jugendherberge

- Etwa 23 km nordöstlich von Minas (Ruta 8, km 145, Busse nach Treinta y Tres passieren die Stelle) zweigt nach rechts (Osten) eine Schotterstraße ab. Nach weiteren 5 km erreicht man die Jugendherberge **Chalet Los Chafas in Villa Serrana** (kein öffentlicher Transport). Sie ist das ganze Jahr über geöffnet, eine Voranmeldung in Montevideo (Tel. 4004245, villaserrana@hosteluruguay.org) ist aber notwendig. Außerdem sollte man genügend **Lebensmittel mitnehmen,** denn dort gibt es keinen Laden, dafür eine Küche sowie einen Pool und einen kleinen See. In den Ferien (Januar) und an den Wochenenden kann die Herberge sehr voll sein – ansonsten ist man hier mitunter allein.

Überlandbusse

- Vom **Busbahnhof** auf der Calle Treinta y Tres zwischen den Straßen Williman und Sarandí gibt es sehr gute Verbindungen nach:
- **Montevideo,** 2 US-$, 2–3 Stunden.
- **Maldonado,** 2 US-$, 2 Stunden.
- **Treinta y Tres** und **Melo.**

Ausflüge

Cerro Arequita

Nördlich der Stadt liegt der **Berg vulkanischen Ursprungs.** An einer engen Schlucht vorbei, durch die der Río Santa Lucía fließt, gelangt man zur Isla de los Ombues, einem kleinem Wald aus Ombubäumen.

Beim Cerro Arequita gibt es auch einen **Campingplatz.**

Cascada del Penitente

Schwierig ist der Anfahrtsweg zu den Wasserfällen. Es gibt dorthin keine öffentlichen Verkehrsmittel. Man verlässt Minas auf der Ruta 8 nach Nordosten und biegt nach 11 km rechts ab. Der Fahrweg ist nun sehr schlecht. Der landschaftlich schön in einer Schlucht gelegene, 20 m hohe **Wasserfall** versöhnt aber mit der Anfahrt, in einem natürlichen Bassin ist Baden möglich.

Parque Salus

Der Park mit der Mineralwasserquelle liegt 10 km südwestlich der Stadt an der Ruta 8 nach Montevideo. Salus ist nicht nur das **beste Mineralwasser** in Uruguay. Auch die Norteña-Brauerei nutzt das Quellwasser.

Innerhalb des schönen Parkes liegen verschiedene **Thermalquellen,** die schönste ist die Fuente del Puma mit einer Brunnenfassung des Bildhauers *Ramón Bauzá*. Der Park ist leicht mit lokalen Bussen zur Cervecería Salus zu erreichen.

Treinta y Tres ⇗XIII,D2

Eine typische Landstadt ist die Hauptstadt der gleichnamigen Provinz mit ihren 30.000 Einwohnern. Der Standard-Schachbrettgrundriss hat seinen Mittelpunkt in der baumbestandenen Plaza 19 de Abril, die anderen Straßen sind meist von niedrigen Bauten im Kolonialstil gesäumt. Das Leben ist verschlafen bis ruhig, mit alten Autos und Pferdewagen kommen die Provinzbewohner zum Einkaufen. Gleichzeitig ist die Stadt ein **Zentrum des Reishandels,** denn östlich und südöstlich von ihr erstreckt sich das größte Reisanbaugebiet Uruguays.

Südwestlich der Innenstadt fließt der Río Olimar, an seinen Ufern lässt sich gut picknicken. Anfang Oktober findet jedes Jahr die „Exposición Rural" statt, eine **Landwirtschaftsausstellung** mit großer Viehversteigerung.

Touristeninformation

- Das Büro ist in der Lavalleja 280.

Hotels

- **Treinta y Tres,** Lavalleja 688, Tel. 22325; ca. 20 US-$.
- **Nuevo Central,** Lavalleja 243, Tel. 23095; ca. 18 US-$.
- **Hospedaje Olimar,** Lavalleja 564, Tel. 22115; ca. 13 US-$.

Überlandbusse

Die Busunternehmen Núñez in der Araujo 242 und Cota in der Manuel Freire 3617 unterhalten einen Busverkehr nach:

- **Montevideo,** es fahren etwa achtmal täglich Busse über Minas nach Montevideo.
- **Melo,** etwas seltener als nach Montevideo.

Post und Telefon

- Das **Postamt** ist auf der Calle Manuel Freire 520, das **Antel-Büro** auf der Avenida Miranda 468.

Ausflug zur Quebrada de los Cuervos

Ein lohnenswerter Ausflug, der sich aber nur mit dem eigenen Fahrzeug verwirklichen lässt.

Die **„Rabenschlucht",** so die Übersetzung, liegt etwa 50 km nordwestlich der Stadt. Über die Ruta 8 verlässt man Treinta y Tres nordwärts; kurz nach Überquerung des Flusses Paso de la Arena biegt man etwa bei km 306 nach links Richtung Quebrada de los Cuervos (ausgeschildert) ab. Etwa 20–30 km geht es über Schotterstraßen weiter, dann folgt links ein Gatter, woran „Quebrada de los Cuervos" steht. Am besten lässt man den Wagen hier stehen und geht die folgenden 2–3 km zu Fuß durch die Wiesenlandschaft bis zur Schlucht.

Der **Arroyo Yerba Chico** hat sich über eine Länge von 12 km bis zu 100 m tief in das Gestein gegraben. An den steilen Hängen wachsen teils seltene tropische Pflanzen, weil das Binnenklima der Schlucht sehr mild ist.

Ihren Namen hat die Schlucht zu Recht, besonders in der Dämmerung kreisen Tausende der schwarzen Vögel über dem engen Tal.

Melo ⇗XIII,D1

Mehr als die Hälfte der Einwohner der Provinz Carro Largo leben inzwischen in der Hauptstadt Melo. 40.000 Menschen sind es – das zeigt, wie dünn besiedelt der Rest der 13.648 km² großen Provinz ist. Die Stadt ist eine der älteren Landstädte: sie wurde bereits 1795 gegründet.

Auch Melo ist wieder das Versorgungszentrum für die Vieh-Estanzias der Provinz. Im Remate-Büro werden **Viehversteigerungen** angekündigt, und wer schönes, versilbertes Zaumzeug sucht, wird hier schnell fündig.

Der Stadtplan folgt wie immer dem Schachbrett, allerdings hat Melo zwei Plätze, und das Geschäftszentrum verläuft zwischen beiden. Westlich des Zentrums liegt der **Parque Rivera,** ein Freizeitpark mit Grillplätzen.

Touristeninformation 

- Die Touristeninformation befindet sich auf der J. Muniz, zwischen den Straßen Varela und Wilson Ferreira.

Hotels 

- **Hotel Colonial,** 18 de Julio Ecke Lestido, in der Nähe des Busbahnhofs, Tel. 22027. Sauber, freundlich, mit schöner, großer Dachterrasse. Pro Person 6 US-$.
- **Nuevo Melo,** Ituzaingó 609, Tel. 22684; 15 US-$.
- **Español,** Saravia 729, Tel. 22064; 15 US-$.

Essen und Trinken 

- Empfehlenswert ist das **Restaurant y Confitería Washington** auf der Luis A. de Herrera 641. Andere Restaurants finden sich um die Plaza im Norden der Stadt an der Calle F. Sanchez.

Überlandbusse 

- Der **Busbahnhof** liegt an der Calle Ramírez zwischen den Straßen 18 de Julio und Treinta y Tres. **Mehrfach täglich fahren Busse** in die Grenzstädte Acegua und Río Branco sowie nach Tacuarembó und Montevideo.

Sonstiges 

- Das **Postamt** ist an der Calle Luis A. de Herrera 671; das **Antel-Büro** auf der 18 de Julio/Ecke Luis A. de Herrera.
- Das brasilianische **Konsulat** befindet sich auf der Saravia 711.

Ausflug zur Antigua Posta del Chuy 

Die **alte Poststation** wurde 1859 von *Don Bertram Etcheverry* auf dem Weg von Río Branco nach Melo errichtet. Sie war eine Wechselstation für die Pferde der staatlichen Pferdefuhrwerke, gleichzeitig konnten die Benutzer hier etwas zu essen kaufen oder auch ihre Fahrt für eine Nacht unterbrechen. Heute ist die alte Poststation ein **Museum,** sie ist Di bis So geöffnet, eine Führung ist auch möglich. Der Schalterraum ist mit Originalmobiliar eingerichtet, er erinnert mit seinem vergitterten Schalter, hinter dem die Kassierer saßen, stark an Wild-West-Filme. Auch andere Räume sind teilweise originalgetreu eingerichtet. Eine Seltenheit ist der zur Poststation gehörende alte, kreisrunde Steinkorral, in dem früher die Tiere zusammengetrieben wurden.

Die Poststation liegt etwa 20 km östlich von Melo, nördlich der Straße, die nach Río Branco führt. Nach ca. 15 km zweigt links der Weg ab (gut ausgeschildert). Noch 5 km sind es über eine holprige, teilweise aus Feldsteinen gepflasterte Strecke bis zur Poststation. Man kann den **Bus** Richtung Río Branco nehmen und bis zur Abzweigung fahren, den Rest des Weges muss man dann zu Fuß machen.

arg3-500 Foto: gw

Paraguay

p112-523 Foto: gw

p106-437 Foto: gw

Im Busbahnhof von Asunción

Kraftwerk Itaipú

Panteón de los Héroes in Asunción

Land und Leute

Geografie

Lage und Größe

Paraguay hat neben Bolivien als einziges Land in Südamerika **keinen direkten Zugang zum Meer.** Es grenzt im Nordwesten an Bolivien, im Norden und Osten an Brasilien und im Süden/Südwesten an Argentinien. Die Grenze zu Brasilien folgt weitgehend, die zu Argentinien vollständig Flussläufen: Río Paraguay und Río Paraná bilden die Grenze zu Brasilien, nur im Nordosten gibt es keine natürliche Barriere. Zu Argentinien folgt die Grenze den Flussläufen von Río Pilcomayo, Río Paraguay und Río Paraná. Zu Bolivien gibt es keine natürliche Grenze.

Der **Río Paraguay,** der das Land in Nord-Süd-Richtung durchfließt, gab dem Land auch den Namen, allerdings ist nicht vollständig klar, was dieser bedeutet. Drei ernst zu nehmende etymologische Möglichkeiten werden diskutiert.

Die erste leitet „Paraguay" vom Wort **„Pararaminguay"** ab, einer Zusammensetzung aus den indianischen Wörtern „para" (Meer), „parará" (etwas Tosendes, Lautes), „min" (Abkürzung von minbí = etwas Glänzendes wie die Sonne), „guá" (Ort) und „y" (Wasser). Demnach würde der Landesname übersetzt etwa lauten: „Gebiet mit einem dem Meere gleichenden, großen und tosenden Fluss, über dessen Wasser die Sonne leuchtet".

Bei der zweiten Theorie nimmt man **„Pararaguay"** als Ausgangswort, ein Wort, das sich aus ähnlichen Einzellau-

Paraguay in Kürze

Staatsname
República del Paraguay

Staatsform
Präsidiale Republik

Staatsoberhaupt
Luis González Macchi von der Colorado-Partei (bis Mai 2003)

Staatsflagge
Rot-weiß-blau gestreift, im weißen Block ein rundes Emblem mit Stern sowie ein Kranz aus einem Lorbeer- und einem Olivenzweig, dazu die Aufschrift „República del Paraguay".

Staatssprache
Spanisch (castellano) und Guaraní

Grenzen
Im Nordwesten an Bolivien, im Osten an Brasilien, im Süden und Südwesten an Argentinien.

Fläche
406.752 km², damit etwa so groß wie die Bundesrepublik Deutschland und die Schweiz zusammen.

Lage
Paraguay liegt zwischen 19 und 27 Grad südlicher Breite und 54 und 62 Grad westlicher Länge.

Höchster Berg
Cerro Pero (Tres Kandu), 842 m

Längster Fluss
Río Paraguay mit ca. 2200 km (auf paraguayischem Gebiet ca. 1400 km), davon bildet er auf etwa zwei Drittel seiner Strecke die Grenze zu Brasilien (nördlich von der Mündung des Río Apa) und Argentinien (südlich von Asunción).

Gesamtbevölkerung
5,88 Mio. Einwohner (2002)

Mittlere Bevölkerungsdichte
Durchschnittlich 14,5 Einwohner je km² (in Deutschland 228 Einwohner je km²)

Hauptstadt
Asunción (ca. 1,2 Mio. Einwohner)

Wichtigste Städte
San Lorenzo (125.000 Ew.), Ciudad del Este (110.000), Lambaré (85.000), Fernando de la Mora (80.000), Pedro Juan Caballero (80.000), Concepción (50.000), Encarnación (48.000)

Lebenserwartung
Männer 71 Jahre, Frauen 76 Jahre

Analphabetenrate: 7,9% (geschätzt)

Religionen
96% Katholiken, 2% Protestanten, 13.000 Mennoniten

Währung: 1 Guaraní (G)

Bruttoinlandsprodukt
1200 US-$ je Einwohner (2001)

Arbeitslosenquote
15,3% (2002), dazu kommt verbreitete Unterbeschäftigung

Inflationsrate: ca. 14% (2002)

Internationale Mitgliedschaften
UN und UN-Sonderorganisationen, OAS (Organisation der Amerikanischen Staaten), SELA (Lateinamerikanische Wirtschaftssystem), Mercosur („Mercado Común del Cono Sur", gemeinsame Handelszone mit Argentinien, Brasilien und Uruguay)

Uhrzeit
MEZ minus 5 Stunden

ten zusammensetzt und deshalb genauso einfach übersetzt werden kann: „Land des rauschenden Flusses" müsste eine Übertragung dann lauten.

Die dritte Möglichkeit wird inzwischen von der Forschung als die wahrscheinlichste angesehen. Sie stammt von dem Schweizer *Johann Rudolf Rengger,* der von 1818 bis 1826 als Arzt und Naturforscher in Paraguay lebte. Er erinnerte sich, dass das Gebiet auf alten spanischen Karten des 16. Jahrhunderts immer als **„Paraquay"** bezeichnet wurde. „Para" bedeutet Meer, „qua" Höhle und „y" Wasser, die beiden letztgenannten Begriffe bilden gemeinsam das Guaraní-Wort für Quelle. „Paraquay" würde demnach **„Quelle des Meeres"** bedeuten, und wer einmal die Wassermassen des Río Paraguay gesehen hat, der mag diese Deutung recht anschaulich finden.

Geografische Gliederung

Der Río Paraguay teilt das Land in zwei Stücke, zwei auch sehr unterschiedliche Großräume: den östlich des Flusses gelegenen **Oriente,** in dem nahezu 90% der Bevölkerung leben, und den westlichen Teil, den **Chaco,** ein dementsprechend fast menschenleeres Gebiet.

Der **Chaco** umfasst etwa 60 Prozent des Staatsgebietes. „Chaco" bedeutet in der Sprache der Quetschua-Indianer „Jagdfeld". Die Tiefebene, die sich weit nach Argentinien und Bolivien hineinzieht und insgesamt ca. 800.000 km² umfasst, war auch bis weit ins 20.

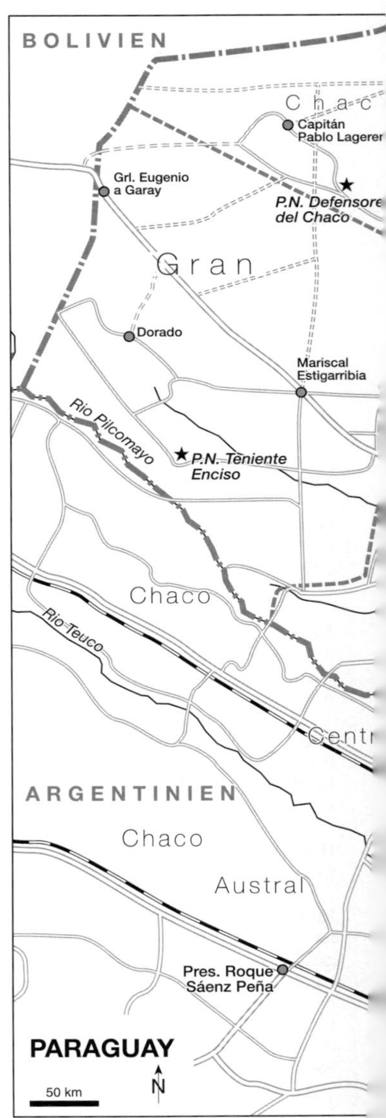

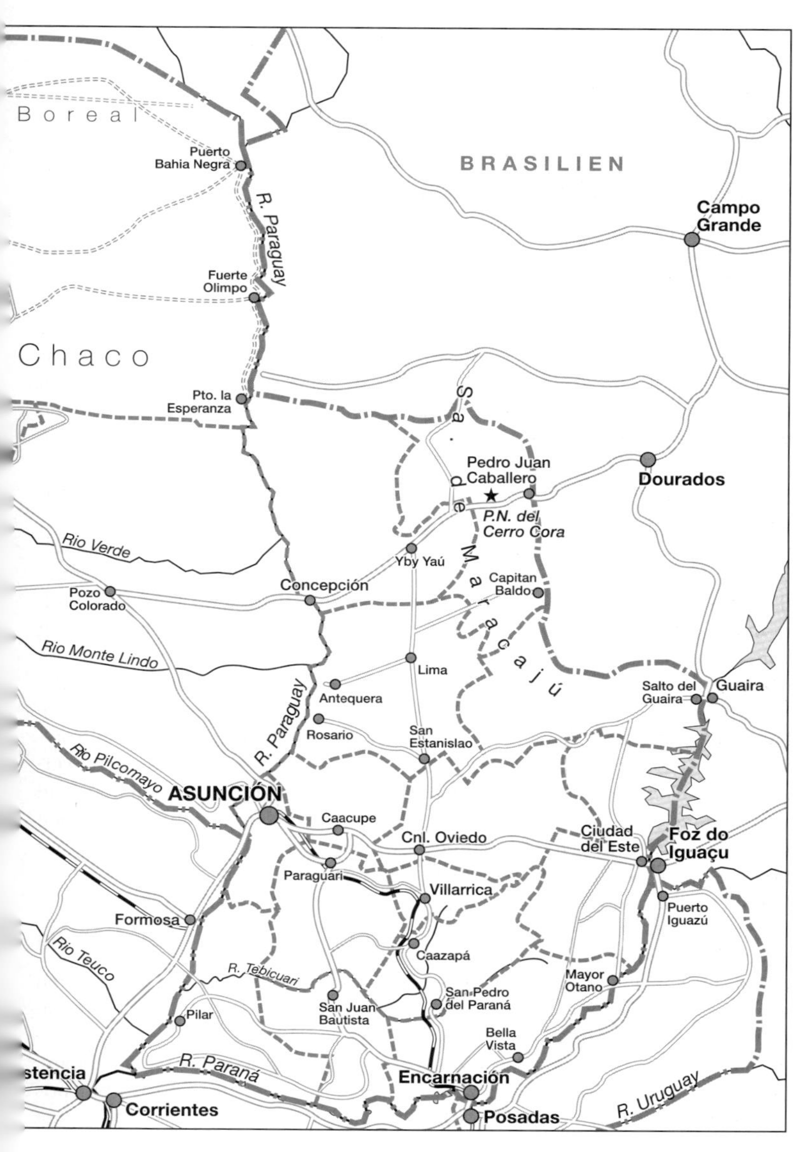
Boreal
Puerto Bahia Negra
BRASILIEN
R. Paraguay
Campo Grande
Fuerte Olimpo
Chaco
Pto. la Esperanza
Sa. de Maracajú
Pedro Juan Caballero
Dourados
P.N. del Cerro Cora
Rio Verde
Yby Yaú
Capitan Baldo
Concepción
Pozo Colorado
Rio Monte Lindo
Lima
Antequera
Salto del Guaira
Guaira
Rosario
San Estanislao
Rio Pilcomayo
ASUNCIÓN
Caacupe
Cnl. Oviedo
Ciudad del Este
Foz do Iguaçu
Paraguarí
Villarrica
Formosa
Puerto Iguazú
Rio Teuco
Caazapá
R. Tebicuari
Mayor Otano
San Pedro del Paraná
San Juan Bautista
Pilar
Bella Vista
R. Paraná
stencia
Encarnación
Corrientes
Posadas
R. Uruguay

Jahrhundert ein reines Indianergebiet. Paraguay hat vor allem Anteil am Chaco boreal, einer sehr flachen Ebene, die weitgehend mit Wiesen und losen Wäldern, teilweise auch Dornengewächsen bestanden ist.

Im **Osten des Río Paraguay** beginnt dagegen eine Hügellandschaft, die von Westen nach Osten langsam ansteigt, und zwar von den Ebenen um den Río Paraguay hin zum so genannten Amambay-Plateau. Östlich von Asunción liegt das Mittel-Paraguayische-Bergland, ein Ausläufer dieses Plateaus, wo sich mit 800 m die höchsten Erhebungen des Landes finden.

Klima

Paraguay hat Anteil an **zwei Klimazonen.** Das Wetter wird überwiegend vom subtropischen Klima bestimmt, nur im Norden ist es bereits tropisch. Allgemein sind die Sommer (sehr) heiß, die Winter im Verhältnis kühl, allerdings sinkt das Thermometer in Asunción selten unter 20°C, im Süden selten unter 17°C. Von Osten nach Westen steigen die Temperaturen: Herrschen im Sommer in Asunción 30–35°C, allerdings bei mitunter sehr hoher Luftfeuchtigkeit, so werden zur gleichen Zeit im Chaco leicht 40°C erreicht. Im Chaco gibt es eine kurze sommerliche Regenzeit, während im Osten die Regenfälle besser auf das Jahr verteilt sind. Am seltensten regnet es im Nordwesten (500 mm im Jahr), am meisten im Südosten (2000 mm).

Pflanzen- und Tierwelt

Flora

Der Artenreichtum der Pflanzenwelt ist weitgehend abhängig von der Niederschlagsmenge. So wundert es nicht, dass er nach Westen, in den Trockengebieten des Chaco, mehr und mehr abnimmt. Hier dominiert strauchlose Steppe, aber auch Hartholzbäume wachsen, mit starken, knorrigen Verzweigungen und kleinen Blättern. Der Quebracho-Baum wurde inzwischen stark abgeholzt. Andererseits finden sich im Chaco auch Sumpfsteppen mit Palmenhainen.

Der östliche Landesteil ist wesentlich dichter besiedelt und wird seit Generationen vorwiegend landwirtschaftlich genutzt. Von daher ist nur wenig natürliche Vegetation erhalten.

An Kulturpflanzen werden Mate, Maniok, Tabak sowie Südfrüchte angebaut, wild wachsen auch subtropische Pflanzen wie Orchideen, verschiedene Baumfarne, Palmen und Bambus, im Nordosten gibt es noch Reste des immergrünen subtropischen Regenwaldes.

Fauna

Die Tierwelt ist ebenfalls v.a. im Osten artenreich; es gibt unterschiedliche Affenarten, Wildschweine, in den Flussniederungen kommen auch Tapire, Kaimane, Fischotter und Carpinchos vor. Auch Jaguare, Pumas und Ameisenbären gibt es noch zahlreich; um sie beobachten zu können, muss man allerdings sehr viel Glück haben.

Besonders artenreich ist die Vogelwelt. Es gibt allein über zwanzig verschiedene Papageienarten, dazu Wasservögel wie Fischreiher und -adler, Kormorane und Urwaldvögel wie Tukan oder Kolibri.

Natur- und Umweltschutz

Paraguay besitzt inzwischen **sechs Nationalparks** und dazu noch einige weitere Schutzgebiete. Die größeren Parks liegen im Westen des Landes, im Chaco; die kleineren im Osten sind besser zugänglich.

Das größte Umweltproblem Paraguays ist der **unkontrollierte Holzeinschlag** im Osten des Landes. Große Teile des Bodens sind deshalb erosionsgefährdet, dort, wo aufgeforstet

p103-482 Foto: gw

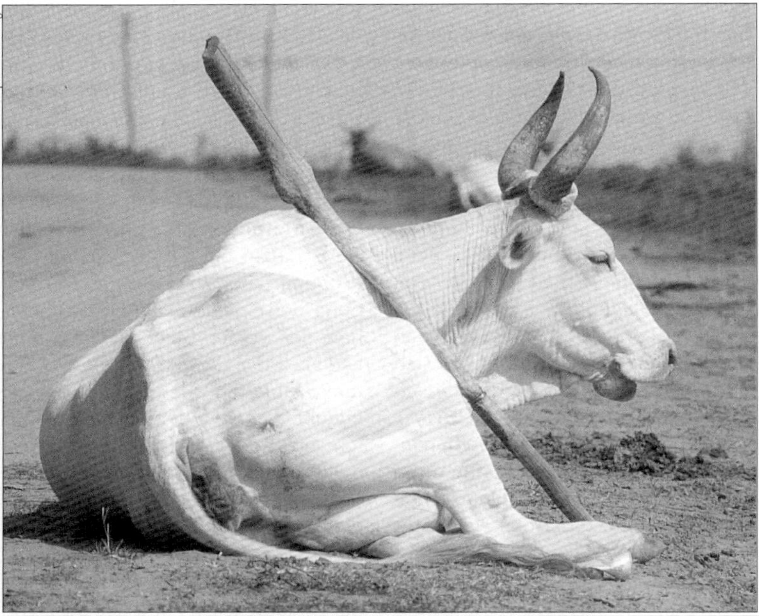

wird, besteht die Gefahr, dass die Böden schnell ausgelaugt werden. 1992 erhielt Paraguay von der Interamerikanischen Entwicklungsbank einen 14-Mio.-US-$-Kredit zur Erstellung eines nationalen Umweltplanes. Damit sollten Wiederaufforstungen, Umwelterziehung, die Erhaltung von Naturräumen sowie erste Projekte zur Abfallbeseitigung und Wiederverwertung finanziert werden.

Geschichte

Nachdem sich Argentinien am 25. Mai 1810 für unabhängig erklärt hatte, versuchte man in Buenos Aires, auch die anderen Provinzen des ehemaligen Vizekönigreichs davon zu überzeugen, sich anzuschließen. Der erste einberufene Kongress in Paraguay beschloss aber am 24. Juli 1810, Spanien treu zu bleiben und sich gegen jede Einmischung Argentiniens militärisch zur Wehr zu setzen. Am 4. Dezember 1810 rückte der argentinische General *Manuel Belgrano* gegen Paraguay vor, und obwohl der spanische Gouverneur *Velasco,* der die paraguayischen Truppen befehligte, floh, setzten sich diese gegen *Belgrano* durch. Ähnlich wie es die Bewohner von Buenos Aires Jahre vorher bei der englischen Invasion erlebt hatten, so konnten die Paraguayer nun bei der argentinischen Invasion sehen, dass man sich nicht mehr auf die spanische Krone verlassen konnte. Die Folge: Paraguay erklärte am **14. Mai 1811** seine **Unabhängigkeit** und verabschiedete am 12. Oktober 1813 seine erste Verfassung.

El Supremo – der Allmächtige

Zunächst wurde das Land von einem Triumvirat regiert, aber am 3. Oktober 1814 ernannte der Nationalkongress **Dr. José Gaspar Rodríguez de Francia** zunächst für fünf Jahre zum Diktator, am 30. Mai 1816 sogar zum Diktator auf Lebenszeit.

Francia war **einer der widersprüchlichsten Politiker Südamerikas,** ein Tyrann und Diktator, rücksichtslos in der Verfolgung seiner politischen Ziele, auch gegen sich selbst. Sein Ziel war die Entkolonialisierung des Landes, und zur Durchsetzung dieses Zieles setzte er auf drei Faktoren: die Entmachtung der spanischen Oberschicht, die der Kirche und eine Isolationspolitik, die Paraguay politisch und wirtschaftlich abschottete und autark machte.

Die **Methoden** waren hart: So erließ *Francia* 1814 ein Gesetz, das bei Androhung einer zehnjährigen Verbannung den Spaniern die Heirat innerhalb der weißen Oberschicht verbot. Lediglich die Eheschließung mit Guaranís, Mulatten oder Schwarzen war erlaubt. 1821 wurden die 300 reichsten und bedeutendsten spanischen Familien in Paraguay nach einer aufgedeckten Verschwörung inhaftiert und erst nach Zahlung eines Lösegeldes von 15.000 Pesos je Familie freigelassen. 15.000 Pesos waren viel Geld – der Diktator selbst hatte sein Salär von jährlich 9000 auf 3000 Pesos gesenkt. Da zusätzlich das Erbe eines jeden Ausländers an den Staat fiel, war die ökonomische Macht der Spanier schnell gebrochen.

Die **Entmachtung der Kirche** ging ebenso schnell vonstatten: *Francia* löste die Klöster auf, zog ihre Vermögen ein, ließ das Priesterseminar, die einzige höhere Bildungsanstalt des Landes, schließen, nahm dem Klerus alle Vorrechte und belegte Spenden an die Kirche mit einer 70%igen Sondersteuer. Er ernannte sich selbst zum Oberhaupt der Kirche im Land, und alle Geistlichen wurden von ihm eingesetzt, aber erst nachdem sie einen Treueeid auf die Verfassung geschworen hatten.

Die **politische Abschottung** war teilweise erzwungen, teilweise selbst gewählt. Das Land musste sich selbst konstituieren, denn zu sehr schielte der große Nachbar Argentinien darauf, Paraguay als zusätzliche Provinz einzugliedern. *Francia* setzte auf einen eigenen Weg, er verhielt sich neutral gegenüber den Nachbarländern und versuchte gleichzeitig, eine möglichst **autarke Wirtschaftspolitik** zu betreiben, auch um wirtschaftlich nicht von ausländischem, meist europäischem Kapital abhängig zu werden. Das gelang weitgehend; mit den staatlichen Erlösen des Exports von Mate-Tee, dem einzigen Exportgut (importiert wurde gar nichts), finanzierte man den Aufbau einer Selbstversorgungs-Wirtschaft. Erfolgreich, denn die Grundversorgung für die Bevölkerung war gewährleistet, Luxus für die Oberschicht gab es nicht – aber es gab ja auch keine Oberschicht mehr ...

Francia herrschte 26 Jahre über Paraguay. *Eduardo Galeano* schreibt in seinem Buch „Die offenen Adern Lateinamerikas" über seine Regierungszeit: *„Die Enteignungen, die Verbannungen, die Einkerkerungen, die Verfolgungen und die Geldbußen hatten nicht dazu gedient, die Herrschaft der Landbesitzer und der Kaufleute im Lande zu festigen, sondern umgekehrt dazu, sie zu zerstören. Die politische Freiheit und das Oppositionsrecht existierten nicht und tauchten auch später nicht auf, aber in der damaligen historischen Etappe litten nur die, die ihren verlorenen Privilegien nachweinten, unter dem Mangel an Demokratie. Es gab keine großen Privatvermögen, als Francia starb, und Paraguay war das einzige Land Lateinamerikas, in dem keine Bettler, keine Hungerleidenden und keine Diebe anzutreffen waren."*

Galeano sieht die Diktatur *Francias* uneingeschränkt positiv, ein Standpunkt, den man teilen kann, bedenkt man die Alternativen auf dem Kontinent zu Beginn des 19. Jahrhunderts. Demokratische Verfassungen gab es nirgends. Aber ein Problem wird dabei übersehen: Nach der ausgeklügelten Diktatur *Francias* war Herrschaft in Paraguay lange Jahrzehnte immer wieder nur als Diktatur denkbar.

Die López-Diktatur

Das zeigte sich schon bald. Zwar wurde nach *Francias* Tod 1840 zunächst eine zweiköpfige Regierung eingesetzt, der **Carlos Antonio López** vorstand, aber schon vier Jahre später schrieb die neue Verfassung die Diktatur als Staatsform nahezu fest: Das Staatsoberhaupt wurde für zehn Jahre mit diktatorischen Machtbefugnissen ausgestattet. Rechtssicherheit oder persönliche Freiheitsrechte des einzelnen kamen in der Verfassung überhaupt nicht vor.

López verfolgte eine ähnliche Politik wie Francia: eine autarke Entwicklung für das Land, allerdings mit Weltmarktöffnung. Man holte ausländische Spezialisten ins Land, baute eine der ersten Eisenbahnen Südamerikas, moderne Werften und Eisengießereien. Der Aufbau der Infrastruktur und Industrie wurde mit eigenem, nicht wie beispielsweise in Uruguay oder Argentinien mit fremden Kapital finanziert, erwirtschaftet durch den Verkauf von Mate und Edelhölzern, auf die der Staat ein Monopol hatte. **Paraguay hatte keine Auslandsschulden. Der Boden war zu 98 Prozent Staatseigentum, er wurde an die Bauern verpachtet.** Einen Unterschied zu *Francia* gab es allerdings: Während der genügsam lebte, verzichtete *Carlos Antonio López* nicht darauf, ein Vermögen anzuhäufen und seine Familie zu protegieren.

So wundert es auch nicht, dass *Carlos Antonio López* seinen Sohn **Francisco Solano López** zum Nachfolger bestimmte. Der übernahm im Oktober 1862 die Regierung.

Gegen die „Triple Alianza" – der Untergang des paraguayischen Modells

Anders als heute war Paraguay 1862 eine **Großmacht** in Südamerika – und den beiden Nachbarländern Argentinien und Brasilien ein Dorn im Auge. Auch dem des britischen Kapitals. Das hatte überall im Cono Sur, aber nicht in Paraguay Fuß fassen können. Statt auf Freihandel setzte auch *Francisco Solano López* unbeirrt auf wirtschaftliche Autonomie, die mit Schutzzöllen verteidigt wurde.

In dieser Situation hatte Paraguay das Pech, eine große Armee und einen Diktator mit Großmachtsträumen zu haben. Der führte das Land in den schlimmsten Krieg seiner Geschichte gegen den **Dreibund aus Uruguay, Brasilien und Argentinien.** Diesen zu vermeiden, wäre allerdings schwierig gewesen.

Paraguay hatte mit Uruguay freundschaftliche Beziehungen, auch weil sich das Binnenland bei einer Annexion Uruguays durch Brasilien oder Argentinien eingekreist gesehen hätte. Als 1863 im uruguayischen Bürgerkrieg brasilianische Truppen zur Unterstützung des uruguayischen Colorado-Generals *Venancio Flores* in Uruguay einmarschierten, rief die Blanco-Regierung Uruguays Paraguay zu Hilfe. *López* stellte Brasilien ein Ultimatum, das ergebnislos verstrich, und so rückten paraguayische Truppen am 16. Oktober 1864 nach Brasilien in den Mato Grosso ein. *López* verlangte dann im Januar 1865 von Argentinien das

Recht, Truppen durch Misiones zu befördern. Argentinien verweigerte, was es noch 1855 Brasilien erlaubt hatte, und so erklärte Paraguay Mitte Februar 1865 auch Argentinien den **Krieg.**

Mittlerweile hatten die Colorados in Uruguay unter General *Flores* die Macht vollständig übernommen, Brasilien und Uruguay schlossen ein Bündnis. Beide wandten sich gemeinsam gegen Paraguay, auch Argentinien schloss sich an. Die „Triple Alianza" war geboren. Die beiden Großmächte vergaßen ihre traditionelle Konkurrenz um die Hegemonie am Río de la Plata; zu gut war die Gelegenheit, Paraguay entscheidend zu schlagen. Bereits am 1. Mai 1865 hatte man einen Geheimvertrag geschlossen, der nahezu die vollständige Aufteilung Paraguays unter Argentinien und Brasilien vorsah, Uruguay sollte leer ausgehen. Erst drei Tage später erfolgte die argentinische Kriegserklärung.

Der Krieg dauerte bis zum 1. März 1870, dem Todestag von *Francisco Solano López*. Der hatte eine Kapitulation abgelehnt, und buchstäblich bis zum letzten Mann, zuletzt mit Truppen aus Kindern und Frauen, hatten die Paraguayer, auch von ihrem Diktator gezwungen, gekämpft. Die grausame **Bilanz des Krieges:** Vor dem Krieg hatte Paraguay 1.337.000 Einwohner, danach nur noch 213.000 (!), davon etwa 28.000 Männer (überwiegend Alte und Invalide), 107.000 Frauen und 86.000 Kinder. Lediglich ein Sechstel der Bevölkerung überlebte also, nur 10 Prozent der männlichen Bevölkerung. Die Hälfte des Landes wurde zwischen Brasilien und Argentinien aufgeteilt. Den drei Kriegsgewinnern ging es nicht wesentlich besser – auch ihre Kassen waren auf absehbare Zeit leer.

Eigentlicher Sieger des Krieges war das **englische Kapital.** Reparationskosten und Wiederaufbau konnten nur mit ausländischen Krediten finanziert werden, und dies erforderte die Privatisierung der Transportmittel und Banken sowie vor allem den Verkauf von staatseigenem Land. Und so befand sich Ende des 19. Jahrhunderts der Landbesitz in Paraguay in wenigen Händen, zumeist denen ausländischer Agrarkonzerne.

Der Erdöl-Krieg im Chaco

Die politischen Verhältnisse blieben instabil. Zwar gründeten sich im Jahr 1887 die beiden großen Parteien, die **Colorados** und die **Liberalen** *(Azules)*, beide aber ohne ein klares ideologisches und politisches Profil und ohne eine Vorstellung davon, wohin sich das Land entwickeln sollte. Die Colorados waren bis 1904 bestimmend, danach die Liberalen bis 1936. Korruption, Vetternwirtschaft und eine mehr oder weniger abgemilderte Diktatur waren jeweils die Regierungsprinzipien, häufig Militärs die Präsidenten, Gewalt die Form politischer Auseinandersetzung. Mitwirkungsmöglichkeiten und Bürgerrechte der Bevölkerung – Fehlanzeige.

Standard Oil of New Jersey und Royal Dutch Shell Company hießen die eigentlichen Gegner (und Drahtzieher) im **Chaco-Krieg,** der stellvertretend für die beiden **Ölkonzerne** 1932 bis 1935 von Bolivien und Paraguay geführt wurde. Die Vorgeschichte ist kompliziert: Bolivien war nach dem Krieg mit Chile (1879–1883) vom Meer abgeschnitten worden. Später hatten Vertreter der Standard Oil im Osten Boliviens große Erdöllager gefunden. Doch was nützt Öl, wenn man es nicht abtransportieren kann, und die nächsten Häfen lagen am Río Paraguay auf paraguayischem Boden. Um diese zu erreichen, hätte man eine Pipeline durch den Gran Chaco bauen müssen. Dort suchte aber die Royal Dutch Company auch nach Öl.

Die beiden Ölkonzerne schürten nun den Konflikt, es kam ihnen zugute, dass die Grenze zwischen Bolivien und Paraguay nicht genau definiert war. 1934, mitten im Krieg, deckte der US-amerikanische Senator für Lousiana, *Huey Long,* die Machenschaften der Standard Oil auf. Sie habe das bolivianische Heer finanziell unterstützt, damit dieses den paraguayischen Chaco erobere. Er sparte nicht mit harten Worten: *„Die Verbrecher sind dorthin gegangen und haben sich Mörder gedungen."*

Mit der **Kriegserklärung Paraguays an** das militärisch überlegene **Bolivien** am 10. Mai 1933 begann ein grauenhafter Irrsinn. Mitten in der „grünen Hölle" des Chaco, wo das Überleben an sich schon schwierig genug ist, wo Nahrung und Wasser fehlen, schlug man aufeinander ein, beschoss sich bis zur letzten Patrone und kämpfte danach mit Messern weiter: fernab von Nachschub und Medikamenten und vor allem auch von Wasser – ganze Regimenter verdursteten einfach.

Paraguay gewann den Krieg, es behielt den Teil des menschenleeren Landes, der ihm eh gehörte. 130.000 Menschen verloren ihr Leben, davon allein 80.000 auf bolivianischer Seite. Erdöl wird im Chaco bis heute nicht gefördert, eine Pipeline von Bolivien gibt es auch nicht.

Putsch auf Putsch

1936, ein Jahr nach Ende des Krieges, putschten nationalistische Offiziere unter der Führung von Oberst *Rafael Franco* gegen die Regierung des gewählten Präsidenten *Eusebio Ayala.* Die so genannten **Febristen,** die später auch eine Partei gründeten, den Partido Febrista Revolucionario, sahen als ihr Vorbild die totalitären Diktaturen in Europa an. Sie wollten aber auch eine Agrarreform, dazu die Verstaatlichung der Bodenschätze. Allerdings konnten sie ihre ehrgeizigen Plänen nicht verwirklichen. Ein neuer Putsch 1937 brachte den General *José Félix Estigarribia* an die Macht, der sich 1939 auch zum Präsidenten wählen ließ. Seine Regierungszeit war nur kurz, denn 1940 kam er bei einem Flugzeugabsturz ums Leben.

Nachfolger wurde wiederum ein General, nämlich **Higinio Morínigo.**

Präsidentenpalast in Asunción

p104-488 Foto: gw

Der orientierte sich ebenfalls an den Diktaturen in Europa, auch für das nationalsozialistische Deutschland hegte er große Sympathien. Paraguay blieb im Zweiten Weltkrieg bis 1943 neutral, was spätestens seit dem Kriegseintritt der USA 1941 eher einer politischen Unterstützung Hitler-Deutschlands gleichkam. *Morínigo* regierte mit brutaler Repression, besonders nachdem 1947 die Opposition erstarkt war und offen Widerstand leistete. Schließlich war auch ein großer Teil des Militärs, man spricht von vier Fünfteln der Offiziere, auf Seiten der Rebellen. Im Chaco wurden Lager für politische Gefangene eingerichtet, ein großer Teil der Bevölkerung emigrierte: Man vermutet, dass mehr als 200.000 Paraguayer damals ihr Land aus Angst vor dem Terror der Morínigo-Truppen verließen.

Abgelöst wurde *Morínigo* im November 1949 von **Federico Chaves.** Der regierte nur fünf Jahre, sein Hauptfehler war der Abschluss eines Freundschaftsvertrages mit Argentinien. Das empörte die nationalistischen Kräfte, und so kam es am 4. Mai 1954 zum vorletzten Putsch in der Geschichte Paraguays. Es begann die längste Diktatur in der Geschichte des Landes. Es war die seiner – so der offizielle Titel – Exzellenz, des Herrn Präsidenten der Republik und Generals der Armee **Alfredo Stroessner.**

Die Stroessner-Diktatur

Schnell erhielt diese Diktatur ihr demokratisches Mäntelchen umgehängt: Drei Monate später fanden Wahlen statt, *Stroessner* gewann sie haushoch; kein Wunder, war er doch der einzige Kandidat ...

Sein Regierungsstil? **Verfolgung jeglicher Opposition, Ausnahmezustand, Folterungen,** das „klassische" Repertoire von Diktaturen also. Als erstes rief *Stroessner* den Ausnahmezustand aus. Der wurde alle drei Monate verlängert und erst 1987 (!) endgültig aufgehoben. Wichtigstes Unterdrückungsinstrument neben dem Militär wurde die Colorado-Partei. Jeder Staatsangestellte, vom Briefträger bis zum Polizisten, wurde automatisch Parteimitglied. Wer sich nicht anpassen wollte, wurde verhaftet, gefoltert, auch getötet – im April 1989 endeckte man die ersten Massengräber aus der Zeit der Stroessner-Diktatur –, oder er floh ins Ausland. Man vermutet, dass etwa 1,5 Mio. Paraguayer, etwa ein Drittel der Bevölkerung, ihre Heimat verlassen mussten.

Seit 1963 waren sogar zwei „gezähmte" **Oppositionsparteien** im Parlament vertreten. Allerdings war dort ihr Stimmenanteil festgeschrieben. Unabhängig vom Wahlergebnis stand der Opposition nur ein Drittel der Sitze zu. So konnte *Stroessner* sich auch eine Verfassung maßschneidern, alle Gesetze im Parlament zur „Debatte" und „Abstimmung" stellen sowie Kritiker seiner Politik einfach auf das Parlament verweisen.

Und die Wirtschaft? Boomte die wenigstens, bei geringen Löhnen und ruhig gehaltenen Gewerkschaften? **Paraguay war und ist eines der ärmsten Länder im Cono Sur,** es gab ein paar Vorzeigeprojekte wie das **Wasserkraftwerk Itaipú,** aber in der Hauptsache beruhte die Wirtschaft zu *Stroessners* Zeiten auf Schmuggel und Korruption.

International war die Stroessner-Diktatur nicht nur wegen der zahlreichen Menschenrechtsverletzungen im Land isoliert, *Stroessner* wurde auch immer ein enger Kontakt und guter Draht zur internationalen **rechtsradikalen Szene** nachgesagt. So stand er nach Erkenntnissen von *Simon Wiesenthal* lange Zeit in begründetem Verdacht, den SS-Arzt *Josef Mengele,* der im Konzentrationslager Ausschwitz für den Tod von etwa 400.000 Menschen verantwortlich war, zu verstecken. Nach *Stroessners* Entmachtung wurde 1992 zudem bekannt, dass *Martin Bormann,* 1946 in Nürnberg als einer der Hauptkriegsverbrecher NS-Deutschlands in Abwesenheit zum Tode verurteilt, bis 1959 in Paraguay gelebt hatte.

Nach Stroessner – das zarte Pflänzchen Demokratie

Am 3. Februar 1989 geschah, was niemand mehr für möglich gehalten hatte: Der Diktator *Stroessner* wurde gestürzt – durch einen Militärputsch, wie auch sonst. Sein Gegner war ein Vertrauter, **General Andrés Rodríguez,** der Schwiegervater von *Stroessners* Sohn. *Rodríguez'* Ruf war nicht der

Geschichte in Zahlen

14.05.**1811**	Erklärung der Unabhängigkeit von Spanien.
1814–40	Diktatur des *Dr. Francia.* Paraguay kapselt sich von der Außenwelt ab, ist wirtschaftlich autark und vollständig auf die Binnenentwicklung konzentriert.
1844–62	*Carlos López* folgt als Diktator. Paraguay öffnet sich wirtschaftlich und erwirbt Reichtum durch die Überschüsse im Mate-Handel.
1862–70	Der Sohn von *Carlos López, Francisco Solano López,* wird Diktator. In seine Regierungszeit fällt der Krieg gegen die „Triple Alianza" von Argentinien, Brasilien und Uruguay. Paraguay erleidet große Verluste, fast fünf Sechstel der Bevölkerung kommen ums Leben.
1870–1936	Zahlreiche Regierungen wechseln einander ab. Die meisten verlieren ihre Macht nicht bei Wahlen; bis 1904 dominiert die Partei der Colorados, danach die Liberale Partei.
1932–35	Chaco-Krieg mit Bolivien um vermeintliche Ölfelder dort. Paraguay erobert in einem für beide Seiten sehr verlustreichen Krieg weite Teil des Chaco boreal.
1936	Militärputsch der so genannten „Febreristas". 1937 wird unter der Führung der Liberalen wiederum geputscht. Bis 1948 herrscht General *Rafael Morínigo.*
1947/48	Die Colorado-Partei setzt sich durch, allerdings ist der weitere Weg innerparteilich umstritten. Bis 1954 wechselt die Regierung achtmal, jedesmal durch einen Militärputsch.
15.08.**1954**	General *Alfredo Stroessner* putscht sich an die Macht. Er wird gleichzeitig auch Vorsitzender der Colorado-Partei. *Stroessner* regiert jahrzehntelang mit Terror und Unterdrückung, mit Sondergesetzen und einer ihm maßgeschneiderten Verfassung.
26.04.**1973**	Paraguay schließt mit Brasilien einen Vertrag über den Bau des Wasserkraftwerkes in Itaipú.
14.02.**1988**	*Stroessner* wird zum siebten Mal zum Präsidenten „gewählt".
03.02.**1989**	General *Andrés Rodriguez* putscht erfolgreich gegen *Stroessner.* Am 01.05. wird er auch zum Präsidenten gewählt. *Stroessner* geht nach Brasilien.
06.05.**1991**	Das Wasserkraftwerk in Itaipú wird eingeweiht.
20.06.**1992**	Verabschiedung der neuen Verfassung: Sie verbietet die direkte Wiederwahl des Präsidenten.
1993	Bei den Wahlen im Mai gewinnt *Juan Carlos Wasmosy Monti* die Mehrheit.
1998	Der Colorado-Politiker *Raúl Cubas* wird Präsident.
1999	Vizepräsident *Luis María Argaña* wird ermordet, *Cubas* gerät unter Verdacht und flüchtet ins Exil; als sein Nachfolger wird *Luis González Macchi* bestimmt.
Okt. **2001**	Einsetzung eines Ombudsmannes, der über Entschädigungen für Opfer der Stroessner-Ära zu entscheiden hat.
Feb. **2002**	*Raúl Cubas* kehrt aus dem Exil zurück.
27.04.**2003**	Präsidentschaftswahlen.

beste, zu eng waren seine Kontakte zum Stroessner-Clan. Im Mai 1989 wurde er zum Präsidenten gewählt.

Doch *Rodríguez* machte seine Ankündigungen einer **Liberalisierung** des politischen Lebens weitgehend wahr. Er ließ die Opposition wieder zu, und auch die Medienzensur wurde aufgehoben. Unter seiner Regierung wurde im Juni 1992 eine Verfassung verabschiedet, die die direkte Wiederwahl des Staatspräsidenten, in dem Fall seine eigene, verbietet, Freiheitsrechte und die Unabhängigkeit der Justiz garantiert.

Bei den **Wahlen im Mai 1993,** die von internationalen Beobachtern als nicht vollständig frei bewertet wurden, siegte erstmals seit 1940 kein Militär: *Juan Carlos Wasmosy* von den Colorados, derselben Partei, der auch *Rodríguez* und *Stroessner* angehörten.

Wasmosy musste in seiner Regierungszeit die größte Herausforderung meistern: **General Lino Oviedo** versuchte **1996** einen **Putsch.** Er scheiterte und wurde zu zehn Jahren Gefängnis verurteilt. *Oviedo* wurde auch inhaftiert, aber nach den Wahlen 1998, bei denen sein Freund und politischer Weggefährte *Raúl Cubas* von den Colorados zum Präsidenten gewählt wurde, von diesem aus der Haft entlassen. Das war anderen Colorado-Politikern zu viel, selbst Paraguays Vizepräsident *Luis María Argaña* forderte daraufhin, *Cubas* des Amtes zu entheben.

Im März **1999** wurde **Argaña ermordet,** und *Cubas* stand unter dem Verdacht, Drahtzieher des Mordes gewesen zu sein. Bevor er abgesetzt wurde, trat er zurück. Er flüchtete direkt außer Landes, heute lebt er in Brasilien im Exil, genau wie der frühere Diktator *Stroessner. Oviedo,* dessen Anhänger noch mit Gewalt gegen Demonstranten vorgegangen waren (vier Jugendliche wurden getötet), die sich vor dem Senat versammelt hatten, um die Demokratie zu verteidigen, ging nach Argentinien und erhielt dort von *Carlos Menem* Asyl, später setzte er sich nach Brasilien ab.

Neuer Präsident Paraguays wurde *Luis Angel González Macchi,* auch er Mitglied der Colorado-Partei. Er war bis dahin Senatspräsident gewesen.

Politik

Paraguay befindet sich immer noch in der **Stabilisierungsphase** der Demokratie nach jahrzehntelanger Diktatur.

Verfassung, Verwaltung und Parteien

Paraguay hat seit 1992 eine neue Verfassung. Sie löste die von 1967 ab, die zwar formal den Prinzipien der Gewaltenteilung Rechnung trug, aber in der Realität nie richtig in Kraft trat.

Die neue Verfassung verbietet die Wiederwahl des Präsidenten, schreibt die Gewaltenteilung und die Unabhängigkeit der Justiz fest. Umstritten sind das Abtreibungsverbot, die Verweigerung des Wahlrechts für diejenigen Paraguayer, die aus wirtschaftlichen Gründen im Ausland leben, die

Rolle der Armee, einzelne Artikel zum Presserecht sowie der Verzicht auf das Festschreiben einer Bodenreform.

Staatsoberhaupt ist zurzeit **Luis González Macchi** von der Colorado-Partei. Die nächsten Wahlen sind für Mai 2003 vorgesehen.

Paraguay ist in **17 Departementos** untergliedert, deren Regierungen und Gouverneure seit der Verfassungsreform von 1992 direkt gewählt werden.

Nach dem Sturz *Stroessners* nahm das paraguayische Parteienleben einen Aufschwung. Die größte Partei ist mit weitem Abstand die **Colorado-Partei,** deren richtiger Name eigentlich „Asociación Nacional Republicana" ist. Sie hat fast 950.000 Mitglieder, ist ideologisch heterogen und war zu Stroessners Zeiten eine der Stützen des Regimes. Auch heute noch versammelt sie die herrschende Elite des

Landes: Ihr gehört(e) der ehemalige Präsident *Juan Carlos Wasmosy* genauso an wie der aus dem Amt (und aus dem Land) vertriebene *Raúl Cubas* oder der jetzige Präsident *Luis González.* Sie vereinigt die unterschiedlichsten politischen Standpunkte und ist mehr die Partei des Establishments. Sie hält in beiden Häusern des Parlaments die absolute Mehrheit.

Größte Oppositionspartei ist der **Partido Liberal Radical Auténtico (PLRA),** eine Mitte-Links-Partei, die von *Domingo Laíno,* einem populären Stroessner-Gegner angeführt wird.

Der **Encuentro Nacional (EN)** ist ein konservativ-bürgerliches Bündnis, das aber auch vom Partido Revolucionario Febrista (PRF), einer Partei, die Mitglied der Sozialistischen Internationale ist, unterstützt wird. Größte Partei des EN ist der christdemokratische Partido Demócrata Cristiano.

Wirtschaft

Paraguay ist immer noch **eines der ärmsten Länder Südamerikas.** Die Wirtschaftsstruktur wird von zwei Faktoren bestimmt: einmal von der **Agrarwirtschaft,** denn die Industrie ist erst mangelhaft ausgebildet, zum andern vom **Schmuggel.** Beobachter sagen, dass die paraguayische Volkswirtschaft eine „economía de contrabando", eine Schmuggelwirtschaft, sei. Durch den Schmuggel entgehen Paraguay erstens Steuern in Milliardenhöhe, zweitens lässt sich kaum eine richtige volkswirtschafliche Gesamtrechnung durchführen, die die Grundlage für die Ein- und Ausgabenpolitik des Staates wäre, und drittens wären ohne den Schmuggel einige hunderttausend Paraguayer mehr ohne Arbeit.

Die Regierung *González* versuchte zunächst, durch Steuerbefreiung, Abschaffung von Exportsteuern und Privatisierungen Investoren ins Land zu holen. Doch bald wurde die paraguayische Wirtschaft in den Strudel der Argentinien-Krise gezogen. Seit 1996 war die Wirtschaft bereits langsamer als die Bevölkerung gewachsen, 2002 schrumpfte das Bruttoinlandsprodukt dann sogar um 4 Prozent, gleichzeitig fiel der Wert des Guaraní gegenüber dem US-Dollar um 55 Prozent, bei anhaltender Tendenz. Für das Jahr 2003 befürchteten die Experten, das hoch verschuldete Paraguay könnte zahlungsunfähig werden und ebenso wie Argentinien die Tilgung der Auslandsschulden einstellen.

Land- und Forstwirtschaft

Die Landwirtschaft ist mit einem Anteil von etwa 29 Prozent am Bruttoinlandsprodukt der **wichtigste Wirtschaftssektor** des Landes, hier arbeiten auch 46 Prozent aller Erwerbstätigen. Weit über 90 Prozent aller Agrarprodukte wie Soja, Baumwolle, Maniok und Reis werden östlich des Río Paraguay erzeugt. Der Preisverfall etlicher Primärprodukte auf dem Weltmarkt hemmt zunehmend die paraguayische Wirtschaft. Maximal ein Drittel der Waldfläche wird forstwirtschaftlich genutzt. Bislang wird in diesen Gebieten aber weniger Forstwirtschaft als Raubbau betrieben.

Industrie, Bergbau und Energie

Die Industrie ist bislang wenig entwickelt. Sie trägt nur zu 14 Prozent zum Bruttoinlandsprodukt bei, etwa 20 Prozent aller Erwerbstätigen arbeiten in diesem Bereich. Wichtigster Industriezweig ist die Verarbeitung von Nahrungsmitteln. Der Bergbau spielt keine Rolle, denn die Lagerstätten in Paraguay sind nur wenig ergiebig.

Energie hat das Land im Überfluss. Das große **Staudammprojekt Itaipú** am Río Paraná, ein Gemeinschaftsprojekt mit Brasilien und das größte Wasserkraftwerk der Welt, hat nicht nur dem Nachbarland einen gigantischen Schuldenberg sowie deutschen und schweizerischen Hochtechnologieunternehmen ebenso gigantische Gewinne beschert, sondern Paraguay auch zu einem der größten Stromexporteure gemacht.

Außenhandel

Paraguays Außenhandelsbilanz ist **chronisch defizitär:** Seit Jahrzehnten übersteigen die Importe regelmäßig die Exporte. Allerdings sind die offiziellen Zahlen zum Außenhandel wenig aussagekräftig. Man vermutet, dass der schon immer tolerierte Schmuggel eine anderthalbmal so große Waren- und Wertmenge wie der offizielle Handelsverkehr umsetzt.

Inoffiziell wird alles, offiziell werden fast ausschließlich Landwirtschaftsprodukte exportiert.

Paraguay ist Gründungsmitglied des Mercosur, des Handelsabkommens der Cono-Sur-Länder.

Bevölkerung

Paraguay hat etwas mehr als **5,88 Mio. Einwohner** und ist damit eines der am dünnsten besiedelten Länder Südamerikas. Die durchschnittliche Bevölkerungsverteilung beträgt 14,5 Einwohner je km², allerdings entspricht eine solche statistische Verteilung nicht der Realität: Lediglich 3 Prozent aller Paraguayer leben im Chaco.

Ethnisch ist die Zusammensetzung der Bevölkerung weitgehend einheitlich. Schätzungen sprechen von **95 Prozent Mestizen** (Mischlinge von Indianern und Weißen), dazu kommen noch 2 Prozent Indianer, die vorwiegend im Chaco leben. Weiße, besonders **Deutschstämmige** und Asiaten, die vor allem in den letzten zwanzig Jahren zuwanderten, bilden eine Minderheit von 3 Prozent. Etwa 700.000 Paraguayer leben zur Zeit im Ausland, inzwischen vorwiegend aus wirtschaftlichen Gründen, früher auch aus politischen.

Religionen

Der **römisch-katholischen Kirche,** die auch Staatskirche ist, gehören **90 Prozent aller Paraguayer** an. Jedoch

p102-477 Foto: gw

garantiert die Verfassung die Religionsfreiheit. Es gibt knapp 40.000 Protestanten, darunter etwa 15.000 deutschstämmige Mennoniten, sowie ungefähr 1000 bis 2000 Juden im Land.

Sprache

Paraguay ist das einzige Land Südamerikas, das **zwei offizielle Landessprachen** hat. Neben dem **Spanischen,** der Sprache der Kolonisatoren, ist das **Guaraní,** die Sprache der einheimischen Indianer, anerkannte Amtssprache. Die meisten Paraguayer sind zweisprachig, inzwischen wird sogar vermutet, dass Guaraní weiter als das Spanische verbreitet ist. Lokale Verbreitung haben auch Japanisch und Deutsch, letzteres v.a. im Chaco.

In der Jesuitenreduktion Trinidad

Kunst und Kultur

Paraguayische Kunst ist außerhalb des Landes weitgehend unbekannt. Internationale Bedeutung hat lediglich die Literatur, der berühmteste Schriftsteller ist der 1917 in Asunción geborene **Augusto Roa Bastos,** einer der wichtigsten Vertreter des so genannten Magischen Realismus.

Roa Bastos nahm am Chaco-Krieg gegen Bolivien teil, war danach als Journalist tätig und wurde 1946 zum Kulturattaché in Buenos Aires ernannt. Er konnte dieses Amt nicht antreten, der Militärputsch von 1947 zwang ihn ins Exil. Erst 1966 kehrte er zu einem Besuch nach Paraguay zurück. Bei einem weiteren Besuch 1982 wurde er mit seiner Familie gewaltsam deportiert, die paraguayische Staatsbürgerschaft wurde ihm aberkannt. Nach *Stroessners* Sturz erhielt er sie 1989 zurück. Im selben Jahr wurde *Roa Bastos* mit dem Cervantes-Preis ausgezeichnet, einem der wichtigsten Literaturpreise der Spanisch sprechenden Welt.

Sein Thema ist die paraguayische Geschichte: „Hijo del hombre" (dt. „Menschensohn", Hanser-Verlag, auch als Fischer Taschenbuch) beschreibt in mehreren Kapiteln, die durchaus als eigenständige Erzählungen gelesen werden können, die Zeit von der Francia-Diktatur bis zum Chaco-Krieg. Sein zweiter Roman „Yo el Supremo" (dt. „Ich, der Allmächtige", Deutsche Verlags Anstalt) schildert in einer Fülle von Rückblenden, wissenschaftlichen Zitaten, Montagen, zeitlichen Rückblenden und Vorgriffen – kompliziert zu lesen – die Persönlichkeit und Geschichte des Diktators *Francia.*

Themen sind außerdem, wie in allen seinen Werken, die Armut und Verzweiflung des paraguayischen Volkes, die Unterdrückung und das soziale Unrecht. Eine Sammlung seiner Erzählungen erschien unter dem Titel „Die Nacht der treibenden Feuer" im Lamuv-Verlag.

Werke anderer paraguayischer Autoren wurden bislang nicht in deutscher Sprache veröffentlicht.

Von der **indianischen Kultur** ist ebenfalls wenig überliefert. Es gibt überall in Paraguay gutes Kunsthandwerk zu kaufen, das schönste und speziellste sind vielleicht die **Ñanduti-Decken,** die es von kleinen Untersetzern bis zum großen Bettüberwurf gibt. Ñanduti ist Guaraní und bedeutet Spinnengewebe, und so fein wie ein Spinnengewebe, mit ähnlich dünnen Fäden, sind die kostbarsten Arbeiten auch gewebt. Besonders berühmt für dieses Kunsthandwerk ist das Dorf Itauguá, westlich von Asunción.

Unterwegs in Paraguay

Asunción

↗ IV,B3

Dass die paraguayische Hauptstadt einst die wichtigste Stadt der Río-de-la-Plata-Länder war und von hier aus der Süden des Kontinents erobert und kolonialisiert wurde, ist ihr heute nicht mehr anzumerken: Im Gegensatz zu den anderen beiden Hauptstädten, zu Buenos Aires und Montevideo, ist Asunción von einer nahezu **aufreizenden Schläfrigkeit:** Schwer liegt im Sommer die Hitze über der Stadt, jede Bewegung erscheint zu viel, und Siesta, Abend- und Wochenendruhe werden streng eingehalten.

Sind allerdings die Geschäfte geöffnet, ändert sich das Bild der Stadt. Dann drängeln sich die Menschen in den beiden Hauptstraßen, die Geldwechsler stehen mit dicken Scheinbündeln und Taschenrechnern in der einen und abgegriffenen braunen Ledertaschen in der anderen Hand vor den Wechselstuben, die mobilen Uhr- und Taschenrechner-Verkäufer an den Hausecken, daneben ihre Frauen, die Chips und Coca-Cola verkaufen.

Geschichte

Asunción wurde gegründet, weil die erste Gründung von Buenos Aires schiefging (siehe dort, „Geschichte"). **Juan de Salazar de Espinoza** fuhr mit zwei Schiffen und insgesamt 57 Mann Besatzung den Río Paraná hinauf und legte dort am 15. August 1537 ein Fort an, das er **Nuestra Señora Santa María de la Asunción** nannte. Als dann 1541 Buenos Aires endgültig geräumt wurde, war Asunción zur einzigen nennenswerten spanischen Siedlung innerhalb des La-Plata-Gebietes geworden. Schließlich lebten 1542 bereits etwa 600 Europäer hier. Die Stadt hatte 260 Häuser, ihr Gouverneur war *Domingo Martínez de Irala*.

Von Asunción gingen im 16. Jahrhundert die weiteren Impulse zur Eroberung des La-Plata-Gebietes aus. 1573 gründeten Spanier aus Asunción die Stadt *Santa Fé,* 1580 zum zweiten Mal Buenos Aires und 1588 *Corrientes*. Doch die größte Hoffnung, nämlich von Asunción aus nach Perú zu gelangen, erfüllte sich nicht – der Chaco war lange eine undurchdringliche Barriere.

Diese **erste Blütezeit Asuncións war kurz:** Mit den neuen Städten gab es attraktivere Orte für die spanischen Kolonialisten als die Mutterstadt selbst. So war die spanische Kolonie Ende des 16. Jahrhunderts stark geschrumpft. Und als 1617 die „Gobernación Río de la Plata" in zwei selbstständige Provinzen, nämlich *Río de Plata* und *Guairá* (später Paraguay), aufgeteilt wurde, sank Asuncións Bedeutung weiter: Statt ein politisches Zentrum des gesamten Rio-de-la-Plata-Gebietes zu sein, wurde es zur Hauptstadt einer abgelegenen, für Spanien unwichtigen Provinz.

Bis Anfang des 19. Jahrhunderts änderte sich nicht viel in der Stadt. Asunción war eine Kleinstadt mit etwa 7500 Einwohnern, darunter ein Drittel Spanischstämmige, mit vielen Grünflächen und alten Bäumen. Aber ab 1821 wurde die Stadt komplett umgebaut. Diktator *Francia,* der überall Verschwörungen witterte, vermutete, dass die im Grün der Bäume versteckt liegenden Häuser Schlupfwinkel seiner Gegner seien, und befahl, **alle Bäume und Gärten zu roden.** Dann ließ er weite Teile Asuncións abreißen und neu aufbauen, mit breiteren Straßen, aber nach dem traditionellen Schachbrettgrundriss. Schnell ging das nicht, und noch 1854 muss Asunción schlimm ausgesehen haben. So berichtete Francias Nachfolger *Carlos Antonio López* dem Kongress: *„Die Hauptstadt und ihre Vororte bieten ein trauriges Bild; die Kirchen drohen einzufallen und sind abgestützt; die Wohnviertel sind vernachlässigt und unsauber; die von Bautrümmern umgebenen Privathäuser drohen ebenfalls demnächst zusammenzustürzen; die meisten Straßen sind von Wasserrissen durchzogen, unpassierbar und gleichen in der Regenzeit wilden Gießbächen; der Fluß zerstört schnell den Stadtteil, der an seinem Ufer liegt."*

Unter *Francia* und den beiden López-Dikatoren erhielt die Stadt viel ihres heutigen Aussehens: *Francia* war für die Gesamtplanung verantwortlich, für die Erneuerung des klassischen kolonialen Stadtplans mit regelmäßigen Blocks und breiten Avenidas, während der López-Regierungszeiten entstanden die meisten der repräsentativen Prachtbauten von Staat und Kirche.

Asunción heute

Die paraguayische Hauptstadt hat offiziell etwa **513.000 Einwohner.** In ihrem Großraum leben aber mehr als 1 Mio. Menschen, etwa ein Viertel der Gesamtbevölkerung des Landes. Wie fast alle Hauptstädte Lateinamerikas wächst auch Asunción täglich, vor allem in den Elendsvierteln in der Peripherie.

Das gesamte öffentliche Leben Paraguays ist in Asunción konzentriert: Die Stadt ist Sitz aller Behörden, der Universitäten, des größten Hafens, von Museen, wissenschaftlichen Einrichtungen und Bibliotheken.

Orientierung

Asunción liegt dicht an der argentinisch-paraguayischen Grenze, am Ostufer des Río Paraguay. Die Stadt hat den **klassischen Schachbrettgrundriss** lateinamerikanischer Städte, der hier ohne jede Rücksicht auf die lokalen geografischen Verhältnisse durchgehalten wurde.

Das Stadtzentrum ist sehr übersichtlich. Es liegt oberhalb des Flussufers und wird im Nordwesten von der Av. Colón, im Südwesten von den Straßen Haedo und Herrera und im Südosten von der Av. Estados Unidos begrenzt. Insgesamt umfasst das Zentrum in der Nordwest-Südost-Ausdehnung 17 Blocks, in der anderen Richtung etwa acht Blocks.

In der Innenstadt gibt es **drei Plätze:** im absoluten Zentrum die Plaza de los Héroes, weiter nach Osten die Plaza Uruguaya und oberhalb des Ufers die unregelmäßige Plaza Independencia, in deren Nähe die wichtigsten Regierungsgebäude liegen. Unterhalb von ihnen, direkt am Ufer im Überschwemmungsgebiet des Río Paraguay, als Kontrast zu diesen prunkvollen Bauten, erstrecken sich die „viviendas temporarias", wie in Paraguay die Elendsviertel genannt werden.

Die wichtigsten **Einkaufsstraßen** sind die Straßen Palma und Estrella. Die parallel zum Flussufer verlaufen-

arg3-523 Foto: gw

Auf der Haupteinkaufsstraße Palma

den Straßen (Nordwest-Südost-Richtung) ändern im Stadtzentrum ihren Namen, und zwar an der Straße Independencia Nacional, die senkrecht dazu verlaufenden Straßen nicht.

Die besten **Wohngebiete** liegen außerhalb des Zentrums, sie erreicht man, wenn man die Av. España oder die Av. Mariscal López Richtung Flughafen fährt. Hier finden sich auch die besten Restaurants der Stadt sowie die meisten Botschaften.

Sehenswürdigkeiten

Plaza de los Héroes

Ein Stadtrundgang beginnt am besten direkt im Zentrum an der Plaza de los Héroes. Der schattige Platz ist eines der Zentren des Kunsthandwerksverkaufs. Das auffälligste Gebäude dort ist der kuppelgekrönte **Panteón de los Héroes,** ein Werk des italienischen Architekten *Alejandro Ravizza.* Der war mit *Francisco Solano López* aus Europa gekommen (siehe „Geschichte") und entwarf nun in Asuncíon einige Prachtbauten, angelegt nach und beeinflusst von europäischen Vorbildern. Beim Panteón de los Héroes, der ursprünglich als Kapelle für die Stadtheilige „Santa María de la Asunción" gedacht war, diente ihm der Invalidendom in Paris als Muster.

1863 wurde mit dem Bau begonnen, aber im Krieg gegen die Triple Alianza fehlte bald das Geld, und erst 1930 wurde weitergebaut. Diesmal stoppte der Krieg im Chaco den Weiterbau nicht, 1936 war der Panteón vollendet. Er wurde direkt als Kriegsgräberstätte eingerichtet, mit den Grabdenkmälern für *Francisco Solano López* und den unbekannten Soldaten aus dem Chaco-Krieg. Später kamen noch einige andere paraguayische Diktatoren und Kriegshelden hinzu, heute präsentiert sich der von außen hell und im Sonnenlicht strahlende Bau im Innern als düsteres Monument der kriegerischen Landesgeschichte.

Casa de Independencia

Vom Pantheon führt die Straße Palma nach Nordwesten, man folgt ihr bis zur 14 de Mayo, vorbei an einigen Geldwechslern und Straßenhändlern. Rechts in der 14 de Mayo steht die Casa de Independencia, wo am 14. und 15. Mai 1811 die Unabhängigkeit Paraguays verkündet wurde. Das Haus stammt bereits aus der Mitte des 18. Jahrhunderts.

Im Innern ist ein kleines **Museum** eingerichtet, das Di bis Fr von 7–12 und 14.30–18 Uhr sowie Sa von 8–12 Uhr geöffnet ist.

Post

Wenige Schritte weiter liegt rechts die Hauptpost (im Block der Straßen Alberdi, Benjamín Constant und El Paraguayo Independiente), ein Gebäude aus dem 19. Jahrhundert mit einem ruhigen und schönen Innenhof und einem kleinen **Postmuseum** (Di bis So 9–12 und 15–18 Uhr).

Plaza Independencia

Die Plaza Independencia ist ein lang gezogener, baumbestandener Platz vor dem Ufer des Río Paraguay. Er wird auf der südwestlichen Seite von der Kathedrale (s.u.) begrenzt. Am Platz liegt auch das Gebäude des „Congreso Nacional" (Palacio Legislativo, Kongressgebäude, s.u.), und nur wenige Schritte entlang der Uferstraße bringen einen zur Casa de Gobierno, dem Regierungspalast (s.u.).

Kathedrale

Die Kathedrale stammt aus dem 19. Jahrhundert: ein **klassizistischer Bau** mit einer mächtigen Fassade, deren repräsentativer Eindruck noch durch die breite Freitreppe davor gesteigert wird. Das Langhaus ist 80 m lang und 32 m breit. Ihr gegenüber steht das Denkmal für *Irala,* den ersten Gouverneur von Asunción.

Kongressgebäude

Das Gebäude des Congreso Nacional wurde 1844–57 nach Plänen von *Alejandro Ravizza* gebaut, dem Architekten des Panteón. Es nimmt den Platz ein, wo bereits im 16. Jahrhundert der erste Cabildo der Stadt stand.

Regierungspalast

Nicht nur die Senatoren im Kongressgebäude, auch die jeweiligen Regierenden in der Casa de Gobierno haben von ihren Arbeitsräumen einen wundervollen Blick über den Río Paraguay – das einzig Störende sind die Elendsviertel unmittelbar am Flussufer. Denn diese liegen direkt unterhalb des Regierungsgebäudes, des prächtigsten Werkes von *Alejandro Ravizza.* Seine Vorlage stammt wieder aus Frankreich: Es ist der Louvre in Paris, lediglich der zentrale, massive Turm ist eine eigene Erfindung *Ravizzas.*

Calle Colón

Vom Regierungsgebäude ist es nicht weit zur Calle Colón, der Straße mit den meisten Geschäften für **Kunsthandwerk.** Die Straße ist von Häusern mit Arkadengängen gesäumt; in den meisten werden Ñanduti-Webereien, Ledertaschen, bunte Strohhüte und Holzschnitzereien verkauft.

Durch die Calle Palma oder die parallel verlaufende Estrella gelangt man wieder zur Plaza de los Héroes. Beide Straßen führen unter anderem Namen (Estigarribia statt Palma, 25 de Mayo statt Estrella) auch weiter zur **Plaza Uruguaya,** dem zweiten großen Platz im Stadtzentrum.

Plaza Uruguaya

Er ist baumbestanden, es gibt zwei Pavillons von Buchhandlungen, die über die üblichen Ladenschlusszeiten hinaus geöffnet haben, und auf den Bänken verbringen die Taxifahrer ihre Siesta. Am Platz steht auch das **alte Bahnhofsgebäude** mit seinen pittoresken Türmchen. Immerhin hatte Asunción einen der ersten Bahnhöfe des Kontinents, der seit dem Bau 1856–61 auch fast nicht verändert wurde. Die Plaza Uruguaya hat einen **schlechten Ruf:** In den Nebenstraßen stehen auch tagsüber Prostituierte.

Centro de Artes Visuales

Das Centro de Artes Visuales – Museo del Barro zeigt etwa 2000 Stücke der **Volkskultur Paraguays** und der

ASUNCION
Tourist-Information
Hotel
Restaurant/Café
Polizei
Post
Telefongesellschaft
Museum
Theater
Sonst. Sehenswürdigkeit
Rio Paraguay
RICARDO BRIGADA
Botanis Gart
Museo Andres
Casa de Gobierno
Congreso Nacional
Ambassador
Av. Republica
C. de la Cultura
Plaza Independencia
Kathedrale
Munich
Benjamin Constant
Cnel. Bogado
Plaza
Bahnhof
Pres. Franco
C. de Indep.
Ñanduti
Lido Bar
Eligio Ayala
Mus. de Bel. Artes
Plaza Uruguaya
Rincon Chileno
Palma
Mcal. Estigarribia
Panteon de los Heroes
25 de Mayo
Talleyrand
Estrella
Hispania
Cerro Cora
Amigo
Oliva
Nova Itapúa
Guaraní
General Diaz
Azara
Host. del Caballito Bl.
Nick's Rest.
Haedo
Luis A Herrera
España
Igl. de la Encarnaci0n
Cto. Cult. de la Ciudad
Libería Alemana
Itapua
Humaita
Fulgencio R Moreno
Piribebuy
Manuel Dominguez
ENCARNACION
CATEDRAL
DR FRANCIA
Manduvira
Tte. Fariña
Montevideo
Ayolas
Juan E O'Leary
15 de Agosto
14 de Mayo
Alberdi
Chile
N. S. de la Asuncion
Independencia National
Yegros
Iturbe
Cabellero
Mexico
Paraguay
Antequera
Tacuary
Parapiti
Jejui
Rca. de Colombia
Av. Ygatimi
Av. R de Francia
Colón
Av. Estados Unidos
GRAL DIAZ
Av. C A Lopez
Francisco Dupuis
Av. Acuña de Figueroa
COLON

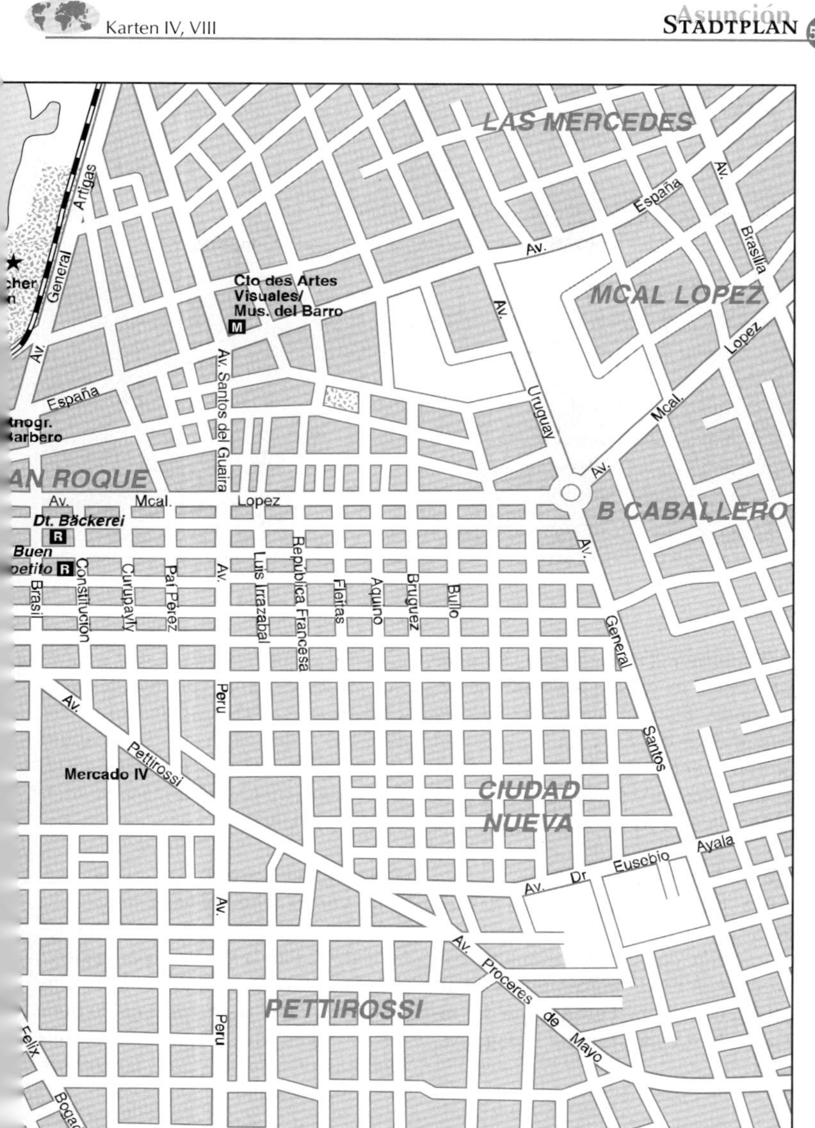
LAS MERCEDES
MCAL LOPEZ
B CABALLERO
AN ROQUE
CIUDAD NUEVA
PETTIROSSI
Cto des Artes Visuales/ Mus. del Barro
Dt. Bäckerei
Buen
petito
Mercado IV
tnogr.
arbero
Av. España
Av. España
Av. Brasilia
Av. Mcal. Lopez
Av. Mcal. Lopez
Av. Uruguay
Av. General Santos
General Artigas
Av. Santos del Guaira
Av. Peru
Peru
Av. Pettirossi
Av. Proceres de Mayo
Av. Dr Euscbio Ayala
Felix Bogado
Brasi
Constitución
Curupayty
Pai Pérez
Luis Irrazabal
República Francesa
Fleitas
Aquino
Bruguez
Brillo

indianischen Ureinwohner, darunter zahlreiche religiöse Gegenstände. Es ist auf der Isla de Francia, der Zugang erfolgt über die Av. Gral. Grenes, am besten aber mit dem Bus 30 oder 44A vom Stadtzentrum aus. Das Museum ist Mo bis Sa von 16–20 Uhr geöffnet.

Museo Etnográfico

Absolut lohnend ist auch ein Besuch des Museo Etnográfico Andrés Barbero. Es zeigt eine große Sammlung von Werkzeugen, Keramiken und Webarbeiten, dazu frühe **Fotografien der indianischen Volksstämme Paraguays.**

Stände auf dem Mercado IV

Das Museumspersonal ist sehr freundlich und hilfsbereit. Ein guter Katalog dokumentiert die Ausstellung, und die Bibliothek des Museums kann ebenfalls benutzt werden (Av. España 217, Mo bis Fr von 8–11, Mo, Mi, Fr auch von 15–17 Uhr).

Botanischer Garten

Im **Vorort Trinidad** liegt der Botanische Garten Asuncións, auf dem ehemaligen Gelände der Sommerresidenz der Diktatorenfamilie *López*. Am Eingang des Parks steht das Haus, in dem *José Artigas,* der uruguayische Freiheitskämpfer, seine letzten Jahrzehnte im Exil verbrachte.

Eher traurig ist das ebenfalls im Park untergebrachte **Reservat der Maká-Indianer.**

Der Park ist mit dem Bus Nr. 44 von der Ecke der Straßen Oliva und 15 de Agosto zu erreichen.

Museo de Historia Natural

Neben den Anlagen des Gartens selbst ist das Museo de Historia Natural interessant; es ist zwar in schlechtem Zustand, bietet aber eine **Riesensammlung von Insekten,** darunter Hunderte von farbenfrohen Schmetterlingen – der größte hat eine Spannweite von 27 cm!

Öffnungszeiten: Mo bis Sa 7.30–11.30, 13–17.30 Uhr, So 9–13 Uhr.

Markt

Den lebendigsten Markt Asuncións haben die meisten Besucher der Stadt schon bei der Ankunft im Vorbeifahren gesehen. Denn bei der Fahrt vom Busbahnhof ins Zentrum passiert man den **Mercado IV,** ein abenteuerliches Marktviertel voller baufällig wirkender Stände, die unter-, hinter- und übereinandergeschachtelt sind. Ganze Straßenzüge werden dort gesäumt von Verkaufshäuschen. Zwängt man sich durch die geschlossen scheinenden Reihen dieser Stände hindurch, gelangt man in ein großes Gebäude, das wiederum aus Hunderten kioskgroßer einzelner Läden besteht. Textilien, Plastikwaren und Lebensmittel werden hier verkauft, en gros und en detail, wie es der Kunde haben will: Ob ein oder einhundert blaue T-Shirts mit Krokodil – der Verkäufer kann liefern. Was sein Lager nicht hergibt, besorgt er sich schnell beim Nachbarn, der das gleiche Warenangebot hat. Das Viertel des Mercado IV wird in etwa von der Av. Pettirossi, der Av. Perú und der Av. de Francia begrenzt. Es liegt etwa 4 km außerhalb des Stadtzentrums und ist mit den Bussen 8 und 38 zu erreichen.

Touristeninformation

- Die Touristeninformation hat ihr Büro auf der Straße Palma 468 sowie eine Filiale im Busbahnhof.

Hotels

Einfach und billig

- **Ambassador,** Montevideo 111, Tel. 445901. Das Ambassador ist nicht sehr sauber, aber freundlich, es gibt einen Ventilator in allen Zimmern (mit Bad 8 US-$).
- **Amigo,** Cerro Corá/Ecke Caballero; okay, manche Räume etwas laut, 6 US-$.
- **Itapúa,** Fulgencio R. Moreno/Ecke Estados Unidos; gut, Klimaanlage, von Mennoniten geführt, Tel. 445121, 13 US-$.
- **Plaza,** Eligio Ayala 609, Tel. 444772; direkt an der Plaza Uruguaya, groß, Klimaanlage, gutes Frühstück, 13 US-$.
- **Hotel Hispania,** Cerro Corá 265, Tel. 444018. Saubere, aber etwas düstere Zimmer. DZ mit Bad 8 US-$.
- **Hotel Nova Itapúa,** General Díaz 932, Tel. 493327. DZ mit Bad für 10 US-$. Sauber, beliebt.
- **Hotel Miami,** México 449, Tel. 444950. DZ mit Bad 10 US-$. Je weiter man von der Eingangstür weg wohnt, desto ruhiger ist es.

Hotels der Mittelklasse

- **España,** Eduardo V. Haedo 667/Ecke Ayolas, Tel. 443192; 15 US-$.
- **Westfalenhaus,** 26 de Feberero 615/Ecke Santísima Trinidad, Tel. 293523; Schwimmbad, Klimaanlage, deutschsprachig, DZ mit TV und Bad ab 31 US-$. www.paraguay-hotels.de
- **Apart Hotel Don Gerardo,** Sargento Villamayor 887 zwischen Tte. Rivas und Tte. Ro-

jas, Tel. 297906. Deutschsprachig, schöne Zimmer mit kleiner Küche. Übernachtung mit Frühstück für eine Person 25 US-$, das DZ kostet 36–40 US-$. Rabatte bei längeren Aufenthalten.

● **Castillo,** Cruz del Chaco 959/Ecke Pacheco, Tel. 605356; Klimaanlage, freundlich, sauber, deutschsprachig, 20 US-$.

● **Ñanduti,** Pte. Franco 551, Tel. 446780; Klimaanlage, freundlich, gemütlich, DZ mit Bad 15 US-$.

Luxushotels

● **Hotel del Yacht y Golf Club Paraguay,** Av. del Yacht 11, Tel. 906043; 150 US-$.

● **Guaraní,** Oliva/Ecke Independencia Nacional, Tel. 491131, Fax 443647; ab 65 US-$.

Camping

● Ein guter Campingplatz ist im Botanischen Garten, etwa 5 km vom Zentrum entfernt. Wer dort zelten will, sollte allerdings genug Anti-Moskito-Mittel mitbringen! Der Campingplatz ist mit öffentlichen Bussen vom Zentrum aus zu erreichen (Nr. 44).

Restaurants

Viele Restaurants sind Sa und So geschlossen, auch nach 22 Uhr ist es im Zentrum schwierig, ein offenes Restaurant zu finden; mittags sind hingegen viele kleine auf der Calle Palma geöffnet. Einige koreanische Restaurants finden sich in der Nähe des Mercado IV. In vielen Restaurants wird nicht beim Kellner bezahlt, sondern an einer zentralen Kasse.

Einige Empfehlungen:

● **Lido Bar,** Chile/Ecke Palma; tagsüber sehr populär, gut für Kleinigkeiten, etwas hektische, aber typische Atmosphäre.

● **Hostería del Caballito Blanco,** Alberdi 631; geboten wird das, was der Name „Weißes Rößl" verspricht: deutsche Küche.

● **Deutsche Bäckerei,** Eligio Ayala 189. Kaffee und Kuchen und Torten.

● **Buon Appetito,** 25 de Mayo 1199. Gute italienische Küche, mit Garten.

● **Talleyrand,** Estigarribia 932. Überwiegend französische Küche, recht teuer, wenn man sich etwas Besonderes leisten will.

● **Copetín Koreano,** Eusebio Ayala zwischen Rodríguez de Francia und Perú. Koreanische Spezialitäten.

● **Nick's Restaurant,** Azara 348; So geöffnet, recht preiswert.

● **Rincón Chileno,** Estados Unidos 314; gute chilenische Küche, freundlich.

● **Munich,** Eligio Ayala 163; preiswerte deutsche Küche.

Nachtleben

● Sehr viel ist in Asunción nicht los. Informationen über das, was läuft, bietet die **wöchentliche Übersicht „Fin de Semana".** Auch die Touristeninformation gibt einen Veranstaltungskalender heraus.

● Die **Kinos** in der Innenstadt zeigen vorwiegend amerikanische Filme, so beispielsweise im **Cine Premier,** Montevideo/Ecke Piribebuy, oder im **Cine Yguazú** an der Ecke Colón und Pirebebuy. Das bessere Programm wird im Sommer im Innenhof des **Teatro Municipal** (Pte. Franco/etwa Ecke Alberdi) oder im **Centro Cultural de la Ciudad,** E. V. Haedo 347, gezeigt.

● Bekannte Theater sind das **Teatro Arlequín** auf der Straße De Gaulle/Ecke Quesada im Ortsteil Villa Morra (Tel. 605107) oder das **Teatro de las Américas** (José Berges 297, Tel. 224772).

● **Live-Musik** gibt es in den Bars **El Cuervo,** Paraguarí 120, und im **Independencia Pub,** Estigarribia 127.

Flüge

● Der **Flughafen Silvio Pettirossi** liegt 15 km außerhalb der Stadt. Er ist mit Bussen (Nr. 30 von der Plaza de los Héroes, schwierig mit Gepäck) und Taxis (5 US-$) zu erreichen.

Unterwegs im Stadtbus

●Bei internationalen Abflügen beträgt die **Flughafengebühr** z.Z. 17 US-$.

Die Büros der wichtigsten **Fluggesellschaften** in Asunción:

●**Aerolíneas Argentinas,** Av. España 2220, Tel. 209136/7.

●**Air France,** San José 136, Tel. 448442.

●**Iberia,** Av. Mariscal López 995, Tel. 214246.

●**Lan Chile,** 15 de Agosto 588, Tel. 491784/5.

●**Lufthansa,** Nuestra Señora de la Asunción 208, Tel. 447962.

●**TAM,** Oliva 471, Tel. 495265.

●**Varig/Pluna,** Gral Díaz/Ecke 14 de Mayo, Tel. 497351.

Überlandbusse

●Der moderne **Busbahnhof** liegt etwa 6 km außerhalb des Zentrums auf der Ecke Av. F. de la Mora und Av. República Argentina. Man erreicht ihn mit Bussen von der Calle Oliva, beispielsweise von der Ecke zur Cerro Corá (Linien 8, 31 und 38).

●Einige **Busgesellschaften** verfügen auch über Stadtbüros, die meisten an der Plaza Uruguaya.

Vom Busbahnhof bestehen mehrfach täglich gute Verbindungen nach:

●**Encarnación,** 4 US-$, 6 Stunden.

●**Filadelfia,** 6 US-$, 8 Stunden.

●**Ciudad del Este,** 8 US-$, 5 Stunden.

●**Montevideo (Uruguay),** zweimal pro Woche, 35 US-$, 20 Stunden.

●**Buenos Aires (Argentinien),** täglich, 20–25 US-$, 22 Stunden.

●**Resistenzia,** 10 US-$, 6 Stunden.

●**Santiago de Chile (Chile),** mehrmals wöchentlich, 35 US-$, 30 Stunden.

●**Foz do Iguaçu (Brasilien),** 8 US-$, 7 Std.

●**Concepción,** 4–6 US-$, 6–12 Stunden, abhängig von der Route, die gefahren wird; die Busverbindung nach Concepción kann mitunter nach starken Regenfällen vollständig zusammenbrechen, da die Straßen dorthin eigentlich nur in der Trockenzeit befahrbar sind.

p109-508 Foto: gw

Eisenbahn

● Paraguay besaß eine der ersten Eisenbahnen auf dem Kontinent: Sie hat sich seit ihren Kindertagen auch nicht wesentlich verändert. Leider fährt nur noch eine Linie. Die erlebnisreiche und unglaublich langsame Zugstrecke von Asunción nach Encarnación wurde 1998 eingestellt. Die Züge fahren heute nur noch **bis Areguá,** die Hin- und Rückfahrt kostet etwa 1 US-$. Fahrpläne gibt es, man sollte sich aber nicht darauf verlassen. Gehen Sie zum Bahnhof und erkundigen Sie sich dort.

Schiff

● Unregelmäßig alle zwei bis drei Wochen fahren Schiffe den Río Paraguay flussaufwärts **nach Concepción.** Die Fahrt (ca. 27 Std.) kostet ungefähr 13 US-$ in der 1. Klasse und 8 US-$ in der 2., für einen Platz an Deck werden 5 US-$ verlangt. Man sollte genug zu essen und trinken sowie Moskito-Schutz mitnehmen. Das beste Unternehmen ist:

● **Cruzeros SRL,** 14 de Mayo 150, etwa Ecke El Paraguayo Independiente, Tel. 445098.

Stadtbusse

● Sie sind laut und lärmend, aber einfach zu benutzen. Die **wichtigsten Linien** sind die **8, 31** und **38** vom Busbahnhof ins Zentrum sowie die Linien **44** zum Botanischen Garten und die Linien **30** und **44A,** die zur Isla de Francia fahren. Die Busfahrt kostet 0,3 US-$, man bezahlt beim Fahrer oder Schaffner.

Taxis

● Taxis stehen an Stellplätzen oder können angehalten werden. Sie sind recht preiswert, eine Fahrt zum Busbahnhof kostet ca. 3 US-$, zum Flughafen 8 US-$. Die Taxis haben Uhren, die i.d.R. auch eingeschaltet werden.

Autoverleih

Die meisten Vermieter haben ein Büro **am Flughafen,** einige zusätzlich in der Stadt:

● **Localiza,** Eligio Ayala 695, Tel. 446233.

● **National,** Yegros 501, Tel. 491379.

Post

● Die **Hauptpost** ist im Block, der von den Straßen Alberdi, Benjamín Constant und El Paraguayo Independiente gebildet wird.

Telefon

● Das Büro von **Antelco,** der Telefongesellschaft, ist an der Ecke von Oliva und 14 de Mayo im Supercentro Asunción. Man kann sich dort auch zurückrufen lassen.

Internet

● Einen Internet-Service bieten das schöne **Café Patio de la Luz,** México 650, und der **Centro Cultural Paraguyo-Americano,** Av. España 352.

Banken und Geldwechsel

● Geldwechsel ist in Asunción kein Problem, die meisten Banken und Casas de Cambio sind im Zentrum auf den Straßen Palma und Estrella, sie tauschen nahezu sämtliche Währungen und auch Traveller-Schecks. Empfehlenswert sind **Financiero Guaraní** und **International Cambio,** beide auf der Straße Palma, nahe der Plaza de los Héroes. **Geldautomaten** finden sich auf der 25 de Mayo.

Reiseveranstalter

● Die meisten Reiseveranstalter bieten **dasselbe Programm** an. Die Preise variieren geringfügig.

● **Standardtouren** sind Stadtrundfahrten (8–10 US-$), der so genannte Circuito de Oro (zentrale Rundfahrt, 40–45 US-$), Folklore-Shows (10–15 US-$), Ausflüge nach Ciudad del Este und Iguazú (40 US-$), Bootsfahrten auf dem Río Paraguay (20 US-$), Tages- (30 US-$) oder Mehrtagesausflüge zu den Jesuitenruinen (40–60 US-$ für zwei Tage) oder mehrtägige Chaco-Touren (60–100 US-$).

●Empfehlenswert ist für denjenigen mit recht wenig Zeit der so genannte **Circuito de Oro,** eine Tour, die wie alle anderen auch selbstständig gemacht werden kann, dann aber wegen der Busverbindungen der einzelnen Orte untereinander nur sehr zeitaufwendig zu realisieren ist. Diese zentrale Rundfahrt wird weiter unten beschrieben.

Drei der unzähligen **Reiseveranstalter** von Asunción (alle deutschsprachig) seien noch aufgeführt, eine komplette Liste erhält man beim Fremdenverkehrsamt.

●**Americana Tours,** Nuestra Sra. del Carmen 1116, Tel. 490672.

●**Paula's Tours,** Cerro Corá 886, Tel. 446021.

●**Menno Travel,** República de Colombia 1042, Tel. 441210.

Sonstiges

Buchhandlung

●Recht gut sortiert mit deutschen Büchern ist die **Librería Alemana** auf der Av. Luis A. de Herrera 292.

Kunsthandwerk

●Asunción bietet die größte Auswahl an schönem Kunsthandwerk. Das Angebot ist besser und billiger als in fast allen argentinischen und uruguayischen Städten. Auf der Plaza de los Héroes findet täglich ein **Kunsthandwerkermarkt** statt, die Avenida Colón ist zwischen Palma und Presidente Franco voller Läden, die Ñanduti-Spitzen und Lederwaren verkaufen, gute Einzelgeschäfte sind auch die **Casa Overall I** (Caballero/Estigarribia) und **Casa Overall II** (25 de Mayo 370).

Kulturzentrum

●Für deutschsprachige Besucher mag sich ein **Besuch des Goethe Institutes** lohnen, das hier Instituto Cultural Paraguayo-Alemán heißt. Es liegt auf der Straße J. de Salazár 310, Tel. 226242, cardicpa@pla.net.py, die Bibliothek ist Mo bis Fr von 13–19 Uhr geöffnet.

Nördlich von Asunción

Nur wenige Straßen führen in den paraguayischen Norden. Der beste Weg geht bis Coronel Oviedo nach Osten und führt von dort zunächst asphaltiert, dann auf Erdstraßen weiter nach Concepción, der wichtigsten Stadt des Nordens. Diese Straße ist allerdings nur in Trockenzeiten befahrbar; hat es stark geregnet, ist Concepción nur per **Schiff** auf dem Río Paraguay mit der Hauptstadt Asunción verbunden. Diese Bootstour ist eine der besten Möglichkeiten, das paraguayische Landleben in all seiner Ereignislosigkeit zu studieren. Gleichmäßig streift das Ufer vorbei, kaum ein Haus ist in Sicht, träge und langsam liegen Landschaft und Fluss da.

Concepción ↗IV,B3

Die Kleinstadt mit 35.000 Einwohnern ist das nördliche Handelszentrum von Paraguay. Von hier wird über den Río Paraguay der Schiffsverkehr mit Brasilien abgewickelt. Außerdem ist Concepción **Freihandelszone.**

In dem ruhigen Städtchen wird lang **Siesta** gehalten – was sonst sollte man hier auch in der drückenden Nachmittagshitze machen?

Sehenswürdigkeiten

Am Vormittag, wenn es noch nicht ganz so heiß ist, lohnt ein Bummel an den ehemals wohlhabenden Häusern vorbei, danach geht es auf den Markt, wo die Bauern der Umgebung ihre Produkte anbieten. Später kann noch das kleine Regionalmuseum besichtigt werden.

Hotels

- **Francés,** Tel. 2750, Franco/Ecke Carlos A. López; Klimaanlage, sauber, freundlich, mit Frühstück, Restaurant, 15 US-$.
- **Victoria,** Franco/Ecke Pedro Juan Caballero, Tel. 2826; empfehlenswert, sauber, gutes Frühstück/Restaurant, 10 US-$.

Essen und Trinken

- Außer den beiden Hotelrestaurants gibt es kaum etwas. Auf der Calle Franco lockt noch das **Restaurant Tedacar** (schöner Garten).

Flugverbindungen

- **TAM** verbindet einmal täglich Asunción mit Concepción. Der Flug ist sehr billig (10 US-$), sollte aber so früh wie möglich gebucht werden, da die Maschinen sehr klein sind. TAM – das Büro ist auf der Calle Franco – hat auch einen kostenlosen Bus zum Flughafen.

Überlandbusse

Vom etwas außerhalb des Zentrums gelegenen Busbahnhof fahren recht regelmäßig **Busse nach:**

- **Asunción,** abhängig v.a. von Straße und Wetter, 4–6 US-$, 6–12 Stunden.
- **Pozo Colorado,** einzige Straße, die durch den Chaco geht, nur in trockenen Zeiten zu befahren, normalerweise 2 US-$, etwa 3 Std.
- **Pedro Juan Caballero,** 2–3 US-$, 4–6 Std.

Pedro Juan Caballero ⇗V,C2

Die **Hauptstadt der Provinz Amambay** hat etwa 40.000 Einwohner und ist lediglich durch eine breite Straße, die Av. de la Amistad, von ihrer größeren und reicher wirkenden brasilianischen Nachbarstadt Ponta Porã (knapp 60.000 Einwohner) getrennt. Man kann ohne große Ein- und Ausreiseformalitäten im Stadtzentrum über die Grenze, nur wer weiterreisen will, sollte sich ordnungsgemäß alle notwendigen Stempel holen.

Sehenswürdigkeiten

Viel ist in der kleinen Grenzstadt nicht zu sehen, es gibt **zwei Museen,** ein stadtgeschichtliches auf der Ecke der Straßen Curupayty/Natalicio Talavera, das Di bis Fr 7.30–11.30 und 14–17 Uhr geöffnet ist. Interessanter ist das **Museo de Historia Natural** auf der Straße Teniente Herrera 998, Ecke Estigarribia. Es ist Mo bis Sa von 8–12 und 13–17 Uhr geöffnet.

Hotels

- **Corina,** 14 de Mayo/Ecke Dr. Francia; mit Frühstück, 12 US-$.
- **La Siesta,** Alberdi/Ecke Rodriguez de Francia, Tel. 3021; modern, gutes Restaurant, 8 US-$.
- **La Negra,** Mcal. López 1342, Tel. 2262; 10 US-$.
- **Casino Amabay,** Rodriguez de Francia 1, Tel. 2718; 20 US-$.
- **Eiruzu,** López/Ecke Estigarribia, Tel. 2259; Pool, gutes Restaurant, 25 US-$.

Verkehrsverbindungen

Von der brasilianischen Nachbarstadt Ponta Porã bestehen gute Verkehrsverbindungen per Flugzeug, Bus und Zug Richtung Sao Paulo und in die nächste größere Stadt Campo Grande.

Regelmäßiger Busverkehr nach

- **Asunción,** 6–12 US-$, abhängig vom Service, 9 Stunden.
- **Concepción,** 2–4 US-$, 4–6 Stunden.

Geldwechsel

- Geldwechsel ist **wie überall in Paraguay unproblematisch.** Es gibt mehrere Casas de

Cambio, die auch Reiseschecks tauschen, dazu eine große Zahl an Geldwechslern, die Bargeld nehmen.

Ausflug in den Parque Nacional Cerro Corá

Etwa 40 km westlich von Pedro Juan Caballero erstreckt sich der Parque Nacional Cerro Corá. Der Park ist 22.000 ha groß, er umfasst trockene tropische Wälder und Grassteppe. Hier fand die letzte Schlacht im Krieg der Triple Alianza gegen Paraguay statt (siehe „Geschichte"); an der Stelle, wo *Francisco Solano López* starb, erinnert ein Denkmal an ihn und andere paraguayische Nationalhelden. Überreste präkolumbischer Kulturen wurden ebenfalls im Park gefunden.

Die Verwaltung des Nationalparks liegt bei km 180 auf der Ruta 5, der Parkeingang wenige Kilometer östlich davon. Man kann im Park **zelten,** allerdings gibt es keine Einkaufsmöglichkeiten. Alle **Busse** von und nach Pedro Juan Caballero passieren den Parkeingang.

Westlich von Asunción – im Chaco

Der Chaco umfasst etwa 60 Prozent der Fläche Paraguays und ist damit ungefähr so groß, wie es Westdeutschland vor der Wiedervereinigung war. Extrem dünn besiedelt, leben in der Region nicht einmal 100.000 Menschen.

Nur eine Straße führt in das Gebiet hinein: Die **Ruta Trans-Chaco** nimmt ihren Anfang in Asunción, der erste Ort im Chaco ist Pozo Colorado (281 km entfernt), dann folgt Filadelfia (472 km), und bei Mariscal Estigarribia (537 km) endet schließlich die Asphaltstraße. Eine Schotterpiste führt über Nueva Asunción (742 km) und Eugenio A. Garay (776 km) bis nach Bolivien hinein, allerdings findet „normaler" Verkehr nur bis Mariscal Estigarribia statt.

Das **Landschaftsbild im Chaco** ändert sich, je weiter man sich von Asunción entfernt. Zunächst sind Palmensavannen vorherrschend. Hier gibt es große Viehestanzias, da der Boden zum Teil aufgrund ausgedehnter Sümpfe nur so zu nutzen ist. Im mittleren Teil des Chaco hingegen wird viel Ackerbau betrieben. In der Gegend um Filadelfia ist das Haupsiedlungsgebiet der deutschstämmigen Mennoniten (siehe weiter unten), die ausschließlich von der Landwirtschaft leben. Weiter nordwestlich beginnt der undurchdringliche Teil des Chaco.

Hier wachsen nur noch Hartholz und Dornenbüsche, genügsame Trockenpflanzen, die trotz des spärlichen Regens überleben können.

Pozo Colorado

⇗ IV,B3

Bei einer Fahrt durch den Chaco ist Pozo Colorado die erste Station. Nicht, weil die Stadt so schön wäre, sondern einfach weil sie die erste Ansiedlung ist, sieht man von den kleinen Orten ab, die nicht einmal 100 km von Asunción entfernt liegen. Zudem ist Pozo Colorado die einzige Chaco-Stadt, die zwei große Straßen besitzt: einmal die Ruta Trans-Chaco weiter in Richtung Filadelfia, zum anderen beginnt hier eine Schönwetterpiste nach Concepción. Außerdem gibt es eine Tankstelle, einige Läden und Restaurants; ein Hotel allerdings sucht man vergeblich.

Filadelfia

⇗ IV,A2

Die Kleinstadt etwa 12 km östlich der Ruta Trans-Chaco ist das **Zentrum der Mennonitenkolonien** im paraguayischen Chaco. Eine weitere Siedlung ist Neu-Halbstadt, etwa 35 km südlich gelegen.

Filadelfia ist ein **ruhiges, staubiges Städtchen.** Der Ort hat den üblichen Schachbrettgrundriss, und nichts wäre auffällig, hieße die Hauptstraße nicht „Hindenburg" und wären nicht fast alle Schilder und Geschäftsauslagen deutsch beschriftet. „Hindenburg" wurde die Straße in Erinnerung an den deutschen Reichspräsidenten genannt, der zwar auch den Nationalsozialisten den Weg zur Macht ebnete, aber ebenso dafür verantwortlich war, dass die Siedler dieser Gegend in den Jahren 1930/32 aus der Sowjetunion, wo sie ursprünglich lebten, auswandern durften.

Verlaufen kann man sich in Filadelfia beim besten Willen nicht. Alles Wichtige liegt direkt an der Hindenburg-Straße und zwar innerhalb dreier Blocks zwischen den Stichstraßen Bender und Industrie.

Sehenswürdigkeiten

Die größte Sehenswürdigkeit der Stadt ist das **Unger-Museum,** natürlich ebenfalls auf der Hindenburg-Straße. Es vermittelt einen Einblick in die Pionierzeit der Siedlung. Dazu kommt eine kleine Sammlung kultureller Gegenstände der Chaco-Indianer. Das Museum kostet 1 US-$ Eintritt und hat keine regulären Öffnungszeiten; der Besitzer des gegenüberliegenden Hotel Florida gibt Auskunft.

Hotel

- Bestes Hotel der Stadt ist das gemütliche **Hotel Florida.** Die Doppelzimmer im Hauptteil kosten 18 US-$, es gibt auch billigere Zimmer; ein gutes, allerdings teures Frühstück wird geboten.

Überlandbusse

- **Asunción,** mehrmals täglich, 8 Stunden, ca. 6 US-$.
- **Mariscal Estigarribia,** einmal am Tag.

Flugverbindungen

- **Flüge in die Hauptstadt** (Mo bis Sa) sind teuer, sie kosten für eine einfache Strecke 50 US-$.

Die Mennoniten

Der Umstand, dass sie keinen Kriegsdienst leisten und keine Eide schwören, war der Hauptgrund, warum die mehrere hundert Jahre alte Geschichte der Mennoniten lang eine der Vertreibung bzw. frei gewählten Abschottung von anderen war.

Begonnen hat sie während der Reformation in Europa: Der Theologe *Menno Simons* (1496–1561) schloss sich 1536 einer Gruppe von Täufern an. Diese lehnten – wie die Mennoniten heute – die Kindstaufe ab. Menno Simons wirkte in Groningen (Niederlande) und Emden und wurde zum Begründer der Mennoniten.

Diese waren weder von katholischen noch protestantischen Herrschern wohl gelitten. So mussten sie immer wieder umsiedeln, und sie gingen dabei vorwiegend in menschenleere Gegenden, wo sie das Land urbar machten und als Bauern und Handwerker lebten. Sie zogen nach Ostpreußen, nach Russland, Kanada, in die USA, nach Uruguay und eben auch nach Paraguay – überall dorthin, wo man ihnen zusagte, ihre Lebensweise anzuerkennen. Denn immer wieder entzündete sich der Konflikt mit dem Gastgeberland an denselben Punkten: Mennoniten lehnen aufgrund ihrer Religion den Staat, damit den Eid auf ihn und den Kriegsdienst ab. Sie sind Pazifisten und haben den Anspruch, ihre Kinder selbst, im mennonitischen Glauben und auf Deutsch zu erziehen. Deutsch ist nämlich die Sprache der Mennoniten, Plattdeutsch im Alltag, Hochdeutsch im Gottesdienst und in der Schule.

Die ersten Mennoniten kamen 1926/27 in den paraguayischen Chaco, die zweite Gruppe 1930/32 und die letzte 1947. Gemeinsam ist diesen drei Gruppen, dass sie ursprünglich aus Russland stammten, wohin sie Ende des 18. Jahrhunderts gegangen waren. Ende des 19. Jahrhunderts wanderten einige nach Kanada aus. Deren Nachfolger zogen 1926/27 als erste nach Paraguay. Denn die kanadische Regierung hatte den Mennoniten nach dem Ersten Weltkrieg den Schulunterricht in deutscher Sprache verboten. Die zweite Gruppe kam direkt aus Russland, 1930/32, die dritte ebenfalls, aber unter größeren Mühen 1947.

Der paraguayische Staat war schon vor dem Chaco-Krieg interessiert an Siedlern im Osten des Landes. Er versprach den Mennoniten weitreichende Privilegien: die Befreiung vom Militärdienst, ein eigenständiges Schulrecht, die zollfreie Wareneinfuhr, ein eigenes Grundbuchsystem und Erbrecht, autonome Rechtssprechung und die absolute Religionsfreiheit, also de facto nahezu einen Staat im Staate.

Damit waren die formalen Bedingungen für die Mennonitenkolonien geschaffen, aber die Existenz der Siedlungen noch nicht gesichert: Das Land musste bearbeitet, aus der trockenen grünen Hölle ein fruchtbares Landwirtschaftsgebiet gemacht werden.

Heute geht es den Kolonien gut. Genossenschaftlich wird produziert, ebenso wird vermarktet. Jedes Haus hat seine Zisterne, es gibt überall Elektrizität, dazu ein Krankenhaus und eine Zahnklinik.

Als die Mennoniten das Chaco-Land vom paraguayischen Staat kauften, war dieses aber nicht vollständig unbewohnt. Verschiedene Indianervölker, teilweise mit nomadischen Lebensformen, lebten dort. Es folgte der wohl unvermeidliche Prozess: Heute wohnen viele Indianer als Tagelöhner oder Lohnarbeiter am Rande der oder in den Mennonitenkolonien, sie sind zumeist wirtschaftlich vollständig von diesen abhängig.

Sonstiges

- Eine Touristeninformation gibt es in Filadelfia nicht, aber das **Reisebüro** neben dem Hotel Florida hilft mit Auskünften weiter (und wechselt auch Geld).

Ausflüge

Lomo Plata

Das **Zentrum der Kolonie Menno,** der ersten Mennoniten-Kolonie im Chaco, liegt etwa 25 km östlich von Filadelfia (von dort per Bus zu erreichen). Zu besichtigen ist ein **Museum,** das einen lebendigen Eindruck von den Schwierigkeiten der Chaco-Besiedelung vermittelt. Das Museum öffnet auf Anfrage im daneben liegenden Sekretariats-Gebäude. Lomo Plata verfügt über ein **Hotel** (10 US-$).

Neu-Halbstadt

Zentrum der letzten Mennoniten-Kolonie, die sich 1947 im Chaco gründete, ist Neu-Halbstadt. Es liegt 33 km südlich von Filadelfia und ist ein Ziel, das sich lohnt, wenn man an der Kultur der **Chaco-Indianer** interessiert ist. Denn südlich der Siedlung liegt das größte Reservat der Chaco-Indianer, und in Neu-Halbstadt kann man nicht nur Kunsthandwerk der Indianer kaufen, sondern sich auch über ihre Kultur und Geschichte informieren. Das einzige Hotel des Ortes ist das **Hotel Boquerón** (12 US-$). Neu-Halbstadt ist per Bus von Filadelfia aus zu erreichen, es gibt aber auch direkte Busse von und nach Asunción.

Fortín Toledo

Die verlassene Festung, 40 km westlich von Filadelfia, stammt aus dem Chaco-Krieg. Ein Friedhof erinnert heute noch an die verlustreichen Schlachten, die hier 1930 zwischen Paraguay und Bolivien stattfanden. Die meisten Besucher machen aber die strapaziöse Anreise – es gibt keinen Bus, und wer kein Auto hat oder keins organisieren kann, muss mindestens 10 km laufen – wegen des **Naturreservats.** Hier wird versucht, das **Taguá** *(Catagonus wagneri)* nachzuzüchten, ein Nabelschwein, das man schon längst ausgestorben glaubte und das im Jahr 1973 zufällig wiederentdeckt wurde.

Parque Nacional Defensores del Chaco ↗IV,A1

Von Filadelfia führt eine Straße nordwärts, eine Straße, die nur bei gutem Wetter und auch dann nur mit einem allradgetriebenen Wagen passiert werden kann. Über sie gelangt man zum **größten Nationalpark Paraguays,** dem 780.000 ha großen Parque Nacional Defensores del Chaco.

Die letzten Siedlungen vor dem Park sind **Fortín Madrejón,** etwa 250 km von Filadelfia entfernt, und **Aguas Dulces.** Die einzige realistische Möglichkeit, den Park zu besuchen, besteht darin, sich bei der „Fundación Moisés Bertoni" in Asunción zu melden (Fundación Moisés Bertoni para la Conservación de la Naturaleza, Prócer Carlos Argüello 208, Asunción, Tel. 608740, mbertoni@mbertoni.py, www.mbertoni.org.py) und darauf zu hoffen, dass diese einen Besuch organisieren kann.

Mariscal Estigarribia ⇗IV,B3

Der kleine Ort, 537 km von Asunción und 99 km von Filadelfia entfernt, markiert den nahezu **letzten Außenposten im Chaco.** Hier endet die Asphaltstraße, hier ist die letzte Tankstelle vor Bolivien (noch 240 km), das letzte Hotel (Hotel Alemán, Zimmer 10 US-$) und die **Endstation der Busse von und nach Asunción.**

Will man von hier weiter nach Bolivien, sollte man genügend Wasser und Essen mitnehmen, denn der 240 km lange Weg bis zur Grenze kann mitunter lange dauern, und nach Überqueren der Grenze sind es noch weitere 140 km bis zur nächsten bolivianischen Siedlung. Nach Bolivien zu trampen soll nicht unmöglich, aber sehr, sehr schwierig sein. Unterwegs muss man immer wieder mit zahlreichen Passkontrollen rechnen.

Östlich von Asunción

Der „Circuito de Oro"

Als **organisierter Tagesausflug** wird der Circuito de Oro, die „Goldene Rundfahrt", die besser „Zentrale Rundfahrt" heißen sollte, von nahezu allen Reiseveranstaltern in Asunción angeboten. Sie ist aber auch **leicht selbst zu organisieren,** das einzige Problem sind die Busverbindungen, die nicht so häufig sind, und es gibt auch nicht in allen Orten an der Strecke Übernachtungsmöglichkeiten.

Die Rundfahrt ist **etwa 200 km lang,** sie geht von Asunción nach Osten auf der Hauptstraße Richtung Ciudad del Este, wendet sich nach etwa 70 km südwärts, um dann im Bogen wieder zurück in die Hauptstadt zu führen.

Der Circuito de Oro zeigt Paraguay von seiner schönsten ländlichen Seite. Aber auch überraschende architektonische Schönheiten wie einige alte Kirchen werden besucht.

Die **wichtigsten Orte** am Circuito de Oro, die auch in dieser Reihenfolge besucht werden, sind: Aregua, Itauguá, San Bernardino, Caacupé, Piribebuy und Yaguarón.

Aregua

Eine der frühesten Tochtergründungen von Asunción ist Aregua am Westufer des **Lago Ypacaraí.** Die Kleinstadt enstand 1538 auf Betreiben von *Irala,* des damaligen Gouverneurs von Asunción, allerdings merkt man von der langen Historie nichts mehr. Das Städtchen ist heute ein beliebter **Ausflugsort** für die Bewohner der Hauptstadt, kein Wunder, liegt es doch nicht einmal 30 km entfernt. An Wochenenden kann man von hier mit dem Boot über den See nach San Bernadino übersetzen, ansonsten ist Aregua problemlos per Bus von Asunción aus zu erreichen. Übernachten kann man im **Hospedaje Ozli** (5 US-$).

Itauguá

Der architektonisch wenig sehenswerte Ort wurde 1728 gegründet. Damit wäre schon alles gesagt – wäre Itauguá nicht die **Heimat der wunderschönen Ñanduti-Webarbeiten:** In allen Größen, Farben, Feinheiten und Qualitäten werden sie direkt an der Straße präsentiert. Die Ware selbst ist nicht billiger als in Asunción, mitunter ist die Auswahl aber größer. Die bes-

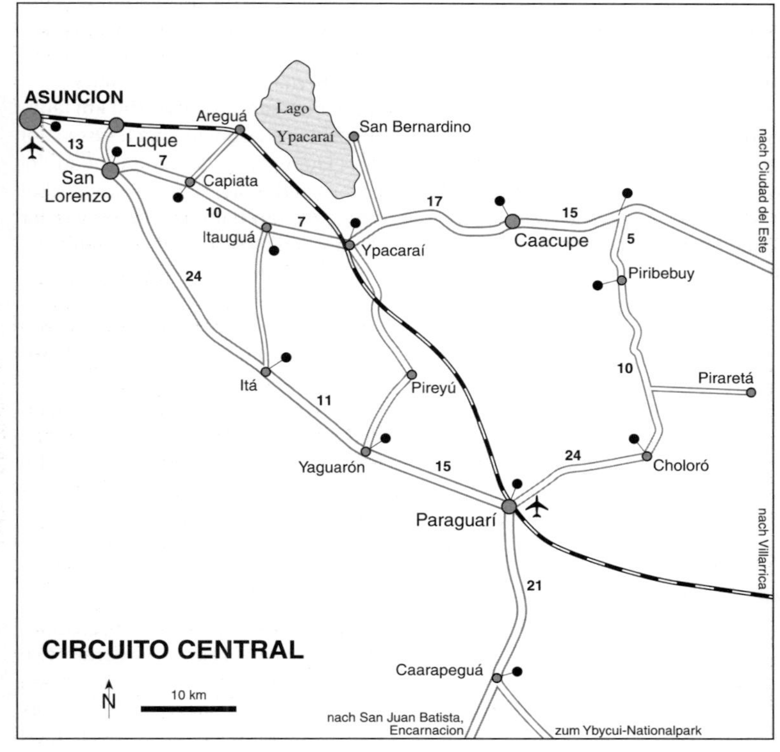

ten Arbeiten sind fein wie ein Spinnennetz und dennoch extrem haltbar, so durchscheinend und fragil, dass manch einer schon beim Ansehen ein nervöses Kribbeln in den Fingern bekommt.

- Itauguá ist 30 km von Asunción entfernt, der **Bus** vom Busbahnhof braucht für die 1 US-$ teure Fahrt etwa 45 Minuten. Es gibt in dem kleinen Ort **kein Hotel.**

San Bernardino

Der Ende des 19. Jahrhunderts von deutschen Einwanderern gegründete Ort liegt inmitten einer flachen Hügellandschaft am Ostufer des 24 km langen und etwa 5 km breiten Lago Ypacaraí. Er ist ein **Touristenzentrum** erster Güte und besitzt wahrscheinlich von allen Orten des Landes die **beste Infrastruktur** für Besucher: Hotels, Restaurants, Sportplätze und Strände. Dementsprechend voll ist es in der Saison von Dezember bis Februar; wer später kommt, kann hier ein paar **ruhige Tage am Wasser** verbringen.

- **Hotel del Lago,** Caballero/Ecke Weiler, Tel. 2201, direkt am See; 13 US-$.
- **Acuario,** San Bernadino km 45, Tel. 2375; 15 US-$.
- **San Bernardino Pueblo Hotel,** Paseo del Pueblo/Ecke Mbocaya; 25 US-$.
- **Condovac,** Garay/Ecke Decoud, Tel. 2594; 30 US-$.
- **Hotel Balneario,** gut, deutscher Besitzer, DZ 15 US-$ mit Frühstück.
- Der **Bus** braucht von Asunción bis San Bernardino (56 km) eine Stunde, die Fahrt kostet etwa 1 US-$.

Caacupé

Die Kleinstadt mit ihren 10.000 Einwohnern ist das **religiöse Zentrum des Landes.** Einmal im Jahr, am 8. Dezember, platzt sie förmlich aus ihren Nähten: Dann wird das **Fest der Jungfrau von Caacupé** gefeiert. Der riesige Platz vor der Kathedrale ist dann schwarz von Menschen, die aus allen Landesteilen Paraguays, aber auch aus Argentinien und Brasilien hierher pilgern. Die große moderne Kathedrale, in der die kleine blau gewandete Madonnenfigur steht, wurde 1988 vom Papst bei dessen Besuch in Paraguay geweiht. Bilder von diesem Besuch, Nachbildungen der Heiligenfigur, allerhand religiöse Devotionalien und auch ganz simpler Plastiktand wird an den zahlreichen Souvenirständen verkauft.

- Caacupé liegt 54 km von Asunción entfernt und ist per **Bus** von dort zu ereichen.
- Es gibt nur wenige Hotels im Ort, das beste ist das **Hotel El Uruguayo,** das auf halber Strecke zwischen Kirche und der Hauptstraße Ruta 2 liegt (8 US-$).
- **Estancia Aventura,** *Ulrike* und *Kurt Erhardt,* Estancia Aventura, C.C. 32, Ytu/Guazu, Caacupé/Paraguay, Tel. 00595-(0)981/441804, www.estancia-aventura.com, Übernachtung mit Frühstück 30 US-$, mit Vollpension und Ausritt 45 US-$; 1 Woche Reiturlaub komplett für 360 US-$. Die Estanzia besitzt einen eigenen Badesee, Fluss und Tennisplatz; sie bietet Möglichkeiten zum Reiten und die Gelegenheit, den Alltag auf einer Estanzia zu erleben. Die Besitzer sind Deutsche. *Kurt Erhardt* besitzt die deutsche DTB-Tennislehrerlizenz (zusätzlich eine amerikanische) und ist Autor der Zeitschrift „Tennis-Revue", seine Frau *Ulrike* ist Hotelmeisterin und hat in Deutschland eine Reitschule am Chiemsee geführt – wahrscheinlich also die beste Adresse, um seine Vorhand und den gestreckten Galopp zu trainieren.
- **Estancia Santa Clara,** Ruta 1, km 141, Caapucú, Tel./Fax 021/605729 oder 0981/405020; Büro in Asunción auf der Calle San

Francisco 452/Ecke España; 60 US-$ p.P. mit Vollpension, englischsprachig.
www.estanciasantaclara.com

Piribebuy

Während des Krieges gegen die Triple Alianza war die verschlafene Kleinstadt kurzfristig die Hauptstadt Paraguays. Hier fanden große und verlustreiche Schlachten statt, die Erinnerung daran wahrt das **Museo Histórico Comandante Pedro Juan Caballero.** Ansonsten gibt es noch die Kirche aus der Mitte des 18. Jahrhunderts, ein außen schlichter Bau mit einem schön gearbeiteten Holzaltar im Innern.

- Piribebuy ist per **Bus** von Asunción zu erreichen, es liegt südlich der Hauptstraße Richtung Osten, 74 km von Asunción entfernt.
- Übernachten kann man in den beiden **Hotels Los Carlos** und **Rincón Viejo** (beide etwa 10 US-$).

Yaguarón

In dem kleinen Ort, dem letzten der Rundfahrt, ist die **schönste Kirche Paraguays** zu bewundern. Die Stadt wurde 1539 gegründet und später Sitz einer Missionsstation der Franziskaner. Guaraní-Künstler erbauten unter deren Anleitung ab 1670 die Holzkirche, in einem Stil, der heute **spanischer Guaraní-Barock** genannt wird. Die 30 m breite und 70 m lange Kirche ist von außen ein sehr streng durchgeplanter Bau, der freistehende Glockenturm, wurde im 20. Jahrhundert erneuert. Im lichten Innenraum steht man staunend vor der farbenprächtigen, aber keinesfalls überladenen Ausmalung. Die Holzdecke ist mit symmetrischen Mustern verziert; Rot, Gelb, Blau und Grün sind auch die vorherrschenden Farben bei der Bemalung der Stützpfeiler gewesen. Kunstvoll wurde die Kanzel geschnitzt und ebenso kunstvoll dann bemalt, ausdrucksvoll sind die aus Holz gearbeiteten Heiligenfiguren. Die Kirche ist nicht immer geöffnet, nur Mo bis Sa von 7.30–12 und 14–17 Uhr, So nur während der Messfeiern um 8, 17 und 18 Uhr.

In Yaguarón wurde El Supremo, der allmächtige Diktator *José Gaspar Rodríguez de Francia* geboren (vgl. „Geschichte"). Sein Geburtshaus ist heute ein **Museum,** das persönliche Gegenstände des umstrittenen Politikers zeigt. Es ist Di bis So von 7–11 und 14–17 Uhr geöffnet.

- Yaguarón liegt 48 km von Asunción entfernt und ist problemlos mit dem **Bus** zu erreichen. Der Bus hält direkt gegenüber der Franziskaner-Kirche, zum Museum muss man zweieinhalb Blocks laufen.

Coronel Oviedo ⇗IX,C1

Die staubige Stadt mit etwas über 20.000 Einwohnern weist keine besonderen Sehenswürdigkeiten auf. Sie liegt aber direkt an der Straße von Asunción nach Ciudad del Este (nach 134 von 327 km), und zwar dort, wo die einzige Nord-Süd-Verbindung die Straße kreuzt. Wahrscheinlich hält der Bus auch nur deshalb hier.

Hotel

- Wer länger bleiben will, dem sei das beste Hotel im Ort empfohlen, das moderne **Hotel El Rey** auf der Av. Estigarribia 213; das Doppelzimmer mit Frühstück kostet 10 US-$.

Schöner ist ein Ausflug nach Villarrica, einer etwa genauso großen Stadt 40 km weiter südlich.

Villarrica ⇗ IX,C1

Sie ist das **Zentrum einer Agrarregion,** die überwiegend von Deutschen besiedelt wurde. Es gibt eine schöne Plaza mit Kathedrale, das beste **Hotel** heißt **Ybuyturuzu** (12 US-$; auf der Ecke der Straßen Carlos Antonio López und Dr. Bottell). Etwas billiger ist das **Hotel Asunción** (Thompson/Ecke Río Aquidaban, 10 US-$).

Busverbindungen

- Villarrica erreicht man mit dem Bus direkt von Asunción (2 US-$), von Ciudad del Este (3 US-$), oder man fährt über Coronel Oviedo (1 US-$).

Ciudad del Este ⇗ IX,C1

Boomtown, Schmuggelstadt, schnelles Geld mit allem, was sich kaufen und verkaufen lässt. Ciudad del Este wurde erst 1957, damals als Puerto Stroessner, gegründet, und ist seitdem die **am schnellsten wachsende Stadt des Landes:** Mittlerweile wohnen knapp 100.000 Menschen hier. In der Gründungsphase der Stadt lebten sie von der Bauwirtschaft: Sie arbeiteten beim Bau des „Puente de la Amistad", der „Brücke der Freudschaft", die hier den Río Paraná, an dessen Westufer Ciudad del Este liegt, zum brasilianischen Ufer hin überspannt, später dann auf der Baustelle des Wasserkraftwerkes von Itaipú, 20 km nördlich der Stadt. Heute lebt man fast ausschließlich vom **Schmuggel,** entweder als Käufer, der die Ware ins benachbarte Brasilien bringt, oder als Verkäufer. Jedes Gebäude im Zentrum beherbergt mindestens ein Geschäft, ansonsten wird auf den Straßen verkauft, sei es von Händlern, die dort ihre Stände haben, sei es von welchen mit Bauchladen. Die Tische der Händler biegen sich unter den Waren; die Käufer eilen, mit dicken Paketen beladen, nach Brasilien. Parfüms, Spirituosen, Zauberwerke der fernöstlichen Elektronikindustrie, alles was Strom verbraucht, blinkt und Geräusche macht, Kleidung und Genussmittel, all das sind begehrte Waren. Vieles ist billiger als in Europa, alles ist billiger als in Argentinien oder Uruguay. Ob die Markenzeichen auf allen Artikeln echt sind, lässt sich vom Laien nicht überprüfen, bei der Auswahlpackung französischer Parfüms, die der Straßenhändler nach erstem Angebot von 15 Dollar zuletzt für 5 Dollar verkaufen will, sind Zweifel doch sehr angebracht.

Durch die überfüllten Ladenstraßen quälen sich die Busse auf die Brücke, die die Landesgrenze zwischen Paraguay und Brasilien ist; der Zoll kommt nicht mehr mit, winkt die meisten durch und wird nur bei Stichproben fündig: Meterhoch türmen sich dennoch die Zigarettenstangen hinter den Grenzbeamten.

Nach Geschäftsschluss und am Wochenende ändert sich das Bild vollständig: Ciudad del Este stirbt förmlich aus, kaum ein Besucher bleibt hier, schließlich sind Foz do Iguaçu und Puerto de Iguazú nicht weit.

p111-520 Foto: gw

Menschengewimmel
in den Gassen von Ciudad del Este

Ins brasilianische Foz do Iguaçu zu gelangen, ist denkbar einfach: Man überquert die Brücke und ist da. Wer wieder zurück will, braucht auch keinen Ein- und Ausreisestempel. Wer aber in Brasilien bleiben will oder weiter nach Argentinien möchte, sollte sich die Stempel holen. Man bekommt den paraguayischen Aus- oder auch den Einreisestempel im Gebäude links beim Brückenaufgang (von Ciudad del Este aus gesehen).

Die **Busse ins argentinische Puerto Iguazú** fahren alle 10 Minuten direkt ab dem Brückenaufgang an der paraguayischen Seite – sie fahren durch nach Argentinien, ohne in Brasilien anzuhalten.

Für weitere Informationen zur Ein- und Ausreise von/nach Paraguay, Brasilien und Argentinien siehe unter Puerto Iguazú/Foz do Iguaçu bei Argentinien.

Noch ein Tipp: Fahren Sie auf keinen Fall mit dem eigenen oder geliehenen Auto ins Zentrum von Ciudad del Este (aus Argentinien oder Brasilien gar nicht mit dem Wagen einreisen). Nehmen Sie den Bus, laufen Sie oder suchen Sie sich einen nervenstarken Taxifahrer und vereinbaren Sie mit ihm einen Festpreis.

Touristeninformation

- Die Touristeninformation befindet sich direkt im Zollbereich an der „Brücke der Freundschaft".

Hotels

- **Munich,** Fernández/Ecke Miranda, Tel. 500347; gut, deutschsprachig, 10 US-$.
- **El Cid,** Camilo Recalde 425, Tel. 512221; Frühstück, Ventilator im Zimmer, 15 US-$.
- **San Rafael,** Adrián Jara/Ecke Abay, Tel. 500804; große Zimmer, freundlich, 18 US-$.
- **Convair,** Adrián Jara/Ecke Alejo Garcia, Tel. 500342; 25 US-$.
- **Gran Hotel Acaray,** 11 de Septiembre 862 am Río Paraná, Tel. 500252; mit Schwimmbad und Casino, 40 US-$.

Essen und Trinken

- Die meisten Restaurants haben sonntags, wie fast alles in der Stadt, geschlossen. Empfehlenswert ist das **Restaurant New Tokio,** Adrián Jara 128, mit guter japanischer Küche.

Überlandbusse

- Der **Busbahnhof** liegt außerhalb des Stadtzentrums im Süden der Stadt. Man erreicht ihn mit dem Bus Nr. 8 von der Ecke der Straßen Toledo und Hernández. Vom Busbahnhof fahren mehrfach täglich Busse nach:
- **Asunción,** 5–8 US-$, 4–6 Stunden.
- **Encarnación,** 5 US-$, 4–6 Stunden.
- **Concepción,** 12 US-$, 11 Stunden.
- Ziele in **Brasilien** bzw. in **Argentinien** erreicht man besser von den Busbahnhöfen in Foz do Iguaçu bzw. Puerto Iguazú.

Sonstiges

- Die **Post** befindet sich Alejo García /Ecke Oscar Rivas Ortellado, gegenüber dem Busbahnhof.
- Die **Telefongesellschaft** Antelco hat ein Büro auf García/Ecke Pérez.
- USAtel bietet einen **Internet-Service** im Shopping Mina India, 3° Piso, Av. San Blás.
- Die Bank Banco de Asunción hat einen **Geldautomaten** an der Ecke Adrián Jara und Boquerón; Bargeld wollen Legionen von **Geldwechslern** auf der Straße tauschen.

Ausflug nach Itaipú

Dass man sich einem **technischen Aushängeschild Paraguays** nähert, dessen wird man sich bereits bei der Fahrt zum Staudamm von Itaipú bewusst. Auf einer mustergültig asphaltierten, vierspurigen Straße rollt der Bus, abends und nachts wird die Dunkelheit von riesigen Peitschenlampen erhellt. Energieprobleme gibt es hier nicht, ist doch Itaipú, das Gemeinschaftsprojekt von Paraguay und Brasilien, das **größte Wasserkraftwerk der Welt.**

Als ein „Denkmal der Solidarität, der Zusammenarbeit und der Integration" lobte der damalige brasilianische Präsident *Fernando Collor de Mello* im Mai 1991 bei der endgültigen Eröffnung das Wasserkraftwerk, das heute mit 18 Turbinen 12,6 Millionen Kilowatt Strom je Stunde produziert. Ein Denkmal zweifellos: für den technischen Fortschritt, aber auch für den technischen Größenwahn und ein Beispiel dafür, wie man mit gigantischen Projekten Dritte-Welt-Länder in Schulden treibt, ohne dass diese Länder je wieder die Möglichkeit finden werden, sie zurückzuzahlen. 3 Mrd. US-$ sollte das Projekt kosten, am Ende waren es 20 Mrd. US-$, etwa ein Sechstel der gesamten Auslandsschulden Brasiliens. Zudem: Itaipú liegt etwa 1000 km weit vom wichtigsten Industriegebiet Brasiliens entfernt, so dass viel Energie beim Transport verloren geht.

So resümierte die Frankfurter Rundschau bei der endgültigen Eröffnung von Itaipú: *„Ihnen (den Brasilianern) bleibt der Trost, daß sie nicht nur der Inhaber des größten Schuldenberges der Dritten Welt, sondern auch des größten Kraftwerkes sind."* Für Paraguay war der Bau keine solche Katastrophe. Hier wurde die Bauwirtschaft angekurbelt, außerdem trägt die Hauptschuldenlast – wie gesagt – Brasilien. Außerdem braucht Paraguay nicht einmal 4 Prozent der in Itaipú erzeugten Energie und verkauft dank langfristiger Verträge die Überschüsse nach Brasilien.

Der riesige **Stausee** hinter dem knapp 8 km langen und an seiner höchste Stelle 200 m hohen Damm von Itaipú bedeckt heute eine Fläche von etwa 1500 km². Er ist stellenweise über 200 m tief. Die Staudammbetreiber bestreiten natürlich, dass der Bau zu Umweltproblemen geführt habe, aber ob sich 12 Mio. Kubikmeter Beton einfach so unbemerkt verbauen lassen? Im Stausee verschwand jedenfalls ein Naturwunder: die Wasserfälle von Guairá, die etwa 170 km nördlich von Ciudad del Este lagen. Die 100 Meter tiefe Schlucht, in die über mehrere Stufen die wasserreichsten Fälle der Erde stürzten – ein Schauspiel größer noch als die Iguazú-Fälle, glaubt man alten Reiseberichten – versank einfach in dem künstlichen See.

Man erreicht das Kraftwerk mit dem **Bus** von der Kreuzung der Straßen Av. San Blas und Alejo García. Es gibt drei Arten von **geführten Besuchen,** alle sind kostenlos: Bei der „visita turística" fährt man mit Bussen zu zwei Aussichtspunkten, außerdem sieht man einen halbstündigem Film, der sehr viele technische Details auflistet (nur spanisch), und besucht das nahe Ecomuseum, das beschönigend einiges über die Geologie, Natur und Kultur der Region vermittelt. Bei der Führung selbst bekommt man außer Wasserfontänen und den hohen Mauern des Damms nicht viel zu sehen (Mo bis Sa vormittag 8/9/10 Uhr sowie Mo bis Fr 13.30 /14.30/15.30 Uhr, Dauer 1½ Std.). Die „visita especial" beinhaltet außerdem einen Blick in den Turbinensaal (Mo bis Fr 9 und 15 Uhr, 2 Std.), die „visita técnica" ist Technikern und Technikfans vorbehalten (Mo bis Fr 8 und 14 Uhr, 2½ Std.). Für die beiden letzten Rundgänge muss man sich anmelden unter Tel. (595) 61-599-8754 oder csgp@itaipu.gov.py.

Südlich von Asunción – um Encarnación

Encarnación

IX,C2

Die 60.000-Einwohner-Stadt ist das südliche Tor nach Paraguay. Sie liegt **gegenüber der argentinischen Stadt Posadas** am Nordufer des Río Paraná und ist mit dieser durch eine Brücke etwas außerhalb des Stadtzentrums verbunden. Außerdem kann man auch mit kleinen Fähren über den Río Paraná nach Posadas schippern.

Encarnación besteht aus zwei total unterschiedlichen Stadtteilen: Die **moderne Stadt** liegt weit oberhalb des Flussufers. Sie ist recht gesichtslos und langweilig, während die **Altstadt** am Flussufer wesentlich interessanter und lebendiger ist. Sie ist heruntergekommen und teils sehr schäbig, und – ein großer, sehr lebendiger **Markt,** vor allem in der Nähe der Straßen Carlos Antonio López und General Gamarra. Ein bisschen scheint sich Endzeitstimmung auch auszubreiten, denn gehandelt und gefeilscht wird wie wild. Turnschuhe liegen neben japanischer Unterhaltungselektronik, am Nachbarstand preist jemand seine Tomaten an.

Encarnación eignet sich gut für einen Besuch der nahegelegenen Jesuitenmissionen im Süden Paraguays.

Touristeninformation

- Eine Informationsstelle befindet sich auf der Straße Wiessen 345.

Hotels

- **Hotel Germano,** Cabañas/Ecke López, am Busbahnhof, Tel. 203346. Nicht schlecht, Zimmer ab 5 US-$; DZ mit Bad 8 US-$.
- **Hotel Itapúa,** López zwischen Cabañas und Kreusser, Tel. 205045. DZ mit Bad, Klimaanlage, TV und Telefon für 20 US-$.
- **Central,** Mcal. López 542, Tel. 203454; okay, deutschsprachig, 10 US-$.
- **Viena,** Capitan Caballero 568, Tel. 203486; nahe dem Busbahnhof, deutschsprachig, das beste der billigen Hotels, 10 US-$ fürs DZ.
- **Cristal,** Mcal. Estigarribia 1197, Tel. 202371; 25 US-$.
- **Novotel,** Villa Quiteria km 361 (2 km außerhalb der Stadt), Tel. 207248; 40 US-$.

Essen und Trinken

- Viele **billige Restaurants** befinden sich in der Nähe des Busbahnhofs.
- **Restaurant Rancho Grande,** gut, sehr groß und meistens recht leer, nicht ganz billig, an der Ecke Mcal. Estigarribia/Cerro Corá (mitunter Live-Musik).

Überlandbusse

- Vom **Busbahnhof** Estigarribia/Ecke Memmel fahren mehrfach täglich Busse nach:
- **Asunción,** 5 US-$, 5 Stunden.
- **Ciudad del Este,** 4 US-$, 4–5 Stunden.
- **Trinidad,** 0,5 US-$, 30 Minuten, jede halbe Stunde fährt ein Bus.
- **Posadas,** 1 US-$, 1 Stunde, Busse fahren alle 15 Minuten; von hier bestehen gute Verbindungen nach Argentinien.

Post und Telefon

- Die **Post** ist in der Altstadt auf der Capellán Molas zwischen den Straßen Mallorquín und Mcal. Estigarribia.
- Die **Telefonzentrale** von Antelco liegt auf Caballero/Ecke Mcal. López.

Geldwechsel

- **Bargeld** kann man problemlos bei Geldwechslern im Busbahnhof tauschen, **Schecks** bei Cambio Guaraní auf der Straße Mcal. Estigarribia 307. Einen **Geldautomaten** gibt es Wiessen/Ecke Mallorquín.

p113-526 Foto: gw

Der Jesuitenstaat von Paraguay

Waren es perfide Machtpolitiker oder gute Missionare? Hatten sie lediglich ein besseres System der Ausbeutung gefunden, oder ging es ihnen wirklich um die Missionierung von Ungläubigen und deren Schutz vor Sklavenjägern? Verhinderte *Karl III.* mit seinem Ausweisungsdekret 1767 die Gründung eines neuen Staates von der brasilianischen Küste bis hin zu den Kordilleren, oder bediente er nur die Interessen rücksichtsloser Großgrundbesitzer? Die nicht einmal **200 Jahre lange Geschichte der Sociedad Jesú,** des Jesuitenordens in Paraguay und der heutigen argentinischen Provinz Misiones, ist immer noch umstritten.

1588 kamen die ersten Jesuiten nach Paraguay. Sie waren zunächst als Wandermissionare tätig, gründeten dann aber bald – da die Wandermission nicht zu Ergebnissen führte – die ersten Siedlungen, Reduktionen genannt. In diesen Reduktionen lebten einige hundert bis mehrere tausend Indianer gemeinsam mit einigen Padres, und man betrieb Landwirtschaft zur Selbstversorgung.

Die ersten Reduktionen gründeten die Jesuiten in Guaiará, im heutigen brasilianischen Bundesstaat Paraná, weitab der spanischen Siedlungen. Schließlich wollten die Jesuiten die Indianer dem spanischen Encomienda-System entziehen und sie vor Kontakten mit den spanischen Kolonialisten, die eher als Eroberer daherkamen, schützen.

Aber auch für diese war die Missionstätigkeit der Jesuiten nützlich, denn so wurden die kriegerischeren Indianervölker befriedet. Der deutsche Jesuitenpater *Florian Paucke,* dem es 1748 gelang, die kriegerischen Mocobí in Santa Fé in Reduktionen einzubinden, drückte das so aus: „Der Nuze, welche allen diesen Städten von der Mission entspriessete, war eine gewünschte Rueh und Sicherheit, ihr Vieh zu erhalten, und wieder andere wilde Indianer geschützet zu seyn ... Die Spanier begehren nichts anderes, als daß die Indianer sich ruhig verhalten, damit sie in Fried ihrer Handlung nachgehen können."

Dennoch waren Konflikte der Jesuiten mit den spanischen Siedlern unumgänglich. Die Jesuiten distanzierten sich von diesen und setzten mehr auf ihr gutes Verhältnis zur spanischen Krone im Heimatland, auf ihren Rückhalt im fernen Madrid, als einen Interessensausgleich mit den Behörden vor Ort zu suchen. So fürchteten diese in Paraguay schon sehr früh, dass die Jesuiten einen eigenen Staat gründen wollten. Außerdem waren die Reduktionen wirtschaftlich zu erfolgreich: Sie erzielten bedeutende Überschüsse, denn anders als die Siedler genossen sie Steuerfreiheit. Zudem wurde immer wieder das Gerücht verbreitet, die Jesuiten wären in ihren Gebieten auf Gold gestoßen und wollten es der Krone vorenthalten.

Die ersten Reduktionen waren nicht sicher. Immer wieder überfielen die Paulistas oder Mamelukas, Sklavenhändler aus Sao Paulo, die Ansiedlungen, verschleppten und versklavten massenweise die Guaraní-Indianer. So zogen die Jesuiten um: Man verlagerte die Missionstätigkeit weiter nach Süden in die Gegend um das paraguayische Encarnación und in die heute argentinische Provinz Misiones.

In den Reduktionen wurde in einer Art Kollektivwirtschaft produziert: Die meiste Zeit arbeitete man für das Gemeineigentum auf Feldern, die der Gemeinschaft gehörten, außerdem besaß aber jeder einzelne auch noch zusätzliches Land. Alle Mitglieder der Reduktionen wurden gleich behandelt, sie hatten einen Wohnraum und nur wenige private Güter, darüberhinaus gab es Gemeinschaftsräume und soziale Versorgungsstätten wie Krankenhäuser und Altersheime.

All dem standen aber die Jesuitenpadres vor, was der Hauptmangel der Reduktionen war: Die Padres hatten die Indianer immer nur als Schutzbefohlene, als unmündige Kinder angesehen. Zwar hatten sie Sprache und Kultur der Guaraní ernstgenommen, deren Sprache verschriftet und diese auch lesen und schreiben sowie andere Handwerkskünste gelehrt. Aber sie mit dem Ziel zu erziehen, auch ohne die Anleitung der Padres die Reduktionen weiterführen zu können, auf diese Idee waren die Jesuiten nie gekommen. Die Ansiedlungen waren letztlich auf Gehorsam statt auf Selbstverwaltung gegründet.

Nachdem *Karl III.* 1767 die Ausweisung der Jesuiten verkündet hatte und die 500 Mitglieder der Sociedad Jesú, die den Reduktionen vorstanden, verhaftet und in Ketten gelegt nach Europa gebracht worden waren, ging alles sehr schnell: Die meisten Dörfer verfielen innerhalb einer Generation. Lebten zur Zeit der Ausweisung noch 100.000 Guaraní in dreißig Niederlassungen, so waren es 1802 nur wenig mehr als 30.000. 1840 wurden die Reduktionen auf Befehl *Carlos Antonio López'* endgültig aufgelöst.

Ausflug nach Trinidad, Jesús

Die schönste restaurierte **Jesuitenreduktion,** vielleicht noch schöner als San Ignacio Miní in Argentinien (siehe dort), ist Trinidad. Die alte Anlage ist wundervoll, aber nicht übertrieben restauriert, gut lässt sich hier an den Gebäuderesten die Struktur der Jesuitensiedlung erkennen.

Trinidad wurde im Jahr 1706 als eine der späteren Jesuitenreduktionen gegründet. In ihrer Blütezeit 1728 lebten mehr als 4000 Guaraní-Indianer in der Siedlung. Erst 1760 war die gesamte Anlage nach Plänen des italienischen Architekten *Juan Bautista Prímoli* vollendet.

Man betritt die Reduktion heute an der Westseite und steht vor den Überresten der **Wohnhäuser.** Linker Hand erhebt sich der alte **Uhrturm,** von dort hat man einen guten Rundblick über die Gesamtanlage und kann, da Trinidad etwas erhöht liegt, bei klarem Wetter auch bis zu den Resten der Jesuitenreduktion Jesús, die 10 km nördlich liegen, schauen.

Schönster Bau in Trinidad war die **Kirche.** Heute lässt sich noch gut ihre damalige Pracht anhand von Gebäude- und Ausstattungsresten erkennen. Besonders geschickt waren die Steinmetze der Guaraní: Pflanzen- und Blumenmuster schmücken die Wände, ausdrucksstark sind die Gesichter und Körper der Heiligenfiguren. Schönstes Einzelstück ist die fast vollständig erhaltene Kanzel, wie alles andere ebenfalls ein Werk eines unbekannten Meisters des so genannten Guaraní-Barock.

Obwohl Trinidad inzwischen von der UNESCO in die Liste des **Weltkulturerbes** aufgenommen wurde, kommen wesentlich weniger Besucher hierher als beispielsweise nach San Ignacio Miní. Wahrscheinlich hat der Ort auch deshalb eine besonders starke Wirkung auf Reisende: Es fehlt der Rummel drumherum, hier gibt es keine Restaurants und Cafés direkt vor der Tür der Jesuitenreduktion – das Dörfchen Trinidad liegt still und verlassen da, die Lehmstraßen leer, lediglich ein Rind liegt – es ist Siesta – mitten auf dem Weg.

Die Jesuitenreduktion ist täglich von 7.30–11.30 und 13.30–17.30 Uhr geöffnet, der Eintritt beträgt 1 US-$.

Trinidad ist leicht mit dem **Bus** von Encarnación aus zu erreichen, jeder Bus nach Ciudad del Este passiert das Dorf. Die Fahrt dauert etwa 45 Minuten und kostet 0,5 US-$.

Unmittelbar am Eingang zur Reduktion gibt es ein **kleines Hotel** (mit Restaurant), das von einem Deutschen geleitet wird. Es hat zwei schöne und saubere Zimmer (10 US-$), im Preis eingeschlossen ist ein Ausflug zur den Ruinen von Jesús.

Mit einem Bus von Trinidad aus (täglich 11.30 Uhr) gelangt man in das nahe gelegene Dörfchen **Jesús,** in dem ab 1763, nur vier Jahre vor der Vertreibung, ebenfalls eine Jesuiten-Reduktion entstand. In Jesús war eine riesige Kirche geplant, an deren Bau zeitweise bis zu 3000 Guaraní-Indianer mitgewirkt haben sollen. Die Reduktion wurde allerdings aufgelöst, bevor die Kirche vollendet wurde.

San Ignacio Guazú ⇗VIII,B1

Direkt an der Straße von Encarnación nach Asunción liegt etwa 140 km von Encarnación entfernt San Ignacio Guazú. Sehenswerter als die Ruinen der Ansiedlung selbst ist das kleine **Museum** des Ortes, das täglich von 8–11 und 14–17 Uhr geöffnet ist. Es zeigt eine große Sammlung von Guaraní-Kunst, und ihretwegen lohnt sich schon das Aussteigen aus dem Bus von Encarnación nach Asunción.

Unterkunft/Verpflegung

- Wer länger bleiben will, kann im **Hotel Arapizandu** (10 US-$) übernachten.
- Die besten **Restaurants** des Ortes – nichts Überragendes – befinden sich direkt an der Busstation.

arg3-552 Foto: gw

Anhang

arg3-553 Foto: gw

arg3-554 Foto: gw

Iguazú-Wasserfälle

Perito-Moreno-Gletscher

Magellan-Pinguin

Sprache

In Argentinien und Uruguay wird nahezu ausschließlich Spanisch gesprochen. Paraguay ist offiziell zweisprachig: Neben dem Spanischen ist **Guaraní,** die Sprache der gleichnamigen Indígenas, die zweite Amtsprache. Wie in den meisten Ländern Südamerikas bezeichnen auch die Menschen am Río de la Plata ihre Sprache nicht als Spanisch, sondern als **Castellano.**

Als Reisender in den La-Plata-Ländern kann man sich sicher auch **mit Englisch durchschlagen;** wer aber mehr will, als bloß ein Hotelzimmer zu finden oder einen Kaffee oder etwas zu essen zu bestellen, sollte schon ein wenig Castellano lernen.

Das Castellano am Río de la Plata unterscheidet sich in Aussprache, Grammatik und Wortschatz vom europäischen Spanisch. Die im Folgenden benannten Differenzen gelten vorwiegend für Argentinien und Uruguay.

Argentinien und Uruguay gehören zu den **„vos"- statt „tú"-Ländern.** Anstelle des spanischen „tú", der zweiten Person Singular, wird im uruguayischen Spanisch häufig das „vos" gebraucht. „Du sagst" heißt somit nicht „tú dices", sondern „vos dicés". Der Plural von „du", also „ihr", wird mit „ustedes" statt wie im spanischen mit „vosotros" gebildet.

In der **„Kauderwelsch"**-Reihe des REISE KNOW-HOW Verlages, Bielefeld, gibt es einen sehr guten Sprechführer **„Spanisch für Argentinien",** der sowohl für Anfänger als auch für Spanischsprechende, die mehr über die Spezifika des La-Plata-Spanisch erfahren wollen, nützlich ist. Hingewiesen sei auch auf den Band **„Guaraní für Paraguay"** aus der gleichen Reihe.

Kleine Sprachhilfe

Regeln zur Aussprache

- **c** wie „k" vor a, o, u und Mitlauten: **carro** „karro" (Auto), **costa** „kosta" (Küste); stimmlos wie „ß" vor e, i: **cerca** „ßerka" (nahe), **cero** „ßero" (null)
- **cc** wie „kß": **occidental** „okßidental" (westlich)
- **ch** wie stimmloses „tsch" in „watscheln": **chévere** „tscheevere" (toll), **chistoso** „chißtosso" (witzig)
- **g** wie „g" vor a, o, u und vor Mitlauten: **gallo** „gaijo" (Hahn), **gobierno** „gobjierno" (Regierung); vor e und i wie „ch" in „Bauch": **gente** „chente" (Leute)
- **gu** wie „g", vor e und i ist das u stumm: **agua** „agua" (Wasser), **guerra** „gerra" (Krieg), **guía** „giia" (Führer)
- **h** ist stumm: **habitación** „abitasion" (Zimmer)
- **j** wie „ch" in Bach: **jugar** „chugar" (spielen)
- **ll** wie „sch" oder „dsch" in „Dschungel": **llamar** „dschamar" (anrufen)
- **ñ** wie „nj" in Anja: **cariño** „karinjo" (Zuneigung)
- **qu** (nur vor e und i) wie „k" gesprochen, u ist stumm: **que** „kee" (was), **quiero** „kieero" (ich will)
- **r** Zungenspitzen-r: **claro** „klaaro" (klar)
- **rr** stark gerollt: **perro** „perro" (Hund)

•**s** stimmlos wie **„ß"**: **mesa** „meßa" (Tisch); vor stimmhaften Konsonanten wie „s" in Vase: **mismo** „miesmo" (selbst)
•**v** wie „w" in „Wind":
visa „wißa" (Visum)
•**x** wie „ks" in „Keks":
éxito „eksito" (Erfolg)
•**y** wie „sch" in „schön":
yo „scho" (ich)
•**z** stimmlos wie „ß":
zapato „sapato" (Schuh)

Der bestimmte Artikel

Einzahl
männlich: **el** hombre – der Mann
weiblich: **la** mujer – die Frau
sächlich: **lo** mismo – das gleiche

Mehrzahl
männlich: **los** hombres – die Männer
weiblich: **las** mujeres – die Frauen
sächlich: **los** mismos – die gleichen

Der unbestimmte Artikel

Einzahl/Mehrzahl
männlich: **un/unos** hombre/s –
ein Mann/einige Männer
weiblich: **una/s** mujer/es –
eine Frau/einige Frauen

Bei Worten, die mit Selbstlaut enden, erfolgt die Mehrzahlbildung durch Anhängen eines **„s"**, bei Worten, die mit Mitlaut enden, durch Anhängen eines **„es"**.

Eigenschaftswörter

Eigenschaftswörter richten sich in Geschlecht und Zahl nach dem Hauptwort, auf das sie sich beziehen. Sie stehen anders als im Deutschen fast immer hinter dem Hauptwort und haben die Endungen:

weiblich: Einzahl -a, Mehrzahl -as
la montaña alta (der hohe Berg)
las camas nuevas (die neuen Betten)
männlich: Einzahl -o, Mehrzahl -os
el hombre alto (der große Mann)
los libros nuevos (die neuen Bücher)

Enden Eigenschaftswörter auf **-e** oder einen Mitlaut, wird in der Mehrzahl beider Geschlechter immer **-es** angehängt.

Persönliche Fürwörter

yo/ich – (tú/du) – **t**ú/vos/du – **él**/er – **ella**/sie – **Usted**/Sie (höfliche Anrede, Einzahl) – **nosotros**/wir (männlich) – **nosotras**/wir (weiblich) – **ustedes**/ihr – **ellos**/sie (männliche Mehrzahl) – **ellas**/sie (weibliche Mehrzahl) – **Ustedes**/Sie (höfliche Anrede, Mehrzahl)

Wendungen, die weiterhelfen

Estoy buscando ... – Ich suche ...
Estoy buscando un banco.
Ich suche eine Bank.
Hay ...? – Gibt es ...?
Hay algo para comer?
Gibt es etwas zu essen?
Donde hay ...? – Wo gibt es ...?
Donde hay un médico?
Wo gibt es einen Arzt?
Donde está ...? – Wo ist ...?
Donde está la librería?
Wo ist die Buchhandlung?
Tenés vos ...? – Haben Sie ...?
Tenés vos cambio?
Haben Sie Kleingeld?

Puedo tener ...? – Kann ich ... haben?
Quiero .../Quisiera ...
Ich will .../Ich möchte gern ...
Quisiera hablar con el señor ...
Ich möchte mit Herrn ... sprechen
Cuánto es (cuesta, vale) ...?
Wieviel kostet ...?
Por favor/Gracias
Bitte/Danke
de nada
Nichts zu danken
Buenos días!
Guten Tag!
Hasta luego!
Bis bald!
Qué es esto?
Was ist das?
Cómo?
Wie bitte?
Cómo se dice (en castellano)?
Wie sagt man (auf Spanisch)?
Cómo se llama (usted)?
Wie heißen Sie?
Cómo te llamas?
Wie heißt Du?
Me llamo ...
Ich heiße ...
Perdone, disculpe
Entschuldigen Sie
Hable un poco más lento, por favor.
Sprechen Sie bitte ein bisschen langsamer.
Qué colectivo va a ...?
Welcher Bus fährt nach ...?

Fragewörter

cuándo? – wann?
por qué? – warum?
qué? – was?
cuál? – welche(r)?
quién? – wer?
cómo? – wie?
cuánto? – wieviel?
cuántos? (m) – wie viele?
cuántas? (w) – wie viele?
dónde? – wo?
a dónde? – wohin?

Bindewörter

y – und
o – oder
pero – aber
aunque – obwohl
porque – weil
si – ob, wenn,falls
cuando – als, wann
como – wie, da
que – dass, welche(r,s)

Wichtige Eigenschaftswörter

cerca(no) – nah
lejos – weit
bajo – niedrig
alto – hoch
grande – groß
pequeño – klein
largo – lang
corto – kurz
claro – hell
oscuro – dunkel
frío – kalt
caliente – warm, heiß
bueno – gut
malo – schlecht
mucho – viel
poco – wenig
viejo – alt
joven – jung
barato – billlig
caro – teuer
rápido – schnell
lento – langsam

Zahlen

0 – **cero**
1 – **un, uno, una**
2 – **dos**
3 – **tres**
4 – **cuatro**
5 – **cinco**
6 – **seis**
7 – **siete**
8 – **ocho**
9 – **nueve**
10 – **diez**
11 – **once**
12 – **doce**
13 – **trece**
14 – **catorce**
15 – **quince**
16 – **dieciseis**
17 – **diecisiete**
18 – **dieciocho**
19 – **diecinueve**
20 – **veinte**
30 – **treinta**
40 – **cuarenta**
50 – **cincuenta**
60 – **sesenta**
70 – **setenta**
80 – **ochenta**
90 – **noventa**
100 – **cien, ciento...**
200 – **doscientos**
500 – **quinientos**
1000 – **mil**
1.000.000 – **un millón**
1.000.000.000 – **mil millónes**

Zeitangaben

hoy – heute
ahora – jetzt
mañana – morgen
enseguida – sofort
pasado mañana – übermorgen
al punto – gleich
ayer – gestern
pronto – bald
antes de ayer – vorgestern
a veces – manchmal
temprano – früh
muchas veces – oft
tarde – spät
siempre – immer
todavía – noch
nunca – nie
ya – schon
jamás – niemals

Monate

enero – Januar
febrero – Februar
marzo – März
abril – April
mayo – Mai
junio – Juni
julio – Juli
agosto – August
se(p)tiembre – September
octubre – Oktober
noviembre – November
diciembre – Dezember

Wochentage

lunes – Montag
martes – Dienstag
miércoles – Mittwoch
jueves – Donnerstag
viernes – Freitag
sábado – Samstag
domingo – Sonntag

Bücher und Landkarten

Bücher

Hier erfolgt nur eine Auflistung unter den Rubriken Geschichte/Politik/Wirtschaft, Kultur und Geografie/Reisebeschreibungen/Allgemeines. Wer sich für die Literatur der einzelnen Länder interessiert, sollte im Kapitel „Kultur" das Unterkapitel „Literatur" nachlesen. Dort werden Leseempfehlungen genannt (auch in deutscher Übersetzung).

Geschichte/Politik/Wirtschaft

- *Bodemer, Klaus; Licio, Marta; Nolte, Detlef* (Hrsg.), **Uruguay zwischen Tradition und Wandel.** Hamburg: Institut für Iberoamerika-Kunde 1993
- *Boris, Dieter; Hiedl, Peter,* **Argentinien – Geschichte und politische Gegenwart.** Köln: Pahl-Rugenstein 1978
- *Deutsch-Südamerikanische Bank,* verschiedene Kurzberichte über Lateinamerika
- **Fischer-Weltgeschichte,** mehrere Bände, Südamerika. Frankfurt: Fischer
- *Fröschle, Hartmut* (Hrsg.), **Die Deutschen in Lateinamerika. Schicksal und Leistung.** Tübingen und Basel: Horst Erdmann Verlag 1979
- *Galeano, Eduardo,* **Die offenen Adern Lateinamerikas. Die Geschichte eines Kontinents von der Entdeckung bis zur Gegenwart.** Wuppertal: Peter Hammer Verlag, 3. (erweiterte) Auflage 1983
- *Galeano, Eduardo,* **Erinnerungen an das Feuer.** Wuppertal: Peter Hammer Verlag. Bd. 1: Geburten, 1983; Bd. 2: Gesichter und Masken, 1986, Bd. 3: Das Jahrhundert des Sturms, 1988
- *Guía del Tercer Mundo 91/92,* **Países y Temas del Mundo vistos desde el Sur. Hechos, Datos, Opiniones.** Instituto del Tercer Mundo, Montevideo 1990
- *Hübener, Karl-Ludolf; Karnofsky, Eva; Lozano, Pilar,* **Weißbuch Lateinamerika. Eigenes und Fremdes.** Peter Hammer Verlag 1991
- *Kahle, Günter u.a.,* **Lateinamerika-Ploetz. Die Geschichte der lateinamerikanischen Staaten zum Nachschlagen.** Freiburg, Würzburg: Ploetz, 2. aktualisierte Auflage 1993
- *Kraus/Täubl,* **Der Jesuitenstaat in Paraguay.** München 1979
- *Kroch, Ernesto,* **Uruguay zwischen Diktatur und Demokratie. Ein lateinamerikanisches Modell?** Frankfurt/M.: dipa-Verlag 1991
- *Kronzucker, Dieter,* **Der Tag des Kondors. Von Kuba bis Brasilien.** Reinbek bei Hamburg: Rowohlt 1991
- **Lateinamerika, Analysen und Berichte.** Bd. 14: Vom Elend der Metropolen. Hamburg: Junius 1990
- *Lindqvist, Sven,* **Lateinamerika. Der geplünderte Kontinent.** Hamburg und Düsseldorf: Marion von Schröder Verlag 1971
- *Ribeira, Darcy,* **Amerika und die Zivilisation.** Frankfurt: Suhrkamp 1985
- *Rosencof, Maurico; Huidobro, E. Fernandez,* **Wie Efeu an der Mauer. Erinnerungen aus den Kerkern der Diktatur.** Hamburg: Verlag Libertäre Assoziation 1990
- *Sábato, Ernesto,* **Nunca más, nie wieder.** Weinberg: 1988
- *Schmelz, Frieder,* **Paraguay im 19. Jahrhundert.** Heidelberg 1981
- *Servicio Paz y Justicia,* **Uruguay. Nunca más. Informe sobre la violación a los derechos humanos** (1972–1985). Montevideo (Uruguay): SERPAJ Uruguay 1989
- *Statistisches Bundesamt* (Herausgeber), **Länderbericht Uruguay 1989.** Stuttgart: Metzler-Poeschel 1990
- *Statistisches Bundesamt* (Hrsg.), **Länderbericht Argentinien 1992.** Stuttgart: Metzler-Poeschel 1992
- *Waldmann, Peter; Krumwiede, Heinrich-Wilhelm* (Hrsg.): **Politisches Lexikon Lateinamerika.** München: Beck, 3. neubearbeitete Auflage 1992
- *Weber, Gaby,* **Die Guerilla zieht Bilanz. Gespräche mit Guerilla-Führern in Argentinien, Bolivien, Chile und Uruguay.** Gießen: Focus Verlag 1989

• *Wöhlcke, Manfred,* **Der Fall Lateinamerika. Die Kosten des Fortschritts.** München: Beck 1989

Kultur

• *Arne Birkenstock/Helena Ruegg:* **Tango. Geschichte und Geschichten.** Mit Audio CD. München: Deutscher Taschenbuch Verlag 1999
• *Eitel, Wolfgang* (Hrsg.), **Lateinamerikanische Literatur der Gegenwart. In Einzeldarstellungen.** Stuttgart: Kröner 1978
• *Kießling, Wolfgang,* **Exil in Lateinamerika. Kunst und Literatur im antifaschistischen Exil 1933–45,** Band 4, Leipzig: Reclam 1980
• *Rapela, Enrique,* **Cosas de Nuestra Tierra Gaucha.** Buenos Aires: Ediciónes Syndipress, ohne Jahr (vermutlich um 1960)
• *Reichardt, Dieter,* **Tango. Verweigerung und Trauer, Kontexte und Texte.** Frankfurt/Main: Suhrkamp 1984
• *Reichardt, Dieter* (Hrsg.), **Autorenlexikon Lateinamerika.** Frankfurt/Main: Suhrkamp 1992
• *Strausfeld, Mechthild* (Hrsg.), **Materialien zur lateinamerikanischen Literatur.** Frankfurt/M.: Suhrkamp 1976
• *Schreiner, Claus,* **Musica Latina. Musikfolklore zwischen Kuba und Feuerland.** Frankfurt: Fischer 1982

Geografie, Reisebeschreibungen und Allgemeines

• *Alberto M. de Agostini,* **Zehn Jahre im Feuerland. Entdeckungen und Erlebnisse.** Brockhaus 1924
• *Bayer, Rodolfo Alejando,* **Verhalten in Argentinien.** Arbeitsmaterialien für den landeskundlichen Unterricht aus der Reihe „Verhaltenspapiere". Heft 34, Zentralstelle für Auslandskunde; Deutsche Stiftung für internationale Entwicklung. Unkel/Rhein 1993
• *Bürger, O.,* **Uruguay.** Leipzig 1928
• *Chatwin, Bruce,* **In Patagonien. Reise in ein fernes Land.** Reinbeck: Rororo 1990
• *Bruce Chatwin/Paul Theroux,* **Wiedersehen mit Patagonien.** München, Wien: Carl Hanser 1992
• *Darwin, Charles,* **Reise um die Welt 1831–36,** herausgegeben von Gernot Giertz. Darmstadt: Wissenschaftliche Buchgesellschaft, ohne Jahr
• *García Alvarado, José María,* **Uruguay.** Madrid (Spanien): Ediciónes Anaya 1988
• *Josef Hellauer,* **Argentinien. Wirtschaft und Wirtschaftsgrundlagen.** Berlin und Leipzig: Walter de Gruyter 1921
• *Hübener, Karl-Ludolf,* **Verhalten in Uruguay.** Arbeitsmaterialien für den landeskundlichen Unterricht aus der Reihe „Verhaltenspapiere". Heft 42, Zentralstelle für Auslandskunde; Deutsche Stiftung für internationale Entwicklung. Unkel/Rhein 1993
• *Isabelle, Arsenio,* **Viaje a Argentina, Uruguay y Brasil en 1830.** Buenos Aires (Argentinien): Editorial Americana 1943
• *Krier, Hubert,* **Tapferes Paraguay.** Tübingen: Gunter Narr Verlag 1986
• *Die Neue Welt,* **Chroniken Lateinamerikas von Kolumbus bis zu den Unabhängigkeitskriegen.** Frankfurt/Main: Suhrkamp
• *Niggestich, Kajo* (Hrsg.), **Städte in Lateinamerika.** Wuppertal: Peter Hammer Verlag 1976
• *Schmidel, Ulrich,* **Reise nach Südamerika in den Jahren 1534 bis 1554.** Nach einer Münchener Handschrift hrsg. von V. Langmantel. Stuttgart 1889
• *Schuster, Adolf,* **Paraguay. Land, Volk, Geschichte, Wirtschaftsleben und Kolonisation.** Stuttgart: Strecker und Schröder 1929
• *Paul Theroux,* **Der alte Patagonien-Expreß.** Hamburg: Hoffmann & Campe 1995
• *Wilhelmy, Herbert,* **Die La Plata-Länder. Argentinien, Paraguay, Uruguay.** Braunschweig: Georg Westermann Verlag 1963
• *Wilhelmy, Herbert; Borsdorf, Axel,* **Die Städte Südamerikas.** Teil II: Die urbanen Zentren und ihre Regionen. Berlin/Stuttgart 1983
• *Wulschner, Hans Joachim* (Hrsg.), **Vom Río Grande zum La Plata.** Deutsche Reiseberichte des 19. Jahrhunderts aus dem südlichen Amerika. Tübingen und Basel: Horst Erdmann Verlag 1975
• *José A. Friedl Zapata* (Hrsg.), **Argentinien. Natur, Gesellschaft, Geschichte, Kultur, Wirtschaft.** Tübingen und Basel: Horst Erdmann Verlag 1978

Landkarten

Gute Landkarten zu bekommen ist in Argentinien schwierig, in Uruguay schwieriger und in Paraguay fast unmöglich. In Argentinien gibt der Automobilclub ACA die besten, sehr zuverlässige, Straßenkarten heraus. Sehr gut sind auch die Kartenanhänge der YPF-Reiseführer, die es leider aber nicht als separaten Atlas zu kaufen gibt. Der einzige Nachteil dieser Karten: sie sind immer nur Straßenkarten, ohne dass das Landschaftsrelief dargestellt ist. Schwierig ist es immer, gute topografische Karten zu bekommen. Selbst in den meisten Nationalparks gibt es so etwas nicht. Hier mag ein Besuch des „Instituto Geográfico Militar", Cabildo 381 in Buenos Aires, weiterhelfen. Vor zuviel Optimismus sei aber gewarnt, denn die hier vorliegenden Kartenblätter sind oft hoffnungslos veraltet.

Dasselbe gilt für **Uruguay.** Auch hier sind gute Straßenkarten und Stadtpläne Mangelware. An Tankstellen, bei Straßenhändlern, beim uruguayischen Automobilclub und auch in Buchhandlungen erhält man eine Straßenkarte ohne Reliefdarstellung, die den Verlauf der Nationalstraßen darstellt. Auf ihrer Rückseite oder einem Extrablatt ist ein Stadtplan von Montevideo gedruckt, bei einigen Ausgaben auch andere Stadtpläne. Das „Instituto Geográfico Militar" liegt in Montevideo auf der 8 de Octubre/Ecke Abreu (Bus 105).

In **Paraguay** sieht es fast noch schlimmer aus. Einen Stadtplan mit dem Zentrum von Asunción bekommt man leicht, alles andere ist aber mehr als schwierig. Auch ein Besuch des „Instituto Geográfico Militar" auf der Av. Artigas hilft kaum weiter.

In den deutschsprachigen Ländern kann man über gut sortierte Spezialläden Karten aus den drei Ländern bestellen. Die Preise sind hoch; so kostet eine amtliche 1:2.000.000-Karte von Paraguay in Deutschland zur Zeit etwa 30 Euro. Eine gute Karte, die man problemlos und preiswert kaufen kann, ist zur Zeit die im Maßstab 1:4.000.000, die beim Geo Center in Stuttgart erschienen ist. Sie zeigt die drei La-Plata-Länder, dazu Südbrasilien, Chile und Bolivien, und kostet rund 10 Euro.

Eine sehr gute **Übersichtskarte** im Maßstab 1:2 Mio. ist die Argentinien-Karte von **world mapping project™/ Reise Know-How.** Sie ist robust, GPS-tauglich, bildet deutlich das klassifizierte Straßennetz ab und zeichnet sich durch eine moderne Kartengrafik aus.

Landkartenspezialisten

Falls Sie die gesuchte Landkarte nicht bei Ihrem Buchhändler finden, können Sie sich an eine der folgenden Buchhandlungen und Ausrüster wenden, die sich auf Landkarten und Reiseliteratur spezialisiert haben (es handelt sich dabei um eine Auswahl; auch andere Läden haben ein vergleichbares Angebot):

Aachen

- **Mayersche Buchhandlung,** Ursuliner Str. 17–19, Tel. (0241) 4777126, Fax 4777167

Berlin

- **Kiepert KG,** Hardenbergstr. 4–5, 10623 Berlin, Tel. (030) 311880, Fax 31188120, service@Kiepert.de, www.kiepert.de
- **Schropp Fachbuchhandlung für Landkarten, Reiseführer und Sprachen,** Potsdamerstr. 129, 10783 Berlin, Tel. (030) 23557320, Fax 235573210, landkarten@schropp.de, www. schropp.de

●**Nautische Buchhandlung Dietrich Reimer,** Unter den Eichen 57, 12203 Berlin-Lichterfelde, Tel. (030) 8312341, Fax 8313873, reimernautik@sireconnect.de; Spezialist für Seekarten

Bern

●**Atlas Travel Shop,** Schauplatzgasse 21, CH-3011 Bern, Tel. (031) 3119044, Fax 3125405; Filiale in CH-3232 Ins, Tel. (032) 3134407, Fax 3134408; www.atlastravelshop.ch, www.reiselust.ch

Bielefeld

●**Universitätsbuchhandlung Phönix,** Oberntorwall 23, Tel. (0521) 583060, Fax 5830640

Bremen

●**Fata Morgana,** Geografische Buchhandlung, Auf den Häfen 9/10, 28203 Bremen, Tel. (0421) 78717, Fax 703059, Fata-morgana@t-online.de, www. mountmedia.de/fata-morgana

Dresden

●**Das internationale Buch,** Kreuzstr. 4, 01067 Dresden, Tel. (0351) 4954190, Fax 4954178

Düsseldorf

●**Sack und Pack,** Brunnenstr. 6, 40223 Düsseldorf, Tel. (0211) 341742, Fax 331406, www.sackpack.de

Erlangen

●**Palm & Enke,** Die Buchhandlung, Schloßplatz 1, 91054 Erlangen, Tel. (09131) 78090, Fax 205275, info@palm-enke.de, www.palm-enke.de

Essen

●**Orgs Buch- und Landkartenhaus,** Rosastraße 12, 45130 Essen, Tel. (0201) 781778, Fax 780402

●**Baedeker,** Kettwiger Str. 35, Tel. (0201) 2068153, Fax 2068100, www.baedeker.de

Frankfurt/M.

●**Hugendubel,** Steinweg 1260313, Frankfurt/M. Tel. (069) 29982130, Fax 2977322

●**Landkarten und Reiseführer Richard Schwarz KG,** Eckenheimer Landstr. 36, 60318 Frankfurt/M, Tel. (069) 553869, Fax 5975166, Berliner Str. 72 (Eingang: Großer Hirschgraben), Tel. (069) 287278

Freiburg

●**Landkartenhaus Voigt,** Schiffstr. 6, 79098 Freiburg, Tel. (0761) 23908, Fax 2020054

Gera

●**Gondrom KG,** Sorge 7, 07545 Gera, Tel. (0365) 8001283, Fax 8001301

Graz

●**freytag & berndt reisebuchhandlung,** Sporgasse 29, A-8010 Graz, Tel. (0043) 316/818230, Fax 81823030, Shop@freytagberndt.at

Hamburg

●**Dr. Götze Land & Karte,** Bleichenbrücke 9 (In der Bleichenhof-Passage), 20354 Hamburg, Tel. (040) 3574630, Fax 3480318

Hannover

●**Schmorl & von Seefeld,** Bahnhofstr. 14, 30159 Hannover, Tel. (0511) 3675-131, Fax 325625, service@schmorl.de, www.schmorl.de

●**ADAC – das Reisehaus,** Nordmannpassage 4, 30159 Hannover

Karlsruhe

●**Buch-Kaiser GmbH,** Kaiserstr. 199, 76133 Karlsruhe, Tel. (0721) 929290, Fax 9292990, www.buchkaiser.de

Kiel

●**Geobuchhandlung,** Schülperbaum 9, 24103 Kiel, Tel. (0431) 91002, Fax 94249, Geobuchkiel@t-online.de, www.geobuchhandlung.de

Köln

●**Landkartenhaus Gleumes & Co,** Hohenstaufenring 47–51, 50674 Köln, Tel. (0221) 211550, 215650, Fax 249417, webmaster@landkartenhaus-gleumes.de, www.landkartenhaus-gleumes.de

Leipzig

●**Reisefibel,** Salzgässchen 21, 04109 Leipzig, Tel. (0341) 9604641, Fax 9604642

Ludwigsburg

●**Buchhandlung Aigner,** Arsenalstr. 8, 71638 Ludwigsburg, Tel. (07141) 936322, Fax 936350

Mainz

●**Gutenbergbuchhandlung,** Große Bleiche 29, 55116 Mainz, Tel. (06131) 2703312, Fax 2703360, reise@gutenbergbuchhandlung.de, www.gutenbergbuchhandlung.de

Monheim

●**Nordis Versand GmbH,** Postfach 10 03 43, 40767 Monheim, Tel. (02173) 95370, Fax 54278, elch@nordis-versand.de, www.nordis-versand.de

München

- **Äquator GmbH,** Bücher - Ausrüstung - Reisen, Hohenzollernstr. 93, 80796 München, Tel. (089) 2711350, Fax 2714599
- **Därr Expeditionsservice GmbH,** Theresienstr. 66, 80333 München, Tel. (089) 282032, Fax 282525, Service@daerr.de, www.daerr.de
- **Deutscher Alpenverein,** Tel. (089) 140030, Bestellungen: DAV Service GmbH, Paul-Gerhard-Allee 24, 81245 München, Tel. (089) 82999494, Fax 82999414, www.alpenverein.de
- **Geobuch GmbH,** Geografische Buchhandlung Rosental 6, 80331 München, Tel. (089) 265030, Fax 263713, geobuch@t-online.de

Neuenkirchen

- **Nordland-Versand,** Postfach 5, 49585 Neuenkirchen, Tel. (05465) 476, Fax 834, info@nordland-shop.de, www.nordland-shop.de

Nürnberg

- **Hugendubel,** Ludwigsplatz 1, 90403 Nürnberg, Tel. (0911) 2362125, Fax 2362112

Regensburg

- **Pustet,** Gesandtenstr. 6-8, Tel. (0941) 569722, Fax 569736

Stuttgart

- **Buchhandlung Wittwer,** Königstr. 30, Tel. (0711) 2507185, Fax 2507145
- **Woick Versand-Team,** Pf. 13 43 01, 70774 Filderstadt, www.woick.de
- **Lindemanns Buchhandlung,** Nadlerstr. 4, 70173 Stuttgart, Tel. (0711) 2489990, Fax 233320, lindemannsbuch@t-online.de

Trier

- **Akademische Buchhandlung,** Fleischstr. 62, Tel. (0651) 9799285, Fax 9799290, info@interbook.de, www.interbook.de

Tübingen

- **Osiandersche Buchhandlung,** Wilhelmstr. 12, 78074 Tübingen, Tel. (07071) 92010, Fax 920192, osiander@osiander.de, www.osiander.de

Wien

- **freytag & berndt reisebuchhandlung,** Kohlmarkt 9, A-1010 Wien, Tel. (0043) 1/5338685, Fax 533868586, Shop@freytagberndt.at, www. freytagberndt.at
- **Reisebuchladen,** Kolingasse 6, Tel. 01/ 3173384, Fax 01/3198064, robinreisen@vienna.at

Wiesbaden

- **Landkartenhaus und Buchhandlung Angermann,** Mauergasse 21, 65183 Wiesbaden, Tel. (0611) 376061, Fax 300385, www.landkartenhaus.de

Wuppertal

- **Buchhandlung Baedeker,** Geografische Buchhandlung, Friedrich-Ebert-Str. 31, 42103 Wuppertal, Tel. (0202) 305011, Fax 316344, buch-baedeker-wuppertal@t-online.de, www. buchkatalog.de/baedeker

Zürich

- **Travel Book Shop,** Rindermarkt 20, CH-8001 Zürich (Briefadresse: Postfach 322, CH-8022 Zürich), Tel. 01/2523883, Fax 01/2523832, info@travelbookshop.ch, www.travelbookshop.ch

Mit REISE KNOW-HOW gut orientiert nach Lateinamerika

Wer sich in seinem Reiseland – gern auch auf eigene Faust – zurechtfinden und orientieren möchte, kann sich mit den Landkarten von REISE KNOW-HOW auf Entdeckungsreise begeben.

Wundervolle Wanderungen und die schönsten Strände ausfindig machen, auch fernab jeglicher Touristenrouten. Die Karten aus dem Hause REISE KNOW-HOW leiten Sie sicher an Ihr Ziel.

Landkarten:
In Zusammenarbeit mit dem world mapping project gibt REISE KNOW-HOW detaillierte, GPS-taugliche Landkarten mit Höhenschichten und Register heraus, so zum Beispiel:

- **Argentinien** (1:2 Mio.)
- **Ecuador** (1:650.000)
- **Mexiko** (1:2,25 Mio.)
- **Peru/Bolivien** (1:2 Mio.)
- **Venezuela** (1:1,4 Mio.)
- **Cuba** (1:850.000)
- **Dominikanische Republik** (1:450.000)

world mapping project
REISE KNOW-HOW Verlag, Bielefeld

Notrufe/Rettungsdienst

In Deutschland

- **ADAC,** Am Westpark 8, 81373 München, Tel. (0049-89) 767600, Fax 76762801
- **ADAC-Notruf München,** Tel. (0049-89) 222222
- **AvD-Notruf Frankfurt/Main,** Tel. (0049-69) 6606600, Fax 6606303
- **Deutsche Flugambulanz,** 40474 Düsseldorf (Flughafen Halle 3), Tel. (0049-211) 431717, Fax (0049-211) 4360252
- **Deutsche Rettungsflugwacht,** Postfach 230127, 70624 Stuttgart/Flughafen, Tel. (0049-711) 701070
- **Flugdienst Deutsches Rotes Kreuz,** Friedrich-Ebert-Allee 71, 53113 Bonn, Tel. (0049-228) 230023
- **Malteser Hilfsdienst,** Leonhard-Tietz-Str. 8, 50676 Köln, Tel. (0049-221) 203080
- **Verein für internationale Krankentransporte,** 53123 Bonn, Villemombler-Str. 62-64, Tel. (0049-228) 612032/33

In der Schweiz

- **Rettungsflugwacht REGA,** Zürich, Tel. (0041-13) 831111

In Argentinien

(Teilweise nur für Buenos Aires gültig)
- **Polizei:** 101
- **Feuerwehr:** 100
- **Krankenwagen:** 107
- **Zivilverteidigung:** 103

In Uruguay

- **Polizeistreife:** 109
- **Polizei-Hauptquartier:** 1909
- **Feuerwehr:** 104
- **Medizinischer Notdienst:** 159
- **Seerettungsdienst:** 1701

In Paraguay

- **Polizei:** 130
- **Feuerwehr:** 131/132
- **Krankenwagen:** 141

Register

Im Register zu Argentinien betreffen die meisten reisepraktischen Begriffe auch Uruguay und Paraguay.

Argentinien

Uruguay

Paraguay

Der Autor

Günther Wessel (geb. 1959) studierte Germanistik und Philosophie und arbeitet heute als freier Journalist für Rundfunkanstalten, Magazine und Buchverlage. Mit einem Journalisten-Stipendium kam er 1993 erstmals und seitdem immer wieder an den Río de la Plata. Günther Wessel ist außerdem Autor des Reisehandbuchs „Chile und die Osterinsel" (ebenfalls im Reise Know-How Verlag, Bielefeld).

Danksagung

Mein Dank gilt neben der argentinischen Tourismusbehörden der argentinischen Botschaft in Deutschland sowie der Aerolíneas Argentinas, die sich nicht einmal durch mein gigantisches Übergepäck (Bücher, Broschüren, Karten) beim Rückflug irritieren ließ. Auch *Martin Büttner* vom Bärenhaus in San Martín de los Andes sowie *Sebastian Borgwardt* von Turismo Aonikenk in Punta Arenas haben uns sehr geholfen. Ein ganz besonderes Dankeschön aber an *Paola Catelotti* in Buenos Aires, die unermüdlich alle Fakten nachprüfte. Ohne ihre Hilfe würden viele nützliche Informationen fehlen.

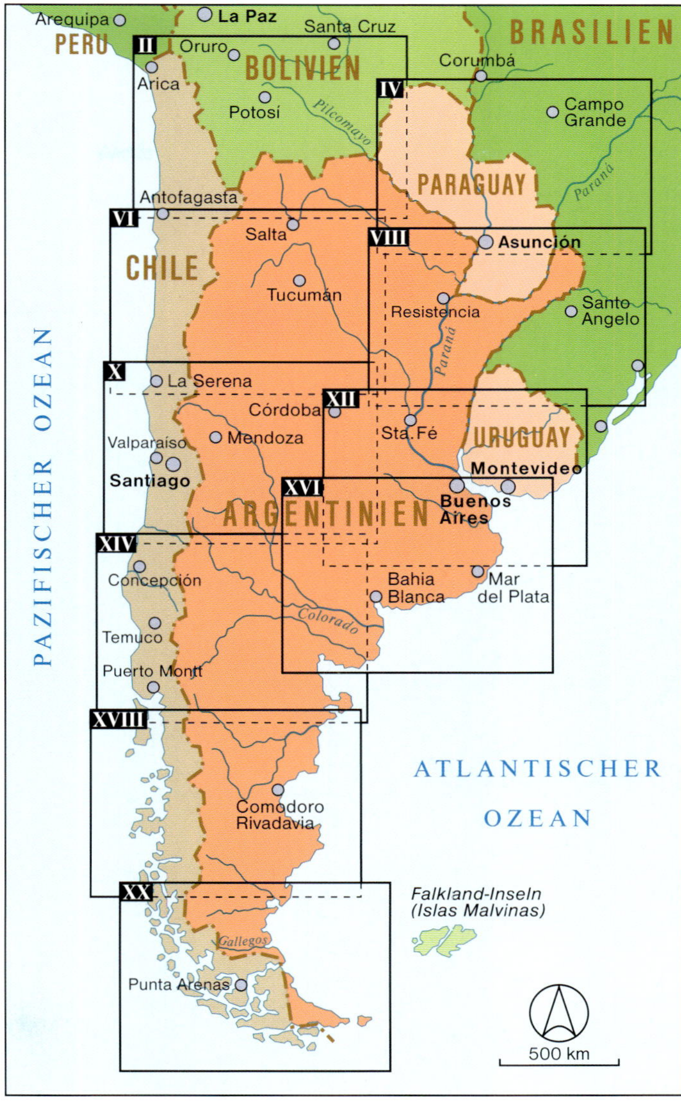
Arequipa
La Paz
Santa Cruz
PERU
BRASILIEN
II
Oruro
BOLIVIEN
Corumbá
Arica
IV
Campo Grande
Potosí
Pilcomayo
PARAGUAY
Paraná
Antofagasta
VI
Salta
VIII
Asunción
CHILE
Tucumán
Resistencia
Santo Angelo
Paraná
PAZIFISCHER OZEAN
X
La Serena
XII
Córdoba
Sta. Fé
Valparaíso
Mendoza
URUGUAY
Montevideo
Santiago
XVI
Buenos Aires
ARGENTINIEN
XIV
Concepción
Bahia Blanca
Mar del Plata
Colorado
Temuco
Puerto Montt
XVIII
ATLANTISCHER OZEAN
Comodoro Rivadavia
XX
Falkland-Inseln (Islas Malvinas)
Gallegos
Punta Arenas
500 km

PERU
Arequipa, Lima
Tacna
Boca del Rio
Arica
Charaña
Visviri
Lago Chungara
Putre
P. N. Lauca
Vol. Guallatiri 6063
Poconchile
San Miguel de Azapa
R. N. Las Vicuñas
REGIÓN DE TARAPACÁ
Cuya
Pisagua
Vol. Isluga 5530
Isluga
P. N. Volcán Isluga
Sabaya
Chipaya
Salar de Coipasa
Salinas de Garci Mendoza
Llica
Curahuara de Carangas
S. Pedro de Carangas
Caracollo
Cochabamba
Oruro
Machacamarca
Corque
Lago Poopó
Challapata
Sevaruyo
Potos
Río Mulatos
Salar de Uyuni
BOLIVIEN
R. N. Pampa del Tamarugal
Tarapacá
Huara
Mamiña
Humberstone
Iquique
Pozo Almonte
La Tirana
Pica
Pintados
Guatacondo
Aguaquiza
Uyuni
S. Pedro de Quemes
Río Grande
Julaca
Cerdas
San Cristóbal
Puquios
Vol. Miña 5611
Ollagüe
Vol. Ollagüe 5865
Villa Alota
San Pablo de Lipez
Soniquera
PAZIFIK
Loa
Quillagua
Ascotán
Vol. San Pedro 6154
Vol. San Pablo 6118
Geiser del Tatio
Quetana
M. N. Lag. de los Pozuelos
Rinconad
R. N. Eduardo Avaroa
Tocopilla
CHILE
Maria Elena
Chuquicamata
Calama
Baños de Puritima
REGIÓN DE ANTOFAGASTA
San Pedro de Acatama
Sierra Gorda
Coranzu
Mejillones
Toconao
Paso de Jama
Salar de Atacama
Susques
Salinas Grandes
Baquedano
Portezuelo de Guaitiquina 4288
Juan López
S. Cristóbal
Peine
Socaire
Antofagasta
Tilomonte
Paso de la Laguna 4079
Catua
Olacapato
Chañaral, Santiago
Pan de Azúcar
VI
A
B
1
2
3

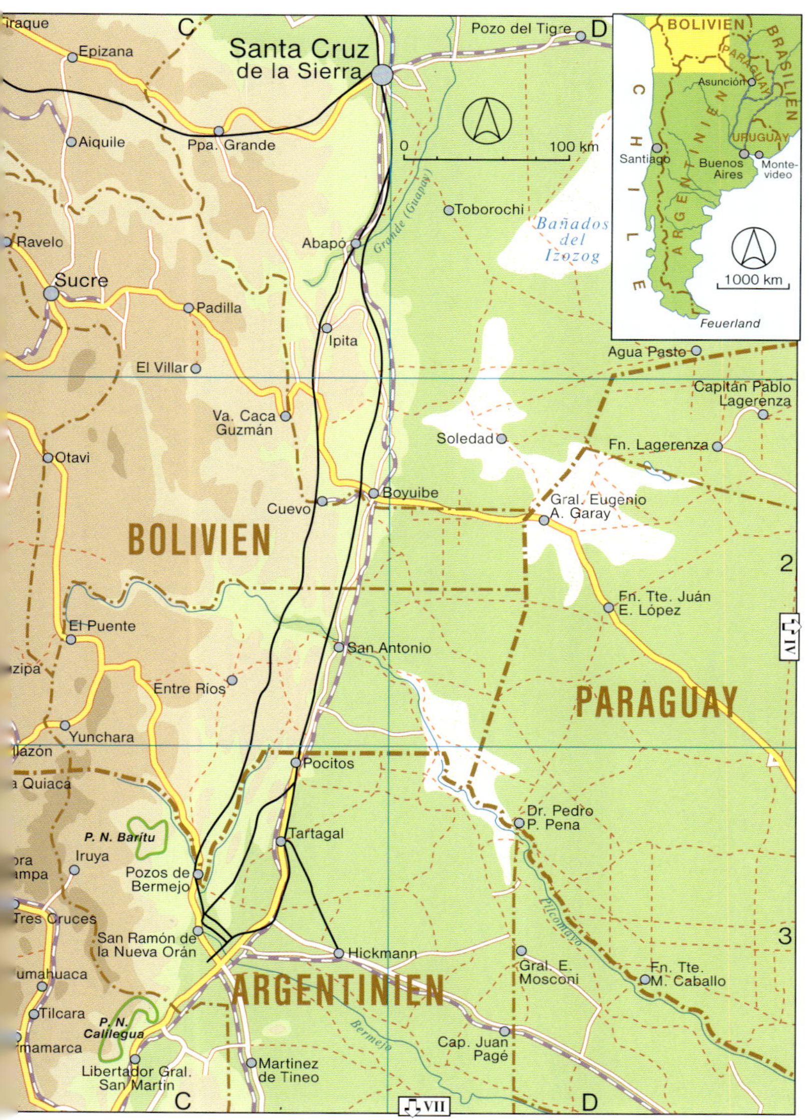

Santa Cruz
de la Sierra
Pozo del Tigre
Epizana
Aiquile
Ppa. Grande
Toborochi
Bañados
del
Izozog
Ravelo
Sucre
Abapó
Padilla
Ipita
El Villar
Agua Pasto
Capitán Pablo
Lagerenza
Va. Caca
Guzmán
Soledad
Fn. Lagerenza
Otavi
Boyuibe
Cuevo
Gral. Eugenio
A. Garay
BOLIVIEN
Fn. Tte. Juán
E. López
El Puente
San Antonio
Entre Ríos
PARAGUAY
Yunchara
Pocitos
Dr. Pedro
P. Pena
P. N. Baritu
Tartagal
Iruya
Pozos de
Bermejo
Tres Cruces
San Ramón de
la Nueva Orán
Hickmann
Gral. E.
Mosconi
Fn. Tte.
M. Caballo
ARGENTINIEN
Tilcara
P. N.
Calilegua
Cap. Juan
Pagé
Libertador Gral.
San Martín
Martinez
de Tineo
Grande (Guapay)
Pilcomayo
Bermejo
0
100 km
BOLIVIEN
PARAGUAY
BRASILIEN
Asunción
CHILE
ARGENTINIEN
Santiago
Buenos
Aires
URUGUAY
Monte-
video
1000 km
Feuerland
C
D
2
3
IV
VII

A
B
1
2
3
Pto. Suárez
Quijarro
Guachalla
Pto. Manga
Fn. Ravelo
Fn. Máx Paredes
Agua Pasto
Bañados de Otuquis
Morrinho
Buraco das Piranhas
Mayor Pablo Lagerenza
Fn. Lagerenza
P. N. Defensores del Chaco
Fn. Tte. H. Mendoza
Fn. Mayor Santacruz
Pto. Busch
São Simão
Pto. Bahia Negra
Campo dos Indios
Naitaca
Sucre, Santa Cruz, Bolivia
Fn. Madrejón
Fn. Cnl. Bogado
Fn. Tte. Juán E. López
Fn. Tte. Martinez
Fn. Torres
Fuerte Olimpo
Faz.Firme
Fn. Carlos López
Fn. Hernandarias
Porto Murtinho
Fn. Tte. Montania
Mariscal Estigarribia
Km 180
San Lázaro
San Carlos
Filadelfia
Fn. Toledo
Campo Esperanza
Colonia Neuland
PARAGUAY
Fn. Gaspar de Francia
Fn. Zalazar
Pto. Colon
Fn. Tte. M. Caballo
Loreto
Pozo Colorado
Concepción
Fn. Avalos Sánchez
Fn. Gral. Diaz
Misión Central
Fn. Pilcomayo
Pilcomayo
Psto. Monte Lindo
Fn. Tte. Martinez
Laguna Yema
Posto Cambio a Zalazar
Hotel Río Negro
Antequera
San Martin 1
San Martin 2
San Camilo
Las Lomitas
Ea. Alina
Va. Gral. Güemes
Nva. Pompeya
Benjamin Aceval
Estanislao del Campo
P. N. Río Pilcomayo
Arroyos y Esteros
Espinillo
Bermejo
Campo Alegre
Ibarreta
La Blanca
Asunción
ARGENTINIEN
Cdte. Fontana
Formosa
Clorinda
VIII

C
D
0
100 km
Bañados
BRASILIEN
Miranda
Campo Grande
BOLIVIEN
PARAGUAY
BRASILIEN
Asunción
CHILE
ARGENTINIEN
URUGUAY
Santiago
Buenos Aires
Monte-video
1000 km
Feuerland
Bonito
Jardim
Agro. São Victor
Nova Alvorada
Sta. Rita do Pardo
Panorama
Tupi Paulista
Paraná
Maracaju
Vista Alegre
Río Brilhante
Continental
Pres
2
Antônio João
Angélica
Dourados
Deodápolis
Nova Andradina
Planalto do Sul
Paranapanema
Pedro Juan Caballero
Ponta Porã
Jateí
P. N. del Cero Corá
Rosana
Pto. Sáo José
Sto. Ignácio
Pto. Rico
Terra Rica
Pto. Peroba
Paraná
Paranacity
Amambai
Capitán Badó
Pto. Caiua
Arabongas
Maringá
Tacuru
Ivaté
Iguatemi
Cianorte
Apucarana
Altônia
Paranhos
Pto. Cln. Renato
P. N. de Mbaracayú
Salto del Guaíra
Guaíra
Campo Mourão
3
Palotina
Goiô-Erê
Curuguaty
Col. Y. Jhoby
Mcl. Cândido Rondon
Iretama
Ivaiporã
Pto. Marangatú
Ubiratã
Toledo
Sta. Rosa
Yhú
Sta. Helena
Cascavel
P. N. do Ignaçu
Catanduvas
IX

II
X
A
B
1
2
3
Iquique, Arica, Peru
Antofagasta
Calama
Catua
Paso Sico 4079
Cauchari
Augusta Victoria
Pan de Azúcar
Vol. Soconpa 6050
P. Nt. de Los Andes
Salar de Arizaro
Socampa
Caipé
Blanco Encalada
0
100 km
REGIÓN DE ANTOFAGASTA
Los Vientos
Vol. Llullaillaco 6739
PAZIFIK
Paposo
Oficina Alemania
Mina La Casualidad
Vol. Lastarria 5700
Incahuasi
Taltal
Agua Verde
Plato de Sopa
Vol. Antofalla 6100
Cifuncho
La Pólvora
Planta Esmeralda
P. N. Pan de Azúcar
Antofagasta de la Sierra
Cta. Pan de Azúcar
Diégo de Almagro
El Salvador
Chañaral
Potrerillos
CHILE
REGIÓN DE ATACAMA
Las Grutas
Paso de San Francisco 4726
Villavil
Caldera
Carrera Pinto
Nev. Ojos del Salado 6862
Hualfin
Palo Blanco
Copiapó
Co. Copiapó 6052
Barranquillas
Tierra Amarilla
Los Marayes
Belén
Fiambalá
La Guardia
Chaschuil
Punta de Diáz
Tinogasta
Las Juntas
Miraflores
Alpasinche
Huasco
Vallenar
Pituil
Aimogasta
Jagué
Alto del Carmen
Vinchina
Cta. Sarco
Domeyko
San Félix
Conay
Ea. de Maz
Chilecito
Va. Sanagasta
Observatorio Astronómico Las Campanas
Cta. Chañaral
Observatorio Astronómico La Silla
Villla Unión
La Rioja
Trapiche
Las Breas
Sta. Clara
ARGENTINIEN
REGIÓN DE COQUIMBO
Chungungo
Baños del Toro
P. P. Talampaya
La Serena
Malimán de Abajo
Patquia
Coquimbo
Vicuña
R. N. Ischigualasto
Los Baldecitos
Paso del Agua Negra 4765
Rodeo
San Juan, Mendoza
Santiago
S. José de Jáchal

Humahuaca
Santa Cruz, Bolivien
III
Libertador Gral. San Martin
Martinez de Tineo
S. Agustín
Igr. G. N. Juárez
San Antonio de los Cobres
San Salvador de Jujuy
Sta. Clara
Sta. Rosa
Fn. Tte. M. Caballo
Tren a las Nubes
A. Saravia
Bermejo (Viejo)
Bermejo
Sta. Rosa de Tastil
Curva del Turco
Gral. Güemes
Nueva Pompeya
Salta
P. N. El Rey
Las Lajitas
ARGENTINIEN
Payogasta
Rosario de Lerma
Joaquin V. González
Ftze. Esperanza
Cachi
Lumbrera
Seclantas
El Túnal
Macapillo
Cnl. Moldes
Molinos
Metán
Taco Pozo
El Bordo
Rosario de la Frontera
Monte Quemando
Va. Matoque
San Carlos
La Fragua
Nueva Esperanza
Cafayate
7 de Abril
Trancas
Amaichá del Valle
Gdor. Garmendia
Campo Gallo
Tafí del Valle
Punta de Balasto
Salado
Las Cejas
San Miguel de Tucumán
Tintina
Concepción
Bandera Bajada
Otumpa
Termas de Río Hondo
Gral. Pinedo
Pampa Mayo
Andalgala
Embalse Río Hondo
Quimilí
Campo del Cielo
La Banda
Santiago del Estero
VIII
Suncho Cerral
Las Juntas
La Merced
Taboada
Lavalle
Gato Colorado
Saujil
Sol de Mayo
Va. San Martin
Añatuya
Los Juries
San Fernando de Valle de Catamarca
Frias
Bandera
Los Telares
Grandes
Salado
Tostado
San Martin
Recreo
Sumampa
Va Unión
Telaritos
Va. Ojo de Agua
Dulce
Esteban Rams
Lucio V. Mansilla
Limache
Ceres
Va. de Maria
Salinas
Va. Trinidad
San Cristóbal
Chamical
Deán Funes
Córdoba, Buenos Aires
Arrufó
XI
C
D
1
3
BOLIVIEN
BRASILIEN
PARAGUAY
Asunción
CHILE
URUGUAY
Santiago
Buenos Aires
Monte-video
ARGENTINIEN
1000 km
Feuerland

IV
VII
XII
A
B
1
2
3
Santa Cruz de la Sierra
Asunción
Paraguarí
La Colmena
Formosa
Resistencia
Corrientes
Pilar
Reconquista
Goya
Mercedes
Uruguaiana
Santa Fé
Rafaela
Concordia
Salto
Rosario, Buenos Aires
Buenos Aires
ARGENTINIEN
URUGUAY
P. N. Río Pilcomayo
P. N. Chaco
R. N. Iberá
Paraná
Paraguay
Uruguay
Bermejo
Salado

PARAGUAY
BRASILIEN
Foz do Iguaçu
Ciudad del Este
Puerto Iguazú
P. N. Iguazú
P. N. do Iguaçu
Toledo
Sta. Helena
Cascavel
Catanduvas
Sta. Rosa
Yhú
Carayao
Coronel Oviedo
Yguazú
Indepen-dencia
Villarrica
Gral. E. Garay
Nepomuceno
Nacunday
Dolores
Pto. Mayor Otaño
Eldorado
Santo Antônio do Sudoeste
Francisco Beltrão
Bern. de Irigoyen
Pato Branco
Campo Eré
S. Miguel d'Oeste
Maravilha
Paraná
Trinidad
Jardin América
Encarnación
S. Ignacio
Posadas
Ituzaingo
Oberá
El Soberbio
Itapiranga
Chapecó
Frederico Westphqlen
L. N. Alem
Pto. Mauá
San José
Santa Rosa
Erexim
Marcelino Ramos
Uruguay
Palmeira das Missões
Santo Angelo
Ijuí
Passo Fundo
Santo Tomé
São Borja
S. Luis Gonzaga
Cruz Alta
Buriti
Itaqui
Sobradinno
Itacurubi
Tupanciretá
Fortaleza dos Valos
Soledade
Nova Prata
Encantado
S. Vincente do Sul
Alegrete
Santa Maria
Venâncio Aires
Canoas
Jacuí
S. Jerônimo
Porto Alegre
Rosário do Sul
São Gabriel
Capané
Caçapava do Sul
Santana do Livramento
Lavras do Sul
Rivera
Dom Pedrito
Santa da Boa Vista
Tapes
Bagé
0
100 km
C
D
2
3
V
XIII
BOLIVIEN
PARAGUAY
BRASILIEN
Asunción
URUGUAY
CHILE
ARGENTINIEN
Santiago
Buenos Aires
Monte-video
1000 km
Feuerland

Calama
La Serena
Coquimbo
M.N. de Pichasca
Tongoy
Vicuña
Pisco Elqui
Baños del Toro
VI
Malimán de Abajo
Rodeo
P. P. Ischigualasto
Los Baldecitos
Paso del Agua Negra 4775
S. José de Jáchal
REGIÓN DE
Observatorio Astronómico Cerro Tololo
Pabellón
Central Los Molles
Ovalle
P. N. Fray Jorge
Termas de Socos
Monte Patria
Observatorio Astronómico Guatulame
San Marcos
Castaño Viejo
Puchuzún
San Augustin de Valle Fértil
Mogna
Talacasto
Cta. Morritos
Combarbalá
COQUIMBO
Calingasta
Pachaco
San Juan
Canela Baja
Mincha
Illapel
Salamanca
Zonda
Aberastain
Los Berros Bajos
Los Vilos
Tilama
Pichidangui
Petorca
Zapallar
Papudo
La Ligua
REGIÓN
DE VALPARAÍSO
Co. Aconcagua 6959
Termas Villavicencio
Encón
Res. Telteca
San Felipe
Putaendo
Paso del Bermejo 3863
Uspallata
Nueva California
Concón
Viña del Mar
Valparaíso
P. N. La Campana
Limache
Los Andes
Punta de Vacas
Mendoza
Villa Nueva
Cacheuta
Godoy Cruz
Lujan de Cuyo
Las Catitas
CHILE
PAZIFISCHER OZEAN
Colina
P. Prov. Vol. Tupungato
SANTIAGO
Farellones
Cartagena
Santiago
San Antonio
Co. Tupungato 6570
Zapata
Tunuyán
La Paz
Pomaire
S. José de Maipó
Vol. San José 5856
San Carlos
Cmte. Salas
S. Pedro
Sewell
Pareditas
Re. E. Nacuñán
Litueche
Rancagua
Coya
Vol. Maipú 6264
REGIÓN DEL LIBERTADOR GENERAL
BERNARDO O'HIGGINS
Pichilemu
Monte Comán
San Rafael
Paredones
Sta. Cruz
San Fernando
Salto Rosas
Vol. Tinguiririca 4300
Gral. Alvear
El Sosneado
El Nihuil
Curicó
Lag. Llancañelo
Las Leñas
Curepto
Atuel
Constitución
Talca
Vol Peteroa 4151
Malargüe
Punta del Agua
REGIÓN DEL
Vol Descabezado 3830
Río Chico
Linares
Bardas Blancas
Pto. Gentile
Cauquenes
MAULE
Paso Pehuence
Agua Escondida
Cobquecura
Parral
El Manzano
Quirihue
XIV
A
B
1
2
3

VII
San Miguel de Tucumán
Salinas Grandes
Patquia
Chamical
Deán Funes
Va. de María
La Rinconada
Va. Trinidad
S. José de la Dormida
San Ramón
Cruz del Eje
La Posta
Laguna Mar Chiquita
Capilla del Monte
Morteros
El Chaco
Soto
Miramar
Jesús María
La Puerta
San Carlos
Cosquín
Col. Marina
Chepes
Villa Carlos Paz
Río Primero
Chancani
Córdoba
Arroyito
San Francisco
Ulapes
Alta Gracia
Villa del Rosario
Mina Clavero
Pilar
Sastre
Corral de Isaac
Las Varillas
Villa Gral. Belgrano
Villa Dolores
Oliva
Bella Vista
Quines
La Cruz
Río Tercero
Cintra
P. N. So. de Las Quijadas
Merlo
Villa María
Noetinger
San Francisco de Monte de Oro
Lib. Gral. San Martín
Concaran
Alcira
La Laguna
Marcos Juárez
Arroyito
Carolina
Gral. Cabrera
Rosario
La Toma
Río Cuarto
Corral de Bustos
Las Acequias
Alto Pencoso
San Luís
La Carlota
Villa Mercedes
Cnl. Moldes
Arias
Venado Tuerto
XII
Maquinista Levet
Beazley
Adelia María
Las Isletas
Vicuña Mackenna
ARGENTINIEN
Buenos Aires
Laboulaye
Rufino
Diego de Alvear
Buenos Aires
Va. Valeria
Cañada Seca
Jovita
Salado
Villa Huidobro
Huinca Renancó
Navia
Nahuel Mapá
Buena Esperanza
Gral. Villegas
Chamai-Có
Realico
Unión
Canalejas
Ojeda
Arizona
Fn. Olivarría
General Pico
Sta. Isabel
Telén
Winifreda
Catriló
0
100 km
XV
XVI
C
D
1
2
BOLIVIEN
PARAGUAY
BRASILIEN
Asunción
CHILE
ARGENTINIEN
URUGUAY
Santiago
Buenos Aires
Monte-video
1000 km
Feuerland

San Miguel de Tucumán
VII
VIII
Resistencia
Corrientes
Córdoba
San Francisco
Rafaela
Santa Fé
Paraná
Río Tercero
Villa María
Rosario
Río Cuarto
San Lorenzo
Nicolas de los Arroyos
Tuerto
Pergamino
Zárate
Campana
Junín
Mercedes
Morón
Chivilcoy
Luján
Santa Rosa
Azúl
Olavarría
Tandil
ARGENTINIEN
Bahia Blanca
XVI
X

IX
C
D
Féderal
Concordia
Salto
Biassini
Mataojo
Rivera
Santana do Livramento
Tranqueras
Dom Pedrito
Lavras do Sul
Porto Alegre
Bagé
Pinheiro Machado
Uruguay
P. N. El Palmar
El Eucalipto
Tacuarembó
Vichadero
Aceguá
Minas de Corrales
Piedra Sola
Colón
Paysandú
Guichón
Las Toscas
Porto Alegre
1
Achar
Km 329
Melo
Concepción del Uruguay
Jaguarao
Paso de los Toros
Río Branco
Gualeguaychú
Tres Bocas
Young
Represa del Río Negro
Lago Merino
Rincón del Bonete
Fray Bentos
Sta. Clara de Olimar
Arrozal "33"
Laguna Mirím
Mercedes
Greco
Durazno
Treinta y Tres
Soriano
Cebollatí
Dolores
URUGUAY
Trinidad
José P. Varela
Porto Alegre
Sarandí Grande
Nueva Palmira
Cardona
Xui
Carmelo
Cerro Colorado
Chuy
Barra del Chuy
Florida
Velásquez
Colonia del Sacramento
Punta del Diablo
Tigre
Minas
Aiguá
Lagoa de Castillos
Castillos
2
S. José de Mayo
Canelones
Buenos Aires
Rocha
Cabo Polonio
Las Piedras
La Paloma
La Plata
Atlántida
Montevideo
Piriápolis
Maldonado
Punta del Este
Verónica
Chascomús
Castelli
Dolores
ATLANTISCHER OZEAN
S. Clemente del Tuyú
Maipú
Gral. Juan Madariaga
Pinamar
Cnl. Vidal
Villa Gesell
0
100 km
XVII
C
D
BOLIVIEN
BRASILIEN
PARAGUAY
Asunción
CHILE
ARGENTINIEN
URUGUAY
Santiago
Buenos Aires
Montevideo
1000 km
Feuerland

Valdivia, San Carlos de Bariloche, Zapala

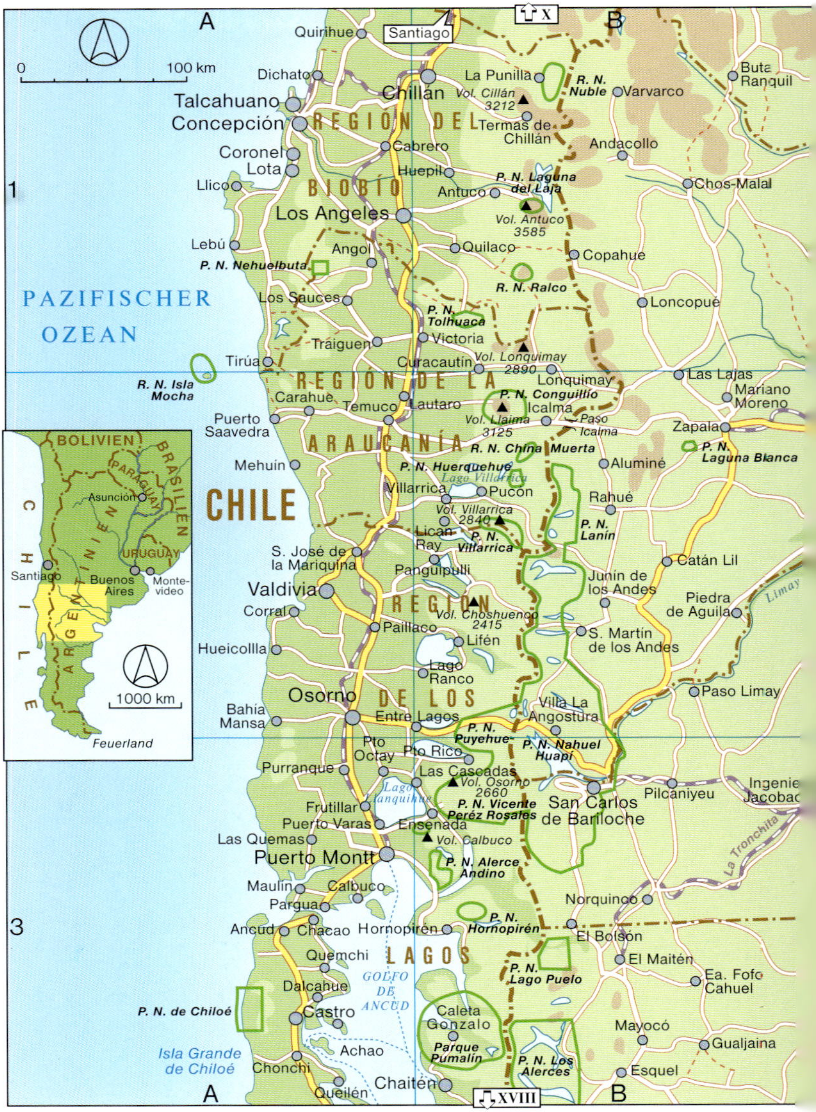

A
B
1
3
X
XVIII
0
100 km
PAZIFISCHER OZEAN
CHILE
REGIÓN DEL BIOBÍO
REGIÓN DE LA ARAUCANÍA
REGIÓN DE LOS LAGOS
Santiago
Quirihue
Dichato
Chillán
La Punilla
Vol. Cillán 3212
R. N. Ñuble
Varvarco
Buta Ranquil
Talcahuano
Concepción
Termas de Chillán
Cabrero
Coronel
Lota
Andacollo
Huepil
Llico
Antuco
P. N. Laguna del Laja
Chos-Malal
Los Angeles
Vol. Antuco 3585
Lebú
Angol
Quilaco
Copahue
P. N. Nehuelbuta
R. N. Ralco
Los Sauces
Loncopué
P. N. Tolhuaca
Victoria
Traiguen
Tirúa
Curacautín
Vol. Lonquimay 2890
Lonquimay
Las Lajas
R. N. Isla Mocha
Carahue
Temuco
Lautaro
P. N. Conguillío
Icalma
Mariano Moreno
Puerto Saavedra
Vol. Llaima 3125
Paso Icalma
Zapala
R. N. China Muerta
P. N. Laguna Blanca
Mehuín
P. N. Huerquehue
Lago Villarrica
Aluminé
Villarrica
Pucón
Rahué
Vol. Villarrica 2840
P. N. Lanín
Licán Ray
P. N. Villarrica
S. José de la Mariquina
Catán Lil
Panguipulli
Junín de los Andes
Valdivia
Piedra de Aguila
Limay
Corral
Vol. Choshuenco 2415
Paillaco
S. Martín de los Andes
Hueicollla
Lifén
Lago Ranco
Ranco
Paso Limay
Osorno
Villa La Angostura
Bahía Mansa
Entre Lagos
P. N. Puyehue
P. N. Nahuel Huapí
Pto Octay
Pto Rico
Purranque
Las Cascadas
Vol. Osorno 2660
Ingeniero Jacobacci
Lago Llanquihue
Pilcaniyeu
Frutillar
P. N. Vicente Peréz Rosales
San Carlos de Bariloche
Puerto Varas
Ensenada
Las Quemas
Vol. Calbuco
La Tronchita
Puerto Montt
P. N. Alerce Andino
Maulín
Calbuco
Norquinco
Pargua
P. N. Hornopirén
Ancud
Chacao
Hornopirén
El Bolsón
Quemchi
El Maitén
GOLFO DE ANCUD
P. N. Lago Puelo
Ea. Fofo Cahuel
Dalcahue
P. N. de Chiloé
Castro
Caleta Gonzalo
Mayocó
Parque Pumalín
Gualjaina
Isla Grande de Chiloé
Achao
P. N. Los Alerces
Chonchi
Esquel
Queilén
Chaitén
BOLIVIEN
BRASILIEN
PARAGUAY
Asunción
URUGUAY
ARGENTINIEN
CHILE
Santiago
Buenos Aires
Montevideo
1000 km
Feuerland

XI
Buenos Aires
Catriló
Santa Rosa
Tres Chorros
Algarrobo del Aguila
Po. de los Algarrobos
El Durazno
Valle Daza
P. Prov. Luro
Cereales
Limay Mahuida
Doblas
Rincón de los Sauces
El Carancho
La Reforma
Perú
El Cruce
25 de Mayo
Catriél
P. N. Lihuél Calal
Bernasconi
Casa de Piedra
Añelo
Cuchi lo-Có
Gdor. Duval
Embalse Cerros Colorados
Plaza Huincul
Neuquén
Fn. Uno
La Adela
Bahia Blanca
Gral. Roca
Va. Regina
Choele Choel
Embalse Ezequiel Ramos Mexía
Trica-Có
ARGENTINIEN
XVI
Gral. Conesa
El Solito
Chasicó
La Esperanza
Ministro Ramos Mexia
San Antonio Oeste
Viedma
Valcheta
Vicealmirante E. O´Connor
Balneario Bahía Creek
La Lobería
Maquinchao
GOLFO SAN MATÍAS
A. de la Ventana
Sierra Grande
El Cain
Cona Niyeu
Pto. Lobos
Punta Norte
PENÍNSULA VALDÉS
R. Nt. Península Valdés
Gastre
Ea. La Criolla
Telsen
Pto. Pirámides
Gan-Gan
Puerto Madryn
Pta. Delgada
Sapo
R. F. Punta Loma
Comodoro Rivadavia, Río Gallegos
Trelew
Ea. Mengolarra
IXX
C
D
1
2
3

XI
XII
XI
XV
XV
A
B
1
2
3
Jovita
Cañada Seca
Junín
Buena Esperanza
Huinca Renancó
Cnl. Granada
Lincoln
Chamai-Có
Realico
Gral. Villegas
Carlos Tejedor
Quiroga
Ojeda
25 de Mayo
La Verde
9 de Julio
Arizona
General Pico
Fn. Olivarría
Pehuajó
Trenque Lauquén
S. Carlos de Bolivar
Telén
Winifreda
Tapalqué
Henderson
Catriló
Espigas
El Durazno
Santa Rosa
Daireaux
Olavarría
Cereales
Alamos
Arboledas
Valle Daza
P. Prov. Luro
Quehué
Doblas
Carhué
Gral. La Madrid
El Carancho
Cnl. Suárez
Hucal
Darregueira
Pigüe
929
1025
P. N. Lihué Calel
Bernasconi
Coronel Pringles
Va. Iris
Co. Tres Picos 1239
Cuchillo-Có
Chasicó
Indio Rico
Tres Arroyos
Bahía Blanca
Fn. Uno
Punta Alta
Claromecó
Río Colorado
Montes de Ocá
Pehuén-Có
Balneário Oriente
Colorado
Choele Choel
Pedro Luro
Balneário San Antonio
Gral. Conesa
El Solito
Stroeder
Negro
San Antonio Oeste
Vicealmirante E. O´Connor
Bahía San Blás
Carmen de Patagones
Viedma
Balneario Bahía Creek
Balneário El Cóndor
La Loberia
Puerto Madryn, Río Gallegos

XIII
C
D
1
2
Carmen de Areco
Mercedes
Morón
Buenos Aires
Chivilcoy
Navarro
Lomas de Zamora
La Plata
Lobos
S. Miguel del Monte
Saladillo
Verónica
Chascomús
Gral. Belgrano
Velloso
Castelli
ARGENTINIEN
Dolores
S. Clemente del Tuyú
Azúl
Rauch
Mar de Ajó
Maipú
Ayacucho
Gral. Juan Madariaga
Pinamar
Tandil
Villa Gesell
Cnl. Vidal
446
Barker
Laguna Mar Chiquita
Balcarce
Mar del Plata
Lobería
Miramar
Energía
Necochea
Colonia del Sacramento
S. José de Mayo
Minas
Aiguá
Rocha
Las Piedras
Río de la Plata
Atlantida
Montevideo
Piriapolis
Maldonado
Punta del Este
URUGUAY
ATLANTISCHER OZEAN
0
100 km
BOLIVIEN
PARAGUAY
BRASILIEN
Asunción
CHILE
ARGENTINIEN
URUGUAY
Santiago
Buenos Aires
Monte-video
1000 km
Feuerland

XIV
Chonchi
Queilén
Chaitén
Isla Grande de Chiloé
CHILOÉ
Quellón
Pto. Cardenas
P. N. Los Alerces
Esquel
Trevelín
Gualjaina
Futaleufú
Lago Yelcho
Pto. Ramirez
Palena
Corcovado
Tecka
REGIÓN DE LOS LAGOS
Isla Guafo
P. N. Lago Palena
Isla Guaitecas
Melinka
La Junta
Lago Vintter
José de SanMartín
Gdor. Costa
Puerto Puyuhuapi
P. N. Queulat
Ea. Río Cisnes
P. N. Isla Magdalena
Isla Magdalena
I. Benjamin
Pto. Cisnes
Va. Amengual
P. N. Isla Guamblin
Alto Río Sencuerr
REGIÓN DE
Nirehuao
I. Melchor
ARCHIPIÉLAGO DE LOS CHONOS
Puerto Aisén
P. N. Río Simpson
Dr. Ricardo Rojas
Pto. Chacabuco
Coyhaique
Río Mayo
I. Rivero
CHILE
Balmaceda
Cerro Castillo 2318
L. Blanco
I. Huemules
Vol. Hudson 2500
Va. Castillo
El Portezuelo
PENÍNSULA SKYING
AISEN DEL GENERAL
Puerto Ingeniero Ibañez
Lago Buenos Aires
Perito Moreno
PENÍNSULA DE TAITAO
Chile Chico
L. Gral. Carrera
Los Antiguos
Laguna San Rafael
Monte San Valentín 4058
Pto. Río Tranquilo
PENÍN. TRES MONTES
CAMPO DE HIELO NORTE
El Maitén
Paso Roballo
I. Javier
P. N. Laguna Rafael
Cochrane
Bajo Caracole
L. Posadas
CARLOS IBANEZ DEL CAMPO
Ea. La Oriental
Tortel
P. N. Perito Moreno
I. Byron
I. Merino Jarpa
Pto. Yungay
Villa O'Higgins
Tucu Tucu
Lago Strobel
I. Prat
R. N. Kalatalixar
GRAN CAMPO DE HIELO PATAGÓNICO
Lago O'Higgins
Lago Cardiel
Co. Lautaro 3380
Ea. La Federica
Isla Wellington
PENÍN. EXMOUTH
Ea. Maipú
El Chaltén
Parque Nacional Bernardo O'Higgins
Cerro Fitz Roy 3404
Lago Viedma
PENÍN WHARTON
Tres Lagos
PAZIFISCHER OZEAN
A
B
1
2
3

C
XV
Bahia Blanca, Península Valdés
D
Ea. Mengolarra
Trelew
Rawson
Chubut
Co. Cóndor
Las Plumas
Florentino Ameghino
Emb. Florentino Ameghino
Pampa de Agnia
Paso de Indios
El Sombrero
Cabo Raso
ARGENTINIEN
Garayalde
Camarones
Chico
Buen Pasto
Ea. La Guillermina
Pampa Salamanca
Pto. Visser
Lago Musters
Lago Colhué Huapí
Sarmiento
Comodoro Rivadavia
Pampa del Castillo
Los Monos
GOLFO SAN JORGE
ATLANTISCHER OZEAN
1
2
El Pluma
Las Heras
Caleta Olivia
Deseado
0
100 km
Pico Truncado
Ea. Balcarce
Fitz Roy
Jaramillo
Cabo Blanco
Ea. Las 3 Hermanas
M. Nt. Bosques Petrificados
Antonio de Biedma
Tellier
Gdor. Moyano
Puerto Deseado
Hotel Dos Manantiales
Tres Cerros
J. J. Albornoz
Bahía Laura
El Salado
Ea. Co. Bombero
Ea. Mata Grande
Gdor. Gregores
Chico
Puerto San Julián
Ea. La Bahía
Ea. La Silvita
Río Gallegos
Ea. La Julia
C
Río Chico
XXI
D

BOLIVIEN
BRASILIEN
PARAGUAY
Asunción
CHILE
ARGENTINIEN
URUGUAY
Santiago
Buenos Aires
Montevideo
1000 km
Feuerland

XVIII
A
B
Penín. Wharton
Parque Nacional Bernardo O'Higgins
Campo de Hielos Sur
Lago Viedma
Tres Lagos
Ea. Helsingfors
Paso R. La Leona
P. N. Los Glaciares
Ea. La Australasia
Ea. La Unión
L. Argentino
Isla Madre de Dios
Punto Bandera
El Calafate
1
El Cerrito
Penín. Wilcock
Isla Duque de York
P. N. Torres del Paine
Isla Hanover
Co. Paine Grande 3248
Ea. Tapi Aike
Esperanza
Bahía Salvación
Gran Campo de Hielo Patagónico
Co. Balmaceda 2035
Co. Castillo
Ea. Tres Marías
Región de
M. N. Cueva del Milodón
El Turbio
Gallegos
Puerto Natales
Archipiélago Reína Adelaida
Morro Chico
R. N. Alacalufes
Penín. Muñoz Gamero
Va. Tehuelches
Ea. Rocallosa
2
Ea. Invierno
Magallanes y
Isla Riesco
Seno Otway
Isla Desolación
Punta Arenas
Penín. Córdova
Chile
Penín. Brunswic
Isla Santa Inés
Estrecho
Parque Nacional Alberto de Agostini
Antártica
Penín. Bracknoc
Pazifischer Ozean
3
0
100 km

IXX
Comodoro Rivadavia
C
D
Ea. La Julia
Chico
Río Chico
Santa Cruz
Puerto Santa Cruz
Puerto de Punta Quilla
Cañadón de las Vacas
Hotel Le Marchand
Bahía Grande
Ea. La Fe
Ea. Coy Aike
Ea. Cabo Buen Tiempo
Güer Aike
Río Gallegos
ARGENTINIEN
Bella Vista
Monte Aymond
Ea. El Cóndor
P. N. Pali-Aike
Ea. Monte Dinero
Pta. Delgada
Ea. San Gregório
Estrecho de Magallanes
ATLANTISCHER OZEAN
Pto. Beta
Cerro Sombrero
Cullén
Isla Magdalena
San Sebastián
San Sebastián
Porvenir
Bahía Inútil
Onaisin
Ea. El Salvador
Camerón
Río Grande
Isla Grande de Tierra del Fuego
Isla Dawson
Puerto Arturo
Ea. S. Justo
Ea. Vicuña
Ea. Carmen
Ea. San Pablo
Tolhuin
Kaiken
Ea. Policarpo
L. Fagnano
P. N. Tierra del Fuego
Cordillera Darwin
Ushuaia
Harberton
Isla de los Estados
Pto. Navarino
Pto. Williams
CHILENA
Isla Hoste
P. N. Cabo de Hornos
2
3
C
D

BOLIVIEN
PARAGUAY
BRASILIEN
Asunción
CHILE
ARGENTINIEN
URUGUAY
Santiago
Buenos Aires
Montevideo
1000 km
Feuerland

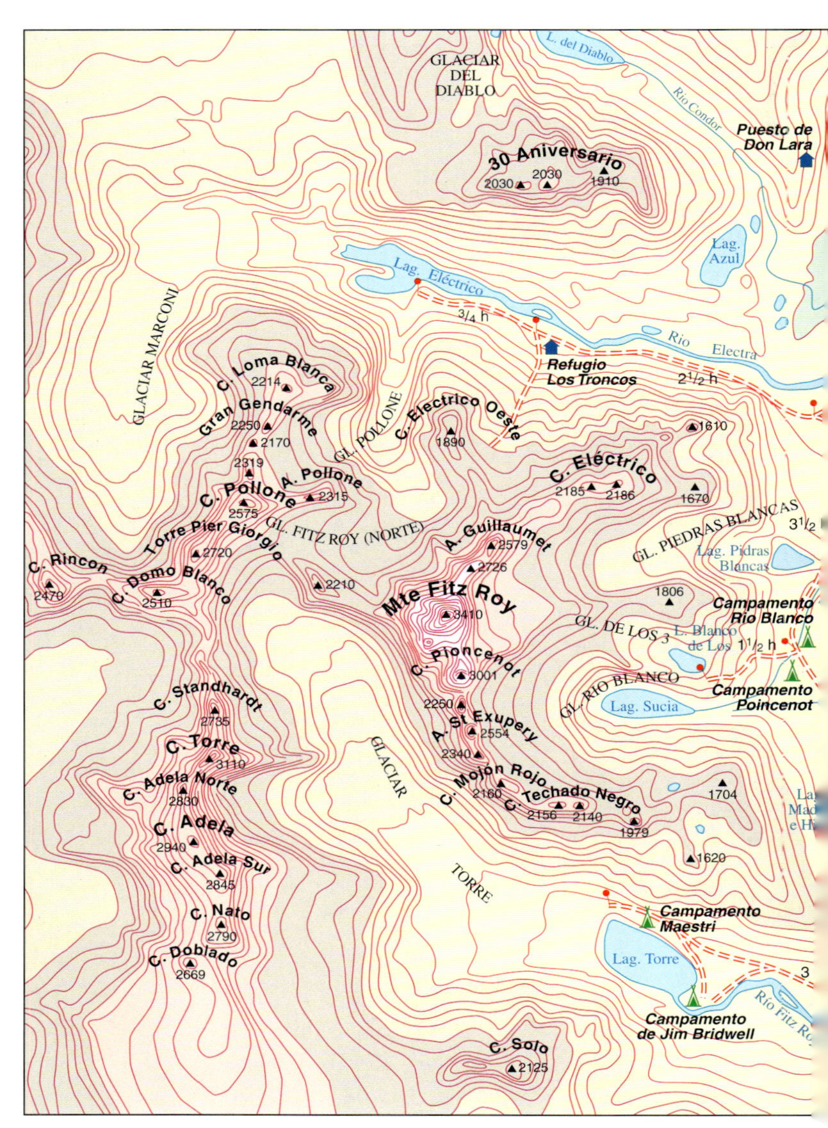

GLACIAR DEL DIABLO
L. del Diablo
Rio Condor
Puesto de Don Lara
30 Aniversario
2030
2030
1910
Lag. Azul
Lag. Eléctrico
3/4 h
Rio Electra
Refugio Los Troncos
2 1/2 h
GLACIAR MARCONI
C. Loma Blanca
2214
Gran Gendarme
2250
2170
2319
GL. POLLONE
C. Electrico Oeste
1890
1610
C. Eléctrico
2185
2186
1670
A. Pollone
2315
C. Pollone
2575
GL. FITZ ROY (NORTE)
Torre Pier Giorgio
2720
A. Guillaumet
2579
2726
GL. PIEDRAS BLANCAS
3 1/2
Lag. Pidras Blancas
C. Rincon
2470
C. Domo Blanco
2510
2210
Mte Fitz Roy
3410
1806
Campamento Rio Blanco
GL. DE LOS 3
L. Blanco de Los
1 1/2 h
C. Pioncenot
3001
GL. RIO BLANCO
Lag. Sucia
Campamento Poincenot
C. Standhardt
2735
2250
A. St Exupery
2554
C. Torre
3110
2340
GLACIAR
C. Adela Norte
2830
C. Mojon Rojo
2160
C. Techado Negro
2156
2140
1979
1704
C. Adela
2940
C. Adela Sur
2845
1620
TORRE
C. Nato
2790
Campamento Maestri
C. Doblado
2669
Lag. Torre
3
Rio Fitz Roy
Campamento de Jim Bridwell
C. Solo
2125

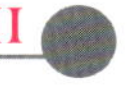

TREKKING AM FITZ ROY

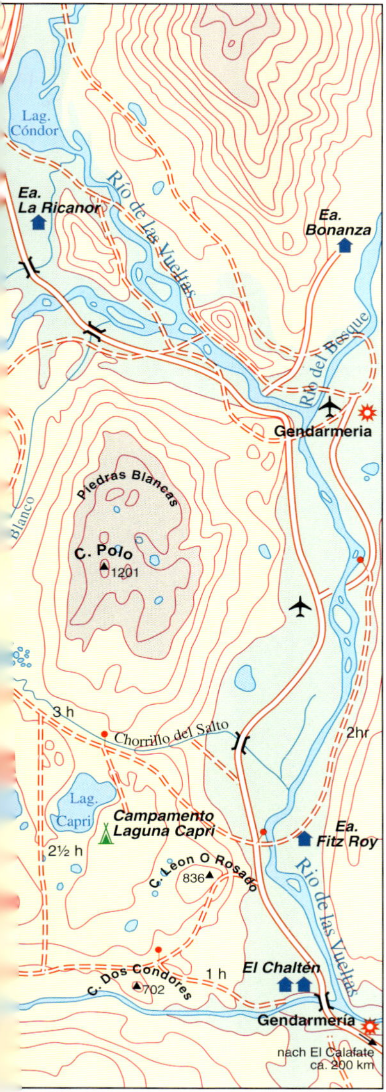

Lag. Cóndor
Ea. La Ricanor
Río de las Vueltas
Ea. Bonanza
Río del Bosque
Gendarmeria
Piedras Blancas
C. Polo
1201
Blanco
3 h
Chorrillo del Salto
2hr
Lag. Capri
Campamento Laguna Capri
Ea. Fitz Roy
2½ h
C. Leon O Rosado
836
Río de las Vueltas
C. Dos Condores
702
1 h
El Chaltén
Gendarmería
nach El Calafate ca. 200 km

N
200 m

- Flugplatz
- Schutzhütte
- Campingplatz
- Polizeistation
- $^3/_4$ h Marschdauer

Höhenstufen

- 2500 - 3000 m
- 2000 - 2500 m
- 1500 -2000 m
- 1000 - 1500 m
- 500 - 1000 m
- unter 500 m

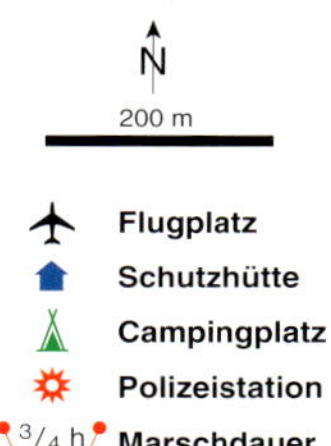

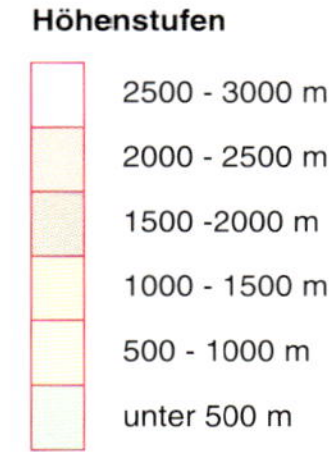

NATIONALPARK
LOS GLACIARES
Nationalpark
Gletscherfläche
Schutzhütte
Campingplatz
N
ARGENTINIEN
CHILE
CORDILLERA DE LOS ANDES
Mte. Fitz Roy 3375
Co. Torre 3128
Co. Nato 2668
El Chaltén
GLACIAR VIEDMA
PARQUE NACIONAL ZONA VIEDMA
Lago Viedma
GLACIAR UPSALA
Co. Don Bosco 2515
Co. Murallon
Co.Norte 2730
Río Condor
Lago Viedma
Río Guanaco
PARQUE NACIONAL ZONA CENTRO
Río La Leona
Co. Bolados 2800
Co. Peineta 2450
Lago Argentino
Peninsula Magallanes
Calafate
Co. Cervantes 2380
GLACIAR PERITO MORENO
PARQUE NACIONAL ZONA ROCA